Unbequeme Opfer?

Forschungsbeiträge und Materialien
der Stiftung Brandenburgische Gedenkstätten
Band 16

Dagmar Lieske

Unbequeme Opfer?

„Berufsverbrecher" als Häftlinge im KZ Sachsenhausen

Ⓜ | METROPOL

Gedruckt mit freundlicher Unterstützung der Hans-Böckler-Stiftung
und der Fazit-Stiftung

Hans Böckler
Stiftung

Fakten für eine faire Arbeitswelt.

FAZIT-STIFTUNG

Umschlagbild:
Grüner und rosa Winkel, Aquarell des ehemaligen tschechischen
Häftlings Vladimír Matêjka, nach 1945 (GuMS)

D 188

ISBN: 978-3-86331-297-8

Ansbacher Straße 70
D–10777 Berlin
www.metropol-verlag.de

Druck: buchdruckerei.de, Berlin

Inhalt

I. Einleitung ... 9

1.1. Unbequeme Opfer? Eine Einführung ... 9
1.2. Forschungs- und Theoriebezüge ... 14
1.2.1. Polizei- und Justizgeschichte ... 14
1.2.2. Konzentrationslager-Forschung ... 17
1.2.3. Interdisziplinäre Zugänge ... 19
1.3. Eingrenzung des Forschungsgegenstands ... 23
1.3.1. Das KZ Sachsenhausen bei Oranienburg als Fallbeispiel ... 23
1.3.2. Haftgruppen und Kategorien ... 28
1.3.3. „Asoziale", „Berufsverbrecher" und Sicherungsverwahrte ... 34
1.4. Herangehensweise ... 38
1.5. Quellen ... 42
1.5.1. Unterlagen der SS aus dem KZ Sachsenhausen ... 42
1.5.2. Polizei- und Justizakten ... 45
1.5.3. Erinnerungsberichte ... 47
1.5.4. Aussagen ehemaliger Häftlinge in Ermittlungsverfahren nach 1945 ... 48
1.6. Aufbau der Arbeit ... 51

II. Vorstellungen und Praxen der Verbrechensbekämpfung ... 53

2.1. Der „unverbesserliche" Delinquent ... 53
2.2. Modernisierung der Strafverfolgung ... 58
2.3. Ringvereine als Zusammenschlüsse von „Berufsverbrechern" ... 59
2.4. Die Rezeption von Kriminalfällen aus der Weimarer Republik ... 65
2.4.1. „Musterdiebe aus Moabit" ... 65
2.4.2. Der „Vampir von Hannover" und sein „Gehilfe" ... 69

III. Die „vorbeugende Verbrechensbekämpfung" nach der Machtübernahme ... 74

3.1. Das Gewohnheitsverbrechergesetz ... 74
3.2. Die „vorbeugende Verbrechensbekämpfung" der Kriminalpolizei ... 80

3.2.1. Die ersten Erlasse 80
3.2.2. Vorgehen gegen „Sittlichkeitsverbrecher“ 88
3.2.3. Homosexuelle als Vorbeugehäftlinge 90
3.3. Die Zentralisierung der Verfolgungsmaßnahmen 1936–1937 93
3.4. Die „Aktion Arbeitsscheu Reich“ 100
3.5. Gescheiterte Kriminalitätsbekämpfung und Radikalisierung im Zweiten Weltkrieg 106
3.6. Vorbeugehaft gegen Nicht-Deutsche 116
3.6.1. Maßnahmen gegen ausländische „Berufsverbrecher“ 116
3.6.2. „Vorbeugende Verbrechensbekämpfung“ in den besetzten und annektierten Gebieten 120
3.6.3. Kriminalitätsbekämpfung in den polnischen Gebieten nach dem deutschen Überfall 127

IV. Verhaftungsaktionen und Einlieferungen in das KZ Sachsenhausen 133

4.1. Erste „Berufsverbrecher“ in der Aufbauphase 133
4.2. Betroffene der reichsweiten Märzaktion von 1937 145
4.3. Zuhälter als neue Haftgruppe 148
4.4. „Berufsverbrecherinnen“ 152
4.5. „Sittlichkeitsverbrecher“ 156
4.6. Homosexuelle „Berufsverbrecher“ 158
4.7. Ein Österreicher mit dem „Grünen Winkel“ 161
4.8. Als „Volksschädlinge“ verurteilte „Berufsverbrecher“ 163
4.9. Sicherungsverwahrte 164

V. Häftlingsgesellschaft und Häftlingsalltag der „Berufsverbrecher“ im KZ Sachsenhausen 169

5.1. Positionen und Hierarchien 169
5.1.1. Freundschaft, Kameradschaft und Abgrenzung 169
5.1.2. Häftlingsvorarbeiter 181
5.1.3. Spitzel 189
5.2. „Freizeit“ und Selbstbestimmung 207
5.2.1. Kulturelles Leben, Glücksspiel und Alkohol 207
5.2.2. Sexualität 214
5.2.3. Gerüchte 223
5.3. Physische Gewalt und Tod 229

5.3.1. Gewalterfahrungen im Lageralltag ... 229
5.3.2. Sterilisationen und Kastrationen ... 236
5.3.3. Die „Aktion 14f13“ ... 248
5.3.3.1. Exkurs: Selektionen in den KZ Auschwitz und Ravensbrück ... 253
5.3.3.2. Die „Aktion 14f13“ im KZ Sachsenhausen ... 256
5.3.4. Morde und Sterberaten im KZ Sachsenhausen ... 268
5.4. Wege aus dem Lager ... 278
5.4.1. Fluchtversuche ... 278
5.4.2. Selbstanzeigen und Überstellungen in Justizhaft ... 281
5.4.3. Entlassungen ... 286
5.4.4. Die SS-Division Dirlewanger ... 291
5.5. Todesmärsche, Befreiung und erneute Strafverfolgung ... 306

VI. Kontinuitätslinien? Umgang mit „Berufsverbrechern“ und Sicherungsverwahrten nach 1945 ... 312

6.1. Entschädigungsbemühungen ehemaliger „Berufsverbrecher“ ... 312
6.2. Diskriminierung durch Polizei und Justiz ... 323
6.2.1. Bewertung von Zeugen in Ermittlungsverfahren ... 324
6.2.2. Kriminalpolizisten der Fall Fritz Cornely ... 337
6.3. Schergen der SS? – Narrative in der Erinnerungsliteratur ... 346

VII. Schlussbetrachtung ... 353

7.1. Zusammenfassung der Ergebnisse ... 353
7.2. „Vorbeugende Verbrechensbekämpfung“ und „Volksgemeinschaft“ ... 371
7.3. Ausblick ... 375

Danksagung ... 379

Abkürzungsverzeichnis ... 381

Quellen- und Literaturverzeichnis ... 382

Personenregister ... 415

I. Einleitung

1.1. Unbequeme Opfer? Eine Einführung

> „Unabhängig von der Frage, ob es berechtigt war, die Kriminellen in KL einzusperren, muß gesagt werden, daß die Zahl derer unter ihnen, die weder verbrecherisch veranlagt waren noch wirklich schwere Strafen hinter sich hatten, kaum ins Gewicht fiel; es handelte sich nur um einen geringfügigen Prozentsatz von Ausnahmen. Der überwiegende Teil der BV- und SV-Häftlinge bestand aus üblen, zum Teil übelsten Elementen, die in manchen Lagern zeitweise, in anderen stets eine beherrschende Stellung innehatten und sie gegen die übrigen Gefangenen schwer mißbraucht haben."[1]

Dieses Zitat von Eugen Kogon, Überlebender des KZ Buchenwald, aus seiner Studie „Der SS-Staat" zeigt exemplarisch, welche Bilder über in Konzentrationslagern inhaftierte „Berufsverbrecher" und Sicherungsverwahrte in Teilen der (Erinnerungs-)Literatur überliefert sind. Vergleichbare stigmatisierende Zuschreibungen finden sich jedoch nicht nur in den Berichten von KZ-Überlebenden. Sie sind bis heute auch in wissenschaftlichen Publikationen präsent. Jack G. Morrison gelangt beispielsweise in seiner Monografie über das KZ Ravensbrück zu dem Schluss, „Berufsverbrecher" seien aufgrund ihres Verhaltens so „verhaßt und verachtet" gewesen, dass bis heute relativ wenig über sie bekannt sei.[2] Auf diese Weise lastet Morrison die Tatsache, dass ihre Schicksale bislang kaum auf Interesse gestoßen sind, den Betroffenen selbst an. Richtig ist, dass weiterhin wenig fundiertes Wissen über diejenigen vorherrscht, die als „Berufsverbrecher" in die Mühlen der Verfolgungsbehörden gerieten, auch wenn seit der Befreiung der nationalsozialistischen Konzentrationslager mehr als 70 Jahre vergangen sind.

Der Terminus „vergessene Opfer", der häufig für bisher unzureichend bedachte Opfer des Nationalsozialismus verwendet wird, ist allerdings irreführend. Denn ein systematischer Ausschluss zumindest aus der materiellen Entschädigung,

1 Eugen Kogon, Der SS-Staat. Das System der deutschen Konzentrationslager, 11. Aufl., München 2001, S. 68 f. Die Kürzel „BV" und „SV" standen in den Lagern für „Berufsverbrecher" und Sicherungsverwahrte.

2 Jack G. Morrison, Ravensbrück. Das Leben in einem Konzentrationslager für Frauen 1939–1945, Zürich 2002.

der bis heute andauert, war durchaus intendiert.[3] Die Ignoranz gegenüber den als „Berufsverbrecher“ und Sicherungsverwahrte Verfolgten, die im Lagerjargon wegen ihrer Markierung mit einem grünen Winkel auch als „Grüne“ bezeichnet wurden,[4] wirkte sich nachhaltig auf die Erinnerungskultur aus. In Museen und an den Orten ehemaliger Konzentrationslager sind sie trotz der Darstellung einzelner Biografien von „Berufsverbrechern“ im Vergleich zu anderen Verfolgtenschicksalen bis heute deutlich unterrepräsentiert.[5] Auch gab es bislang nirgendwo Gedenkveranstaltungen, bei denen diese Gruppe im Mittelpunkt stand. Lediglich in der Gedenkstätte Mauthausen befindet sich ein Monument, das die „Grünwinkligen“ explizit einbezieht. Es handelt sich um das 2001 eingeweihte und von der Künstlerin Angela Zwettler gestaltete Kinder- und Jugenddenkmal, in das alle Winkelfarben integriert wurden.[6] Dort, wo „Berufsverbrecher“ in Ausstellungen erwähnt werden, reduziert sich deren Darstellung häufig auf die Rolle von Funktionshäftlingen, die unisono gegen die Interessen anderer Häftlinge gehandelt hätten. Für das ehemalige KZ Gusen bei Mauthausen etwa hat der Überlebende Elia Mondelli ein Modell angefertigt, das den „grünen Winkel“ mit der Bezeichnung „Kapo“ gleichsetzt. Auch aktuelle Forschungsbeiträge reproduzieren solche Stereotype. Der Historiker Robert Steegmann kommt in seiner Studie über das KZ Natzweiler-Struthof zu ähnlich pauschalisierenden Aussagen bezüglich der dorthin deportierten „Berufsverbrecher“, wie sie das genannte Modell in Gusen

3 Treffender erscheint mir der Begriff „Marginalisierte Opfergruppen“, den z. B. das Max Mannheimer Zentrum in Dachau als Titel für eine Tagung im November 2013 gewählt hat.

4 Vgl. Nicole Warmbold, Lagersprache. Zur Sprache der Opfer in den Konzentrationslagern Sachsenhausen, Dachau, Buchenwald, Bremen 2008.

5 In der Gedenkstätte Sachsenhausen fanden Biografien von „Asozialen“ und „Berufsverbrechern“ schon 2001 Eingang in die in der „Baracke 39“ präsentierte Ausstellung über den Häftlingsalltag. Im April 2013 wurde die Dauerausstellung der Mahn- und Gedenkstätte Ravensbrück neu eröffnet, auch hier wurden Biografien von „Berufsverbrecherinnen“ einbezogen. Vgl. zu Ravensbrück Alyn Beßmann/Insa Eschebach (Hrsg.), Das Frauen-Konzentrationslager Ravensbrück. Geschichte und Erinnerung, Berlin 2013. Gleiches gilt für die Gedenkstätte Flossenbürg. Die Dauerausstellung der KZ-Gedenkstätte Mauthausen, für die ich einzelne Biografien von „Berufsverbrechern“ recherchiert habe, wurde ebenfalls überarbeitet und im Frühjahr 2013 neu eröffnet, vgl. Verein für Gedenken und Geschichtsforschung in österreichischen KZ-Gedenkstätten (Hrsg.), Das Konzentrationslager Mauthausen 1938–1945. Katalog zur Ausstellung in der KZ-Gedenkstätte Mauthausen, Wien 2013. Auch in den Ausstellungen der Gedenkstätten Neuengamme, Dachau und Bergen-Belsen, die in den letzten Jahren entstanden sind, werden „Berufsverbrecher“ als Opfergruppe thematisiert.

6 Vgl. Internetseite der Künstlerin Angela Zwettler, zwettlera.wordpress.com/kinder-und-jugenddenkmal (17. 4. 2016).

transportiert. So schreibt er, die SS habe sich „die Gewaltbereitschaft jener zunutze" gemacht, „die wegen oft schwerer Verbrechen zu langen Gefängnisstrafen verurteilt worden waren und deren Verhalten sie in der Regel gleich nach ihrem Eintreffen im Lager von ‚ganz normalen Männern' unterschied".[7] Empirische Belege über die Länge und Art der Vorstrafen sowie die Anzahl von „Berufsverbrechern" in Häftlingspositionen bleibt Steegmann schuldig. Differenzierter nähert sich Herbert Obenaus dem System der Funktionshäftlinge und nennt Beispiele für „kriminelle" Lagerälteste in Außenlagern des KZ Neuengamme, die „aufgrund ihrer Hilfe für die Häftlinge [...] anerkannt wurden".[8]

Gleichwohl ist unbestritten, dass es unter den „Berufsverbrechern" Häftlinge gab, die aufgrund ihres Verhaltens in den Konzentrationslagern anderen Überlebenden in negativer Erinnerung geblieben sind. Aus diesem Grund scheinen bei dieser Gruppe auf den ersten Blick einfache „Opfer"- und „Täter"-Dichotomien nicht haltbar – dies bestätigen auch die Recherchen für die vorliegende Arbeit. Einige Häftlinge aus dieser Gruppe wurden sowohl innerhalb des „Lagerkosmos" als auch außerhalb dessen zu Tätern, indem sie etwa als Spitzel andere Häftlinge verrieten oder sich im Rahmen der Einsätze der SS-Division Dirlewanger an Verbrechen in Polen und Weißrussland beteiligten. Dies traf allerdings – zumindest für das KZ Sachsenhausen ist dies belegt – immer nur auf einen kleinen Prozentsatz aller „Berufsverbrecher" zu. Zudem handelte es sich bei einigen „Berufsverbrechern" um mehrfach und mitunter schwer vorbestrafte Personen. Auch wenn ihnen nach heutigem Rechtsverständnis mit ihrer Einweisung in ein Konzentrationslager Unrecht angetan worden war, eignen sie sich gerade aufgrund ihrer Vorstrafen nicht als Identifikationsfiguren. Vermutlich würden sie noch heute als „Intensivstraftäter" angesehen werden.

Dieser Arbeit liegt der Ansatz zugrunde, die Haftgruppe als solche differenziert zu betrachten und der häufig monolithischen Wahrnehmung zu widersprechen, die durch die bislang nur peripheren Kenntnisse über diese Häftlinge begünstigt wird. Symptomatisch dafür, wie wenig sich die Forschung bislang mit den „Berufsverbrechern" befasst hat, ist auch die vermutlich aus der Erinnerungsliteratur stammende und in der Fachliteratur meist verwendete Bezeichnung „Befristete Vorbeugehäftlinge", für deren zeitgenössische Verwendung es in den Quellen jedoch keinen Beleg gibt. Denn das Instrument der „kriminalpolizeilichen

7 Robert Steegmann, Das Konzentrationslager Natzweiler-Struthof und seine Außenkommandos an Rhein und Neckar 1941–1945, Berlin 2010, S. 383.

8 Herbert Obenaus, Der Kampf um das tägliche Brot, in: Ulrich Herbert/Karin Orth/Christoph Dieckmann (Hrsg.), Die nationalsozialistischen Konzentrationslager, Bd. 2, Göttingen 1998, S. 841–874, hier S. 847 f.

Vorbeugehaft" – auf deren Grundlage „Berufsverbrecher" in die Konzentrationslager eingewiesen wurden – sah keine Befristung vor.[9] Ähnlich wie bei der von der Gestapo verhängten „Schutzhaft" heißt es z. B. im „Grunderlaß Vorbeugende Verbrechensbekämpfung durch die Polizei" vom 14. Dezember 1937, diese dauere so lange an, „wie ihr Zweck es erfordert".[10] Formal war zwar die Überprüfung der Vorbeugehaft durch das RKPA spätestens nach zwei Jahren vorgeschrieben,[11] und in der Praxis konnten lokale Kriminalpolizeistellen durchaus eine Entlassung vorschlagen. Diese wurde jedoch in der Regel von der Berliner Zentrale nicht befürwortet. Anzunehmen ist, dass die historische Forschung über Konzentrationslager hier Begriffserläuterungen aus der Erinnerungsliteratur unkritisch übernommen hat. Denn die Sichtung von Quellen der Kriminalpolizei und der SS zeigt, dass in diesen die Entsprechung „Befristete Vorbeugehäftlinge" für das häufig verwendete Kürzel BV(er) nicht gebraucht wurde. Sven Langhammer hat dessen Verwendung somit zu Recht kritisiert.[12] Eine Passage aus dem Roman „Die lange Nacht" von Fritz Selbmann verdeutlicht, welche problematischen Assoziationen eine unsaubere Begriffsverwendung hervorrufen kann.[13] Im Mittelpunkt des an die Biografie Selbmanns angelehnten Romans steht Robert Hesse, ein junger kommunistischer Arbeiter, der aufgrund seiner illegalen politischen Tätigkeit von der Gestapo im Anschluss an eine jahrelange Zuchthausstrafe im Mai 1940 in das Berliner Polizeigefängnis am Alexanderplatz überstellt wird. Dort muss er sich eine Zelle mit „Kriminellen" teilen, die in dem Text als „Mülleimer der Menschheit" und „menschliches Strandgut" bezeichnet werden.[14] Besonders interessant ist folgende Passage: Einer „der Ganoven aus der regierenden Clique" namens Herbert Lachowski geht mit den folgenden Worten auf Robert zu:

9 Vgl. auch Kapitel III.

10 Grundlegender Erlaß über die vorbeugende Verbrechensbekämpfung durch die Polizei des Reichs- und Preußischen Ministers des Inneren vom 14. Dezember 1937, in: Reichssicherheitshauptamt, Amt V (Hrsg.), Vorbeugende Verbrechensbekämpfung: Erlaßsammlung, Berlin 1941, S. 41–44.

11 Grunderlaß, S. 44.

12 Sven Langhammer, Die reichsweite Verhaftungsaktion vom 9. März 1937 – eine Maßnahme zur „Säuberung des Volkskörpers", in: Hallische Beiträge zur Zeitgeschichte 1 (2007) 17, S. 55–77, hier S. 62.

13 Fritz Selbmann, geboren am 29. 11. 1899 in Lauterbach, war seit den 1920er-Jahren aktives KPD-Mitglied und bis 1933 Abgeordneter im Reichstag. Nach der Machtübernahme wurde er verhaftet und musste mehrere Jahre in Zuchthäusern und Konzentrationslagern, u. a. im KZ Sachsenhausen, verbringen. In der DDR bekleidete er verschiedene Ministerposten, gleichzeitig war er als Schriftsteller tätig. Selbmann starb am 26. Januar 1975 in Berlin.

14 Fritz Selbmann, Die lange Nacht, Halle/Saale 1961, S. 12.

„Sieben Jahre hast du gemacht. Ist ja schon ganz schön. Was hast du denn gemacht? Achso, politisch! Ihr Politischen seid doch richtige Idioten. Was habt ihr denn davon? Mensch, für sieben Jahre Zuchthaus hättest du ein anständiges Ding drehen können. Dann wärst du jetzt aus dem Schneider' raus. Und was hast du jetzt? Gar nichts, jetzt gehst du auch noch ins KZ."

Darauf entgegnet Robert: „Aber du gehst doch auch ins KZ." Selbmann lässt den „Berufsverbrecher" mit dem Erzählerkommentar „Der Kriminelle tut wichtig" erwidern: „Ja, als BVer. Als befristeter Vorbeugungshäftling. Befristet, merkst du was? Du gehst unbefristet. Und wenn du doch mal 'rauskommst, was hast du dann? Genausoviel wie vorher."[15] Es folgt eine halbe Seite mit der Beschreibung Lachowskis als Einbrecher und Zuhälter, der sich, anders als Robert, nur um sich selbst kümmere und keine gemeinschaftlichen Ideale pflege. Die fälschliche Behauptung, die Vorbeugehaft sei im Gegensatz zur Schutzhaft grundsätzlich befristet gewesen, wird der Figur des Lachowski in den Mund gelegt. So entsteht der Eindruck, als seien die Vorbeugehäftlinge gegenüber den Schutzhäftlingen tatsächlich strukturell im Vorteil gewesen. Robert und Lachowski werden mit dem gleichen Transport in das KZ Sachsenhausen eingewiesen, wo Lachowski sich schon bei seiner Ankunft gegenüber der SS „unterwürfig" und ängstlich zeigt und versucht, sich anzubiedern, während Robert demselben SS-Mann ruhig und mutig gegenübertritt.[16]

Auch wenn es sich bei „Die lange Nacht" um eine Mischform zwischen Erinnerungsbericht und Roman mit den entsprechenden erzählerischen Ausgestaltungen handelt – die hier bedienten Bilder über „Berufsverbrecher" finden sich in vielfacher Weise in der Literatur wieder. Aus der Perspektive ehemaliger politischer Häftlinge, die einerseits ihre persönlichen Erfahrungen niederschrieben und andererseits die in den Lagern bestehenden Konflikte zwischen den Haftgruppen aus ihrem Blickwinkel darlegen wollten, erscheinen diese Darstellungen konsequent. Jahrzehntelang dominierten in der DDR sowohl in der Forschung als auch in der praktischen pädagogischen Arbeit der Mahn- und Gedenkstätte Sachsenhausen die Erinnerungen von Personen, die das Konzentrationslager als Mitglieder verschiedener Widerstandsgruppen überlebt hatten. Daraus ergaben sich fast notwendigerweise spezifische Sichtweisen auf Ereignisse, die teilweise in verengten bzw. einseitigen Erzählungen mündeten. Positionierungen und Erlebnisse von Häftlingen bestimmter Haftgruppen wie der „Berufsverbrecher", der „Asozialen" oder auch der als Homosexuelle Verfolgten wurden außer Acht gelassen, eine entsprechende Dokumentation der Erinnerungen dieser Personen versäumt.

15 Ebenda, S. 14.
16 Ebenda, S. 31.

Offenbar waren mehrere Jahrzehnte Abstand nötig, um eine Forschungsarbeit schreiben zu können, die die Perspektive auf diese Häftlinge erweitert. Im Zentrum der vorliegenden Studie stehen zum einen die Vorstellungen und Praxen der nationalsozialistischen „vorbeugenden Verbrechensbekämpfung". Gefragt wird, auf welcher Grundlage Menschen als „Berufsverbrecher" in die Konzentrationslager gelangten und wie sich die Gruppe zusammensetzte. Der zweite Fokus liegt auf den Betroffenen selbst. Neben den individuellen Wegen, die in das Oranienburger Lager führten, soll versucht werden, die (alltägliche) Situation der „Berufsverbrecher" im KZ Sachsenhausen zu skizzieren. Dabei stellt sich einerseits die Frage, inwiefern sie als Gruppe von bestimmten Maßnahmen durch die SS betroffen waren. Auf der anderen Seite werden gängige Bilder *über* die „Berufsverbrecher" und ihr Verhalten innerhalb der Häftlingsgesellschaft überprüft. Daran schließt sich die Frage an, inwiefern sich sowohl in Bezug auf die Zeit des Nationalsozialismus als auch darüber hinaus eine Stigmatisierung der „Berufsverbrecher" konstatieren lässt

1.2. Forschungs- und Theoriebezüge

1.2.1. Polizei- und Justizgeschichte

Die Ignoranz gegenüber einigen Opfergruppen bewirkte, dass die Vorstellung einer nahezu schuldfreien Kriminalpolizei noch lange nach Ende der nationalsozialistischen Herrschaft das Selbstbild und die öffentliche Wahrnehmung der Institution prägte. Die Verfolgung von Sinti und Roma, Homosexuellen, „Asozialen" und „Berufsverbrechern" galt als Fortsetzung regulärer kriminalpolizeilicher Arbeit.[17] Seit Mitte der 1990er-Jahre sind jedoch zahlreiche Studien entstanden, die sich auf verschiedenen Ebenen mit den durch die Kriminalpolizei begangenen Verbrechen beschäftigen.[18] Neben der Tätigkeit leitender Beamter in den SS-Ein-

17 Vgl. Herbert Reinke, Die deutsche Polizei und das „Dritte Reich". Anmerkungen zur Geschichte und Geschichtsschreibung, in: Harald Buhlan/Werner Jung (Hrsg.), Wessen Freund und wessen Helfer? Die Kölner Polizei im Nationalsozialismus, Köln 2000, S. 51–64, hier S. 56. Lediglich bei Personen wie dem obersten deutschen Kriminalisten Arthur Nebe, dessen Verantwortung an dem Mord von 45 000 Menschen von Juni bis Oktober 1941 durch die Einsatzgruppe B unbestritten ist, wurde bereits bald nach Kriegsende die Schuldfrage thematisiert. Vgl. Michael Wildt, Generation des Unbedingten. Das Führungskorps des Reichssicherheitshauptamtes, Hamburg 2002, S. 301–334; Patrick Wagner, Die Resozialisierung der NS-Kriminalisten, in: Ulrich Herbert (Hrsg.), Wandlungsprozesse in Westdeutschland. Belastung, Integration, Liberalisierung 1945–1980, Göttingen 2002, S. 179–214.

18 Eine frühe Ausnahme ist die Untersuchung zur Hamburger Polizei: Helmut Fangmann u. a., „Parteisoldaten". Die Hamburger Polizei im „3. Reich", Hamburg 1987.

satzgruppen[19] rückten dabei zunehmend auch Inhalte und Methoden der „vorbeugenden Verbrechensbekämpfung" in das Zentrum des Forschungsinteresses. Patrick Wagner hat bereits 1996 eine umfassende Darstellung vorgelegt,[20] der in den vergangenen Jahren lokale Einzelstudien folgten.[21]

Die neuen Forschungsergebnisse schlugen sich auch in der öffentlichen Präsentation und Wahrnehmung von Polizeigeschichte nieder. So zeigte das Deutsche Historische Museum (DHM) in Berlin vom 1. April bis zum 18. August 2011 die Ausstellung „Ordnung und Vernichtung. Die Polizei im NS-Staat", die im Rahmen eines Kooperationsprojekts zwischen dem DHM und der Deutschen Hochschule der Polizei entstanden war und u. a. die Arbeit der nationalsozialistischen Kriminalpolizei thematisierte.[22] Darauf folgten polizeihistorische Ausstellungen in Bremen,[23] Hamburg,[24] und München,[25] die alle den von der Kriminalpolizei begangenen Verbrechen einzelne Passagen widmeten. Zusätzlich schlägt sich die

19 Klaus-Michael Mallmann/Jochen Böhler/Jürgen Matthäus (Hrsg.), Einsatzgruppen in Polen. Darstellung und Dokumentation, Darmstadt 2008.

20 Patrick Wagner, Volksgemeinschaft ohne Verbrecher. Konzeptionen und Praxis der Kriminalpolizei in der Zeit der Weimarer Republik und des Nationalsozialismus, Hamburg 1996.

21 Thomas Roth, Verbrechensbekämpfung und soziale Ausgrenzung im nationalsozialistischen Köln. Kriminalpolizei, Strafjustiz und abweichendes Verhalten zwischen Machtübernahme und Kriegsende, Köln 2010; Stefan Linck, Der Ordnung verpflichtet: Deutsche Polizei 1933–1949. Der Fall Flensburg. Paderborn/München/Wien/Zürich 2000; Jürgen Müller, Bei „Angriffen" auf die Sittlichkeit …: die „vorbeugende Verbrechensbekämpfung" der Kölner Kriminalpolizei gegen Homosexuelle, in: Centrum Schwule Geschichte (Hrsg.), „Das sind Volksfeinde". Die Verfolgung von Homosexuellen an Rhein und Ruhr 1933–1945, Köln 1998, S. 141–160; Dagmar Lieske, Die Hamburger Kriminalpolizei und die „Vorbeugende Verbrechensbekämpfung" – Täter und Opfer, in: KZ-Gedenkstätte Neuengamme (Hrsg.), Polizei, Verfolgung und Gesellschaft im Nationalsozialismus, Bremen 2013 (Beiträge zur Geschichte der nationalsozialistischen Verfolgung in Norddeutschland, Bd. 15), S. 68–77; Jens Dobler, Großstadtkriminalität. Berliner Kriminalpolizei und Verbrechensbekämpfung 1930 bis 1950, Berlin 2013.

22 Vgl. auch den Begleitkatalog: Deutsche Hochschule der Polizei (Hrsg.), Ordnung und Vernichtung. Die Polizei im NS-Staat, Berlin 2011.

23 Die Ausstellung „Polizei. Gewalt. – Bremens Polizei im Nationalsozialismus" wurde im Mai 2011 in der Bremer Stadtbibliothek und von Oktober bis Dezember im Bremer Landesarchiv gezeigt, vom 15. bis 28. November 2012 in den Räumen der VHS Bremerhaven.

24 Die Tafeln über die Kriminalpolizei für die Ausstellung „Dokumentation Stadthaus. Die Hamburger Polizei im Nationalsozialismus", die vom 19. Januar bis 10. Februar 2012 im Hamburger Rathaus zu sehen war, habe ich im Rahmen eines Forschungspraktikums in der KZ-Gedenkstätte Neuengamme erarbeitet. Vgl. Herbert Diercks, Dokumentation Stadthaus. Die Hamburger Polizei im Nationalsozialismus. Texte, Fotos und Dokumente, Hamburg 2012, insbes. S. 49–57.

25 Die Ausstellung „Die Münchner Polizei und der Nationalsozialismus" war vom 9. November 2012 bis zum 6. Januar 2013 im Münchner Polizeipräsidium zu sehen.

jüngere Kriminalpolizeiforschung auch in pädagogischen Projekten nieder: So entwickelte die Deutsche Hochschule der Polizei didaktisches Begleitmaterial zur Ausstellung des DHM. In verschiedenen Gedenkstätten ist die Arbeit mit Polizeischülern mittlerweile ein fester Bestandteil der Bildungsarbeit. In den Seminaren sollen explizit die nationalsozialistischen Vorstellungen von Kriminalität und Verbrechensbekämpfung kritisch reflektiert werden.[26]

Zwar stehen in der vorliegenden Arbeit nicht die Verfolgungsbehörden, sondern die Verfolgten im Vordergrund der Betrachtung, dennoch bildeten die oben genannten Studien an vielen Stellen eine wichtige Basis. Dies gilt insbesondere für die in Kapitel III. behandelten Grundlagen und Praktiken der vorbeugenden Verbrechensbekämpfung im Nationalsozialismus. Auch im Hinblick auf die im letzten Kapitel thematisierte Frage nach Kontinuitäten einer Stigmatisierung über das Ende der NS-Herrschaft hinaus war ein Rückgriff auf die Ergebnisse aus der Polizeiforschung hilfreich. Ähnliches gilt für die Justizgeschichte. Karl-Leo Terhorst hat schon 1987 einen Grundlagenband über die „vorbeugende Verbrechensbekämpfung" aus juristischer Perspektive herausgegeben.[27] Zahlreiche weitere Publikationen widmen sich der Justiz im Nationalsozialismus.[28] Zudem entstanden in den letzten Jahren einzelne Dissertationen, die sich mit einzelnen Justizhaftanstalten beschäftigen.[29]

Relevant sind für den hier behandelten Kontext auch Studien über die Sicherungsverwahrung. Zu nennen sind hier zunächst die Publikationen von Joachim

26 Vgl. z. B. die pädagogischen Projekte zur Arbeit mit Angestellten aus Polizei, Justiz und Verwaltung, die die Gedenkstätte Neuengamme durchführt: Ulrike Pastoor/Oliver von Wrochem (Hrsg.), NS-Geschichte, Institutionen, Menschenrechte. Bildungsmaterialien zu Verwaltung, Polizei und Justiz, Berlin 2013. Auch in der Gedenkstätte Sachsenhausen werden Projekte mit Polizeischülern umgesetzt.

27 Karl-Leo Terhorst, Polizeiliche planmäßige Überwachung und polizeiliche Vorbeugungshaft im Dritten Reich. Ein Beitrag zur Rechtsgeschichte vorbeugender Verbrechensbekämpfung, Heidelberg 1985.

28 Vgl. z. B. Redaktion „Kritische Justiz" (Hrsg.), Der Unrechtsstaat. Recht und Justiz im Nationalsozialismus, Frankfurt a. M. 1979; Gerhard Werle, Justiz-Strafrecht und polizeiliche Verbrechensbekämpfung im Dritten Reich, Berlin 1989; Lothar Gruchmann, Justiz im Dritten Reich 1933–1940. Anpassung und Unterwerfung in der Ära Gürtner, München 1988; Justizbehörde Hamburg (Hrsg.), „Von Gewohnheitsverbrechern, Volksschädlingen und Asozialen …" Hamburger Justizurteile im Nationalsozialismus, Hamburg 1995; Nikolaus Wachsmann, Gefangen unter Hitler. Justizterror und Strafvollzug im NS-Staat, München 2006.

29 Johannes Fülberth, Das Gefängnis Spandau 1918–1947. Strafvollzug in Demokratie und Diktatur, Berlin 2014; Sylvia de Pasquale, Zwischen Resozialisierung und „Ausmerze". Strafvollzug in Brandenburg an der Havel (1920–1945), Berlin 2013.

Hellmer[30] und Christian Müller.[31] Über die Opfergruppe der Sicherungsverwahrten ist noch weniger bekannt als über die „Berufsverbrecher". Einen ersten Einblick in deren Situation im KZ Bergen-Belsen liefern Thomas Rahe und Katja Seybold,[32] Katharina Möller hat sich in ihrer Magisterarbeit mit Sicherungsverwahrten beschäftigt, die in das KZ Neuengamme überstellt wurden.[33] Anhand der Sicherungsverwahrung kann gezeigt werden, wie eng die Polizei- und die Justizpraxis an manchen Stellen miteinander verzahnt waren. Da die Konzepte zur dauerhaften Verwahrung und vorbeugenden Verbrechensbekämpfung nicht erst in der Zeit der nationalsozialistischen Herrschaft entstanden, sondern weit in den Beginn der Moderne zurückreichen, wurde in dieser Arbeit auch auf allgemeine Darstellungen zur Entwicklung der Kriminalbiologie und des Strafrechts zurückgegriffen.[34]

1.2.2. Konzentrationslager-Forschung

Lagen bis zu Beginn der 1990er-Jahre nur einzelne Standardwerke vor,[35] ist die Literatur über Konzentrationslager mittlerweile unüberschaubar; Günter Morsch spricht gar von einem „Literaturboom",[36] der 1993 mit der Publikation „Die

30 Joachim Hellmer, Der Gewohnheitsverbrecher und die Sicherungsverwahrung 1934–1945, Berlin 1961.

31 Christian Müller, Das Gewohnheitsverbrechergesetz vom 24. November 1933. Kriminalpolitik als Rassenpolitik, Baden-Baden 1997.

32 Thomas Rahe/Katja Seybold, „Berufsverbrecher", „Sicherungsverwahrte" und „Asoziale" im Konzentrationslager Bergen-Belsen, in: KZ-Gedenkstätte Neuengamme (Hrsg.), Ausgegrenzt. „Asoziale" und „Kriminelle" im nationalsozialistischen Lagersystem, Bremen 2009 (Beiträge zur Geschichte der nationalsozialistischen Verfolgung in Norddeutschland, Bd. 11), S. 94–104; dies., Grüner und schwarzer Winkel. „Berufsverbrecher", „Sicherungsverwahrte" und „Asoziale" im Konzentrationslager Bergen-Belsen, in: Habbo Knoch/Thomas Rahe (Hrsg.), Bergen-Belsen. Neue Forschungen, Göttingen 2014, S. 109–124.

33 Katharina Möller, Überstellt ins Konzentrationslager Neuengamme. Sicherungsverwahrung im Nationalsozialismus. Entstehung – Praxis – biographische Beispiele, Hamburg 2009.

34 Christian Müller, Verbrechensbekämpfung im Anstaltsstaat: Psychiatrie, Kriminologie und Strafrechtsreform in Deutschland 1871–1933, Göttingen 2004; Jürgen Simon, Kriminalbiologie und Zwangssterilisation. Eugenischer Rassismus 1920–1945, Münster/New York/München/Berlin 2001; Richard F. Wetzell, Inventing the Criminal. A History of German Criminology, 1880–1945, Chapel Hill/London 2000.

35 Karin Orth, Das System der nationalsozialistischen Konzentrationslager. Eine politische Organisationsgeschichte, Hamburg 1999; Wolfgang Benz/Barbara Distel (Hrsg.), Der Ort des Terrors. Geschichte der nationalsozialistischen Konzentrationslager, 9 Bde., München 2005–2009.

36 Günter Morsch (Hrsg.), Von der Sachsenburg nach Sachsenhausen. Bilder aus dem Fotoalbum eines KZ-Kommandanten, Berlin 2007, S. 87–194, hier S. 192.

Ordnung des Terrors" von Wolfgang Sofsky[37] begonnen habe. In den vergangenen Jahren wurde vor allem über Kontinuitäten zwischen den „frühen Lagern" und den späteren, der Inspektion der Konzentrationslager (IKL) unterstehenden Konzentrationslagern diskutiert. Morsch kommt in seinem Vergleich der beiden Oranienburger Lager zu dem Schluss, dass mit dem 1936 aufgebauten KZ Sachsenhausen keineswegs ein neuer Lagertypus entstanden sei. Vielmehr sei die Grundstruktur für die zu diesem Zeitpunkt neu gegründeten Konzentrationslager bereits in den frühen Lagern angelegt gewesen.[38]

In der Debatte spielt neben der Art der Verwaltung und Organisation auch die Frage, welchem Zweck die ersten Lager dienten und wer dort überwiegend inhaftiert war, eine große Rolle. Julia Hörath weist beispielsweise für die schon 1933/34 eingerichteten Lager „Berufsverbrecher" und „Asoziale" als Häftlinge nach und folgert daraus, dass die in der KZ-Forschung vorherrschende Sichtweise einer „Zäsur", die 1937/38[39] stattgefunden habe, nicht zu halten sei.[40] In der Tat war die Vorbeugehaft nur wenig später als die Schutzhaft eingeführt worden, allerdings war die Zahl der „Schutzhäftlinge" im KZ-System insgesamt in den ersten Jahren deutlich höher – wenngleich hier einschränkend bemerkt werden muss, dass kaum verlässliche Angaben über die Anzahl der Vorbeugehäftlinge vorliegen. Ohnehin haben sich nur wenige Historiker mit diesen „ignorierten Opfern" befasst, sodass es schwierig ist, quantitative Angaben zu den jeweiligen Lagern zu machen. In einem 2009 erschienenen Tagungsband der Gedenkstätte Neuengamme, der den ersten Versuch abbildet, die Ergebnisse zu bündeln, bezeichnete der Sozialwissenschaftler Wolfgang Ayaß die „Kriminellen" deshalb als „bislang am schlechtesten erforschte Häftlingsgruppe".[41]

Einzelne Untersuchungen liegen aber mittlerweile vor. So hat Sven Langhammer beispielsweise zu den im Rahmen der Märzaktion 1937[42] verhafteten „Berufsverbrechern" geforscht und diese in einer Datenbank über Häftlinge im KZ Lichtenburg

37 Wolfgang Sofsky, Die Ordnung des Terrors: Das Konzentrationslager, 5. Aufl., Frankfurt a. M. 2004.

38 Günter Morsch, Sachsenhausen – ein neuer Lagertypus? Das Konzentrationslager bei der Reichshauptstadt in der Gründungsphase, in: ZfG 56 (2008) 10, S. 805–822, hier S. 822.

39 Vgl. auch Kapitel 3.3.

40 Julia Hörath, Terrorinstrumente der „Volksgemeinschaft"? KZ-Haft für „Asoziale" und „Berufsverbrecher" 1933 bis 1937/38, in: ZfG 60 (2012) 6, S. 513–532.

41 Wolfgang Ayaß, Schwarze und grüne Winkel. Die nationalsozialistische Verfolgung von „Asozialen" und „Kriminellen" – ein Überblick über die Forschungsgeschichte, in: KZ-Gedenkstätte Neuengamme (Hrsg.), Ausgegrenzt, S. 16–30, hier S. 25.

42 Vgl. Kapitel 3.3.

erfasst.[43] Barbara Distel weist für das KZ Dachau 6405 „Berufsverbrecher" nach.[44] Andreas Kranebitter hat jüngst die Gesamtzahl von 4234 „Berufsverbrechern" und 11 098 Sicherungsverwahrten im KZ Mauthausen ermittelt.[45] Sylvia Köchl hat einzelne Biografien von österreichischen „Berufsverbrecherinnen" recherchiert[46], und Julia Hörath rekonstruiert in ihrer Dissertation Lebens- und Haftwege von Verfolgten, die bis Kriegsbeginn als „Asoziale" oder „Berufsverbrecher" in verschiedene Konzentrationslager überstellt worden waren.[47] Was für die meisten KZ-Gedenkstätten gilt, bestätigt sich auch für Sachsenhausen. Zwar existieren mittlerweile zahlreiche neue Publikationen über das Lager, „Berufsverbrecher" und Sicherungsverwahrte kommen darin jedoch nur sporadisch vor. Dennoch konnte für diese Arbeit auf zahlreiche Studien über das KZ Sachsenhausen zurückgegriffen werden, die sowohl auf den Ausstellungen fußen als auch spezifische Einzelaspekte aus dem Alltag der Häftlinge behandeln.[48]

1.2.3. Interdisziplinäre Zugänge

Während die historische Forschungsliteratur über die Konzentrationslager stetig wächst, bildet diese Thematik für Politikwissenschaft und Soziologie weiterhin

43 Langhammer, Die reichsweite Verhaftungsaktion, S. 56. Seine Datenbank enthält die Namen von insgesamt 900 Personen, die zwischen Dezember 1933 und August 1937 als „Berufsverbrecher" und/oder Vorbeugehäftlinge im KZ Lichtenburg inhaftiert waren. An dieser Stelle möchte ich mich ganz herzlich bei Sven Langhammer für diese Informationen bedanken.

44 Barbara Distel, Kriminelle und „Asoziale" als Häftlingskategorien, in: Wolfgang Benz/Barbara Distel/Angelika Königseder (Hrsg.), Nationalsozialistische Zwangslager. Strukturen und Regionen – Täter und Opfer, Berlin 2011, S. 194–204, hier S. 199.

45 Andreas Kranebitter, Zahlen als Zeugen. Soziologische Analysen zur Häftlingsgesellschaft des KZ Mauthausen, Wien 2013, S. 187. Die hohe Anzahl der Sicherungsverwahrten kommt dadurch zustande, dass die SS in diesem Lager in die Kategorie auch aus der Justizhaft überstellte Nicht-Deutsche einbezog, die vorher gar nicht in Sicherungsverwahrung gewesen waren, aber zeitgleich in das Lager kamen.

46 Sylvia Köchl/Christa Putz, Kriminell – ein Leben lang. Bestrafung und Verfolgung zweier Welserinnen vor, während und nach dem Nationalsozialismus, in: Stadt Wels (Hrsg.), Nationalsozialismus in Wels, Bd. 2, Wels 2012.

47 Julia Hörath, Experimente zur Kontrolle und Repression von Devianz und Delinquenz. Die Einweisung von „Asozialen" und „Berufsverbrechern" in die Konzentrationslager 1933 bis 1937/38, Berlin 2012 (unveröffentlichte Dissertation). Im Folgenden zitiere ich aus der von Julia Hörath 2012 an der Freien Universität Berlin eingereichten Dissertation, die 2016 in erheblich gekürzter Form erscheinen wird. An dieser Stelle möchte ich mich herzlich bei Julia Hörath für die Bereitstellung ihrer Arbeit bedanken.

48 Vgl. z. B. Warmbold, Lagersprache; Juliane Brauer, Musik im Konzentrationslager Sachsenhausen, Berlin 2009.

eine bemerkenswerte Leerstelle.[49] Dies führte zwischen 2011 und 2013 zu einer zunächst in der Zeitschrift *Soziologie* ausgetragenen Debatte, die schließlich in der *Frankfurter Allgemeinen Zeitung* fortgesetzt wurde.[50] Im Mittelpunkt der Diskussion stand die Frage, in welchem Verhältnis die Soziologie als Wissenschaft zur Erforschung des Nationalsozialismus stehe. Innerhalb der neueren soziologischen Forschung stellt Maja Suderlands Studie über die „Häftlingsgesellschaft" folglich eine Ausnahme dar. Sie plädiert unter Rückgriff auf Pierre Bourdieu für die Anwendung soziologischer Kategorien auf das KZ-System. Denn auch wenn es sich um Zwangsgemeinschaften gehandelt habe, seien diese dennoch als Gesellschaften, in denen soziales Handeln stattfand, zu bezeichnen.[51] Den Einschränkungen gewahr, die das KZ-System den Häftlingen aufzwang, verteidigt Suderland deshalb überzeugend den Begriff der „Häftlingsgesellschaft" und spricht von einer „verborgenen sozialen Praxis" in den Lagern.[52] Lutz Niethammer hingegen kritisierte 1998 noch die Verwendung des Gesellschaftsbegriffs mit dem Argument, seit der Philosophie Hegels werde „Gesellschaftlichkeit zumindest mit Grundzügen von Selbst- oder doch Mitgestaltung, von Funktionalität und Rationalität in den gesellschaftlichen Beziehungen"[53] verbunden. Dennoch stellte auch Niethammer klar, dass die Macht der SS in den Lagern nicht völlig absolut war:

49 Vgl. Michael Becker, „Social scientist, being normal men, will have great difficulties to understand …" Bemerkungen zur Rezeption der nationalsozialistischen Konzentrationslager in der deutschen Soziologie, in: Roman Fröhlich/Mira Jovanović-Ratković/Cornelia Siebeck/Frank Wiedemann (Hrsg.), Zentrum und Peripherie. Die Wahrnehmung der nationalsozialistischen Konzentrationslager, Berlin 2013, S. 97–136.

50 Vgl. Michaela Christ, Die Soziologie und das „Dritte Reich". Weshalb Holocaust und Nationalsozialismus in der Soziologie ein Schattendasein führen, in: Soziologie 40 (2011) 3, S. 407–431; Maurizio Bach, „Drittes Reich" und Soziologie: Was kann die Soziologie zum Verständnis der nationalsozialistischen Führerdiktatur beitragen?, in: Soziologie 41 (2012) 1, S. 19–27; Stefan Deißler, Geschichtslosigkeit als Gegenwartsproblem. Ein Schlaglicht auf die epistemologische Dimension der Debatte um den Ort des Nationalsozialismus in der Soziologie, in: Soziologie 42 (2013) 2, S. 127–147; Stefan Kühl, Ein letzter kläglicher Versuch der Verdrängung, in: FAZ, 8. 5. 2013, S. N 4 sowie als ein Ergebnis der Debatte Michaela Christ/Maja Suderland (Hrsg.), Soziologie und Nationalsozialismus. Positionen, Debatten, Perspektiven, Berlin 2014.

51 Maja Suderland, Ein Extremfall des Sozialen. Die Häftlingsgesellschaft in den nationalsozialistischen Konzentrationslagern, Frankfurt a. M. 2009, S. 102.

52 Ebenda, S. 26.

53 Lutz Niethammer, Häftlinge und Häftlingsgruppen im Lager. Kommentierende Bemerkungen, in: Herbert/Orth/Dieckmann (Hrsg.), Die nationalsozialistischen Konzentrationslager, S. 1046–1060, hier S. 1049.

> „Von Häftlingsgesellschaft läßt sich also nur insofern sprechen, als die Macht der SS nicht oder doch nur letztlich als total betrachtet wird, vielmehr – vor allem in der riesigen Ausweitung, Differenzierung und Multikulturalität des KZ-Systems im Krieg – Raum für dependente und Gegenmacht ließ."[54]

Genau die Betrachtung dieses Raumes eröffnet spannende Perspektiven: In welchen Momenten und auf welche Weise entwickelten KZ-Insassen eigene Strategien im Umgang mit der Lagerhaft? Wann und wie nutzen sie die wenigen und begrenzten Handlungsspielräume, die der SS-Terrors trotz allem bot, um ihr Überleben in den Lagern zu sichern? Ein Beispiel dafür liefert Obenaus, der sich dem Thema auf eine spezielle Art und Weise angenommen hat, indem er eindrucksvoll am Beispiel des spätestens nach Beginn des Zweiten Weltkrieges in den Lagern allgegenwärtigen Hungers Aspekte von „Handlungs- und Protestfähigkeit" herausarbeitet.[55] Marc Buggeln weist in seiner Studie über das Außenlagersystem des KZ Neuengamme ebenfalls auf die zentrale Bedeutung des Hungerns für die „Häftlingszwangsgesellschaft" hin. Zwar kritisiert Buggeln die Verwendung des Gesellschaftsbegriffs im Kontext der Konzentrationslager, gleichwohl nimmt aber die Untersuchung individueller und kollektiver Überlebensstrategien in seiner Untersuchung einen großen Raum ein.[56] Ebenso wie Buggeln schreibt Antje Michel bewusst von einer „Zwangsgesellschaft", ohne jedoch Freiräume grundsätzlich zu negieren.[57] So geht sie davon aus, dass es den Häftlingen mittels Sprache durchaus gelang, sich eine eigene Wirklichkeit in den Lagern zu konstruieren:

> „Jenseits der Intentionen ihrer Bewacher, die soziale Identifikation ihrer Gefangenen möglichst vollständig zu unterbinden, wurden verschiedene provisorische Konzepte entwickelt, soziale Felder zu konstruieren oder umzudeuten und sich in ihnen zu positionieren."[58]

Nicht nur die von Michel untersuchten Gerüchte, sondern die Sprache als Kommunikationsmittel selbst konnte in den Lagern sowohl Ausdruck von Selbstbehauptung als auch von Machtverhältnissen sein: „Camp language reflects the

54 Ebenda.

55 Obenaus, Der Kampf um das tägliche Brot, S. 842.

56 Vgl. Marc Buggeln, Arbeit und Gewalt. Das Außenlagersystem des KZ Neuengamme, Göttingen 2009, insb. S. 487–499.

57 Antje Michel, Restrukturierte Wirklichkeit: Studien zur Kommunikationssituation im Konzentrationslager am Beispiel der Gerüchtekommunikation im KZ Sachsenhausen, Münster 2005, S. 19.

58 Ebenda, S. 26.

hierarchy of power and social life within the camp itself. It comprises the specialist jargon that was used by both the SS and the inmates", so Falk Pingel.[59] Zu ähnlichen Ergebnissen kommt Nicole Warmbold in ihrer Dissertation über „Lagersprache" im KZ Sachsenhausen.[60]

Neben den genannten Forschungsarbeiten aus der Sozial- und Sprachwissenschaft bzw. Kommunikationstheorie eröffnen psychologische Ansätze wie die Beschreibungen der Lagergesellschaft von Dr. Elie A. Cohen weitere interessante Zugänge. Cohen, der in einer holländischen jüdischen Familie aufwuchs und selbst mehrere Konzentrationslager überlebte, war in den KZ Westerbork und Auschwitz als Häftlingsarzt tätig. Er beschreibt u. a., wie er in dieser Funktion gezwungen wurde, Listen für Transporte in die Vernichtungslager zusammenzustellen. Vor dem Hintergrund seiner eigenen persönlichen Verluste – seine Frau, der vierjährige Sohn sowie seine Schwiegereltern wurden direkt nach ihrer Ankunft im KZ Auschwitz ermordet – befasste sich Cohen nach seiner Befreiung und Rückkehr in die Niederlande intensiv mit den Traumata von Holocaustüberlebenden.[61] In einer 1953 publizierten Studie „Human Behavior in the Concentration Camp" erläutert er Aspekte der Psychologie von KZ-Häftlingen.[62] Cohen geht von drei Stufen aus, die die KZ-Häftlinge während ihrer Lagerhaft durchliefen: „initial reaction" (Anfangssituation), „adaption" (Adaption, Annahme) und „resignation" (Resignation, Aufgeben). Die von ihm beschriebenen individuellen Mechanismen und Strategien der Häftlinge verweisen unabhängig von der jeweiligen Haftgruppe auf einen Selbstbehauptungswillen und damit auf Versuche, sich der Totalität des Lagerkosmos zu entziehen. Als Beispiel dafür nennt Cohen die in den Lagern praktizierte Sexualität.[63]

Gerade die Untersuchung von Fluchtpunkten und Gestaltungsräumen sowie von Gruppenprozessen und Abgrenzungsmechanismen im KZ Sachsenhausen spielt für die vorliegende Studie eine wichtige Rolle. Denn den Blick auf das soziale Handeln einer bisher weitgehend ignorierten Haftgruppe wie der „Berufsver-

59 Falk Pingel, Social life in an unsocial environment: the inmates' struggle for survival, in: Jane Caplan/Nikolaus Wachsmann (Hrsg.), Concentration Camps in Nazi Germany. The New Histories, Routledge 2010.

60 Warmbold, Lagersprache.

61 Im „Holocaust Center" der kalifornischen NGO „Jewish Family and Children's Services" (JFCS) in San Francisco konnte ich während eines Forschungspraktikums im Juni/Juli 2012 die private Sammlung Cohens einsehen, die zahlreiche Aufsätze und Notizen enthält, in denen er sich u. a mit seinen eigenen Schuldgefühlen als Häftlingsarzt auseinandersetzt, http://www.jfcs.org/services/holocaust-center (17. 4. 2016).

62 Elie A. Cohen, Human Behavior in the Concentration Camp, New York 1953.

63 Ebenda, S. 148.

brecher“ zu lenken bedeutet auch, gängige Darstellungen der Häftlingsgesellschaft zu hinterfragen und gegebenenfalls neu zu interpretieren. Verhalten und Handeln von Personen, denen die SS innerhalb der Lagerhierarchie eine höhere Position zugewiesen hatte, können auf diese Weise differenzierter wahrgenommen werden. Nicht zuletzt lassen sich die Konflikte zwischen den verschiedenen Haftgruppen sowohl aus früheren gesellschaftlichen Prägungen als auch den eigenen Interessenslagen im KZ-System erklären. Schließlich handelte es sich bei den Häftlingen nicht um eine monolithische Interessensgruppe, vielmehr ist die Häftlingsgesellschaft als ein – wenn auch unter extremem Zwang kreierter – sozialer Raum zu verstehen, an dessen Gestaltung die Inhaftierten zumindest partiell beteiligt sein konnten. Neben den diversen interdisziplinären Ansätzen, soziale Interaktionen in den Konzentrationslagern zu erfassen, liegt für die vorliegende Arbeit auch aus anderen Gründen eine Verbindung von Sozial- und Geschichtswissenschaften nahe: Erstens ist die Frage nach einem gesellschaftlichem Umgang mit Kriminalität keineswegs lediglich eine rein historische, sondern eine grundsätzlich sozialwissenschaftliche Fragestellung, die auch in heutigen Gesellschaften virulent ist. Die Tatsache, dass wenig über die „Berufsverbrecher“ in den Konzentrationslagern bekannt ist, macht zweitens eine solide empirische Datenbasis notwendig, sodass nicht nur inhaltlich, sondern auch „handwerklich“ ein Rückgriff auf die Sozialwissenschaft notwendig war.

1.3. Eingrenzung des Forschungsgegenstands

1.3.1. Das KZ Sachsenhausen bei Oranienburg als Fallbeispiel

> „Das in der Straßengabel Sachsenhausen – Lehnitzschleuse – Oranienburg gelegene, auf beiliegender Übersichtskarte rot bezeichnete fiskalische Forstgelände, bitte ich der Preußischen Geheimen Staatspolizei zur Verfügung zu stellen. Auf diesem Gelände soll sofort ein staatliches Konzentrationslager errichtet werden.“[64]

64 Schreiben des Gestapa Berlin vom 18. 6. 1936, in: Zentralleitung des Komitees der Antifaschistischen Widerstandskämpfer der Deutschen Demokratischen Republik (Hrsg.), Sachsenhausen. Dokumente, Aussagen, Forschungsergebnisse und Erlebnisberichte über das ehemalige Konzentrationslager Sachsenhausen, Berlin 1982, S. 33 sowie Brandenburgisches Landeshauptarchiv (BLHA), Rep. 2A, III Forsten, Nr. 16238, Bl. 18, abgedruckt in: Günter Morsch, Sachsenhausen. Das „Konzentrationslager bei der Reichshauptstadt“. Gründung und Ausbau, Berlin 2014, S. 136–138.

Mit diesen Worten wandte sich Theodor Eicke am 18. Juni 1936 an das Sachsenhausener Forstamt. Bereits im März desselben Jahres hatte es Verhandlungen zwischen der SS und der Behörde über das Gelände gegeben.[65] Die SS betrat zu diesem Zeitpunkt keineswegs Neuland in Oranienburg, denn bereits seit April 1935 nutzte die SS-Wachtruppe „Brandenburg“ das örtliche Schloss, das ihr von der Stadt Oranienburg zur Verfügung gestellt worden war.[66] Als im Juli 1936 am Oranienburger Stadtrand schließlich die ersten 50 Häftlinge mit dem Roden der Waldfläche begannen, entstand bereits das zweite Konzentrationslager in der brandenburgischen Kleinstadt: Von März 1933 bis Juli 1934 hatte die SA ein Lager in der Innenstadt auf dem Gelände einer ehemaligen Brauerei betrieben.[67] In diesem frühen Lager waren ca. 3000 Personen inhaftiert, überwiegend betraf dies politische Gegner, aber auch vereinzelt „Asoziale“.[68] Mindestens 16 Menschen fanden in dem ersten Oranienburger Lager einen gewaltsamen Tod, unter ihnen der Anarchist und Schriftsteller Erich Mühsam.[69] Nach der Schließung des Lagers[70] war die SS, die nach dem „Röhm-Putsch“ die SA vor Ort entwaffnet und das KZ Oranienburg übernommen hatte, im Ort präsent geblieben.[71] Unter Mitarbeit von 135 regionalen Betrieben, die für den Aufbau des zentralen Häftlingslagers Arbeiter und Material zur Verfügung stellten, ließ Eicke dann ab Sommer 1936 am Stadtrand nahe der Gemeinde „Sachsenhausen“ schrittweise das gleichnamige Konzentrationslager errichten. Als leitender Architekt fungierte der erst 29-jährige Bernhard Kuiper.[72]

Das KZ-Sachsenhausen wuchs bis Kriegsende zu einem riesigen, ca. 380 Hektar umfassenden Komplex heran, der einen Verwaltungsbereich, das SS-Truppengelände, eigene Werkstätten, eine Großziegelei und mehr als 100 Außenlager

65 Morsch (Hrsg.), Sachsenburg, S. 93.

66 Ebenda, S. 92.

67 Vgl. zum KZ Oranienburg Günter Morsch, Konzentrationslager Oranienburg, Berlin 1994, sowie die Online-Ausstellung über die politischen Häftlinge, www.stiftung-bg.de/kz-oranienburg (17. 4. 2016).

68 Hörath, Experimente zur Kontrolle und Repression, S. 439.

69 Heute befindet sich vor Ort, wo noch ein Teil der Mauer sowie des Grundstücks zu sehen ist, eine Gedenktafel, die an das Lager erinnert. Jährlich finden hier Gedenkveranstaltungen statt.

70 Die Häftlinge wurden im Juli 1934 in das KZ Lichtenburg überstellt, allerdings behielt die SS das vormalige KZ Oranienburg als „Reservelager“, das erst aufgegeben wurde, als das neue KZ Sachsenhausen am Stadtrand entstand, vgl. Morsch, Sachsenhausen, S. 17.

71 Klaus Drobisch, Oranienburg – eines der ersten nationalsozialistischen Konzentrationslager, in: Morsch (Hrsg.), Konzentrationslager Oranienburg, S. 13–22, hier S. 21; Morsch, Sachsenhausen, S. 17, vgl. zur SS in Oranienburg auch Frederic Bonnesoeur, Oranienburg und das Konzentrationslager Sachsenhausen, Berlin 2013 (unveröffentlichte Magisterarbeit).

72 Zur Person Kuipers vgl. Morsch (Hrsg.), Sachsenburg, S. 95–98; Morsch, Sachsenhausen, S. 20–24.

umfasste.[73] Am Rande des Lagergeländes entstand ab 1937 eine Wohnsiedlung für Angehörige der Kommandantur. Das Lager, in dem zwischen 1936 und 1945 mindestens 204 000 Menschen[74] inhaftiert waren, war bis Kriegsbeginn das größte Konzentrationslager auf deutschem Boden. Ihm kam in mehrfacher Hinsicht eine besondere Rolle innerhalb des KZ-Systems zu: Sachsenhausen diente als Ausbildungslager für die SS, Mordmethoden wurden hier getestet und entwickelt.[75] Seit 1938 befand sich vor Ort (im heutigen Finanzamt) zudem mit der „Inspektion der Konzentrationslager" (IKL) die zentrale Verwaltung aller der IKL unterstehenden Konzentrationslager.[76]

Unter den Häftlingen im KZ Sachsenhausen lassen sich Angehörige aus mehr als 40 Nationen nachweisen. Mehrere Zehntausend Menschen kamen in dem Lager ums Leben oder wurden ermordet. Ab Ende 1939 nutzte die SS für Hinrichtungen den vom Häftlingslager abgetrennten Bereich auf dem ehemaligen „Industriehof". Neben einem Erschießungsgraben umfasste das Areal zeitweilig eine Baracke mit „Genickschussanlage", in der SS-Männer im Spätsommer/Herbst 1941 mehr als 10 000 sowjetische Kriegsgefangene töteten. Wenig später ließ die SS im Frühjahr 1942 die „Station Z" erbauen, ein Gebäude, das lediglich zwei Funktionen hatte: die Ermordung von Menschen sowie die Einäscherung der Leichen. Hier befand sich auch eine Gaskammer.[77] Im Bereich des „Industriehofes" setzte die SS mehrere

73 Diese Außenlager sind längst nicht alle erforscht. Die Stiftung Brandenburgische Gedenkstätten veranstaltete im Oktober 2003 einen Workshop, der sich den Außenlagern der KZ Sachsenhausen und Ravensbrück widmete. Vgl. Thomas Irmer/Horst Seferens, Die Außenlager der Konzentrationslager Sachsenhausen und Ravensbrück in Berlin, Brandenburg und Mecklenburg-Vorpommern, in: GedenkstättenRundbrief 117 (2004), S. 36–39. Zum Außenlager Barth vgl. Natalja Jeske, Das KZ-Außenlager Barth. Geschichte und Erinnerung, Kückenshagen 2010.

74 Die genaue Anzahl der Häftlinge wird sich nicht mehr ermitteln lassen, da die Lager-SS in den letzten Wochen und Monaten einen großen Teil ihrer Dokumente vor Ort vernichtete bzw. vernichten ließ.

75 Hermann Kaienburg, Die Systematisierung der Gewalt. Das KZ Sachsenhausen als neues Zentral- und Musterlager, in: ders. (Hrsg.), Nationalsozialistische Konzentrationslager 1933–1945. Die Veränderungen der Existenzbedingungen, Berlin 2010, S. 51–73, hier S. 55.

76 Johannes Tuchel, Die Inspektion der Konzentrationslager 1938–1945. Das System des Terrors, Berlin 1994. Vor Ort befindet sich eine neue Ausstellung über die IKL mit dem Titel „Die Zentrale des KZ-Terrors. Die Inspektion der Konzentrationslager 1934–1945. Eine Ausstellung am historischen Ort", die am 27. 10. 2013 eröffnet wurde. Vgl. den Begleitkatalog: Günter Morsch/Agnes Ohm (Hrsg.), Die Zentrale des KZ-Terrors. Die Inspektion der Konzentrationslager 1934–1945, Berlin 2015.

77 Günter Morsch, Tötungen durch Giftgas im Konzentrationslager Sachsenhausen, in: ders./ Bertrand Perz (Hrsg.), Neue Studien zu nationalsozialistischen Massentötungen durch Giftga. Historische Bedeutung, technische Entwicklung und revisionistische Leugnung,

Häftlingskommandos ein, die u. a. im Krematorium und in den Hinrichtungsstätten arbeiten mussten. Nur wenige überlebten das Krematoriumskommando, unter ihnen der „Berufsverbrecher" Walter H. Wie die Aussage des gebürtigen Hamburgers während seiner Vernehmung im Vorfeld der Ermittlungen gegen den Blockführer Otto Kaiser zeigt, konnte diese Tätigkeit traumatische Folgen haben: „Man muß berücksichtigen, daß ich durch die wochenlange Tätigkeit bei diesem Krematorium abstumpfen mußte", so Walter H.[78]

Am 22./23. April 1945 befreite die Rote Armee gemeinsam mit polnischen Truppen das Konzentrationslager Sachsenhausen. Mehr als 33 000 Häftlinge waren zuvor von der SS auf „Todesmärsche" geschickt worden, die durch zahlreiche kleine brandenburgische und mecklenburgische Gemeinden führten.[79] Über 3000 kranke und körperlich geschwächte Häftlinge fanden die Alliierten nach ihrer Ankunft im Krankenrevier des Lagers vor, mehrere Hundert überlebten die Befreiung nicht. Wenige Monate später nutzte der sowjetische Geheimdienst NKWD ab August 1945 Teile des ehemaligen Konzentrationslagers als sowjetisches Speziallager Nr. 7, das sich zuvor in Weesow bei Werneuchen befunden hatte.[80]

In der älteren Literatur wird die Einrichtung des KZ Sachsenhausen häufig in erster Linie in den Kontext der Verfolgung politischer Gegner gestellt. So betont das Autorenkollektiv in einem Band der „Zentralleitung des Komitees der Antifaschistischen Widerstandskämpfer" von 1982 die Rolle des Lagers bei Oranienburg bei der Unterdrückung „staatsgefährlicher Elemente".[81] Ähnlich argumentieren Hein Meyn und Ursel Hochmuth 1987 in ihrem Vorwort zu Harry Naujoks' Erinnerungsbericht.[82] Sie beziehen sich auf das Schreiben Eickes und die dort geäußerte Begründung, die Militärbehörde sei mit der Bitte an Eicke herangetreten, im Kriegsfall „einige Hundert staatsgefährliche Elemente in einem Konzentrationslager in der Nähe Berlins unterzubringen".[83] Abgesehen davon, dass die Bezeichnung

Berlin 2010, S. 260–276; Günter Morsch (Hrsg.), Mord und Massenmord im Konzentrationslager Sachsenhausen 1936–1945, 2. Aufl., Berlin 2008, S. 29.

78 Aussage von Walter H. am 17. 3. 1961, Staatsanwaltschaft Köln, 24 Ks 1/64 (Z)/XXIV, Landesarchiv NRW, zit. n. AS, JD 21/34, Bl. 16.

79 Eindrucksvoll dokumentiert werden die Todesmärsche im Museum des Todesmarsches Below, www.stiftung-bg.de/below (17. 4. 2016).

80 Ines Reich/Günter Morsch (Hrsg.), Sowjetisches Speziallager Nr. 7/Nr. 1 in Sachsenhausen (1945–1950), Berlin 2005.

81 Zentralleitung des Komitees der Antifaschistischen Widerstandskämpfer der Deutschen Demokratischen Republik (Hrsg.), Sachsenhausen, S. 19.

82 Harry Naujoks, Mein Leben im KZ Sachsenhausen 1936–1942. Erinnerungen des ehemaligen Lagerältesten, Köln 1987.

83 Ebenda, S. 10.

„staatsgefährlich" aus Sicht der SS durchaus auch „kriminelle" Vorbeugehäftlinge umfassen konnte, berücksichtigt diese Aussage lediglich *eine* von mehreren Erklärungen für den Aufbau des KZ Sachsenhausen. Die jüngere Forschungsliteratur diskutiert die Motive weitaus differenzierter, auch wenn sie die Rolle Sachsenhausens als Haftort für politische Gegner ebenfalls hervorhebt. Hermann Kaienburg betont etwa den Zusammenhang zwischen der von der Gestapo ab 1936 zusammengestellten „A-Kartei" und der Errichtung des Konzentrationslagers Sachsenhausen.[84] Die „A-Kartei" umfasste Namen von Personen, die als politische Regimegegner galten und die im Kriegsfall von der Gestapo „Schutzhaft" genommen werden sollten.[85] Auch Morsch verweist auf die in diversen Dokumenten wiederkehrende Argumentation Eickes und Himmlers, die Militärbehörde sei mit der Aufforderung an sie herangetreten, im Kriegsfall Konzentrationslager für die Verhaftung politischer Gegner zur Verfügung zu stellen.[86] Dennoch spricht er eher von „Ursachenkomplexen" für den Wandel des KZ-Systems. Er betont die veränderte Funktion der ab 1936 aufgebauten Lager gegenüber Haftstätten, die „hauptsächlich die Verfolgung der politischen Gegner der Nationalsozialisten zum Ziel hatten", zu „Instrumenten der militärischen und wirtschaftlichen Mobilmachung sowie der Sozial-, Bevölkerungs- und Rassenpolitik".[87] Tatsächlich wurden in das KZ Sachsenhausen von Beginn an neben Kommunisten, Sozialdemokraten und Gewerkschaftern auch in großer Zahl sogenannte Berufsverbrecher überstellt. So waren dort am 1. Januar 1937 neben 1006 Schutzhäftlingen 541 Vorbeugehäftlinge inhaftiert.[88]

Mit der Errichtung der neuen, großen Lager, deren Ausgangspunkt der Aufbau des KZ Sachsenhausen war, intendierten die Nationalsozialisten somit von Beginn an die Schaffung von Haftorten für aus unterschiedlichsten Gründen verfolgte Personen(gruppen). Gerade weil das „Modelllager"[89] Sachsenhausen in der Erinnerungsliteratur lange als Hauptort der Verfolgung politischer Gegner galt, dessen Geschichte vielfach und insbesondere in der ehemaligen DDR geschrieben wurde,

84 Hermann Kaienburg, Der Militär- und Wirtschaftskomplex der SS im KZ-Standort Sachsenhausen – Oranienburg. Schnittpunkt von KZ-System, Waffen-SS und Judenmord, Berlin 2006, S. 130.

85 Vgl. Hans-Peter Klausch, Polizei, Wehrmacht und KZ-System: Die „A-Kartei-Aktion" zu Beginn des Zweiten Weltkrieges, in: KZ-Gedenkstätte Neuengamme (Hrsg.), Polizei, S. 105–118.

86 Morsch (Hrsg.), Sachsenburg, S. 91.

87 Ebenda, S. 89; vgl. auch Morsch, Sachsenhausen, S. 15.

88 Veränderungszettel KL Sachsenhausen, BLHA, Rep. 35H KZ Sachsenhausen Nr. 2, zit. n. AS, D 30 A/2, Bd. 2, Bl. 3; vgl. auch Kapitel 4.1.

89 Morsch, Sachsenhausen, S. 24.

bot es sich als Forschungsgegenstand an. Denn die Erforschung anderer Haftgruppen, wie der „Berufsverbrecher“, kann neue Perspektiven sowohl auf die Funktion dieses Lagers als auch auf die Innenperspektive der Häftlingsgesellschaft eröffnen. Zugleich liefert die Historiografie über Sachsenhausen selbst Anknüpfungspunkte für die im letzten Kapitel dargelegten Kontinuitätslinien einer Stigmatisierung, die sich durch die Geschichte dieses Erinnerungsortes zieht.

1.3.2. Haftgruppen und Kategorien

Nicht nur die Analyse der verschiedenen Funktionen, die das KZ Sachsenhausen erfüllen sollte, sondern auch die Betrachtung des ausdifferenzierten Systems von Haftgruppen[90] lässt es aus heutiger Sicht unzureichend erscheinen, das Lager als Haftstätte für vorwiegend politische Gegner wahrzunehmen. Wie in allen Konzentrationslagern teilte die SS auch hier die eingelieferten Personen in verschiedene Kategorien ein, die im Laufe der Zeit immer weiter aufgefächert wurden. Analog zur nicht statischen Verfolgungspraxis des nationalsozialistischen Staates und zur Besatzungspolitik in den diversen europäischen Ländern änderte sich die Zusammensetzung der Häftlingsgesellschaft mehrfach. Bis zur Befreiung im April 1945 lassen sich folgende Haftgruppen im Konzentrationslager Sachsenhausen rekonstruieren: Schutzhäftlinge (darunter Homosexuelle, politische und weltanschauliche Gegner der Nationalsozialisten, Zeugen Jehovas, Nicht-Deutsche sowie deutsche und ausländische Juden), Vorbeugehäftlinge (darunter deutsche und nicht-deutsche „Asoziale“, „Berufsverbrecher“, „Sittlichkeitsverbrecher“, Homosexuelle, Sinti und Roma sowie Juden[91]), Emigranten, Besserungshäftlinge, Sicherungsverwahrte sowie andere „Justizgefangene“, außerdem Ausweisungshäftlinge, Kriegsgefangene, Zwangsarbeiter, sogenannte Sonderhäftlinge und die Gefangenen der Sonderabteilung Wehrmacht (SAW).

90 Auch wenn der Begriff „Haftgruppe“ problematisch ist, da er eine Homogenisierung impliziert, die auch innerhalb der „Gruppen“ nicht gegeben war, spreche ich der Einfachheit halber trotzdem von Gruppen, ohne dabei deren Heterogenität infrage stellen zu wollen.

91 Einer der vermutlich bekanntesten Juden, die den grünen Winkel tragen mussten, war der Russe Salamon Smolianoff, der als professioneller Geldfälscher 1936 bis 1940 in einem Zuchthaus gesessen hatte und anschließend in das KZ Mauthausen deportiert worden war. Für das „Geldfälscherkommando“ wurde er explizit aufgrund seiner Fähigkeiten als Fälscher in das KZ Sachsenhausen überstellt. Zu Smolianoff vgl. Adolf Burger, Des Teufels Werkstatt. Die größte Geldfälscheraktion der Weltgeschichte, Berlin 2001, S. 160 f. sowie Lawrence Malkin, Hitlers Geldfälscher. Wie die Nazis planten, das internationale Währungssystem auszuhebeln, Bergisch Gladbach 2006, S. 180–188. Malkin bezeichnet Smolianoff als den „einzigen Berufsverbrecher unter lauter respektablen Handwerkern und Kaufleuten“, ebenda, S. 180.

In den Unterlagen der Lagerverwaltung werden 1936 zunächst die Oberkategorien „Vorbeugehäftlinge" (gelegentlich auch schon als „Berufsverbrecher" tituliert) sowie „Schutzhäftlinge" (ohne weitere Zusatzbezeichnung) verwendet, in einzelnen Fällen lassen sich auch als solche benannte Homosexuelle nachweisen.[92] Ab Anfang 1938 kommen mit den „Besserungshäftlingen" (später auch unter der Bezeichnung. „Erziehungssturm" geführt) sowie „Schulungshäftlingen" (Re-Immigranten) in den Einlieferungsdokumenten neue Kategorien hinzu. „Asoziale" sind zu diesem Zeitpunkt noch nicht als eigene Gruppe verzeichnet.[93] Die weitere Differenzierung vollzog sich vermutlich erst mit den im Rahmen der „Aktion Arbeitsscheu Reich"[94] im Juni 1938 massenhaft eingewiesenen Vorbeugehäftlingen.[95] Mittels farbiger Winkel visualisierte die SS die jeweilige Kategorisierung im Lager – wann genau diese Markierungen eingeführt wurden, bleibt allerdings strittig.[96] Hermann Kaienburg zufolge trugen die Zeugen Jehovas schon 1937 einen blauen Winkel,[97] Barbara Danckwortt geht für die ersten beiden Jahre von einer speziellen Kennzeichnung für jüdische Häftlinge im KZ Sachsenhausen in Form eines „aufgenähten runden gelben Flecken" aus,[98] Andreas Sternweiler vermutet die Einführung einer besonderen farblichen Kennzeichnung für Homosexuelle bereits ab Mai 1937.[99]

92 Vgl. Veränderungszettel KL Sachsenhausen vom 20. 11. 1936, BLHA, Rep. 35H KZ Sachsenhausen Nr. 2, zit. n. AS, D 30 A/2, Bl. 2, S. 174.

93 Vgl. auch Günter Morsch, der ebenfalls davon ausgeht, dass zu diesem Zeitpunkt weder „Asoziale" noch sogenannte Zigeuner als eigene Haftgruppe geführt wurden. Morsch, Sachsenhausen – ein neuer Lagertypus?, S. 817.

94 Vgl. Kapitel 3.4.

95 Mehrere Veränderungsmeldungen vom 17. 6. 1938 enthalten eine Umstellung von „Vorbeugungshäftling" zu „Arbeitsscheuer" mit dem Zusatz: „Die Sonderzugänge werden als Arbeitsscheue geführt." Dies deutet darauf hin, dass erst zu diesem Zeitpunkt die in Vorbeugehaft Genommenen Kategorien zugeordnet wurden. Vgl. zu den Meldungen z. B. Russisches Staatliches Militärarchiv Moskau (RGWA), 1367/1/20, zit. n. AS, D 1 A/1020, Bl. 168 f.

96 Zur Kennzeichnung der Haftgruppen siehe auch Karin Orth, Das System der nationalsozialistischen Konzentrationslager. Eine politische Organisationsgeschichte, Hamburg 1999, S. 57 f. sowie Annette Eberle, Häftlingskategorien und Kennzeichnungen, in: Benz/Distel (Hrsg.), Der Ort des Terrors, Bd. 1, S. 91–110.

97 Hermann Kaienburg, Sachsenhausen – Stammlager, in: Benz/Distel (Hrsg.), Der Ort des Terrors, Bd. 3, S. 17–72, hier S. 32 f.

98 Barbara Danckwortt, Jüdische „Schutzhäftlinge" im KZ Sachsenhausen 1936–1938. Verfolgungsgeschichten von Kommunisten, Sozialdemokraten und Liberalen, in: Günter Morsch/Susanne zur Nieden (Hrsg.), Jüdische Häftlinge im KZ Sachsenhausen 1936 bis 1945, Berlin 2004, S. 140–164, hier S. 148.

99 Andreas Sternweiler, Chronologischer Versuch zur Situation der Homosexuellen im KZ Sachsenhausen, in: Joachim Müller/ders. (Hrsg.), Homosexuelle Männer im KZ Sachsenhausen, Berlin 2000, S. 29–58, hier S. 34; vgl. auch Morsch, Sachsenhausen, S. 49.

Die Markierung wird in der Erinnerungsliteratur vielfach geschildert. So beschreibt der ehemalige politische Häftling Naujoks, dass sich schon in den ersten beiden Jahren die Vorbeuge- und Schutzhäftlinge grüne bzw. rote Streifen an die Kleidung nähen mussten, die jeweilige Zuordnung also bereits 1936/37 sichtbar war.[100] Ironisch skizziert Hans Reichmann, der am 10. November 1938 im Zuge der „Pogromnacht" nach Sachsenhausen deportiert wurde, die Vergabe der Winkel für die jüdischen Häftlinge:

> „Das sind ja prächtige Abzeichen! Zwei dreieckige Winkel, der gelbe Judenstern und rote politische, sind so zusammengenäht, daß sie einen Davidstern ergeben. Einer dieser Orden kommt auf die Jacke, der andere auf das rechte Hosenbein. Über den Davidstern ist auf Jacke und Hose die Nummer zu nähen, die auf weiße Leinwand gestempelt ist."[101]

Reichmann erwähnt ein weiteres Detail, das für den Kontext dieser Arbeit interessant ist: Die SS habe einigen „Berufsverbrechern", die als besonders gefährlich gegolten hätten, „auf die Häftlingsjacke und den Mantel ein 40 cm hohes BV gemalt".[102] Auch auf den Fotos aus dem KZ Columbia, die der Lagerkommandant Karl Otto Koch 1935/36 angefertigt hatte, sind solche unterschiedlichen Markierungen[103] zu sehen. „Berufsverbrecher" trugen hier grüne Kreise auf ihren Jacken.

Handelte es sich bei der Winkelvergabe um ein scheinbar ausgeklügeltes System, war die jeweilige Zuordnung offenbar nicht immer klar festgelegt. Darauf weisen Um- und Mehrfachkategorisierungen hin. Ein Beispiel dafür schildert Andreas Sternweiler: Der 34-jährige Max Juds aus Berlin-Kreuzberg war neun Mal wegen Diebstahls verurteilt und im März 1937 während der ersten reichsweiten Aktion gegen „Berufsverbrecher"[104] in das KZ Sachsenhausen eingeliefert worden.

Er erhielt zunächst den grünen Winkel für „Berufsverbrecher". Im Sommer 1939 musste er jedoch mehrere Monate einen rosa Winkel tragen, weil er beschuldigt worden war, sexuelle Kontakte mit anderen Häftlingen unterhalten zu haben.[105] Da

100 Naujoks, Mein Leben im KZ Sachsenhausen, S. 30 und 77.

101 Hans Reichmann, Deutscher Bürger und verfolgter Jude. Novemberpogrom und KZ Sachsenhausen 1937 bis 1939. Bearb. von Michael Wildt, München 1998.

102 Ebenda, S. 141.

103 Morsch (Hrsg.), Sachsenburg, S. 234. Abgebildet sind sechs männliche Häftlinge, bei zwei Personen sind diese Kreise oder „Flecken" zu sehen, die Originalunterschrift lautet: „B. Ver. im K. L. C."

104 Vgl. Kapitel 3.3.

105 Andreas Sternweiler, Chronologischer Versuch zur Situation der Homosexuellen im KZ Sachsenhausen, in: Müller/ders. (Hrsg.), Homosexuelle Männer, S. 29–58, hier S. 40.

homosexuelle Häftlinge in der Lagerhierarchie weit unten standen, stellte der rosa Winkel für Juds möglicherweise eine Verschlechterung seiner Position in Sachsenhausen dar.[106]

Eine Umkategorisierung als Strafe im Lager führte auch der ehemalige Häftling Willi G. an, als er im November 1960 im Rahmen von Ermittlungen gegen den SS-Blockführer Otto Kaiser befragt wurde. G. war nach eigenen Angaben aus politischen Gründen 1936 von der Gestapo Münster festgenommen worden und erhielt erst später den grünen Winkel: „Ich trug in den ersten Monaten keinen Winkel, ich war Schutzhäftling. Als man mich beim Organisieren von Lebensmitteln im Lager erwischte, bekam ich den grünen Winkel", so G.[107] Anhand der Dokumente lässt sich eine andere Kategorisierung von G. im KZ Sachsenhausen, wo er als „Berufsverbrecher" geführt wurde, allerdings nicht nachweisen.[108] Im KZ Lublin habe er einen roten Winkel getragen, so G.[109]

Inwieweit es sich um eine Schutzbehauptung des ehemaligen Häftlings handelt, der sich wohl einer das Kriegsende überdauernden Stigmatisierung der „Berufsverbrecher" bewusst war, lässt sich nur vermuten. Generell verweisen aber auch andere Quellen darauf, dass manche Häftlinge im Laufe ihrer Lagerhaft mehrere Winkel tragen mussten.

Insgesamt finden sich unter den für diese Studie generierten Daten 114 Fälle von „Umstellungen", bei denen sich die Kategorien änderten. Die häufigsten Wechsel gab es zwischen den Kategorien „Asozial" und „Berufsverbrecher".

Auch der ehemalige Blockführer Gustav Sorge behauptete während der gegen ihn laufenden Ermittlungen im April 1957, es sei vorgekommen, dass „Häftlinge im Lager die Kategorie wechselten", und nannte in diesem Zusammenhang die Gruppen „Asoziale", „Berufsverbrecher" sowie „Politische". Diese Wechsel hätten

106 Laut Heinz Heger war der rosa Winkel deutlich größer als der der anderen Häftlingsgruppen, vgl. Heinz Heger, Die Männer mit dem rosa Winkel. Der Bericht eines Homosexuellen über seine KZ-Haft von 1939–1945, Hamburg 1972, S. 32 f. Es handelt sich um einen der wenigen Erinnerungsberichte eines als Homosexueller verhafteten Häftlings. Der Autor, der betont, das Geschehene nicht selbst erlebt, sondern lediglich die Erinnerungen des Überlebenden Joseph K. aufgezeichnet zu haben, verwendete das Pseudonym „Heinz Heger". Vgl. Kurt Krickler, Heinz Heger. Der Mann mit dem rosa Winkel, in: lambdaNachrichten (Juni 2001), S. 42–44.

107 Zeugenvernehmung von Willy G. am 22. 11. 1960, Staatsanwaltschaft Köln, 24 KS 1/64 (Z)/II, Landesarchiv NRW, zit. n. AS, JD 21/1, Bl. 80.

108 Z. B. auf der Veränderungsmitteilung der Effektenverwaltung vom 12. 12. 1938, RGWA, 1367/1/20, Bl. 83, zit. n. AS, D 1 A/1020, Bl. 479.

109 G. wurde am 16. 6. 1942 als „BV" nach Lublin überstellt, vgl. Alphabetische Liste der am 16. 6. 1942 nach Lublin überstellen Häftlinge, FSB-Archiv Moskau, N-19092/Tom 90, Bl. 116, zit. n. AS, JSU 1/90, Bl. 116.

sich „nach den Aufgaben, für die sie im Einzelnen gebraucht wurden",[110] gerichtet.

Nicht nur bei der Vergabe der Winkel, sondern auch schon bei der Zuordnung zur Haftkategorie in der Registratur des Lagers herrschten mitunter Unklarheiten, wie Emil Büge schreibt. Der gelernte Reklamefachmann wurde im Dezember 1939 als Schutzhäftling in das KZ Sachsenhausen eingewiesen und musste für die Politische Abteilung arbeiten. Büges Aufgabe war es, die Deckel von Häftlingsakten mit der jeweiligen Abkürzung zu versehen und damit die Person einer Haftgruppe zuzuteilen. Obwohl es ihm nach eigenen Angaben lediglich erlaubt war, den Einweisungsbefehl anzuschauen, studierte er in den Jahren 1940 und 1941 mehrere vollständige Häftlingsakten. Büge fertigte aus diesen geheime Abschriften auf kleinen Notizzetteln an, die er in fünf Brillenetuis klebte. Ein Etui ging verloren, die Notizen aus den restlichen vier Behältern bildeten die Grundlage für einen im Frühjahr/Sommer 1945 verfassten Bericht, dessen überarbeitete Version Ende 2010 erstmals publiziert wurde.[111] Folgendes berichtet Büge über seine Tätigkeit in der Politischen Abteilung:

> „Bei der Einweisung von Häftlingen ist man in manchen Fällen selbst unschlüssig, ob man den Häftling nun als ‚Schutzhäftling' oder als ‚Vorbeugungshäftling' (BV für Berufsverbrecher oder Aso für Asozialer) registrieren soll. Zwar gibt es eine allgemeine Richtlinie, nach der alle von Kripo-Stellen eingewiesenen Häftlinge entweder BV oder Aso werden, alle von den Stapo-Stellen kommenden ‚Schutzhäftlinge' und alle von den Polizeipräsidenten oder Landratsämtern überstellten ‚Ausweisungshäftlinge'. Es gibt aber Abweichungen von dieser Regel, die sich zumeist aus der letzten Verurteilung oder auch aus anderen Umständen ergeben."[112]

Büges Angaben decken sich in diesem Punkt mit der wissenschaftlichen Literatur über die Politischen Abteilungen. So erläutert Günter Morsch deren Aufgaben auf vergleichbare Weise.[113] Nach welchen Kriterien jemand aus der Gruppe der Vorbeugehäftlinge allerdings als „asozial" oder „Berufsverbrecher" eingestuft

110 Vernehmung des Beschuldigten Sorge am 30. 4. 1957 durch das Bonner Landgericht, Staatsanwaltschaft Bonn, 8 Ks 1/58 (Sorge/Schubert)/XXVIII, Teil 1, Landesarchiv NRW, zit. n. AS, JD 2/43, Bl. 118–128, hier Bl. 122.

111 Emil Büge, 1470 KZ-Geheimnisse. Heimliche Aufzeichnungen aus der Politischen Abteilung des KZ Sachsenhausen Dezember 1939 bis April 1943, Berlin 2010.

112 Ebenda, S. 83.

113 Günter Morsch, Organisations- und Verwaltungsstruktur der Konzentrationslager, in: Benz/Distel (Hrsg.), Der Ort des Terrors, Bd. 1, S. 58–76, hier S. 65 f.

wurde, ist nicht in allen Fällen nachvollziehbar. Anzunehmen ist, dass sich die in der Politischen Abteilung tätigen Kriminalpolizei- und Gestapobeamten an den mitgelieferten Haftakten orientierten und in der Regel die durch die Einweisungsbehörde erfolgte Zuschreibung ihrer Einteilung in die jeweilige Haftgruppe im Lager zugrunde legten. Ein gewisses Maß an Willkür im Hinblick auf die Kategorisierung sowohl durch die einweisende Kriminalpolizei- und Gestapobehörde als auch die Politische Abteilung im Konzentrationslager ist dabei nicht auszuschließen. Dies trifft insbesondere auf den Bereich der vorbeugenden Verbrechensbekämpfung zu, da die Haftkriterien und Erlasse während der zwölf Jahre NS-Herrschaft mehreren Änderungen unterlagen. Bis Kriegsende gab es keine einheitliche Auslegung darüber, wann eine Person zum „Berufsverbrecher" oder „Asozialen" wurde.

Die Begriffe und Kategorisierungen blieben während der gesamten Zeit des NS-Regimes vage, wie auch eine Stellungnahme in der Fachzeitschrift *Kriminalistik* zeigt. Offenbar hatten einzelne Kriminalpolizeistellen im Jahr 1940 um eine Definition der Begriffe „Gemeinschaftsfremde", „Asoziale" und „Berufsverbrecher" gebeten. Der Herausgeber der *Kriminalistik*, Dr. Max Hagemann,[114] antwortete daraufhin, „der Begriff des Berufsverbrechers ist kein scharf umgrenzter".[115] Im Folgenden führte er aus, bei der Bezeichnung „Gewohnheitsverbrecher" handele es sich um den Sammel- bzw. Oberbegriff für verschiedene Verbrechertypen, die von den Gelegenheitstätern abzugrenzen seien, und schlug folgende „Faustregeln" für die polizeiliche Praxis vor:

> „Als Berufsverbrecher werden solche Vorbestraften angesehen, die das Verbrechen zu ihrem Gewerbe machen und aus dem Erlös ihrer Straftaten ganz oder teilweise leben oder gelebt haben. [...] Asozial = gemeinschaftsfremd ist, wer gemäß seiner ganzen inneren Einstellung um des lieben Ichs willen dauernd gegen die zum Wohle der Volksgemeinschaft ergangenen Anordnungen verstößt."[116]

114 Max Hagemann wurde 1883 in Hannover geboren. Nach seinem Studium der Rechts- und Staatswissenschaften war er ab 1927 Leiter der Berliner Kriminalpolizei und hatte ab 1930 einen Lehrauftrag für Kriminalistik an der Berliner Universität. Nach 1945 avancierte er zum ersten Leiter des Bundeskriminalamtes (BKA). Dort setzte er sich u. a. für die Einstellung NS-belasteter Beamter ein, vgl. Wagner, Die Resozialisierung der NS-Kriminalisten, S. 190 f.

115 Dr. Hagemann, „Der Gewohnheitsverbrecher" und damit zusammenhängende Begriffe, in: Kriminalistik 14 (1940) 8, S. 92 f.

116 Ebenda, S. 93.

Diese „Regeln“ sagen indes wenig über die tatsächliche polizeiliche Praxis vor Ort aus. Allerdings zeigen die im Rahmen dieser Arbeit recherchierten Vorbeugehaftakten,[117] dass ein großer Teil der als „Asoziale“ verfolgten Personengruppe überwiegend wegen „Delikten“ wie Wohnungslosigkeit, Bettelei und Zuhälterei nach Sachsenhausen deportiert wurde, während sich unter den „Berufsverbrechern“ mehrheitlich Personen mit mehreren Vorstrafen aus dem Bereich von Eigentums- und Betrugsdelikten finden. Julia Hörath kommt in ihrer Studie zu einem ähnlichen Befund: Während die „Berufsverbrecher“ meist ein längeres Vorstrafenregister hatten, befanden sich unter den „Asozialen“ „Angehörige der traditionellen sozialen Randgruppen“.[118] Hörath erwähnt aber auch die Überschneidungen zwischen den beiden Haftgruppen. Einer Aufstellung des SS-Hauptscharführers Hans Jung zufolge, in der er neben verschiedenen Aufgaben der KZ-Verwaltung auch die einzelnen Haftgruppen auflistet, gab es vier Gruppen von Vorbeugehäftlingen: „Berufsverbrecher“, „Asoziale“, Juden und Homosexuelle. Zu den ersten beiden Gruppen schreibt er, die „Berufsverbrecher“ seien „kriminell vorbestraft“ und „aus Sicherheitsgründen der Zivilbevölkerung gegenüber in Haft“.[119] Zusätzlich wird die in den Vorbeugehafterlassen zugrunde liegende Regelung genannt, dass sie mindestens drei Vorstrafen von je sechs Monaten hatten vorweisen müssen. Über „Asoziale“ vermerkt Jung, dass es sich um Personen „mit geringen Vorstrafen“ handele, „die solange in Haft bleiben, bis ein erfolgversprechender Arbeitseinsatz nach Anfrage des RKPA wegen eventueller Entlassung befürwortet werden kann“.[120]

1.3.3. „Asoziale“, „Berufsverbrecher“ und Sicherungsverwahrte

Die für diese Studie vorgenommene Begrenzung auf „Berufsverbrecher“ bedarf einer weiteren Erläuterung, gerade weil eine große, heterogene Gruppe unter den im Rahmen der vorbeugenden Verbrechensbekämpfung getroffenen Maßnahmen zu leiden hatte . Neben einfach oder mehrfach wegen krimineller Delikte Vorbestraften, Obdachlosen, Arbeitslosen, Streikenden, Abtreiberinnen, Prostituierten und praktischen Ärzten nahm die Kriminalpolizei unter dem Etikett „präventive Maßnahmen“ auch Homosexuelle, Sinti und Roma sowie straffällig gewordene Kriegsgefangene in Vorbeugehaft.[121] Über die Schicksale mancher Gruppen liegen

117 Vgl. zu den Vorbeugehaftakten als Quelle Kapitel 1.5.2.

118 Hörath, Experimente zur Kontrolle und Repression, S. 14 f.

119 Gliederung der Häftlinge laut Haftbefehl nach Haftart, (vor 1945), 1.1.0.6./011, ITS Digitale Archive, Bad Arolsen.

120 Ebenda.

121 Vgl. Kapitel III.

mittlerweile mehrere Publikationen vor, in denen die Verfolgung der Betroffenen durch die Kriminalpolizei thematisiert und in den jeweiligen Kontext eingeordnet wird. So gibt es Studien zur Verfolgung Homosexueller im KZ Sachsenhausen,[122] über als „Asoziale" Verfolgte[123] sowie über Sinti und Roma.[124] Auch wenn diese formal alle unter die Kategorie der Vorbeugungshäftlinge fallen konnten, sind beispielweise die Maßnahmen gegen Sinti und Roma sicherlich anders einzuordnen als die KZ-Einweisungen von Personen durch die Kriminalpolizei aufgrund von Vorstrafen, bei denen die rassistische bzw. ethnische Komponente keine oder eine untergeordnete Rolle spielte.

Die Einschränkung auf „Berufsverbrecher" und Sicherungsverwahrte hat aber auch pragmatische Gründe – eine Erfassung aller „Vorbeugehäftlinge" hätte schlichtweg den Rahmen der Untersuchung gesprengt. Denn bereits mit dieser Fokussierung konnten insgesamt 9181 Personen, die als „Berufsverbrecher", Sicherungsverwahrte und „Vorbeugehäftlinge" kategorisiert worden waren, in einer eigenen Datenbank erfasst werden.[125] Punktuell werden dennoch die Schicksale einzelner als „Asoziale" Verfolgter genannt – dies geschieht dann, wenn eine Beschreibung ihrer Fälle dazu dient, spezifische Aspekte der vorbeugenden Verbrechensbekämpfung zu skizzieren, wie bei der Verfolgung von Jugendlichen[126] und „Zuhältern".[127] Gerade bei diesen Gruppen ließ sich in den Quellen ein gewisses Maß an Willkür bei der Zuordnung erkennen, was sich auch in Umkategorisierungen niederschlug.

Die Nennung der beiden größten Gruppen von Vorbeugehäftlingen, der „Berufsverbrecher" und der „Asozialen", erfolgt meist in einem Atemzug. Christa

122 Müller/Sternweiler (Hrsg.), Homosexuelle Männer.

123 Winfried Meyer, „Asoziale" als Opfer nationalsozialistischer Verfolgung gestern und Opfer rechter Gewalt heute. Veranstaltung zum Gedenktag für die Opfer des Nationalsozialismus in der Gedenkstätte und dem Museum Sachsenhausen am 26. Januar 2001, in: Gedenkstätten-Rundbrief 99 (2001), S. 13–25. Zwischen Juni und Oktober 2008 wurde im Neuen Museum der Gedenkstätte Sachsenhausen zudem die von Wolfgang Ayaß erarbeitete Ausstellung „Wohnungslose im Nationalsozialismus" gezeigt, www.uni-kassel.de/~ayass/#Ausstellung (17.4.2016).

124 Seit 1991 existiert an der Außenmauer der ehemaligen Pathologie des Konzentrationslagers Sachsenhausen eine Tafel, die an das Schicksal der hier inhaftierten und ermordeten Sinti und Roma erinnert. Die im Jahr 2000 eröffnete Ausstellung „Medizin und Verbrechen. Das Krankenrevier des KZ Sachsenhausen 1936–1945" enthält eine eigene Sektion über Sinti und Roma. Vgl. Astrid Ley/Günter Morsch (Hrsg.), Medizin und Verbrechen. Das Krankenrevier des KZ Sachsenhausen 1936–1945, Berlin 2007, S. 223–275.

125 Vgl. zu der Datenbank das Kapitel 1.4.

126 Vgl. Kapitel 3.5.

127 Vgl. Kapitel 4.3.

Schikorra hat diese Vermischung zu Recht kritisiert, auch wenn es scheint, als wolle sie vor allem die „Asozialen“ vor einer Stigmatisierung als „Verbrecher“ bewahren. So merkt sie in einem Aufsatz von 2005 an: „Fragen, die sich in diesem Forschungskontext stellen, sind beispielsweise, inwieweit die auffällig häufige gemeinsame Nennung von ‚Kriminellen‘ und ‚Asozialen‘ Vorurteile reproduziert und verfestigt.“[128]

Für die Betroffenen war es tatsächlich von großer Bedeutung, unter welcher Kategorie sie im Konzentrationslager geführt wurden. Die jeweilige Einstufung und daran geknüpfte Winkelfarbe waren mitunter für das Überleben im Lager entscheidend, konnten sie doch den Zugang zu Funktionen in der von der SS implementierten Häftlingsverwaltung ermöglichen oder versperren. Zudem dienten die Markierungen nicht nur der SS der Visualisierung der Zugehörigkeit zur jeweiligen Haftgruppe, sondern aktivierten nicht selten auch Stereotype und Vorurteile innerhalb der Häftlingsgesellschaft. Sie stellten damit einen wichtigen Faktor für die soziale Interaktion dar. Maja Suderland hat dies in ihrer soziologischen Studie über Häftlingsgesellschaften im Konzentrationslager treffend formuliert:

> „Es war auch in deren bisherigem Leben nicht völlig einerlei, ob jemand ein ‚Verbrecher‘, ein Jude, ein Kommunist oder ein ‚Zigeuner‘ war. Die unterschiedliche Wertigkeit der Haftgründe hatte daher ebenso Auswirkungen auf den Umgang der SS mit den Häftlingen wie auch auf das Verhältnis der Häftlinge untereinander.“[129]

Nach bisherigem Forschungsstand kann davon ausgegangen werden, dass die als „asozial“ Stigmatisierten in der Hierarchie der Häftlingsgesellschaft allgemein weit unten angesiedelt waren.[130] Zwar lassen sich für das KZ Sachsenhausen auch einzelne „Asoziale“ als Häftlingsfunktionäre nachweisen,[131] dennoch waren es unter

128 Christa Schikorra, Schwarze Winkel im KZ. Die Haftgruppe der „Asozialen“ in der Häftlingsgesellschaft, in: Dietmar Sedlaczek/Thomas Lutz/Ulrike Puvogel/Ingrid Tomkowiak (Hrsg.), „minderwertig“ und „asozial“. Stationen der Verfolgung gesellschaftlicher Außenseiter, Zürich 2005, S. 105–127, hier S. 108.

129 Suderland, Ein Extremfall des Sozialen, S. 224.

130 Vgl. z. B. Schikorra, Schwarze Winkel im KZ, S. 105–127; Wolfgang Ayaß, Die Einweisung von „Asozialen“ in Konzentrationslager. Die „Aktion Arbeitsscheu Reich“ und die kriminalpolizeiliche Praxis bei der Verhängung von Vorbeugehaft, in: Sedlaczek/Lutz/Puvogel/Tomkowiak (Hrsg.), „minderwertig“ und „asozial“, S. 89–105, hier S. 95.

131 So z. B. der am 20. 3. 1899 geborene Richard Mandel alias „Peronje“, der am 20. 6. 1938 im Rahmen der „Aktion Arbeitsscheu Reich“ nach Sachsenhausen deportiert und als „Arbeitsscheuer“ registriert wurde. Mandel fungierte als Blockältester und soll dem Bearbeiter der

den Vorbeugehäftlingen mehrheitlich die als „Berufsverbrecher" Klassifizierten, die in eine solche Position gelangten. Da in der vorliegenden Arbeit neben der Vorgeschichte der Häftlinge deren Situation im Lager im Mittelpunkt des Interesses steht, erscheint es auch aus dieser Perspektive sinnvoll, zwischen „Asozialen" und „Berufsverbrechern" zu unterscheiden.

Bei den Sicherungsverwahrten handelt es sich um diejenigen Häftlinge, die von Justizhaftanstalten in das KZ Sachsenhausen überstellt wurden.[132] Ebenso wie die „Berufsverbrecher" mussten sie den grünen Winkel tragen, der allerdings abweichend mit der Spitze nach oben auf der Kleidung angebracht wurde. Einige Personen, die sich in Justizanstalten in Sicherungsverwahrung befanden, waren außerdem bereits zuvor als „Berufsverbrecher" im Lager gewesen. Die zusätzliche Thematisierung der Sicherungsverwahrung ermöglichte es, den Dualismus zwischen der Praxis der Justizbehörden und den Maßnahmen der Kriminalpolizei zu veranschaulichen.[133] Gleichwohl liegen mir kaum Quellen über Sicherungsverwahrte aus dem KZ Sachsenhausen vor, sodass diese Gruppe nur an wenigen Stellen behandelt werden konnte. Ebenso wie bei den „Berufsverbrechern" war sie keineswegs homogen. Nach derzeitigem Forschungsstand befand sich unter den von der SS verkürzt als „SV" geführten Häftlingen allerdings nur eine geringe Anzahl von Personen, die zuvor wegen ihrer politischen Gegnerschaft zum Regime verurteilt worden waren. Müller nennt folgende Zahlen: Während sich bereits 1934 insgesamt 3723 Personen in Sicherungsverwahrung befanden, war bis 1936 lediglich gegen 33 Menschen Sicherungsverwahrung aufgrund von politisch motivierten Straftaten angeordnet worden.[134] Unter den 480 Sicherungsverwahrten,[135] die als Häftlinge im KZ Sachsenhausen nachweisbar sind, waren auch Ausländer: Die Angaben zu insgesamt 43 Personen enthalten Hinweise auf eine nicht-deutsche

Publikation von Emil Büge zufolge aufgrund seiner Brutalität von Mithäftlingen unmittelbar nach der Befreiung des Lagers zu Tode geprügelt worden sein. Vgl. Büge, 1470 KZ-Geheimnisse, S. 328. Auch der ehemalige Lagerälteste Samuel Kuhnke, dessen Rolle als Häftlingsspitzel in dieser Arbeit beleuchtet wird, wurde als „Asozialer" im KZ Sachsenhausen geführt, vgl. Kapitel 5.1.3.

132 Siehe auch Kapitel 3.1.

133 Vgl. Kapitel III.

134 Müller, Das Gewohnheitsverbrechergesetz, S. 55.

135 Gezählt wurden an dieser Stelle diejenigen, die „nur" als Sicherungsverwahrte und nicht als „Berufsverbrecher" geführt wurden. Die, bei denen beide Kategorien in den Quellen der Lager-SS angegeben sind, wurden der Gruppe der „Berufsverbrecher" zugeordnet. Ehemalige politische Häftlinge berichteten nach der Befreiung von „annähernd tausend Sicherungsverwahrten", die zwischen November 1942 und Januar 1943 nach Sachsenhausen gekommen waren. Bericht ehemaliger Schutzhäftlinge und Genossen der KPD vom 9. Mai 1945, Archiv BStU, MfS, HA XX, Nr. 2956, Bl. 115.

Nationalität, meist angegeben im Haftgruppenkürzel. Demnach befanden sich unter ihnen Belgier, Niederländer, Franzosen, Spanier, Griechen, Kroaten, Serben, Tschechen, Polen, Letten, Isländer und Türken. Neun Sicherungsverwahrte wurden als „Sittlichkeitsverbrecher" (acht von ihnen als Homosexuelle) verzeichnet,[136] mindestens sechs der „Sittlichkeitsverbrecher" überlebten das KZ-System nicht.[137]

1.4. Herangehensweise

Bei der Konzeption einer Studie über „Berufsverbrecher" stellte sich eine grundsätzliche Frage: Wie kann die Geschichte von Personen erzählt werden, die nur sehr sporadisch eigene Darstellungen ihrer Erlebnisse und ihres Leidens hinterlassen haben?[138] Die Berichte über das Geschehen in den Konzentrationslagern werden immer lückenhaft bleiben müssen. Doch wie ist damit umzugehen, wenn Perspektiven einer großen Gruppe Überlebender keinen Eingang in die Geschichtsschreibung gefunden haben, weil nur sehr wenige Verschriftlichungen des Erlebten existieren oder nie publiziert wurden? 70 Jahre nach der Befreiung war es leider nicht mehr möglich, als „Berufsverbrecher" Verfolgte zu interviewen.[139] Meine Arbeit ist deshalb der Versuch, auf der Grundlage unterschiedlicher Quellenbestände Ereignisse zu rekonstruieren, die nur punktuell durch die Aussagen unmittelbar Betroffener verifiziert wurden – Lücken waren deshalb unvermeidlich. Dies gilt in eingeschränktem Maße auch für die empirische Grundlage: Eine vollständige

136 Zur Verfolgung Homosexueller als Sicherungsverwahrte vgl. Rainer Hoffschildt, „Sicherungsverwahrung" als Instrument der Verfolgung homosexueller Männer, in: KZ-Gedenkstätte Neuengamme (Hrsg.), Ausgegrenzt, S. 76–84. Diese Zahlen beruhen auf der Bezeichnung der Häftlinge im KZ Sachsenhausen, ein Abgleich mit den jeweiligen individuellen Gerichtsakten (sofern vorhanden) kann eine höhere Zahl ergeben.

137 Vgl. zu von der Überstellung in die Konzentrationslager betroffenen Homosexuellen auch Frank Sparing, „... wegen Vergehen nach § 175 verhaftet." Die Verfolgung der Düsseldorfer Homosexuellen während des Nationalsozialismus, Düsseldorf 1997.

138 2014 wurde erstmals ein – unmittelbar nach seiner Befreiung verfasster – Erinnerungsbericht eines „Berufsverbrechers" veröffentlicht: Carl Schrade, Elf Jahre. Ein Bericht aus deutschen Konzentrationslagern. Hrsg. und bearb. von Annette Kraus, Jörg Skriebeleit, Kathrin Helldorfer, Göttingen 2014.

139 Dennoch haben sich im Laufe meiner Recherchen Kontakte zu Nachfahren von als „Berufsverbrechern" Verfolgten ergeben. Mein ganz besonderer Dank gilt an dieser Stelle Prof. Dr. Frank Nonnenmacher, der mir ein Interview zur Verfügung gestellt hat, das er 1980 mit seinem Onkel geführt hat und das an mehreren Stellen Eingang in diese Arbeit gefunden hat.

namentliche Nennung aller Häftlinge und damit auch der „Berufsverbrecher" im KZ Sachsenhausen war nicht möglich, weil die Lager-SS in den letzten Wochen und Monaten vor Kriegsende einen Teil der Dokumente in der „Wäscherei" des Lagers vernichten ließ.

Da bis zu den für diese Studie durchgeführten Recherchen gar keine Angaben über den Umfang der untersuchten Haftgruppe im KZ Sachsenhausen vorlagen, handelt es sich um die erste Gesamtdarstellung. Ausgangspunkt meiner Recherchen bildete die sogenannte Häftlingsdatenbank im Archiv der Gedenkstätte Sachsenhausen, die auf der Software FAUST basiert. Sie umfasst mehr als 268 559[140] nach Provenienz eingegebene Datensätze über ehemalige Häftlinge, in den meisten Fällen mehrere Angaben zu einer Person. Bei der Sortierung nach Haftgruppen konnte ich mittels einer eigenen, mit dem Programm „Access" angelegten Datenbank[141] alle Personen, die unter der Benennung „Berufsverbrecher" und/oder Sicherungsverwahrte geführt wurden, erfassen. Hinzu kommen einzelne, lediglich als „Vorbeugungshäftlinge" Kategorisierte. Einbezogen sind hierbei diejenigen, die bis Juni 1938 nach Sachsenhausen gebracht wurden, da bis zu diesem Zeitpunkt keine Differenzierung der Vorbeugehäftlinge in „Asoziale" und „Berufsverbrecher" in den Quellen der Lager-SS nachgewiesen werden kann. Stichproben ergaben zudem, dass sich unter den bis Juni 1938 verzeichneten Vorbeugehäftlingen nahezu ausschließlich Personen befanden, die in den folgenden Jahren als „Berufsverbrecher" gelistet wurden.

Zu berücksichtigen war ferner die zunehmende Ausdifferenzierung innerhalb der Haftgruppen. Im Laufe der Jahre kreierte die Lagerverwaltung nicht nur neue Kategorien, sondern fügte in ihren Dokumenten den Gruppen weitere Bezeichnungen hinzu, die auf „Untergruppen" innerhalb der als „Berufsverbrecher" klassifizierten Häftlinge verweisen: Dies betraf z. B. wegen Sexualdelikten Vorbestrafte, die in der Regel als „Berufsverbrecher" mit dem Zusatz „§ 176" aufgelistet wurden, sowie Homosexuelle, die die Lagerverwaltung meist als „Berufsverbrecher" oder „Sittlichkeitsverbrecher" mit der Zusatzbezeichnung „§ 175" führte. 207 Personen kategorisierte die SS als „Sittlichkeitsverbrecher" ohne Hinweis auf Homosexualität, 53 davon wegen Verstößen gegen den § 176. Insgesamt konnten zudem 497 „Berufsverbrecher" namentlich eruiert werden, die als Homosexuelle eingestuft wurden. Eine weitere Person gab nach Kriegsende selbst an, wegen Verstoßes

140 Stand 17. 4. 2016.

141 Stand Mai 2014. Access wird mittlerweile aufgrund seiner vergleichsweise einfachen Handhabung in verschiedenen Gedenkstättenarchiven verwendet, vgl. zu den Vorteilen von Access auch: Johannes Ibel, Die Häftlingsdatenbank der KZ-Gedenkstätte Flossenbürg, in: GedenkstättenRundbrief 115 (2003), S. 3–13.

gegen den § 175 in das Lager gekommen zu sein.[142] Sinti und Roma wurden überwiegend den „Asozialen" zugerechnet, vereinzelt aber auch als „Berufsverbrecher" mit dem Zusatz „Zigeuner" registriert. Insgesamt betraf dies mindestens zehn Personen, unter ihnen den 23-jährigen Adolf W., der bereits im Mai 1937 als „Vorbeugehäftling" in das Lager kam,[143] also noch vor der reichsweiten Aktion gegen „Asoziale". Bei einem Sicherungsverwahrten ist der Zusatz „Zigeunermischling" vermerkt, er verstarb im Alter von nur 23 Jahren.[144] Auch jüdische „Berufsverbrecher" wurden explizit als solche gelistet. Im Lager waren diese Menschen mit unterschiedlichen Ausgangspositionen konfrontiert. So konnte ein jüdischer „Berufsverbrecher" kein Häftlingsfunktionär werden. Gleiches galt in der Regel für als Homosexuelle Verfolgte[145] sowie für Sinti und Roma.

Eine weitere Schwierigkeit bei der Datenerhebung ergab sich daraus, dass die SS zahlreiche verschiedene Abkürzungen für die Haftgruppe der „Berufsverbrecher" und Sicherungsverwahrten verwendet hat, die alle quellengetreu in die Häftlingsdatenbank des Gedenkstättenarchivs übertragen wurden. Mitunter wird ein und dieselbe Person unter den verschiedensten Abkürzungen geführt, je nach Angabe in der Quelle. Zu den jeweiligen Einzelpersonen existieren somit meist mehrere Datensätze, die Schritt für Schritt überprüft und in die Datenbank integriert wurden. Da die Möglichkeit, Daten aus FAUST zu exportieren, beschränkt ist, musste ein großer Teil der Personendaten von Hand in die Datenbank eingegeben werden. Vereinzelte Doppelungen können nicht gänzlich ausgeschlossen werden, da nicht immer abschließend geklärt werden konnte, ob es sich um ein und dieselbe Person handelte. Dies betrifft Fälle, bei denen zwar Vor- und Nachname übereinstimmten, jedoch keine weiteren Daten vorhanden waren. Insgesamt beinhaltet meine Access-Datenbank Angaben zu 9181 im KZ Sachsenhausen inhaftierten Personen, darunter 142, die sowohl als „Berufsverbrecher" und Sicherungsverwahrte geführt wurden, und 480, die lediglich als Sicherungsverwahrte

142 Es handelt sich um Viggo H., über den allerdings aus der Zeit seiner Lagerhaft nur ein Dokument vorliegt, in dem er als „BV" geführt wird, Sonderliste der Effektenkammer vom 10. 9. 1939, RGWA, 1367/1/24, Bl. 225, zit. n. AS, D 1 A/1024, Bl. 276.

143 Zugangsmeldung der Politischen Abteilung vom 27. Mai 1937, BLHA, Rep. 35H KZ Sachsenhausen Nr. 32, Bl. 139, zit. n. AS, D 30 A/32, Bl. 139.

144 Es handelt sich um Erwin Schulz, vgl. Veränderungsmitteilung der Effektenverwaltung vom 12. August 1944, FSB-Archiv Moskau, N-19092/Tom 100, Bl. 192, zit. n. AS, JSU 1/100, Bl. 192.

145 Eine Ausnahme stellen die bereits erwähnten anonymisierten Schilderungen eines jungen Österreichers dar, der als Homosexueller in den KZ Sachsenhausen und Flossenbürg inhaftiert war, wo er u. a. als Häftlingsvorarbeiter fungierte. Vgl. Heger, Die Männer mit dem rosa Winkel.

in den Listen eingetragen sind. 509 personenbezogene Datensätze enthalten keine Abkürzung für „Berufsverbrecher", es handelt sich vermutlich um 1936/37 eingewiesene Vorbeugehäftlinge.

Die von mir angelegte Datenbank besteht aus folgenden Spalten in der angegebenen Reihenfolge, die mir im Kontext meiner Forschung wichtig erschienen: Name, Vorname, Nummer,[146] Geburtsdatum, Geburtsort,[147] Einlieferungsdatum,[148] Haftgruppe, Block, Informationen Sachsenhausen,[149], andere Lager, Gefängnisse, Vorstrafen, Justiz nach 1945,[150] Erinnerungsberichte, Kripoakten, Sekundärliteratur, Entschädigung, Justizakten, Funktion,[151] Todesdatum und Sterbeort. Selbstverständlich konnten nicht zu allen Personen entsprechende Daten ermittelt werden, deshalb variiert die Fülle der vorhandenen Informationen mitunter stark.[152] Wie bereits anhand der Themenspalten deutlich wird, war es für diese Studie notwendig, neben der Auswertung serieller Quellen der Täter, also vor allem der Einlieferungs- und Transportlisten, auf eine Fülle anderer Unterlagen zurückzugreifen. Die Datenbank bildete dabei die Ausgangsbasis für weitere Recherchen in anderen Archiven, für die Name, Vorname und Geburtsdatum benötigt werden. An dieser Stelle muss betont werden, dass meine Datenbank keinesfalls als abgeschlossen gelten kann. Aufgrund der Masse und der über verschiedene Archive verstreuten Überlieferung der relevanten Dokumente besteht kein Anspruch auf Vollständigkeit. Da die Häftlingsdatenbank der Gedenkstätte Sachsenhausen beständig ergänzt wird, ist es gut möglich, dass zum Zeitpunkt der Veröffentlichung bereits neue Datensätze/Informationen über „Berufsverbrecher" hinzugekommen sind, die nicht mehr einbezogen werden konnten.

Nach wie vor liegt keine vollständige Zusammenstellung über alle im Nationalsozialismus als „Berufsverbrecher" verfolgten Personen vor. Eine komplette

146 Bezogen auf die Häftlingsnummer im KZ Sachsenhausen.

147 In einigen Fällen ließ sich lediglich das Land, nicht aber der genaue Geburtsort ermitteln.

148 Gemeint ist die Einlieferung in das KZ Sachsenhausen.

149 Enthält u. a. Angaben zu Arbeitskommandos, Aufenthalt im Krankenrevier, Strafmaßnahmen und von der Aktion „14f13" Betroffene.

150 Der Betroffene taucht als Zeuge oder Belasteter in Ermittlungsverfahren nach 1945 auf bzw. wird dort genannt.

151 Gemeint ist die Häftlingsfunktion im KZ Sachsenhausen.

152 Am 24. 12. 1943 wurde eine Gruppe von Italienern als „Berufsverbrecher" aus dem KZ Flossenbürg in das KZ Sachsenhausen eingeliefert. Bei 22 Personen aus dieser Gruppe fehlen Vor- und Nachname, bei einer Person ist lediglich der Vorname bekannt. Insgesamt ist bei 28 Personen in der Datenbank der Nachname lückenhaft (es fehlen einzelne Buchstaben), bei drei Häftlingen ist nur der Vorname unvollständig und bei sieben fehlt der Vorname ganz. Zugangsliste vom 24. 12. 1943 (Transport vom K. L. Flossenbürg), FSB-Archiv Moskau, N-19092/Tom 100, Bl. 46, zit. n. AS, JSU 1/100, Bl. 46.

Erfassung aller „Grünwinkligen", die mehrere Konzentrationslager durchleiden mussten, wäre ein eigenes Forschungsprojekt, das im Rahmen der vorliegenden Arbeit nicht verwirklicht werden konnte. Dennoch erlaubt das gewonnene Material vorsichtige statistische Einschätzungen. Angesichts der erhobenen Zahlen ist es z. B. fraglich, ob die These von Barbara Distel, dass die „Asozialen" die zahlenmäßig größte Gruppe in den Konzentrationslagern stellten, vor weiteren empirischen Erhebungen über die „Berufsverbrecher" Bestand haben kann.[153] Auch Stefan Mörchen geht davon aus, dass unter den Vorbeugehäftlingen die Zahl der „Asozialen" überwogen habe, ohne jedoch andere Zahlen als Patrick Wagner zu nennen, der sich an der offiziellen und unvollständigen Statistik des RKPA orientiert.[154]

1.5. Quellen

1.5.1. Unterlagen der SS aus dem KZ Sachsenhausen

Das Archiv der Gedenkstätte Sachsenhausen ist erst seit 1993 öffentlich zugänglich. Es bewahrt eine Sammlung, die permanent erweitert wird; regelmäßig finden Kopien von Quellen aus anderen Archiven und Materialien von Privatpersonen Eingang in das Archiv.[155] Eine Erweiterung der bisher genutzten Räumlichkeiten auf ehemalige Arbeitsbaracken im sogenannten Industriehof des Konzentrationslagers, die nach Kriegsende der Roten Armee und später der Nationalen Volksarmee (NVA) als Unterkünfte dienten, ist deshalb geplant.

Allerdings ändert die weitere Integration von Quellen nichts an der Tatsache, dass ein Teil der Unterlagen unwiderruflich verloren ist. Aus dem Bestand der vorhandenen seriellen Quellen konnten Kopien von Unterlagen der Lagerleitung sowie der Politischen Abteilung eingesehen werden. Es handelt sich in erster Linie um Meldungen zu Einlieferungen, Überstellungen (auch Transportlisten), Umstellungen (u. a. von Haftkategorien) und Entlassungen. Neben Vor- und Nachnamen sowie Geburtsdaten der Häftlinge finden sich meist Angaben über

153 Distel, Kriminelle und „Asoziale" als Häftlingskategorien, S. 197. Jack G. Morrison erwähnt hingegen, bis Kriegsbeginn seien die „Träger der grünen Winkel" die größte Gruppe in den deutschen Konzentrationslagern gewesen. Morrison, Ravensbrück, S. 56.

154 Stefan Mörchen, Schwarzer Markt. Kriminalität, Ordnung und Moral in Bremen 1939–1949, Frankfurt a. M. 2011, S. 80.

155 Vgl. auch die Selbstdarstellung des Archivs auf der offiziellen Homepage der Gedenkstätte und des Museums Sachsenhausen, www.stiftung-bg.de/gums/de (17. 4. 2016).

den jeweiligen Block, in dem die Person untergebracht war, und die Haftgruppe. In einzelnen Fällen werden in diesen Dokumenten auch die Arbeitskommandos bzw. eine Funktion des Häftlings genannt. Einen Überblick über die jeweilige Gesamtzahl der KZ-Insassen zu einem bestimmten Zeitpunkt ermöglichen die sogenannten Stärkemeldungen, die täglich (zeitweise morgens und abends) von der Lagerleitung verfasst wurden. Die seriellen Quellen sind in unterschiedlicher Fülle und Umfang für die diversen Phasen des Lagers erhalten. Während für die ersten Monate nur noch sporadisch Unterlagen existieren, liegen z. B. die Tagesberichte über die jeweilige Häftlingszahl ab November 1936 bis Juli 1937 fast vollständig vor.[156] Gleiches gilt für die Stärkemeldungen aus den Jahren 1938 und 1939, während das Jahr 1942 große Verluste verzeichnet. Als zusätzliche serielle Quellen dienten deshalb die Kopien der ab 1942 angelegten Karteikarten des Wirtschaftsverwaltungshauptamtes (WVHA),[157] auf denen neben dem Einweisungszeitpunkt auch die einweisende Behörde (Kriminalpolizei oder Gestapo) sowie der Beruf des Häftlings eingetragen wurden.

Ergänzend zu diesen Unterlagen konnte ich punktuell Quellen aus anderen Gedenkstättenarchiven hinzuziehen, etwa wenn eine Einlieferungsliste aus einem anderen Konzentrationslager vorlag, die dort aufgeführten Personen aber (noch) nicht in die Datenbank des Archivs der Gedenkstätte Sachsenhausen aufgenommen waren.[158] Sehr ergiebig war auch die Recherche beim Internationalen Suchdienst (ITS) in Bad Arolsen. Dort befindet sich die größte personenbezogene Quellensammlung von mehreren Millionen Dokumenten über während der nationalsozialistischen Herrschaft in Zuchthäusern, Gefängnissen und Lagern inhaftierte Personen. Insbesondere der umfangreiche Bestand von Häftlingsakten aus dem Konzentrationslager Flossenbürg war für die vorliegende Arbeit relevant.[159] Denn Ende des Jahres 1938 und Anfang 1939 überstellte die SS mehrere Hundert „Berufsverbrecher" aus Sachsenhausen in das KZ Flossenbürg, die Häftlingsakten wurden mit dorthin verbracht und umfassen somit auch Hinweise auf die Zeit in dem Oranienburger Lager. In diesen Akten sammelte die SS neben Unterlagen der Einlieferungsbehörden (Gestapo und Kriminalpolizei) Dokumente, die das „Verhalten" des Häftlings sowohl in der Justizhaft als auch in den verschiedenen

156 Morsch (Hrsg.), Sachsenburg, S. 128.

157 Im Archiv der Gedenkstätte und des Museums Sachsenhausen Bestand D2C.

158 An dieser Stelle möchte ich mich herzlich bei Markus Moors vom Kreismuseum Wewelsburg bedanken, der mir, noch kurz bevor ich diese Arbeit fertiggestellt habe, die Daten von allen in der Wewelsburg/KZ Niederhagen inhaftierten „Berufsverbrechern" zur Verfügung gestellt hat.

159 Den Hinweis auf diesen Bestand verdanke ich Sven Langhammer.

Lagern betrafen. So sind darin Schreiben von Justizhaftanstalten ebenso wie Strafverfügungen der SS enthalten. Einen weiteren Quellenbestand, der für die Rekonstruktion von Geschehnissen in dem Konzentrationslager hilfreich war, stellen Materialien aus dem Archiv der Behörde des „Bundesbeauftragten für die Unterlagen des Staatssicherheitsdienstes der ehemaligen Deutschen Demokratischen Republik" (BStU) dar. Dazu gehören die Bestände aus dem Moskauer Staatsarchiv über Zwangssterilisationen sowie Zwangskastrationen von Häftlingen sowie die im KZ Sachsenhausen verhängten Strafverfügungen.

Letztere bildeten zusätzlich zu den Häftlingsakten und Zeugenaussagen aus Ermittlungsverfahren nach 1945 eine wichtige Grundlage für die in Kapitel V. skizzierten Aspekte. Die insgesamt 74 Strafverfügungen[160] gegen „Berufsverbrecher" und Sicherungsverwahrte beinhalten mehrheitlich die Vorwürfe Diebstahl, Hehlerei und Schiebungen im Lager (43). Weitere aufgeführte „Gründe" für Bestrafungen waren Fluchtversuche (5 Fälle), Schmuggel aus dem Lager (3), Glücksspiel (2) und körperliche Auseinandersetzungen mit anderen Häftlingen (2). Gegen einzelne Personen verhängte die SS Strafen wegen Spielens von Musik außerhalb des Lagerorchesters,[161] „Faulenzerei", der Verbreitung von Gerüchten, Verleumdung der SS, falscher Beschuldigung anderer Häftlinge, wegen Fluchtverdachts, Bildung einer „Terrorgruppe" im Lager sowie „Durchstecherei"[162] mit einer Zivilperson. Vier Strafverfügungen beruhten auf angeblicher „Homosexualität" im Lager. Interessant ist an dieser Stelle, dass 14 Personen allein aufgrund ihrer Vorstrafen im Bereich der Sexualdelikte (7) bzw. eines Verstoßes gegen das „Homosexuellenverbot" (7) direkt im Anschluss an ihre Einlieferung in die Strafkompanie bzw. das dortige „Schuhläuferkommando"[163] kamen. In einigen Strafverfügungen nahm die SS auch explizit Bezug auf die Ermittlungen einer Sonderkommission

160 Die abweichenden Zahlen nach Aufschlüsselung der einzelnen von der SS genannten Gründe ergeben sich dadurch, dass die Verfügungen teilweise mehrfache „Vergehen" vermerken.

161 Vgl. Kapitel 5.2.

162 Der Begriff stand für „Korruption" bzw. illegalen Handel im Lager, vgl. dazu auch Aussagen im Kontext der Ermittlungen gegen die Sonderkommission des RKPA im KZ Sachsenhausen, z. B. Aussage des ehemaligen SS-Angehörigen der Gestapo Sonderkommission Reinhold Ortmann vom 11. 7. 1961, Staatsanwaltschaft Köln, Zentralstelle, 24 Js 30/59 (Z)/VI, Landesarchiv NRW, zit. n. AS, JD 7/6, Teil 2, Bl. 1223 f.

163 Die in das „Schuhläuferkommando" eingewiesenen Häftlinge mussten im Auftrag der deutschen Wehrmacht sowie diverser Schuhfirmen auf einer eigens im Mai 1940 dafür angelegten Strecke um den Appellplatz des Lagers Schuhe testen. Vgl. Anne Sudrow, Der Schuh im Nationalsozialismus. Eine Produktgeschichte im deutsch-britisch-amerikanischen Vergleich, Göttingen 2010, S. 488 ff.

des RKPA, deren Tätigkeit im KZ Sachsenhausen an anderer Stelle ausführlich behandelt wird.[164]

1.5.2. Polizei- und Justizakten

Polizei- und Justizakten, die Informationen über „Berufsverbrecher" liefern können, sind nur unvollständig erhalten. Mit der Zerstörung des RKPA im November 1943, das seinen Sitz am Werderschen Markt in Berlin hatte, ist ein großer Teil der Quellen aus der zentralen kriminalpolizeilichen Behörde vernichtet worden, Gleiches gilt für meist kriegsbedingte Verluste einzelner lokaler und landesweiter Stellen. Der Umfang von Unterlagen der Kriminalpolizeibehörden ist folglich überschaubar, die größte Sammlung von sogenannten Vorbeugehaftakten ist im Landesarchiv Nordrhein Westfalen (Abteilung Rheinland) in Duisburg unter den Signaturen BR 1111 und BR 2034 überliefert.[165] Es handelt sich um Personenakten von Vorbeugehäftlingen, die in den Zuständigkeitsbereich der Kriminalpolizeistellen Düsseldorf und Köln fielen. Diese Akten bestehen aus Ermittlungsunterlagen (z. B. Zeugenaussagen), einem „kriminellen Lebenslauf", den Wagner als „inhaltlichen Kern des Urteils der Landeskriminalpolizeistelle" bezeichnet,[166] der Vorbeugehaftverfügung, erkennungsdienstlichen Fotos sowie dem Schriftverkehr mit anderen Behörden, u. a. mit den Kommandanturen von Konzentrationslagern und Vorständen von Justizhaftanstalten. Anhand des Findbuchs, das Hinweise auf die jeweiligen Einweisungsorte enthält, in denen die Vorbeugehaft vollstreckt wurde, konnten im Landesarchiv NRW über 100 Akten von Personen generiert werden, die als „Berufsverbrecher" in das KZ Sachsenhausen gebracht worden waren, 21 flossen als Fallbeispiele in die vorliegende Studie ein.[167] Weitere Polizeiakten liegen im Staatsarchiv München vor, ein noch nicht komplett erschlossener Bestand wird derzeit im oberösterreichischen Landesarchiv in Linz katalogisiert.

Neben dieser überschaubaren Anzahl von kriminalpolizeilichen Quellen ist in den jeweiligen Landesarchiven immer noch eine Fülle von Gerichtsakten vorhanden. Diese im Umfang sehr unterschiedlichen Akten beinhalten Dossiers, die Strafverfahren gegen einzelne Personen betreffen und in vielen Fällen noch nicht wissenschaftlich bearbeitet wurden. Polizei- und Justizakten werden in der Regel von den Behörden an die jeweiligen Landesarchive im Einzugsgebiet abgegeben

164 Vgl. Kapitel 5.1.3.

165 Die ersten Recherchen habe ich in Düsseldorf durchgeführt, wo sich die Abteilung Rheinland des Landesarchivs NRW befand. Im Mai 2014 erfolgte der Umzug nach Duisburg.

166 Wagner, Volksgemeinschaft ohne Verbrecher, S. 203.

167 Vgl. die Angaben im Quellen- und Literaturverzeichnis.

und dort gelagert. Die Masse der Akten bringt es mit sich, dass meist nur ein ausgewählter Bestand erhalten bleibt, der von Archiv zu Archiv stark variieren kann. Wie sehr die Entscheidungen, welche Dokumente konserviert und welche vernichtet werden, auch vom jeweiligen politischen Zeitgeist beeinflusst sind, zeigt das Beispiel des Hamburger Staatsarchivs. Die dort in der Vergangenheit praktizierte systematische Zerstörung von Quellen, die mit der Verfolgung von Homosexuellen in der Zeit des Nationalsozialismus in Verbindung standen, führte zu Protesten von Historikern.[168] Dass solche Schwierigkeiten kein spezifisch deutsches Problem darstellen, zeigen Sylvia Köchl und Christa Putz, die auf der Suche nach Quellen über österreichische „Berufsverbrecherinnen“ in verschiedenen Archiven auf Widerstand stießen.[169] Trotz der hier genannten Einschränkungen scheint insbesondere im Hinblick auf die Gerichtsakten die Quellenlage fast unerschöpflich. Insgesamt habe ich 16 Strafakten und eine Ermittlungsakte aus den Landesarchiven in Berlin, Brandenburg, Hamburg und Wien hinzugezogen.

Sowohl aus den Vorbeugehaft- als auch aus den Justizakten lassen sich Eckdaten über die Geschichte von „Berufsverbrechern“ gewinnen, die Einblicke in deren Biografien geben. Bei diesen Quellen muss natürlich beachtet werden, dass es sich in erster Linie um Informationen handelt, die von den Verfolgungsbehörden gesammelt und als relevant erachtet worden waren. Diese Unterlagen spiegeln somit auch deren Ermittlungsergebnisse und deren Sichtweisen auf den Angeklagten bzw. Beschuldigten wider. Die Gerichtsakten enthalten zusätzlich interessante Fakten über die Zusammenarbeit zwischen der Kriminalpolizei und der Justiz, etwa wenn es um die Überstellung von aus der Strafhaft Entlassenen in die polizeiliche Vorbeugehaft (und damit die Konzentrationslager) ging. Nicht selten argumentierten die lokalen Kriminalpolizeibehörden in den Anträgen auf Vorbeugehaft gegenüber dem RKPA mit der Einschätzung des Vorstandes der Haftanstalt, die meist zuungunsten des Betroffenen ausfiel.[170]

168 Stefan Micheler/Jakob Michelsen/Moritz Terfloth, Archivalische Entsorgung der deutschen Geschichte? Historiker fordern die vollständige Aufbewahrung wichtiger Gerichtsakten aus der NS-Zeit, in: 1999. Zeitschrift für Sozialgeschichte des 20. und 21. Jahrhunderts (1996) 3, S. 138–145; Stefan Micheler, „Verfahren nach § 175 übertrafen in ihrer Häufigkeit die Verfahren gegen andere Verfolgte erheblich“ – daher wurden sie vernichtet. Zum Umgang des Hamburger Staatsarchivs mit NS-Justizakten, in: KZ-Gedenkstätte Neuengamme (Hrsg.), Verfolgung von Homosexuellen im Nationalsozialismus, Bremen 1999 (Beiträge zur Geschichte der nationalsozialistischen Verfolgung in Norddeutschland, Bd. 5), S. 112–122.

169 Köchl/Putz, Kriminell – ein Leben lang, S. 204.

170 Zu den Regelungen und Abläufen bezüglich der Vorbeugehaft siehe Kapitel III.

1.5.3. Erinnerungsberichte

Die im Archiv der Gedenkstätte Sachsenhausen vorhandenen etwa 3000 Erinnerungsberichte basieren nahezu ausschließlich auf Texten und Interviews von bzw. mit Personen, die nicht als „Berufsverbrecher“ oder Sicherungsverwahrte kategorisiert wurden, unter ihnen eine hohe Anzahl von politischen Gegnern des nationalsozialistischen Regimes.[171] Deren Schilderungen über das KZ Sachsenhausen eignen sich für das Anliegen dieser Arbeit nur bedingt. Sie müssten vielmehr einer systematischen Analyse der Sichtweisen *über* „Berufsverbrecher“ unterzogen werden, als dass sie einen Einblick in deren Situation im Lager ermöglichen. Denn gerade weil die Perspektiven von Menschen in den Konzentrationslagern auch durch die Zuordnung zur jeweiligen Haftgruppe bestimmt waren, müssen sie kritisch gelesen werden, wenn sie dazu dienen sollen, Erkenntnisse über die „anderen“, in diesem Fall die „Berufsverbrecher“, zu gewinnen. Wie Barbara Distel bemerkt, sind es leider vielfach gerade „die wichtigsten und glaubwürdigsten Zeugen des KZ-Systems“, die „als Hauptverursacher der fortdauernden Diskriminierung und Ausgrenzung dieser Häftlingskategorien“ erscheinen.[172] Auch Niethammer plädiert für eine „kritische Analyse derjenigen Zeugnisse [...,] deren Masse das problematische kollektive Gedächtnis hervorgebracht hat“.[173]

Daher habe ich Erinnerungsberichte in zweierlei Weise als Quelle hinzugezogen: Einerseits als Beispiel für die Repräsentation und Manifestation von gruppenspezifischen Darstellungen und Erinnerungen, andererseits als Informationsquelle über einzelne Lagerereignisse, für die sie zusätzlich zu anderen Dokumenten eine unverzichtbare Grundlage bilden, um das Geschehene zumindest ansatzweise zu rekonstruieren. Dabei wurden überwiegend Texte zugrunde gelegt, die ein differenziertes Bild ergeben – auch wenn sie nicht darüber hinwegtäuschen können, dass negative Beschreibungen über „Berufsverbrecher“ in den Erzählungen vieler Überlebender der Konzentrationslager überwiegen. In manchen Fällen konnten den kritischen Berichten Aussagen einzelner „Berufsverbrecher“ gegenübergestellt werden. So finden sich bei Harry Naujoks, der als wichtigster Chronist der Ereignisse im KZ Sachsenhausen zwischen 1936 und 1942 gelten kann, sehr unterschiedliche Darstellungen über „Berufsverbrecher“. Gleichwohl kommt auch Naujoks stellenweise zu pauschalen Urteilen. Er behauptet z. B., durch den Einsatz von

171 Nur vereinzelt liegen mir auch Erinnerungsberichte von „Berufsverbrechern“, etwa von August C. aus dem Jahr 1945, vor. Den Hinweis auf die beiden Berichte des C. verdanke ich Prof. Günter Morsch.

172 Distel, Kriminelle und „Asoziale“, S. 202.

173 Niethammer, Häftlinge und Häftlingsgruppen, S. 1048.

„Berufsverbrechern" und „Asozialen" als Häftlingssanitäter sei „der Krankenbau als eine wichtige Stütze der Solidarität und des Widerstandes" geschwächt worden.[174] Demgegenüber berichtete der „Berufsverbrecher" Fritz M. 1961 während einer Zeugenvernehmung in Paderborn:

> „Ich war im Krankenrevier 1 eingesetzt und habe diese Tätigkeit nicht als Arbeit im üblichen Sinne, sondern als Dienst am Kameraden angesehen. So geschah es, dass ich auch vor oder nach dem allgemeinen Arbeitsschluß im Revier war und dort mich noch nützlich machte."[175]

Solche „Gegenüberstellungen" verschiedener Erinnerungen und Einschätzungen dienen dem Zweck, bislang gängige Narrative über die KZ-Geschichte zu hinterfragen und um die Perspektive derjenigen zu ergänzen, deren Darstellungen lange nicht berücksichtigt wurden.

1.5.4. Aussagen ehemaliger Häftlinge in Ermittlungsverfahren nach 1945

Einen Zugang zu den Geschichten von „Berufsverbrechern" ermöglichen Ermittlungs- und Gerichtsakten aus Prozessen, die in der Nachkriegszeit gegen SS-Personal sowie einzelne Häftlingsfunktionäre geführt wurden. Unter den befragten Zeugen befanden sich auch als „Berufsverbrecher" sowie vereinzelt als Sicherungsverwahrte Verfolgte. Deren Aussagen, so stark sie sich auch im Hinblick auf Umfang und Inhalt unterscheiden, bieten interessante Einblicke in ihre Sichtweise auf die Lagergesellschaft und das Verhältnis zu anderen Haftgruppen.

Karin Orth hat deshalb zu Recht schon im Jahr 2000 die Bedeutung dieser Quellen für die Recherche über „randständige" Haftgruppen betont.[176] Zusätzlich offenbaren die Vernehmungsprotokolle auch Traumatisierungen, unter denen ehemalige KZ-Häftlinge litten. Nicht wenige Personen gaben an, keine Aussagen mehr zu den Geschehnissen im KZ Sachsenhausen machen zu wollen, und führten psychische und körperliche Leiden an. Interessant sind auch die Bewertungen der Zeugen, die die vernehmenden Krimimalkommissare und Juristen zur

174 Naujoks, Mein Leben im KZ Sachsenhausen, S. 128.

175 Aussage von Fritz M., 11. 7. 1961, Staatsanwaltschaft Köln, 24 Ks 1/64 (Z)/XXIV, Landesarchiv NRW, zit. n AS, JD 21/34, Bl. 78.

176 Karin Orth, Gab es eine Lagergesellschaft? „Kriminelle" und politische Häftlinge im Konzentrationslager, in: Norbert Frei/Sybille Steinbacher/Bernd C. Wagner (Hrsg.), Ausbeutung, Vernichtung, Öffentlichkeit. Neue Studien zur nationalsozialistischen Lagerpolitik, München 2000, S. 109–133, hier S. 117.

Überprüfung ihrer Glaubwürdigkeit vornahmen – sie verweisen in vielen Fällen auf eine fortdauernde Stigmatisierung der Betroffenen. Die insbesondere bei als „Berufsverbrecher" Verfolgten oft deutlich werdende eher zögerliche oder mangelhafte Bereitschaft, im Rahmen von Ermittlungen gegen SS-Personal auszusagen, kann auch als Misstrauen gegenüber der Kriminalpolizei, die die Zeugen in der Regel vorlud, verstanden werden. So reagierten einige Überlebende erst auf eine richterliche Vorladung, andere erklärten wiederholt, keine Angaben machen zu können oder zu wollen.

Offenbar spielte die Strafverfolgung von ehemaligen SS-Männern für Personen wie Max E., der als Sicherungsverwahrter bis April 1945 im KZ Sachsenhausen inhaftiert und dort als Vorarbeiter im „Arbeitslager Heinkel" eingesetzt worden war,[177] ohnehin keine große Rolle. E., seit 1960 erneut als „gefährlicher Gewohnheitsverbrecher" in Sicherungsverwahrung, wurde am 20. Juli 1961 in der Haftanstalt Hamburg-Fuhlsbüttel vernommen. Neben knappen Angaben zu seiner Haftzeit und den Arbeitskommandos im Konzentrationslager erklärte er: „Ich möchte zu der ganzen Sache aber nichts mehr sagen, da ich auf dem Standpunkt stehe, daß diese damaligen Vorkommnisse nunmehr vergessen werden sollten. Ich werde auch dann nichts aussagen, wenn ich von einem Richter oder einem Gericht befragt werde."[178]

Für die vorliegende Arbeit wurden die Akten aus Ermittlungs- und/oder Gerichtsverfahren[179] gegen die Blockführer Otto Kaiser,[180] Gustav Sorge und Wilhelm Schubert,[181] gegen verschiedene Lagerärzte[182] sowie gegen den ehemaligen Leiter der kriminalpolizeilichen Sonderkommission Fritz Cornely[183] systematisch durchgesehen. Die Befragungen im Rahmen der beiden Verfahren gegen Otto Kaiser 1964 und 1968 boten sich als Quellen an, weil es sich um die umfangreichsten

177 Häftlingsbestand im Arbeitslager Heinkel vom 13. 2. 1945, I. T. S. Arolsen, KL Sachsenhausen (G. C. C. 10/47)/I A/1, Bl. 29, zit. n. AS, D 1 B/I A/1, Bl. 29.

178 Vernehmungsprotokoll von Max E., 20. 7. 1961, Staatsanwaltschaft Köln, 24 Ks 1/64 (Z)/XIX, Landesarchiv NRW, zit. n. AS, JD 21/18, Bl. 16.

179 Nicht immer kam es auch zur Anklage, so z. B. im Fall des Leiters der im KZ Sachsenhausen tätigen Sonderkommission des RKPA, Fritz Cornely, dessen Verfahren im August 1959 vor dem Kölner Landgericht eingestellt wurde. Vgl. Kapitel 5.1.3. und 6.2.2.

180 Es handelt sich um zwei Verfahrenskomplexe: Staatsanwaltschaft Köln, 24 Ks 1/64 (Z), Landesarchiv NRW, Rep. 267, AS, JD 21 sowie Staatsanwaltschaft Köln, 24 Ks 2/68 (Z), Landesarchiv NRW, Rep. 267, AS, JD 31.

181 Staatsanwaltschaft Bonn, 8 Ks 1/58 (Sorge/Schubert), Landesarchiv NRW, Rep. 206 und Rep. 529, AS, JD 2.

182 Staatsanwaltschaft Köln, Az. 130 (24) Js 46/65, Landesarchiv NRW, Rep. 118, AS, JD 8.

183 Staatsanwaltschaft Köln, Zentralstelle, 24 Js 30/59 (Z), Landesarchiv NRW, Rep. 118, AS, JD 7.

Ermittlungen handelte, die gegen einen SS-Angehörigen des Sachsenhausener Kommandanturstabs geführt wurden. Gustav Sorge und Wilhelm Schubert waren für ihre Brutalität gegenüber Häftlingen bekannt. Die Zeugen schilderten hier besonders häufig Fälle willkürlicher Gewalt sowie zahlreiche andere Aspekte des Lageralltags, sodass sich die Aussagen als relevante Quellen für diese Arbeit erwiesen. Fritz Cornely hingegen leitete im KZ Sachsenhausen von 1943 bis 1944 eine kriminalpolizeiliche Ermittlungskommission. Sein Fall verweist einerseits auf die Bilder *über* „Berufsverbrecher", denen häufig von anderen Überlebenden kollektiv unterstellt wurde, sie seien alle für Cornely als Spitzel im Lager tätig gewesen. Andererseits zeigt das Beispiel Cornelys, wie es einem hochrangigen Kriminalbeamten nach Kriegsende gelang, freigesprochen zu werden und einer Verurteilung für seine Tätigkeit im KZ Sachsenhausen zu entgehen. Aspekte aus diesem Verfahren flossen deshalb in verschiedene Kapitel ein.

Da in den Findbüchern bzw. der Datenbank des Gedenkstättenarchivs Sachsenhausen zwar die Zeugen aufgelistet sind, allerdings meist nicht die Haftgruppe vermerkt wurde, mussten die Namen mit meiner Datenbank abgeglichen werden. Dabei ergaben sich folgende Zahlen: 96 „Berufsverbrecher" sagten in den ersten Ermittlungen gegen Otto Kaiser Anfang der 1960er-Jahre aus, 20 im zweiten Verfahren gegen Kaiser Mitte der 1960er-Jahre (zwölf von ihnen hatten bereits im ersten Verfahren ausgesagt), elf „Berufsverbrecher" machten ab Ende der 1950er-Jahre Angaben über Fritz Cornely, und 51 sagten Ende der 1950er-Jahre im Kontext eines Verfahrens gegen den ehemaligen Rapportführer Gustav Sorge und den Blockführer Wilhelm Schubert aus. Einige Zeugen traten mehrfach und in verschiedenen Verfahren auf, ebenso übernahmen die jeweiligen Staatsanwaltschaften manchmal bereits im Kontext anderer Ermittlungen getroffene Aussagen, wenn sie auch für den aktuell behandelten Fall relevant waren.[184] Die zitierten Personen, bei denen es sich immer – sofern nicht anders gekennzeichnet – um als „Berufsverbrecher" Inhaftierte handelte, wurden in der Regel anonymisiert, mit Ausnahme derjenigen, die während der KZ-Haft verstorben oder deren Klarnamen bereits in der publizierten Forschungs- und Erinnerungsliteratur genannt sind. Zusätzlich zu den Zeugenaussagen beinhalten die Verfahrensakten in manchen Fällen weitere Quellen, die teilweise hinzugezogen wurden, wenn sie für die vorliegende Arbeit interessant waren. Dies betrifft die Urteile gegen die Angeklagten wie im Fall von Sorge und Schubert sowie die Einstellungsverfügung gegen Fritz Cornely. In den Unterlagen der „Kaiser-Verfahren" finden sich vereinzelte (meist abschlägig

184 So wurden z. B. für das Ermittlungsverfahren gegen Fritz Cornely Aussagen von Häftlingen hinzugezogen, die sie bereits im Zuge des ersten Verfahrens gegen Otto Kaiser gemacht hatten, wenn diese auch den Fall Cornely betrafen.

beschiedene) Entschädigungsanträge von „Berufsverbrechern“, die die Staatsanwaltschaft einbezog, um die Zeugen und deren Angaben über ihre Haftzeit besser einschätzen zu können. Diese Anträge flossen in den Teil der Arbeit ein, der sich mit der Frage nach einer fortlaufenden Stigmatisierung von als „Berufsverbrecher“ Inhaftierten beschäftigt.

1.6. Aufbau der Arbeit

Sowohl aus dem Untersuchungsgegenstand als auch aus der Quellenlage hat sich folgender Aufbau der Arbeit ergeben: Da die unter nationalsozialistischer Herrschaft praktizierten Formen von Verbrechensbekämpfung ihre Vorläufer in der Weimarer Republik hatten, werden zunächst in Kapitel II. deren Hintergründe und Kontinuitäten schlaglichtartig skizziert. Zwei Beispiele von Kriminalfällen, die im Nationalsozialismus mehrfach rezipiert wurden und deren Protagonisten in Verbindung mit dem KZ Sachsenhausen standen, verdeutlichen die Kontinuitäten. Das daran anschließende Kapitel III. leistet eine Überblicksdarstellung der mit der Machtübernahme eingeführten Gesetze, Erlasse und daraus folgender Praxen der sogenannten vorbeugenden Verbrechensbekämpfung. Eine derart ausführliche Illustration erschien deshalb notwendig, weil in der Literatur über Konzentrationslager weiterhin Wissenslücken zu diesem Thema bestehen, während die Praxis der „Schutzhaft“ sowie die jeweiligen Verordnungen deutlich besser erforscht sind. In Kapitel IV. werden analog zu den in Kapitel III. beschriebenen Verfolgungsinstrumenten exemplarisch einzelne Kurzbiografien von „Berufsverbrechern“ und einem Sicherungsverwahrten vorgestellt, die zu bestimmten Zeitpunkten in das Oranienburger Lager gebracht wurden. Die Darstellung folgt teilweise den zentralen Verhaftungsaktionen – auch wenn dieses Vorgehen die Gefahr birgt, eine Einengung vorzunehmen. So könnte daraus fälschlicherweise der Schluss gezogen werden, die meisten „Berufsverbrecher“ seien im Kontext von zentralen Aktionen verhaftet worden, während Tausende tatsächlich jenseits der großen Razzien in Vorbeugehaft kamen. Eine Skizzierung aller Beispiele war im Rahmen dieser Arbeit jedoch ohnehin nicht möglich, und einzelne weitere Biografien fließen zudem in die anderen Kapitel ein. Die Entscheidung, in Kapitel III. die Fallbeispiele überwiegend analog zu den Verhaftungswellen zu umreißen, fiel aus Gründen der Übersichtlichkeit und Verständlichkeit.

Kapitel V. beleuchtet als „Kernstück“ dieser Studie den Häftlingsalltag von „Berufsverbrechern“ anhand verschiedener Themen, die sich einerseits aus den Quellen ergaben, andererseits aber auf gängige Bilder über „Berufsverbrecher“ Bezug nehmen. So werden noch heute in der Erinnerungskultur und -literatur bestimmte Aspekte der Häftlingsgesellschaft häufig mit den „Grünen" in Verbindung gebracht – darunter z. B. (Homo-)Sexualität im Lager, das System der Vorarbeiter, Gewalt gegenüber anderen Häftlingen und die Spitzeltätigkeit bzw. generell die Zuarbeit für die SS. Auch die Geschichte des SS-Sonderkommandos Dirlewanger wird thematisiert, da dessen Brutalität häufig auf die in ihm kämpfenden „Berufsverbrecher" zurückgeführt wird. Diese Themen greife ich in Kapitel V. auf und stelle gleichzeitig auf Basis verschiedener Quellen gängige Narrative zur Diskussion. Die Frage nach Kontinuitätslinien über die Zeit des Nationalsozialismus hinaus liegt nahe, ist sie doch *eine* Erklärung dafür, dass bislang wenig über die als „Berufsverbrecher" verfolgten Menschen bekannt ist.

In Kapitel VI. gehe ich anhand von ausgewählten Bereichen der Frage nach, wie und auf welchen Ebenen sich eine Stigmatisierung auch nach der Befreiung noch zeigte. Neben dem Umgang von Behörden mit „Berufsverbrechern" werden personelle Kontinuitäten innerhalb der Kriminalpolizei am Beispiel des Kölner Kommissars Fritz Cornely skizziert. Auf die bis heute mangelnde Anerkennung als Opfer verweisen gescheiterte Entschädigungsanträge sowie diskriminierende Aspekte in Teilen der Erinnerungskultur, die ich hier ebenfalls beleuchte. Der an dieser Stelle gewählte Fokus auf die Bundesrepublik ist dem Umstand geschuldet, dass eine vergleichende Perspektive auf den Umgang mit den als „Berufsverbrechern" Verfolgten zwischen den verschiedenen Alliierten bzw. West- und Ostdeutschland sicherlich sehr interessant wäre, aber in dieser Arbeit leider nicht zu leisten war.

II. Vorstellungen und Praxen der Verbrechensbekämpfung

2.1. Der „unverbesserliche" Delinquent

> „Wie die Sicht auf denjenigen ausfällt, der gegen ein gegebenes Gesetz verstoßen hat, hängt ab von den Vorstellungen, die sich eine Gesellschaft über sich selbst macht. [...] Die Strafpraktiken einer Gesellschaft sind als Handlungsmuster zu interpretieren, die den jeweiligen Deutungsmustern entspringen."[1]

Silviana Galassis These bezieht sich zwar auf das Deutsche Kaiserreich, ist grundsätzlich jedoch auf jede andere Gesellschaft übertragbar. So sind auch die verschiedenen Formen von „Kriminalitätsbekämpfung" im Dritten Reich vor dem Hintergrund spezifischer Deutungsmuster von Straffälligkeit zu sehen. Dennoch wurden die konzeptionellen und ideengeschichtlichen Grundsteine für das im Nationalsozialismus geltende Strafrecht sowie die Erlasse im Rahmen der „vorbeugenden Verbrechensbekämpfung" bereits im Kaiserreich und in der Weimarer Republik gelegt – obwohl führende Nationalsozialisten sich stets von dem in ihren Augen zu liberalen Straf- und Justizvollzug der Weimarer Republik abgrenzten.[2] Die Kontinuitäten zeigen sich besonders deutlich, betrachtet man die Verzahnung von Wohlfahrtsstaat und Kriminologie, wie sie Julia Hörath untersucht hat. Bereits im 18. Jahrhundert wurde in Preußen die „korrektionelle Nachhaft" eingeführt, bei der Strafverfolgung und „Sozialpolitik" ineinandergreifen sollten. Betroffen waren sogenannte Landstreicher, Obdachlose, Prostituierte, Diebe oder Bettler, die nach Verbüßen ihrer Strafe durch Gerichte zwangsweise in ein Arbeitshaus eingewiesen werden konnten.[3] Anhand von Institutionen wie dem ab 1877 erbauten „Städtischen Arbeits- und Bewahrungshaus Rummelsburg" im Ostberliner Bezirk Berlin Lichtenberg[4]

1 Silviana Galassi, Kriminologie im Deutschen Kaiserreich. Geschichte einer gebrochenen Verwissenschaftlichung, Stuttgart 2004, S. 80.

2 Wachsmann, Gefangen unter Hitler, S. 17.

3 Ebenda, S. 18, S. 130; Hörath, Experimente zur Kontrolle und Repression.

4 Thomas Irmer/Barbara Reischl/Kaspar Nürnberg (Hrsg.), Das städtische Arbeits- und Bewahrungshaus Rummelsburg in Berlin-Lichtenberg, in: GedenkstättenRundbrief 144 (2008), S. 22–31. Seit 2015 ist vor Ort eine Ausstellung über die Geschichte des Arbeitshauses zu sehen.

lassen sich Kontinuitäten bei der „Verbrechensbekämpfung" sowohl zwischen Personengruppen, die im Fokus der Verfolgungsbehörden standen, als auch dem gesellschaftlichen Umgang mit diesen aufzeigen – in der Rummelsburg etwa wurden noch zur DDR-Zeit bis in die 1980er-Jahre als „asozial" geltende Personen eingesperrt.[5]

Autoritäre und repressive Zielrichtungen in der Fürsorge überstanden das Kaiserreich und wirkten über die Weimarer Republik und die NS-Zeit hinweg. In den verschiedenen Systemen entstanden zusätzliche Formen von Arbeitszwang, beispielsweise in der 1924 geschaffenen „Reichsfürsorgeverordnung" (RFV). Auf Basis der §§ 19 und 20 der RFV konnten Personen, die etwa ihrer Unterhaltspflicht nicht nachgekommen waren, kurzfristig in Haft genommen und in einem Arbeitshaus zur Arbeit gezwungen werden.[6] Hörath weist nach, dass nach der Machtübernahme der Nationalsozialisten „Asoziale" auf Basis der RFV in die Konzentrationslager eingewiesen wurden.[7]

Waren solche Zwangseinweisungen in Arbeitshäuser, die sich auf verhältnismäßig geringe Straftatbestände bezogen, zunächst noch zeitlich begrenzt,[8] gewann gleichzeitig die Vorstellung, diejenigen dauerhaft zu verwahren, die als unverbesserliche Kriminelle galten, im 19. Jahrhundert zunehmend an Einfluss. In den Erklärungsmodellen für Kriminalität verschob sich der Fokus von der Tat auf den Täter selbst. Vorreiter dieser Sichtweise war der italienische Arzt und Anthropologe Cesare Lombroso, der bestimmte, auch physiognomische, „Verbrechertypen" beschrieb und dabei von „geborenen Verbrechern" ausging.[9] Lombroso gilt als „Begründer der modernen Kriminologie",[10] auch wenn seine Thesen in

5 Vgl. zu einzelnen Arbeitshäusern Wolfgang Ayaß, Das Arbeitshaus Breitenau. Bettler, Landstreicher, Prostituierte, Zuhälter und Fürsorgeempfänger in der Korrektions- und Landarmenanstalt Breitenau (1874–1949), Kassel 1992; Elisabeth Elling-Ruhwinkel, Sichern und Strafen. Das Arbeitshaus Benninghausen (1871–1945), Paderborn 2005.

6 Zur Diskussion um Kontinuitäten: Hörath, Experimente zur Kontrolle und Repression, S. 255–260.

7 Julia Hörath, „Arbeitsscheue Volksgenossen". Leistungsbereitschaft als Kriterium der Inklusion und Exklusion, in: Marc Buggeln/Michael Wildt (Hrsg.), Arbeit im Nationalsozialismus, Oldenburg 2014, S. 309–328, hier S. 310.

8 Wolfgang Ayaß, Die „korrektionelle Nachhaft". Zur Geschichte der strafrechtlichen Arbeitshausunterbringung in Deutschland, in: Zeitschrift für Neuere Rechtsgeschichte 15 (1993), S. 184–201.

9 Cesare Lombroso, Der Verbrecher in anthropologischer, ärztlicher und juristischer Beziehung, Hamburg 1890. Vgl. zu Lombroso auch Immanuel Baumann, Dem Verbrechen auf der Spur. Eine Geschichte der Kriminologie und Kriminalpolitik in Deutschland 1880 bis 1980, Göttingen 2006, S. 37.

10 Hörath, Experimente zur Kontrolle und Repression, S. 48.

der Fachwelt nicht unhinterfragt blieben.[11] Dennoch setzte sich die von ihm formulierte Grundannahme durch, dass der Verbrecher „nicht mehr als autonomes Subjekt, sondern als in seinen Entscheidungen und Handlungen durch bestimmte Faktoren gesteuert“[12] anzusehen sei.

Solche kriminologischen Erklärungsmodelle wirkten sich unmittelbar auf die polizeiliche und strafrechtliche Praxis aus. Der durch den Vormarsch der Psychiatrie vollzogene Perspektivenwechsel auf den Täter war in den 1920er-Jahren mit einer Ausdifferenzierung des Strafrechts und -vollzugs (z. B. Stufenstrafvollzug) verknüpft. Zwar zeichnete sich das Strafrecht der Weimarer Republik noch durch ein Nebeneinander von sichernden und strafenden Maßnahmen aus, bei denen sich zwei Ansätze in dem sogenannten Schulenstreit gegenüberstanden: die generalpräventive sowie die spezialpräventive Strategie.[13] Gemein war allen Ansätzen jedoch die implizite Trennung der als „besserungsfähig“ und damit als resozialisierbar geltenden Straftäter von den als „unverbesserlich“ klassifizierten Delinquenten, die entweder dauerhaft eingesperrt oder gar umgebracht werden sollten.[14] Prominenter Vertreter des „Wegsperrens“ war der liberale Strafrechtler Franz von Liszt (1851–1919), der in seiner Antrittsvorlesung als Professor in Marburg für das unbegrenzte Inhaftieren der „Unverbesserlichen“ plädierte.[15]

In der Weimarer Republik setzte sich für den Typus dieses „unverbesserlichen Täters“ neben dem Terminus des „Gewohnheitsverbrechers“ die Bezeichnung „Berufsverbrecher“ durch. Diesen kennzeichne, so Robert Heindl, ehemaliger Polizist und einer der „einflussreichsten Kriminalpolitiker des 20. Jahrhunderts“[16] ein professionelles und perseverantes Vorgehen bei seinen zudem aus „reiner Gewinnsucht“ begangenen Verbrechen.[17] Zwar war eine solche Typisierung des „Berufsverbrechertums“ keine Neuerfindung Heindls, es gelang ihm jedoch, die bereits im

11 Wachsmann, Gefangen unter Hitler, S. 47; Hörath, Experimente zur Kontrolle und Repression, S. 49 f.

12 Hörath, Terrorinstrumente, S. 524.

13 Herbert Reinke/Melanie Becker, Kriminalpolitik in der Weimarer Republik, S. 25–37, in: Hans-Jürgen Lange (Hrsg.), Kriminalpolitik, Wiesbaden 2008, S. 28–30.

14 Greg Eghigian, The Corrigible and the Incorrigible. Science, Medicine, and the Convict in Twentieht-Century Germany, Michigan 2015.

15 Wachsmann, Gefangen unter Hitler, S. 22; Galassi, Kriminologie im Deutschen Kaiserreich, S. 390.

16 Thomas Roth, „Von den „Antisozialen“ zu den „Asozialen“. Ideologie und Struktur kriminalpolizeilicher „Verbrechensbekämpfung“ im Nationalsozialismus, in: Sedlaczek/Lutz/Puvogel/Tomkowiak, „minderwertig“ und „asozial“, S. 65–89, hier S. 67.

17 Robert Heindl, Der Berufsverbrecher. Ein Beitrag zur Strafrechtsreform, Berlin 1926, S. 141.

19. Jahrhundert propagierte These des professionellen Täters, der von seinem kriminellen Tun lebe und stets nach gleichem Muster vorgehe, zuzuspitzen und damit erheblichen Einfluss auf die zeitgenössische deutsche Kriminologie zu nehmen.[18] Offenbar betrieb Heindl auch „Feldstudien", um seine Behauptungen zu untermauern. Christian Goeschel zufolge besuchte er in Berlin Abendveranstaltungen von „Ringvereinen", in denen sich Teile des großstädtischen kriminellen Milieus organisierten.[19] Heindls Thesen wurden nach der Machtübernahme der Nationalsozialisten von Juristen und Kriminologen als Begründung für Maßnahmen und Gesetze des NS-Staates herangezogen – so z. B. während eines Pressempfangs anlässlich der Implementierung des „Gewohnheitsverbrechergesetzes"[20] im November 1933.[21] Neben dem Begriff des „Berufsverbrechers" kam der Bezeichnung „Psychopath" als Synonym für den „Unverbesserlichen" eine große Bedeutung im kriminologischen und juristischen Diskurs der Weimarer Republik zu.[22] Allerdings existierte ähnlich wie im Fall der Termini „Berufs-" und „Gewohnheitsverbrecher" weder in der Weimarer Republik noch während der nationalsozialistischen Herrschaft eine einheitliche Definition darüber, was genau als Psychopathie zu gelten habe.[23]

Im Zuge der Fokussierung auf den Straftäter und seine Persönlichkeit gewannen in den 1920er-Jahren auch kriminalbiologische Erklärungsmodelle an Einfluss. So enthielten Heindls Thesen auch eine eugenische Komponente, wie folgendes Zitat aus der Schrift „Der Berufsverbrecher" belegt:

> „Jeder einzelne, in Freiheit gelassen, bildet den Ausgangspunkt einer schauerlichen geometrischen Progression. Er lernt andere an, die dann wieder Schüler haben werden. Vor allem aber wird der Berufsmäßige durch seine wiederholten Freiheitsperioden in die Lage gesetzt, Nachkommen zu erzeugen, die Rasse zu verschlechtern und so mittelbar die Kriminalität zu erhöhen."[24]

Zeitlich unbegrenzte Haft sollte somit als „Nebeneffekt" auch die Möglichkeit von „Berufsverbrechern", Nachwuchs zu zeugen, unmöglich machen. Mitte der 1920er-Jahre entwickelte sich die Kriminalbiologie zu einem eigenen Forschungszweig, der mit der Gründung der „Gesellschaft für Kriminalbiologie" 1927 in Wien eine

18 Wagner, Volksgemeinschaft ohne Verbrecher, S. 21.

19 Christian Goeschel, The Criminal Underworld in Weimar and Nazi Berlin, in: History Workshop Journal 75 (2013) 1, S. 58–80, hier S. 64; vgl. zu den Ringvereinen Kapitel 2.3.

20 Vgl. Kapitel 3.1.

21 Müller, Gewohnheitsverbrechergesetz, S. 47.

22 Wachsmann, Gefangen unter Hitler, S. 48.

23 Simon, Kriminalbiologie und Zwangssterilisation, S. 82; vgl. auch Kapitel III.

24 Heindl, Der Berufsverbrecher, S. 328.

Institutionalisierung erfuhr. Dort vernetzten sich Professoren, Wissenschaftler aus dem deutschsprachigen In- und Ausland, Regierungsbeamte aus Deutschland und Österreich sowie Praktiker aus Strafvollzug und Medizin.[25] Christiane Rothmaler beschreibt die damalige Kriminalbiologie als „ein Neben- und Ineinander von Sozial-, Geistes- und Naturwissenschaften und ihrer Praktiken zur Erklärung sozialer und psychischer Devianz".[26] Auch Jürgen Simon bezeichnet diesen Forschungszweig vor der Machtübernahme der Nationalsozialisten als „Sammelwissenschaft", deren Vertreter durchaus noch unterschiedliche Konzeptionen von Verbrechertypologien favorisiert hätten.[27] Neben institutioneller Vernetzung strebten kriminalbiologische Stellen an, ihre Theorien auf eine empirische Basis zu stellen. So begannen zahlreiche Strafhaftanstalten mit Erhebungen der Inhaftierten. Die erste kriminalbiologische Sammelstelle entstand 1926 in Hamburg. Mithilfe eines Untersuchungsbogens wurden Daten über den Lebensweg und die psychische Verfassung von Insassen in Justizhaftanstalten erhoben, nach Rothmaler zu diesem Zeitpunkt allerdings noch unsystematisch.[28] Begleitet wurde diese Entwicklung von der Debatte, inwiefern es zulässig und kriminalpolitisch sinnvoll sei, vorbestrafte Kriminelle – eben jene „Unverbesserlichen" – zu sterilisieren. Auch diese Forderung konnte auf eine lange Tradition zurückblicken. Schon 1900 hatte der Psychiater und Kriminologe Paul Näcke die Unfruchtbarmachung von Kriminellen propagiert.[29] Insbesondere im Hinblick auf Sexualstraftäter und Serienmörder wie Fritz Haarmann diskutierten die Medien aller politischen Lager in den 1920er-Jahren erneut Zwangssterilisation und Kastration als Maßnahme zur Bestrafung und Prävention.[30] Unfruchtbarmachung galt als ein Mittel gegen den als „pervers" definierten Sexualtrieb der Betroffenen. Simon zufolge fand in der deutschen Kriminalbiologie jedoch erst nach der Machtübernahme eine eindeutige Verengung auf biologistische Modelle zur Erklärung von Kriminalität statt, die

25 Christiane Rothmaler, Von „haltlosen Psychopathinnen" und „konstitutionellen Sittlichkeitsverbrechern". Die Kriminalbiologische Untersuchungs- und Sammelstelle der Hamburger Gefangenenanstalten 1926 bis 1945, in: Heidrun Kaupen-Haas/Christian Saller (Hrsg.), Wissenschaftlicher Rassismus. Analysen einer Kontinuität in den Human- und Naturwissenschaften, Frankfurt a. M. 1999, S. 257–303, hier S. 257.

26 Ebenda, S. 262.

27 Simon, Kriminalbiologie und Zwangssterilisation, S. 72 f.

28 Rothmaler, Von „haltlosen Psychopathinnen", S. 269.

29 Hörath, Experimente zur Kontrolle und Repression, S. 76.

30 Vgl. Kathrin Kompisch, „Zur Verhinderung schwerster Sexualverbrechen". Sterilisations- bzw. Kastrationsdiskurse in bezug auf Kriminelle in der Massenpresse der Weimarer Republik und des Nationalsozialismus, in: Juristische Zeitgeschichte Nordrhein-Westfalen 17 (2009): Justiz und Erbgesundheit. Zwangssterilisation, Stigmatisierung, Entrechtung, S. 27–38.

nun zunehmend mit der Kategorie „Rasse" verknüpft wurden.[31] Wie an anderer Stelle zeigt werden wird, spielte selbst die von Simon erwähnte Zielsetzung einer gesellschaftlichen Eingliederung – wenn auch unter dem Vorzeichen der an sich exklusiven „Volksgemeinschaft" – bei den später im KZ Sachsenhausen erfolgten Sterilisationen von „Berufsverbrechern" keine Rolle mehr.[32] Wurden die kriminalbiologischen Untersuchungen in den Haftanstalten nach der Machtübernahme der Nationalsozialisten zunächst ausgeweitet und systematisiert, kamen sie im Verlauf des Krieges in den meisten Städten zum Erliegen.[33]

2.2. Modernisierung der Strafverfolgung

Parallel zu den Reformen im Strafrecht[34] und den damit einhergehenden Praxen veränderte sich auch die konkrete polizeiliche Arbeit. In der Weimarer Republik vollzog sich innerhalb der deutschen Kriminalpolizei eine Modernisierung, die sowohl die Strukturen als auch Arbeitsmethoden betraf. Die Kriminalpolizeistellen schufen Dezernate, die sich spezifischen Verbrechensformen widmen sollten. Eine solche Professionalisierung führte einerseits zu einer Spezialisierung der jeweiligen Beamten, andererseits barg sie die Gefahr, den Fokus der Ermittler ganz im Sinne Heindls auf Wiederholungstäter einzuengen. Auf diese Weise folgte die polizeiliche Arbeit laut Wagner dem Prinzip einer Self-fulfilling Prophecy, da genau diejenigen wiederholt in das Blickfeld der polizeilichen Ermittlungen gerieten, die tatsächlich in einem bestimmten Kriminalitätszweig aktiv blieben. Dementsprechend richtete sich die Aufmerksamkeit der Kriminalpolizisten immer wieder auf die gleiche Klientel, die auf diese Weise besonders hervorstach.[35] Dazu trug auch die zunehmende organisatorische Vernetzung der in den 1920er-Jahren entstehenden Landespolizeistellen bei. Zusätzlich zu bereits seit dem 19. Jahrhundert existierenden Verbrecheralben wurden übergreifende Karteikarten sowie landesweite Dateien über Taten und Täter eingeführt, die bei der Bekämpfung des „Berufsverbrechertums" helfen sollten. Die Dimension dieser Sammelwut zeigt das Berliner Beispiel: 1930 verfügte die großstädtische Kriminalpolizei über 110 verschiedene Karteien mit Daten zu insgesamt mehreren Hunderttausend Menschen.[36]

31 Simon, Kriminalbiologie und Zwangssterilisation, S. 173.

32 Vgl. Kapitel 5.3.2.

33 Simon, Kriminalbiologie und Zwangssterilisation, S. 189.

34 Vgl. zur Strafrechtsreform in der Weimarer Republik Hörath, Experimente zur Kontrolle und Repression, S. 90–106.

35 Wagner, Volksgemeinschaft ohne Verbrecher, S. 148.

36 Wagner, Die Resozialisierung der NS-Kriminalisten, S. 18.

Zeitgleich mit der zunehmenden Spezialisierung der Polizei schränkte die Weimarer Demokratie mit ihren rechtsstaatlichen Prinzipien, die auch für mutmaßliche Straftäter galten, aus Sicht vieler Kriminalbeamter die erfolgreiche Aufklärung von Verbrechen ein. Besonders deutlich zeigten dies zahlreiche Einbrüche in Berliner Banken, für die die Kriminalpolizei in den 1920er-Jahren die Brüder Franz und Erich Sass verantwortlich machte,[37] ihrer aber mangels eindeutiger Beweise nicht habhaft werden konnte – eine Tatsache, die es den Beamten einfach machte, sich nach der Machtübernahme für die neu eingeführten Möglichkeiten der „Verbrechensbekämpfung" zu begeistern.[38] Dabei konnte das Verhältnis zwischen einzelnen Ermittlern und Straftätern in den 1920er-Jahren durchaus noch ambivalent sein, wie der Umgang mit den sogenannten Ringvereinen zeigt. Führende Kriminalpolizisten schwankten zwischen Repression gegenüber den Ringvereinen und einer gewissen Akzeptanz der Ordnungsfunktion, die die Ringvereine im Bereich der organisierten Kriminalität mitunter ausübten.

2.3. Ringvereine als Zusammenschlüsse von „Berufsverbrechern"

Am 6. März 1937 saß der gerade erst aus dem Zuchthaus entlassene Manfred Bastubbe mit seiner Frau Marianne in einem Berliner Café Unter den Linden. Die beiden trafen dort zufällig einen alten Bekannten aus dem Ringverein „Deutsche Kraft" wieder und begossen ihr Wiedersehen mit Sekt. Dieser Abend, der mit einem freundschaftlichen Miteinander begonnen hatte, endete in einer Schlägerei mit zwei SS-Offizieren, die Bastubbes Freund zuvor als „Judenschwein" beschimpft haben sollen. Knapp zwei Monate später sei Bastubbe morgens in seiner Wohnung verhaftet und als „Berufsverbrecher" in das KZ Sachsenhausen verschleppt worden, berichtete Wolfgang Heinrich in dem 1956 erschienenen Buch mit dem Titel „Frauen waren mein Verhängnis", das auf Gesprächen mit dem ehemaligen „Ringbruder" basiert.[39] Ob die zuvor beschriebene Schlägerei tatsächlich stattgefunden hat, lässt sich anhand des Quellenmaterials nicht verifizieren. Tatsächlich wurde Bastubbe aber am 9. März 1937 im Rahmen der reichsweiten Aktion gegen

37 Vgl. Kapitel 2.4.1.

38 Vgl. Wagner, Volksgemeinschaft ohne Verbrecher.

39 Wolfgang Heinrich, Frauen waren mein Verhängnis. Das abenteuerliche Leben des Hochstaplers und Einbrechers Manfred Bastubbe nach seinen Bekenntnissen, Berlin 1956. Bastubbe befand sich zu dem Zeitpunkt der Interviews mit Wolfgang Heinrich, die 1955 begannen, wieder in Haft.

„Berufsverbrecher“[40] „wegen seiner Gefährlichkeit in vorbeugende Polizeihaft“[41] genommen, wie aus den Akten der Berliner Staatsanwaltschaft hervorgeht.

Der Berliner war eine schillernde Gestalt: In den 1920er-Jahren mit dem Ringverein „Deutsche Kraft“ assoziiert, überlebte er mehrere Konzentrationslager, u. a. das KZ Sachsenhausen. Nachdem Bastubbe Anfang November 1937 wegen einer Blinddarmoperation aus dem Lager in das Berliner Staatskrankenhaus verlegt worden war, gelang ihm von dort gemeinsam mit anderen Häftlingen die Flucht.[42] Im Februar 1938 setzte er sich nach Prag ab. Doch bereits am 20. April 1938 wurde Bastubbe in Berlin wieder festgenommen und kam erneut als „Vorbeugehäftling“ in das KZ Sachsenhausen,[43] wo ihn die SS zwei Monate später als „Schutzhäftling“ führte.[44] Grund für diese abweichende Kategorisierung war vermutlich die Tatsache, dass er während seiner Zeit in Freiheit Texte über die Lagerhaft verfasst und in Prag präsentiert hatte. Somit galt er fortan als Regimegegner, wie aus einem Tätigkeitsbericht der Gestapo vom 21. April 1938 hervorgeht:

> „Dort hat er Greuelberichte über seine Erlebnisse im KZ-Lager verfaßt und [an] deutschfeindliche Zeitungen verkauft. Bastubbe ist Berufsverbrecher und [es] bestehen über ihn Notierungen im Steckbriefregister und im Fahndungsnachweis. Es werden weitere Ermittlungen über die illegale Tätigkeit des Bastubbe in Prag durchgeführt.“[45]

Wie Bastubbe erging es nach der Machtübernahme der Nationalsozialisten einer unbestimmten Anzahl von „Ringbrüdern“, die sich unter den ersten „Berufsverbrechern“ befanden, die ab 1933 in die Konzentrationslager eingeliefert wurden. Die Kriminalpolizei griff dabei auf Mitgliederlisten der eingetragenen Vereine zurück.[46] Ringvereine stellen das wohl bekannteste und gleichzeitig am stärksten mystifizierte Phänomen der frühen organisierten Kriminalität dar. Hartmann und

40 Vgl. zur Märzaktion Kapitel 3.3.

41 Bericht der Berliner Kriminalpolizei vom 26. 2. 1938, in: Strafakte gegen Manfred Bastubbe, LAB, A Rep. 358-02, Nr. 19668, Bl. 25.

42 Veränderungszettel „Abgang“ vom 22. 11. 1937, RGWA, 1367/1/16, Bl. 41, zit. n. AS, D 1 A/1016, Bl. 373.

43 Veränderungsmitteilung „Zugang Rückführung“ vom 24. 4. 1938, RGWA, 1367/1/20, Bl. 453, zit. n. AS, D 1 A/1020, Bl. 112.

44 Meldung der Politischen Abteilung vom 25. 6. 1938, RGWA, 1367/1/15, Bl. 336, zit. n. AS, D 1 A/1015, Bl. 336.

45 Tätigkeitsbericht des Gestapa-Berlin, II A 1 vom 21. 4. 1938, BArch R 58 3700, Bl. 85, zit. n. AS, P4 Akte Bastubbe, Manfred.

46 Goeschel, The Criminal Underworld, S. 69.

Lampe definieren sie treffend als „officially chartered associations of ex-convicts which, on paper, provided mutual aid and promoted the cultural activities of their members“.[47] Legale „Verbrecher“-Zusammenschlüsse hatten sich in Deutschland schon Ende des 19. Jahrhunderts aus den Reihen ehemaliger Strafgefangener gegründet. Doch erst in den 1920er-Jahren erlebte diese Organisierungsform der „Unterwelt“ insbesondere in den Großstädten ihre Hochphase, die auch mit einem kurzzeitigen Verbot zweier Berliner Vereine im Jahr 1929 nicht endete.[48]

Bis heute sind die Vereine wenig erforscht,[49] gleichwohl wurden sie in der Populärkultur aufgegriffen. So liegen für Berlin einige lokalhistorische und biografische Schriften vor.[50] Interessant ist in diesem Kontext auch der 1931 produzierte Film „M – eine Stadt sucht einen Mörder“ von Fritz Lang, an dem Mitglieder von Ringvereinen mitgewirkt haben. Der Film hat den fiktiven Fall eines Sexualstraftäters zum Gegenstand, der Mädchen entführt, missbraucht und tötet. In die erfolglosen Ermittlungen der Kriminalpolizei mischt sich die organisierte Unterwelt ein und stellt den Überführten schließlich vor ein eigenes „Gericht“.[51] Nicht nur die tatsächliche Zusammenarbeit mit den zeitgenössischen „Ringbrüdern“ macht den Film zu einem spannenden Werk. Zugleich wird aufgezeigt, dass es auch im kriminellen Milieu selbst Hierarchien gab, die sich aus der Art der begangenen Verbrechen ableiteten. Sexualstraftäter standen nicht nur in der öffentlichen Diskussion, sondern auch im Milieu offenbar auf unterster Stufe.

47 Arthur Hartmann/Klaus von Lampe, The German Underworld and the Ringvereine from the 1890s through the 1950s, in: Global Crime (February–May 2008) 1–2, S. 108–135.

48 Im Anschluss an eine 20-minütige Straßenschlacht zwischen Hamburger Zimmerleuten und Mitgliedern der Ringvereine „Norden“ und „Immertreu“ am Schlesischen Bahnhof, in die etwa 200 Personen verwickelt waren und während der ein Zimmermann starb, ließ der damalige Polizeipräsident Karl Zörgiebel, dem eigentlich eine hohe Toleranz gegenüber den Vereinen nachgesagt wurde, „Immertreu“ und „Norden“ verbieten. Wenige Wochen später wurden die Vereine wieder zugelassen. Vgl. Hartmann/von Lampe, The German Underworld, S. 128–29; Goeschel. The Criminal Underworld, S. 60, zu dem Prozess vgl. Wagner, Volksgemeinschaft ohne Verbrecher, S. 164–167.

49 Vgl. zum Forschungsstand Goeschel, The Criminal Underworld, S. 59. Neben der Publikation von Goeschel ist der Aufsatz von Arthur Hartmann und Klaus von Lampe zu nennen: Hartmann/von Lampe, The German Underworld.

50 Vgl. z. B. Hans Pollak, Tatort Mulackritze. Berliner Unterwelt in den zwanziger Jahren, Berlin 1993; Peter Feraru, Muskel Adolf & Co. Die „Ringvereine“ und das organisierte Verbrechen in Berlin, Berlin 1995; Carl-Peter Steinmann, Tatort Berlin. Erlesene Kriminalfälle, Berlin 1997.

51 Fritz Lang, „M – eine Stadt sucht einen Mörder“ (Berlin 1931); Christoph Bareither/Urs Büttner (Hrsg.), Fritz Lang. „M – Eine Stadt sucht einen Mörder“. Texte und Kontexte, Würzburg 2010; Anton Kaes, M, London 2000.

Angaben über Struktur, Statuten und Zahlen der Ringvereine widersprechen sich aufgrund der eingeschränkten Quellenlage erheblich. In der Literatur wird von bis zu 100 Vereinen ausgegangen, die teilweise in übergeordneten Verbänden zusammengeschlossen waren.[52] Wagner nennt unter Bezugnahme auf Angaben des preußischen Innenministeriums allein für Berlin die Existenz von 40 Ringvereinen mit mehreren Tausend Mitgliedern im Jahr 1929.[53] Besonders hohen Bekanntheitsgrad hatten in Berlin die Vereine „Geselligkeitsverein und Sportclub Immertreu", „Deutsche Kraft" und „Norden". Inwiefern alle ihre Mitglieder tatsächlich einen kriminellen Hintergrund hatten, ist umstritten, offenbar gab es auch Klubs mit unbescholtenen „Ehrenmitgliedern". Diese, nicht selten respektablen, Mitglieder der Gesellschaft erhielten gegen finanzielle Zuwendungen speziellen Schutz durch den Verein.[54] Auch die Frage, inwieweit die Klubs direkt in Straftaten (abgesehen von Zuhälterei, was unumstritten scheint) involviert waren, bleibt unklar. Bestimmte Verbrechen, vor allem Mord und Sexualdelikte (außer Zuhälterei), waren in den Ringvereinen geächtet, während Fertigkeiten im Bereich der Eigentumsdelikte, vor allem beim Einbruchdiebstahl, großes Ansehen genossen.[55]

Intern zeichnete die Vereine eine Art Solidarstruktur aus: Die relativ hohen Mitgliedsbeiträge zahlten sich aus, wenn ein Mitglied z. B. in Justizhaft kam, denn der Verein übernahm die Kosten für einen Anwalt, unter Umständen die Versorgung der Ehefrau bzw. Freundin und Familie und organisierte dem Betroffenen nach seiner Entlassung eine neue „Arbeitsstelle", häufig im kriminellen Milieu.[56] Im Todesfall richteten die Ringvereine die Beerdigung aus – diese Begräbnisse waren neben Tanzveranstaltungen ein wichtiges Element zur öffentlichen Inszenierung. Jährliche Bälle, an denen auch Polizeibeamte, Anwälte, Geschäftsleute und Schauspieler teilnahmen, zeigen, wie sehr die Vereine, deren Mitglieder mehrheitlich aus sozial niedrigeren Schichten kamen, bürgerlichen Lebensvorstellungen zugewandt waren: „*Ringvereine* held balls on regular occasions. Eyewitnesses report lavish celebrations, with criminals showing off their wealth and trying hard to give themselves and their female companions, typically prostitutes, a well-mannered, bourgeois appearance."[57] Gleichzeitig aktivierten sie aber „die tradierten

52 Hartmann/von Lampe, The German Underworld, S. 111.

53 Wagner, Volksgemeinschaft ohne Verbrecher, S. 157.

54 Hartmann/von Lampe, The German Underworld, S. 116.

55 Ebenda, S. 113; Peter Niggl, Vor 120 Jahren: Ganoven gründen den ersten Ringverein in Berlin, in: kripo.at (2011) 6, S. 27–29, hier S. 27.

56 Hartmann/von Lampe, The German Underworld, S. 114 f.

57 Ebenda, S. 116.

Ängste der bürgerlichen Gesellschaft vor einer organisierten Unterwelt, die im 19. Jahrhundert im Konstrukt der ‚kriminellen Klasse' schon einmal Ausdruck gefunden und zu Verschärfungen der Strafverfolgungspraktiken geführt hatten".[58]

Innerhalb der Polizei gab es vor der Machtübernahme der Nationalsozialisten unterschiedliche Strategien im Umgang mit den Vereinen. Während ein Teil der Kriminalbeamten diese tolerierte und ihnen eine Ordnungsfunktion über bestimmte Wohnviertel und Nachtklubs zuschrieb, fürchteten andere, ein solcher Umgang mit der „organisierten Kriminalität" untergrabe die Autorität des Staates.[59] Es verwundert deshalb nicht, dass bereits kurz nach der Hitlers Machtantritt auf Basis der „Schutzhaftverordnung" ein Verbot der Vereine erfolgte und ihre legale Existenz als Schwäche des Weimarer Rechtsstaates interpretiert wurde. So erklärte Hermann Göring, zu diesem Zeitpunkt preußischer Ministerpräsident, schon im September 1933 während einer Rede die Bekämpfung der Ringvereine zum expliziten Ziel der Kriminalpolizei.[60] Zwischen Mai bis Oktober 1933 fanden mehrere Polizeirazzien in einschlägigen Vierteln, wie rund um den Schlesischen Bahnhof in Berlin, statt. Die Tatsache, dass gerade in den großen Städten einige Ringvereine in Vierteln aktiv waren, in denen die Kommunistische Partei und der Rotfrontkämpferbund stark waren, kann nicht unbedingt als Ausdruck politischer Nähe interpretiert werden. Zwar gab es Vereine und Mitglieder, die mit der KPD assoziiert waren,[61] auf der anderen Seite wendeten sich einige „Brüder" nach dem Verbot der Vereine aber auch der SA zu.[62] Die Überschneidung zwischen Kommunisten und Ringvereinen hatte ihren Grund vielmehr darin, dass sie in denselben Wohnvierteln präsent waren. Es gehört indes zu den Mythen der Nationalsozialisten, dass es ihnen gelungen sei, die Zusammenschlüsse vollends zu zerschlagen.[63] Denn die Strukturen der Ringvereine überdauerten den Nationalsozialismus ebenso, wie die Kriminalität insgesamt durch die Maßnahmen der vorbeugenden Verbrechensbekämpfung und des nationalsozialistischen Strafrechts nicht beseitigt werden konnte.

Die hier am Beispiel der Ringvereine skizzierte Form von organisierter Kriminalität soll nun nicht dieselbe eingeschränkte Wahrnehmung auf Kriminalität begünstigen, wie sie Heindl mit dem Modell des „Berufsverbrechertums" propagierte hatte. Schließlich handelte es sich bei den Vereinen und ihren Mitgliedern

58 Wagner, Volksgemeinschaft ohne Verbrecher, S. 188.

59 Wagner, Die Resozialisierung der NS-Kriminalisten, S. 42; Goeschel, The Criminal Underworld, S. 64.

60 Goeschel, The Criminal Underworld, S. 69.

61 Wagner, Volksgemeinschaft ohne Verbrecher, S. 160; Goeschel, The Criminal Underworld, S. 68.

62 Hartmann/von Lampe, The German Underworld, S. 131.

63 Goeschel, The Criminal Underworld, S. 59.

lediglich um *ein* Kriminalitätsphänomen. Sie sind jedoch auch aus einem anderen Grund für die vorliegende Arbeit relevant: Wenngleich die Ringvereine über autoritäre Strukturen verfügten und ihre Romantisierung in modernen „Robin-Hood"-Versionen wenig Realitätsgehalt hat, ist der Aspekt der internen Sozialstruktur dennoch interessant. Zu fragen ist, inwiefern die dort praktizierten Werte wie „patronage, loyalty and friendship"[64] unter im KZ inhaftierten Mitgliedern noch eine Rolle spielten. Die in der Regel vor allem politischen Häftlingen zugeschriebenen Formen von Freundschaft und Solidarität in den Konzentrationslagern haben durchaus auch unter „Berufsverbrechern" existiert, wie in Kapitel V. gezeigt wird. Einige Inhaftierte kannten sich aus der Zeit vor ihrer Lagerhaft und/oder waren mit demselben Ring assoziiert gewesen. Über die „Berufsverbrecher" in Sachsenhausen schreibt etwa Harry Naujoks: „‚Organisiert' waren [...] die wirklich alten Kriminellen, die sich schon von früher kannten."[65] Solche Erfahrungen machte offenbar auch der zu Beginn dieses Kapitels zitierte Bastubbe. So schreibt Heinrich über dessen erste Zeit im KZ Sachsenhausen 1937, als Bastubbe schon nach wenigen Wochen seinen Ausbruch plante: „Ein alter Ringvereinskamerad, Walter Gutgesell, schläft neben ihm. Er weckt ihn und vertraut sich ihm an. Sie flüstern die ganze Nacht."[66] Die Freundschaft zwischen Bastubbe und Gutgesell zerbrach allerdings spätestens 1938. Nach Bastubbes Flucht aus dem Konzentrationslager soll Gutgesell ihn der Gestapo ausgeliefert und dieser außerdem Bastubbes Notizen über das KZ Sachsenhausen ausgehändigt haben. Diese von Bastubbe vermutete Denunziation war Gegenstand einer Strafanzeige wegen „Beihilfe zur schweren Freiheitsberaubung", die Bastubbe gegen seinen ehemaligen Kameraden am 3. März 1959 bei der Berliner Polizei stellte. Darin behauptete er zudem, Gutgesell habe als Vorarbeiter im KZ Mittelbau-Dora jüdische Häftlinge misshandelt.[67] Zu einem Strafverfahren gegen den Handwerker kam es jedoch nicht, die Ermittlungen wurden schon nach wenigen Wochen wegen „Strafverfolgungsverjährung" eingestellt.[68]

64 Ebenda, S. 60.

65 Naujoks, Mein Leben im KZ Sachsenhausen, S. 166.

66 Heinrich, Frauen waren mein Verhängnis, S. 53. Auch wenn Gutgesell Bastubbe eigenen Angaben zufolge Jahre später an die Gestapo verraten hatte, beschreibt er für diesen frühen Zeitraum seiner Lagerhaft das Verhältnis zwischen den beiden Ringbrüdern als kameradschaftlich.

67 Strafanzeige gegen Walter Gutgesell vom 3. 3. 1959, in: Ermittlungsakte Walter Gutgesell, LAB, B Rep. 058, Nr. 5159, Bl. 1 f.

68 Schreiben des Oberstaatsanwalts an Manfred Bastubbe vom 4. 5. 1959, in Ermittlungsakte Walter Gutgesell, LAB, B Rep. 058, Nr. 5159, Bl. 7.

2.4. Die Rezeption von Kriminalfällen aus der Weimarer Republik

2.4.1. „Musterdiebe aus Moabit“[69]

Neben den Ringbrüdern, die vor allem nach einer straßenschlachtähnlichen Auseinandersetzung mit Hamburger Zimmerleuten am Berliner Schlesischen Tor im Dezember 1928 in den Fokus der Öffentlichkeit geraten waren,[70] gab es auch Einzeltäter, die die kriminologischen Diskurse in der Weimarer Republik bestimmten und deren Fälle eine direkte Verbindungslinie zum KZ Sachsenhausen aufweisen. Exemplarisch werden der Fall des Serienmörders Fritz Haarmann (1879–1925) sowie die Einbruchsserie der Berliner Brüder Franz und Erich Sass in den 1920er-Jahren skizziert. Sowohl die in der Weimarer Republik weitestgehend misslungene Strafverfolgung der Brüder Sass als auch die Geschichte von Fritz Haarmann und seinem mutmaßlichen Gehilfen Hans Grans flossen in Begründungen für neue Formen der Verbrechensbekämpfung ein und dienten nach der Machtübernahme der Nationalsozialisten als propagandistisch eingesetzte Beispiele für die angebliche Schwäche der Weimarer Justiz.[71]

Kriminalobersekretär Max Fabich, bereits in den 1920er-Jahren ermittelnder Kommissar gegen die Brüder, veröffentlichte 1940/41 in der Fachzeitschrift *Kriminalistik* eine Artikelserie mit dem Titel „Die Straftaten der Gebrüder Sass“. Den fünften Teil begann er mit einem Misserfolg der Kriminalpolizei:

> „Als nach der nationalsozialistischen Machtergreifung in Deutschland der Kampf gegen das Berufsverbrechertum in verschärfter Form aufgenommen wurde, müssen wohl auch die beiden Brüder Franz und Erich Sass von irgendeiner Seite Fingerzeige erhalten haben, daß Präventivmaßnahmen gegen Berufsverbrecher durch die Reichsregierung ins Auge gefaßt waren.“[72]

Zu dieser Annahme verleitete ihn offenbar die Tatsache, dass die Brüder „noch vor dem Ergehen der Anordnungen über polizeiliche Vorbeugungshaft“ aus Berlin verschwunden waren.[73] Tatsächlich hielten sich Franz und Erich Sass ab

69 So der Titel einer Ausstellung über die Brüder Sass, die von November 2001 bis Januar 2002 im Heimatmuseum Berlin-Tiergarten gezeigt wurde.

70 Goeschel, The Criminal Underworld, S. 59–61; Wagner, Volksgemeinschaft ohne Verbrecher, S. 153 f.

71 Wagner, Volksgemeinschaft ohne Verbrecher, S. 200.

72 Max Fabich, Die Straftaten der Gebrüder Sass, 5. Fortsetzung und Schluß, in: Kriminalistik (November 1941) 11, S. 123–126, hier S. 123.

73 Ebenda, S. 123.

September 1933 in Dänemark auf. Der spektakulärste ihnen zur Last gelegte Coup war der Einbruch in eine Nebenstelle der Berliner Disconto-Gesellschaft im Januar 1929. Zwischen 1929 und 1933 folgten mehrere Einbrüche, die neben der Kriminalpolizei auch die Öffentlichkeit den Brüdern zuschrieb. Für die deutsche Presse galten sie bald als eine Art „Helden", mit deren Heroisierung bisweilen auch eine Verspottung kriminalpolizeilicher Misserfolge einherging.[74] Die Brüder Sass wurden bis 1940 für keinen einzigen Einbruch rechtskräftig verurteilt, lediglich eine Haftstrafe wegen „Hausfriedensbruch" sprach das Berliner Schöffengericht am 26. Mai 1930 aus. In Dänemark straffällig geworden, standen sie dort 1934 wegen Einbruchdiebstahls vor Gericht und wurden am 3. März 1938 an die deutsche Kriminalpolizei ausgeliefert. Im Januar 1940 folgte ihre Verurteilung durch das Berliner Landgericht zu 11 und 13 Jahren Haft sowie anschließender Sicherungsverwahrung. Allerdings kamen weder das Urteil noch die Sicherungsverwahrung zur Anwendung – auf „Befehl des Führers" wurden die Brüder am 27. März 1940 im Erschießungsgraben des KZ Sachsenhausen ermordet.[75] Rudolf Höß, ehemaliger Kommandant des KZ Auschwitz und zu diesem Zeitpunkt erster Lagerführer im KZ Sachsenhausen, schilderte die Ermordung der Brüder Sass in den kurz vor seiner eigenen Hinrichtung verfassten Aufzeichnungen. Er rechtfertigte dort die Erschießung mit folgenden Worten: „Sie waren erheblich vorbestraft, hatten aber nie eine Strafe vollständig abgesessen, da es ihnen immer gelungen war auszubrechen. Auch alle Vorsichtsmaßnahmen nützten bei ihnen nichts, sie fanden immer eine Gelegenheit."[76] Tatsächlich waren Franz und Erich Sass jedoch in Deutschland nie zu einer längeren Haftstrafe verurteilt worden, geschweige denn aus einer Haftanstalt ausgebrochen.[77] Die Tatsache, dass sie im KZ Sachsenhausen hingerichtet wurden, findet in der Artikelserie von Max Fabich übrigens keine Erwähnung, ebenso wird sie in dem Jahrzehnte später produzierten Spielfilm „Sass" (2001) von Carlo Rola ausgespart, was Anlass zu kritischen Filmbesprechungen bot.[78]

74 Wagner, Volksgemeinschaft ohne Verbrecher, S. 172–179.

75 AS, Standesamt Oranienburg, Nr. 1625/1940, Bl. 58 f.

76 Rudolf Höß, Kommandant in Auschwitz. Autobiographische Aufzeichnungen von Rudolf Höß. Hrsg. von Martin Broszat im Auftrag des Instituts für Zeitgeschichte, Stuttgart 1958, S. 76.

77 Die Geschichte der Brüder Sass und ihre Ermordung wird in der Ausstellung „Mord und Massenmord im KZ Sachsenhausen 1936–1945" der Gedenkstätte Sachsenhausen thematisiert. Vgl. Morsch (Hrsg.), Mord und Massenmord, S. 161–165.

78 Vgl. Cristina Moles Kaupp, „Sass". Die Künste des Plünderns, in: Tagesspiegel, 26. 9. 2001, www.tagesspiegel.de/kultur/sass-die-kunst-des-pluenderns/259108.html (17. 4. 2016) Morsch (Hrsg.), Mord und Massenmord, S. 165.

Kriminalpolizisten wie Max Fabich, die den Machtwechsel 1933 begrüßten, deuteten den Fall der Brüder Sass als nahezu exemplarisch für die Einschränkungen der kriminalpolizeilichen Arbeit in der Weimarer Republik.[79] So erklärte Fabich in der Einleitung zu seiner Artikelserie: „Daß trotz des in mühsamer Kleinarbeit von der Kriminalpolizei zusammengetragenen Ermittlungsergebnisses 1929 Anklage gegen die Gebrüder Sass nicht erhoben wurde, ist für die damaligen Zeitverhältnisse kennzeichnend."[80] Demgegenüber sei die Disconto-Gesellschaft in den 1940er-Jahren u. a. aufgrund „der seit 1933 gründlich geänderten Bekämpfungsart des gefährlichen Gewohnheitsverbrechertums" sicher,[81] behauptete Fabich ein paar Monate später. Ganz im Sinne der Kriminalbiologie begann er seine Artikelserie mit einer Beschreibung des Elternhauses der beiden Brüder, deren Vater „ein recht eigenartiger Kauz" gewesen sei, „der sich um seine Mitmenschen wenig kümmerte".[82] Franz Sass befand sich in seiner Jugend zeitweise in Fürsorgeerziehung, Erich Sass begann eine Lehrstelle als Schlosser, die er zwar nicht beendete, die aber den „Grundstock für seine spätere verbrecherische Laufbahn" gelegt habe, so Fabich.[83] Offenbar konnte sich aber auch Fabich einer gewissen Faszination für die Brüder nicht erwehren, wie anhand der folgenden Zeilen über Erich Sass deutlich wird:

> „Infolge einer eigenartigen einseitigen technischen Begabung hatte er schnell gelernt, mit dem Schlosserwerkzeug umzugehen, was er in einer Weise zu nutzen verstand, die für andere Zwecke besser angewendet gewesen wäre. Spitzenleistungen auf diesem Gebiet erzielten die Brüder bei dem Einbruch zum Nachteil der Diskonto-Gesellschaft und bei den Geldschrankeinbrüchen in Kopenhagen."[84]

Der Kriminalobersekretär nutzte die Beschreibung des Elternhauses, um Theorien zurückzuweisen, die Kriminalität auf die familiäre Sozialisation zurückführten. Er betonte zwar, es sei „zuzugeben, daß die Gebrüder Sass [...] keine sehr gute Jugend gehabt haben",[85] führte aber die Tatsache, dass der älteste der

79 Vgl. Wagner, Die Resozialisierung der NS-Kriminalisten, S. 49.

80 Max Fabich, Das Vorleben der Brüder Franz und Erich Sass, in: Kriminalistik, 14 (1940) 4, S. 37.

81 Max Fabich, Die Straftaten der Gebrüder Sass, in: Kriminalistik 15 (1941) 2, S. 17.

82 Max Fabich, Das Vorleben der Brüder Franz und Erich Sass, in: Kriminalistik 14 (1940) 4, S. 37.

83 Ebenda, S. 38.

84 Ebenda.

85 Max Fabich, Das Vorleben der Brüder Franz und Erich Sass, in: Kriminalistik 14 (1940) 4, S. 39.

drei Brüder, obwohl er in einer Pflegefamilie aufgewachsen sei, nicht straffällig wurde, als Beleg für „die Unrichtigkeit einer Lehre, die einseitig Wirtschaftslage, Umgebung und Erziehung für die Kriminalität verantwortlich machen möchte", an.[86] Vielmehr seien Franz und Erich Sass „wohl überlegt und aus freiem Willen" zur „Verkörperung dessen, was man unter einem Gewohnheitsverbrecher versteht", geworden.[87] Fabich lobte in seinen Publikationen die neuen Möglichkeiten, die der nationalsozialistische Staat der Kriminalpolizei eröffnete, indem er die „trotz aller Anstrengungen und aller Tüchtigkeit zu einem aussichtslosen Kampfe verurteilte Kriminalpolizei aus ihrer gesetzlich sanktionierten Machtlosigkeit befreit" habe.[88] Tatsächlich war es wohl die Androhung von Vorbeugehaft, die Erich Sass 1940 zu einem Geständnis bewogen hatte.[89] Trotz dieser Artikelserie, in der Fabich aus seiner Zustimmung zu den mit dem Machtwechsel möglich gewordenen polizeilichen Methoden im Rahmen der „vorbeugenden Verbrechensbekämpfung" keinen Hehl machte, erscheint er in dem Band von Ekkehard Schwerk aus dem Jahr 2001 über die „Meisterdiebe von Berlin" als „redliche[r] Kriminalbeamte[r]", der es angeblich abgelehnt habe, in die NSDAP einzutreten, und aufgrund dieser „mutigen Weigerung" nicht weiter befördert worden sei.[90]

Die Geschichte der Brüder Sass gibt bis heute Anlass für Spekulationen, z. B. über den Verbleib von erbeuteten Geldern,[91] und für eine Heroisierung, die bereits in Teilen der Öffentlichkeit in der Weimarer Republik virulent war. So fordert Schwerk das Anbringen einer Gedenktafel am Wohnort der ehemaligen „Meisterdiebe" in Berlin-Moabit,[92] von November 2001 bis Januar 2002 zeigte das Heimatmuseum in Berlin-Tiergarten eine Ausstellung über die Brüder mit dem Titel „Gebrüder Sass – Musterdiebe aus Moabit".[93] Ein Sammelband über die Geschichte des Bankraubs widmet den Brüdern unter dem Titel „Gebrüder Sass – Vorsprung durch Technik" ein eigenes Kapitel.[94] Auch in die belletristische

86 Ebenda.

87 Ebenda.

88 Max Fabich, Die Straftaten der Gebrüder Sass, in: Kriminalistik 15 (1941) 6, S. 67.

89 Wagner, Volksgemeinschaft ohne Verbrecher, S. 220.

90 Ekkehard Schwerk, Die Meisterdiebe von Berlin. Die Gebrüder Sass und die zwanziger Jahre, Berlin 2001, S. 90.

91 Wie etwa in dem Film „Der Schatz im Grunewald. Die Millionenbeute der Gebrüder Saß" (2010) von Gabi Schlag.

92 Schwerk, Die Meisterdiebe von Berlin, S. 94.

93 Tina Bucek, Karriere am Schneidbrenner, in: taz, 21. 11. 2001.

94 Thomas Mahn, Gebrüder Sass – Vorsprung durch Technik, in: Klaus Schönberger (Hrsg.), Va Banque! Bankraub – Theorie. Praxis. Geschichte, Hamburg 2000, S. 24 f.

Kriminalliteratur finden sie immer wieder Eingang. So werden sie mehrfach in der im Berlin der späten 1920er- und früher 1930er-Jahre spielenden und mit historischen Fakten versehenen Reihe von Volker Kutscher genannt, in dessen Zentrum der fiktive Kriminalkommissar Gereon Rath steht.[95]

2.4.2. Der „Vampir von Hannover"[96] und sein „Gehilfe"

Während die Brüder Sass eher als Sympathieträger gelten, ist das Beispiel des Hannoveraners Fritz Haarmann, der 1925 zum Tode verurteilt wurde, gänzlich anders gelagert. Zwar wird der Serienmörder Fritz Haarmann ähnlich wie die Brüder Sass bis heute auf unterschiedliche Weise mystifiziert, wenngleich mit anderen Inhalten: Er dient weniger als „Robin-Hood-Figur", sondern vielmehr als Inbegriff des Bösen.[97] Im August 2012 verwendete sogar ein Hannoveraner Fußballverein sein Konterfei auf einem Transparent, um zu provozieren.

Die Nationalsozialisten nutzten die Fälle Haarmann und Sass als Exempel für die vermeintlichen Verfehlungen des Weimarer Staates. Kerstin Brückweh hat gezeigt, wie die Berichterstattung über den 1936 wegen Sexualdelikten angeklagten Adolf Seefeld (1870–1936) auf Haarmann Bezug nahm. So war etwa in der *Mecklenburgischen Zeitung* am 24. Januar 1936 zu lesen:

> „Gerade im Seefeld-Prozeß mag das deutsche Volk insgesamt die Notwendigkeit und Nützlichkeit der Gesetze erkennen, die solche Verbrecher wie Haarmann, Kürten und Seefeld nicht erst nach ihrer Straffälligkeit, nicht erst, nachdem sie ungeheures Unheil angerichtet haben, unschädlich machen, sondern die solchen Verbrechen von vornherein vorbeugen und nach menschlichem Ermessen sie für alle Zeit unmöglich machen."[98]

95 Anspielungen auf die Brüder Sass finden sich in allen drei Bänden, vgl. Volker Kutscher: Der Nasse Fisch, Köln (2007), Der stumme Tod (2009), Goldstein (2010) und Die Akte Vaterland (2012).

96 Daniel Müller, Fritz Haarmann war der Vampir von Hannover, in: Die Welt, 1. 10. 2008, www.welt.de/vermischtes/article1994089/Fritz-Haarmann-war-der-Vampir-von-Hannover.html (17. 4. 2016).

97 Vgl. Müller, Vampir. Der Autor erwähnt auch Hans Grans als Haarmanns Gehilfen und dessen Verurteilung zu zwölf Jahren Zuchthaus, spart jedoch die gegen diesen verhängte KZ-Haft aus.

98 Zitiert nach Kerstin Brückweh, Mordlust. Serienmorde, Gewalt und Emotionen im 20. Jahrhundert, Frankfurt a. M. 2006, S. 367 f.

Der in Potsdam geborene Seefeld wurde im Februar 1936 wegen Mordes in zwölf Fällen (die Opfer waren minderjährige Jungen, die zuvor sexuell missbraucht worden waren) zum Tode verurteilt und am 23. Mai 1936 in Schwerin hingerichtet.[99] Insbesondere Sexualstraftäter dienten neben professionellen Einbrechern wie den Mitgliedern der Ringvereine und den Brüdern Sass in der NS-Propaganda immer wieder als Argument für eine verschärfte Verbrechensbekämpfung.[100] Dabei eignete sich der Fall von Fritz Haarmann eigentlich nicht als Beispiel für die wiederholt beklagte Beschränkung des Weimarer Rechtsstaates. Schließlich war der am 25. Oktober 1879 in Hannover geborene Fritz Haarmann wegen Mordes an 24 Jungen und jungen Männern im Alter von 10 bis 22 Jahren am 19. Dezember 1924 vom Hannoveraner Schwurgericht zum Tode verurteilt worden.[101] Die Nationalsozialisten instrumentalisierten ihn dennoch als paradigmatisch für umfassendere Kritik am Modell des liberalen Rechtsstaates, indem sie argumentierten, dass solche demokratischen Systeme Straftäter wie Haarmann überhaupt erst hervorbrächten.

Neben Haarmann, der zu diesem Zeitpunkt bereits wegen anderer Delikte (u. a. Diebstahl und Unterschlagung) vorbestraft war, stand auch sein Freund und vermeintlicher Komplize Hans Grans vor Gericht. Er hatte Haarmann 1919 im homosexuellen Strichermilieu Hannovers kennengelernt und einige Zeit bei ihm gelebt. Ihm wurde vorgeworfen, Haarmann zur Ermordung von mindestens zwei Jungen animiert zu haben. Der 1901 geborene Grans wurde zunächst im selben Prozess wie Haarmann wegen „Anstiftung zum Morde“ zum Tode sowie wegen „Beihilfe“ zu zwölf Jahren Haft verurteilt.[102] Mangels Beweisen und aufgrund einer Notiz, mit der Haarmann Grans entlastet hatte, ließ das Gericht die Anklage wegen Anstiftung zum Mord letztlich fallen. Dennoch musste Grans infolge eines Berufungsverfahrens zwölf Jahre in Strafhaft verbringen. Nach Verbüßung seiner Strafe wurde er jedoch nicht freigelassen, sondern am 4. März 1937 als „Vorbeugehäftling“ und „Homosexueller“ in das KZ Sachsenhausen überstellt.[103] Dort kam

99 Vgl. zum Fall Seefeld und zur Berichterstattung im Nationalsozialismus z. B. Anne-Kathrin Kompisch, Wüstling – Werwolf – Teufel. Medienbilder von Serienmördern in der deutschen Massenpresse 1918–1945, Hamburg 2008, S. 179–226.

100 Vgl. zum Umgang mit sogenannten Sittlichkeitsverbrechern Kapitel 3.2.2.

101 Der Fall sowie die Hinrichtung führten in der Weimarer Republik zu intensiven Kontroversen, vgl. Kompisch, Wüstling – Werwolf – Teufel, S. 69–152; Sünje Knutzen, Sexuelle Gewalt als Bedrohung und Spektakel. Wahrnehmungen und Deutungen des „Lustmörders“ durch die Öffentlichkeit der Weimarer Republik am Beispiel des Falles Haarmann in Hannover, Göttingen 2002 (unveröffentlichte Magisterarbeit).

102 Brückweh, Mordlust, S. 252.

103 Veränderungszettel „Zugang“ vom 4. 3. 1937, RGWA, 1367/1/16, Bl. 313, zit. n. AS, D 1 A/1016, Bl. 101. Die Vorbeugehaft gegen Grans war bereits am 14. 12. 1936 von der Kriminal-

er nach eigenen Angaben direkt in ein Strafkommando.[104] Grans blieb bis Kriegsende inhaftiert und überlebte mehrere Konzentrationslager.[105] Unmittelbar nach seiner Befreiung aus dem KZ Bergen-Belsen nahmen ihn die britischen Alliierten gemeinsam mit 40 weiteren Personen erneut in Haft, bis zum 9. Januar 1946 blieb Grans im Zuchthaus Celle.

Wie genau es zur Inhaftierung dieser Gruppe kam, ist ungeklärt. Festgehalten wurden sie vermutlich aufgrund ihrer Vorstrafen, es waren überwiegend als „Asoziale", „Berufsverbrecher" und Sicherungsverwahrte Verfolgte betroffen sowie drei Homosexuelle.[106] Die einzelnen Personen sind in den Gefangenenbüchern aufgeführt. Demnach kam Grans am 3. Mai 1945 aus dem KZ Bergen-Belsen in das Zuchthaus Celle.[107] Aus einem Schreiben des Vorstands der Strafanstalt Celle an das Landgericht Lüneburg vom 17. März 1956 geht hervor, dass er „durch die Besatzungsbehörde in das Zuchthaus Celle in Vorbeugungshaft eingeliefert" worden sei, „ohne daß irgendwelche Akten mitgegeben waren. Vorher befand er sich im KZ-Lager Belsen."[108]

Angesichts seiner Vorgeschichte und Zuordnung als „Homosexueller" ist es fast verwunderlich, dass Grans das KZ-System überlebte. Im September 1964 befragte ihn das Landeskriminalamt in Hannover im Rahmen von Ermittlungen gegen SS-Täter aus dem KZ Sachsenhausen als Zeugen. Bemerkenswert an seiner an sich sehr knappen Aussage ist, dass Grans die Funktion Sachsenhausens als „Vorführlager" betonte: „Seinerzeit war die Lagerleitung darauf bedacht, das KL in der Öffentlichkeit als ein sogenanntes ‚Prunkstück' darzustellen. Es fanden des Öfteren Besichtigungen durch ausländische Journalisten statt."[109] Vermutlich

polizeileitstelle Hannover verfügt und am 2. 2. 1937 angewendet worden, vgl. Verfügung über vorbeugende Polizeihaft vom 14. 2. 1936, Niedersächsische Landesarchiv (NLA) HA, Nds. 720 Lüneburg, Acc. 139/90 Nr. 486, Bl. 25.

104 Zeugenvernehmung von Hans Grans am 21. 9. 1964, Staatsanwaltschaft Köln, 24 KS 2/68 (Z)/XLV, Landesarchiv NRW, zit. n. AS, JD 31/39, Bl. 73 f.

105 In einem Schreiben der Allied High Commission for Germany (International Tracing Service) vom 11. August 1953 an Hans Grans sind folgende Konzentrationslager als Haftorte von Grans aufgelistet: Sachsenhausen, Flossenbürg, Dachau, Buchenwald und Mittelbau-Dora. Überall wurde er als „Berufsverbrecher", „Vorbeugehäftling" bzw. „Polizeilicher Sicherungsverwahrter" (Dachau) geführt, NLA HA, Nds. 110 W Nr. 300325, Bl. 24 f.

106 Vgl. Rahe/Seybold, Grüner und schwarzer Winkel, S. 121.

107 Gefangenenkarteikarte Hans Grans, NLA HA, Hann. 86 Celle, Acc. 142/90 Karteikarte Nr. 45/215.

108 Schreiben des Vorstands der Strafanstalt und Sicherungsanstalt Celle an das Landgericht Lüneburg vom 17. 3. 1956, NLA HA, Nds. 720 Lüneburg, Acc. 139/90 Nr. 486, Bl. 27.

109 Zeugenvernehmung von Hans Grans am 21. 9. 1964, Staatsanwaltschaft Köln, 24 KS 2/68 (Z)/XLV, Landesarchiv NRW, zit. n. AS, JD 31/39, Bl. 73 f.

spricht aus dieser Aussage seine Empörung über den offensiven Umgang der Nationalsozialisten mit den Lagern. Tatsächlich erhielt das KZ Sachsenhausen aufgrund der Tatsache, dass sich ab 1938 die „Inspektion der Konzentrationslager" als übergeordnete Instanz in unmittelbarer Nähe des Lagers befand, eine besondere Stellung im KZ-System und avancierte auch deshalb zum „Muster- und Vorführlager", das in- und ausländischen Besuchern präsentiert wurde.[110] Etwa ein Jahr vor seinem Tod erschien im Juni 1974 in der *Hannoverschen Allgemeinen Zeitung* überraschend ein Artikel über Hans Grans.[111] Dem Journalisten Dieter Tasch war es gelungen, ihn für ein Interview zu gewinnen. Was Grans dazu bewog, muss unklar bleiben, denn Tasch hatte keineswegs seine Rehabilitierung im Sinn. Bereits der Untertitel „Der Komplice des Massenmörders Haarmann lebt noch heute in Hannover" zeigt, dass sich für den Journalisten die Schuldfrage gar nicht erst stellte. Die Grans bereits im Prozess von 1924 zugeschriebene Habgier – die im Übrigen ganz in Heindls Konzeption des typischen „Berufsverbrechers" passte – wurde von Tasch aufgegriffen, der schrieb, Grans habe Haarmann aus reiner „Habsucht" zu den Taten animiert. Der Artikel endet dementsprechend mit dem Satz: „Am heftigsten nagt an ihm, materiell verloren zu haben. Zu einem beschaulichen Lebensabend, auf den er Anrecht zu haben glaubt, reicht allein die Rente nicht." Auch physiognomische Zuschreibungen sparte Tasch nicht aus:

> „G. wurde für immer von der langen Haft gezeichnet, obwohl sie inzwischen lange zurückliegt. Sein volles Haar ist stumpfgrau, seine Haut krankhaft ledern. Er hat das füchsisch Wache, das ihm die damaligen Prozeßbeobachter attestierten, nicht verloren."

Hier zeigt sich, wie bestimmte Vorstellungen über *den* „Kriminellen" Jahrzehnte überdauern konnten. Taschs Anspielung auf Grans' finanzielle Situation mutet zynisch an, wenn man bedenkt, dass Grans nicht zu dem Personenkreis gehörte, der für seine Haftzeit in den nationalsozialistischen Konzentrationslagern entschädigt worden war. Er hatte in den 1950er-Jahren mehrfach erfolglos versucht, Entschädigung für seine Verfolgung in der NS-Zeit sowie seine weitere Inhaftierung im Zuchthaus Celle zu erhalten. Die Entschädigungskammer des Landgerichts Hannover wies 1958 eine Klage gegen den zuvor abgelehnten Antrag von Grans auf Gewährung eines Härteausgleichs mit der Begründung ab, Grans'

110 Vgl. Morsch/Ley, Medizin und Verbrechen, S. 379–395.

111 Alle folgenden Zitate aus: Dieter Tasch, Ein Brief im „Anzeiger" rettete ihn vor dem Henker. Der Komplice des Massenmörders Haarmann lebt noch heute in Hannover, in: Hannoversche Allgemeine Zeitung, 19. 6. 1974.

Angabe, aus politischen Gründen verfolgt worden zu sein, sei unzutreffend. Die Kammer führte dazu aus: „Da er sich seit 1924 in Haft befand, war er gar nicht in der Lage, sich über die Fragen des Verhältnisses zwischen Staat und Einzelperson aus eigener Anschauung und Überzeugung eine Ansicht zu bilden."[112] Auch wenn tatsächlich fraglich ist, ob Grans, wie er selbst seit 1953 in verschiedenen Entschädigungsverfahren immer wieder angab, aufgrund einer ihm unterstellten „gegen den Nationalsozialismus gerichteten politischen Überzeugung" in KZ-Haft kam,[113] ist die Behauptung der Hannoveraner Entschädigungskammer, eine Person, die sich in Strafhaft befinde, könne gar keine ablehnende Haltung gegenüber dem Nationalsozialismus entwickelt haben, bemerkenswert. Grans' Versuch, auf Basis des 1957 in Kraft getretenen Allgemeinen Kriegsfolgengesetzes eine finanzielle Zuwendung zu erhalten, blieb ebenfalls erfolglos.[114] Aus den Akten der diversen Wiedergutmachungsverfahren geht hervor, dass Grans im März 1947 versucht hatte, die Genehmigung für die Aufnahme eines Gewerbes zu erhalten.[115] Nach eigenen Angaben war er ab Mai 1952 als Maurer tätig, musste diese Beschäftigung aber 1957 aufgrund von gesundheitlichen Problemen, die er auf seine KZ-Haft zurückführte, aufgeben.[116]

112 Urteil der Entschädigungskammer des Landgerichts Hannover vom 22. Oktober 1958, NLA HA, Nds. 720 Hannover, Acc. 2007/112, Nr. 1702, Bl. 11 f.

113 Schreiben von Hans Grans an die Entschädigungskammer des Landgerichts Lüneburg vom 3. 2. 1955, NLA HA, Nds. 720 Lüneburg, Acc. 139/90, Nr. 486, Bl. 1 f.

114 Vgl. Wiedergutmachungsverfahren, NLA HA, Nds. 110 W, Acc. 32/99, Nr. 300325.

115 Schreiben des politischen Ausschusses für die Opfer des Faschismus in Celle an das Landratsamt in Celle vom 6. 3. 1947, NLA HA Nds. 110 W, Acc. 32/99, Nr. 300325. Mit dem Schreiben befürworteten die ehemaligen Häftlinge Grans' Antrag auf Gewerbezulassung und verwiesen dabei auch auf die Unrechtspraxis des NS-Regimes gegenüber „Kriminellen".

116 Schreiben von Hans Grans an die Entschädigungsbehörde Lüneburg vom 13. 2. 1957, NLA HA, Nds. 110 W, Acc. 32/99, Nr. 300325.

III. Die „vorbeugende Verbrechensbekämpfung" nach der Machtübernahme

3.1. Das Gewohnheitsverbrechergesetz

Das am 24. November 1933 implementierte „Gesetz gegen gefährliche Gewohnheitsverbrecher und über Maßregeln der Sicherung und Besserung" (kurz Gewohnheitsverbrechergesetz) war Ergebnis einer jahrzehntelangen Debatte um eine Strafrechtsreform. Julia Hörath beschreibt es deshalb treffend als „Schubladengesetz".[1] Es beinhaltete auf verschiedenen Ebenen eine Verschärfung des bestehenden Strafrechts. Nach § 20a wurde das Strafmaß gegen sogenannte Gewohnheitsverbrecher auf fünf Jahre Zuchthaus bei Vergehen und 15 Jahre Zuchthaus bei Verbrechen erhöht. Zusätzlich war nach § 42e erstmals die Verhängung von Sicherungsverwahrung möglich,[2] wenn das Gericht die betroffene Person auf Basis von § 20a als „gefährlichen Gewohnheitsverbrecher" einordnete und die „öffentliche Sicherheit" es erfordere.[3] Faktisch konnten die Gerichte damit im Anschluss an eine Verurteilung aufgrund eines bestimmten Vergehens oder Verbrechens den weiteren Verbleib des Delinquenten in einem regulären Zuchthaus oder einer Strafanstalt, in der nur Sicherungsverwahrte inhaftiert waren, anordnen.[4]

Welch hohe Bedeutung dieser Neuerung beigemessen wurde, zeigt ein Schreiben des Reichsjustizministers an den preußischen Ministerpräsidenten, in dem er einerseits die Einführung des neuen Gesetzes begrüßte und andererseits die Möglichkeit weiterer polizeilicher Maßnahmen gegen „Berufsverbrecher" forderte.[5]

1 Hörath, Terrorinstrumente, S. 524.

2 Die noch heute angewendete Sicherungsverwahrung geht auf das Gewohnheitsverbrechergesetz von 1933 zurück und war in den letzten Jahren wiederholt Anlass für öffentliche Debatten. Insbesondere die 1998 aufgehobene Beschränkung der SV bei Erstverhängung auf zehn Jahre und die Praxis der nachträglichen Sicherungsverwahrung stießen auf Kritik und wurden 2011 vom Bundesverfassungsgericht als rechtswidrig eingestuft und 2013 reformiert.

3 Müller, Gewohnheitsverbrechergesetz; Reichsgesetzblatt (1933/I) 133, S. 995–997.

4 In einigen Zuchthäusern wie Brandenburg-Görden existierten zeitweise spezielle Abteilungen für die Sicherungsverwahrten, vgl. de Pasquale, Zwischen Resozialisierung und „Ausmerze", S. 145.

5 Schreiben des Preußischen Justizministers an den Preußischen Innenminister vom 26. 10. 1933, GStA PK, I. HA Rep., 84a Justizministerium, Nr. 8203; Maßnahmen zur Bekämpfung des Berufsverbrechertums, Bd. 2, 1933.

Dort heißt es: „Die wichtigste Neuerung des Entwurfs ist die Einführung der Sicherungsverwahrung. Das bisherige Recht hatte es überhaupt nicht als Aufgabe des Staates erkannt, die Volksgemeinschaft gegen das berufsmäßige Verbrechertum durch dessen Absonderung zu sichern."[6] Die Sicherungsverwahrung konnte auch im Nachhinein, also wenn die Verurteilung des Betroffenen bereits vor Inkrafttreten des Gesetzes am 1. Januar 1934 erfolgt war, verhängt werden. In seiner Abwesenheit wurde in diesen Fällen in einem Nachtragsverfahren entschieden. Im Jahr 1934 befanden sich schon 3723 Personen in Sicherungsverwahrung, in 2376 Fällen war diese nachträglich verhängt worden.[7] Nach de Pasquale hatten die Leiter der Strafanstalten am „Zustandekommen dieser hohen Zahl einen großen Anteil",[8] da sie angehalten waren, „Gewohnheitsverbrecher" zu melden, die für die Sicherungsverwahrung infrage kämen. Das Gesetz sah zwar eine Prüfung nach drei Jahren vor, und tatsächlich gelangten einzelne Personen zu Beginn der nationalsozialistischen Herrschaft manchmal kurzzeitig wieder in Freiheit – häufig erfolgte dann jedoch die direkte Überstellung in polizeiliche Überwachung oder Vorbeugehaft.[9] Im März 1938 hatte der Reichsjustizminister explizit verfügt, dass sich die Staatsanwaltschaften „vor jeder Stellungnahme zu einer Entlassung aus Sicherungsverwahrung" eng mit der jeweiligen Kriminalpolizeibehörde, die die Ermittlungen gegen den Betroffen geleitet hatte bzw. in deren Bezirk die Person wohnhaft war, abstimmen sollten.[10]

Wie Christian Müller betont, implizierte diese Praxis in ihrem Kern eine kriminalbiologische Komponente: Wer dauerhaft weggesperrt war, konnte keine Familie gründen.[11] Auch Christiane Rothmaler bezeichnet das Gesetz neben dem „Gesetz zur Verhütung erbkranken Nachwuchses" (GzVeN) deshalb als „als das wichtigste bevölkerungs- und kriminalpolitische Gesetz".[12] Deutlich wird dieser Aspekt bei Betrachtung des § 42k, der die „Entmannung" – also Kastration – von Männern ab 21 Jahren vorsah, wenn diese als „gefährliche Sittlichkeitsverbrecher" galten und eine der folgenden Voraussetzungen gegeben war: erstens eine Verurteilung von mindestens sechs Monaten wegen Nötigung zur Unzucht, Schändung, Unzucht mit Kindern, Notzucht, öffentlicher Vornahme unzüchti-

6 Ebenda, Bl. 42.

7 Müller, Gewohnheitsverbrechergesetz, S. 54.

8 De Pasquale, Zwischen Resozialisierung und „Ausmerze", S. 137.

9 Ebenda, S. 140.

10 Der Reichsjustizminister zu Strafsachen gegen gefährliche Gewohnheitsverbrecher am 3. 3. 1938, in: Kriminalpolizei. Sammlung der für die kriminalpolizeiliche Organisation und Tätigkeit geltenden Bestimmungen und Anordnungen, Berlin 1937, VII 40–48, hier VII 45.

11 Müller, Gewohnheitsverbrechergesetz, S. 43.

12 Rothmaler, Von „haltlosen Psychopathinnen", S. 286.

ger Handlungen oder sexuell motivierter Körperverletzung, wenn der Täter einschlägig vorbestraft war; zweitens, wenn eine Verurteilung zu einer mindestens einjährigen Freiheitsstrafe wegen zwei solcher Taten vorlag oder wenn der Delinquent drittens eine Verurteilung wegen eines zur Erregung oder Befriedigung des Geschlechtstriebs begangenen Mordes oder Totschlags aufwies.[13] Verstöße gegen den § 175 wurden noch nicht einbezogen, da „die Erfahrungen mit der an Homosexuellen vorgenommenen Entmannung [...] nicht günstig“ seien.[14] Denn, so die Begründung, „in den meisten Fällen ist der Eingriff an Homosexuellen zum Zwecke der Heilung ihrer perversen Triebrichtung wirkungslos geblieben“.[15] Die Möglichkeit der Gerichte, Kastrationen gegen „Sittlichkeitsverbrecher“ anzuordnen, stellte ein Zugeständnis an denjenigen Flügel von Juristen und Beamten des Reichsinnenministeriums dar, die einen Einbezug von Kriminalität als Sterilisationsgrund in das GzVeN gefordert hatten – ein Vorstoß, den Reichsjustizminister Franz Gürtner ablehnte.[16] Dementsprechend fiel die Begründung für die Entmannung aus:

> „Das Gesetz zur Verhütung erbkranken Nachwuchses regelt die Unfruchtbarmachung Erbkranker aus eugenischen Gründen. Die Entmannung von Sittlichkeitsverbrechern hingegen verfolgt nicht eugenische Zwecke, wenngleich durch die Maßnahme auch die Fortpflanzung des Sittlichkeitsverbrechers verhütet wird, sondern den Zweck, die Allgemeinheit vor weiteren Sittlichkeitsverbrechen des Täters durch Vernichtung oder Schwächung seines entarteten Triebes zu sichern.“[17]

Nach Inkrafttreten des Gewohnheitsverbrechergesetzes meldeten lokale Zeitungen gerade im Hinblick auf die Möglichkeit zur „Entmannung“ vermeintliche „Erfolge“. Die *Kölnische Zeitung* berichtete etwa am 13. Januar 1934, das Gesetz habe dazu geführt, „daß unglückliche triebkranke Menschen in der Erkenntnis, hierdurch einer Dauerheilung zugeführt zu werden, freiwillig von den nunmehr

13 Müller, Gewohnheitsverbrechergesetz, S. 43; Reichsgesetzblatt (1933/I) 133, S. 997.

14 Reichsjustizministerium, Begründung zu dem Gesetz gegen gefährliche Gewohnheitsverbrecher und über Maßregeln der Sicherung und Besserung, GStA PK I. HA Rep. 84 a, Justizministerium, Nr. 8203, Bl. 102.

15 Ebenda.

16 Müller, Gewohnheitsverbrechergesetz, S. 37.

17 Reichsjustizministerium, Begründung zu dem Gesetz gegen gefährliche Gewohnheitsverbrecher und über Maßregeln der Sicherung und Besserung, GStA PK I. HA Rep. 84 a, Justizministerium, Nr. 8203, Bl. 100.

gesetzlich gegebenen Möglichkeiten Gebrauch gemacht haben".[18] Insgesamt wurden bis Kriegsbeginn ca. 2000 Männer auf Basis des Gesetzes kastriert. Ab dem 4. September 1941 konnten dann sowohl „Gewohnheitsverbrecher" als auch „Sittlichkeitsverbrecher" sogar zum Tode verurteilt werden – nach de Pasquale ein Grund dafür, dass die Zahl der Entmannungen zu diesem Zeitpunkt rückläufig war.[19]

Zwei weitere Aspekte des Gewohnheitsverbrechergesetzes sind im Kontext dieser Arbeit wichtig: Nach § 42d beinhaltete das Gesetz auch die Möglichkeit, Personen zwangsweise in Arbeitshäuser oder Erziehungsanstalten unterzubringen. Davon waren vor allem als „Asoziale" Stigmatisierte betroffen. Als psychisch krank eingestufte Straftäter konnten auf Basis derselben Paragrafen dauerhaft in Heil- und Pflegestätten eingewiesen werden. Damit umgingen die neuen Machthaber eine Problematik, die schon in der Strafrechtsdebatte der Weimarer Republik immer wieder diskutiert worden war – den möglichen Freispruch bei Schuldunfähigkeit.[20] Nach Implementierung des Gewohnheitsverbrechergesetzes kam es zu einem starken Anstieg der Zahl der Insassen in forensischen Anstalten.[21] Viele von ihnen wurden später im Rahmen der Euthanasieaktion „T4" ermordet.[22]

Wie in den folgenden Kapiteln an verschiedenen Stellen gezeigt werden wird, begriff die Kriminalpolizei die ebenfalls Ende 1933 eingeführte Vorbeugehaft explizit als Ergänzung zur Sicherungsverwahrung. Richter und Kriminalpolizisten verfügten somit nach der Machtübernahme über Instrumente, mit denen sie Personen, die als „kriminell" oder „asozial" eingestuft wurden, dauerhaft wegsperren konnten. Müller bemerkt dazu in seiner Untersuchung: „Insgesamt ist die Urteilspraxis in quantitativer Hinsicht stark von der Konkurrenzbeziehung von Sicherungsverwahrung und polizeilicher Vorbeugungshaft geprägt."[23] Sowohl Statistiken als auch einzelne Beispiele aus den gesichteten Polizei- und Justizakten belegen dieses „arbeitsteilige Ineinandergreifen von Normen und Maßnahmenstaat".[24]

18 Kölnische Zeitung vom 13. Januar 1934, GStA PK I. HA Rep. 84 a, Justizministerium, Nr. 8203, Bl. 199.

19 De Pasquale, Zwischen Resozialisierung und „Ausmerze", S. 141.

20 Martin Roebel, Forensische Patient/innen als Opfer der „Aktion T4", in: Maike Rotzoll/Gerrit Hohendorf/Petra Fuchs/Paul Richter/Christoph Mundt/Wolfgang U. Eckart (Hrsg.), Die nationalsozialistische „Euthanasie"-Aktion „T4" und ihre Opfer. Geschichte und ethische Konsequenzen für die Gegenwart, Paderborn 2010, S. 137–142, hier S. 138.

21 Ebenda.

22 Ebenda, S. 139.

23 Müller, Gewohnheitsverbrechergesetz, S. 57.

24 Hörath, Experimente zur Kontrolle und Repression, S. 256.

Der acht Mal vorbestrafte Berliner Klavierbauer Max Kubik befand sich Anfang März 1939 wegen eines Betrugsfalles in der Haftanstalt Berlin-Plötzensee. In einem Schreiben vom 1. April desselben Jahres wandte sich die Kriminalpolizeileitstelle Berlin mit folgendem Anliegen an das Berliner Landgericht:

> „Gegen Kubik läuft unter dem obigen Aktenzeichen ein Verfahren wegen Betrugs und Amtsanmaßung. Sollte gegen Kubik die Sicherungsverwahrung nicht angeordnet werden, bitte ich, ihn nach Strafverbüßung oder im Falle vorzeitiger Haftentlassung nach dem Polizeigefängnis Berlin für die Dienststelle KJ. Vorb. 2 mittels Sammeltransports zwecks Anwendung der polizeilichen Vorbeugungshaft überführen zu lassen.“[25]

Das Landgericht verurteilte Kubik am 22. August 1939 wegen Rückfallbetrugs zu einem Jahr und sieben Monaten Zuchthaus. Im Dezember 1940 erfolgte seine Entlassung aus dem Zuchthaus Brandenburg-Görden. Allerdings gelangte Kubik nicht in Freiheit, sondern kam direkt in polizeiliche Vorbeugungshaft, die ab dem 31. Januar 1941 im KZ Sachsenhausen vollstreckt wurde.[26] Dort blieb er bis zu seiner Überstellung in die Tötungsanstalt Bernburg am 5. Oktober 1942, wo er im Alter von 31 Jahren ermordet wurde.[27]

Diese durchaus übliche Praxis der Kriminalpolizei, in laufende Verfahren zu intervenieren, setzte eine enge Kooperation zwischen Haftanstalten, Polizei und Justiz voraus. Wie Kubik erging es vielen „Berufsverbrechern“, deren Einweisung in das KZ Sachsenhausen direkt im Anschluss an ihre Haftstrafe erfolgte. Andere Häftlinge, gegen die zum Zeitpunkt ihrer Einlieferung in die Konzentrationslager noch ein Strafverfahren anhängig war, überstellte die SS auf Weisung des RKPA nach gerichtlicher Verurteilung direkt in Gefängnisse. In der Regel kamen sie dann nach ihrer Haftverbüßung erneut in ein Lager. Lokale Studien bestätigen diesen Befund. Nach Thomas Roth wichen z. B. auch in Köln die anfänglichen Rivalitäten zwischen Justiz und Polizei einer zunehmenden Kooperation.[28] Die Bezeichnung „Konkurrenz“ ist hier deshalb nicht im Sinne einer dichotomen Trennung zwischen Polizei- und Justizpraxis zu verstehen, der völlig unterschiedliche Ziele zugrunde gelegen hätten, im Gegenteil: Immer wieder erfolgten gezielte Absprachen und Zuarbeiten. Müllers

25 Schreiben der Kriminalpolizeileitstelle Berlin, in: Strafakte gegen Max Kubik, LAB, A Rep. 358-02, Nr. 35389, Bl. 47.

26 Veränderungsmitteilung „Zugang“ vom 31. 1. 1941, FSB-Archiv Moskau, N-19092/Tom 97, Bl. 30, zit. n. AS, JSU 1/97, Bl. 30.

27 Transportliste Kräutergarten vom 5. 10. 1942, FSB-Archiv Moskau, N-19092/Tom 89, Bl. 4, zit. n. AS, JSU 1/89, Bl. 4, vgl. zu den Transporten auch Kapitel 5.3.3.

28 Vgl. Roth, Verbrechensbekämpfung und soziale Ausgrenzung.

Formulierung einer „institutionellen Konkurrenz bei grundsätzlicher Übereinstimmung hinsichtlich der Ziele" erscheint deshalb zutreffend.[29]

Dieses „Ineinandergreifen" schlägt sich auch anhand von Statistiken nieder. Nach Ausweitung der Vorbeugehaft ab 1937 ging die Zahl der neu verhängten Sicherungsverwahrungen zunächst zurück. Als Folge der bereits genannten Verfügung des Reichsjustizministeriums vom 3. März 1938, das von den Richtern eine Stärkung der Sicherungsverwahrung gegenüber der Polizeihaft gefordert hatte, erfolgte ein erneuter Anstieg.[30] Scheiterte die Verhängung der Sicherungsverwahrung vor Gericht, betrachteten Kriminalpolizeistellen die Vorbeugehaft aber auch nach Kriegsbeginn noch als „Nachkorrektur". Ein interessantes Beispiel hierfür ist der Fall von Anton S.[31], dem es gelang, gegen die im September 1940 vom Landgericht Duisburg verhängte Sicherungsverwahrung Revision einzulegen. Das Reichsgericht gab seinem Antrag im Januar 1941 statt. S., der zuvor eine Haftstrafe im Zuchthaus Lüttringhausen abgesessen hatte, profitierte von der Revision allerdings nicht, denn am 5. Februar 1942 nahm ihn die Duisburger Kriminalpolizei in Vorbeugehaft und ließ ihn in das KZ Sachsenhausen bringen, wo er am 25. März als Zugang gemeldet wurde.[32] Bereits im Juni 1940 hatte die Kriminalpolizei die Leitung des Zuchthauses davon in Kenntnis gesetzt, S. nach seiner Entlassung in Vorbeugehaft nehmen zu wollen.[33] Der gelernte Schneider war zu diesem Zeitpunkt 27 Mal vorbestraft, überwiegend wegen Diebstahls, er fiel also in das Schema des typischen „Berufsverbrechers". In der Vorbeugehaftverfügung nahm die Kriminalpolizei auf die Revision Bezug:

> „Als willensschwacher, minderwertiger Mensch wird er stets eine Gefahr für die Volksgemeinschaft bilden. In dieser Erkenntnis hat auch das zuletzt verurteilende Gericht nach Strafverbüßung die Unterbringung in Sicherungsverwahrung angeordnet, doch ist das hier ergangene Urteil durch Entscheidung des Reichsgerichts aufgehoben worden. Es geht aber nicht an, daß S., nunmehr in Freiheit gesetzt, sich erneut zum Schaden der Allgemeinheit auswirkt."[34]

29 Müller, Gewohnheitsverbrechergesetz, S. 58.

30 Ebenda, S. 57.

31 Vorbeugehaftakte Anton S., Landesarchiv NRW, Abteilung Rheinland, BR 1111, Nr. 119.

32 Veränderungsmitteilung „Zugang" vom 25. 3. 1941, FSB-Archiv Moskau, N-19092/Tom 97, Bl. 84, zit. n. AS, JSU 1/97, Bl. 84.

33 Schreiben der Duisburger Kriminalpolizei an die Kriminalpolizeistelle Düsseldorf vom 11. 6. 1940, in: Vorbeugehaftakte Anton S., Landesarchiv NRW, Abteilung Rheinland, BR 1111, Nr. 119, Bl. 40.

34 Vorbeugehaftverfügung gegen Anton S. vom 5. 2. 1941, in: Vorbeugehaftakte Anton S., Landesarchiv NRW, Abteilung Rheinland, BR 1111, Nr. 119, Bl. 57.

S. blieb bis mindestens 1944 im KZ Sachsenhausen, dies belegt eine Strafverfügung gegen ihn. Er war vom November 1943 bis Dezember 1944 als „ganz gerissener Schieber“ in das „Schuhläuferkommando“ eingewiesen worden.[35] In der vom KZ Kommandanten Anton Kaindl unterzeichneten Verfügung wurden auch seine Vorstrafen erwähnt. S. habe „schon 30 Jahre hinter schwedischen Gardinen“ gesessen, heißt es dort.[36]

Zentrale Statistiken über die Verhängung von Sicherungsverwahrungen existieren nur bis 1942. Joachim Hellmer geht von etwa 16 000 Personen aus, gegen die diese bis zum Kriegsende angeordnet wurde.[37] Insbesondere nach Beginn des Zweiten Weltkrieges stieg die Zahl wieder an, zumal nun auch Sondergerichte das Instrument nutzen konnten. Entlassungen wurden unwahrscheinlicher, schon 1940 hatte Roland Freisler verfügt, keine Sicherungsverwahrten während des Krieges mehr in Freiheit zu lassen. Ab September 1941 war es dann möglich, gegen „gefährliche Gewohnheitsverbrecher“ die Todesstrafe zu verhängen. Ein im September 1942 geschlossenes Abkommen zwischen dem Reichsjustizminister Otto von Thierack und Heinrich Himmler führte schließlich zur Überstellung der Sicherungsverwahrten in die Konzentrationslager, wo die Mehrheit von ihnen aufgrund der schlechten Lebens- und Arbeitsbedingungen zugrunde ging.[38]

3.2. Die „vorbeugende Verbrechensbekämpfung“ der Kriminalpolizei

3.2.1. Die ersten Erlasse

„Der Nationalsozialismus ist kein Freund halber, sondern ganzer Sachen.“[39] Mit diesen Worten kommentierte der *Völkische Beobachter* am 27. November 1933 eine Rundfunkrede von Kurt Daluege, zu diesem Zeitpunkt Leiter der Polizeiabteilung im preußischen Innenministerium. Anlass war der knapp zwei Wochen zuvor am 13. November 1933 ergangene Erlass zur „Anwendung der vorbeugenden Polizeihaft gegen Berufsverbrecher“ in Preußen. Dieser sah, formal gestützt auf den § 1 der „Verordnung zum Schutz von Volk und Staat“ vom 28. Februar 1933, der die Grundlage für die Verhängung von Schutzhaft bildete, die Vollstreckung von sogenannter Vorbeugehaft vor. Letztere oblag im Gegensatz zur Schutzhaft nicht der Gestapo,

35 Strafverfügung gegen Anton S., Archiv BStU, AV 2/87, Bd. 3, Bl. 149.

36 Ebenda.

37 Hellmer, Der Gewohnheitsverbrecher und die Sicherungsverwahrung, S. 296.

38 Vgl. Kapitel 5.3.4.

39 Konzentrationslager für Berufsverbrecher, in: Völkischer Beobachter, 27. 11. 1933.

sondern der Kriminalpolizei. Die Begründung des preußischen Innenministeriums für eine „Anwendung der vorbeugenden Polizeihaft gegen Berufsverbrecher" fußte auf vermeintlich sozialpolitischen Erwägungen. Zwar sei „die Kriminalität auf den unpolitischen Verbrechensgebieten" nach der Machtübernahme gesunken, dennoch zeige „die Statistik, daß die Berufsverbrecher auch heute noch in nicht unerheblichem Maße tätig" seien.[40] Der von diesen verursachte Schaden sei „für die Bevölkerung empfindlich fühlbar [...] – ganz besonders für den ärmeren Teil der Bevölkerung, dem die Entwendung auch nur eines Teiles seiner geringen Habe oft einen unersetzlichen Verlust" bedeute.[41] In dem zunächst nur für Preußen gültigen Erlass vom November 1933 war genau vorgegeben, gegen wen sich die Vorbeugehaft richten sollte. So musste der Delinquent über mindestens drei Vorstrafen von je sechs Monaten verfügen, als Motivation für die begangenen Verbrechen oder Vergehen sollte „Gewinnsucht" erkennbar sein. Zudem durften zwischen den einzelnen Straftaten nicht mehr als fünf Jahre liegen. Vorbeugehaft konnte jedoch „ausnahmsweise" auch gegen Personen verhängt werden, die „ohne vorbestrafte Berufsverbrecher zu sein, künftig einen auf Mord, Raub, Einbruchdiebstahl oder Brandstiftung abzielenden verbrecherischen Willen durch Handlungen offenbaren, welche die Voraussetzungen eines bestimmten strafbaren Tatbestandes noch nicht erfüllen".[42]

Ob dieser „verbrecherische Wille" nun vorhanden war oder nicht, lag zunächst im Ermessen der verantwortlichen Kriminalbeamten. Begründet wurde diese Regelung im Erlass mit den Taten der Brüder Franz und Erich Sass, deren Laufbahn vielen leitenden Kriminalisten als beispielhaft für die rechtsstaatlichen Beschränkungen der Kriminalpolizei in der Weimarer Republik galt.[43] So heißt es in der Anordnung:

> „Fälle, wie die der Gebrüder Saß in Berlin, die wiederholt ihre Absicht zur Begehung von Einbruchdiebstählen durch die Tat bekundet haben, jedoch jedesmal mangels der Erfüllung eines strafrechtlichen Tatbestandsmerkmals – zum Spott für die Behörde – frei ausgehen mußten, sollen im nationalsozialistischen Staate unmöglich werden."[44]

40 Der Preußische Minister des Innern, Anwendung der vorbeugenden Polizeihaft gegen Berufsverbrecher vom 13. 11. 1933, GStA PK I. HA Rep. 84 a, Justizministerium, Nr. 8203, Bl. 229.

41 Ebenda.

42 Ebenda, Bl. 230.

43 Vgl. Kapitel 2.4.1.

44 Der Preußische Minister des Innern, Anwendung der vorbeugenden Polizeihaft gegen Berufsverbrecher vom 13. 11. 1933, GStA PK I. HA Rep. 84 a, Justizministerium, Nr. 8203, Bl. 230.

Erstmals erhielten die preußischen Kriminalpolizisten mit dem Erlass einen Handlungsspielraum, den leitende Beamte bereits vor dem Machtwechsel angestrebt hatten – sie konnten Delinquenten ohne richterlichen Beschluss inhaftieren und damit die aus ihrer Sicht oftmals ungenügende Justizpraxis „korrigieren". Es kann deshalb angenommen werden, dass ein Großteil der Polizisten aufgrund dieser erheblichen Kompetenz- und Machterweiterung den nationalsozialistischen Vorstellungen von „vorbeugender Verbrechensbekämpfung" äußerst wohlwollend gegenüberstand. Kurt Daluege fasste 1936 die innerhalb der Kriminalpolizei weitverbreitete Abneigung gegen die Weimarer Republik zusammen, wobei er auf ein vermeintlich öffentliches Interesse rekurrierte: „Der große Geldaufwand an sachlichen und persönlichen Ausgaben für Polizei-, Gerichts- und Gefängniswesen, zu denen sich der korrupte marxistische Staat wesentlich durch Berufsverbrecher zwingen ließ, war eine Vergeudung von Steuergeldern."[45] Zur Einführung der Vorbeugehaft erklärte er, er habe „keinen Grund erkennen" können, „warum man nicht auch die Berufsverbrecher, und gerade die Berufsverbrecher, die doch tatsächlich den Abschaum der Menschheit darstellen, mit der Waffe der Schutzhaft bekämpfen sollte, ihrer Haft zum Schutze der Bevölkerung vor ihnen".[46] Die an dieser Stelle von Daluege vorgenommene Vermischung von Schutz- und Vorbeugehaft spiegelt sich auch in anderen Quellen aus der frühen Phase der „vorbeugenden Verbrechensbekämpfung" wider und könnte ein Grund für die heute noch in der Forschung existierende Vermengung der beiden Instrumente sein, die Julia Hörath kritisiert hat.[47]

Die eingangs zitierte Passage aus dem *Völkischen Beobachter* zeigt, dass die Einführung der Vorbeugehaft und ihre Vollstreckung in Konzentrationslagern keineswegs im Verborgenen blieben. Nicht nur die Schutzhaft gegen prominente Regimegegner wurde Bestandteil der Propaganda, wie der Historiker Paul Moore nachweist.[48] In dem Artikel aus dem *Völkischen Beobachter* wurde an das Sicherheitsempfinden der „Volksgenossen" appelliert, das auch in Dalueges Schrift durchklingt: „Er [der Volksgenosse] soll seine Fenster offenlassen können, ohne

45 Kurt Daluege, Nationalsozialistischer Kampf gegen das Verbrechertum, München 1936, S. 12.

46 Ebenda, S. 33.

47 Hörath, Experimente zur Kontrolle und Repression, S. 163, vgl. zu den Begriffsvermischungen in den Quellen auch: Irina Nowak, Justiz und Konzentrationslager. Zum Verhältnis von Schutz- und Strafhaft, in: Dobler (Hrsg.), Großstadtkriminalität, S. 106–145.

48 Paul Moore, „Man hat es sich viel schlimmer vorgestellt." German Concentration Camps in Nazi Propaganda, 1933–1939. Representation and Reception, in: Christiane Heß/Julia Hörath/Dominique Schröder/Kim Wünschmann (Hrsg.), Kontinuitäten und Brüche. Neue Perspektiven auf die Geschichte der NS-Konzentrationslager, Berlin 2011, S. 99–115.

sich vor Fassadenkletterern fürchten zu müssen. Und er soll vor allem wieder ruhig schlafen können in dem Gefühl, daß wir für ihn wachen."[49]

Am 29. November 1933 meldete die liberale *Vossische Zeitung* folgenden Fall:

> „Drei bekannte Einbrecher, die nachts vor einem Konfektionshaus mit Einbruchswerkzeug angetroffen wurden, sollen in ein Konzentrationslager gebracht werden. Die Polizei hatte Informationen über einen geplanten Einbruch in das Konfektionshaus erhalten und daraufhin das Gebäude mehrere Nächte hindurch beobachten lassen. Es erschienen auch wirklich drei Männer, die der Kriminalpolizei seit langem als Berufsverbrecher bekannt sind. Daraufhin wurden sie festgenommen und in Haft behalten. Das Einbruchswerkzeug, das sie bei sich hatten und ihr Leumund reichten vollkommen aus, um den Zweck ihres Erscheinens vor dem Konfektionshaus eindeutig zu klären. Diese drei sind die ersten der Berliner Berufsverbrecher, die den Weg ins Konzentrationslager antreten werden, bevor sie eine neue Straftat durchgeführt haben."[50]

Während der *Völkische Beobachter* mit den Ängsten seiner Leserschaft spielte, verlieh die *Vossische Zeitung* mit der obigen Schilderung der Vorbeugehaft als Mittel zur Verbrechensbekämpfung eine rationale Legitimation. Die Ähnlichkeit des skizzierten Falls mit dem der Brüder Sass, deren Inhaftierung trotz des bei ihnen aufgefundenen Einbruchswerkzeugs zu Zeiten der Weimarer Republik nicht möglich gewesen war, ist unübersehbar. An dieser Stelle zeigt sich, dass die kriminalpolizeiliche „vorbeugende Verbrechensbekämpfung" von Beginn an auch jenseits der Sicherungsverwahrung ergänzend und parallel zur gerichtlichen Strafverfolgung praktiziert und propagiert wurde. Denn das Eigentum von Diebeswerkzeug stand auf Basis des im Gewohnheitsverbrechergesetz geregelten § 245a erstmals unter Strafe.[51] Sowohl Besitz als auch Verwahrung von entsprechenden Gegenständen konnten nun zu einer Haftstrafe führen, sofern die Person bereits wegen schweren Diebstahls, Raubs oder Hehlerei vorbestraft war. Auch die Einführung des § 245a wurde von leitenden Polizeibeamten explizit begrüßt.[52]

Unter Rückgriff auf die Ansätze des Kriminologen Robert Heindl beschränkte sich die Vorgabe in dem ersten preußischen Erlass noch auf 165 Personen, die als „Berufsverbrecher" in Vorbeugehaft genommen werden konnten. Die verschiedenen

49 Völkischer Beobachter, 27. 11. 1933.

50 Konzentrationslager für Berufsverbrecher. Erste Maßnahmen in Berlin, in: Vossische Zeitung, 29. 11. 1933.

51 Reichsgesetzblatt (1933/I), 1933, S. 995.

52 So z. B. bei Daluege, Nationalsozialistischer Kampf, S. 23.

VOSSISCHE ZEITUNG · Nr. 545 — DIE DRITTE SEITE — MITTWOCH, 29. NOVEMBER 1933

Berlin, das Reich und die Welt

Konzentrationslager für Berufsverbrecher

Die ersten Maßnahmen in Berlin

Als Ergänzung zur Durchführung des Reichsgesetzes über Sicherung und Besserung der Gewohnheitsverbrecher ist in Preußen auf Grund der Verordnung des preußischen Ministerpräsidenten die polizeiliche Vorbeugungshaft für Gewohnheitsverbrecher eingeführt.

In Berlin wird jetzt von der Polizei diese Maßnahme zum ersten Male durchgeführt werden. Drei bekannte Einbrecher, die nachts vor einem Konfektionshaus mit Einbruchswerkzeug angetroffen wurden, sollen in ein Konzentrationslager gebracht werden. Die Polizei hatte Informationen über einen geplanten Einbruch in das Konfektionsgeschäft erhalten und daraufhin das Gebäude mehrere Nächte hindurch beobachten lassen. Es erschienen auch wirklich drei Männer, die der Kriminalpolizei als Berufsverbrecher seit langem bekannt sind. Daraufhin wurden sie festgenommen und in Haft behalten. Das Einbruchswerkzeug, das sie bei sich hatten und ihr Leumund reichten vollkommen aus, um den Zweck ihres Erscheinens vor dem Konfektionshaus eindeutig zu klären. Diese drei sind die ersten der Berliner Berufsverbrecher, die den Weg ins Konzentrationslager antreten werden, bevor sie eine neue Straftat durchgeführt haben.

Der grundsätzliche Unterschied zwischen der polizeilichen Vorbeugungshaft und den reichsgesetzlichen Maßregeln der Sicherung und Besserung besteht grade darin, daß bei der Polizeimaßnahme, die jetzt zum erstenmal in Berlin durchgeführt wurde, solche Personen erfaßt werden, die gemeingefährliche Handlungen begehen, ohne sich nach dem bisher geltenden Recht formal strafbar zu machen. Wie Ministerialdirektor Daluege in seinem Rundfunkvortrag, über den wir schon berichtet haben, darlegte, sollen Verbrecher, die glauben, noch im nationalsozialistischen Staat gewohnheitsmäßig und berufsmäßig Straftaten verüben zu können, unschädlich gemacht werden. Es wird ein besonderers Konzentrationslager errichtet werden, in dem diese Verbrecher untergebracht werden. Die Durchführung dieser neuartigen Bekämpfung des Verbrechertums, die es in dieser Form bisher in keinem Lande gibt, wird für die Berliner Polizei praktisch keine besonderen Schwierigkeiten bringen. Alle erforderlichen Maßnahmen sollen mit den zur Zeit vorhandenen Kräften und Mitteln bewältigt werden, so daß keine neuen Kosten entstehen.

Die Unterbringung von Berufsverbrechern in Konzentrationslagern wird in der Berliner Polizei zunächst maßvoll betrieben werden. Man wird abwarten, wie weit die polizeiliche Vorbeugungshaft abschreckend auf das Verbrechertum wirkt.

Man wird jedoch daran gehen, die Zahl der Unterbringungen erheblich zu steigern, wenn sich herausstellen sollte, daß die Berliner Berufsverbrecher ihre systematischen Raubzüge fortsetzen werden. Da den erfahrenen Kriminalisten Berlins eine große Zahl von Personen bekannt ist, die unter den Begriff „Berufsverbrecher“ fallen, wird die Ermittlung und Festnahme der Betreffenden nicht schwer sein. Die Verwahrung in Konzentrationslagern erfolgt zunächst auf unbestimmte Zeit. Bis zur Einrichtung des Lagers, dessen Standort noch nicht festgesetzt ist, werden die Verbrecher im Polizeigefängnis untergebracht werden.

In Berlin gesucht — im Zuchthaus ermittelt

Die Nachforschungen nach einer Einbrecherkolonne, die im vorigen Jahr eine Serie schwerer Einbrüche in der Umgebung der Oranienburger Straße verübt hat, haben ein seltsames Resultat ergeben: vier der fünf Mitglieder dieser Kolonne sitzen bereits wegen anderer schwerer Straftaten im Zuchthaus, nur der fünfte, der 47jährige Ewald Wobser, der in Verbrecherkreisen unter dem Spitznamen „Fürst Eugen“ bekannt ist, wird noch gesucht. Die vier Zuchthäusler werden jetzt wegen Einbruchsdiebstahls im Rückfalle zur Verantwortung gezogen werden.

… der Bekämpfung von Seuchen und Volkskrankheiten in Verbindung mit der öffentlichen Fürsorge.

Das Deutsche Rote Kreuz gliedert sich in Landesvereine, die den Reichsstatthalterbezirken entsprechen. Mit dieser einheitlichen Bezeichnung und politischen Gliederung kommt durch die neue Satzung die Einheitlichkeit des Führergedankens zum Ausdruck. Die Aemter im Deutschen Roten Kreuz werden ehrenamtlich versehen mit Ausnahme derjenigen der Beamten und Angestellten der Hauptverwaltung und der nachgeordneten Vereinigungen.

Ueberfall im Juwelengeschäft

Türkischer Händler sticht zwei Frauen nieder

Ein blutiger Ueberfall wurde gestern vormittag in dem Juweliergeschäft von A. Babitschenko in der Friedrichstraße 159 verübt. Der 47jährige türkische Staatsangehörige David Madakhan-Zadel fiel nach einem heftigen Wortwechsel über die 23jährige Verkäuferin Gerda Kahl her und stach mit einem schweren Steinbohrer auf das Mädchen ein. Auf die Hilferufe der Ueberfallenen eilte aus dem ersten Stockwerk eine Assistentin des Juwelenhändlers, die 38jährige Frau Jacobsohn, herbei. Der rasende Mann versetzte auch dieser Frau mehrere Stiche mit dem Steinbohrer. Dann flüchtete der Täter auf den Hof, wo sich ihm ein Hausbewohner entgegenstellte. Inzwischen war auch ein Polizeibeamter herbeigeeilt, der den Mann festnahm.

Die beiden Frauen wurden in die Charité gebracht. Bei der Vernehmung des Täters durch Kriminalkommissar Schwörer stellte sich heraus, daß der Türke offenbar keinen Raubüberfall versucht habe. Die Angaben des Täters werden noch nachgeprüft. Ihnen stehen Erklärungen des Juweliers gegenüber, der behauptet, daß ihn der Türke häufig angebettelt habe.

Zehn Todesurteile. Nach vierstündiger Beratung verurteilte gestern das Schwurgericht Dessau im Hecklinger Mordprozeß (Erschießung des SA-Mannes Cieslik) zehn angeklagte Kommunisten wegen gemeinschaftlichen Mordes zum Tode und zu dauerndem Verlust der bürgerlichen Ehrenrechte. Ein Angeklagter wurde freigesprochen.

Vossische Zeitung, 29. November 1933.

Landesstellen der Kriminalpolizei waren angewiesen worden, entsprechende Personen auszuwählen. In Berlin betraf dies 30, in den anderen preußischen Stellen jeweils fünf Vorbestrafte. Während die lokalen Kriminalpolizeibehörden Listen anlegten, entschied das Preußische Landeskriminalpolizeiamt (PrLKPA) sowie in letzter Instanz das Innenministerium über die zu Inhaftierenden. Sobald die Auswahl feststand, konnte die Verhaftung durch die jeweilige Kriminalpolizeistelle durchgeführt werden. Im Anschluss an einen meist kurzen Aufenthalt in Polizeigefängnissen erfolgte die Überstellung der Betroffenen zunächst in das KZ Lichtenburg, später nach Esterwegen und Moringen (für Frauen).

Schon wenige Monate nach Einführung der Vorbeugehaft meldete der *Völkische Beobachter* im Februar 1934 erste „Erfolge" auf dem Gebiet der Verbrechensbekämpfung: „Daß die Furcht vor der Vorbeugungshaft jetzt das Solidaritätsgefühl des Verbrechertums durchbrochen hat, erleichtert unserer Kriminalpolizei ihre schwere Arbeit und führt zur Aufklärung mancher Straftaten, die früher unentdeckt geblieben wären."[53] In dem Artikel, der auf einem Gespräch mit Daluege basierte, hieß es weiterhin, dass „die meisten Landeskriminalpolizeistellen [...] für eine Erhöhung der Zahl der mit der Vorbeugehaft zu treffenden Personen" plädieren würden, wovon sie sich „eine weitere Zurückdrängung der Kriminalität" versprächen.[54] Die Zeitung begleitete auf diese Weise propagandistisch, was nur drei Tage zuvor mit dem Folgeerlass vom 10. Februar 1934 realisiert worden war.[55] In diesem hatte der preußische Innenminister die neuen Prämissen der polizeilichen Arbeit hervorgehoben und pries sie als Erfolg an:

> „Mit der durch meinen Erlaß vom 13. 11. 33 angeordneten polizeilichen Vorbeugungshaft für Berufsverbrecher habe ich den ersten Schritt getan, um das bisher gegenüber dem Verfolgungsgedanken zurückgetretene Verhütungsprinzip in den Vordergrund der kriminalpolizeilichen Tätigkeit zu stellen. Der starke Eindruck, den die Einführung der polizeilichen Vorbeugungshaft auf das Berufsverbrechertum gemacht hat, beweist, daß sie die beabsichtigte abschreckende Wirkung erreicht hat."[56]

53 Erfolge der Verbrecher-Bekämpfung, in: Völkischer Beobachter, 13. 2. 1934.

54 Ebenda.

55 Der Preußische Minister des Innern, Anwendung der vorbeugenden Polizeihaft gegen Berufsverbrecher, 10. 2. 1934; Der Preußische Minister des Innern, Anwendung der vorbeugenden Polizeihaft gegen Berufsverbrecher vom 13. 11. 1933, GStA PK I. HA Rep. 84 a, Justizministerium, Nr. 8203, Bl. 232.

56 Günter Grau, Homosexualität in der NS-Zeit: Dokumente einer Diskriminierung und Verfolgung, Frankfurt a. M. 2004, S. 66.

Es mutet widersprüchlich an, dass die Anzahl der zu Inhaftierenden angesichts dieser postulierten Erfolge in demselben Beschluss auf 525 Personen angehoben wurde (120 in Berlin und jeweils 15 durch die 27 anderen LKPSt). Offensichtlich war die zuvor konstatierte abschreckende Wirkung auch aus Sicht des preußischen Innenministeriums noch nicht ausreichend eingetreten.

Neben der Vorbeugehaft trat ab dem 10. Februar 1934 eine weitere Repressionsmöglichkeit gegen „Berufsverbrecher“ in Kraft, die „planmäßige polizeiliche Überwachung“.[57] Sie konnte von den einzelnen Kriminalpolizeistellen selbstständig angeordnet werden und erforderte im Gegensatz zur Vorbeugehaft keine Rückbestätigung durch die preußische Zentrale, musste dieser aber gemeldet werden. Anhand eines vom PrLKPA erarbeiteten Katalogs konnten die Beamten einzelne Regeln aufstellen, bei deren Übertretung die Vorbeugehaft drohte. Diese Auflagen erstreckten sich von Aufenthaltsverboten in bestimmten Lokalen über ein Verbot „der Führung und Benutzung von Kraftwagen und Motorrädern“ bis hin zu der Anweisung, den verantwortlichen Kriminalpolizisten den eigenen Haustürschlüssel zur Verfügung zu stellen, um ihnen „unregelmäßige Nachprüfungen“ zu ermöglichen, wie es in einem Hamburger Erlass heißt.[58] Ende 1935 befanden sich nach Angaben des PrLKPA 489 Männer und drei Frauen in Preußen in Vorbeugehaft.[59] 139 Personen waren seit November aus verschiedenen Gründen ausgeschieden – sie waren entweder bereits verstorben, in einzelnen Fällen auch entlassen oder in Sicherungsverwahrung überstellt worden. Welche Rolle dabei die „planmäßige Überwachung“ spielte, zeigt sich daran, dass allein 90 der 492 in Preußen betroffenen Delinquenten nach einer Auflagenübertretung inhaftiert worden waren.[60] Im Dezember 1935 wurden 801 Personen überwacht, darunter 32 Frauen. Die meisten von ihnen waren als Einbrecher eingestuft worden.[61]

57 Der Minister des Innern, Planmäßige Überwachung der auf freiem Fuß befindlichen Berufsverbrecher, 10. 2. 1934; Der Preußische Minister des Innern, Anwendung der vorbeugenden Polizeihaft gegen Berufsverbrecher vom 13. 11. 1933, GStA PK I. HA Rep. 84 a, Justizministerium, Nr. 8203, Bl. 233–236.

58 Zusammenstellung des Kriminaloberinspektors Christensen vom 15. 3. 1935, Staatsarchiv HH, 331–1 I, Nr. 112, Bl. 3.

59 Demgegenüber befanden sich im Sommer 1935 in Preußen 1770 Personen in Schutzhaft, vgl. Ulrich Herbert, Von der Gegnerbekämpfung zur „rassistischen Generalprävention“. „Schutzhaft“ und Konzentrationslager in der Konzeption der Gestapo-Führung 1933–1939, in: ders./Orth/Dieckmann (Hrsg.), Die nationalsozialistischen Konzentrationslager, S. 60–87, hier S. 72.

60 Wagner, Volksgemeinschaft ohne Verbrecher, S. 211.

61 Terhorst, Polizeiliche planmäßige Überwachung, S. 97.

Galten die Bestimmungen zur Vorbeugehaft und planmäßigen Überwachung erstmalig in Preußen, rückten die anderen Länder in unterschiedlichen Zeitabständen nach. Meist orientierten sie sich an dem Erlass des PrLKPA, die Intensität der Anwendung und einzelne Voraussetzungen für die Verhängung von Vorbeugehaft konnten jedoch leicht variieren. Julia Hörath hebt in ihrer Studie die Besonderheiten der Erlasse in Baden und Thüringen hervor, die es bereits zu diesem Zeitpunkt ermöglichten, auch als „asozial" klassifizierte Personen im Rahmen der „vorbeugenden Verbrechensbekämpfung" zu inhaftieren.[62] Das Land Braunschweig reagierte im Juni 1934, im November 1934 folgte Anhalt und im Januar 1935 Thüringen.[63] Für Hamburg lassen sich ab dem 15. März 1935 Vorbeugehaftbestimmungen nachweisen.[64] In einer Zusammenstellung benannte der Hamburger Kriminaloberinspektor Harald Martin Christensen[65] die Funktion der Vorbeugehaft, die in Hamburg auch die Bezeichnung „polizeiliche Schutzhaft" erhielt, als ergänzendes Instrumentarium zur Sicherungsverwahrung:

62 Vgl. Hörath, Terrorinstrumente, S. 516.

63 Langhammer, Die reichsweite Verhaftungsaktion, S. 59. Zu den Bestimmungen in den einzelnen Ländern vgl. Terhorst, der auf die Hamburgischen Bestimmungen verweist, ohne sie vorliegen zu haben, Terhorst, Polizeiliche planmäßige Überwachung, S. 103; Hörath, Experimente zur Kontrolle und Repression. Zu Hamburg Lieske, Die Hamburger Kriminalpolizei, S. 69. Einblicke zu Bayern liefert auch Eva Strauß, Häftlinge mit dem „Grünen Winkel". Gauner, Ganoven und Gewaltverbrecher im KZ Dachau, in: Geschichte quer 10 (2002): Kavaliersdelikt und Kapitalverbrechen – Von kleinen Gaunern, großen Verbrechern und „ehrenwerten Herren".

64 Zusammenstellung des Kriminaloberinspektors Christensen vom 15. 3. 1935, Staatsarchiv HH, 331-1 I, Nr. 112. In der Quelle findet sich der Verweis auf frühere Durchführungsanweisungen vom 14. 1. 1935, die aber im Staatsarchiv Hamburg nicht mehr als eigene Quelle erhalten sind.

65 Harald Martin Christensen, geb. am 17. 2. 1885 in Flensburg, trat der Polizei bereits am 2. 4. 1907 als Bürogehilfe bei. Nach der Machtübernahme wurde er mehrmals befördert: 1937 zum Kriminalkommissar, 1940 zum Kriminalrat und schließlich 1943 zum Kriminaldirektor. Vom 1. 4. 1940–29. 2. 1944 fungierte er als Leiter der deutschen Kriminalabteilung in Oslo. Ab 1. 3. 1944 führte Christensen die Kriminaldirektion II der Hamburger Kriminalpolizei an, die für „gemeingefährliche, gewerbs- und gewohnheitsmäßige Verbrechen" zuständig war. Im Juli 1945 von der britischen Militärpolizei entlassen, wurde er am 12. Dezember 1946 in den Ruhestand versetzt. Noch im August 1945 wandte sich Christensen mit einem langen Schreiben über „erfolgreiche" Ermittlungsmethoden gegen „Berufsverbrecher" (der Begriff wird in dem Text von Christensen als Fachbegriff verwendet) in seinen Dienstjahren an den Hamburger Polizeichef. Er verstarb am 25. 7. 1982. Vgl. Personalakte Christensen, Staatsarchiv HH, 331-8, Nr. 541.

„Die Sicherungsverwahrung kann im allgemeinen den Berufsverbrecher erst nach einer erneut begangenen Straftat treffen. Um aber die vornehmste Aufgabe der Kriminalpolizei, verbrecherische Angriffe auf Leben und Eigentum vorbeugend zu verhindern, verständnis- und wirkungsvoll lösen zu können, ist die Anwendung einer polizeilichen Schutzhaft für Berufsverbrecher und Sittlichkeitsverbrecher [...] zulässig, wenn der Häftling durch sein Verhalten die öffentliche Sicherheit und Ordnung unmittelbar gefährdet.“[66]

Hier zeigt sich erneut, was sich die Kriminalpolizei von der Einführung der Vorbeugehaft erhoffte: Delinquenten auch dann dauerhaft wegsperren zu können, wenn kein Gericht dies entschieden hatte. Neben den „Berufsverbrechern“ wurden als zweite wichtige Gruppe in den Erlassen wiederholt die „Sittlichkeitsverbrecher“ genannt, gegen die sich die „vorbeugende Verbrechensbekämpfung“ richten solle. Diese bezog neben Homosexuellen all diejenigen mit ein, die wegen verschiedener Sexualdelikte vorbestraft waren.

3.2.2. Vorgehen gegen „Sittlichkeitsverbrecher“

Im preußischen Erlass vom November 1933 galten zunächst gleiche Bedingungen für Sexualdelinquenten wie für alle anderen „Berufsverbrecher“. Einbezogen waren Delikte nach § 173, § 174 und § 176.[67] Schon wenig später wurden die Regelungen für „Sittlichkeitsverbrecher“ allerdings verschärft. Der zweite preußische Erlass vom 10. Februar 1934 integrierte Vergehen nach § 183 („Exhibitionismus“) und führte unter den Ausnahmeregelungen „Handlungen volljähriger Personen, welche Jugendliche bis zum vollendeten 16. Lebensjahr sittlich gefährden“, an. Im Gegensatz zu den anderen „Ausnahmefällen“, bei denen zusätzlich zu einer Betrugsvorstrafe eine weitere „wegen eines aus Gewinnsucht begangenen Verbrechens“ vorliegen musste, reichte im Hinblick auf „Sittlichkeitsverbrecher“ bereits eine Vorstrafe nach den §§ 173–183 für die Verfügung von Vorbeugehaft aus.[68] Bei der planmäßigen Überwachung wurde ähnlich verfahren. Während bei allen anderen Delinquenten drei Vorstrafen für die Anordnung dieser Maßnahme

66 Zusammenstellung des Kriminaloberinspektors Christensen vom 15. 3. 1935, Staatsarchiv HH, 331-1 I, Nr. 112, Bl. 1 (Unterstreichungen im Original).

67 Diese Paragrafen des im Mai 1871 in Kraft getretenen bürgerlichen Strafgesetzbuches stellen bis heute „Beischlaf unter Verwandten“ (§ 173), „sexuellen Mißbrauch von Schutzbefohlenen“ (§ 174) und „sexuellen Missbrauch von Minderjährigen“ (§ 176) unter Strafe. Bis 1953 umfasste der Paragraf 176 zusätzlich „unzüchtige Handlungen“ an Frauen, www.gesetze-im-internet.de (17. 4. 2016).

68 Terhorst, Polizeiliche planmäßige Überwachung, S. 87.

notwendig waren, mussten bei „Sittlichkeitsverbrechern“ nur zwei in der Vergangenheit liegende Verurteilungen wegen Verstößen gegen die § 173–183 nachgewiesen werden.[69]

Eine weitere Ausdehnung erfolgte im Oktober 1935, die Regelungen sahen nun die Verhängung von Vorbeugehaft bei zwei Vorstrafen auf Basis der § 175b (Sodomie) und § 184 (Verbreitung unzüchtiger Bilder und Schriften) vor. Dauer und Höhe der Vorstrafen waren im Gegensatz zu den ersten Erlassen beliebig. Für die planmäßige Überwachung reichte bezüglich dieser Delikte nun sogar eine „Beschuldigung“ aus.[70] Diese Verschärfungen betrafen nicht nur die preußischen Erlasse, sondern kamen auch in den anderen Ländern zum Tragen. In Hamburg konnte abweichend von den im März 1935 von Christensen vorgelegten Bestimmungen ab Anfang 1937 jede Person unter Überwachung gestellt werden, die statt zwei Vorstrafen lediglich eine aus dem Bereich der oben genannten Sittlichkeitsvergehen aufwies.[71] Ab dem 4. September 1941 sah eine Verschärfung des Reichsgesetzes zudem die Möglichkeit vor, die Todesstrafe gegen „gefährliche Gewohnheitsverbrecher“ und „Sittlichkeitsverbrecher“ zu verhängen.

Die unterste Stufe der „Verbrecher“ bildeten in der nationalsozialistischen Propaganda ohnehin die „Sittlichkeitsverbrecher“, deren bloße Existenz auf die Liberalität und Rechtsstaatlichkeit der Weimarer Republik zurückgeführt wurde, wie die bereits thematisierte Rezeption des Serientäters Fritz Haarmann zeigt. In der vom „Rassenpolitischen Amt“ der NSDAP herausgegebenen Zeitschrift *Neues Volk* erklärte Dr. H. Rodenfels 1939, wie konsequent die Nationalsozialisten gegen „Verbrecher“ vorgehen würden.[72] Er betonte den eklatanten Gegensatz zur Verfahrensweise in der Weimarer Republik, in der man den „Verbrecher“ angeblich „durch für unsere Begriffe völlig sinnlose Argumente zu entlasten und zu entschuldigen“ suchte.[73] Die größten Versäumnisse sah Rodenfels im Bereich der Sexualdelikte:

> „Wohl am leichtfertigsten stand man dem Sexualverbrecher gegenüber. Eine Zeit, in der jüdische ‚Sexualforscher‘ von der Art eines Magnus Hirschfeld ein schrankenloses ‚Sichausleben‘ forderten, Perversitäten in für uns unverständlichen

69 Ebenda, S. 89.

70 Ebenda, S. 94.

71 Hamburgische Richtlinien über die planmäßige Überwachung und die vorbeugende Polizeihaft vom Februar 1937, Staatsarchiv HH, 331-I, Nr. 112, Bl. 1.

72 Dr. H. Rodenfels, „Sittenstrolche und Verbrecher“, in: Neues Volk. Blätter des Rassenpolitischen Amtes der NSDAP (April 1939) 4, S. 19–25.

73 Ebenda, S. 19.

> Formen und Ausmaßen propagierten und die Handlungsweisen in diesen Dingen in echt liberalistischer und marxistischer Weise in die Hand jedes einzelnen legten, mußte zwangsläufig jene Sittenstrolche hervorbringen, die versuchten, unser Volk von innen heraus zu zerstören.“[74]

Das Institut des (jüdischen und homosexuellen) Sexualforschers Magnus Hirschfeld war bereits 1933 von der SA zerstört worden.[75] Rodenfels' Artikel enthält fotografische „Verbrecherporträts“ sowie Fotos von in Konzentrationslagern arbeitenden Häftlingen, versehen mit Bildunterschriften wie „Arbeit und Disziplin waren diesen Burschen bisher unbekannt“[76] und „ungewohnte, aber nutzbringende Arbeit“.[77] Gegen Ende des Textes legitimierte der Autor die nationalsozialistische Praxis gegen bestimmte „Verbrecher“ mit bevölkerungspolitischen Argumenten:

> „Wenn besonders streng gegen Sittenstrolche und Sexualverbrecher vorgegangen wird, so ist dies darin begründet, daß bei dieser Art von Verbrechen in den meisten Fällen nicht eine einzelne Person, sondern Teile der Gemeinschaft, vor allem die Jugend geschädigt werden.“[78]

Dabei nahm er erneut Bezug auf Homosexuelle, die neben den anderen „Sittlichkeitsverbrechern“ in besonders hohem Maße von den Repressionen des nationalsozialistischen Staates und seinem KZ-System betroffen waren.

3.2.3. Homosexuelle als Vorbeugehäftlinge

Verstöße nach § 175 und § 175a[79] waren zunächst kein alleiniger Grund für die Verhängung von Vorbeugehaft. Zwar befanden sich unter den wegen § 176 Vorbestraften auch Homosexuelle, deren Anzahl lässt sich jedoch nicht ohne weiteres

74 Ebenda, S. 22.

75 Claudia Schoppmann, Nationalsozialistische Sexualpolitik und weibliche Homosexualität, Pfaffenweiler 1991, S. 164.

76 Rodenfels, „Sittenstrolche und Verbrecher“, S. 20.

77 Ebenda, S. 23.

78 Ebenda, S. 25.

79 Der § 175 stellte seit 1871 die als „widernatürliche Unzucht“ definierten Sexualakte zwischen Männern unter Strafe. Dieser Paragraf wurde am 28. 6. 1935 verschärft und um den § 175 a ergänzt, der Zuchthausstrafen von bis zu zehn Jahren vorsah und u. a. „gewerbsmäßige Unzucht“ umfasste. Vgl. Hans-Georg Stümke, Homosexuelle in Deutschland. Eine politische Geschichte, Hamburg 1989; Bernhard Rosenkranz/Ulf Bollmann/Gottfried Lorenz, Homosexuellenverfolgung in Hamburg 1919–1969, Hamburg 2009, S. 15.

verifizieren, denn dazu müssten die Gerichtsakten, sofern sie noch vorhanden sind, systematisch durchgesehen werden. Lokale Studien heben aber anhand von personenbezogener Quellenrecherche hervor, dass schon in den ersten Jahren der nationalsozialistischen Herrschaft Homosexuelle von „planmäßiger Überwachung" oder Vorbeugehaft betroffen waren.[80] Ermittlungen gegen Homosexuelle oder als solche Klassifizierte lagen im Nationalsozialismus die meiste Zeit in den Händen der Kriminalpolizei, die sich auch schon vor 1933 mit diesem Feld befasst hatte. In der Regel bearbeiteten die Abteilungen, die im Bereich der allgemeinen Sexualdelikte tätig waren, auch Verstöße gegen den § 175. In Hamburg war beispielsweise das Dezernat 36 der Abteilung F (sämtliche Sexualdelikte) zuständig. Homosexualität wurde auf diese Weise in die ständige Nähe von Verbrechen gerückt.

Infolge des sogenannten Röhm-Putsches gegen die SA im Juni 1934 war zusätzlich zur Kriminalpolizei die Gestapo mit der „Bekämpfung von Homosexualität" betraut worden. Ähnliche Überschneidungen zwischen den Verfolgungsbehörden existierten zu Beginn auch im Hinblick auf Repressionen gegen „Asoziale". Peter Longerich führt diese unklaren Kompetenzregelungen auf eine bewusst intendierte Eskalation der Verfolgung durch eine Rivalität zwischen Kriminalpolizei und Gestapo zurück, die auf diese Weise von Himmler befördert worden sei.[81] Reinhard Heydrich hatte hingegen in einem Rundschreiben vom 4. März 1937 in seiner Funktion als Leiter der Sicherheitspolizei (Sipo) die Erwartung formuliert, dass „Geheime Staatspolizei und Kriminalpolizei aufs engste zusammenarbeiten".[82] Mit der Schaffung der „Reichszentrale zur Bekämpfung der Homosexualität und der Abtreibung" im Oktober 1936 war die Kooperation zwischen Gestapo und Kriminalpolizei ohnehin notwendig geworden. Für die Betroffenen bedeutete dieses Vorgehen, dass sie mitunter einer doppelten Fahndung ausgesetzt waren. Offensichtlich kam die Gestapo auch dort zum Einsatz, wo einzelne Kriminalpolizeistellen bzw. -Beamte in Misskredit geraten waren. So übernahm in Hamburg zwischen Sommer 1936 und 1937 ein Sonderkommando der Gestapo das für „Vergehen nach § 175" zuständige kriminalpolizeiliche Dezernat F 36.

80 Zur Situation in Düsseldorf: Sparing, „... wegen Vergehen nach § 175 verhaftet"; zu Hamburg vgl. Stefan Micheler/Moritz Terfloht, Homosexuelle Männer als Opfer des Nationalsozialismus in Hamburg, Hamburg 2002; zu München: Albert Knoll, Homosexuelle Häftlinge im KZ Dachau, in: Invertito. Jahrbuch für die Geschichte der Homosexualitäten 4 (2002): Denunziert, verfolgt, ermordet: Homosexuelle Männer und Frauen in der NS-Zeit.

81 Peter Longerich, Heinrich Himmler. Biographie, München 2008, S. 236.

82 Rundschreiben von Reinhard Heydrich, 4. 3. 1937, zit. n.: Grau, Homosexualität in der NS-Zeit, S. 137 f., hier S. 137.

Gegen dessen vorherigen Leiter, den Kriminalbeamten Rudolf Förster[83], lief seit 1936 ein Ermittlungsverfahren wegen „Bestechung“. Auf Verlangen der Gestapo wurden die Bestimmungen im Rahmen der „vorbeugenden Verbrechensbekämpfung“ in Hamburg im Februar 1937 um den Passus ergänzt, dass auch diejenigen in „planmäßige Überwachung“ zu unterstellen seien, die „nachweislich dazu neigen, mit Männern Unzucht zu treiben oder sich von Männern zur Unzucht mißbrauchen zu lassen oder sich dazu anbieten“.[84] Damit wollte die Gestapo offensichtlich das insbesondere in der Hansestadt Hamburg verbreitete Phänomen der „Stricherjungs“ bekämpfen. Noch im selben Jahr ging die ursprünglich von Förster geleitete Abteilung als 24. Kriminalkommissariat (zugeordnet der Inspektion II D „Gewohnheits- und gemeingefährliche Sittlichkeitsverbrechen“) wieder in die Hände der Hamburger Kriminalpolizei über. Wie aus zahlreichen Berichten Betroffener hervorgeht, verhielten sich die Beamten bei ihren Verhören ähnlich brutal wie die Gestapo.[85]

Zwar fiel die Gesamtzahl der als „Sittlichkeitsverbrecher“ in Vorbeugehaft genommenen homo- und heterosexuellen Personen bis Ende 1935 noch nicht ins Gewicht. Die meisten (46,1 %) der in Preußen inhaftierten Vorbeugehäftlinge wurden als Einbrecher geführt[86] – dies sagt jedoch nichts über die gegen die Betroffenen angewandten Repressionen aus, die bei den „Sittlichkeitsverbrechern“ besonders gewalttätig waren. Dies geht aus den Erlassen selber hervor, wird aber auch durch den Umgang mit diesen Häftlingen in den Konzentrationslagern belegt. Als eines von vielen Beispielen sei an dieser Stelle aus der Zeugenaussage des ehemaligen Schutzhäftlings Phillip G. zitiert.[87] Er beschrieb 1956 im Zuge von

83 Rudolf Förster, geb. am 7. 10. 1879 in Braunschweig, war seit 1925 in der Hamburger Kriminalpolizei und bis 1936 als Leiter der Abteilung F für die Bekämpfung von Sexualdelikten zuständig. Infolge des Verfahrens ließ er sich 1937, vermutlich unfreiwillig, in den Ruhestand versetzen. Staatsarchiv HH, 221-10, D 34/38.

84 Schreiben der Geheimen Staatspolizei an die Polizeibehörde Hamburg vom 11. 2. 1937, Staatsarchiv HH, 331-1 I 112. Das Schreiben war offensichtlich wirkungsvoll, wie die Hamburger Bestimmungen zeigen: Hamburgische Richtlinien über die planmäßige Überwachung und die vorbeugende Polizeihaft vom Februar 1937, Staatsarchiv HH, 331-I, Nr. 112, Bl. 2.

85 Vgl. Stümke, Homosexuelle in Deutschland; Rosenkranz/Bollmann/Lorenz, Homosexuellenverfolgung in Hamburg, S. 27. Dies war nicht nur in Hamburg der Fall, vgl. auch Gabriele Roßbach, „Sie sahen das Zwecklose ihres Leugnens ein“. Verhöre bei Gestapo und Kripo, in: Andreas Pretzel/dies. (Hrsg.), „Wegen der zu erwartenden hohen Strafe“. Homosexuellenverfolgung in Berlin 1933–1945, Berlin 2000, S. 74–99.

86 Wagner, Volksgemeinschaft ohne Verbrecher, S. 204.

87 Vgl. Zeugenvernehmung von Karl P. am 1. 3. 1956, Staatsanwaltschaft Bonn, 8 Ks 1/58 (Sorge/Schubert)/V, Teil 1, Landesarchiv NRW, zit. n. AS, JD 2/7, Bl. 31–33, hier Bl. 31;

Ermittlungen gegen Gustav Sorge und Wilhelm Schubert, wie ein körperlich eingeschränkter „Sittlichkeitsverbrecher“ bei seiner Ankunft im KZ Sachsenhausen misshandelt wurde:

> „Der große und bis dahin namentlich unbekannte SS-Mann befahl dann dem Körperbehinderten, die Hose zu öffnen, sein Geschlechtsteil auf die Hand zu nehmen. Als der Körperbehinderte diesem Befehl nachgekommen war, stach der in Frage kommende SS-Mann dem Körperbehinderten mit dem an sich genommenen Stock und zwar mit der Schraubenspitze des unteren Teils mit voller Wucht in das Geschlechtsteil des Behinderten. Dieser fiel sofort um, krümmte sich vor Schmerzen und wurde dabei von den 4 SS-Leuten getreten und geschlagen, bis er bewußtlos war.“[88]

Der Betroffene sei, so G., im Anschluss an die Misshandlungen bereits am Einlieferungstag verstorben.[89]

3.3. Die Zentralisierung der Verfolgungsmaßnahmen 1936–1937

Nachdem Heinrich Himmler im Juni 1936 zum „Reichsführer SS und Chef der deutschen Polizei im Reichsministerium des Innern“ ernannt worden war, trieb er die Zentralisierung der Polizeibehörden voran. In einem Erlass vom 20. September 1936 verfügte der Reichsinnenminister Wilhelm Frick entsprechend die Neustrukturierung der Kriminalpolizei: Das PrLKPA – ab 16. Juli 1937 Reichskriminalpolizeiamt (RKPA) – sollte fortan alle Kriminalpolizeistellen der einzelnen Länder leiten. Dennoch blieben die jeweiligen Ländererlasse zur „vorbeugenden Verbrechensbekämpfung“ noch bis zum Inkrafttreten des „Grunderlaß Vorbeugende Verbrechensbekämpfung durch die Polizei“ am 14. Dezember 1937 gültig.

Zeugenvernehmung von Wilhelm B. am 10. 3. 1956, zit. n. AS, JD 2/9, Bl. 57; Zeugenvernehmung von Oskar B. am 6. 4. 1956, Staatsanwaltschaft Bonn, 8 Ks 1/58 (Sorge/Schubert)/VIII, Teil 2, Landearchiv NRW, zit. n. AS, JD 2/14, Bl. 27–33; Zeugenvernehmung von Rudolf L. am 17. 4. 1956, Staatsanwaltschaft Bonn, 8 Ks 1/58 (Sorge/Schubert)/IX, Teil 1, Landesarchiv NRW, zit. n. AS, JD 2/15, Bl. 25–29.

88 Zeugenvernehmung von Phillip G. vom 7. 3. 1956, Staatsanwaltschaft Bonn, 8 Ks 1/58 (Sorge/Schubert)/V, Teil 2, Landesarchiv NRW, zit. n. AS, JD 2/8, Bl. 26–33, hier Bl. 26.

89 Der genannte Häftling konnte leider nicht ermittelt werden. So weist meine Datenbank zwar mehrere als „Sittlichkeitsverbrecher“ eingelieferte Personen auf, die um den 21. 10. 1941 im KZ Sachsenhausen verstorben sind, allerdings ist keiner davon an diesem Tag erst eingeliefert worden.

Kriminalpolizeileitstellen (KPLSt) ersetzten ab Juli 1936 die bisherigen Landeskriminalpolizeistellen (LKPSt).[90] Sie waren gleichzeitig Leitstellen sowie Kriminalpolizeistellen des jeweiligen Bezirks und sollten u. a. die „kriminalpolizeiliche Tätigkeit der ihnen nachgeordneten Stellen beaufsichtigen und die Ausbildung und Ausrüstung der Beamten überwachen".[91] Gleichzeitig mussten sie den Informationsaustausch – etwa über Meldungen – zwischen den verschiedenen Kriminalpolizeistellen und dem PrLKPA gewährleisten. Begründet wurde die Zentralisierung mit einer auf diese Weise möglichen effektiveren Verbrechensbekämpfung. So heißt es in einem 1939 vom RKPA herausgegebenen Band über die Aufgaben der Kriminalpolizeileitstellen:

> „Die Kriminalpolizeileitstelle sollte aber wissen, daß ihr Aufgabengebiet sich in den erwähnten Aufgaben nicht allein erschöpfen darf. Sie muß letzten Endes ein weiteres feinmaschiges Netz im kriminalpolizeilichen Fahndungssystem und eine neue Energiequelle für den Kampf gegen das Verbrechertum sein."[92]

Zu diesem Zweck waren dem PrLKPA spezialisierte Behörden wie die „Reichszentrale zur Bekämpfung des Zigeunerunwesens" angegliedert und neue Institutionen wie die „Reichszentrale zur Bekämpfung reisender und gewerbsmäßiger Einbrecher" sowie die bereits erwähnte „Reichszentrale zur Bekämpfung der Homosexualität und der Abtreibung" geschaffen worden. Letztere sollte eng mit dem beim Geheimen Staatspolizeiamt angesiedelten „Sonderreferat II S" zusammenarbeiten. Gewährleistet wurde diese Kooperation dadurch, dass beide Stellen in den Händen von Josef Meisinger lagen, der fortan sowohl Reichszentrale als auch das Sonderreferat II S leitete. Entsprechend richtete sich der Geheimerlass Himmlers zur Gründung der Reichszentrale vom 10. Oktober 1936 sowohl an die Gestapo- als auch die Kriminalpolizeileitstellen. Die Zusammenfassung von „Abtreibungen" und „Homosexualität" als Delikte begründete Himmler in dem Schreiben mit der „erheblichen Gefährdung der Bevölkerungspolitik und Volksgesundheit" durch Abtreibungen und der von Homosexualität ausgehenden „Gefahr für die Jugend", die eine Bekämpfung dieser „Volksseuchen" notwendig

90 Zu Kriminalpolizeileitstellen avancierten neben dem PrLKPA die Ämter in Königsberg, Stettin, Breslau, Halle, Hannover, Frankfurt/Main, Köln, Düsseldorf, München, Dresden, Stuttgart, Hamburg und Bremen.

91 Der Reichs- und Preußische Minister des Innern, Die Neuordnung der staatlichen Kriminalpolizei, 20. September 1936, in: Kriminalpolizei. Sammlung der für die kriminalpolizeiliche Organisation und Tätigkeit geltenden Bestimmungen und Anordnungen, Berlin 1937, S. I 5–I 11.

92 RKPA (Hrsg.), Organisation und Meldedienst der Reichskriminalpolizei, Berlin 1939, S. 24.

machten.[93] Bei beiden Vergehen handelte es sich im nationalsozialistischen Sinne sowohl um Verstöße „gegen die weltanschaulichen Grundsätze des Nationalsozialismus" (womit die Zuständigkeit der Gestapo begründet wurde) als auch um Straftaten, für deren Ahndung traditionell die Kriminalpolizei verantwortlich war.

Die Aufgabe der Reichszentralen lag in erster Linie darin, Daten über Delinquenten zu sammeln, diese in Karteien zusammenzufassen und auszuwerten, um, wie es in der Schrift des RKPA heißt, „auch der praktischen kriminalpolizeilichen Arbeit, vornehmlich dem reisenden Verbrechertum gegenüber, gerecht werden zu können".[94] Dies betraf neben verurteilten Personen auch diejenigen, die lediglich „verdächtig" erschienen. In der Datensammlung der Reichszentrale zur Bekämpfung der Homosexualität und Abtreibung" befanden sich z. B. auch Personen, die im Zuge eines Verfahrens gegen einen Mann von diesem als (Sexual-)Partner angegeben worden waren, ohne jemals selber im Zentrum von Ermittlungen gestanden zu haben.

Die Zentralisierung der Kriminalpolizei implizierte noch eine weitere strukturelle Erneuerung: Nachdem Gestapo und Kriminalpolizei beide zur Sipo zusammengefasst worden waren, unterstand das RKPA seit dem 16. Juli 1937 unmittelbar dem Chef der Sipo, Reinhard Heydrich. Jeder Kriminalpolizeileitstelle war ein Inspekteur der Sipo zugeteilt. Dies bedeutete jedoch nicht, dass eine Mitgliedschaft in der SS zur Pflicht für die Beamten wurde. Mit der Umstrukturierung der Kriminalpolizei konnten indes auch Personalwechsel einhergehen. In Hamburg löste Walther Bierkamp[95] ab dem 1. Februar 1937 Wilhelm Purucker[96] von seiner Position als Leiter der Hamburger Kriminalpolizei ab. Offenbar schien Bierkamp

93 Erlaß zur Gründung der Reichszentrale zur Bekämpfung der Homosexualität und der Abtreibung, zit. n. Grau, Homosexualität in der NS-Zeit, S. 122–125, hier S. 122.

94 RKPA, Organisation und Meldedienst, S. 20.

95 Der am 17. 12. 1901 in Hamburg geborene Bierkamp, ebenso wie Purucker studierter Jurist, war bereits seit 1932 Mitglied der NSDAP. Bis zu seiner Ernennung zum Chef der Hamburger Kripo war Bierkamp in Hamburg als Staatsanwalt tätig. Im Februar 1941 verließ er die Hansestadt und fungierte als Inspektor der Sipo in Düsseldorf. Die von ihm ab Juli 1942 angeführte Einsatzgruppe D war für die Ermordung von mindestens 60 000 Menschen in der Sowjetunion verantwortlich. Bierkamp kehrte im April 1945 als Sipo-Befehlshaber nach Hamburg zurück und beging im Mai 1945 Selbstmord. BArch BDC/RS, Bierkamp, Walther, 17. 12. 1901.

96 Der studierte Jurist und Gerichtsassessor Wilhelm Purucker, geb. am 4. 4. 1904 in Kulmbach (Bayern), wurde im März 1933 zum Leiter der Hamburger Kriminalpolizei ernannt. Purucker war 1931 als Geschäftsführer der NSDAP in der Hamburger Bürgerschaft und wenig später Gau-Geschäftsführer der NSDAP tätig gewesen. Während des Zweiten Weltkrieges amtierte er kurzzeitig als Marinekriegsgerichtsrat, schied aber 1943 krankheitsbedingt aus. Zuletzt war er Vizepräsident der Hamburger Feuerkasse. Purucker verstarb am 2. 9. 1958 in Hamburg. Staatsarchiv HH, 331-1, Nr. 47; 113-2 A III 1 a+b.

geeigneter, die leitenden Aufgaben, die der Hamburger Behörde nun zuteil wurden, umzusetzen, denn Purucker stieg keineswegs auf, sondern wechselte zur Hamburger Feuerkasse.[97]

Die häufig kolportierte Annahme, die Vorbeugehaft sei erst 1937 mit dem Grunderlass reichsweit verfügt worden,[98] rührt vermutlich aus dem in Teilen der KZ-Forschung verbreiteten „Stufenmodell“, dem zufolge die frühen Konzentrationslager die erste Phase darstellen, während mit der Zentralisierung der Polizei eine zweite Phase eingeleitet worden sei. Letztere kennzeichne u. a., dass das KZ-System im Rahmen der „rassistischen Generalprävention“ einen „Funktionswandel“ durchlaufen habe.[99] Die „frühen Lager“ werden in dieser Lesart häufig als Institution gesehen, deren Ziel in erster Linie die Zerstörung der politischen Opposition gewesen sei. Zwar ist die massenhafte Inhaftierung von politischen Gegnern nicht von der Hand zu weisen, allerdings hat Julia Hörath in ihrer Studie gezeigt, dass einige der 1933/34 bestehenden Konzentrationslager von Beginn an auch als Haftstätten für „Asoziale“ und „Berufsverbrecher“ genutzt wurden, also schon zu diesem Zeitpunkt sozialrassistische Konzepte und jeweilige lokale Praxen existierten.[100] Insbesondere als „Asoziale“ Verfolgte waren bereits in den ersten Jahren nationalsozialistischer Herrschaft von KZ-Haft betroffen, wie die erste reichsweite Verhaftungsaktion im Rahmen der sogenannten Bettelrazzia zeigt.[101]

Dies galt auch für „Kriminelle“, gleichwohl kam es aber erst ab dem 9. März 1937 – Monate vor dem Inkrafttreten des Grunderlasses – zu einer zentral koordinierten Verhaftungsaktion gegen mindestens 2000 „Berufsverbrecher“.[102] Im Januar 1937 hatte das PrLKPA örtliche Kriminalpolizeibehörden Listen mit Per-

97 Diercks, Dokumentation Stadthaus, S. 49.

98 Harry Stein datiert die Einführung der vorbeugenden Verbrechensbekämpfung ohne weitere Erklärung auf das Jahr 1935. Vgl. Harry Stein, Konzentrationslager Buchenwald 1937–1945. Begleitband zur ständigen historischen Ausstellung. Hrsg. von der Gedenkstätte Buchenwald, Göttingen 1999, S. 19. Eine Fehldarstellung lieferte die Ausstellung „Ordnung und Vernichtung – die Polizei im NS-Staat“, die vom 1. 4. bis 28. 8. 2011 im Deutschen Historischen Museum Berlin zu sehen war. Zwar erläutert Thomas Roth in einem Artikel des Ausstellungsbandes selbst, dass die Vorbeugehaft in Preußen bereits 1933 eingeführt wurde, die Dokumentation der Ausstellung stellt dieses kriminalpolizeiliche Instrument jedoch als erst Ende 1937 eingeführte Neuerung dar. Florian Dierl/Mariana Hausleitner/Martin Hölzl/Andres Mix (Hrsg.), Ordnung und Vernichtung. Die Polizei im NS-Staat. Eine Ausstellung der Deutschen Hochschule der Polizei, Münster, und des Deutschen Historischen Museums, Dresden 2011, S. 169.

99 Herbert/Orth/Dieckmann (Hrsg.), Die nationalsozialistischen Konzentrationslager.

100 Vgl. Hörath, Experimente zur Kontrolle und Repression, S. 118–132.

101 Ebenda, S. 261–386.

102 Langhammer, Die reichsweite Verhaftungsaktion.

sonen erstellen lassen, die in den Augen der Beamten als „Berufs"-, Gewohnheits- und/oder „gewohnheitsmäßige Sittlichkeitsverbrecher" anzusehen waren. Eine bestimmte Dauer der Vorstrafen, wie sie die Vorbeugehaftbestimmungen vorsahen, war für diese Aktion nicht festgelegt worden. Lediglich zwei Einschränkungen bestanden: Die Betroffenen durften sich nicht in einem festen Arbeitsverhältnis befinden, und Familienväter sollten nur dann ausgewählt werden, wenn sie „eine schwere Gefahr für die Volksgemeinschaft" darstellen würden.[103] Dass diese Vorgaben nicht immer eingehalten wurden, kann an anderer Stelle gezeigt werden.[104] Aus den von den verschiedenen Kriminalpolizeistellen angefertigten Listen wählte die preußische Zentrale zu Inhaftierende aus, formal legitimierte ein Schnellbrief Himmlers vom 23. Februar 1937 dieses Vorgehen. Als Einweisungsorte waren die KZ Lichtenburg, Moringen (Frauen), Dachau, Sachsenburg und Sachsenhausen vorgesehen.[105]

Über die Funktion dieser „Märzaktion" herrscht in der Forschungsliteratur Uneinigkeit. Terhorst sieht ihre Ursache in erster Linie in der Beschaffung von Arbeitskräften, während der „kriminalpolitischen Begründung der Masseninhaftierung nur eine Alibifunktion"[106] zugekommen sei. Die Reduktion der Aktion auf das Ziel, möglichst schnell eine große Anzahl von Arbeitskräften für das KZ-System zu rekrutieren, blendet jedoch zwei wichtige Aspekte aus: Die Kriminalpolizeistellen konnten die aus ihrer Sicht infrage kommenden Personen frei auswählen. Kriterien wie etwa körperliche Verfassung, mögliche Arbeitsleistungen, Krankheiten usw. lassen sich nicht als Faktoren nachweisen. Es stellt sich deshalb die Frage, wie die Kriminalpolizei hätte gewährleisten können, dass sich unter den 2000 Personen nicht in großer Anzahl auch kranke und/oder arbeitsunfähige Personen befanden. Ein vergleichsweise hoher Altersdurchschnitt war nicht unwahrscheinlich, wenn als Kriterium praktiziert wurde, dass die Betroffenen bereits erheblich vorbestraft und lange bei der jeweiligen Kriminalpolizeistelle aktenkundig waren.

Tatsächlich scheinen zumindest die Zahlen aus dem KZ Sachsenhausen dies zu bestätigen. Günter Morsch weist nach, dass sich unter den etwa 50 Personen, die zwischen Juli 1936 und Juli 1937 in dem Lager verstarben, mindestens 16 Vorbeugehäftlinge befanden. Das Durchschnittsalter bei allen Verstorbenen war mit ca. 50

103 Schnellbrief Reichsführer-SS und Chef der Deutschen Polizei im Reichsministerium des Inneren vom 23. Februar 1937, in: Reichssicherheitshauptamt, Erlaßsammlung, S. 28 f.

104 Vgl. Kapitel 4.2.

105 Rundschreiben des PrLKPA vom 27. 2. 1937, in: Reichssicherheitshauptamt, Erlaßsammlung, S. 29.

106 Terhorst, Polizeiliche planmäßige Überwachung, S. 112.

Jahren relativ hoch.[107] Zwar liegt für die 16 Vorbeugehäftlinge kein eindeutiger Beleg dafür vor, dass sie im Rahmen der genannten Aktion eingeliefert wurden – allerdings ist dabei zu berücksichtigen, dass ohnehin nur für drei Personen eine Quelle mit Einlieferungsdatum vorhanden ist. Es ist auch nicht auszuschließen, dass die Einlieferung des Malers Paul Wolter vom 16. März 1937,[108] der am 21. Oktober desselben Jahres in dem Lager verstarb,[109] im Kontext der „Märzaktion“ gestanden hatte. In einzelnen Fällen erfolgten die Verhaftungen von „Berufsverbrechern“, die auf der Liste standen, aus verschiedenen Gründen erst einige Tage später.[110]

Auch wenn es, wie Terhorst schreibt, bei den Märzverhaftungen auf kein „bestimmtes Vorstrafenerfordernis“ ankam, lässt sich daraus nicht schließen, dass die jeweiligen Vorstrafen gar keine Rolle spielten. Aus den relativ voraussetzungsfreien Bestimmungen für eine Auswahl folgt auch nicht zwangsläufig, dass kriminalpolitische Ziele irrelevant gewesen wären – im Gegenteil. In dem Rundschreiben des PrLKPA vom 27. Januar 1937 war explizit formuliert worden, dass diejenigen Personen von den Kriminalpolizeistellen aufgelistet werden sollten, die „nach Auffassung der Kriminalpolizei“[111] als „Berufsverbrecher“ galten.[112] Hier deutet sich bereits die Willkür und Tendenz zur Ausweitung der geltenden Bestimmungen an, die mit dem „Grunderlass“ vom 14. Dezember 1937 manifestiert wurde. Insofern ist der Position Wagners zuzustimmen, der von einer „Verzahnung kriminalpräventiver Ziele mit den Interessen des auf Expansion angelegten KZ-Systems“[113] spricht. Auch die von Julia Hörath vorgeschlagene Interpretation, dass bei der Aktion weniger die „Vereinheitlichung der rechtlichen Grundlagen“, sondern „wohl eher die Erprobung und Etablierung der zentralisierten Befehlsstruktur“[114] im Mittelpunkt gestanden habe, erscheint plausibel. Einer Statistik des RKPA vom 13. November 1937 zufolge – eine zentrale Erfassung von Vorbeugehäftlingen existierte erst seit der Zentralisierung der Polizei – befanden sich zu diesem Datum reichsweit

107 Morsch (Hrsg.), Sachsenburg, S. 188 f.

108 Veränderungszettel „Zugang“ vom 16. 3. 1937, RGWA, 1367/1/16, Bl. 302, zit. n. AS, D 1 A/1016, Bl. 113.

109 Veränderungszettel „gestorben“ vom 21. 10. 1937, RGWA, 1367/1/16, Bl. 77, zit. n. AS, D 1 A/1016, Bl. 337.

110 Vgl. Kapitel 4.2.

111 Rundschreiben des PrLKPA vom 27. 1. 1937, in: Reichssicherheitshauptamt, Erlaßsammlung, S. 27.

112 Davon waren auch Homosexuelle betroffen, vgl. Jürgen Müller, Bei „Angriffen“ auf die Sittlichkeit, S. 148.

113 Wagner, Volksgemeinschaft ohne Verbrecher, S. 255.

114 Hörath, Experimente zur Kontrolle und Repression, S. 533.

bereits 2752 Personen als „Berufsverbrecher und gewohnheitsmäßige Sittlichkeitsverbrecher" (darunter 85 Frauen) in Vorbeugehaft. Die Mehrheit stellten Einbrecher (938) und Diebe (741), gefolgt von 495 „Sittlichkeitsverbrechern".[115] Auch zu diesem Zeitpunkt existierte keine Auffächerung der letzten Gruppe nach den jeweiligen Vergehen bzw. Vorstrafen, sodass unklar bleibt, wie viele Homosexuelle unter ihnen waren. 171 der 2752 Personen waren aufgrund von Verstößen gegen die Überwachungsauflagen inhaftiert worden.[116] Schon vor der Implementierung des Grunderlasses gab es somit weit über 2000 Vorbeugehäftlinge.

Der am 14. Dezember 1937 ergangene Grunderlass regelte die Instrumentarien Vorbeugehaft und planmäßige Überwachung verbindlich für alle Kriminalpolizeistellen im Deutschen Reich. Bisher geltende Landesregelungen wurden dementsprechend aufgehoben. Explizit verwies Wilhelm Frick in dem Erlass auf bisherige Erfolge und eine gewünschte Erweiterung der polizeilichen Vorbeugehaft „in Auswertung der bisherigen Erfahrungen und der durch die kriminalbiologischen Forschungen gewonnenen Erkenntnisse".[117] Erstmals taucht hier die Kriminalbiologie im Kontext der „vorbeugenden Verbrechensbekämpfung" als relevante Bezugsgröße in einem Erlass auf. Kriminalbiologische Begründungen für Verbrechen schlugen sich fortan auch in der konkreten polizeilichen Praxis zunehmend nieder, wie die 1938 erfolgte Gründung der „Zentralstelle für kriminalistische Sippenschaftsforschung" im RKPA zeigt. Diese wies die Kriminalpolizeistellen an, „Sippschaftsbögen" über die Vorbeugehäftlinge anzulegen.[118]

Die kriminalbiologische Erfassung von Delinquenten unterlag während des Nationalsozialismus verschiedenen Stellen, die teils miteinander konkurrierten. Nach Jürgen Simon scheiterte eine Zentralisierung der Sammelstellen letztlich „an den polykratischen Strukturen im nationalsozialistischen Staat".[119] Großen Einfluss hatte Robert Ritter, der ab Dezember 1941 das Kriminalbiologische Institut der Sipo leitete und im KZ Sachsenhausen „rassenbiologische" Untersuchungen an inhaftierten Sinti und Roma durchführte.[120] Neben der Vereinheitlichung der bisherigen Bestimmungen hielt der Grunderlass in einem Passus unter e) in Abschnitt II. fest, dass die Polizeiliche Vorbeugungshaft auch jemanden

115 Wagner, Volksgemeinschaft ohne Verbrecher, S. 257.

116 Terhorst, Polizeiliche planmäßige Überwachung, S. 113.

117 Grundlegender Erlaß über die vorbeugende Verbrechensbekämpfung durch die Polizei des Reichs- und Preußischen Ministers des Inneren, 14. 12. 1937, in: Reichssicherheitshauptamt, Erlaßsammlung, S. 41–44, hier S. 41.

118 Wagner, Volksgemeinschaft ohne Verbrecher, S. 271.

119 Simon, Kriminalbiologie und Zwangssterilisation, S. 189.

120 Roth, Verbrechensbekämpfung und soziale Ausgrenzung, S. 389–395; Morsch/Ley, Medizin und Verbrechen, S. 227–235.

treffen könne, der, „ohne Berufs- oder Gewohnheitsverbrecher zu sein, durch sein asoziales Verhalten die Allgemeinheit gefährdet".[121] Diese explizite Erfassung von „Asozialen" begründete Heydrich in einem weiteren Erlass vom 1. Juni 1938 damit, dass „das Verbrechertum im Asozialen seine Wurzeln hat und sich fortlaufend aus ihm ergänzt".[122] Auch wenn der Grunderlass und die am 4. April 1938 folgenden „Durchführungsrichtlinien" die formale Voraussetzung für die im Juni 1938 erfolgten reichsweiten Razzien der Kriminalpolizei gegen „Arbeitsscheue" bzw. „Asoziale" bildeten, hatte es Verhaftungen der als solche eingestuften Gruppe schon seit 1933 gegeben.[123] In Hamburg führte die Kriminalpolizei z. B. gemeinsam mit der Hafen- und Schifffahrtspolizei (Haschipo) schon im Herbst 1933 mehrere Razzien gegen Obdachlose und Bettler im Hafengebiet durch, in deren Folge einige Personen dauerhaft in das Arbeitshaus Farmsen eingewiesen wurden.[124] Es ist deshalb irreführend, den Grunderlass als Ausgangspunkt der Repression gegenüber dieser heterogenen Personengruppe zu bezeichnen.

3.4. Die „Aktion Arbeitsscheu Reich"

Noch bevor die Kriminalpolizei mehrere tausend als „Asoziale" klassifizierte Menschen im Juni 1938 reichsweit in Vorbeugehaft nahm, beauftragte Himmler mit einem Rundschreiben am 26. Januar 1938 zunächst die Gestapo mit der Inhaftierung von „asozialen Elementen".[125] Die entsprechenden Razzien sollten zwischen dem 4. und 9. März 1938 erfolgen und die festgesetzten Personen als Schutzhäftlinge in das KZ Buchenwald verschleppt werden. Vermutlich aufgrund des im Frühjahr 1938 erfolgten „Anschlusses" Österreichs fanden die Festnahmen von mindestens 1500–2000 Personen erst am 21. und 30. April statt.[126] Am 4.

121 Reichssicherheitshauptamt, Erlaßsammlung (1941), S. 42.

122 Erlaß von Reinhard Heydrich an die Kriminalpolizeileitstellen, 1. 6. 1938, in: ebenda, S. 134.

123 Vgl. Hörath, Experimente zur Kontrolle und Repression.

124 Korrespondenz der Haschipo, Staatsarchiv HH, 331-1 I, Nr. 392.

125 Erlaß des Reichsführers-SS und Chefs der deutschen Polizei im Reichsministerium des Innern vom 26. Januar 1938, in: Reichssicherheitshauptamt, Erlaßsammlung, S. 46 f., hier S. 47.

126 Insgesamt kamen nach Harry Stein im Rahmen der gesamten Aktion Arbeitsscheu Reich über 4000 Personen als „Asoziale" oder „ASR" in das KZ Buchenwald, darunter 1256 Juden. Vgl. Harry Stein, Buchenwald-Stammlager, in: Benz/Distel (Hrsg.), Der Ort des Terrors, Bd. 3, S. 301–357, hier S. 314 f. Zu den Zahlen der Gestapoaktion existieren unterschiedliche Angaben, Ayaß geht unter Bezugnahme auf Stärkemeldungen aus dem Bundesarchiv von 2000 Verhafteten im KZ Buchenwald aus. Vgl. Ayaß, „Asoziale" im Nationalsozialismus, S. 143.

April desselben Jahres legte das RKPA Durchführungsrichtlinien zum Grunderlass vor.[127] Sie bildeten zusammen mit einem Schnellbrief Heydrichs vom 1. Juni 1938, der sich an die Kriminalpolizeileitstellen richtete, die Basis für die zweite reichsweite Welle von Razzien gegen „Asoziale". Diese Phase der Aktion Arbeitsscheu Reich, von der ca. 9500 Menschen betroffen waren – die vorgegebene Zahl von mindestens 200 Personen pro Kriminalpolizeileitstellenbezirk wurde vielerorts übererfüllt[128] –, stellte Heydrich in den Zusammenhang der „vorbeugenden Verbrechensbekämpfung".[129]

Den Verhaftungen durch die Gestapo im April und die Kriminalpolizei im Juni ging eine enge Kooperation zwischen verschiedenen Behörden voraus, die schon 1933 die „Bettelrazzia" sowie andere frühe KZ-Einweisungen von „Asozialen" gekennzeichnet hatte.[130] Wie Jahre zuvor arbeiteten auch 1938 Arbeitsämter und Fürsorgestellen der Kriminalpolizei und Gestapo zu.[131] Im Rahmen der „Juniaktion" wurden unterschiedlichste Personengruppen verfolgt, die Heydrich in einem Schreiben aufgelistet hatte:

> „a) Landstreicher, die zur Zeit ohne Arbeit von Ort zu Ort ziehen; b) Bettler, auch wenn diese einen festen Wohnsitz haben, c) Zigeuner und nach Zigeunerart umherziehende Personen, wenn sie keinen Willen zur geregelten Arbeit gezeigt haben oder straffällig geworden sind; d) Zuhälter, die in ein einschlägiges Strafverfahren verwickelt waren – selbst wenn eine Überführung nicht möglich war – und heute noch in Zuhälter- oder Dirnenkreisen verkehren, oder Personen, die im dringenden Verdacht stehen, sich zuhälterisch zu betätigen; e) solche Personen, die zahlreiche Vorstrafen wegen Widerstands, Körperverletzung, Raufhandels, Hausfriedensbruchs und dergleichen erhalten und dadurch gezeigt haben, daß sie sich in die Ordnung der Volksgemeinschaft nicht einfügen wollen."[132]

127 Richtlinien des Reichskriminalpolizeiamtes über die Durchführung der vorbeugenden Verbrechensbekämpfung vom 4. 4. 1938, in: Reichssicherheitshauptamt, Erlaßsammlung, S. 65–72.

128 Ayaß, „Asoziale" im Nationalsozialismus, S. 154–156, vgl. zu den Zahlen auch Hörath, Experimente zur Kontrolle und Repression, S, 560.

129 Schnellbrief des Reichskriminalpolizeiamtes vom 1. 6. 1938, in: Reichssicherheitshauptamt, Erlaßsammlung, S. 81.

130 Vgl. Günter Morsch, Arbeit und Brot. Studien zu Lage, Stimmung, Einstellung und Verhalten der deutschen Arbeiterschaft 1933–1936/37, Frankfurt a. M. 1993.

131 Ayaß, „Asoziale" im Nationalsozialismus, S. 140–165.

132 Schnellbrief des Reichskriminalpolizeiamtes vom 1. 6. 1938, in: Reichssicherheitshauptamt, Erlaßsammlung, S. 81.

Wer sich „in einem festen Arbeitsverhältnis" befand, sollte nicht einbezogen werden. Über Zweck und Funktion der Aktion Arbeitsscheu Reich existieren in der KZ-Forschung ähnlich wie im Hinblick auf die Märzaktion unterschiedliche Einschätzungen.[133] Vielfach wird ein enger Zusammenhang zwischen einem Funktionswandel des KZ-Systems und der Masseninhaftierung von „Asozialen" konstatiert. Unter Bezugnahme auf die Quellen, die tatsächlich die Verhaftung von „Arbeitsfähigen" vorschrieben, wird betont, die SS habe vorrangig Interesse an der Verfügung über neue Arbeitskräfte gehabt.[134] Allerdings scheint auch hier der von Wolfgang Ayaß geäußerte Einwand, dass ein großer Teil der Inhaftierten möglicherweise gar nicht in vollem Umfang arbeitsfähig gewesen sei, berechtigt. Ayaß hebt vielmehr die Funktion der Abschreckung und sozialen Disziplinierung hervor, die die Razzien auf Personen haben sollten, die sich noch in Lohnarbeit befanden.[135] Dieser Argumentationslinie folgt auch Hermann Kaienburg. Seiner Ansicht nach lag der Inhaftierung von „Asozialen" und „Kriminellen" nur nach „offizieller Lesart" eine „Reinigung des Volkskörpers von angeblich erblich Belasteten und Minderwertigen" zugrunde.[136] In der Praxis hatte sie „auch mit dem Ziel zu tun, angesichts der durch die massive Aufrüstung entstandenen Engpässe auf dem Arbeitsmarkt Druck in der Arbeitswelt auszuüben".[137] Jens Kolata hat am Beispiel der von der Gestapo im April 1938 durchgeführten Verhaftungen in Württemberg und Hohenzollern herausgearbeitet, dass dort Personen verfolgt wurden, „die arbeitsfähig und zum Teil auch in Arbeitsprozesse eingebunden waren, die aber unter anderem aufgrund von häufigem Arbeitsplatzwechsel oder Fehltagen als ‚arbeitsscheu' stigmatisiert wurden".[138] Julia Hörath betrachtet die in dem Erlass erwähnte Arbeitskräfterekrutierung von einer anderen Seite: Sie hebt überzeugend die „traditionelle Legitimation des Arbeitszwangs für soziale Randgruppen" hervor, die die Bedeutung des Faktors Arbeit im Kontext der Aktion Arbeitsscheu Reich erkläre. Auf diese Weise seien die beiden Razzien nicht nur vor dem Hintergrund realer Arbeitskräftebeschaffung oder als Abschreckungsmaßnahmen gegenüber Lohnarbeitern zu interpretieren, sondern verwiesen

133 Vgl. zu den verschiedenen Positionen auch Hörath, Experimente zur Kontrolle und Repression, S. 362–365.

134 So z. B. bei Orth, Das System der nationalsozialistischen Konzentrationslager, S. 48.

135 Ayaß, Die Einweisung von „Asozialen", S. 97.

136 Kaienburg, Sachsenhausen – Stammlager, S. 30.

137 Ebenda.

138 Jens Kolata, Zwischen Sozialdisziplinierung und „Rassenhygiene". Die Verfolgung von „Asozialen", „Arbeitsscheuen", „Swingjugend" und Sinti, in: Ingrid Banz/Sigrid Brüggemann/Roland Maier (Hrsg.), Die Geheime Staatspolizei in Württemberg und Hohenzollern, Stuttgart 2013, S. 321–337.

auch auf lange vor dem Nationalsozialismus liegende Konzepte über Arbeit bzw. „Arbeitsscheue“.[139]

Eine Hierarchisierung zwischen der offiziellen Darstellung und Propaganda und dahinter stehenden Zielen scheint wenig zielführend zu sein, vielmehr dürfte es sich um eine Vermischung verschiedener Aspekte gehandelt haben. Das Argument, das die Einführung der Vorbeugehaft gegen „Berufsverbrecher“ und „Asoziale“ in einen engen Kontext mit der Mitte der 1930er-Jahre forcierten flächendeckenden Ausdehnung der Konzentrationslager stellt, lässt sich durch die Tatsache entkräften, dass die Vorbeugehaft schon 1933 praktiziert wurde. Zu diesem Zeitpunkt war aber ein solcher Ausbau des KZ-Systems, wie es der Bau des KZ Sachsenhausen einleitete, noch nicht absehbar. Einen anderen Aspekt betont Thomas Roth, der sowohl die Verhaftungsaktion gegen 2000 „Berufsverbrecher“ im März 1937 als auch die Aktion Arbeitsscheu Reich als Teil der Kriegsvorbereitung einordnet. Tatsächlich sah das NS-Regime nicht nur in politischen Gegnern eine Gefahr für die „Heimatfront“, sondern ebenso in den „Kriminellen“.[140]

Letztlich lassen sich auch nicht alleine aus den Anweisungen des RKPA oder des Reichsinnenministeriums unmittelbare Schlüsse auf die polizeiliche Praxis vor Ort ziehen. Vielmehr gaben die zentralen Stellen lediglich einen Rahmen vor, in dem polizeiliches Handeln stattfand. Offensichtlich hielten sich die einzelnen Behörden nicht immer an die Vorgaben, wie ein Schnellbrief des RKPA vom 23. Juni 1938 zeigt. Dort wird beklagt, dass im Rahmen der „Aktion zur Erfassung der Arbeitsscheuen in der Woche vom 13. bis 18. Juni 1938 auch Personen in Haft genommen worden sein, die zwar früher arbeitslos gewesen sind, inzwischen jedoch bereits längere Zeit in fester Arbeit gestanden haben“.[141] Wie die Studien über lokale Polizeipraktiken zeigen, nutzte die Kriminalpolizei die Razzien mitunter dazu, um Personen zu inhaftieren, die sie als „Berufsverbrecher“ führte, deren Vorstrafenregister jedoch nicht den bis dato aktuellen Vorbeugehaftverfügungen genügt hatte. Im KZ Dachau wurde der Großteil der im Zuge der Juni-Aktion Inhaftierten als „Berufsverbrecher“ eingestuft.[142] Roth konnte für die Kölner Kriminalpolizei herausfinden, dass die Kategorisierung in

139 Hörath, Experimente zur Kontrolle und Repression, S. 577–580.

140 Thomas Roth, Von den „Antisozialen“ zu den „Asozialen“. Ideologie und Struktur kriminalpolizeilicher „Verbrechensbekämpfung“ im Nationalsozialismus, in: Sedlaczek/Lutz/Puvogel/Tomkawiak (Hrsg.), „minderwertig“ und „asozial“, S. 65–88, hier S. 74. Vgl. auch Kapitel 3.5.

141 Schnellbrief des Reichskriminalpolizeiamtes vom 23. 6. 1938, in: Reichssicherheitshauptamt, Erlaßsammlung, S. 85.

142 Hörath, Experimente zur Kontrolle und Repression, S. 419.

„asozial" oder „kriminell" meist von mittleren Beamten vorgenommen wurde, die Bestätigung der Vorbeugehaft durch das RKPA war in der Regel ein formaler Akt. Dies führte zu einem relativ hohen Maß an Willkür einzelner Beamter, denen der Betroffene ausgeliefert war. Bis zur Aktion Arbeitsscheu Reich war die Gruppe der durch die Kölner Beamten in Vorbeugehaft überstellten Personen relativ homogen, erst im Juni 1938 wurde die Aktion genutzt, um neben „Asozialen" auch lokal bekannte Kriminelle festzunehmen, für deren Inhaftierung bisher auf Basis der geltenden Erlasse keine ausreichende Grundlage gegeben war.[143] Auch die Duisburger Kriminalpolizei verhaftete mindestens elf Personen, die eigentlich dem klassischen Raster der „Berufsverbrecher" entsprachen.[144] Das betraf in erster Linie diejenigen, die als Zuhälter galten. Über den Umgang mit dieser Klientel und ihrer Kategorisierung als „Berufsverbrecher" hatte es in den *Kriminalistischen Monatsheften* zwischen 1934 bis 1936 eine längere Kontroverse gegeben. Insofern erscheint es nur folgerichtig, dass mit dem Grunderlass, der ohnehin eine Ausdehnung der Vorbeugehaft implizierte, nun durch einzelne Polizeistellen auch auf Personengruppen zugegriffen wurde, die in den Jahren zuvor nicht unter die Bestimmungen gefallen waren.[145] Nicht selten verfügten die Kriminalpolizeistellen über keine eindeutigen Belege, die die Betroffenen der „Zuhälterei" überführt hätten, sodass alleine die Tatsache, dass diese mit oder bei einer Frau lebten, die als Prostituierte galt, ausreichte. Zuhälter wurden in den Vorbeugehaftakten sowohl als „Asoziale" als auch als „Berufsverbrecher" geführt.[146]

Nimmt man all diese Fakten zusammen, ist Wagner zuzustimmen, der der Aktion Arbeitsscheu Reich drei Funktionen zuschreibt: die „Requirierung von Zwangsarbeitern, terroristische Erzwingung von Arbeitsdisziplin und kriminalpräventive Ausjätung".[147] Zwei weitere Punkte sollten an dieser Stelle nicht unberücksichtigt bleiben: In den Durchführungsbestimmungen war explizit der Einbezug von männlichen Juden, die eine Vorstrafe von mindestens einem Monat Haft aufwiesen, vorgesehen; im Hinblick auf die Einlieferungen in das KZ Sachsenhausen

143 Thomas Roth, Die Kölner Kriminalpolizei. Organisation, Personal und „Verbrechensbekämpfung" eines lokalen Kripo-Apparates 1933–1945, in: Buhlan/Jung (Hrsg.), Wessen Freund, S. 299–370, hier S. 330–31.

144 Wagner, Volksgemeinschaft ohne Verbrecher, S. 282.

145 Roth, Die Kölner Kriminalpolizei, S. 337; Wagner, Volksgemeinschaft ohne Verbrecher, S. 286. Jens Dobler weist für Berlin ebenfalls verschärfte Repressionen gegen „Zuhälter" nach, vgl. Jens Dobler, Saubere Hauptstadt – Sittlichkeitsdelikte, in: ders. (Hrsg.), Großstadtkriminalität, S. 146–168.

146 Vgl. Kapitel 4.3.

147 Wagner, Volksgemeinschaft ohne Verbrecher, S. 291.

betraf dies mindestens 800 Personen.[148] Insofern war die „vorbeugende Verbrechensbekämpfung“ nun auch Teil der antisemitischen Staatspolitik geworden. Hier wäre noch zu untersuchen, zu welchem Anteil die Vorstrafen direkt auf die antisemitische Gesetzgebung zurückzuführen waren, also auf die zahlreichen Bestimmungen und Verbote, gegen die nur jüdische Deutsche verstoßen konnten. Zweitens richteten sich die Razzien im Juni 1938 auch gegen Sinti und Roma, die auf diese Weise in die kriminalpolizeilichen Maßnahmen eingebunden wurden. Insgesamt kamen mehr als 500 Sinti und Roma im Kontext der Aktion Arbeitsscheu Reich in das KZ Sachsenhausen,[149] davon alleine 100–150 aus dem Großraum Hamburg.[150] Die nationalsozialistische Politik gegen diese Gruppe lässt sich jedoch aufgrund der spezifischen rassistischen, antiziganistischen Konstruktion ähnlich wie bei den jüdischen Opfern nicht auf die „vorbeugende Verbrechensbekämpfung“ reduzieren, die lediglich einen Teilaspekt ihrer Verfolgungsgeschichte darstellt. Nach Kaienburg waren unter den im Rahmen der Junirazzien in das KZ Sachsenhausen verschleppten Personen zudem auch einzelne politische Gegner.[151] Insgesamt schnellte die Zahl der Vorbeugehäftlinge als Konsequenz aus den im Juni 1938 erfolgten Massenverhaftungen enorm in die Höhe. Befanden sich am 13. November 1937 laut Aufstellung des RKPA noch 2752 Personen reichsweit in Vorbeugehaft,[152] waren es am 31. Dezember 1938 bereits 12 921 Menschen, von denen 8892 als „Asoziale“ und 4049 als „Berufsverbrecher“ (darunter 608 „Sittlichkeitsverbrecher“) geführt wurden.[153]

148 Danckwortt, Jüdische „Schutzhäftlinge“, S. 160. Nikolaus Wachsmann geht von insgesamt mehr als 1000 männlichen Juden aus, die im Rahmen der „Aktion Arbeitsscheu Reich“ in KZ eingewiesen wurden. Vgl. Nikolaus Wachsmann, The Dynamics of Destruction. The Development of the Concentration Camps, 1933–1945, in: Jane Caplan/Nikolaus Wachsmann (Hrsg.), Concentration Camps in Nazi Germany. The New Histories, London 2009, S. 17–43, hier S. 25; Julia Hörath nennt die Zahl von 2259 männlichen Juden, Hörath, Experimente zur Kontrolle und Repression, S. 572.

149 Günter Morsch/Astrid Ley (Hrsg.), Das Konzentrationslager Sachsenhausen 1936–1945. Ereignisse und Entwicklungen, Berlin 2007, S. 51.

150 Insgesamt wurden im Großraum Hamburg im Rahmen der „Aktion Arbeitsscheu Reich“ 700 Personen von der Kriminalpolizei festgenommen und nach kurzer Haftzeit im Polizeigefängnis/KZ Fuhlsbüttel in das KZ Sachsenhausen überstellt, vgl. Diercks, Dokumentation Stadthaus, S. 52.

151 Kaienburg, Sachsenhausen – Stammlager, S. 31.

152 Wagner, Volksgemeinschaft ohne Verbrecher, S. 257.

153 Ebenda, S. 294.

3.5. Gescheiterte Kriminalitätsbekämpfung und Radikalisierung im Zweiten Weltkrieg

Mit dem deutschen Überfall auf Polen, der den Zweiten Weltkrieg einleitete, ging eine Verschärfung der Verfolgungspolitik an der sogenannten Heimatfront einher. Weithin bekannt sind die Masseninhaftierungen von ca. 2000 politischen Gegnern, die auf Basis von bereits 1935 von der Gestapo angefertigten Listen, den sogenannten A-Karteien, erfolgten.[154] Von dieser neuerlichen Eskalation der Repression nach „innen" waren aber neben politischen Gegnern auch „Berufsverbrecher" sowie Sinti und Roma betroffen. So erging am 7. Juli 1939 die Aufforderung des RKPA an alle Kriminalpolizeistellen, Listen über „Wehrunwürdige" und „nicht seßhafte Zigeuner" anzufertigen, denn „im Falle einer Mobilmachung ist beabsichtigt, alle wehrunwürdigen Personen und nicht seßhaften Zigeuner einem Konzentrationslager zuzuführen".[155] Unter die Kategorie „wehrunwürdig" fielen nach § 13 des Wehrgesetzes vom 21. Mai 1935 sowohl Personen, die wegen „staatsfeindlicher Betätigung gerichtlich bestraft" worden waren, als auch generell Zuchthausinsassen und nach § 42a des Gewohnheitsverbrechergesetzes von „Maßregeln der Sicherung und Besserung" Betroffene – also die Sicherungsverwahrten, sowie Personen, deren Einweisung in Arbeitshäuser oder Heilanstalten Gerichte angeordnet hatten.[156]

In einem weiteren Schreiben des RKPA, das am 11. August 1939 an die Leiter der Kriminalpolizeistellen ging, wurden diese erneut aufgefordert, entsprechende in ihrem Zuständigkeitsbezirk lebende Personen zu melden, da es darauf ankomme, „diejenigen Wehrunwürdigen, die sich auf freiem Fuß befinden und die im Fall einer Mobilmachung eine besondere Gefahr für die Volksgemeinschaft bedeuten, erforderlichenfalls durch Verhängung der Vorbeugungshaft unschädlich zu machen".[157] Explizit sollten die wegen „staatsfeindlicher Bestätigung" Verurteilten dabei weiterhin im Zuständigkeitsbereich der Gestapo bleiben. Auch im Fall der „Wehrunwürdigen" überließ das RKPA wie schon zuvor in der Märzaktion von 1937 und der Aktion Arbeitsscheu Reich die Auswahl der zu Inhaftierenden, die am 1. September 1939, also zu Kriegsbeginn, festgenommen und

154 Vgl. Klausch, Polizei, Wehrmacht und KZ-System.

155 Schreiben des Reichskriminalpolizeiamtes „Erfassung aller wehrunwürdigen Personen" vom 7. 7. 1939, in: Reichssicherheitshauptamt, Erlaßsammlung, S. 136.

156 Wehrgesetz vom 21. 5. 1935, http://www.documentarchiv.de/ns/1935/wehrgesetz.html (17. 4. 2016).

157 Schreiben des Reichskriminalpolizeiamtes „Erfassung aller wehrunwürdigen Personen" vom 11. 8. 1939, in: Reichssicherheitshauptamt, Erlaßsammlung, S. 139.

anschließend in die Konzentrationslager deportiert werden sollten, den lokalen Kriminalpolizeistellen. Wie viele Personen auf Basis der oben genannten Erlasse in das KZ Sachsenhausen kamen, lässt sich nicht genau feststellen. Allerdings zeigt die Lagerstatistik, dass die Anzahl der „Berufsverbrecher" zwischen August und September 1939 von 964 auf 1156 anstieg.[158] Die für diese Arbeit angelegte Datenbank dokumentiert 197 neue Einweisungen zwischen dem 1. und 24. September. 104 Personen standen auf drei sogenannten Sonderlisten von „Berufsverbrechern", datiert auf den 8.[159], 9.[160] und 14. September[161] 1939, die auf eine Haftaktion hindeuten könnten. Es ist wahrscheinlich, dass es sich dabei um Personen handelte, die im Rahmen der Aktion gegen „Wehrunwürdige" inhaftiert worden waren.

In einzelnen Fällen weisen auch die Aussagen Überlebender auf diesen Zusammenhang hin. So gab der in Frankfurt am Main geborene Kaufmann Karl S. 1956 während seiner Vernehmungen an, er sei am 2. September 1939 wegen „Zersetzung der Wehrmacht" verhaftet und in das Lager verbracht worden.[162] S. stand auf einer der oben genannten Sonderlisten und wurde am 14. September in dem Oranienburger Lager als „Berufsverbrecher" registriert.[163] Auch Wilhelm N. wurde „bei Kriegsausbruch 1939 [...] in Hamburg aus seiner Wohnung geholt und nach wenigen Tagen über Berlin nach Sachsenhausen gebracht".[164] Diese von ihm ebenfalls 1956 getätigten Angaben lassen sich anhand der Einlieferungslisten verifizieren – tatsächlich steht sein Name auf der Sonderliste der am 8. September 1939 in das KZ Sachsenhausen überstellten Häftlinge.[165]

Die Frage der „Wehrunwürdigkeit" spielte auch in Gnadengesuchen von in Vorbeugehaft befindlichen Personen im Kriegsverlauf immer wieder eine Rolle, denn die Eingliederung in die Wehrmacht war für manche Häftlinge eine Möglichkeit, aus den Konzentrationslagern entlassen zu werden. Dies galt vor allem

158 Lagerstatistik, Archiv BStU, AV 2/87, Bd. 5, Bl. 8.

159 Sonderliste „Zugänge (BV) vom 8. 9. 1939", RGWA, 1367/1/24, Bl. 227, zit. n. AS, D 1 A/1024, Bl. 271.

160 Sonderliste „Zugänge vom 9. 9. 1939 (BV)", RGWA, 1367/1/24, Bl. 225, zit. n. AS, D 1 A/1024, Bl. 225.

161 Sonderliste „Zugänge vom 14. 9. 1939 (BV)" vom 15. 9. 1939, RGWA, 1367/1/24, Bl. 201, zit. n. AS, D 1 A/1024, Bl. 300.

162 Zeugenvernehmung von Karl S. vom 9. 3. 1956, Staatsanwaltschaft Bonn, 8 Ks 1/58 (Sorge/Schubert)/V, Teil 2, Landesarchiv NRW, zit. n. AS, JD 2/8, Bl. 107–109, hier Bl. 107.

163 Sonderliste „Zugänge vom 14. 9. 1939 (BV)" vom 15. 9. 1939, RGWA, 1367/1/24, Bl. 201, zit. n. AS, D 1 A/1024, Bl. 300.

164 Zeugenvernehmung von Wilhelm N. vom 27. 3. 1956, Staatsanwaltschaft Bonn, 8 Ks 1/58 (Sorge/Schubert)/VII, Teil 2, Bl. 225–226, zit. n. AS, JD 2/12, Bl. 96–99, hier Bl. 96.

165 Sonderliste „Zugänge (BV) vom 8. 9. 1939", RGWA, 1367/1/24, Bl. 227, zit. n. AS, D 1 A/1024, Bl. 271.

für eine Überstellung in die Strafbataillone der Wehrmacht sowie ab 1943 in die SS-Sonderformation Dirlewanger. Gleichzeitig wurde bei „Berufsverbrechern“ die „Wehrunwürdigkeit“ aber auch in den 1940er-Jahren mitunter noch als Argument zur Verhängung von Vorbeugehaft angeführt, wie der Fall von Aloysius T. belegt. Der Heizer war 1943 sechs Mal wegen Diebstahls vorbestraft. Wie aus der Vorbeugehaftakte der Duisburger Kriminalpolizei hervorgeht, reichte die Höhe der Strafen aber nicht aus, um ihn als „Berufsverbrecher“ zu inhaftieren. Die verantwortlichen Beamten kamen am 9. Juni 1943 dennoch zu dem Schluss, die Vorbeugehaft sei „unter Berücksichtigung seines bisherigen asozialen Verhaltens, seiner letzten Straftat und der Tatsache, dass Tr. wehrunwürdig ist, gemäß Erlaß des RFSS und ChfdDtPol. vom 25. 8. 1939 […] in Verbindung mit dem erwähnten Erlaß […] anzuordnen“.[166] In der Verfügung klassifizierten sie ihn als „Berufsverbrecher“, er wurde im Juli desselben Jahres in das KZ Sachsenhausen überstellt.[167]

Generell lässt sich festhalten, dass die Vorbeugehaftmaßnahmen in den ersten Kriegsjahren verschärft wurden,[168] wobei die Polizei zunehmend auch auf Justizgefangene zugriff. Am 20. März 1940 verfügte das RKPA, dass alle aus der Strafhaft Freigelassenen, die zu mehr als 15 Jahren verurteilt worden waren, nicht in Freiheit gelangen, sondern gleich mittels Vorbeugehaft in die Konzentrationslager deportiert werden sollten. In dem Schreiben forderte das RKPA von den Staatsanwaltschaften zudem, „grundsätzlich während des Krieges gegen die Entlassung aus der Sicherungsverwahrung Stellung zu nehmen“.[169] Im Fall einer Strafverbüßung sei der Betroffene „unverzüglich in polizeiliche Vorbeugungshaft zu nehmen“, da die bis dato vorgesehene polizeiliche Überwachung von ehemaligen Sicherungsverwahrten derzeit „nicht in ausreichendem Maße durchführbar“ sei.[170] Ein solches Vorgehen war, wie bereits gezeigt wurde, auch vor Kriegsbeginn Praxis gewesen. Die neuen Anordnungen des RKPA senkten aber zusätzlich

166 Vorbeugehaftverfügung vom 9. 6. 1943, in: Vorbeugehaftakte Aloysius T., Landesarchiv NRW, BR 1111, Nr. 127, Bl. 114.

167 Das Einlieferungsdatum geht aus der Vorbeugehaftakte hervor. Anhand der seriellen Quellen aus dem Archiv der Gedenkstätte Sachsenhausen ist seine Haft im KZ Sachsenhausen ab dem August 1943 nachweisbar, vgl. Häftlingsnummernliste KZ Sachsenhausen vom 5. 8. 1943, RGWA, 1367/2/23, Bl. 19, zit. n. AS, D 1 A/2023, Bl. 19.

168 Stephan Linck belegt, dass in Flensburg nach Kriegsbeginn nicht nur die vorbeugende, sondern auch die originäre Verbrechensbekämpfung durch die Kriminalpolizei intensiviert wurde. Vgl. Stephan Linck, Der Wandel der Kriminalitätsbekämpfung 1933 bis 1945 am Beispiel der Kriminalpolizeistelle Flensburg, in: KZ-Gedenkstätte Neuengamme (Hrsg.), Polizei, Verfolgung und Gesellschaft, S. 61–68.

169 Schreiben des Reichskriminalpolizeiamtes „Vorbeugende Verbrechensbekämpfung durch die Polizei“ vom 20. 3. 1940, in: Reichssicherheitshauptamt, Erlaßsammlung, S. 174.

170 Ebenda.

die Chance von Sicherungsverwahrten und ehemaligen Justizgefangenen, in Freiheit zu gelangen. Auch der Reichsjustizminister hatte am 4. Mai 1940 in einem Rundschreiben alle Staatsanwaltschaften unter Bezugnahme auf die Kriegssituation aufgefordert, Freilassungen „mit Nachdruck zu widersprechen".[171] Denn es bestehe die Gefahr, so der Minister, „daß der Hang zur Begehung neuer strafbarer Handlungen bei einem Gewohnheitsverbrecher durch die Begleiterscheinungen des Krieges besonders leicht wiedererweckt" werden könne.[172] Tatsächlich sank nicht nur die Zahl der Entlassungen, parallel dazu wurde nach Kriegsbeginn häufiger und wegen geringerer Vorstrafen als zuvor Sicherungsverwahrung verhängt.[173] Die seit 1938 wiederholten Zugriffsversuche der SS auf das Gros der Justizgefangenen[174] gipfelten schließlich in dem am 18. September 1942 geschlossenen Abkommen zwischen Heinrich Himmler und Otto von Thierack zur Überstellung von „asozialen" Strafgefangenen, das explizit mit der Kriegssituation begründet wurde.

Einige Verschärfungen der geltenden Vorbeugehaftbestimmungen betrafen insbesondere bestimmte Gruppen: So traten gegen Sexualdelinquenten, darunter auch Homosexuelle, zusätzliche Regelungen in Kraft. Ein Erlass des RKPA vom 12. Juli 1940 sah vor, dass die Kriminalpolizei alle Homosexuellen, die „mehr als einen Partner verführt" hätten, nach der Entlassung aus dem Gefängnis in Vorbeugehaft nehmen solle.[175] Konnte die Meldung zu einer „freiwilligen Entmannung" zumindest offiziell noch im Frühjahr 1939 dazu führen, dass Häftlinge aus einem Konzentrationslager freikamen,[176] galt einer Anweisung der RKPA vom 2. Januar 1942 zufolge, dass „Entmannte" in polizeiliche Überwachung oder Vorbeugehaft zu nehmen seien, um „Nachuntersuchungen sicherzustellen".[177] Ab dem 4. September 1941 war zudem die Verhängung der Todesstrafe gegen „Gewohnheits-" und „Sittlichkeitsverbrecher" möglich.

Eine weitere Gruppe, die nach Kriegsbeginn zunehmend ins Visier der Verfolgungsbehörden geriet, waren deviante Jugendliche. Am 1. Juli 1939 war die

171 Der Reichsminister der Justiz „Entlassung aus der Sicherungsverwahrung" vom 4. 5. 1940, in: Reichssicherheitshauptamt, Erlaßsammlung, S. 183.

172 Ebenda.

173 Hellmer, Der Gewohnheitsverbrecher und die Sicherungsverwahrung, S. 303 f.

174 De Pasquale, Zwischen Resozialisierung und „Ausmerze", S. 139.

175 Runderlaß des Reichskriminalpolizeiamtes „Vorbeugende Verbrechensbekämpfung durch die Polizei" vom 12. 7. 1940, in: Reichssicherheitshauptamt, Erlaßsammlung, S. 196.

176 Schreiben von Heinrich Himmler an das RKPA „Freiwillige Entmannung von Vorbeugungshäftlingen" vom 20. 5. 1939, in: Reichssicherheitshauptamt, Erlaßsammlung, S. 130.

177 Reichskriminalpolizeiamt „Polizeiliche Vorbeugungsmaßnahmen gegen Entmannte" vom 2. 1. 1942, in: Reichssicherheitshauptamt, Erlaßsammlung, S. 267.

„Reichszentrale zur Bekämpfung der Jugendkriminalität" gegründet worden, ab 1940 entstanden „Schutzhaftlager" für Jugendliche, in denen vergleichbare Bedingungen wie in einigen Konzentrationslagern vorherrschten.[178] Gerade die Bekämpfung von „Jugendkriminalität" wurde aus Sicht leitender Beamter unter die „vorbeugende Verbrechensbekämpfung" subsumiert. Damit fiel sie eindeutig in den Zuständigkeitsbereich der Kriminalpolizei, die auch die „Jugendschutzlager" Moringen und Uckermark verwaltete. Der stellvertretende Leiter des RKPA, Paul Werner[179] schrieb dazu 1941 in der *Kriminalistik:* „Es liegt auf der Hand, daß die Kriminalpolizei in ihrem Bestreben, das Verbrechen an der Wurzel zu packen, auch auf den Verbrechernachwuchs – die kriminelle und asoziale Jugend – stoßen mußte."[180] Jugendliche wurden meist als „Asoziale" in Vorbeugehaft genommen. Dies lag sicherlich auch daran, dass sie in der Regel kein langes Vorstrafenregister aufwiesen.

Bei den männlichen Personen, die dennoch als „Berufsverbrecher" klassifiziert wurden, standen die ihnen vorgeworfenen Vergehen häufig im Kontext von Sexualdelikten. Dies betraf in erster Linie das Milieu der „Stricherjungen".[181] In den gesichteten Vorbeugehaftakten aus dem nordrhein-westfälischen Landesarchiv findet sich der Verweis auf eine weitere Person, deren Einweisung in ein „Jugendschutzlager" erwogen wurde. Im November 1941 hatte das Duisburger Jugendamt eine Inhaftierung des damals 19-jährigen Kurt H. „wegen seiner vollkommenen Verwahrlosung" beantragt.[182] Die Maßnahme war jedoch von der Fürsorgeerziehungsbehörde abgelehnt worden – ein Vorgehen, das die Essener

178 Vgl. Katja Anders/Anette Dietrich/Lisa Gabriel u. a. (Hrsg.), Unwegsames Gelände: Das Jugendkonzentrationslager Uckermark – Kontroversen um einen Gedenkort, Gütersloh 2013; Katja Limbächer/Maike Merten/Bettina Pfefferle (Hrsg.), Das Mädchenkonzentrationslager Uckermark – Beiträge zur Geschichte und Gegenwart, 2. Aufl., Göttingen 2005; Martin Guse, „Wir hatten noch gar nicht angefangen zu leben". Katalog zu den Jugendkonzentrationslagern Moringen und Uckermark, Liebenau/Moringen 1997.

179 Paul Werner, geb. am 4. 11. 1900, war gelernter Jurist und Kriminalpolizist. Ab September 1933 leitete er das Badische Landeskriminalamt, bis er 1937 zum stellvertretenden Leiter des RKPA aufstieg. Werner war an der Formulierung der verschiedenen Erlasse zur vorbeugenden Verbrechensbekämpfung maßgeblich beteiligt; die „Bekämpfung von Jugendkriminalität" stellte einen seiner Arbeitsschwerpunkte dar. 1948 wurde als er „Mitläufer" eingestuft und war ab 1952 für das baden-württembergische Innenministerium tätig. Er verstarb am 15. 2. 1970 in Leinfelden, vgl. Wagner, Volksgemeinschaft ohne Verbrecher, S. 406.

180 Paul Werner, Der Einsatz der Kriminalpolizei zum Schutze der Jugend, in: Kriminalistik 15 (1941) 2, S. 13.

181 Vgl. Kapitel 4.6.

182 Anordnung der polizeilichen Vorbeugehaft gegen Kurt H. vom 29. 4. 1943, in: Vorbeugehaftakte Kurt H., Landesarchiv NRW – BR 1111, Nr. 101, Bl. 23.

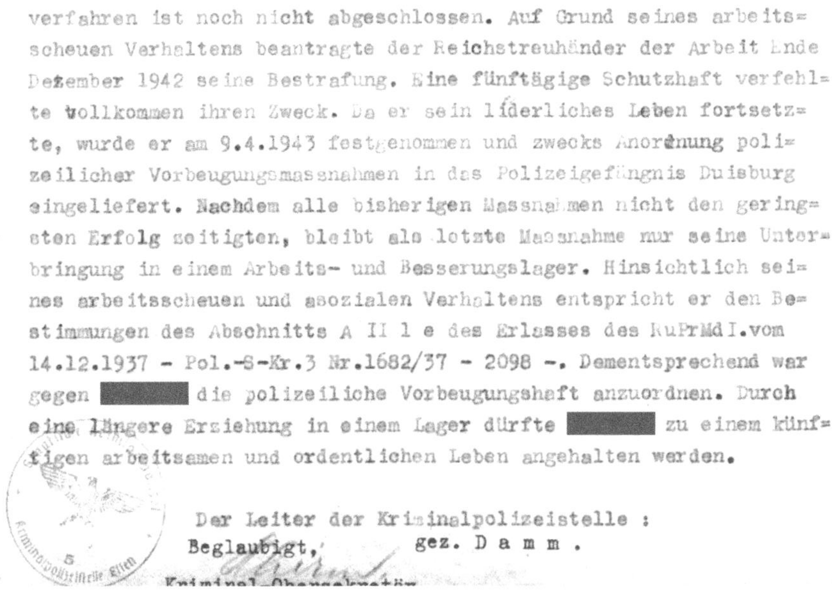
verfahren ist noch nicht abgeschlossen. Auf Grund seines arbeits= scheuen Verhaltens beantragte der Reichstreuhänder der Arbeit Ende Dezember 1942 seine Bestrafung. Eine fünftägige Schutzhaft verfehl= te vollkommen ihren Zweck. Da er sein liderliches Leben fortsetz= te, wurde er am 9.4.1943 festgenommen und zwecks Anordnung poli= zeilicher Vorbeugungsmassnahmen in das Polizeigefängnis Duisburg eingeliefert. Nachdem alle bisherigen Massnahmen nicht den gering= sten Erfolg zeitigten, bleibt als letzte Massnahme nur seine Unter= bringung in einem Arbeits- und Besserungslager. Hinsichtlich sei= nes arbeitsscheuen und asozialen Verhaltens entspricht er den Be= stimmungen des Abschnitts A II 1 e des Erlasses des RuPrMdI.vom 14.12.1937 - Pol.-S-Kr.3 Nr.1682/37 - 2098 -. Dementsprechend war gegen ███ die polizeiliche Vorbeugungshaft anzuordnen. Durch eine längere Erziehung in einem Lager dürfte ███ zu einem künf= tigen arbeitsamen und ordentlichen Leben angehalten werden.

Der Leiter der Kriminalpolizeistelle :
Beglaubigt, gez. D a m m .

Auszug aus der kriminalpolizeilichen Vorbeugehaftakte Kurt H.
Landesarchiv NRW – Abteilung Rheinland – BR 1111, Nr. 101.

Kriminalpolizei in der Vorbeugehaftverfügung implizit kritisierte. Wie der Vorbeugehaftanordnung zu entnehmen ist, befand sich H. seit 1938 in einem Heim der Solinger Fürsorge, aus dem er aber immer wieder entwich. Zwischen August und November 1941 beging er mehrere Eigentumsdelikte und wurde wegen Bettelei und Diebstahls drei Mal zu Haftstrafen zwischen einem und drei Monaten verurteilt. Im Januar 1942 in den Militärdienst einberufen, folgte etwa neun Monate später seine Entlassung aus der Armee wegen „Schwachsinn". Aus der zitierten Vorbeugehaftverfügung geht hervor, dass H. als „Asozialer" in Vorbeugehaft genommen und am 2. Juni 1943 als Vorbeugehäftling in das KZ Sachsenhausen eingewiesen wurde. Der zuständige Kriminalbeamte betonte dabei den vermeintlich erzieherischen Charakter der Lagerhaft: „Durch eine längere Erziehung in einem Lager dürfte H. zu einem künftigen arbeitssamen und ordentlichen Leben angehalten werden."[183]

Insgesamt war die Zahl derjenigen, die bei Einweisung in dieses Lager das 21. Lebensjahr noch nicht erreicht hatten, gering.[184] Unter den als „Berufsverbrecher"

183 Ebenda.

184 Vgl. Verena Buser, Überleben von Kindern und Jugendlichen in den Konzentrationslagern Sachsenhausen, Auschwitz und Bergen-Belsen, Berlin 2011.

Kategorisierten betraf dies lediglich 45 Personen.[185] Auffällig ist allerdings die hohe Anzahl von Nicht-Deutschen (13) in dieser Gruppe. Fünf Jugendliche waren zudem als „Sittlichkeitsverbrecher“ klassifiziert worden; dies könnte auf ihre Verfolgung als „Stricherjungen“ hindeuten. Robert P. war mit 16 Jahren der jüngste „Berufsverbrecher“, der im KZ Sachsenhausen nachgewiesen werden kann.[186]

Die nach Kriegsbeginn einsetzende Ausweitung der Maßnahmen, die weiterhin unter dem Label „vorbeugender Verbrechensbekämpfung“ liefen, führte trotz der Entlassungen von zahlreichen, während der Juniaktion von 1938 Inhaftierten ab Ende 1939 zu einem erneuten Anstieg der Anzahl der Vorbeugehäftlinge in den Konzentrationslagern. Waren am 31. Dezember 1938 noch 8892 Personen als „Asoziale“, 3421 als „Berufs-“ und 608 als „Sexualverbrecher“ Klassifizierte in Vorbeugehaft,[187] stieg die Anzahl der „Berufs- und Sexualverbrecher“ bis zum 31. Dezember 1939 auf über 4000 Personen bei insgesamt über 12 000 Vorbeugehäftlingen an.[188] Im KZ Sachsenhausen waren Ende 1939 1452 „Berufsverbrecher“ und 3613 „Asoziale“, also insgesamt 5065 Vorbeugehäftlinge registriert. Ein Jahr später befanden sich reichsweit schon 6530 „Berufsverbrecher“ in Vorbeugehaft, davon 1445 im KZ Sachsenhausen. Die Zahl der „Asozialen“ war in diesem Lager als Folge zahlreicher Entlassungen bis Ende 1940 auf 1295 gesunken.[189] Für die Freilassungen galten jedoch verschärfte Kriterien. So heißt es in einem Schnellbrief

185 Die Zahl beruht auf einer Überprüfung der für diese Arbeit erfassten „Berufsverbrecher“ der Jahrgänge 1916 bis 1924. Einbezogen sind nur diejenigen, die nachweislich zum Einlieferungszeitpunkt das 21. Lebensjahr noch nicht erreicht hatten. Insofern bleiben die Angaben lückenhaft, da für einen Teil der Betroffenen kein Einlieferungsdatum vorliegt; die Anzahl an jugendlichen „Berufsverbrechern“ könnte deshalb deutlich höher liegen, bliebe aber auch dann vergleichsweise gering. Eine Zusammenzählung aller Personen der Jahrgänge 1916–1924, für die keine Einlieferungsdaten vorliegen, ergibt 130 Fälle, wobei für die 21 Personen des Jahrgangs 1916 eine Einlieferung in den Jahren 1936–1937 eher unwahrscheinlich ist, da sich zu diesem Zeitpunkt unter den „Berufsverbrechern“ tatsächlich meist Personen mit einem längeren Vorstrafenregister befanden.

186 Sonderliste „Zugänge“ vom 9. 11. 1939, RGWA, 1367/1/24, Bl. 130, zit. n. AS,D 1 A/1024, Bl. 373. P. wurde allerdings wenige Tage später vom „Berufsverbrecher“ zum „Asozialen“ umgestellt, vgl. Veränderungsmitteilung der Effektenverwaltung vom 12. 11. 1939, RGWA, 1367/1/24, Bl. 127, zit. n. AS, D 1 A/1024, Bl. 378.

187 Wagner, Die Resozialisierung der NS-Kriminalisten, S. 106.

188 Wagner führt zwei widersprüchliche Angaben des RKPA an, nach denen am 31. 12. 1939 insgesamt 12 221 und nur einen Tag später bereits 12 558 Menschen in Vorbeugehaft waren. Unabhängig davon, welche Zahl richtig ist, befanden sich Ende 1939 bzw. Anfang 1940 zwar insgesamt weniger Personen als 1938 in Vorbeugehaft. Unter diesen lässt sich jedoch ein leichter Anstieg der Anzahl der als „Berufsverbrecher“ Klassifizierten aufzeigen. Vgl. Wagner, Volksgemeinschaft ohne Verbrecher, S. 333.

189 Lagerstatistik, Archiv BStU, AV 2/87, Bd. 5, Bl. 8 f.

des RSHA vom 18. Juni 1940 an die Kriminalpolizeistellen, der die Haftprüfung der im Rahmen der Aktion Arbeitsscheu Reich festgenommenen Personen zum Inhalt hatte: „Im Hinblick auf die Kriegszeit ist bei der Überprüfung ein besonders strenger Maßstab anzulegen.“[190] Von Entlassungen sollten demnach zumindest formal „Asoziale, deren kriminelles Vorleben über den Rahmen der kleinen Kriminalität hinausgeht“, „Asoziale“ mit mehreren Vorstrafen wegen „Bettelns oder Landstreicherei“ sowie Juden und „Zigeuner“ ausgenommen werden.[191]

Bis Anfang 1945 blieb die Anzahl der „Berufsverbrecher“ im KZ Sachsenhausen in etwa konstant bei zwischen 1500 und 1700 Personen, die letzte statistische Erfassung vom März 1945 gibt 1205 „Berufsverbrecher“ an.[192] Diese Zahlen zeigen, dass die Kriminalpolizei faktisch ihre eigene Konzeption eines „Berufsverbrechertums“, mit dessen dauerhafter Verwahrung die Kriminalität insgesamt verschwände, ab absurdum führte. Der anfänglich verzeichnete, tatsächlich kurzfristige Rückgang der Kriminalität kehrte sich insbesondere in dem Bereich von Eigentumsdelikten im Kriegsverlauf in das Gegenteil um.[193]

Kriminalpolizisten waren zudem zunehmend mit dem Problem konfrontiert, dass bislang „unbescholtene“ Bürger zu Delinquenten wurden, wenn sie z. B. auf dem Schwarzmarkt einkauften oder tauschten. Auf der justiziablen Ebene sollten neu geschaffene Sondergerichte diesen Phänomenen entgegenwirken.[194] Die von den Sondergerichten durchgeführten Aburteilungen wegen Verstoßen gegen die „Volksschädlingsverordnung“ und „Kriegswirtschaftsdelikte“ gingen in der Regel auf vorhergehende Ermittlungen der Kriminalpolizei zurück. Wie Stefan Mörchen für Bremen nachweist, basierten die härtesten Urteile im Bereich der „Volksschädlingsverordnung“ auf Eigentumsdelikten.[195]

Aber auch andere und schwerere Formen von Kriminalität, wie die von Paul Ogorzow zwischen 1940 und 1941 begangenen Vergewaltigungen und Morde an mehreren Frauen in Berliner S-Bahnen, blieben im angeblich kriminalitätsfreien „Dritten Reich“ nicht aus. Der Fall des nach seiner Überführung am 24. Juli 1941 zum Tode verurteilten und in Berlin-Plötzensee hingerichteten Reichsbahnmit-

190 Schnellbrief des Reichskriminalpolizeiamtes vom 18. Juni 1940 an die Kriminalpolizeistellen, in: Reichssicherheitshauptamt, Erlaßsammlung, S. 190.

191 Ebenda.

192 Lagerstatistik, Archiv BStU, AV 2/87, Bd. 5, Bl. 10–14. Lediglich im Februar, März und April 1941 stieg die Anzahl der registrierten „BVer“ auf über 2000 Personen an, vgl. ebenda, Bl. 14.

193 Wagner, Volksgemeinschaft ohne Verbrecher, S. 318.

194 Vgl. zur Verordnung Werle, Justiz-Strafrecht; De Pasquale, Zwischen Resozialisierung und „Ausmerze“, S. 128–131.

195 Mörchen, Schwarzer Markt, S. 93.

Auftragsroman des RKPA.

arbeiters avancierte zur Vorlage eines vom RKPA in Auftrag gegeben Romans mit dem Titel „Der Tod fuhr mit im Zug. Den Akten der Kriminalpolizei nach erzählt" von Wilhelm Ihde.[196]

Ihde war Schriftführer der „Reichsschrifttumskammer", Kriminalbuchautor und enger Mitarbeiter von Joseph Goebbels im Reichsministerium für Aufklärung und Propaganda. Der zunächst als Fortsetzungsgeschichte Ende 1942/ Anfang 1943 in der *Berliner Illustrierten* unter dem Pseudonym „Axel Alt" publizierte Kriminalroman war als Propagandaschrift über die Erfolge der deutschen Kriminalpolizei gedacht.[197] Dementsprechend bemüht war Ihde, die Stärken der ermittelnden Beamten hervorzuheben und die im Nationalsozialismus geltenden

196 Axel Alt [d. i. Wilhelm Ihde], „Der Tod fuhr im Zug. Den Akten der Kriminalpolizei nacherzählt, Berlin/Leipzig 1944; vgl. auch Wagner, Volksgemeinschaft ohne Verbrecher, S. 409; Ronald Rathert, Verbrechen und Verschwörung: Arthur Nebe. Der Kripochef des Dritten Reiches, Münster 2001, S. 85–87.

197 Wagner, Die Resozialisierung der NS-Kriminalisten, S. 11 f.

Rahmenbedingungen für Verbrechensbekämpfung zu huldigen. So bezeichnet er die „Entmannung“ von „Sittlichkeitsverbrechern“ als „Maßnahme, die im Gesamtgebiet der kriminalpolizeilichen Vorbeugungsmaßnahmen von unschätzbarer Bedeutung“ sei.[198] An anderer Stelle lässt er einen fiktiven Kommissar erklären, „der weitaus größte Teil der Arbeit der deutschen Kriminalpolizei besteht in der Vorbeugung, in der Verhütung von Verbrechen“.[199] Der mit diesem Roman unternommene Versuch, die Popularität der Kriminalpolizei zu erhöhen, konnte aber nicht über die realen Schwierigkeiten und Dilemmata hinwegtäuschen, mit denen sie sich im letzten Kriegsjahr konfrontiert sah. Neben der Kriminalitätsbekämpfung standen die Beamten vor neuen Aufgaben wie der Identifizierung von Toten nach der Bombardierung deutscher Städte sowie der Fahndung nach flüchtigen Kriegsgefangenen und Zwangsarbeitern. Hinzu kam, dass z. B. in Hamburg und Berlin ein Großteil der zentralen Karteien durch alliierte Bombardierungen zerstört wurde. Zusätzliche Probleme stellten sich in Bezug auf das Personal: Nicht wenige leitende Beamten wechselten zu Dienststellen in den besetzten und annektieren Gebieten oder traten den Einsatzgruppen der Sipo bei, vielerorts blieben die lokalen Kriminalpolizeistellen infolgedessen unterbesetzt.[200] Dies führte zur Einstellung von unerfahrenen Aushilfen und Ruhestandsbeamten. So beklagte der Hamburger Polizeipräsident 1942 z. B. in einem Schreiben an die Senatsverwaltung der Stadt, die Personalstarke der Hamburger Kriminalpolizeileitstelle betrage nur noch „53 % der Sollstärke“.[201] Der Personalmangel hatte zur Konsequenz, dass selbst die originären Aufgaben im Bereich Kriminalitätsbekämpfung und Verbrechensverfolgung nicht mehr wahrgenommen werden konnten, wie ein Artikel im *Hamburger Tageblatt* verdeutlicht: Da die Hamburger Kriminalpolizeileitstelle während des Krieges unterbesetzt und mit neuen Aufgaben zeitweise überfordert war, druckte die Zeitung im Dezember 1943 die Aufforderung des RKPA an die Bevölkerung ab, auf Anzeigen wegen kleinerer Delikte zu verzichten.[202]

198 Alt, Der Tod fuhr im Zug, S. 145.

199 Ebenda, S. 62.

200 Wagner, Volksgemeinschaft ohne Verbrecher, S. 308.

201 Schreiben des Hamburger Polizeipräsidenten an die Senatsverwaltung vom 24. 3. 1942, Staatsarchiv HH, 113–5, B I 15 c.

202 Wann greift die Kriminalpolizei ein? Kein Raum mehr für Querulanten und Bagatellsachen, in: Hamburger Tageblatt, 16. Dezember 1943.

3.6. Vorbeugehaft gegen Nicht-Deutsche

Unter den im KZ Sachsenhausen nachweisbaren „Berufsverbrechern" befanden sich auch zahlreiche Ausländer, deren Nationalität in den Unterlagen der SS häufig gesondert aufgeführt wurde. Sie gelangten aus unterschiedlichen Gründen in die Mühlen der Verfolgungsbehörden. Ab 1938 wurden die geltenden Bestimmungen zudem auf annektierte und besetzte Gebiete übertragen. Die dort inhaftierten Vorbeugehäftlinge ließ die Kriminalpolizei in die im Reichsgebiete liegenden Konzentrationslager bringen.

3.6.1. Maßnahmen gegen ausländische „Berufsverbrecher"

Der Grunderlass vom Dezember 1937 beinhaltete Passagen, die sich explizit auf Ausländer bzw. Staatenlose bezogen. Allerdings sollte für den Fall, dass die Voraussetzungsbestimmungen zur Verhängung von Vorbeugehaft gegeben waren, bei Nicht-Deutschen gemäß Abschnitt A II 3 zunächst die Möglichkeit einer „Ausweisung aus dem Reichsgebiet" geprüft werden.[203] Bei Staatenlosen hatte die „Ausweisungshaft" in einem Konzentrationslager zu erfolgen. Beschied das zuständige Ausländeramt abschlägig über einen Ausweisungsantrag der Kriminalpolizei, hatte diese die Möglichkeit, Vorbeugehaft zu verhängen. Sowohl eine Ausweisung als auch die Ausweisungshaft konnten aber auch noch im Anschluss an eine aufgehobene Vorbeugehaft erfolgen. Diese Regelungen wurden nicht nur in den Vorbeugehaftbestimmungen, sondern zusätzlich in der „Ausländerpolizeiverordnung" vom 22. August 1938 festgelegt. Unter § 5 Abs. 1b hieß es dort, „Ein Aufenthaltsverbot ist regelmäßig zu erlassen, wenn bei einem Ausländer die Voraussetzungen für die Verhängung der polizeilichen Vorbeugungshaft vorliegen oder wenn ein Ausländer aus der polizeilichen Vorbeugungshaft entlassen wird."[204] Im KZ Sachsenhausen befanden sich 1938 78 Ausweisungshäftlinge. Bis Ende 1939 stieg ihre Anzahl auf 128 Personen an, sank aber 1940 bis auf ca. 20–30 Personen herab, und ab dem April 1942 sind offenbar gar keine Ausweisungshäftlinge unter dieser Bezeichnung mehr registriert worden.[205] Insgesamt lassen sich unter den „Berufsverbrechern" im KZ Sachsenhausen 14 Personen nachweisen, die zeitweilig auch als Ausweisungshäftlinge kategorisiert worden waren.

203 Reichssicherheitshauptamt, Erlaßsammlung, S. 42.

204 Auszug aus der Ausländerpolizeiverordnung vom 22. 8. 1938 und der dazu ergangenen Dienstanweisung, in: Reichssicherheitshauptamt, Erlaßsammlung, S. 88.

205 Übersicht Häftlinge im KZ Sachsenhausen, Archiv BStU, AV 2/87, Bd. 5, Bl. 8–11.

Mitunter waren auch in Deutschland geborene Personen offiziell „staatenlos". Dies traf z. B. auf Otto S. zu, dessen Eltern ursprünglich aus den Niederlanden stammten.[206] Da sie jahrzehntelang in Deutschland gelebt hatten, ohne ihre niederländische Staatsangehörigkeit zu erneuern, sei diese nicht mehr anerkannt worden und S. infolgedessen als „staatenlos" anzusehen, so die Duisburger Kriminalpolizei im Juni 1941.[207] S. war zu dem Zeitpunkt, als der Lebenslauf über ihn verfasst wurde, sechs Mal vorbestraft, u. a. 1929 wegen Sittlichkeitsverbrechen nach § 176 2 StGB.[208] Am 13. Juni 1941 verfügte die Duisburger Kriminalpolizei zunächst die planmäßige Überwachung von S., nachdem das zuständige Ausländeramt eine Ausweisung aufgrund seiner Vorstrafen abgelehnt hatte. Seine Staatenlosigkeit, floss in die Begründung für die kriminalpolizeilichen Maßnahmen ein: „S. ist staatenlos. Als solcher geniesst er die Gastfreundschaft des Deutschen Reiches. Sein bisheriges Verhalten hat aber gezeigt, dass er nicht gewillt ist, die bestehenden Gesetze des Reiches zu achten."[209] Er erhielt die Auflage, sich jeden 1. und 15. des Monats bei der zuständigen Polizeibehörde zu melden, es war ihm verboten, ohne Genehmigung nachts die Wohnung zu verlassen und den Ort zu wechseln. Auch wenn der Beamte S. zugestand, einige Taten aus wirtschaftlicher Not begangen zu haben, bewerte er die Tatsache, dass dieser kein Reichsbürger sei, als erschwerend:

> „Immerhin lassen seine Handlungen erkennen, dass sie aus Gewinnsucht zu dem Zweck begangen waren, den Lebensunterhalt teilweise aus dem gewonnenen Erlös zu bestreiten. Es geht aber nicht an, dass ein Staatenloser, der die Gastfreundschaft des deutschen Reiches geniesst, willkürlich gegen Gesetzbestimmungen verstößt oder gar unbeachtet lässt. Werden schon bei gesetzwidrigem Verhalten strenge Maßnahmen den Volksgenossen auferlegt, umsomehr muss von einem Staatenlosen besondere Achtung vor dem Gesetz verlangt und von ihm ein gesetzmässiges Leben gefordert werden."[210]

206 Den Fall von Otto S. habe ich bereits in einem Aufsatz geschildert, vgl. Dagmar Lieske, „Berufsverbrecher" als Häftlinge im Konzentrationslager Sachsenhausen. Ein Forschungsbericht, in: Roman Fröhlich/Mira Jovanović-Ratković/Cornelia Siebeck/Frank Wiedemann (Hrsg.), Zentrum und Peripherie. Die Wahrnehmung der nationalsozialistischen Konzentrationslager, Berlin 2013, S. 58–77.

207 Krimineller Lebenslauf vom 13. 6. 1941, in: Vorbeugehaftakte Otto S., Landesarchiv NRW, BR 1111, Nr. 123, Bl. 34.

208 Auszug aus dem Vorstrafenregister der Staatsanwaltschaft Duisburg vom 29. 4. 1941, in: Vorbeugehaftakte Otto S., Landesarchiv NRW, BR 1111, Nr. 123, Bl. 33.

209 Verfügung über planmäßige Überwachung vom 13. 6. 1941, in: Vorbeugehaftakte Otto S., Landesarchiv NRW, BR 1111, Nr. 123, Bl. 30.

210 Krimineller Lebenslauf vom 13. 6 1941, in: Vorbeugehaftakte Otto S., Landesarchiv NRW, BR 1111, Nr. 123, Bl. 34.

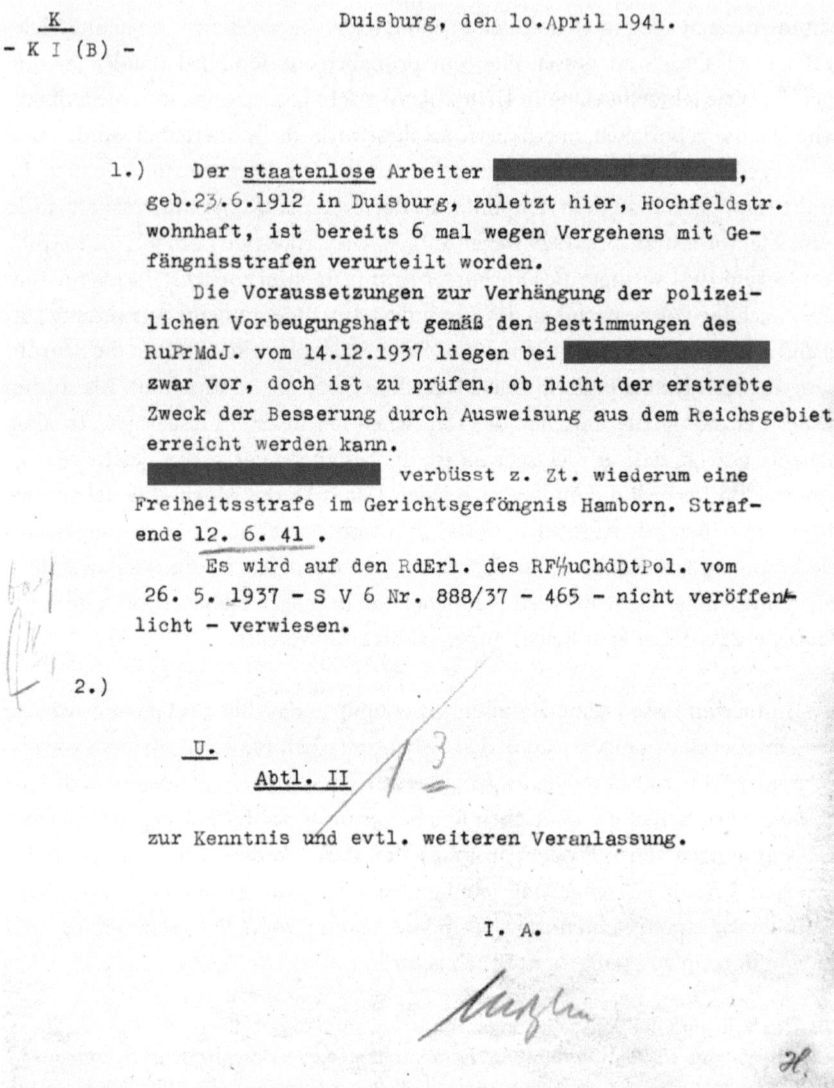

K
- K I (B) -

Duisburg, den 10.April 1941.

1.) Der staatenlose Arbeiter ███,
geb.23.6.1912 in Duisburg, zuletzt hier, Hochfeldstr. wohnhaft, ist bereits 6 mal wegen Vergehens mit Gefängnisstrafen verurteilt worden.

Die Voraussetzungen zur Verhängung der polizeilichen Vorbeugungshaft gemäß den Bestimmungen des RuPrMdJ. vom 14.12.1937 liegen bei ███ zwar vor, doch ist zu prüfen, ob nicht der erstrebte Zweck der Besserung durch Ausweisung aus dem Reichsgebiet erreicht werden kann.

███ verbüsst z. Zt. wiederum eine Freiheitsstrafe im Gerichtsgeföngnis Hamborn. Strafende 12. 6. 41 .

Es wird auf den RdErl. des RFSSuChdDtPol. vom 26. 5. 1937 - S V 6 Nr. 888/37 - 465 - nicht veröffentlicht - verwiesen.

2.)

U.

Abtl. II

zur Kenntnis und evtl. weiteren Veranlassung.

I. A.

Auszug aus der kriminalpolizeilichen Vorbeugehaftakte Otto S.
Landesarchiv NRW-Abteilung Rheinland-BR 1111, Nr. 123, S. 28.

Ausländeramt
II 30/01

Duisburg, den . 4.1941

Urschriftlich
der Kriminaldirektion
im Hause

nach erfolgter Rücksprache mit Ihrem Herrn Sachbearbeiter der Dienststelle K I (B) zurückgesandt.
Der Erlaß eines Aufenthaltsverbots gegen █████ erscheint nicht angebracht, da die Abschiebung eines Staatenlosen in ein anderes Land z.Zt. nicht durchführbar ist.

Ich bitte, den Genannten auf Grund seiner Vorstrafen einem Konzentrationslager zuzuführen.

I.A.

Das Gerichtsgefängnis in Hamborn hat telefonisch Mitteilung erhalten, ██████████ aufzugeben, sich nach seiner Entlassung unverzüglich hier an Amtsstelle zur Entgegennahme von Auflagen zu melden.

8/5.41

Auszug aus der kriminalpolizeilichen Vorbeugehaftakte Otto S.
Landesarchiv NRW-Abteilung Rheinland-BR 1111, Nr. 123, S. 28 R.

Im März 1943 nahm die Kriminalpolizei S. nach mehrmaligen Verstößen gegen die Auflagen sowie dem Verdacht auf Fahrraddiebstahl und Zuhälterei in Vorbeugehaft, die ab dem 2. Juni 1943 im KZ Sachsenhausen vollstreckt wurde. Nach einer Verurteilung wegen Diebstahls im Januar 1944 erfolgte seine Überstellung aus dem Lager in das Zuchthaus Anrath, wo er mindestens bis Februar 1946 inhaftiert blieb.

3.6.2. „Vorbeugende Verbrechensbekämpfung" in den besetzten und annektierten Gebieten

Die Maßnahmen im Rahmen der „vorbeugenden Verbrechensbekämpfung" blieben nicht auf das Reichsgebiet beschränkt, sondern kamen auch in besetzten und annektierten Gebieten zu Anwendung. Neu geschaffene Kriminalpolizeileitstellen,[211] in denen neben deutschen auch lokale Beamte tätig waren, sollten die geltenden Bestimmungen umsetzen. Bereits am 31. März wendete sich das RKPA an den Leiter der Kriminalpolizeistelle in Wien mit der Aufforderung, „alle Rechtsbrecher des Leitstellenbezirks Wien" zu melden, um einen „schlagartigen Zugriff" vorbereiten zu können.[212] Ein besonderes Augenmerk sollte dabei auf „Sittlichkeitsverbrecher" gelegt werden, zu denen an dieser Stelle auch Zuhälter gezählt wurden.[213] Ab dem 26. Juli 1938 galt der „Grunderlass" offiziell auch in der „Ostmark".[214] Der Wiener Kriminalpolizeileitstelle wurden entsprechend dem im „Altreich" geltenden Modell Kriminalpolizeistellen untergeordnet, die sich in Linz, Salzburg, Innsbruck, Graz, Klagenfurt und Eisenstadt[215] befanden. Diese waren fortan für die Verhängung von Vorbeugehaft zuständig, die aber dem in Berlin sitzenden RKPA gemeldet werden musste. Für diese Studie konnten 57 in Österreich geborene Personen ermittelt

211 Bis Kriegsende existierten insgesamt 19 Kriminalpolizeileitstellen in den Gebieten unter deutscher Herrschaft.

212 Vertrauliches Schreiben des RKPA zur „Berufsverbrecherbekämpfung" vom 31. 3. 1938, in: Reichssicherheitshauptamt, Erlaßsammlung, S. 63.

213 Ebenda.

214 Schreiben von Heinrich Himmler „Vorbeugende Verbrechensbekämpfung" vom 26. 7. 1938, in: Reichssicherheitshauptamt, Erlaßsammlung, S. 86, vgl. auch Wolfgang Ayaß, Nicht der Einzelne zählte ... „Gemeinschaftsfremd" im nationalsozialistischen Österreich, in: Aus so krummem Holze, als woraus der Mensch gemacht ist, kann nichts ganz Gerades gezimmert werden. DOWAS Jahrbuch 2005, Innsbruck 2006, S. 77–87; Maren Seliger, Die Verfolgung normabweichenden Verhaltens im NS-System. Am Beispiel der Politik gegenüber „Asozialen" in Wien, in: Österreichische Zeitschrift für Politikwissenschaft 20 (1991), S. 409–429.

215 Die Kriminalpolizeistelle in Eisenstadt wurde am 2. 9. 1938 wieder aufgelöst.

werden, die als „Berufsverbrecher“ in das KZ Sachsenhausen kamen.[216] Insgesamt waren nach neueren Forschungen 1006 (davon 666 nicht-jüdische) Österreicher und Österreicherinnen im KZ Sachsenhausen inhaftiert.[217]

Ab dem 4. Dezember 1938 sollte der „Grunderlass“ auch in den sudetendeutschen Gebieten gelten.[218] Im „Protektorat Böhmen und Mähren“ unterlagen die Durchführungsanweisungen zur vorbeugenden Verbrechensbekämpfung dem Befehlshaber der Sicherheitspolizei und des SD, allerdings konnte das RKPA entscheiden, in welches Konzentrationslager die Betroffenen eingewiesen wurden. Seit Oktober 1938 existierten hier drei Außenstellen von Kriminalpolizeibehörden des deutschen Reiches: in Reichenberg (der Leitstelle in Dresden zugeordnet), Troppau (der Leitstelle in Gleiwitz zugeordnet) und Karlsbad (der Leitstelle Plauen zugeordnet), während die südlichen Teile des Sudetenlandes den Kriminalpolizeistellen in Wien, Linz und Regensburg unterstanden. Diese Außenstellen sollten „den gesamten kriminalpolizeilichen Vollzugsdienst im Ortsbezirk“ übernehmen.[219] In einer Durchführungsanweisung ordnete der Befehlshaber am 27. Februar 1941 gegenüber den Kriminalpolizeistellen Prag und Brünn erneut an, dass der Grunderlass sowie die entsprechenden Richtlinien Anwendung finden sollten. Hinzu kamen hier noch Ergänzungen, in denen u. a. die Mitwirkung von tschechischen Behörden geregelt war, die nur „gegenüber Rechtsbrechern nichtdeutscher Staatsangehörigkeit“[220] zum Tragen kommen solle.

Insgesamt lassen sich neun „Berufsverbrecher“[221] und ein Sicherungsverwahrter im KZ Sachsenhausen nachweisen, die als Tschechen kategorisiert

216 Bei den hier genannten Personen handelt es sich um Häftlinge, die in Österreich geboren wurden, davon die Mehrheit (35) in Wien, elf Personen in Graz, vier in Linz und die anderen in verschiedenen kleineren Orten. Die SS hat die Österreicher nach der Annexion nicht gesondert erfasst. Kerstin Hosa geht von 65 Österreichern aus, die als „Kriminelle“ in das KZ Sachsenhausen kamen, wobei sie „Sicherungsverwahrte“ und „Berufsverbrecher“ zusammenfasst. Vgl. Kerstin Hosa, Österreicher und Österreicherinnen im nationalsozialistischen Konzentrationslager Sachsenhausen 1938–1945, Wien 2008 (Magisterarbeit), S. 141.

217 Gerhard Unger, Die Konzentrationslager, in: Dokumentationsarchiv des österreichischen Widerstandes (Hrsg.), Opferschicksale. Widerstand und Verfolgung im Nationalsozialismus. 50 Jahre Dokumentationsarchiv des österreichischen Widerstandes, Wien 2013, S. 91–211, hier S. 201.

218 Schreiben Heinrich Himmlers „Vorbeugende Verbrechensbekämpfung durch die Polizei“ vom 4. 12. 1938, in: Reichssicherheitshauptamt, Erlaßsammlung, S. 107.

219 Reichssicherheitshauptamt, Erlaßsammlung, S. 48.

220 Befehlshaber der Sicherheitspolizei und des SD „Vorbeugende Verbrechensbekämpfung durch die Polizei im Protektorat Böhmen und Mähren. Durchführungsanweisung“ vom 27. 2. 1941, in: Reichssicherheitshauptamt, Erlaßsammlung, S. 222.

221 Davon wurde eine Person zusätzlich als „Jude“ und eine als „Zigeuner“ kategorisiert.

wurden, zwei von ihnen verstarben nachweislich im Lager.[222] Mindestens eine Person, Karel P., wurde in Brünn geboren. Er kam im Juni 1941 im Alter von 22 Jahren als „Berufsverbrecher" in das Oranienburger Lager.[223] Aus Sachsenhausen nach Fürstenwalde überstellt, gelang ihm dort am 10. Mai 1944 die Flucht.[224] Der junge Tscheche wurde allerdings schon einen Tag später von der Gendarmerie wieder aufgegriffen und am 10. Juni 1944 zurück in das KZ Sachsenhausen überstellt.[225] Hier wies ihn die SS direkt in die Strafkompanie ein, weil er „zur Durchführung seiner Flucht"[226] eine Jacke sowie ein Fahrrad gestohlen habe. Am 25. November 1944 transportierte die SS P. nach Buchenwald, von wo er direkt nach seiner Ankunft in das Außenlager Bad Langensalza verbracht wurde. Auch hier führte die SS ihn als tschechischen „Berufsverbrecher". Sein weiteres Schicksal ist unbekannt.[227]

Im Elsass galten die Bestimmungen zur vorbeugenden Verbrechensbekämpfung ab dem 9. Juli 1941. Der dortige Chef der Zivilverwaltung führte zudem zusätzliche Erlasse zur „Bekämpfung des Wildererunwesens" und „polizeilichen Behandlung der Prostitution" ein.[228] Die gleichen Erlasse sollten ab dem 4. April 1942 in Luxemburg[229] und ab dem 8. Mai 1942 in Lothringen[230] angewendet werden. Erste Ergebnisse zu den Inhaftierungen durch die Kriminalpolizei in Elsass

222 Es handelt sich um Otto Klein, Veränderungsmitteilung „verstorben" vom 21. 8. 1940, FSB-Archiv Moskau, N-19092/Tom 96, Bl. 239, zit. n. AS, JSU 1/96, Bl. 239, und Karl Drasnar, Veränderungsmitteilung „verstorben" vom 26. 1. 1944, FSB-Archiv Moskau, N-19092/Tom 100, zit. n. AS, JSU 1/100, Bl. 17.

223 Veränderungsmitteilung vom 14. Juni 1941, FSB-Archiv Moskau, N-19092/Tom 97, Bl. 162, zit. n. AS, JSU 1/97, Bl. 162.

224 Veränderungsmitteilung Effektenverwaltung vom 10. 5. 1944, FSB-Archiv Moskau, N-19092/Tom 100, Bl. 108, zit. n. AS, JSU 1/100, Bl. 108.

225 Veränderungsmitteilung vom 14. 6. 1941, FSB-Archiv Moskau, N-19092/Tom 97, Bl. 162, zit. n. AS, JSU 1/97, Bl. 162.

226 Strafverfügung gegen Peter H., Archiv BStU, AV 2/87, Bd. 3, Bl. 83.

227 Die Informationen über seinen Transport nach Buchenwald und die Überstellung in das Außenkommando verdanke ich Torsten Jugl vom Archiv der Gedenkstätte Buchenwald, bei dem ich mich an dieser Stelle ganz herzlich bedanken möchte.

228 Chef der Zivilverwaltung im Elsaß „Anordnung über die Einführung kriminalpolizeilicher Vorschriften im Elsaß" vom 9. 7. 1941, in: Reichssicherheitshauptamt, Erlaßsammlung, S. 234.

229 Chef der Zivilverwaltung in Luxemburg „Anordnung über die Einführung kriminalpolizeilicher Vorschriften in Luxemburg" vom 2. 4. 1942, in: Reichssicherheitshauptamt, Erlaßsammlung, S. 281.

230 Reichsstatthalter in der Westmark und Chef der Zivilverwaltung in Lothringen „Vorbeugende Verbrechensbekämpfung" vom 8. 5. 1942, in: Reichssicherheitshauptamt, Erlaßsammlung, S. 288.

und Lothringen hat Cédric Neveu vorgelegt.[231] Aus dem Elsass wurden zwischen Juli 1940 und April 1942 auch „Asoziale“ und „Berufsverbrecher“ in das unbesetzte Frankreich ausgewiesen.[232] Insgesamt befanden sich im KZ Sachsenhausen mindestens 52 französische „Berufsverbrecher“ und Sicherungsverwahrte[233] – wie viele aus dem Elsaß und/oder Lothringen stammten, konnte nicht ermittelt werden.[234]

Über die Verfolgung von „Asozialen“ und „Berufsverbrechern“ in besetzten, nicht annektierten Ländern ist bislang wenig bekannt. Einblicke in die Praxis der vorbeugenden Verbrechensbekämpfung in Dänemark liefert der Aufsatz von Adrian Tresoglavic.[235] Demnach führten die Gestapo und Kriminalpolizei nach der Entwaffnung der dänischen Polizei am 19. September 1944 insgesamt acht Verhaftungsaktionen gegen „Berufsverbrecher“ und „Asoziale“ durch, bei denen mehrere Hundert Menschen festgenommen und in Konzentrationslager verschleppt wurden. Für die ersten beiden Aktionen, die am 27. September und 3. Oktober 1944 in Kopenhagen stattfanden, war noch die Gestapo verantwortlich, alle weiteren wurden unter Federführung der Kriminalpolizei vollzogen. Unter den deutschen Kriminalpolizisten, die involviert waren, befand sich auch Harald Martens.[236] Martens, geb. am 18. März 1895 in Ottensen und seit 1925 bei der Kriminalpolizei, leitete in Hamburg das 20. Kriminalkommissariat, bis er im Oktober 1943 nach Kopenhagen beordert wurde. Dort war er u. a. für die Bekämpfung von Prostitution und „Berufsverbrechern“ verantwortlich. Nach Kriegsende kehrte

231 Nach Neveu waren in diesem Gebiet 157 Personen als „Asoziale“ verfolgt worden, von denen 135 in Konzentrationslager kamen. Cédric Neveu, La Gestapo en Moselle. Une police au cœur de la répression nazie, Metz 2012, S. 113–117.

232 Wagner, Volksgemeinschaft ohne Verbrecher, S. 334; Interne Statistik über Deportationen, zit. n. Grau, Homosexualität in der NS-Zeit, S. 273 f.

233 Alle Betroffenen wurden von der Lagerleitung als Franzosen registriert.

234 Im November 2012 habe ich bei der Fondation pour la Mémoire de la Déportation (FMD) in Paris Recherchen nach französischen Häftlingen durchgeführt, die leider ergebnislos waren. Für seine Hilfe danke ich an dieser Stelle insbesondere Cyrille de Quellec, der sich mehrere Stunden Zeit für ein Gespräch über mein Projekt genommen hat. Lediglich ein „Berufsverbrecher“ wurde in Lothringen geboren, von der SS aber nicht als Franzose kategorisiert. Es handelt sich um den am 15. September 1940 verstorbenen Hubert Weber, vgl. auch die Namensliste der im KZ Sachsenhausen verstorbenen „Berufsverbrecher“ und Sicherungsverwahrten im Anhang, Kapitel 9.2.

235 Adrian Tresoglavic, Danske ‚asociale‘ og ‚vaneforbrydere‘ i tyske koncentrationslejre. Nazistisk kriminalitaetsbekaempelse i Danmark efter 19. September 1944, in: Therkel Stræde (Hrsg.), De nazistiske koncentrationslejre. Studier og bibliografi, Odense 2009, S. 145–167.

236 Alle folgenden Angaben aus Personalakte Harald Martens, Staatsarchiv HH, 331–8, Nr. 265. Vgl. zu Martens auch Lieske, Die Hamburger Kriminalpolizei.

Martens nach Hamburg zurück. Er befand sich 1945/46 etwa ein Jahr in britischer Internierungshaft. 1946 befürwortete das Hamburger Polizeipräsidium seinen Antrag auf Wiedereinstellung, wobei seine Tätigkeit für die Kriminalpolizei in Dänemark als Ausweis seiner polizeilichen Fähigkeiten diente:

> „Martens ist von 1943 bis Kriegsende im auswärtigen Einsatz – zur Kriminalpolizei nach Dänemark – kommandiert worden und hat dort nur rein kriminalpolizeiliche Aufgaben (Sitten- und Korruptionsdelikte) zu bearbeiten gehabt. Er ist dem Kriminalamt als ein energischer und über dem Durchschnitt hinaus befähigter Kriminalist bekannt und könnte im Zuge der Umorganisation für den Neuaufbau der Polizei eine wertvolle Kraft darstellen.“[237]

Martens selber erklärte nach Kriegsende, er habe vor der Machtübernahme gegen SA-Männer ermittelt und sei deshalb in Konflikt mit führenden Kriminalbeamten geraten. Seine Personalakte enthält ein Schreiben des ehemaligen Sozialdemokraten aus Pinneberg, Erich O., in der dieser betonte, er habe es Martens zu verdanken, dass er 1933 nicht in das KZ Esterwegen deportiert worden sei. Ein Gastwirt erklärte, seine Wirtschaft sei häufig von Dänen aufgesucht worden, die sich positiv über die Tätigkeit von Martens in Kopenhagen geäußert hätten. Tatsächlich mögen diese Aussagen zutreffen, Fakt ist jedoch, dass der Polizist trotz seiner behaupteten Gegnerschaft zu den Nationalsozialisten in der Karriereleiter aufstieg: Am 1. Mai 1936 wurde Martens zum Kriminalsekretär, im Dezember 1938 zum Kriminalobersekretär und im März 1941 zum Kriminalkommissar ernannt. Bis zu seiner Versetzung nach Dänemark leitete er die Inspektion II D der Hamburger Kriminalpolizei, verantwortlich für sogenannte Sitten- und Korruptionsdelikte. In dieser Funktion ermittelte er auch gegen Alfred Meyer, der am 11. Februar 1944 wegen „Kuppelei“ und „Körperverletzung“ zu zwei Jahren Zuchthaus verurteilt worden war. In der Akte des Landgerichts Hamburg findet sich ein Bericht von Martens aus dem September 1943, in dem er im Hinblick auf Meyer erklärte:

> „Menschen dieses Schlages bilden für ein Volk mit völkischem Denken, mit nationalsozialistischer Einstellung eine Gefahr, die unbedingt beseitigt und ausgerottet werden muß. Die Veranlagung solcher Personen dürfte sich auch auf die von diesen Menschen erzeugte Nachkommenschaft auswirken.“[238]

237 Schreiben des Leiters des Kriminalamtes Hamburg an das Polizei Personalamt vom 19. 6. 1946, in: Personalakte Martens, Staatsarchiv HH, 331–8, Nr. 265.

238 Protokoll Martens vom 4. 9. 1943, in: Strafakte Alfred M., Staatsarchiv HH, 213-11 Staatsanwaltschaft Landgericht – Strafsachen, Nr. 1432/44, Bl. 80.

Auch in Kopenhagen arbeitete Martens im Bereich der Bekämpfung von „Prostitution" und „Berufsverbrechen". Während der Razzien gegen „Asoziale" und „Berufsverbrecher" war Martens noch in Kopenhagen tätig, vier der acht Aktionen fanden dort statt.

Im KZ Sachsenhausen lassen sich unter den „Berufsverbrechern" keine dänischen Staatsbürger nachweisen, die während der Razzien 1944 Inhaftierten kamen nach bisherigem Forschungsstand in das KZ Neuengamme.[239] Nicht-Deutsche „Berufsverbrecher" und Sicherungsverwahrte, die im KZ Sachsenhausen waren, stammten zusätzlich zu den zuvor genannten, in Österreich (57), Tschechien (10)[240] und Frankreich (52) geborenen Personen aus den folgenden Ländern:[241] Polen (97),[242] Italien (65),[243] Niederlande (12),[244] Belgien (9),[245]

239 Über diese Gruppe liegt mittlerweile eine auf Dänisch an der Universität Roskilde verfasste Seminararbeit vor, auf die mich die Archivarin der Gedenkstätte Neuengamme, Alyn Beßmann, dankenswerterweise hingewiesen hat. Vgl. Claus Jensen/Jannick Olsen/Liv Gottlieb Kramer/Morton Krogh, De danske „asociale" – En overset gruppe koncentrationslejrfanger (Seminararbeit 2013).

240 Diese drei Personen wurden explizit von der SS als Tschechen klassifiziert, darunter der erwähnte Karel P. Insgesamt wurden aber neun Personen in Tschechien geboren.

241 Die Angaben basieren je nach Quellenlage auf den Geburtsorten oder auf der Zuordnung bzw. Kategorisierung durch die SS. Da der Geburtsort nicht automatisch etwas über die Staatsbürgerschaft aussagt, bleiben die Zahlen problematisch. Wo es möglich war, wurde deshalb auf die Kategorisierung der SS zurückgegriffen, auch wenn es sich um Fremdzuschreibungen handelt. Im Fall der in Österreich geborenen Personen hingegen, die die SS nach dem „Anschluss" nicht mehr als Österreicher geführt hatte, erschien es sinnvoll, den Geburtsort als Bezugsgröße zu nehmen und sie dennoch den Österreichern zuzurechnen.

242 Gezählt wurden alle als „Pole" von der SS kategorisierten Personen. Davon wurde eine Person als Sicherungsverwahrter (SV/Pole) registriert. Es handelt sich um Josef W., Veränderungsmitteilung „überführt" vom 2. 3. 1944, FSB-Archiv Moskau, N-19092/Tom 100, Bl. 49, zit. n. AS, JSU 1/100, Bl. 49. Die Zahl der im damaligen Polen geborenen Personen liegt wesentlich höher, wurde aber an dieser Stelle nicht als Bezugsgröße genommen, da allein anhand des Geburtsortes gerade für Polen keine Aussage über die nationale Zuordnung durch die SS bzw. die deutschen Behörden getroffen werden kann.

243 59 der genannten Personen wurden am 24. 12. 1943 aus dem KZ Flossenbürg in das KZ Sachsenhausen überstellt und hier als „Berufsverbrecher" geführt, vgl. Zugangsliste vom 24. 12. 1943 (Transport vom K. L. Flossenbürg), FSB-Archiv Moskau, N-19092/Tom 100, Bl. 46, zit. n. AS, JSU 1/100, Bl. 46.

244 Insgesamt fügte die SS nur bei drei Personen eine Abkürzung für „Niederländer" hinzu. Davon wurde eine Person als Sicherungsverwahrter (SV/Niedl.) registriert. Es handelt sich um Leendert B., Veränderungsmitteilung „Überführung" vom 8. 3. 1944, FSB-Archiv Moskau, N-19092/Tom 100, Bl. 54, zit. n. AS, JSU 1/100, Bl. 54.

245 Davon wurde bei sieben Personen eine Abkürzung für „Belgier" hinzugefügt.

Lettland (11),[246] UdSSR (17),[247] Serbien (5),[248] Jugoslawien (4),[249] Spanien (3),[250] Kroatien (3),[251] Griechenland (2),[252] China (2),[253] USA (2)[254] sowie einer aus Island[255]. Der ehemalige politische Häftling Arnold Weiss-Rüthel erwähnt in seinen Erinnerungen außerdem einen rumänischen „Berufsverbrecher“, der 1941 eingeliefert worden und aufgrund seiner Tätowierungen am ganzen Körper im Lager ermordet worden sein soll.[256]

246 Alle elf Personen wurden als Letten geführt, davon eine Person als Sicherungsverwahrter (SV/PH. Lette). Es handelt sich um Arno M., Veränderungsmitteilung der Effektenverwaltung „überführt und entlassen“ vom 5. 5. 1944, FSB-Archiv Moskau, N-19092/Tom 100, Bl. 104, zit. n. AS, JSU 1/100, Bl. 104.

247 Zehn Personen wurden mit der Zusatzbezeichnung „UdSSR“ registriert, bei den anderen existiert lediglich der Verweis auf den Geburtsort.

248 Alle wurden als „Serben“ geführt, davon eine Person als Sicherungsverwahrter (SV/Serbe). Es handelt sich um Aleksander N., Milcrad S. und Jowicka J., alle auf Veränderungsmitteilung der Effektenverwaltung „überführt“ vom 31. 3. 1944, FSB-Archiv Moskau, N-19092/Tom 100, Bl. 74, zit. n. AS, JSU 1/100, Bl. 74.

249 Nur eine Person wurde explizit als Jugoslawe registriert, die anderen drei „Berufsverbrecher“ wurden in Jugoslawien geboren.

250 Alle drei Personen wurden als Sicherungsverwahrte (SV/Span.) registriert. Es handelt sich um Jose R., Ed. V. und Angel C., alle auf der Veränderungsmitteilung der Effektenverwaltung „überführt“ vom 28. 4. 1944, FSB-Archiv Moskau, N-19092/Tom 100, Bl. 99, zit. n. AS, JSU 1/100, Bl. 99.

251 Alle drei wurden als Sicherungsverwahrte (SV/Kroate) registriert. Es handelt sich um Mirko K., Veränderungsmitteilung der Effektenverwaltung „verstorben“ vom 27. 1. 1944, FSB-Archiv Moskau, N-19092/Tom 100, Bl. 18; zit. n. AS, JSU 1/100, Bl. 18, sowie Ivan M. und Lorenz L., beide auf der Veränderungsmitteilung der Effektenverwaltung „überführt“ vom 31. 3. 1944, FSB-Archiv Moskau, N-19092/Tom 100, Bl. 74, zit. n. AS, JSU 1/100, Bl. 74.

252 Nur einer wurde als Grieche geführt: Stapatios K., den die SS als Sicherungsverwahrten registrierte (SV/Grieche), vgl. Veränderungsmitteilung der Effektenverwaltung „überführt“ vom 31. 3. 1944, FSB-Archiv Moskau, N-19092/Tom 100, Bl. 24, zit. n. AS, SJU 1/100, Bl. 24.

253 Beide wurden als Chinesen geführt.

254 Beide Personen wurden in den USA geboren, aber nicht als US-Amerikaner kategorisiert.

255 Es handelt sich um Oskar Vilhjalmsson, der als SV. Isländer geführt wurde und am 1. 3. 1944 im KZ Sachsenhausen verstarb, Veränderungsmitteilung „verstorben“ vom 2. 3. 1944, FSB-Archiv Moskau, N-19092/Tom 100, Bl. 49, zit. n. AS, JSU 1/100, Bl. 49.

256 Arnold Weiss-Rüthel, Nacht und Nebel. Ein Sachsenhausen-Buch, Berlin/Potsdam 1949, S. 110. Einen weiteren Beleg für einen rumänischen „Berufsverbrecher“ konnte ich jedoch nicht finden.

3.6.3. Kriminalitätsbekämpfung in den polnischen Gebieten nach dem deutschen Überfall

Die Situation in Polen lohnt eine gesonderte Betrachtung, nicht nur, weil die Zahl der Polen unter den ausländischen „Berufsverbrechern“ im KZ Sachsenhausen mit 97 Personen am größten war. Auch in den westpolnischen Gebieten kamen die geltenden Bestimmungen zur vorbeugenden Verbrechensbekämpfung ab dem 30. September 1940 zum Tragen, wobei Abschnitt A II 3 des Grunderlasses, der eine mögliche Ausweisung bei ausländischen Straftätern vorsah, hier explizit nicht angewendet werden sollte.[257] Am 31. Oktober 1933 hatte das RKPA bereits angeordnet, dass alle von den polnischen Behörden nach Kriegsbeginn entlassenen Strafgefangenen „unverzüglich nach erkennungsdienstlicher Behandlung dem Konzentrationslager Sachsenhausen zuzuführen“ seien.[258] Tatsächlich wurden im Rahmen einer „Sonderaktion Danzig“ schon im Sommer 1939 in Strafanstalten befindliche „Kriminelle“ aus Danzig in das Oranienburger Lager gebracht. Diese Aktion war 1958 auch Gegenstand der Anklage gegen Gustav Sorge. Ihm wurde zur Last gelegt, einen der betroffenen Danziger, die im KZ Sachsenhausen als „Berufsverbrecher“ kategorisiert worden waren, so misshandelt zu haben, dass er starb.[259] Es soll sich dabei um einen etwa 40–45-jährigen gehbehinderten Mann mit amputierten Füßen gehandelt haben. Der Fall floss schließlich in die Begründung zur Verurteilung des ehemaligen SS-Mannes wegen Mordes ein.[260] Das Bonner Landgericht ging von „etwa 200 Insassen eines Zuchthauses aus Danzig“ aus,[261] die überstellt und im Oktober 1939 wieder zurück nach Polen transportiert worden seien. Mindestens 80 Personen, die am 22.[262] und am 23. August 1939 als „Vorbeugehäftlinge“[263] eingeliefert und mit der Zusatzbezeichnung „Danziger“ am 22. Dezember 1939 wieder entlassen wurden, konnten namentlich erfasst

257 Reichsminister des Innern „Vorbeugende Verbrechensbekämpfung durch die Polizei“ vom 30. 9. 1940, in: Reichssicherheitshauptamt, Erlaßsammlung, S. 204.

258 Fernschreiben des RKPA „Aus den polnischen Strafanstalten entlassene Gefangene“ vom 31. 10. 1939, in: Reichssicherheitshauptamt, Erlaßsammlung, S. 159. Anhand meiner Daten lassen sich polnische „Berufsverbrecher“ in Sachsenhausen erst ab Februar des Jahres 1940 nachweisen. Allerdings fehlt bei 14 Personen jeder Hinweis auf das Einlieferungsdatum.

259 Anklageschrift des Landgericht Bonn vom 2. 6. 1958, Staatsanwaltschaft Bonn, 8 Ks 1/58 (Sorge/Schubert)/Anklageschrift, Landesarchiv NRW, zit. n. AS, JD 2/48, Bl. 190–192.

260 Urteil des Landgerichts Bonn gegen Gustav Sorge und Wilhelm Schubert vom 6. 2. 1959, Staatsanwaltschaft Bonn, 8 Ks 1/58 (Sorge/Schubert)/XXXX, Teil 2, zit. n. AS, JD 2/51, Bl. 279.

261 Ebenda.

262 Zugangsliste vom 22. 8. 1939, RGWA, 1367/1/24, Bl. 244 f., zit. n. AS, D 1 A/1024/, Bl. 255 f.

263 Zugangsliste vom 23. 8. 1939, RGWA, 1367/1/24, Bl. 247, zit. n. AS, D 1 A/1024, Bl. 253.

werden.[264] 33 weitere Personen aus Danzig mit diesen Einlieferungsdaten verstarben zwischen dem 19. Dezember 1939 und dem 18. Mai 1940.

In den folgenden Jahren kam es immer wieder zu Verhaftungen von „Asozialen" und „Kriminellen" in den annektierten Gebieten und dem ab Oktober 1939 eingerichteten „Generalgouvernement". So wurden bei einer organisierten Razzia gegen „Asoziale" im Februar 1943 in Warschau nach Czesław Madajczyk 15 000 Menschen festgenommen.[265] Im Zuge des Krieges gegen Polen erlangte die nationalsozialistische Vernichtungspolitik gegen ganze Bevölkerungsgruppen im In- und Ausland ohnehin eine neue Dimension. Denn in Polen kam eine spezifische Verbindung zwischen Verbrechensbekämpfung und rassistischer Vernichtungspolitik zum Tragen. Michael Alberti sieht im Warthegau eine deutliche Verbindung zwischen „den „Euthanasie"-Morden und dem Genozid an den europäischen Juden, weil hier dasselbe Personal tätig war, das ab Herbst 1939 sowohl angeblich „Geisteskranke" als auch zwei Jahre später die jüdische Bevölkerung vor Ort ermordete.[266]

Die engen personellen Kontinuitäten zwischen Beteiligten der Aktion „T4" und den Massenmorden in den Vernichtungslagern der „Aktion Reinhard" hat Sara Berger mittels einer Netzwerkanalyse herausgearbeitet.[267] Wie auch Klaus-Michael Mallmann betont, ist „der Grundstein zu Vernichtungskrieg und Holocaust" deshalb bereits 1939 in Polen gelegt worden.[268] Hier trafen situative Gewalt und antipolnische Ressentiments aufeinander und bildeten den Motor für Polizeigewalt und Massenmorde.

Hinweise darauf, dass die in Polen erprobte rassistisch begründete Volkstums- und Vernichtungspolitik gegenüber „Unerwünschten" sich nicht ausschließlich gegen die jüdische Bevölkerung, politische Gegner und die polnischen Eliten richtete, liefern neben den Morden in Heil- und Pflegeanstalten auch gezielte Tötungen von „Asozialen" und „Kriminellen". Im Dezember 1939 wurden in Danzig-Westpreußen Jugendliche, die sich als schwer Erziehbare in einer psychiatrischen Einrichtung befanden, von einem Einsatzkommando erschossen.

264 Sonderliste der Effektenverwaltung „Entlassungen 22. 12. 1939", RGWA, 1367/1/24, Bl. 13–14, zit. n. AS, D 1 A/1024, Bl. 490 f.

265 Czesław Madajczyk, Die Okkupationspolitik Nazideutschlands in Polen 1939–1945, Köln 1988, S. 208.

266 Michael Alberti, „Exerzierplatz des Nationalsozialismus". Der Reichsgau Wartheland 1939–1941, in: Klaus-Michael Mallmann/Bogdan Musial (Hrsg.), Genesis des Genozids. Polen 1939–1941, Darmstadt 2004, S. 111–127, hier S. 120.

267 Sara Berger, Experten der Vernichtung: Das T4-Reinhardt-Netzwerk in den Lagern Belzec, Sobibor und Treblinka, Hamburg 2013.

268 Mallmann/Böhler/Matthäus, Einsatzgruppen in Polen, S. 12.

Weiteren Erschießungsaktionen in Bromberg fielen Prostituierte zum Opfer.[269] Zur Ermordung von „Verbrechern" durch die Gendarmerie kam es im Februar 1940 in Zichenau. Handelte es sich in diesen Fällen noch um Einzelaktionen, die sogar gegen geltende Bestimmungen verstießen, ordnete Hans Frank im Mai 1940 im Generalgouvernement eine Massenexekution unter dem Decknamen „Außerordentliche Befriedungsaktion" an. Neben 3500 angeblichen Widerstandskämpfern tötete die SS bei dieser Aktion 3000 verurteilte „Kriminelle" im Wald von Palmiry.[270]

Generell galten im besetzten Polen und im Warthegau schärfere Gesetze als zuvor im Altreich, häufig wurden direkt Erschießungen vorgenommen, wo sich andernorts zunächst Gefängnisse und Konzentrationslager füllten. In diesem Punkt unterschied sich das Vorgehen im vormaligen Polen deutlich von der „Kriminalitätsbekämpfung" in den anderen annektierten und besetzten Ländern. Mallmann nennt in diesem Kontext einen weiteren interessanten Aspekt. So fasst er über die Führer der Einsatzgruppen zusammen:

> „Sie hatten über die Zerschlagung der innerdeutschen Opposition hinaus bereits gesellschaftsbiologische Konzepte beim Vorgehen gegen ‚Berufsverbrecher', ‚Gemeinschaftsfremde' und ‚Asoziale' polizeilich exekutiert. Diese Gewalterfahrung wurde jetzt durch den Mord auf freiem Feld ergänzt, das bisherige Handlungsrepertoire um eine zusätzliche Variante bereichert."[271]

Zieht man wie Klaus-Michael Mallmann die Vorprägungen dieser Polizisten in Betracht, zeigt sich ein weiterer enger Zusammenhang zwischen der „vorbeugenden Verbrechensbekämpfung", ihrer Radikalisierung im Zweiten Weltkrieg und der nationalsozialistischen Vernichtungspolitik. Gleichzeitig wirkte sich das Vorgehen der Nationalsozialisten in Polen umgekehrt auch wieder auf den Umgang mit polnischen Staatsbürgern im „Reichsgebiet" aus. Deutsche Gerichte beispielsweise sprachen Sylvia de Pasquale zufolge „besonders harte Urteile gegen polnische ‚Fremdarbeiter' aus, da viele Richter davon überzeugt waren,

269 Volker Rieß, Zentrale und dezentrale Radikalisierung. Die Tötungen „unwerten Lebens" in den annektierten west- und nordpolnischen Gebieten 1939–1941, in: Mallmann/Musial (Hrsg.), Genesis des Genozids, S. 127–145, hier S. 130 f.

270 Volker Rieß, Außerordentliche Befriedungsakion, in: Wolfgang Benz/Hermann Graml/Hermann Weiß, Enzyklopädie des Nationalsozialismus, 5. Aufl., München 2007, S. 426; Eberhard Jäckel/Peter Longerich/Julius H. Schoeps (Hrsg.), Enzyklopädie des Holocaust. Die Verfolgung und Ermordung der europäischen Juden, Bd. 1, Berlin 1993, S. 1; Wagner, Volksgemeinschaft ohne Verbrecher, S. 306.

271 Mallmann/Böhler/Matthäus, Einsatzgruppen in Polen, S. 45.

dass Polen aufgrund ihrer ‚rassischen Minderwertigkeit' eine härtere Bestrafung verdienten".[272]

Auf die innerhalb der Kriminalpolizei virulenten antipolnischen Ressentiments verweisen zwei Texte von Walter Zirpins, dem Leiter der Kriminalpolizeistelle in Łódź. Zirpins publizierte den Fortsetzungsartikel mit dem Titel „Das Getto in Litzmannstadt kriminalpolizeilich gesehen" 1941 in der Fachzeitschrift *Kriminalistik*.[273] Die auch von Wagner zitierten Texte[274] werfen ein Schlaglicht auf die kriminalpolizeilichen Tätigkeiten vor Ort. Sie sind durchzogen von antisemitischen und antipolnischen Stereotypen, die sich u. a. in der Gleichsetzung von nichtjüdischen und jüdischen Polen mit „Kriminellen" und „Betrügern" äußern. Zirpins blieb nach Kriegsende nicht nur bei der Kriminalpolizei, sondern konnte sogar zum Leiter des niedersächsischen Landeskriminalamtes aufsteigen.[275]

Vor diesem Hintergrund wirken die nach Kriegsende getätigten Aussagen ehemaliger Kriminalpolizisten wie jene von Hugo Fritsch, der von April 1941 bis Januar 1945 bei der Kriminalpolizeileitstelle in Łódź (Litzmannstadt) eingesetzt gewesen war, unglaubwürdig. Hugo Fritsch, geb. am 10. Oktober 1894 in Hamburg, absolvierte zunächst eine kaufmännische Ausbildung und arbeitete anschließend im Betrieb seines Vaters.[276] Im November 1920 begann er seinen Dienst bei der Hamburger Polizei. Nach Kriegsbeginn erfolgte die Versetzung zur neu errichteten Kriminalpolizeistelle Posen, eineinhalb Jahre später wechselte er nach Łódź, wo er das 1. Kommissariat leitete, das für Mord- und Raubsachen zuständig war, um im Januar 1945 nach Deutschland zurückzukehren. Nach eigenen Angaben erlitt Fritsch Erfrierungen an beiden Zehen, trat aber nach kurzem Aufenthalt in der Sanitätsstelle Frankfurt/Oder wieder in den Dienst der Hamburger Kriminalpolizei ein. Dort fungierte er ab März 1945 als Vertreter des Dienststellenleiters des 15. Kriminalkommissariats für Betrugsdelikte. Am 15. Juni 1949 wurde Fritsch als „entlastet" (Kategorie V) eingestuft. Bis zu seiner Versetzung in den Ruhestand im Jahr 1955 verblieb er bei der Hamburger Kriminalpolizei. Seine Akte erhält zahlreiche, nach Kriegsende ausgesprochene positive Beurteilungen durch das Hamburger Polizeipräsidium.[277] Über seine Tätigkeit während des

272 De Pasquale, Zwischen Resozialisierung und „Ausmerze", S. 128 f.

273 SS-Sturmbannführer Kriminaldirektor Dr. Zirpins, Das Getto in Litzmannstadt kriminalpolizeilich gesehen, in: Kriminalistik 15 (1941) 9, S. 97–99, Fortsetzung in: Kriminalistik 15 (1941) 10, S. 109–112.

274 Wagner, Volksgemeinschaft ohne Verbrecher, S. 307 f.

275 Wagner, Die Resozialisierung der NS-Kriminalisten, S. 187.

276 Alle folgenden Angaben aus der Personalakte Hugo Fritsch, Staatsarchiv HH, 331–8, Nr. 550.

277 Vgl. z. B. die Beurteilung vom 31. 8. 1945, in der Fritsch als „ein über dem Durchschnitt stehender Beamter" bezeichnet wird, in: Personalakte Hugo Fritsch, ebenda, Bl. 9.

Nationalsozialismus erklärte Fritsch, er habe Juden und Polen in Łódź geholfen. Gleichzeitig betonte er seine angebliche Gegnerschaft zu den Nationalsozialisten: „Nie habe ich versucht, in nationalen oder nationalsozialistischen Kreisen Aufnahme zu finden oder irgendwie zu sympathisieren." Auch sei er nie Mitglied der SS geworden und habe in Polen „nur Dienst bei der Kriminalpolizei versehen", bei dem für ihn folgender Grundsatz gegolten habe: „Meine Arbeit in Polen habe ich nur [Unterstreichung im Original] objektiv durchgeführt. Eben weil ich keinen Unterschied zwischen Deutschen und Polen machte, war ich als Polenfreund bekannt."[278] Zwar lässt seine Personalakte kaum Einblicke in die konkrete Tätigkeiten in Polen zu, zieht man allerdings den zuvor skizzierten Kontext kriminalpolizeilicher Arbeit in Łódź in Betracht, erscheinen die Aussagen von Fritsch zumindest zweifelhaft - zumal er nach eigenen Angaben auch im Ghetto von Łódź eingesetzt worden war. Fritsch selber stieg nach der nationalsozialistischen Machtübernahme in der Karriereleiter auf, was eine kritische Haltung gegenüber der deutschen Besatzungspolitik eher unglaubwürdig erscheinen lässt. Noch nach seiner Versetzung nach Polen im Dezember 1939 wurde er zum Kriminalsekretär ernannt und im April 1942 zum Kriminalobersekretär befördert. 1948 verfasste er eine Schrift, in der er verschiedene „Verbrechertypen" skizzierte und sich dabei explizit auf Robert Heindl und seine Definition von „Berufsverbrechern" bezog, denen aufgrund ihrer „Gefährlichkeit" „der Kampf der Polizei an erster Stelle" gelten müsse.[279]

Die in den vorangegangenen Kapiteln skizzierten Formen der „vorbeugenden Verbrechensbekämpfung" in den annektierten und besetzten Gebieten bleiben lückenhaft. Gerade die Frage, auf welcher Basis etwa Italiener und Niederländer als „Berufsverbrecher" in den deutschen Konzentrationslagern landeten, konnte nicht abschließend beantwortet werden. Möglicherweise handelte es sich zumindest in einigen Fällen um Kriegsgefangene und andere ausländische Staatsangehörige, die in Deutschland straffällig geworden und von der Kriminalpolizei verfolgt worden waren.[280] So waren z. B. zwei gebürtige Italiener 1943 von der Münchner

278 Lebenslauf Hugo Fritsch vom 12. 7. 1945, in: Personalakte Hugo Fritsch, Staatsarchiv HH, 331-8, Nr. 550, Bl. 8.

279 Hugo Fritsch, Arten und Arbeit der Verbrecher, 24. 11. 1948, in: Personalakte Hugo Fritsch, Staatsarchiv HH, 331-8, Nr. 550, Bl. 39.

280 Zur (Straf-)Verfolgung von Zwangsarbeitern durch die Kriminalpolizei vgl. Wagner, Volksgemeinschaft ohne Verbrecher, S. 311. Die Kriminalisierung von Nicht-Deutschen zeigt sich auch anhand der Zusammensetzung in den Haftanstalten. So verweist de Pasquale in Bezug auf die Häftlinge im Zuchthaus Brandenburg auf Ausländer aus Ost- und Westeuropa, de Pasquale, Zwischen Resozialisierung und „Ausmerze", S. 187.

Kriminalpolizei festgenommen worden.[281] Möglich sind auch Umkategorisierungen aufgrund von Vorfällen in den Lagern selber. Dies könnte auf die 59 Italiener zutreffen, die am 24. Dezember 1943 vom KZ Flossenbürg nach Oranienburg überstellt wurden.[282] Alle waren zunächst als „Schutzhäftlinge“, im KZ Sachsenhausen aber als „BVer“ registriert worden.

281 Diesbezügliche Recherchen im Staatsarchiv München blieben erfolglos, da die Akten der Kriminalpolizei von 1943 nicht mehr erhalten sind (Korrespondenz mit Andreas Nestl vom 12. 11. 2013).

282 Zugangsliste vom 24. 12. 1943 (Transport vom K. L. Flossenbürg), FSB-Archiv Moskau, N-19092/Tom 100, Bl. 46, zit. n. AS, JSU 1/100, Bl. 46. Die Liste enthält den Vermerk „Berichtigungen, 59 Italiener und 1 Deutscher sind umzustellen“.

IV. Verhaftungsaktionen und Einlieferungen in das KZ Sachsenhausen

4.1. Erste „Berufsverbrecher" in der Aufbauphase

Am 12. Juli 1936 wurden 50 Häftlinge aus dem Emslandlager Esterwegen in die brandenburgische Kleinstadt Oranienburg gebracht – sie sollten dort das Konzentrationslager Sachsenhausen am Stadtrand errichten.[1] Unter Beteiligung von regionalen Firmen und zivilen Arbeitern begannen sie ab Ende Juli mit der Abholzung des Kiefernwaldes und dem Aufbau von ersten Wohnbaracken und Zweckgebäuden. Über ein halbes Jahr lang mussten die Häftlinge ohne fließendes Wasser und Toiletten auskommen. Ende 1936 waren 18 Baracken fertiggestellt, die sofort belegt wurden, obwohl noch keine funktionstüchtige Kanalisation vorhanden war.[2] In den folgenden Monaten ließ die SS die Gefangenen weitere Gebäude errichten, wie der in Ostpreußen geborene Franz W. vor der Hamburger Mordkommission 1961 schilderte: „In der ersten Zeit arbeitete ich aber auch beim Aufbau des Lagers mit, denn zur Zeit meiner dortigen Einlieferung standen dort erst wenige Unterkunfte."[3] Auf die ersten Gefangenen folgten bis Jahresende weitere Transporte, mit denen sich das Oranienburger Lager langsam füllte: Im Zuge der Auflösung des KZ Esterwegen am 21. September 1936[4] kamen etwa 900 Personen aus dem Lager im Emsland nach Sachsenhausen.[5] Wenige Wochen später trafen im Oktober 1936 300 Häftlinge aus dem KZ Lichtenburg ein, und infolge der Schließung des Berliner Lagers Columbiahaus auf dem Flughafengelände in Berlin-Tempelhof erfolgten bis

1 Morsch, Sachsenhausen, S. 25.

2 Ebenda, S. 26–28.

3 Ermittlungen gegen Otto Kaiser, Aussage Franz W. am 18. 7. 1961, Staatsanwaltschaft Köln 24 KS 1/64 (Z)/XXI, Landesarchiv NRW, zit. n. AS, JD 21/25, Bl. 90.

4 Die Auflösung des Konzentrationslagers bedeutete jedoch nicht, dass Esterwegen keine Haftstätte mehr war – vielmehr übernahm die Justiz den Ort als Strafgefangenenlager, vgl. Erich Kosthorst/Bernd Walter, Konzentrations- und Strafgefangenenlager im Emsland 1933–1945. Zum Verhältnis von NS-Regime und Justiz. Darstellung und Dokumentation, Düsseldorf 1985; Habbo Knoch, „Stupider Willkür ausgeliefert". Organisationsformen und Gewaltpraktiken in den emsländischen Konzentrations- und Strafgefangenenlagern 1933–1940, in: Kaienburg (Hrsg.), Existenzbedingungen, S. 25–51; Habbo Knoch, Die Emslandlager 1933–1945, in: Benz/Distel (Hrsg.), Der Ort des Terrors, Bd. 1, S. 532–570.

5 Morsch, Sachsenhausen, S. 45–47.

November desselben Jahres weitere Überstellungen nach Oranienburg.[6] Obwohl der Zeitpunkt der einzelnen Transporte bekannt ist, lassen sich über die Anzahl und Zusammensetzung der Häftlinge im neu errichteten KZ Sachsenhausen erst ab dem 20. November 1936 zuverlässige Aussagen treffen.[7] Anhand der Unterlagen der Lager-SS konnten für diese Studie 51 Personen namentlich ermittelt werden, die zwischen August und dem 31. Dezember 1936 als „Berufsverbrecher" bzw. Vorbeugehäftlinge nach Sachsenhausen kamen. Für den Zeitraum zwischen dem 9. Januar und 6. März 1937 – also noch vor der reichsweiten „Märzaktion"[8] – lassen sich weitere 39 „Berufsverbrecher" nachweisen.[9] Die Statistik der Lagerleitung listet für den 1. Januar 1937 insgesamt 1006 Schutzhäftlinge sowie 541 Vorbeugehäftlinge, darunter vier Juden, auf.[10]

Da nicht viele Dokumente über diese frühe Phase des Lagers vorhanden sind, ist auch über die Existenzbedingungen der ersten „Berufsverbrecher" nur wenig bekannt. Eine seltene Quelle stellt der Erinnerungsbericht des ehemaligen Vorbeugehäftlings August C. dar, der im Sommer 1936 vom KZ Esterwegen nach Sachsenhausen überstellt worden war.[11] C. macht zur Aufbauphase allerdings nur knappe Angaben. Er hebt insbesondere die seiner Ansicht nach im Vergleich zu späteren Zeiten gute Verpflegung hervor: „Die ersten 250 Mann hatten es gut, je Tag 1 Brot zu 1 Kilo, dazu häufig Fett, Fleisch, Marmelade oder Honig."[12] Lebensmittel nehmen in den Erinnerungen von C. wie bei vielen anderen Überlebenden, die in den Lagern an Hunger leiden mussten, einen großen Raum ein. Seine „positive" Rückerinnerung an die ersten Jahre muss sicherlich vor dem Hintergrund seiner späteren Erfahrungen in Lagerhaft interpretiert werden. Tatsächlich

6 Ebenda, S. 48 f.

7 Ebenda, S. 49; Veränderungszettel KL Sachsenhausen, BLHA, Rep. 35 H KZ Sachsenhausen Nr. 2, AS, D 30 A/2.

8 Vgl. zur Märzaktion auch Sven Langhammer, Die polizeiliche Vorbeugungshaft in Preußen 1933–1937. Am Beispiel des staatlichen Konzentrationslagers Lichtenburg in der Provinz Sachsen, Halle 2005 (unveröff. Magisterarbeit).

9 Zu berücksichtigen ist allerdings, dass aus dieser Gruppe 20 Personen zwischen Dezember 1936 und März 1937 zumindest zeitweise nicht im Lager waren, da sie entweder überführt worden waren, einen Fluchtversuch unternommen hatten oder bereits entlassen wurden.

10 Morsch, Sachsenhausen, S. 56; Danckwortt, Jüdische „Schutzhäftlinge", S. 156. Die Autorin bezieht sich auf die Veränderungsmitteilung vom 12. Februar 1937, Veränderungszettel KL Sachsenhausen, BLHA, Rep. 35H KZ Sachsenhausen Nr. 2; AS, D 30 A/2, Bd. 2, Bl. 3.

11 Erinnerungen aus den Konzentrationslagern Esterwegen-Sachsenhausen bei Berlin, Archiv der Stadt Celle (StA Celle), Best. S 2, Nr. 178, Bl. 1–47, hier Bl. 1, zit. n. AS, P3-Akte August C.

12 Bericht des August C. über die Konzentrationslager Esterwegen (1936) und Sachsenhausen (1936–1940) vom 30. 5. 1945, StA Celle, Best. 5 0 119, zit. n. AS, P3-Akte August C., Bl. 5.

Erinnerungsbericht von August C. *Stadtarchiv Celle, Best. 5 0 119.*

verringerte die SS nach Kriegsbeginn die Essensrationen an die Häftlinge, und massenhafter Hunger erlangte als Begleiterscheinung der Haft im KZ Sachsenhausen erst in diesen Jahren eine große Bedeutung.[13]

In den Quellen finden sich vereinzelt Hinweise auf soziale Beziehungen zwischen den Häftlingen in dieser frühen Phase. So erwähnte Fritz B. in einer Aussage vor dem Hamburger Landgericht 1963, dass sich unter den ersten „Berufsverbrechern" mehrere Personen befanden, die sich bereits aus dem KZ Esterwegen kannten und deren Haftwege sich in den folgenden Jahren auch in anderen Lagern kreuzten.[14] Solche längeren Bekanntschaften könnten in den ersten Jahren

13 Vgl. Kaienburg, Die Systematisierung der Gewalt, S. 70.

14 Aussage von Fritz B. vor dem Landgericht Hamburg am 5. 2. 1963, Archiv Fritz Bauer Institut, Signatur 4 KS 2/63, Bl. 14432–35.

zu einer Art Klientelismus unter den Häftlingen beigetragen haben. Dies galt sicherlich nicht nur für die „Stammbelegschaften" der politischen Häftlinge aus Esterwegen, die sich im KZ Sachsenhausen wieder trafen.[15] Zu Beginn lebten und arbeiteten die Häftlinge zudem nach Haftgruppen getrennt voneinander.[16] Dies erklärte auch der als „Berufsverbrecher" inhaftierte Albert S. während einer Vernehmung im Kontext der Ermittlungen gegen ehemalige Blockführer: „Während wir Häftlinge mit dem grünen Winkel auf der rechten Lagerseite wohnten (vom Lagereingang aus gesehen), waren die politischen Häftlinge auf der linken Seite in den Blocks untergebracht."[17] Bruno R. berichtete als Zeuge in einem weiteren Verfahren gegen SS-Personal, dass auch 1939 noch eigene Blocks für Vorbeugehäftlinge existierten.[18] Jüdische Vorbeugehäftlinge wurden nicht wie die anderen Juden zu diesem Zeitpunkt in der Baracke 7, sondern in den „grünen" Blocks 1–3 und 5 untergebracht.[19]

Alle im Folgenden vorgestellten „Berufsverbrecher", die vor dem 9. März 1937 in ein Konzentrationslager eingeliefert worden waren, gelangten auf Basis der ersten Erlasse in Vorbeugehaft. Es ist deshalb anzunehmen, dass sie den lokalen Polizeibehörden seit einiger Zeit bekannt waren und über längere Vorstrafenregister verfügten, wie es die frühen Vorschriften verlangten.[20] Bei den Recherchen für diese Studie konnte lediglich eine Person identifiziert werden, die auf Basis der „Ausnahmeregelung" – ohne die in der Regel vorgeschriebenen drei Vorstrafen – des preußischen Erlasses von November 1933 inhaftiert worden war.[21] Es

15 Naujoks, Mein Leben im KZ Sachsenhausen, S. 30; vgl. zu den politischen Häftlingen, die aus dem KZ Esterwegen nach Sachsenhausen kamen, auch Morsch, Sachsenhausen, S. 57–62.

16 Naujoks, Mein Leben im KZ Sachsenhausen, S. 43 und S. 52; Morsch, Sachsenhausen – ein neuer Lagertypus?, S. 818. Solche räumlichen Trennungen nach Haftgruppen existierten zu diesem Zeitpunkt auch in anderen Lagern. So gab es im KZ Moringen ab März 1937 eine eigene Abteilung für „Berufsverbrecherinnen", vgl. Hörath, Experimente zur Kontrolle und Repression, S. 404.

17 Zeugenvernehmung von Albert S. am 1. 3. 1967, Staatsanwaltschaft beim Landgericht Köln, 24 Ks 2/68 (Z), Bd. XXXIX, Landesarchiv NRW, zit. n. AS, JD 31/33, Bl. 97–99, hier Bl. 99.

18 Zeugenvernehmung von Bruno R. am 13. 3. 1956, Staatsanwaltschaft Bonn, 8 Ks 1/58 (Sorge/ Schubert)/V, Teil 2, Landesarchiv NRW, zit. n. AS, JD 2/8, Bl. 118–123, hier Bl. 118.

19 Danckwortt, Jüdische „Schutzhäftlinge", S. 156; Morsch, Sachsenhausen, S. 68.

20 Diese Annahme bestätigen auch die von Hörath untersuchten Fallbeispiele von Personen, die auf Basis des preußischen Erlasses inhaftiert worden waren. Anders verhielt es sich offenbar bei den in Baden Festgenommenen. Mindestens vier der acht von Hörath untersuchten Fälle von Personen, die in Baden in Vorbeugehaft genommen wurden, erfüllten die in Preußen geltenden Bestimmungen (drei Vorstrafen von je mindestens sechs Monaten) nicht, vgl. Hörath, Experimente zur Kontrolle und Repression, S. 470 ff. und S. 493.

21 Vgl. zu den Bestimmungen Kapitel 3.2.1.

handelt sich um den bereits genannten Hans Grans, gegen den am 14. Dezember 1936 Vorbeugehaft als „Gemeingefährlicher“ angeordnet wurde, obwohl gegen ihn nicht die erforderliche Anzahl von Vorstrafen verhängt worden war. Grans war 1922 zweimal zu je drei Monaten Haft und 1926 zu zwölf Jahren Zuchthaus verurteilt worden.[22]

Wagner argumentiert, dass in den ersten Jahren für die regionalen Kriminalpolizeibehörden noch nicht zwangsläufig ein dauerhaftes „Wegsperren“ im Vordergrund stand.[23] Auch Morsch erwähnt, dass es in dieser frühen Phase zahlreiche Entlassungen von „Berufsverbrechern“ gab.[24] Tatsächlich befürworteten Kriminalpolizisten in einigen der vorliegenden Fälle auch nach der Zentralisierung des Polizeiapparates 1936/37 gegenüber dem RKPA die Freilassung einzelner „Berufsverbrecher“ und begründeten dies mit einem durch die Konzentrationslagerhaft erlangten „Erziehungseffekt“ auf den Delinquenten. Die vorliegenden Beispiele zeigen aber dennoch, dass die Vorbeugehaft von Beginn an keineswegs generell befristet war, wie die häufige Verwendung des Begriffs „Befristete Vorbeugehäftlinge“ suggeriert.[25] Von den 51 namentlich bekannten „Berufsverbrechern“, die im Verlauf des Jahres 1936 in das KZ Sachsenhausen verbracht wurden, blieben mindestens fünf bis 1938, einer bis 1939 und 13 bis 1940 und darüber hinaus in einem Konzentrationslager. Für 13 weitere Personen liegen neben dem Einlieferungsdatum keine weiteren Angaben vor, 15 „Berufsverbrecher“ wurden 1937 nach Buchenwald überstellt. Einer verstarb 1938, und lediglich bei drei Personen lässt sich eine vergleichsweise kurze KZ-Haft bis 1937 nachweisen. In der zweiten Personengruppe, also den 39 „Berufsverbrechern“, die zwischen dem 9. Januar und dem 6. März 1937 in das KZ Sachsenhausen kamen, blieben 14 nachweislich über 1940 hinaus in KZ-Haft, einer befand sich bis mindestens 1938 im Lager, einer bis 1939 und drei „Berufsverbrecher“ verstarben im Lager. Für 20 Personen liegen keine über das Jahr 1937 hinausgehenden Informationen vor. Nun ist bei diesen Zahlen zu berücksichtigen, dass es sich nur um ein kleines Sample handelt. Da nicht bei allen Personen eventuelle Haftzeiten in weiteren Konzentrationslagern überprüft werden konnten, ist es aber zumindest möglich, dass eine deutlich größere Anzahl von den auf Basis der ersten Erlasse inhaftierten „Berufsverbrechern“ mehrere Jahre in KZ-Haft verblieb. Auch bedeuteten einzelne Entlassungen nicht zwangsläufig eine Rückkehr in die Freiheit, da die SS in ihren Unterlagen mitunter Überstellungen in andere Konzentrationslager und Haftanstalten ebenso als „Entlassungen“ vermerkte.

22 Vgl. zu Hans Grans Kapitel 2.4.2.

23 Wagner, Volksgemeinschaft ohne Verbrecher, S. 201.

24 Morsch, Sachsenhausen – ein neuer Lagertypus?, S. 818.

25 Vgl. zur Diskussion des Begriffs Kapitel 1.1.

Das folgende Beispiel von Ferdinand Buchholz zeigt, dass schon in der frühen Phase der vorbeugenden Verbrechensbekämpfung einzelne Kriminalpolizisten die Praxis befürworteten, „Berufsverbrecher" unbefristet in ein Lager einzuweisen, auch wenn die letzte Verurteilung auf einem vergleichsweise geringen Delikt beruhte. Dabei spielte die zuvor erwähnte „Konkurrenz" zum Instrument der Sicherungsverwahrung eine entscheidende Rolle.[26] Am 16. Juli 1935 nahm die Kölner Kriminalpolizei Ferdinand Buchholz auf Basis des ersten preußischen Erlasses von 1933 in Vorbeugehaft, die zunächst im KZ Esterwegen vollstreckt wurde.[27] Zu diesem Zeitpunkt acht Mal überwiegend wegen Eigentumsdelikten vorbestraft, war Buchholz im Juni 1934 das letzte Mal wegen eines Fahrraddiebstahls mit dem Gesetz in Konflikt geraten und am 11. September desselben Jahres deshalb zu einem Jahr Zuchthaus verurteilt worden. Die Tatsache, dass das Gericht von einer Verhängung der Sicherungsverwahrung absah, veranlasste den verantwortlichen Kölner Kriminalbeamten nach Buchholz' Entlassung zu folgender Stellungnahme:

> „Richtiger wäre es jedenfalls gewesen, einen solchen Verbrecher wie Buchholz auf längere Zeit unschädlich zu machen, denn Leute seines Schlages scheuen gerade diese erfahrungsgemäß mehr wie das Feuer. Unter Bezugnahme auf vorstehende Ausführungen bitte ich zu prüfen, ob die Unterbringung des Buchholz in vorbeugende Polizeihaft nicht doch angebracht erscheint."[28]

Der Beamte führte in dem über Buchholz gefertigten kriminellen Lebenslauf an, dass dieser mit einer „Dirne" verheiratet sei, woraus er schloss: „In seiner Ehe wird Buchholz nie den nötigen Rückhalt zu einem einwandfreien Lebenswandel finden." Nachdem die Kriminalpolizei die Vorbeugehaft angeordnet hatte, wandte sich Buchholz persönlich mit der Bitte um Freilassung an den Kölner Polizeipräsidenten, wobei er sich auf eine „Geisteskrankheit" berief, die vor Gericht dazu geführt habe, dass er nicht in Sicherungsverwahrung genommen worden sei. Diese Eingabe nützte ihm jedoch nichts, eine Freilassung von Buchholz, der am 16. Januar 1935 vom Bonner Erbgesundheitsgericht auf Basis des GzVeN wegen „Schwachsinns" sterilisiert worden war, erfolgte nicht. Zwar befürwortete die Kölner Kriminalpolizeileitstelle am 3. August 1938 seine Entlassung aus der Vorbeugehaft, das RKPA lehnte dies jedoch ab. Mehrere Gnadengesuche seines Vaters, der

26 Vgl. Kapitel 3.1.

27 Anordnung der Vorbeugehaft vom 16. Juli 1935, in: Vorbeugehaftakte Ferdinand Buchholz, Landesarchiv NRW, BR 2034, VHI-20, Bl. 12.

28 Vorschlag auf Verhängung von Vorbeugehaft gegen Ferdinand Buchholz vom 15. 6. 1935, in: Vorbeugehaftakte Ferdinand Buchholz, Landesarchiv NRW, BR 2034, VHI-20, Bl. 3 f.

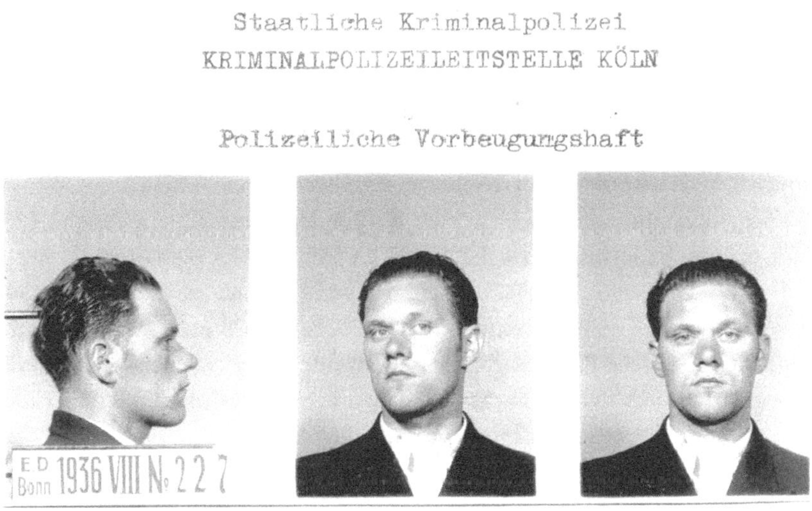

Auszug aus der kriminalpolizeilichen Vorbeugehaftakte Peter H.
Landesarchiv NRW-Abteilung Rheinland - BR 2034 Nr. 0VH I 45.

angab, seinem Sohn zu einer Arbeitsstelle verhelfen zu können, blieben ebenfalls erfolglos, sodass sich Buchholz bis zu seinem Tod am 13. Februar 1945 im KZ Sachsenhausen befand.[29]

Auch im Fall von Peter H., der im „kriminellen Lebenslauf" vom August 1936 als „unverbesserlicher Dieb"[30] bezeichnet wurde, schien die Kriminalpolizei zunächst nicht von einer möglichen Rückeingliederung in die „Volksgemeinschaft" und damit einer Befristung der Vorbeugehaft auszugehen. Peter H. hatte bereits vom 6. Juli bis 12. November 1934 unter planmäßiger Überwachung gestanden. Aufgrund einer Übertretung der Auflagen wurde er 1934 kurzfristig von der Kriminalpolizei inhaftiert, kam jedoch nicht in Vorbeugehaft, da er infolge eines laufenden Verfahrens am 28. Januar 1935 zu einem Jahr Zuchthaus verurteilt wurde. H. wies 1936 dreizehn Vorstrafen auf, überwiegend wegen Diebstahls, aber auch wegen „Bettelei". Im Anschluss an seine verbüßte Strafhaft nahm ihn die Bonner Kriminalpolizeistelle schließlich am 5. August 1936 in Vorbeugehaft, die ab dem 14. Oktober desselben Jahres im KZ Sachsenhausen vollstreckt wurde. In dem „kriminellen Lebenslauf" der Haftakte wird auf eine problematische familiäre Situation verwiesen. H. sei „infolge schlechter Erziehung" mit 16 Jahren in

29 AS, Sonderstandesamt Arolsen, Abteilung Sachsenhausen, Nr. 409/1954 (II), Bl. 409.

30 Krimineller Lebenslauf vom 5. 8. 1936, in: Vorbeugehaftakte Peter H., Landesarchiv NRW, BR 2034, VHI-45, Bl. 16.

Fürsorgeerziehung geraten und habe Umgang mit anderen Zöglingen gehabt. Der zuständige Beamte kam zu dem Schluss, H. sei „durch diese Umstände straffällig“ geworden.[31] Seine Eltern setzten sich jedoch in den folgenden Jahren für ihren Sohn ein. Bereits am 20. August 1936 wendete sich H.s Mutter mit einem Gnadengesuch an die Polizeistelle. Diese erklärte eine Inhaftnahme aber für weiterhin erforderlich, da ihr Sohn „eine Gefahr für die Allgemeinheit“ darstelle.[32]

Knapp drei Jahre später befürwortete die Bonner Kriminalpolizei im Juli 1939 erstmals seine Entlassung, über die das RKPA jedoch abschlägig beschied. Während die Bonner Stelle auf ein Gnadengesuch von H.s Vater am 29. Oktober 1941 gegenüber dem RKPA erklärte, „der seit dem 5. 8. 1936 in polizeilicher Vorbeugungshaft befindliche Peter H. dürfte wohl inzwischen gelernt haben, sich in die nationalsozialistische Volksgemeinschaft einzufügen und wird im Fall seiner Entlassung wohl bestrebt sein, nicht mehr rückfällig zu werden“,[33] lehnte das RKPA erneut ab. Begründet wurde dies gegenüber dem Vater damit, dass „das Verhalten ihres Sohnes im Arbeits- und Besserungslager noch nicht die Gewähr für eine künftig einwandfreie Lebensführung“ biete.[34] H. blieb bis zu seiner Überstellung in das SS-Sonderkommando Dirlewanger am 19. Mai 1944 in Vorbeugehaft.[35] Im KZ Sachsenhausen war er im Dezember 1941 im Außenlager Klinkerwerk eingesetzt.[36] Von März bis Juni 1943 wies ihn die SS in das Schuhläuferkommando der Strafkompanie ein, da er laut Strafverfügung für einen anderen Häftling einen Brief aus dem Lager herausgeschmuggelt habe.[37]

Insbesondere in den ersten Jahren der nationalsozialistischen Herrschaft gab es noch punktuell Überschneidungen bei der Kategorisierung der Schutzhäftlinge und Vorbeugehäftlinge in den Lagern. Dies rührte zum einen daher, dass schon ab 1933 in einigen Ländern die Schutzhaft auf Personen ausgedehnt wurde, die in den folgenden Monaten und Jahren mittels Vorbeugehaft inhaftiert

31 Ebenda, Bl. 35.

32 Schreiben der Bonner Polizeistelle, in: Vorbeugehaftakte Peter H., Landesarchiv NRW, BR 2034, VHI-45a, Bl. 45.

33 Schreiben der Bonner Polizei an die Kripoleitstelle Köln vom 29. 10. 1941, in: Vorbeugehaftakte Peter H., Landesarchiv NRW, BR 2034, VHI-45a, Bl. 46.

34 Schreiben des RKPA vom 2. 12. 1941, in: Vorbeugehaftakte Peter H., Landesarchiv NRW, BR 2034, VHI-45a, Bl. 47.

35 Namensverzeichnis des SS-Sonderkommando Dirlewanger vom 19. 5. 1944, RGWA, 1367/1/7, Bl. 2, zit. n. AS, D 1 A, 1007, Bl. 2.

36 Effektenkammerschein vom 11. 12. 1941, RGWA, 1367/1/39, Bl. 281, zit. n. AS, D 1 A/1039, Bl. 281.

37 Strafverfügung gegen Peter H., Archiv BStU, AV 2/87, Bd. 3, Bl. 331.

wurden.[38] Zum anderen wurden in den ersten Jahren vor der Zentralisierung der Kriminalpolizei selbst in offiziellen Dokumenten und Verlautbarungen führender Polizisten die Begriffe „Schutzhaft" und „Vorbeugehaft" teilweise synonym verwendet.[39] Auch Überlebende machten nach Kriegsende bisweilen widersprüchliche Angaben. So erklärte Fritz B. vor dem Hamburger Landgericht im Februar 1963, im März 1935 in Schutzhaft genommen worden zu sein, weil er trotz Warnungen der Gestapo weiterhin bei einer Firma mit jüdischen Inhabern tätig gewesen sei.[40] Inwiefern es sich hier um eine Schutzbehauptung handelte, um vor Gericht nicht neuerlich als „Berufsverbrecher" diskriminiert zu werden, lässt sich nicht feststellen. Nach eigenen Angaben musste B. aber bereits in Esterwegen den „grünen Winkel" tragen. Aus dem KZ Sachsenhausen liegen keine Unterlagen vor, sodass nicht nachgewiesen werden kann, unter welcher Kategorie er dort geführt wurde. Allerdings gehörte der in Mühlheim geborene B. der Gruppe der ersten 30 Funktionshäftlinge im KZ Auschwitz an, die im Mai 1940 aus Oranienburg in das neu aufzubauende Lager überstellt wurden. Es handelte sich ausnahmslos um Häftlinge, die im KZ Sachsenhausen als „Berufsverbrecher" kategorisiert worden waren. B. blieb bis zu seiner Eingliederung in die SS-Division Dirlewanger 1944 in Konzentrationslagerhaft. Nach der Befreiung war er als Hafenarbeiter in Bremen tätig und belastete im Rahmen des Auschwitz-Prozesses mehrere ehemalige SS-Angehörige sowie andere Funktionshäftlinge schwer.[41]

Eindeutiger scheint der Fall eines Duisburger Bierkutschers zu sein, der in verschiedenen Lagern sowohl als Schutzhäftling als auch als Vorbeugehäftling registriert wurde. Hubert B. geriet bereits im November 1933 auf Basis des ersten Erlasses im Rahmen der vorbeugenden Verbrechensbekämpfung in Haft. Seine Wohnung gleiche einer „Verbrecherzentrale", so die Kriminalpolizei.[42] B. wurde

38 Hörath, Experimente zur Kontrolle und Repression, S. 442 ff.

39 Vgl. Kapitel 3.2.1.

40 Aussage von Fritz B. im Rahmen der Ermittlungen zum Frankfurter Auschwitzprozess, Archiv Fritz Bauer Institut, 4 KS 2/63, Bd. 33, Bl. 5687–5696.

41 Kazimierz Albin schreibt in seinen Erinnerungen zwar, dass B., der im Konzentrationslager Auschwitz als „guter Kapo" gegolten habe und von anderen Häftlingen „Mütterchen" genannt worden sei, 1941 entlassen wurde. Kazimierz Albin, Steckbrieflich gesucht, Oświęcim 2008, S. 82. Aus dem sogenannten Bunkerbuch des Lagers geht allerdings hervor, dass B. zwischen dem 21. und 24. 4. 1943 von der SS in den Bunker (Zellenbau) des KZ Auschwitz eingewiesen worden war. Vgl. Bunkerbuch, Archiv Memorial und Museum Auschwitz, D-Au I-3/2, Nr. 29637, Bl. 3.

42 Krimineller Lebenslauf, in: Vorbeugehaftakte Hubert B., Landesarchiv NRW, BR 1111, Nr. 63, Bl. 7.

zunächst im KZ Lichtenburg als Schutzhäftling geführt und kam von dort über das KZ Esterwegen 1936 nach Sachsenhausen. Dort listete die Lagerleitung ihn als „Berufsverbrecher" und Vorbeugehäftling.[43] B. verkörperte für die Duisburger Kriminalpolizei scheinbar den Idealtypus des „Berufsverbrechers" im Heindlschen Sinne, denn die gegen ihn verhängte Vorbeugehaft wurde am 4. September 1934 gegenüber der Ehefrau mit folgenden Worten gerechtfertigt:

> „Die Inhaftnahme ihres Ehemannes, Hubert B., ist auf Grund des § 1 der Verordnung des Herrn Reichspräsidenten zum Schutz von Volk und Staat vom 28. 2. 1933 (R.G.Bl. I. S. 83) erfolgt, weil er durch die von ihm ausgeführten Vergehen und Verbrechen als Volksschädling (Berufsverbrecher) anzusehen ist. Nach dem Ergebnis der angestellten Ermittlungen hat er zum grössten Teil aus den Erlösen begangener Straftaten seinen Lebensunterhalt bestritten. Seine Inhaftierung war daher gerechtfertigt. Eine Freilassung kommt zur Zeit nicht in Frage."[44]

Während zahlreiche Eingaben und Gnadengesuche der Ehefrau des B., die sie u. a. mit ihrem schlechten Gesundheitszustand begründete, zunächst ergebnislos blieben, sahen die zuständigen Beamten nach einigen Jahren offenbar ihr kriminalpolitisches Ziel als erreicht an. Der 13-mal vorbestrafte Bierkutscher B. wurde schließlich im August 1938 mit der Begründung entlassen, es könne davon ausgegangen werden, „[...] daß der langjährige Aufenthalt im Konzentrationslager nicht ohne Einfluß geblieben ist und B. unter dem gelinden Druck der pol. Planm. Überwachung sein Leben auf gesetzmäßiger Grundlage gestellt hat und gewillt ist, fernerhin nicht mehr mit dem Strafgesetz in Konflikt zu geraten".[45]

Er stand noch bis zum Februar 1941 unter planmäßiger Überwachung, damit „ihm durch diese die Gelegenheit genommen wird, in sein früheres asoziales Leben zurückzufallen", so der Wortlaut in der Anordnung der Duisburger Beamten vom 29. August 1938.[46] Die Auflagen beinhalteten folgende Verbote: das Verlassen des Wohn- oder Aufenthaltsortes ohne vorherige polizeiliche Erlaubnis sowie den

43 Veränderungsmeldung Effektenverwaltung „entlassen" vom 27. 8. 1938, RGWA, 1367/1/20, Bl. 215, zit. n. AS, D 1 A/1020, Bl. 349; Anweisung der Politischen Abteilung „zu entlassen" vom 25. 8. 1938, RGWA, 1367/1/15, Bl. 231, zit. n. AS, D 1 A/1015, Bl. 231.

44 Schreiben des Regierungspräsidenten vom 4. 9. 1934, in: Vorbeugehaftakte Hubert B., Landesarchiv NRW, BR 1111, Nr. 63, Bl. 11.

45 Krimineller Lebenslauf der Kriminalpolizei Duisburg vom 29. 8. 1938, in: Vorbeugehaftakte Hubert B., Landesarchiv NRW, BR 1111, Nr. 63, Bl. 41.

46 Anordnung zur planmäßigen Überwachung vom 29. 8. 1938, in: Vorbeugehaftakte Hubert B., Landesarchiv NRW, BR 1111, Nr. 63.

Aufenthalt zur Nachtzeit außerhalb der polizeilich gemeldeten Wohnung. Zudem musste er einen Haustürschlüssel bei der Kriminalpolizeistelle abgeben.[47] Offenbar blieb B. nach seiner Entlassung in Freiheit, zumindest gab er in einem Ende der 1950er-Jahre geführten Ermittlungsverfahren gegen Gustav Sorge und Wilhelm Schubert an, er sei von 1933 bis 1938 in verschiedenen Lagern inhaftiert gewesen.[48] B. behauptete 1957 während einer Zeugenvernehmung, er sei 1933 wegen seiner „damaligen konträren Einstellung gegenüber dem Naziregime" festgenommen worden.[49]

Auch Wagner nennt den Fall B. in seiner Untersuchung. Er geht davon aus, dass die ersten in Duisburg festgenommenen „Berufsverbrecher" im illegalen Milieu als integriert galten, bei allen aber die Beweislage nicht für eine reguläre Festnahme ausgereicht habe. Erst die neuen Erlasse ermöglichten es der Kriminalpolizei, zwischen 1934 und 1936 sieben Personen als „Berufsverbrecher" zu inhaftieren, unter ihnen Hubert B., dessen letzte Vorstrafe im Jahr 1931 lag.[50] Gleichwohl hatten sich die zuständigen Beamten in der Vorbeugehaftverfügung gegen B. nicht auf den preußischen Vorbeugehafterlass, sondern die „Schutzhaftverordnung" berufen. Zwar war diese die formale Grundlage für die ersten Erlasse gewesen. Anhand der Vorbeugehaftakten, die nach dem Grunderlass erstellt wurden, kann aber gezeigt werden, dass die Kriminalpolizei ab Dezember 1937 explizit den Grunderlass in den offiziellen Schreiben zur Legitimation der Vorbeugehaft nannte und nicht mehr auf die Schutzhaftverordnung zurückgriff, wie dies bei den zwischen 1934 und Ende 1937 ergangenen Verfügungen häufiger der Fall war.

Manchmal kam es auch aufgrund wechselnder Zuständigkeiten zu einer Vermengung von Schutz- und Vorbeugehaft. So erging gegen den Journalisten Rudolf B. im März 1937 „aus Gründen der Staatssicherheit" zunächst ein Schutzhaftbefehl der Gestapo Berlin, der ab dem 19. Mai desselben Jahres im KZ Sachsenhausen vollstreckt wurde.[51] Am 1. September 1938 vermeldete die politische Abteilung des Lagers seine Umfirmierung von der Kategorie Schutzhäftling in Vorbeugehäftling.[52] In der Vorbeugehaftverfügung der Berliner Kriminalpolizeileitstelle

47 Ebenda.

48 Zeugenvernehmung von Hubert B. am 27. 3. 1956 in Duisburg, Staatsanwaltschaft Bonn, 8 Ks 1/58 (Sorge/Schubert)/IX, Teil 1, Landesarchiv NRW, zit. n. AS, JD 2/15, Bl. 34–37.

49 Zeugenvernehmung von Hubert B. am 21. 2. 1957, Staatsanwaltschaft Bonn, 8 Ks 1/58 (Sorge/Schubert)/XVIII, Landesarchiv NRW, zit. n. AS, JD 2/27, Bl. 61 f., hier Bl. 61.

50 Wagner, Volksgemeinschaft ohne Verbrecher, S. 206 f.

51 Meldung der Politischen Abteilung „Zugang" vom 19. 5. 1937, BLHA, Rep. 35H KZ Sachsenhausen Nr. 32, Bl. 144, zit. n. AS, D 30 A/32, Bl. 144.

52 Veränderungsmitteilung der Effektenverwaltung vom 1. 9. 1939, RGWA, 1367/1/20, Bl. 210, zit. n. AS, D 1 A/1020, Bl. 354.

heißt es dazu: „Die Staatspolizeistelle Berlin hat mit Schreiben vom 23. 8. 1938 um Umwandlung der Schutzhaft in polizeiliche Vorbeugungshaft gebeten, da B. auf Grund seiner Vorstrafen als gefährlicher Berufsverbrecher im Sinne des oben angeführten Erlasses angesprochen werden darf."[53]

Er sei zuvor in Schutzhaft genommen worden war, da er versucht habe, „Anschluss an Künstlerkreise zu bekommen, um dort erneut Betrügereien zu verüben".[54] Tatsächlich beruhten B.s Vorstrafen wegen Betrugs darauf, dass er bereits in den Jahren 1930 und 1933 Schauspielern und Lokalbetreiber für das Versprechen, über sie zu publizieren, Geld abgenommen hatte.[55] B. selber erklärte 1937 über die gegen ihn erhobenen Vorwürfe, dass er Schwierigkeiten gehabt habe, Texte zu publizieren, da er nicht als Mitglied in die Reichsschrifttumskammer aufgenommen worden sei. Er plane einen Band über deutsche Theater und habe sich aus diesem Grunde mit verschiedenen Schauspielern in Verbindung gesetzt und müsse „entschieden bestreiten, während dieser ganzen Tätigkeit [gemeint sind die Recherchen nach seiner Haftentlassung 1936] irgendwelche Geldbeträge von Schauspielern gefordert oder erhalten zu haben, oder mir sonst irgendwelche Vorteile verschafft zu haben."[56]

B.s Bitte nach Entlassung, mit der das undatierte Schreiben endet, blieb ungehört. Erst am 16. März 1942 erfolgte seine Freilassung aus dem KZ Flossenbürg, in das er 1938 überstellt worden war. Dort hatte die SS gegen ihn drei Tage Haft in der Dunkelzelle des Lagers verhängt, weil er sich offenbar geweigert hatte, einen anderen Häftling zu denunzieren. Laut Strafverfügung hatte er „keine Meldung über den V. H. S. [...] gemacht, obwohl er wußte, daß die Jacke aus Bettlagen [sic!] hergestellt war".[57] Das Beispiel des B. zeigt, dass Gestapo und Kriminalpolizei eng miteinander kooperierten und die unterschiedlichen Kompetenzbereiche sich eher ergänzten, als gegeneinander ausgespielt wurden.

53 Staatliche Kriminalpolizei Berlin, Anordnung der polizeilichen Vorbeugungshaft vom 9. 9. 1938, Flossenbürg, 1.1.8.3./6091/0027/ITS Digital Archive, Bad Arolsen.

54 Ebenda.

55 Ebenda, 6091/0029, ITS Digital Archive, Bad Arolsen.

56 Schreiben von Rudolf B. (ohne Datum), Flossenbürg, 1.1.8.3./6091/0040, ITS Digital Archive.

57 Kommandantur des Konzentrationslagers Flossenbürg, Strafverfügung vom 29. 4. 1941, Flossenbürg, 1.1.8.3./6091/0051, ITS Digital Archive.

4.2. Betroffene der reichsweiten Märzaktion von 1937

Infolge der ersten reichsweiten Aktion gegen „Berufsverbrecher" näherte sich die Zahl der Vorbeugehäftlinge im KZ Sachsenhausen 1937 kurzfristig der Zahl der Schutzhäftlinge an: Bereits am 9. März, dem ersten Tag der Verhaftungsaktion, standen 1001 Schutzhäftlinge 995 „Berufsverbrechern" gegenüber.[58] Damit hatte sich die Anzahl der „Berufsverbrecher" fast verdoppelt. Zwischen dem 9. und 13. März kamen mindestens 420 der insgesamt etwa 2000 festgenommenen Personen direkt nach Sachsenhausen.[59] Bezieht man den weiter unten geschilderten Fall von Walter B. mit ein, der am 8. April 1937 als „Zugang" im KZ Sachsenhausen gemeldet wurde,[60] erhöht sich die Anzahl der im Rahmen der Märzaktion Inhaftierten auf 441. Die Bremer Kriminalpolizei hatte B. erst später festgenommen, da er am 9. März krank gewesen sei.[61] Einige von der Märzaktion Betroffenen verblieben nur für kurze Zeit in Sachsenhausen, da die SS wenige Wochen später etwa 600 „Berufsverbrecher" in das KZ Buchenwald überführte, darunter auch im Rahmen der Aktion Eingelieferte.[62]

Da für die Aktion ein Sondererlass Heinrich Himmlers galt und die Kriminalpolizeibehörden sich nicht an die bis dato üblichen Vorgaben bezüglich der Vorstrafen für die Verhängung von Vorbeugehaft halten mussten, konnten nun auch in hohem Maße Personen betroffen sein, die nicht zwangsläufig einschlägig vorbestraft waren. Offenbar stiftete diese vergleichsweise informelle Haftaktion auch in den Verwaltungen der Konzentrationslager Verwirrung. So beschwerte sich der Sachsenhausener Kommandant Hermann Baranowski[63] am 28. April 1938 in einem Telegramm an die Bremer Kriminalpolizei darüber, dass über Walter B.

58 Stärkemeldung KL Sachsenhausen vom 9. 3. 1937, BLHA, Rep. 35H KZ Sachsenhausen Nr. 2, zit. n. AS, D 30 A/2.

59 Sven Langhammer verweist unter Rückgriff auf einen Zeitzeugenbericht darauf, dass die Aktion möglicherweise bis auf den 17. 3. ausgedehnt wurde. Er zählt deshalb 440 Vorbeugehäftlinge, die zwischen dem 9. und 17. März 1937 im KZ Sachsenhausen eingeliefert wurden, vgl. Langhammer, Die reichsweite Verhaftungsaktion, S. 75, vgl. zu den Zahlen auch Morsch, Sachsenhausen – ein neuer Lagertypus?, S. 816.

60 Veränderungszettel „Zugänge und Abgänge" vom 8. 4. 1937, RGWA, 1367/1/16, Bl. 281, zit. n. AS, D 1 A/1016, Bl. 134.

61 Schreiben der Kriminalpolizeileitstelle Bremen an die Kommandantur des KZ Sachsenhausen, 1938, Flossenbürg, 1.1.8.3./3038/0007, ITS Digital Archive, Bad Arolsen.

62 Langhammer, Die reichsweite Verhaftungsaktion, S. 75.

63 Der 1884 in Schwerin geborene Hermann Baranowski war ab 1936 Kommandant im KZ Lichtenburg und Schutzhaftlagerführer im KZ Dachau, bis er von Mai bis September 1938 als Kommandant in Sachsenhausen eingesetzt wurde. 1940 starb er nach längerer Krankheit in Aue.

„kein Vorgang eingegangen“ sei, der aber „dringend benötigt“ werde.[64] Kriminaldirektor Bollmann antwortete nur einen Tag später: „Die Festnahme der beiden Berufsverbrecher erfolgte jedoch auf Grund der oben angeführten Anordnung des Preußischen Landeskriminalpolizeiamtes, wofür in diesem Fall keine weitere Begründung erforderlich war.“[65] Es handelte sich neben Walter B. um Karl S., über den keine weiteren Angaben vorliegen.

Zum ersten Mal war B. im Alter von 23 Jahren wegen „unerlaubtem Handel mit Kokain“ bestraft worden. Sein Vorstrafenregister wies im März 1937 insgesamt acht Verurteilungen aus den Jahren 1922 bis 1935 auf, überwiegend wegen Diebstahls und Hehlerei. Er entsprach somit durchaus dem typischen „Berufsverbrecher“. Als die Bremer Kriminalpolizei den gelernten Drogisten in Vorbeugehaft nahm, war er allerdings als Arbeiter auf dem Baugelände der Fliegergruppe in Rotenburg tätig. Formal fiel er damit nicht unter die zu verhaftende Klientel, da der Erlass für die Märzaktion vorsah, dass die Person sich nicht in einem festen Arbeitsverhältnis befinden sollte.[66] Dies bemängelte das RKPA im Mai 1939 in einem Schreiben an die Kommandantur des KZ Flossenbürg: „Die Festnahme durch die Kriminalpolizeileitstelle Bremen erfolgte insofern zu Unrecht, als B. nicht direkt arbeitslos war.“[67] Diese Feststellung half dem Betroffenen indes nichts, ebenso wenig die günstige Beurteilung der Strafanstalt in Vechta, deren Direktor ihn als „bescheiden und zuvorkommend“ beschrieben hatte. Bereits nach etwa einem Jahr Vorbeugehaft im KZ Sachsenhausen hatte der dortige Lagerkommandant eine erste Beurteilung über B. an das RKPA verfasst, die negativ ausfiel: „Die Führung und Arbeitsleistungen des B. im Lager sind nachlässig und träge. B. ist ein fauler Geselle und er mußte wegen Drückebergerei bestraft werden. Sein Gesamtverhalten läßt erkennen, daß die bisherige Vorbeugungshaft noch nichts gefruchtet hat. Eine Entlassung lehne ich im Interesse der Volksgemeinschaft ab.“[68]

64 Telegramm der Kommandantur des KZ Sachsenhausen, 1938, Flossenbürg, 1.1.8.3/3038/0005, ITS Digital Archive, Bad Arolsen.

65 Schreiben der Kriminalpolizeileitstelle Bremen an die Kommandantur des KZ Sachsenhausen, 1938, Flossenbürg, 1.1.8.3./3038/0007, ITS Digital Archive, Bad Arolsen. Dieses Schreiben gibt einen Hinweis auf die von Julia Hörath aufgeworfene Frage, inwiefern bei der Märzaktion die zuvor geltenden Haftkriterien bei der Auswahl der Betroffenen zugrunde gelegt wurden. Die Argumentation der Bremer Kriminalpolizeistelle verweist eher darauf, dass man sich nicht veranlasst fühlte, die bis dato geltenden Bestimmungen anzuwenden. Vgl. Hörath, Instrumente zur Kontrolle und Repression, S. 539.

66 Vgl. Kapitel 3.3.

67 Schreiben des RKPA vom 4. 5. 1939, in: Haftakte Walter B. des KZ Flossenbürg, 1939, Flossenbürg, 1.1.8.3./3038/0024/ITS Digital Archive, Bad Arolsen.

68 Beurteilung des Lagerkommandanten vom 4. 5. 1938, in: Haftakte Walter B. des KZ Flossenbürg, 1939, Flossenbürg, 1.1.8.3./3038/0024/ITS Digital Archive, Bad Arolsen, sowie

Wie aus der Akte hervorgeht, war B. bereits im KZ Sachsenhausen im April 1937 gemeinsam mit vier weiteren Häftlingen zu „strengem Arrest bis auf Weiteres" verurteilt worden, „weil sie beim Sandfahren dem Befehl des aufsichtführenden Postens, schneller zu arbeiten nicht nachkamen, und die Arbeit sogar noch verlangsamten".[69] Im August 1938 erhielt B. erneut eine Strafe (zwei Mal je eine Stunde Pfahlhängen) im KZ Sachsenhausen: Er habe „trotz Verbot in einen Schacht, im Bereich der Standarte, wo eine Mauer gebaut werden sollte, seine Notdurft verrichtet".[70] B., der im November 1938 in das KZ Flossenbürg überstellt worden war, kam schließlich am 13. Juli 1939 frei. Über sein weiteres Leben konnte leider nichts ermittelt werden.

Wie Sven Langhammer nachweist, war eine hohe Anzahl der im März inhaftierten „Berufsverbrecher" für mehrere Jahre in KZ-Haft. Bernhard B. gehörte zu denjenigen, die diverse Konzentrationslager überlebten. Der gelernte Bäcker war nach eigenen Angaben zum Zeitpunkt seiner Festnahme acht Mal wegen Diebstahls vorbestraft.[71] Er sagte in den 1950er- und 1960er-Jahren mehrfach im Kontext verschiedener Ermittlungen gegen ehemalige SS-Angehörige aus. Dabei betonte er wiederholt die seiner Ansicht unrechtmäßig erfolgte Verhaftung:

> „Ich bin im März 1937 in meiner Wohnung festgenommen worden und kam als sogenannter BVer nach Sachsenhausen. Meine Festnahme erfolgte im Zuge einer Sonderaktion, die zu dem erwähnten Zeitpunkt in Berlin durchgeführt wurde und bei der man eine große Anzahl von vorbestraften Personen ohne eine besondere Rechtsgrundlage in sogenannte Schutzhaft nahm."[72]

Haftakte Walter B. des KZ Flossenbürg, 1939, Flossenbürg, 1.1.8.3./3038/0014/ITS Digital Archive, Bad Arolsen.

69 Strafanordnung gegen Walter B. vom 17. 4. 1937, in: Haftakte Walter B. des KZ Flossenbürg, 1939, Flossenbürg, 1.1.8.3./3038/0018/ITS Digital Archive, Bad Arolsen.

70 Strafanordnung gegen Walter B. vom 19. 8. 1938, in: Haftakte Walter B. des KZ Flossenbürg, 1939, Flossenbürg, 1.1.8.3./3038/0021, ITS Digital Archive, Bad Arolsen.

71 Aussage von Bernhard B. vom 6. 6. 1963, Archiv Fritz Bauer Institut, 4 KS 2/63, Bl. 16526–30. Laut einem Vermerk der Berliner Kriminalpolizei, die B. am 11. 5. 1957 im Verfahren gegen die Blockführer Sorge und Schubert vernommen hatte, war B. zwischen 1924 und 1935 insgesamt zwölf Mal wegen Diebstahldelikten vorbestraft. Vgl. Vermerk der Berliner Kriminalpolizei vom 11. 5. 1957, Staatsanwaltschaft Bonn, 8 Ks 1/58 (Sorge/Schubert)/XX, Landesarchiv NRW, zit. n. AS, JD 2/29, Bl. 52.

72 Zeugenvernehmung von Bernhard B. am 6. 7. 1961, Staatsanwaltschaft Köln 24 KS 1/64 (Z)/XXVIII, Landesarchiv NRW, zit. n. AS, JD 21/44, Bl. 9.

Ähnliche Angaben machte er bei einer Zeugenaussage im Rahmen des Frankfurter Auschwitzprozesses, wo er erklärte, in seiner Wohnung ohne Angabe von Gründen verhaftet worden zu sein: „Ich war zum Zeitpunkt meiner Verhaftung 8mal bestraft und zwar wegen Diebstahls. Zum Zeitpunkt meiner Verhaftung hatte ich keine Strafe zu verbüßen.“[73] Im KZ Sachsenhausen erhielt er die Funktion des Blockältesten. Mit seinen Vorstrafen entsprach er dem kriminalpolizeilichen Bild des „Berufsverbrechers“. Bernhard B. blieb bis zu seiner Überstellung in das KZ Auschwitz im Mai 1940[74] in Oranienburg und wurde ab 1944 für die SS-Division Dirlewanger[75] rekrutiert, in der er nach eigenen Angaben im „Kampf gegen die Partisanen im Osten eingesetzt“ war.[76] B., der im Kontext verschiedener Ermittlungskomplexe gegen SS-Männer aus dem KZ Sachsenhausen aussagte, fiel durch seine eher entlastende Haltung gegenüber dem ehemaligen SS-Personal auf.[77]

4.3. Zuhälter als neue Haftgruppe

Die Verfolgung von Zuhältern war im Rahmen der „vorbeugenden Verbrechensbekämpfung“ innerhalb der Kriminalpolizei nicht unproblematisch.[78] Da die als „Zuhälter“ verdächtigten Personen häufig nicht die entsprechenden Vorstrafen hatten, gerieten sie insbesondere nach Inkrafttreten des „Grunderlasses“ vermehrt in das Visier der Behörden.[79] Aus dem Bestand der Duisburger Kriminalpolizei konnten dreizehn Vorbeugehaftakten von Personen, bei denen „Zuhälterei“ in der Vorbeugehaftverfügung genannt wurde, eingesehen werden.[80] Lediglich drei von ihnen waren nachweislich vor Gericht wegen entsprechender Delikte verurteilt worden, bei allen anderen beriefen sich die Kriminalbeamten auf den Verdacht

73 Aussage von Bernhard B. am 6. 6. 1963, Archiv Fritz Bauer Institut, 4 KS 2/63, Bl. 16526.

74 Auch er befand sich unter den 30 „Berufsverbrechern“, die dort als Funktionshäftlinge eingesetzt wurden.

75 Vgl. dazu auch Kapitel 5.4.4.

76 Aussage von Bernhard B. am 6. 6. 1963, Archiv Fritz Bauer Institut, 4 KS 2/63, Bl.16527.

77 Vgl. z. B. Zeugenvernehmung von Bernhard B. am 11. 5. 1957, Staatsanwaltschaft Bonn, 8 Ks 1/58 (Sorge/Schubert)/XX, Landesarchiv NRW, zit. n. AS, JD 2/29, Bl. 52.

78 Vgl. Kapitel 3.4.

79 Punktuell waren auch als Zuhälter definierte Männer bereits ab 1933 in Vorbeuge- und Schutzhaft genommen worden, z. B. im Rahmen der sogenannten Bettlerrazzia im September 1933, vgl. Hörath, Experimente zur Kontrolle und Repression, S. 346 f.

80 Polizeipräsidium Duisburg, Landesarchiv NRW, BR 1111, Vorbeugehaftakten Anton B., Nr. 86, Hans K., Nr. 105, Karl L., Nr. 108, Otto S., Nr. 123, Peter W., Nr. 129, Leo W., Nr. 131 (Vorstrafe), Erich F., Nr. 155, Hermann H., Nr. 161 (Vorstrafe), Emil H., Nr. 162, Theodor K., Nr. 177, Lambert L., Nr. 179, Andreas O., Nr. 195 (Vorstrafe), Michael S., Nr. 213.

der Zuhälterei. Häufig spielten dabei Beziehungen zu Frauen, die als Prostituierte galten oder registriert waren, eine Rolle. Sieben der Betroffenen kamen im Rahmen der Aktion Arbeitsscheu Reich im Juni 1938 in Vorbeugehaft, unter dieser Gruppe befand sich nur einer, der entsprechend vorbestraft war.[81] Die meisten der Verdächtigten wurden als „Asoziale" kategorisiert, weil die Vorstrafen nicht ausreichten, um sie als „Berufsverbrecher" zu klassifizieren, in einigen Fällen tauchen in den Quellen aber auch beide Kategorien auf. Lediglich auf eine Vermutung gründete die Duisburger Kriminalpolizei z. B. die Verhaftung von Erich F., den sie am 18. Juni 1938 in Vorbeugehaft nahm.[82] Aus der entsprechenden Verfügung geht hervor, dass die Beamten über keine Beweise gegen F. verfügten, sondern die Junirazzien nutzten, um gegen ihn vorgehen zu können: „F. unterhält seit Jahren ein Verhältnis mit der hiesigen Dirne Hilde K. Sie bewohnen gemeinsam [...] ein möbliertes Zimmer. In einem Strafverfahren gegen ihn wegen Zuhälterei konnte er nicht überführt werden, da die K. zu seinem Gunsten aussagte. Des Scheines wegen beschäftigt er sich mit dem Vertrieb von Staubsaugern. Eine feste geregelte Arbeit sagt ihm nicht zu."[83]

F. hatte zum Zeitpunkt seiner Festnahme keinerlei Vorstrafen. Auch war er bei der Firma „Vorax" in Rheydt angestellt. Dennoch bemühten sich die zuständigen Beamten, ihm ein gewerbliches Verhältnis zu seiner Freundin nachzuweisen, um ihn auf diese Weise als Zuhälter einordnen zu können: „Den Umstanden nach wird er ohne Zweifel von den Geldern seiner Geliebten leben. Er geht sehr nobel gekleidet und tritt stets als vornehmer Mann in Erscheinung. Bei seiner Festnahme erklärte er, seine Geliebte (Prostituierte Hilde K.) in nächster Zeit heiraten zu wollen."[84]

Das hier konstruierte Bild von F. erinnert stark an die Berichte über die „Ringbrüder" in den 1920er-Jahren, denen ebenfalls nachgesagt wurde, auf Äußerlichkeiten bedacht zu sein und einen bürgerlichen Habitus zu pflegen.[85] Dass der Beziehung zwischen F. und K. durchaus eine emotionale Verbundenheit zugrunde

81 Polizeipräsidium Duisburg, Landesarchiv NRW, BR 1111, Nr. 86, 105, 129, 155, 162, 177, 195, vgl. auch Kapitel 3.4. Es handelt sich bei dem Genannten um Andreas O., der am 22. Juni 1938 als „Asozialer" im KZ Sachsenhausen registriert wurde, Sonderliste Effektenverwaltung „Liste der Zugänge (Asoziale) vom 22. 6. 1938", RGWA, 1367/1/20, Bl. 324, zit. n. AS, D 1 A/1020, Bl. 248.

82 Vorbeugehaftverfügung vom 18. Juni 1938, in: Vorbeugehaftakte Erich F., Landesarchiv NRW, BR 1111, Nr. 155, Bl. 68.

83 Ebenda.

84 Krimineller Lebenslauf vom 18. 6. 1938, in: Vorbeugehaftakte Erich F., Landesarchiv NRW, BR 1111, Nr. 155, Bl. 66.

85 Vgl. Kapitel 2.3.

lag, geht aus Briefen hervor, die F. aus dem KZ Sachsenhausen an seine Verwandtschaft schickte. So bat er seinen Bruder Max im Oktober 1938 um Hilfe: „Von Hilde habe ich schon 5 Wochen nichts mehr gehört, ich kann das noch gar nicht fassen. Wenn man einen Menschen richtig von Herzen gern hat, und bleibt dann ganz ohne Lebenszeichen von ihm, dann tut das weh. Lieber Bruder Max, geh Du doch bitte mal zu Hilde, und sehe mal nach dem Rechten."[86]

Die Duisburger Kriminalpolizei sah in diesem Brief indes keinen Beweis für liebevolle Gefühle F.s gegenüber seiner Freundin, sondern wähnte sich im Gegenteil in ihrem Verdacht der Zuhälterei bestätigt. In einem abgelehnten Gnadengesuch der Eltern wurde explizit auf den Brief Bezug genommen: „Er beauftragte sogar in dem Schreiben an seine Eltern seinen Bruder Max, die K. aufzusuchen und nach dem Grund ihres Schweigens zu fragen. Aus all diesen Bemühungen ist deutlich zu ersehen und mit Bestimmtheit anzunehmen, daß er sich nach seiner Entlassung wieder in Dirnen und Zuhälterkreisen aufhalten wird. Es besteht daher diesseits die Auffassung, daß der Zweck und das Ziel der polizeilichen Vorbeugungshaft noch nicht erreicht ist und aus diesem Grunde eine Entlassung des Vorbeugungshäftlings F. nicht befürwortet werden kann."[87]

F.s Haft im KZ Sachsenhausen wurde im Januar unterbrochen, als die SS ihn in das Gefängnis in Berlin-Spandau überstellen ließ,[88] von wo nach kurzer Zeit seine Rücküberstellung in das Lager erfolgte.[89] Erst als am 20. April 1939 anlässlich des „Führergeburtstags" Häftlinge aus dem KZ Sachsenhausen entlassen wurden, befand sich unter ihnen auch F.[90]

Deutlich weniger Glück hatte der Rohrleger Michael Schmitz. Wegen „böswilliger Übertretung der gegen ihn am 15. 10. 1936 erlassenen Verbote" wurde er am 25. März 1937 in Vorbeugehaft genommen.[91] Die Essener Kriminalpolizei

86 Brief von Erich F. aus dem KZ Sachsenhausen vom 30. 10. 1938, in: Vorbeugehaftakte Erich F., Landesarchiv NRW, BR 1111, Nr. 155, Bl. 70.

87 Schreiben der Kriminalpolizei Duisburg vom 10. 11. 1938, in: Vorbeugehaftakte Erich F., Landesarchiv NRW, BR 1111, Nr. 155, Bl. 72.

88 Veränderungsmitteilung der Effektenverwaltung „überführt" vom 17. 1. 1939, RGWA, 1367/1/24, Bl. 469, zit. n. AS, D 1 A/1024, Bl. 25. Während die Lagerleitung ihn als „asozial" klassifizierte, führte die Politische Abteilung ihn unter der Oberkategorie „Vorbeugehäftling", Anweisung der Politischen Abteilung vom 14. 1. 1939, RGWA, 1367/1/22, Bl. 508, zit. n. AS, D 1 A/1022, Bl. 508.

89 Veränderungsmitteilung der Effektenverwaltung „Zugang Rückführung" vom 2. 2. 1939, RGWA, 1367/1/24, Bl. 445, zit. n. AS, D 1 A/1024, Bl. 49.

90 Anweisung der Politischen Abteilung „zu entlassen" vom 20. 4. 1939, RGWA, 1367/1/22, Bl. 346, zit. n. AS, D 1 A/1022, Bl. 346.

91 Vorbeugehaftverfügung vom 25. 3. 1937, in: Vorbeugehaftakte Michael Schmitz, Landesarchiv NRW, BR 1111, Nr. 213, Bl. 49.

hatte ihn bereits 1933 unter Polizeiaufsicht gestellt. Offenbar leistete er der Auflage, sich zwei Mal im Monat bei der Polizeistelle zu melden, keine Folge. Ebenso wie im Fall von Erich F. sahen die Beamten in seinem Verhältnis zu einer Frau, die angeblich als Prostituierte tätig war, einen Beleg für „Zuhälterei", wie aus einem Schreiben der Duisburger Kriminalpolizei vom 30. März 1937 an die Kollegen in Essen hervorgeht: „Später trat er in ein Verhältnis zu der hier [...] Prostituierten Else W. Wenn ihm auch die Zuhälterei nicht nachgewiesen werden kann, so ist er doch hinreichend verdächtigt, der direkte Zuhälter dieser Sittendirne zu sein."[92] Im Gegensatz zu F. war Schmitz 1936 allerdings bereits 23-mal wegen zahlreicher anderer Delikten, u. a. Diebstahl, Betrug und Unterschlagung, vorbestraft. Schmitz stellte schon aus der Polizeihaft mehrere Gnadengesuche, die jedoch erfolglos blieben. Am 2. Juni 1937 kam er als „Berufsverbrecher" in das KZ Sachsenhausen.[93] Aufgrund laufender Verfahren wurde die Vorbeugehaft gleich zwei Mal unterbrochen: Zwischen Juli 1938 und Januar 1939 verbüßte der gelernte Rohrleger sechs Monate Haft im Justizgefängnis Spandau,[94] und vom Januar 1939 bis Juni 1940 wurde Schmitz in die Justizhaftanstalt Brandenburg-Görden überführt. Eine Aufhebung der Vorbeugehaft erfolgte jedoch nicht, bereits im Juli 1940 befand er sich wieder im KZ Sachsenhausen.[95] Dort setzte die SS ihn u. a. im Arbeitskommando Lichterfelde ein.[96] Etwa zwei Jahre später verstarb Schmitz am 28. Juli 1942 angeblich an „doppelseitiger Lungenentzündung" im Oranienburger Lager.[97] Unter den persönlichen Gegenständen, die von der Lagerverwaltung an seine Schwester zurückgeschickt wurden, befand sich neben diversen Kleidungsstücken auch eine Mundharmonika.[98]

92 Bericht der Kriminalpolizei Duisburg vom 30. 3. 1937, in: Vorbeugehaftakte Michael Schmitz, Landesarchiv NRW, BR 1111, Nr. 213, Bl. 50.

93 Veränderungszettel „Zugänge und Abgänge" vom 2. 6. 1937, RGWA, 1367/1/16, Bl. 211, zit. n. AS, D 1 A/1016, Bl. 204.

94 Anweisung der Politischen Abteilung „Gefängnisstrafe von 6 Monaten" vom 21. 7. 1938, RGWA, 1367/1/15, Bl. 296, zit. n. AS, D 1 A/1015, Bl. 296.

95 Sonderliste „Zugänge vom 27. 7. 1940", RGWA, 1367/1/196, Bl. 273, zit. n. AS, D 1 A/1196, Bl. 273.

96 Veränderungsmitteilung „Überführung zum Akdo. Lichterfelde" vom 29. 9. 1941, I. T. S. Arolsen (KL Sachsenhausen)/IB/1, Bl. 72, zit. n. AS, D 1 B/1. Zur Geschichte dieses Außenlagers des KZ Sachsenhausen vgl. Benz/Distel (Hrsg.), Der Ort des Terrors, Bd. 3, S. 88–97, sowie die Homepage der Initiative http://www.ikz-lichterfelde.de (7. 10. 2013).

97 AS, Standesamt Oranienburg, Nr. 2205/1942 (VII), Bl. 66.

98 Meldung des Lagerkommandanten vom 30. 7. 1942 an die Kriminalpolizei Essen, in: Vorbeugehaftakte Michael Schmitz, Landesarchiv NRW, BR 1111, Nr. 213, Bl. 89.

4.4. „Berufsverbrecherinnen"

Die „vorbeugende Verbrechensbekämpfung" im Nationalsozialismus hatte auch eine geschlechterspezifische Dimension, die in dieser Arbeit bislang unberücksichtigt geblieben ist. Schon im Kaiserreich und der Weimarer Republik waren einige Formen von Devianz und Delinquenz spezifisch „weiblich" konnotiert. Während von Männern begangene Delikte „innerhalb des bekannten kriminalistischen Kanons als Straftat beschrieben werden", war „sexuelle Verwahrlosung" das „vorherrschende Wahrnehmungs- und Deutungsmuster für alle Erscheinungsformen der weiblichen Devianz", stellt Christa Schikorra fest.[99] Auf diese Weise produzierte geschlechtsbezogene Bilder von Kriminalität und abweichendem Verhalten waren nach der Machtübernahme nicht nur weiterhin virulent, sondern erhielten durch die Biopolitik des nationalsozialistischen Regimes eine neue Dimension.[100] Dies betraf insbesondere den Bereich der Sexualdelikte sowie Schwangerschaftsabbrüche. In Vorbeugehaft genommene Frauen waren dementsprechend häufig aufgrund von „Prostitution" oder Abtreibungen vorbestraft bzw. verfolgt worden. Zwar standen bereits lange vor der Machtübernahme Sexarbeiterinnen immer wieder im Fokus der Kriminalpolizei, die Nationalsozialisten verschärften allerdings das Vorgehen gegen Prostitution mit verschiedenen Erlassen. Nach Claudia Schoppmann waren tendenziell „alle Frauen, die das Straßenbild und die NS-Sexualmoral störten, davon bedroht, als Prostituierte zu gelten".[101]

Im Hinblick auf Schwangerschaftsabbrüche betrafen die Repressionen sowohl Frauen, die selbst abgetrieben, als auch diejenigen, die Abtreibungen an anderen Frauen vorgenommen hatten.[102] Die Ahndung von Schwangerschaftsabbrüchen fiel im Nationalsozialismus ähnlich wie die Verfolgung von Homosexualität sowohl in den Zuständigkeitsbereich der Gestapo als auch der Kriminalpolizei. Beide „Delikte" wurden ab 1936 von der „Reichszentrale zur Bekämpfung der

99 Christa Schikorra, Grüne und schwarze Winkel – geschlechterperspektivische Betrachtungen zweier Gruppen von KZ-Häftlingen 1938–1940, in: KZ-Gedenkstätte Neuengamme (Hrsg.), Ausgegrenzt, S. 104–109, hier S. 104.

100 Vgl. u. a. Gisela Bock, Zwangssterilisation im Nationalsozialismus. Studien zur Rassenpolitik und Frauenpolitik, Opladen 1986; Elke Frietsch/Christina Herkommer, Nationalsozialismus und Geschlecht. Zur Politisierung und Ästhetisierung von Körper, „Rasse" und Sexualität im „Dritten Reich" und nach 1945, Bielefeld 2009.

101 Vgl. Schoppmann, Nationalsozialistische Sexualpolitik, S. 209.

102 Vgl. Köchl/Putz, Kriminell – ein Leben lang; Morrison, Ravensbrück, S. 56; Christa Schikorra, Kontinuitäten der Ausgrenzung. „Asoziale" Häftlinge im Frauen-Konzentrationslager Ravensbrück, Berlin 2001; Kathrin Kompisch, Täterinnen. Frauen im Nationalsozialismus, Köln/Weimar/Wien 2008, S. 29–31.

Homosexualität und der Abtreibung" registriert und überwacht.[103] Während einerseits auf Basis des GzVeN und des Gewohnheitsverbrechergesetzes Menschen zu Sterilisationen und Kastrationen gezwungen wurden und es ihnen auf diese Weise operativ unmöglich gemacht wurde, Nachwuchs zu zeugen, galt andererseits der Schwangerschaftsabbruch bei staatlich erwünschter Zeugungsfähigkeit als Verbrechen gegen die „Volksgemeinschaft" und die „arische Rasse". Ab März 1943 stand die sogenannte gewerbliche Abtreibung auf Basis der „Verordnung zum Schutz von Ehe, Familie und Staat" sogar unter Todesstrafe. Verfolgt wurden neben Frauen auch Männer, die Schwangerschaftsabbrüche vorgenommen hatten. So befanden sich im KZ Sachsenhausen unter den „Berufsverbrechern" auch Ärzte, die aufgrund von Abtreibungseingriffen inhaftiert worden waren.

Vermeintliche oder tatsächliche Prostituierte sowie Frauen, die abgetrieben hatten, wurden meist als „Asoziale" stigmatisiert.[104] Bei als „Berufsverbrecherinnen" kategorisierten Frauen enthielt das Vorstrafenregister zusätzlich häufig noch Delikte wie Diebstahl und Betrug.[105] Christa Schikorra, die die Zusammensetzung der als „asozial" und „kriminell" Verfolgten in den KZ Flossenbürg, Lichtenburg und Ravensbrück untersucht hat, kommt zu dem Schluss, dass „Asozialität" meist weiblich, „Kriminalität" hingegen männlich konnotiert gewesen sei. Die in Vorbeugehaft befindlichen Frauen seien demnach überwiegend als „Asoziale", die Männer als „Berufsverbrecher" verfolgt worden.[106] Wie Köchl und Putz anhand biografischer Beispiele zeigen, wurden in Österreich inhaftierte „Abtreiberinnen" mitunter aber auch als „Berufsverbrecherinnen" eingestuft. Auch Julia Hörath kommt bei ihren Stichproben über als „Berufsverbrecherinnen" und „Asoziale" im KZ Moringen inhaftierte Frauen auf eine höhere Anzahl der ersteren Gruppe.[107] Offenbar spielten zumindest in einigen Fällen weniger das Geschlecht als

103 Vgl. Kapitel 3.3.

104 Das betraf auch die Frauen, die in den Lagerbordellen als Prostituierte ausgebeutet wurden. Vgl. Robert Sommer, Das KZ-Bordell. Sexuelle Zwangsarbeit in nationalsozialistischen Konzentrationslagern, 2. Aufl., Paderborn 2010.

105 Vgl. Bernhard Strebel, Das KZ Ravensbrück. Geschichte eines Lagerkomplexes, Paderborn 2003, S. 123 f.; Renate Riebe, Frauen in Konzentrationslager 1933–1939, in: Dachauer Hefte 14 (1998): Verfolgung als Gruppenschicksal, S. 125–141, hier S. 133.

106 Ebenda, S. 108. Tatsächlich befanden sich im KZ Ravensbrück über 5000 Frauen, die als „Asoziale" verfolgt wurden, und „nur" 1100 „Berufsverbrecherinnen". Daraus lässt sich jedoch noch nicht auf eine grundsätzlich geschlechtsspezifische Verfolgungspraxis schließen. Eher ist zu vermuten, dass die jeweilige Kategorisierung sich an den Bestimmungen aus den Erlassen orientierte.

107 Hörath geht von 9,6 % „Berufsverbrecherinnen" gegenüber 3,7 % als „Asoziale" verfolgten Frauen in Moringen aus, vgl. Hörath, Experimente zur Kontrolle und Repression, S. 402.

vielmehr die Art und Menge der Vorstrafen bei den Kategorisierungen durch die Kriminalpolizei und die SS eine Rolle.

Unabhängig von der Art der Delikte bzw. der Kategorisierung der verfolgten Frauen eignet sich das KZ Sachsenhausen nur bedingt, um die geschlechterspezifische Dimension der Vorbeugehaft zu untersuchen, denn es handelte es sich in erster Linie um ein Männerlager. Zwischen 1936 und 1939 waren dort keine Frauen inhaftiert.[108] Die in den folgenden Jahren in dem Oranienburger Lager registrierten Frauen wurden in der Regel direkt nach ihrer Ankunft in das KZ Ravensbrück oder in die Außenlager überstellt. Ohnehin befanden sich weibliche Häftlinge im gesamten KZ-System mehrheitlich in den ab 1944 massenhaft entstandenen Außenlagern.[109] Erst mit der Evakuierung zahlreicher Nebenlager kam eine größere Anzahl von weiblichen Häftlingen in das KZ Sachsenhausen. Am 17. April 1945 waren dort 2624 Frauen, die getrennt von den Männern untergebracht wurden.[110] Dennoch ergaben sich mitunter zumindest flüchtige Begegnungen zwischen männlichen und weiblichen Häftlingen, wenn z. B. Frauen aus den Außenkommandos im Krankenrevier des Stammlagers behandelt wurden. Der Überlebende Saul Oren-Hornfeld beschreibt diese Situation in seinen Erinnerungen: „Eines Tages kam eine Gruppe von Frauen im Krankenrevier an. Sie standen vor dem Block I, Frauen mit glatt rasiertem Kopf, aufs Äußerste abgemagert und in gestreifter Häftlingskleidung. Ohne genau hinzuschauen, hätte man sie für Kinder halten können. Hier lernte ich erst die spezifischen Leiden der Frauen im Lager kennen."[111]

Die von Hornfeld geschilderten Aspekte der Lagerhaft wie Verlust der Familie und mangelnde Privatsphäre waren indes nicht geschlechtsspezifisch, in seinen Augen aber „für die Frauen noch unerträglicher als für die Männer".[112] An dieser Stelle zeigt sich deutlich, dass, wie Astrid Ley und Insa Eschebach es formulieren,

108 Monika Knop/Christl Wickert, Weibliche Häftlinge im Konzentrationslager Sachsenhausen (unveröff. Manuskript 2005), S. 1.

109 Gabriele Pfingsten/Claus Füllberg-Stolberg, Frauen in Konzentrationslagern – geschlechtsspezifische Bedingungen des Überlebens, in: Herbert/Orth/Dieckmann (Hrsg.), Die nationalsozialistischen Konzentrationslager, S. 911–938, hier S. 913. Dies belegen auch Studien zu einzelnen Konzentrations- und deren Außenlagern, z. B. Sabine Schalm, Überleben durch Arbeit? Außenkommandos und Außenlager des KZ Dachau 1933–1945, Berlin 2009, S. 188; Barbara Distel, Frauen in nationalsozialistischen Konzentrationslagern – Opfer und Täterinnen, in: Benz/Distel (Hrsg.), Der Ort des Terrors, Bd. 1, S. 195–210, hier S. 197–199.

110 Knop/Wickert, Weibliche Häftlinge, S. 7.

111 Saul Oren-Hornfeld, Wie brennend Feuer. Ein Opfer medizinischer Experimente im Konzentrationslager Sachsenhausen erzählt, Berlin 2005, S. 127 f.

112 Ebenda, S. 128.

„die Narrative der Überlebenden der Konzentrationslager […] durch Vorstellungen von Männlichkeit und Weiblichkeit geprägt waren".[113] Gleichwohl gab es selbstverständlich geschlechtsspezifische Probleme wie das Risiko von Schwangerschaften.[114] Ob Frauen allerdings „im Allgemeinen stärker unter dem Schmutz und dem Mangel an Hygiene" litten als Männer, ist schwer zu belegen.[115]

Anhand der für diese Arbeit erstellten Datenbank lassen sich lediglich elf weibliche Häftlinge nachweisen, die als „Berufsverbrecherinnen" im KZ Sachsenhausen registriert wurden, unter ihnen eine Polin. Es handelt sich um Janina N., die gemeinsam mit sieben weiteren polnischen Frauen am 31. März 1945 vom Außenlager Pertrix in Berlin Schöneweide fliehen konnte.[116] In dem Betrieb Pertrix Chemische Fabrik AG wurden während des Zweiten Weltkrieges in erster Linie Bleibatterien für Kampfflugzeuge hergestellt. Schon ab 1938 arbeiteten hier jüdische Zwangsarbeiterinnen, ab 1944 befand sich in Berlin-Schöneweide ein eigenes Außenlager mit etwa 500 weiblichen Häftlingen.[117] Über den weiteren Verbleib von Janina N. ist nichts bekannt.[118] Auch über die anderen zehn „Berufsverbrecherinnen" aus dem KZ Sachsenhausen liegen sehr wenige Informationen vor. Vier[119] von ihnen kamen über das KZ Ravensbrück in ein Außenlager der Arado Flugzeugwerke GmbH,[120] wo eine der Frauen, die 48-jährige Gertrud

113 Insa Eschebach/Astrid Ley, Einführung, in: dies. (Hrsg.), Geschlecht und „Rasse" in der NS-Medizin, Berlin 2012, S. 7–16, hier S. 12.

114 Vgl. zur Frage nach geschlechtsspezifischen Aspekten der KZ-Haft auch Buggeln, Arbeit und Gewalt, S. 509–518.

115 Distel, Frauen in nationalsozialistischen Konzentrationslagern, S. 200.

116 Veränderungsmitteilung Frauen-Lager „Abgang flüchtig" vom 1. 4. 1945, RGWA, 1367/1/26, Bl. 73, zit. n. AS, D 1 A/1026, Bl. 76.

117 Gabriele Layer-Jung/Cord Pagenstecher, Berlin-Schöneweide, in: Benz/Distel (Hrsg.), Der Ort des Terrors, Bd. 3, S. 120–123, hier S. 120.

118 Ebenda, S. 121.

119 Es handelt sich um folgende Personen: Martha B., Veränderungsmitteilung (Frauenlager) „Abgang überstellt" vom 23. 1. 1945, RGWA, 1367/1/26, Bl. 80, zit. n. AS, D 1 A/1026, Bl. 22. Martha B. wurde auf einer Transportliste aus dem KZ Ravensbrück auch als „asoziale Zigeunerin" geführt, Transportliste K.L. Ravensbrück „Überstellung von Wittenberg 27. 9. 1944", Hauptkommission Warschau, KL Ravensbrück/35, Bl. 40, zit. n. AS, D 9 A/35, Bl. 40; Luise O., Veränderungsmitteilung (Frauenlager) „Abgang überstellt" vom 5. 1. 1945, RGWA, 1367/1/26, Bl. 98, zit. n. AS, D 1 A/1026, Bl. 5; Anna S., Veränderungsmitteilung (Frauenlager) „Abgang überstellt" vom 23. 1. 1945, RGWA, 1367/1/26, Bl. 80, zit. n. AS, D 1 A/1026, Bl. 22 sowie die am 14. 4. 1945 verstorbene Gertrud R. Veränderungsmitteilung (Frauenlager) „Abgang verstorben" vom 15. 4. 1945, RGWA, 1367/1/26, Bl. 54, zit. n. AS, D 1 A/1026, Bl. 97.

120 Vgl. Renate Gruber-Lieblich, „… und morgen war Krieg!" Arado Flugzeugwerke GmbH Wittenberg 1936–1945. Ein KZ-Lager entsteht, Halle (Saale) 2007.

Reinert, verstarb. Weitere Hinweise auf weibliche Häftlinge liefern die Unterlagen aus dem Außenlager der Auerwerke in Oranienburg. Wie aus einer auf den 3. April 1945 datierten Liste der SS hervorgeht, floh von dort nach einem Fliegerangriff eine Gruppe von insgesamt 138 Frauen.[121] Unter den Flüchtigen befand sich auch Johanna S., die einzige als „BV" auf der Liste vermerkte Person. Die 22-Jährige war im Januar 1945 aus dem Außenlager in Strausberg[122] zur Arbeit in die Auerwerke überstellt worden.[123] Während des Bombenangriffs wurde das Außenlager weitgehend zerstört, mindestens 300 Frauen verloren dabei ihr Leben.[124] Als das Lager noch am selben Tag von der SS aufgelöst wurde, kamen die Überlebenden in das Hauptlager Sachsenhausen.

4.5. „Sittlichkeitsverbrecher"

Der in Altona geborene, erwerbslose Bote Wilhelm Schulze wurde am 25. März 1938 mit Verdacht auf sexuellen Missbrauch von mehreren minderjährigen Mädchen von der Hamburger Kriminalpolizei festgenommen.[125] Seiner Verhaftung war die Anzeige einer Nachbarin vorausgegangen, die erklärt hatte, Schulze, dessen schlechter Ruf in der Gegend bekannt sei, habe ein Mädchen „auf den Mund" geküsst.[126] Zusätzlich zu verschiedenen Befragungen von erwachsenen Personen aus seinem Umfeld lud die Weibliche Kriminalpolizei im Zuge der Ermittlungen einige der betroffenen Kinder und Jugendlichen vor. Nachdem Schulze noch am Tag seiner Inhaftierung die Vorwürfe abgestritten hatte, gestand er einen Tag später, mit mehreren Mädchen sexuell verkehrt zu haben. Im Anschluss an die Verhandlung am 25. Mai 1938 verurteilte ihn das Hamburger Landgericht wegen dreier Verbrechen nach § 176 sowie „fortgesetzter

121 Namensliste der seit dem Fliegerangriff auf das AL Auer am 15. 3. 1945 gemeldeten „flüchtigen" weiblichen Häftlinge, FSB-Archiv Moskau, N-19092/Tom 92, Bl. 15, zit. n. AS, JSU 1/92, Bl. 15.

122 Vgl. zu Strausberg Günter Matthes, Strausberg, in: Benz/Distel (Hrsg.), Der Ort des Terrors, Bd. 3, S. 276–278.

123 Veränderungsmitteilung (Frauenlager) „überstellt" vom 19. 1. 1945, RGWA, 1367/1/26, Bl. 93, zit. n. AS D 1 A/1026, Bl. 19.

124 Monika Knop, Oranienburg (Auer), in: Benz/Distel (Hrsg.), Der Ort des Terrors, Bd. 3, S. 241–244, hier S. 243.

125 Strafakte Wilhelm Schulze, Staatsarchiv HH, 213-11 Staatsanwaltschaft Landgericht – Strafsachen, Nr. 6033/38.

126 Anzeige der Emma G. vom 18. 3. 1938, in: Strafakte Wilhelm Schulze, Staatsarchiv HH, 213-11 Staatsanwaltschaft Landgericht – Strafsachen, Nr. 6033/38, Bl. 1.

tätlicher Beleidigung" zu zweieinhalb Jahren Zuchthaus „unter Aberkennung aller Ehrenrechte für drei Jahre", wobei die minderjährigen Zeuginnen im Vorfeld als „unzuverlässig" eingestuft worden waren.[127] Letzteres weist darauf hin, dass nicht nur der kriminalpolizeiliche Blick auf den Angeklagten von Vorurteilen geprägt war, sondern auch der auf die Mädchen. So wurde die erst siebenjährige Liesbeth im Anschluss an ein Verhör wie folgt beschrieben: „Lieschen redet sehr unklar und hin und her. Sie ist suggestiv sehr leicht beeinflussbar, weiss nicht auseinanderzuhalten, was sie erlebt und gehört hat. Sie ist als Zeugin sehr wenig zuverlässig."[128] Die 14-jährige Hildegard bezeichneten die Beamtinnen gar als „hochgradig beschränkt".[129]

In der Urteilsbegründung beschrieb das Gericht Schulze als Mann, der „durch seine üble Tat" bewiesen habe, „daß er außerhalb des Kreises der anständigen Volksgenossen" stehe.[130] Zudem müsse er sich „vor Augen halten [...] daß bei einer erneuten Begehung derartiger Taten seine Entmannung als gefährlicher Sittlichkeitsverbrecher in Erwägung zu ziehen" sei.[131] Unmittelbar nach seiner Entlassung aus der Strafhaft am 25. September 1940 nahm die Kriminalpolizei Wilhelm Schulze in Vorbeugehaft, ab dem 9. November desselben Jahres wurde er als „BV Sittl." [„Berufsverbrecher" Sittlich] im KZ Sachsenhausen registriert.[132] Er war damit einer von insgesamt 207 „Sittlichkeitsverbrechern", die sich in dem Lager nachweisen lassen.[133] Im Januar[134] und im Mai 1941[135] befand sich Schulze

127 Urteil des Hamburger Landgerichts vom 25. 5. 1938, in: Strafakte Wilhelm Schulze, Staatsarchiv HH, 213-11 Staatsanwaltschaft Landgericht – Strafsachen, Nr. 6033/38, Bl. 38 f.

128 Strafakte Wilhelm Schulze, Staatsarchiv HH, 213-11 Staatsanwaltschaft Landgericht – Strafsachen, Nr. 6033/38, Bl. 21.

129 Vernehmung von Hildegard K. am 25. 3. 1938, in: Strafakte Wilhelm Schulze, Staatsarchiv HH, 213-11 Staatsanwaltschaft Landgericht – Strafsachen, Nr. 6033/38, Bl. 7.

130 In dem Dokument wurde das ursprünglich in der Anklage mit Schreibmaschine geschriebene Wort „nutzbringend" durchgestrichen und handschriftlich mit „anständig" überschrieben, Urteil des Hamburger Landgerichts vom 25. 5. 1938, in: Strafakte Wilhelm Schulze, Staatsarchiv HH, 213-11 Staatsanwaltschaft Landgericht – Strafsachen, Nr. 6033/38, Bl. 44.

131 Ebenda.

132 Liste der Zugänge vom 9. 11. 1940, RGWA, 1367/1/196, Bl. 420, zit. n. AS, D 1 A/1196, Bl. 420.

133 Die Originalkürzel in den Dokumenten der Sachsenhausener Lager-SS sind „BV/Sittl" und „BV Sittl". Gezählt wurden an dieser Stelle nur die unter diesen Abkürzungen im KZ Sachsenhausen kategorisierten Personen ohne zusätzlichen Verweis auf Homosexualität bzw. Verstöße gegen den § 175.

134 Veränderungsmitteilung des Krankenbaus „Zugang" vom 16. 1. 1941, RGWA, 1367/1/54, Bl. 340, zit. n. AS, D 1 A/1054, Bl. 4.

135 Veränderungsmitteilung des Krankenbaus „Zugang" vom 15. 5. 1941, RGWA, 1367/1/54, Bl. 221, zit. n. AS D 1 A/1054, Bl. 123.

im dortigen Krankenbau, bis ihn die SS am 5. Juni 1941 mit dem zweiten „Kommando-S"-Transport in die Tötungsanstalt Sonnenstein/Pirna deportieren ließ, wo er im Alter von 62 Jahren ermordet wurde.[136]

Sowohl die Zahlen aller im Rahmen der Aktion „14f13" ermordeten „Berufsverbrecher" als auch andere Quellen weisen darauf hin, dass „Sittlichkeitsverbrecher" in besonderem Maße von der durch das SS-Personal ausgeübten Gewalt- und Vernichtungspolitik betroffen waren. Häufig kamen sie direkt nach ihrer Einweisung in die Strafkompanie, wo viele Häftlinge zu Tode gequält wurden. Von den genannten 207 unter dieser Kategorie im KZ Sachsenhausen geführten Häftlingen überlebten mindestens 95 „Sittlichkeitsverbrecher" die KZ-Haft nicht. Der Jüngste von ihnen war zum Todeszeitpunkt erst 19 Jahre alt und befand sich nur fünf Tage im KZ Sachsenhausen.[137] Auch der älteste „Sittlichkeitsverbrecher", Otto Krause, war nicht lange im Lager. Schon nach wenigen Wochen verstarb er dort im Alter von 79 Jahren.[138] Im Durchschnitt waren die verstorbenen „Sittlichkeitsverbrecher" um 1892 geboren, zum Todeszeitpunkt (bei allen zwischen 1940 und 1943) also ca. 48–52 Jahre alt. Die hohe Todesrate in dieser Gruppe lässt sich deshalb nicht alleine auf ihr Alter zurückführen. Ähnlich hoch war die Anzahl der Toten unter den als „Homosexuelle" kategorisierten Häftlingen: Von 497 „Berufsverbrechern" im KZ Sachsenhausen, die zusätzlich dieser Gruppe zugeordnet wurden, verstarben mindestens 211, also 42 %, in Lagerhaft.[139]

4.6. Homosexuelle „Berufsverbrecher"

Am 2. Dezember 1940 listete das *Reichskriminalpolizeiblatt* unter der Rubrik „Mitteilungen über Berufs- und Gewohnheitsverbrecher, die sich der polizeilichen Ueber-

136 Mit den drei „Kommando-S"-Transporten wurden insgesamt 30 von 121 „Berufsverbrechern" im Rahmen der fortgesetzten Euthanasie ermordet, die zusätzlich als „Sittlichkeitsverbrecher" geführt wurden. Transportlisten „Kommando S", FSB-Archiv Moskau, N-19092/Tom 83, Bl. 6–10, zit. n. AS, JSU 1/83, Bl. 6–10.

137 Es handelt sich um Alfons Gorski, der direkt am Tag seiner Einlieferung in die Strafkompanie kam, vgl. Liste der Zugänge vom 3. 10. 1940, RGWA, 1367/1/196, Bl. 394, zit. n. AS, D 1 A/1196, Bl. 394. Er verstarb am 9. 10. desselben Jahres, Veränderungsmitteilung „Abgang/verstorben" vom 9. 10. 1940, FSB-Archiv Moskau, N-19092/Tom 96, Bl. 288, zit. n. AS, JSU 1/96, Bl. 288.

138 AS, Standesamt Oranienburg, Nr. 2676/1940, Bl. 299.

139 Andreas Sternweiler schätzt die Zahl der Homosexuellen im KZ Sachsenhausen auf insgesamt 1000–1200, 600 verstarben bzw. wurden getötet, vgl. Andreas Sternweiler, Einleitung, in: Müller/ders. (Hrsg.), Homosexuelle Männer, S. 9–15, hier S. 14.

wachung entziehen", auch Alfred Ledermann auf.[140] Er war am 30. September 1939 wegen „widernatürlicher Unzucht in elf Fällen nach § 175" zu fünf Monaten Haft verurteilt worden.[141] Ab Februar 1940 sollte Ledermann Arbeitsdienst am Westwall leisten, den er aber offenbar nicht antrat. Dies führte zu einer dreimonatigen Haft wegen „Verletzung der Arbeitspflicht", die am 3. April 1940 angeordnet wurde. Nachdem er Anfang des Jahres 1941 wieder bei seinen Eltern aufgetaucht war, lud die Kriminalpolizei Ledermann vor. Anlass waren erneute Ermittlungen wegen eines Verstoßes gegen den § 175. Am 22. April 1941 verurteilte ihn das Landgericht, das Ledermann als „Stricherjungen" einstufte, wegen „Verbrechen gegen den § 175a" zu einem Jahr Haft, die im Gefängnis Opladen vollstreckt wurde.[142] Ledermann wurde dabei unterstellt, gleichgeschlechtliche sexuelle Handlungen nicht aus Neigung, sondern vielmehr aus „Gewinnsucht" auszuüben.[143] Jürgen Müller hat am Beispiel der Stadt Köln darauf hingewiesen, dass insbesondere „Stricher" schon vor dem Grunderlass von 1937 unter die Maßnahmen der vorbeugenden Verbrechensbekämpfung fielen, da ihnen nachgesagt wurde, Verbrechen als Gewerbe zu betreiben – eines der zentralen Merkmale des konstruierten „Berufsverbrechertums".[144] Unmittelbar im Anschluss an seine Freilassung nahm die Kriminalpolizei Ledermann am 10. Februar 1942 als „Asozialen" und „Homosexuellen" in Vorbeugehaft, die ab März 1942 im KZ Sachsenhausen vollstreckt wurde.[145] Zwar hätte er aufgrund seines Alters (er war zu diesem Zeitpunkt erst 20 Jahre alt) auch in ein „Jugendschutzlager" kommen können – die Haft in einem solchen Lager bewerteten die Kriminalbeamten jedoch nicht als ausreichende „Strafe", wie aus dem „kriminellen Lebenslauf" der Vorbeugehaftakte hervorgeht: „Obwohl Ledermann erst am 26. 8. 1942 das 21. Lebensjahr vollendet, dürfte bei seiner sittlichen und moralischen Verkommenheit die Unterbringung in einem Arbeits- und Besserungslager angebracht erscheinen, da die Unterbringung in einem Jugendschutzlager den Zweck nicht erfüllen wird."[146]

140 Meldung im Reichskriminalpolizeiblatt vom 2. 12. 1940, in: Vorbeugehaftakte Alfred Ledermann, Landesarchiv NRW, BR 1111, Nr. 181, Bl. 5.

141 Urteil des Landgerichts vom 30. 9. 1939, in: Vorbeugehaftakte Alfred Ledermann, Landesarchiv NRW, BR 1111, Nr. 181, Bl. 27 f.

142 Urteil des Landgerichts vom 22. 4. 1941, in: Vorbeugehaftakte Alfred Ledermann, Landesarchiv NRW, BR 1111, Nr. 181, Bl. 14.

143 Ebenda.

144 Müller, Bei „Angriffen" auf die Sittlichkeit ..., S. 147.

145 Hier wurde er als „Vorbeugehäftling" und „Berufsverbrecher" eingestuft, vgl. z. B. Veränderungsmitteilung „Abgang/verstorben" vom 12. 7. 1942, FSB-Archiv Moskau, N-19092/Tom 98, Bl. 187, zit. n. AS, JSU 1/98, Bl. 187.

146 Krimineller Lebenslauf vom 10. 2. 1942, in: Vorbeugehaftakte gegen Alfred Ledermann, Landesarchiv NRW, BR 1111, Nr. 181, Bl. 37.

Offenbar erschienen die „Jugendschutzlager" den hier zitierten Kriminalbeamten als abgeschwächte Variante der „Arbeits- und Besserungslager", ein häufig in den Vorbeugehaftakten auftauchender Euphemismus für die Konzentrationslager. Neuere Forschungen heben allerdings hervor, dass die Zustände in den sogenannten Jugendschutzlagern mit denen in den Konzentrationslagern, die der Inspektion der KZ unterstanden (IKL), vergleichbar waren. Ledermann verstarb noch vor Erreichen des 21. Lebensjahres am 12. Juli 1942 im KZ Sachsenhausen.[147]

Auch Johann Booms überlebte das Oranienburger Lager nicht, er gehörte zu den als Homosexuelle Verfolgten, die in der Großziegelei („Klinkerwerk") des Lagers arbeiten mussten und dort zu Tode kamen.[148] Wie aus der Vorbeugehaftakte des Duisburger Polizeipräsidiums hervorgeht, war der gelernte Schlosser zu 30 % als Invalide anerkannt. Er litt unter einer Gehbehinderung, die auf eine Knieverletzung zurückging, die er sich 1938 bei der Arbeit in der August-Thyssen-Hütte in Duisburg-Hamborn zugezogen hatte. Dennoch stufte ihn der zuständige Arzt im Vorbeugehaftverfahren als „lager- und arbeitsfähig" ein.[149] Booms verstarb – vermutlich auch aufgrund seiner körperlichen Einschränkung – schon etwa drei Wochen nach seiner Einlieferung als „Berufsverbrecher" am 9. November 1942 im Alter von 42 Jahren.[150] Bevor er im September 1942 in Vorbeugehaft genommen worden war, hatte er ab November 1939 zweijährige Haftstrafe wegen Vergehens gegen den § 175 abgesessen. Einem selbst geschriebenen Lebenslauf ist zu entnehmen, dass er vor 1933 Mitglied im Stahlhelm war und nach dessen Auflösung in die SA übertrat, aus der er 1936 wegen Krankheit wieder ausschied.[151] Booms gehörte zu der Gruppe der als Homosexuelle Vorbestraften, die auf Basis des Erlasses vom 12. Juli 1940 („Verführung" von mehr als einem Partner) direkt nach Verbüßung ihrer Strafhaft in Vorbeugehaft genommen wurden.[152] Der Erlass führte nach Frank Sparing zu einem sprunghaften Anstieg der Mitgliederzahl dieser Haftgruppe in den Konzentrationslagern.[153] Im KZ Sachsenhausen lässt sich für etwa ein Viertel (128) der als „homosexuelle Berufsverbrecher" Inhaftierten

147 AS, Standesamt Oranienburg, Nr. 1952/1942 (VI), Bl. 104.

148 Vgl. Joachim Müller, „Unnatürliche Todesfälle". Vorfälle in den Außenbereichen Klinkerwerk, Schießplatz und Tongrube, in: Müller/Sternweiler (Hrsg.), Homosexuelle Männer, S. 216–264.

149 Bescheinigung Dr. Wiedemann über Hafteignung vom 10. 9. 1942, in: Vorbeugehaftakte Johann Booms, BR 1111, Nr. 139, Bl. 107.

150 Veränderungsmitteilung „Abgang/verstorben" vom 10. 11. 1942, FSB-Archiv Moskau, N-19092/Tom 98, Bl. 308, zit. n. AS, JSU 1/98, Bl. 308.

151 Lebenslauf vom 3. 9. 1942, in: Vorbeugehaftakte Johann B., BR 1111, Nr. 139, Bl. 106.

152 Vgl. Kapitel 3.5.

153 Sparing, … wegen Vergehen gegen § 175, S. 183.

nachweisen, dass sie nach Verkündung des Erlasses, also nach dem 12. Juli 1940, in das Lager kamen.[154]

4.7. Ein Österreicher mit dem „Grünen Winkel“

Zu den ersten nicht-deutschen „Berufsverbrechern“ im KZ Sachsenhausen gehörten die Österreicher.[155] Der Fall des in Wien geborenen Chemikers Johannes Göber[156] zeigt, auf welche Weise die auch in Österreich durchgesetzte antisemitische Staatspolitik einen neuen Kriminalitätszweig kreierte. Göber geriet am 17. September 1938 in Untersuchungshaft. Ihm wurde zur Last gelegt, den Juden Dr. Werner K. betrogen zu haben. K., zu diesem Zeitpunkt bereits aufgrund fehlender Papiere selbst in Haft, zeigte Göber bei der Kriminalpolizei an, nachdem dieser ihm trotz gegenteiliger Zusage kein Ausreisevisum besorgt hatte. Der Geschädigte gab an, dass er die Papiere nie erhalten und außerdem Göber 500 RM zur Rettung eines jüdischen Ehepaares gegeben habe, dessen Existenz von Göber jedoch frei erfunden worden sei. Offenbar hatte dieser die zunehmend schwierige Situation der österreichischen Juden ausgenutzt, um daraus Profit zu schlagen, obwohl er die Notsituation jüdischer Bürger aus seinem persönlichen Umfeld kannte, denn seine Geliebte war ebenfalls Jüdin.

Es mutet ironisch an, dass diese Beziehung, die von einem Mitarbeiter des Devisenfahndungsamtes entdeckt wurde, fast parallel zur Anzeige des Werner K. zu weiteren Maßnahmen der Wiener Kriminalpolizeileitstelle gegen Göber geführt hatte. Bei seiner Festnahme waren Briefe entdeckt worden, über die das Devisenfahndungsamt in einem Schreiben an die Kriminalpolizei vermerkte: „Nach dem mit einem roten Gummiband umschlossenen Schriftwechsel besteht auch der Verdacht der Rassenschande, da es sich bei der Fränze K. nach den Angaben Göbers um eine Jüdin handelt.“[157] Beide gaben bei nachfolgenden Befragungen an, ihr sexuelles Verhältnis nach dem „Umbruch“ beendet zu haben. Fränze K. erklärte dazu: „Da mir die Nürnberger-Rassengesetze bekannt sind, habe ich mit ihm (Göber) seit Mitte April d. J. keinen Geschlechtsverkehr mehr unterhalten.

154 Vgl. zu den Verhaftungen in Berlin auf Basis dieses Erlasses Sternweiler, Chronologischer Versuch, in: Müller/Sternweiler (Hrsg.), Homosexuelle Männer, S. 45.

155 Zu den in Österreich geltenden Vorbeugehaftbestimmungen vgl. Kapitel 3.6.2.

156 Strafakte Johannes Göber, Wiener Stadt- und Landesarchiv, 2.3.4. A11 – Vr LG I (1920–1938 auch LG II) 1851–1950, 1953–1960 5465/1938.

157 Schreiben des Devisenfahndungsamtes an die Kriminalpolizei Wien vom 15. 9. 1938, in: Strafakte Johannes Göber, Wiener Stadt- und Landesarchiv, 2.3.4. A11 – Vr LG I (1920–1938 auch LG II) 1851–1950, 1953–1960 5465/1938, Bl. 33.

[…] Er hat mich nie zum Schandgewerbe verleitet bzw. angestiftet oder auf die Straße geschickt.«[158] An dieser Stelle muss offen bleiben, inwiefern der Verweis auf den Verdacht, Göber habe sie zur Prostitution genötigt, zuvor von dem vernehmenden Kriminalpolizeibeamten formuliert worden war oder von Fränze K. präventiv zurückgewiesen wurde. Der Kontakt zwischen Johannes Göber und ihr hatte auch nach dem „Anschluss" fortbestanden, das sah das Gericht aber nicht als Beleg für Rassenschande an. Göber wurde am 22. Oktober 1938 deshalb nur wegen Betrugs zu acht Monaten Haft verurteilt, war allerdings bereits im Dezember 1938 mit der Auflage, für das Gericht verfügbar zu bleiben, entlassen worden. Von Dezember bis Februar 1939 reiste er nach Bayern und arbeitete dort für eine chemische Abteilung der Wehrmacht. Im April 1939 schrieb das RKPA Göber zur Fahndung aus, da sein Aufenthaltsort unbekannt war. Etwa ein Jahr später stellte das Wiener Landgericht im Juni 1940 das Verfahren gegen ihn wegen Betrugs und Rassenschande ein. Seinen Haftentschädigungsantrag wies der zuständige Staatsanwalt allerdings zurück, „da der anfänglich bestandene, die Haft begründende, Verdacht auch in der Folge nicht zur Gänze entkräftet werden konnte".[159]

Wann und warum der gebürtige Wiener in das KZ Sachsenhausen eingeliefert wurde, ließ sich aufgrund fehlender Unterlagen nicht mehr ermitteln. Die Akte des Landgerichts enthält den Hinweis auf kriegsbedingte Verluste. Göbers Name findet sich aber auf der Liste eines Transports, der aus dem Lager am 5. Oktober 1942 in die Tötungsanstalt Bernburg ging.[160] Als Todesdatum gab das Oranienburger Standesamt den 11. Oktober 1942 an, Todesursache: „doppelseitige Lungenentzündung".[161] Vermutlich setzte die SS ihn aufgrund einer körperlichen Einschränkung auf die Deportationsliste – auf der „Übergabenote" der Kriminalpolizeileitstelle Wien an die Gefangenenhausverwaltung des Wiener Landgerichts vom September 1938 findet sich unter der Rubrik „Personenbeschreibung" die Bemerkung „linke(s) Auge fehlt".[162]

158 Vernehmung von Fränze K. durch die Kriminalpolizei Wien am 14. 10. 1938, in: Strafakte Johannes G., Wiener Stadt- und Landesarchiv, 2.3.4. A11 – Vr LG I (1920–1938 auch LG II) 1851–1950, 1953–1960 5465/1938, Bl. 65.

159 Schreiben vom Staatsanwalt an den Untersuchungsrichter vom 31. 5. 1940, in: Strafakte Johannes G., Wiener Stadt- und Landesarchiv, 2.3.4. A11 – Vr LG I (1920–1938 auch LG II) 1851–1950, 1953–1960 5465/1938, Bl. 3 f.

160 Transportliste Kräutergarten vom 5. 10. 1942, FSB-Archiv Moskau, N-19092/Tom 89, Bl. 4–5, zit. n. AS, JSU 1/89, Bl. 4 f.

161 BLHA, Rep. 35 H KZ Sachsenhausen Nr. 3/17, Nr. 215, AS, Standesamt Oranienburg Nr. 215/1942 (II), Bl. 104.

162 Alle folgenden Angaben aus Strafakte Johannes G., Wiener Stadt- und Landesarchiv, MA 8, 2.3.4.A11 – Vr LG I, 5465/1938, Bl. 42.

4.8. Als „Volksschädlinge" verurteilte „Berufsverbrecher"

Im Oktober 1939 stellte ein Versicherungsangestellter bei der Hamburger Kriminalpolizei Strafanzeige gegen den Werftarbeiter Paul H. Dieser habe eine Kiste mit 25 Flaschen Brandy gestohlen.[163] Offensichtlich hatte H. ziemliches Pech gehabt, denn der Anzeigende war Mitglied eines SA-Trupps, der zum Zeitpunkt des Diebstahls durch den Hamburger Stadtteil St. Pauli patrouilliert war. Während seiner Vernehmung betonte H. mehrfach die Unschuld seines ebenfalls festgenommenen Bekannten, der unbeteiligt gewesen sei. Als Grund für den Diebstahl gab H., der seit dem 20. Oktober 1939 arbeitslos war, seine Notlage an. Er habe lediglich Fischreste auf dem Fischmarkt sammeln wollen, die Idee, die Flaschen zu stehlen, habe sich situativ ergeben. H., der keine Berufsausbildung abgeschlossen hatte, war zuvor als Gelegenheitsarbeiter tätig gewesen. Bereits in den Jahren 1907 und 1909 wegen Hehlerei und Diebstahls verurteilt, blieb er in den folgenden Jahren straffrei. Im Januar 1940 erfolgte H.s Verurteilung zu einem Jahr und neun Monaten Zuchthaus wegen „Verbrechens gegen § 2 der V. O. gegen Volksschädlinge vom 5. 9. 1939".[164] Ihm wurde „Ausnutzung der Verdunkelung" vorgeworfen. Paul H. betritt dies, aufgrund des Vollmonds habe keine Verdunkelung bestanden: „Er hat zu seiner Entlastung angegeben, es sei Vollmond gewesen, sodass es ziemlich hell gewesen sei, an eine Ausnutzung der Verdunklung habe er nicht gedacht", so das Gericht.[165] Fast schon absurd muten die Versuche des Sondergerichts an, den Tatbestand des Verstoßes gegen § 2 der VVO dennoch zu belegen: Da Wolken den Vollmond verdeckt hätten, sei es entgegen der Aussage von Paul H. durchaus dunkel gewesen.[166]

Das im Vergleich zu anderen auf Basis der „Volksschädlingsverordnung" und trotz H.s Vorstrafen milde Urteil[167] erging auch unter Berücksichtigung der „Tatsache, dass der Angeklagte mehrere Jahre als Freiwilliger im Felde gewesen" sei.[168]

163 Strafanzeige gegen Paul H. vom 27. 10. 1939, in: Strafakte Paul H., Staatsarchiv HH, Nr. 213-11 Staatsanwaltschaft Landgericht – Strafsachen, Nr. 528/40, Bl. 1

164 Urteil des Landgerichts Hamburg vom 24. 1. 1940, in: Strafakte Paul H., Staatsarchiv HH, Nr. 213-11 Staatsanwaltschaft Landgericht – Strafsachen, Nr. 528/40, Bl. 38.

165 Ebenda, Bl. 40.

166 Ebenda.

167 Vgl. zu härteren Urteilen in Bremen z. B. Mörchen, Schwarzer Markt, S. 92. Bei Verstoß gegen § 2 der VVO (Ausnutzung der Abwehrmaßnahmen bei Fliegergefahr) waren Zuchthausstrafen bis zu 15 Jahren oder lebenslang sowie die Verhängung der Todesstrafe möglich.

168 Strafakte Paul H., Staatsarchiv HH, 213-11 Staatsanwaltschaft Landgericht – Strafsachen, Nr. 528/40, Bl. 40.

Allerdings sollte H. dies nicht viel nützen. Nach Verbüßung seiner Haftstrafe im Hamburger Zuchthaus Fuhlsbüttel kam er zunächst am 28. Juli 1941 in das „Versorgungsheim" Oberaltenallee[169] und von dort 1942 in das KZ Sachsenhausen:[170] „Ich wurde nun aber auf Veranlassung der Lungenfürsorge wieder verhaftet und ins K. Z.-Lager Sachsenhausen als Berufsverbrecher gebracht", so H. in einem 1946 gestellten Gnadengesuch.[171] Von Oranienburg folgte im Dezember 1943 seine Überstellung nach Lublin/Majdanek.[172] H. überlebte die KZ-Haft, geriet allerdings nach seiner Befreiung erneut mehrfach mit dem Gesetz in Konflikt. Zumindest in einem Fall speiste sich seine neue Straffälligkeit ganz offensichtlich aus einer wirtschaftlichen Notlage: So verurteilte ihn das Hamburger Amtsgericht wegen Diebstahls von Baumaterial für einen Hühnerstall 1949 zu einer Geldstrafe.[173] Seine Bemühungen auf Entschädigungszahlungen blieben erfolglos.[174] Der Fall von Paul H. liefert ein Beispiel für die von Stefan Mörchen aufgeworfene Frage, inwiefern sich die Verfolgung im Rahmen der vorbeugenden Verbrechensbekämpfung und die Aburteilungen auf Basis von Kriegswirtschaftsdelikten und Verstößen gegen die „Volksschädlingsverordnung" überschnitten.[175]

4.9. Sicherungsverwahrte

> „Lieber Bruder, du weißt, das ich in den 2 Jahren die ich nach meiner letzten Strafe draußen war nicht eine Stecknadel gestohlen und das ich wie ein Pferd gearbeitet habe. Ich habe furchtbar darunter gelitten das man mich doch eigentlich wegen nichts von April 1940 bis jetzt in das K. Z. lager gesperrt hat.

169 Aus seinen nach Kriegsende getätigten Aussagen im Rahmen eines im Januar 1946 von H. gestellten Gnadengesuchs geht hervor, dass er sich aufgrund einer Lungenkrankheit seit 1934 in einer Fürsorgeanstalt befunden hatte. Er habe lieber ins Gefängnis als zurück in die Fürsorgeanstalt gewollt, so seine Begründung für den Likördiebstahl, vgl. „Wie ich ins Zuchthaus und ins K. Z. kam", Bericht von Paul H. an die Staatsanwaltschaft beim Landgericht Hamburg vom 16. 1. 1946, in: Strafakte Paul H., Staatarchiv HH, 213-11 Staatsanwaltschaft Landgericht – Strafsachen, Nr. 528/40, Bl. 3.

170 Effektenkammerschein KL Sachsenhausen vom 18. 10. 1942, RGWA, 1367/1/33, Bl. 164, zit. n. AS, D 1 A/1033, Bl. 164.

171 Paul H., „Wie ich ins Zuchthaus und ins K. Z. kam", Bl. 3.

172 Transportliste in das KL Lublin vom 5. 12. 1943, FSB-Archiv Moskau, Nr-19092/Tom 86, Bl. 6, zit. n. AS, JSU 1/86, Bl. 6.

173 Urteil Amtsgericht Hamburg vom 17. 10. 1949, in: Strafakte Paul H., Staatsarchiv HH, 213-11 Staatsanwaltschaft Landgericht – Strafsachen, Nr. 528/40, ohne Blattangabe.

174 Vgl. zu den Bemühungen von „Berufsverbrechern" um Entschädigung Kapitel 6.1.

175 Mörchen, Schwarzer Markt, S. 88.

Was ich dort gelitten und erlebt habe, kannst du nicht ahnen, für mich war es soviel, das ich blindlings die Postenkette durchlaufen bin. Als ich dann doch nicht erschossen wurde, da ist die Lebensfreude wieder erwacht.“[176]

Diese Zeilen schrieb der Bauarbeiter Adolf Dell am 27. Oktober 1941 aus der Untersuchungshaft an seinen Bruder August. Adolf Dell, der zum ersten Mal mit 14 Jahren wegen Diebstahls verurteilt worden war, stammte aus einfachen Verhältnissen. Seine Eltern waren beide gesundheitlich eingeschränkt, der Vater zuckerkrank, die Mutter litt unter einem Herzfehler. Zu seiner sozialen Situation erklärte Dell später, „es habe selten ein warmes Mittagessen gegeben und er habe sich immer bei seinen Geschwistern notdürftig durchschlagen müssen“.[177] Im Alter von acht Jahren war er „wegen unregelmäßigen Schulbesuchs“ auf „polizeiliche Anordnung“ in einem Waisenheim untergebracht worden und blieb bis 1926 in Fürsorgeerziehung, aus der er jedoch immer wieder entwich.[178] Dabei wurde Dell wiederholt straffällig, in erster Linie wegen Diebstahls. Nachdem er im Mai 1938 nach dreieinhalb Jahren aus dem Zuchthaus entlassen worden war, blieb er jedoch bis 1940 straffrei. Er arbeitete zunächst als Bauarbeiter und anschließend in einem Schmelzwerk. Auf diesen Zeitabschnitt spielte Dell wohl in dem oben zitierten Brief an seinen Bruder an.

Gänzlich von den Behörden unbehelligt blieb er aber nicht, im Anschluss an seine verbüßte Haftstrafe waren gegen ihn Maßnahmen im Rahmen der polizeilichen Überwachung angeordnet worden. Die Auflagen sahen u. a. vor, dass er sich zu bestimmten Zeiten zu Hause aufzuhalten habe. Nach zweimaligem Verstoß gegen die Anordnungen nahm ihn die Hamburger Kriminalpolizei im April 1940 in Vorbeugehaft. Da er genau dies befürchtet hatte, war Dell eigenen Angaben zufolge nach dem zweiten Verstoß im Januar 1940 nach Holland geflohen, dort aber straffällig geworden und nach Deutschland abgeschoben worden. Dell erklärte dazu später, er sei seinerzeit mit einem Mädchen in einer Wirtschaft gewesen „und habe plötzlich festgestellt, daß er wiederum die Zeit überschritten hatte. Er habe zu dem Mädchen nicht sagen mögen, daß er nach Hause müsse“.[179]

176 Brief von Adolf Dell vom 27. 10. 1941, in: Strafakte Adolf Dell, Staatsarchiv HH, 213-11 Staatsanwaltschaft Landgericht – Strafsachen, Nr. 6769/42, Bl. 60a (Fehler im Original).

177 Gutachten Gerichtsärztlicher Dienst Hafenkrankenhaus Hamburg vom 19. 11. 1941, in: Strafakte Adolf Dell, Staatsarchiv HH, 213-11 Staatsanwaltschaft Landgericht – Strafsachen, Nr. 6769/42, Bl. 5.

178 Urteil des Hamburger Landgerichts gegen Adolf Dell vom 5. 5. 1942, in: Strafakte Adolf Dell, Staatsarchiv HH, 213-11 Staatsanwaltschaft Landgericht – Strafsachen, Nr. 6769/42, Bl. 3.

179 Gutachten Gerichtsärztlicher Dienst Hafenkrankenhaus Hamburg vom 19. 11. 1941, in: Strafakte Adolf Dell, Staatsarchiv HH, 213-11 Staatsanwaltschaft Landgericht – Strafsachen, Nr. 6769/42, Bl. 6.

Die Vorbeugehaft wurde zunächst im KZ Sachsenhausen vollstreckt, wo die Lagerleitung Dell am 20. April 1940 als „Berufsverbrecher" registrierte.[180] Etwa drei Monate später erfolgte seine Überstellung in das KZ Neuengamme. Von dort gelang ihm am 13. Juli 1941 die Flucht. Völlig mittellos beging der geflohene KZ-Häftling mehrere Diebstähle und versuchte, sich zu seiner Familie nach Wuppertal durchzuschlagen. Bei den gestohlenen Gegenständen handelte es sich zunächst in erster Linie um Nahrung und Kleidungsstücke, im Verlauf seiner Flucht entwendete er aber auch Geldbörsen. Bereits am 25. Juli wurde Dell in Wuppertal wieder festgenommen und erneut in das KZ Neuengamme überstellt. Von dort kam er aufgrund von Ermittlungen des Hamburger Oberstaatsanwalts am 23. September 1941 in das städtische Untersuchungsgefängnis.[181] Das Hamburger Landgericht verurteilte ihn am 5. Mai 1942 aufgrund seiner während der Flucht aus dem Konzentrationslager begangenen Straftaten zu fünf Jahren Zuchthaus mit anschließender Sicherungsverwahrung. In der Begründung heißt es, bei Dell handele es sich um den „Typ des haltlosen, willensschwachen, gefährlichen Gewohnheitsverbrechers mit besonderer Neigung zu Eigentumsdelikten, der jede günstige Gelegenheit dazu ausnutzt, um neue Straftaten zu begehen. Er hat offenbar keine Lust, durch Arbeit seinen Lebensunterhalt zu verdienen. Aus diesem Grunde ist er auch bei der nächsten sich bietenden Gelegenheit aus dem Konzentrationslager entwichen."[182]

Wie ein weiteres Schreiben zeigt, das Dell während seiner Untersuchungshaft verfasst hatte, rechnete er mit einem Todesurteil. Tatsächlich entging der erst 32-Jährige diesem zunächst nur knapp. Denn im Juli 1942 wandte sich der zuständige Hamburger Oberstaatsanwalt mit einer Kritik an dem Urteil des Landgerichts an den Reichsjustizminister und forderte die Verhängung der Todesstrafe gegen Dell. Er begründete dies mit einem „Bedürfnis nach gerechter Sühne" und dem „Schutz der Volksgemeinschaft", die diese Strafe erfordern würden.[183] Zwar sah die Staatsanwaltschaft von einer Verhängung des auf Basis des § 1 des Gewohnheitsverbrechergesetzes vom 4. September 1941 möglichen Todesurteils gegen Dell

180 Sonderliste „Zugänge" vom 20. 4. 1940, RGWA, 1367/1/196, Bl. 107, zit. n. AS, D 1 A/1196, Bl. 107.

181 Überstellung des Vorbeugehäftlings Adolf Dell vom 23. 9. 1941, in: Strafakte Adolf Dell, Staatsarchiv HH, 213-11 Staatsanwaltschaft Landgericht – Strafsachen, Nr. 6769/42, Bl. 36.

182 Urteil des Hamburger Landgerichts gegen Adolf Dell vom 5. 5. 1942, in: Strafakte Adolf Dell, Staatsarchiv HH, 213-11 Staatsanwaltschaft Landgericht – Strafsachen, Nr. 6769/42, Bl. 14.

183 Schreiben der Hamburger Staatsanwaltschaft an den Oberreichsanwalt vom 25. 8. 1942, in: Strafakte Adolf Dell, Staatsarchiv HH, 213-11 Staatsanwaltschaft Landgericht – Strafsachen, Nr. 6769/42, Bl. 10.

ab,[184] dies rettete jedoch nur kurzfristig sein Leben. Im Dezember 1942 erfolgte auf Grundlage des zwischen Himmler und dem Reichsjustizminister geschlossenen Abkommens seine Überstellung aus dem Emsländer Strafgefangenenlager an das KZ Mauthausen. Er verstarb am 2. April 1943 im Außenlager Gusen.[185]

Anders als Dell kam Ernst Borgmeier direkt aus der Sicherungsverwahrung und nicht auf Weisung der Kriminalpolizei in das KZ Sachsenhausen. Am 15. Dezember 1942 war er aus dem Zuchthaus Gollnitz „auf Anordnung des Herrn Reichsministers der Justiz" in das Oranienburger Lager überstellt und dort später als „BV./SV" (also Berufsverbrecher/Sicherungsverwahrter) registriert worden.[186] Das Hamburger Landgericht hatte den gelernten Schiffszimmermacher am 27. Juni 1940 „als gefährlichen Gewohnheitsverbrecher wegen Rückfalldiebstahls in einem Falle, wegen Unterschlagung in drei Fällen und wegen eines Betrugsfalles" zu drei Jahren und sechs Monaten Zuchthaus verurteilt. Zudem ordnete es gegen ihn Sicherungsverwahrung an.[187] Borgmeiers dauerhafte Inhaftierung wurde mit einer „Gefahr für die Volksgemeinschaft" begründet, die darin bestehe, dass „mit einer weiteren Ausbildung seiner kriminellen Energie und einer Steigerung der Gefährlichkeit seiner Kriminalität [...] zu rechnen" sei, da er, zu diesem Zeitpunkt 33 Jahre alt, „altersmäßig noch nicht einmal auf dem Höhepunkt des Lebens" stehe.[188] Auch habe die regelmäßige Arbeit Borgmeier nicht davon abgehalten, Straftaten zu begehen, beklagte das Gericht. Die Kriminalpolizei argumentierte ähnlich, sie hatte schon 1939 in einem Ermittlungsbericht vermerkt: „Borgmeier ist zweifellos auch arbeitsscheu. Er arbeitet nur, wenn er keine andere Möglichkeit sieht, sein Leben zu fristen."[189]

Tatsächlich war Borgmeier aber im Laufe seines Lebens mehrfach erwerbstätig gewesen, auch hätten mehrere seiner ehemaligen Arbeitgeber „über die Führung

184 Das Gesetz wurde mehrfach verschärft, vgl. Rainer Möhler, Strafvollzug im „Dritten Reich". Nationale Politik und regionale Ausprägung am Beispiel des Saarlandes, in: Heike Jung/ Heinz Müller-Dietz (Hrsg.), Strafvollzug im „Dritten Reich". Am Beispiel des Saarlandes, Baden-Baden 1996, S. 9–301, hier 64 f.

185 Diesen Hinweis verdanke ich Andreas Kranebitter vom Archiv der KZ-Gedenkstätte Mauthausen.

186 Veränderungsmitteilung vom 18. Juni 1943, I. T. S. Arolsen, KL Sachsenhausen/I A, Bl. 115 a, zit. n. AS, NL 6/84, Bl. 115 a.

187 Urteil Hamburger Landgericht vom 4. 9. 1940, in: Strafakte Ernst Borgmeier, Staatsarchiv HH, 213-11 Staatsanwaltschaft Landgericht – Strafsachen, Nr. 5394/40, Bl. 30.

188 Ebenda, Bl. 39.

189 Ermittlungsbericht der Hamburger Kriminalpolizei vom 23. Januar 1939, in: Strafakte Ernst Borgmeier, Staatsarchiv HH, 213-11 Staatsanwaltschaft Landgericht – Strafsachen, Nr. 5394/40, Bl. 13.

des Borgmeier keine Klage geführt",[190] so die Ermittlungshilfe der Strafrechtspflege im April 1939. Interessanterweise drohte die Kriminalpolizei ihm 1939 mit Sicherungsverwahrung und nicht mit Vorbeugehaft, wie aus dem zuvor zitierten Ermittlungsbericht hervorgeht. Hier zeigt sich erneut, dass Polizei und Justiz in vielen Fällen eher einander zuarbeiteten, als miteinander zu konkurrieren. Borgmeier bestritt in den folgenden Jahren den ihm zur Last gelegten Diebstahl und ließ über einen Rechtsanwalt wiederholt Revision gegen das Urteil des Landgerichts einlegen. Auch wenn dieses Vorgehen im September 1941 zunächst zu einer Wiederaufnahme der Ermittlungen führte, blieb der Handwerker damit letztlich erfolglos. Der von ihm angeführte Arbeitgeber, der bestätigen sollte, dass er zum Zeitpunkt des Diebstahls für ihn tätig gewesen sei, verifizierte seine Angabe nicht. Borgmeier verstarb am 17. Juni 1943 im KZ Sachsenhausen, etwa ein halbes Jahr nach seiner Überstellung aus der Sicherungsverwahrung.[191]

190 Schreiben der Ermittlungshilfe der Strafrechtspflege an den Hamburger Oberstaatsanwalt beim Landgericht vom 27. 4. 1939, Strafakte Ernst Borgmeier, Staatsarchiv HH, 213-11 Staatsanwaltschaft Landgericht – Strafsachen, Nr. 5394/40, Bl. 3.

191 AS, Sterbeerstbuch Sonderstandesamt Arolsen, Abteilung Sachsenhausen, Nr. 832/1955 (III), Bl. 832.

V. Häftlingsgesellschaft und Häftlingsalltag der „Berufsverbrecher" im KZ Sachsenhausen

5.1. Positionen und Hierarchien

5.1.1. Freundschaft, Kameradschaft und Abgrenzung

In den Berichten von KZ-Überlebenden werden neben Beschreibungen täglicher Gewalt und Willkür durch die SS meist auch Episoden von Freundschaft, Kameradschaft und Solidarität geschildert. Dies zeigt, dass das Ziel der SS, mit dem System der Kategorisierung und Hierarchisierung der Häftlingsgesellschaft eine Entsolidarisierung zu bewirken, niemals vollständig erreicht wurde. Größere, gruppenübergreifende Hilfsaktionen waren dennoch eher die Ausnahme. Viele ehemalige Häftlinge heben in ihren Erinnerungen zudem Differenzen hervor, die in ihrer Wahrnehmung manchmal entlang der Haftgruppen, aber auch entlang anderer Kategorien wie Geschlecht oder Nationalität verliefen. Für die meisten dürfte gegolten haben, was Hermann Kaienburg über Solidarstrukturen im KZ Neuengamme konstatiert hat: Zusammenhalt und Freundschaft konzentrierten sich auf „überschaubare Kreise".[1] Zu diesem Schluss kommt auch Christa Schikorra, die davon ausgeht, dass für die Häftlinge in der Regel gegenseitige Unterstützung, „wenn überhaupt, auf kleinste Einheiten von zwei, drei Personen beschrankt" gewesen sei.[2] Dauerhafte soziale Beziehungen wurden auch dadurch erschwert, dass das KZ-System und damit die Häftlingsgesellschaft nie statisch waren. Neu aufgebaute Beziehungen konnten von einem Tag auf den anderen durch Überstellung oder Tod auseinandergerissen werden. Diese Instabilität betraf grundsätzlich jeden, wie Elie A. Cohen 1953 in seiner psychologischen Studie über die Lagergesellschaft festgehalten hat:

1 Hermann Kaienburg, „Freundschaft? Kameradschaft? ...Wie kann das dann möglich sein?" Solidarität, Widerstand und die Rolle der „roten Kapos" in Neuengamme, in: KZ-Gedenkstätte Neuengamme (Hrsg.), Abgeleitete Macht – Funktionshäftlinge zwischen Widerstand und Kollaboration, Hamburg 1998 (Beiträge zur Geschichte der nationalsozialistischen Verfolgung in Norddeutschland, Bd. 4), S. 18–51, hier S. 35.

2 Christa Schikorra, „Asoziale" Häftlinge im Frauen-Konzentrationslager Ravensbrück – die Spezifik einer Häftlingsgruppe, in: Werner Röhr/Brigitte Berlekamp (Hrsg.), Tod oder Überleben? Neue Forschungen zu Ravensbrück, Berlin 2001, S. 89–123, hier S. 111.

> „For some time – the concentration camp being a dynamic community in which conditions were in a constant state of flux, nobody was certain of anything: one could be transported, or lose the function to which one owed a measure of security, or fall into disgrace, or be caught in an offense."[3]

Soziale Kontakte untereinander kamen entweder im Lager zustande oder basierten auf gemeinsamen Erfahrungen und Bekanntschaften aus dem Leben vor der KZ-Haft. Wie das Beispiel von Manfred Bastubbe zeigt,[4] existierten solche Bindungen durchaus auch im Milieu der „Berufsverbrecher". Die Aussage des ehemaligen Lagerältesten Harry Naujoks, dass „Berufsverbrecher" „den kameradschaftlichen Zusammenhalt" nicht so gekannt hätten „wie die Politischen", ist deshalb nicht haltbar.[5] Demgegenüber nennen auch ehemalige politische Häftlingen einzelne „Berufsverbrecher" besonders häufig im Kontext von Hilfsleistungen im Lager.

So schildern mehrere Überlebende, darunter auch Naujoks, den Berliner Arzt Dr. Karl Harzen als eine äußerst entgegenkommende Person.[6] Laut Hans Reichmann war Harzen aus dem Zuchthaus Brandenburg-Görden in das KZ Sachsenhausen überstellt worden. Dort wurde er als „Berufsverbrecher" in Block 10 untergebracht und vom 4. bis 9. August 1941 im Krankenbau behandelt.[7] In den Verfahren der Düsseldorfer Staatsanwaltschaft gegen den Blockführer Otto Kaiser wird Harzen als „Lagerapotheker" und Blockältester der sowjetischen Kriegsgefangenen erwähnt. Zeitweise wurde auch gegen ihn ermittelt, da er im Verdacht stand, sowjetische Häftlinge mit Arzneien aus der Lagerapotheke vergiftet zu haben. Warum Harzen in das Lager gekommen war, muss aufgrund fehlender Dokumente unklar bleiben. Dem Schutzhäftling Hans Z. zufolge sei er Frauenarzt gewesen und wegen der Durchführung von Abtreibungen verhaftet worden.[8]

3 Cohen, Human Behavior, S. 125.

4 Vgl. Kapitel 2.3.

5 Naujoks, Mein Leben im KZ Sachsenhausen, S. 166.

6 Vgl. z. B. Zeugenvernehmung von Johann J. am 20. 7. 1961, Staatsanwaltschaft Köln, 24 Ks 1/64 (Z)/XXXVIII, Landesarchiv NRW, zit. n. AS, JD 21/44, Bl. 25; Zeugenvernehmung von Heinrich A. am 12. 6. 1961, Staatsanwaltschaft Bonn, Zentralstelle, 24 Js 30/59 (Z)/VIII, zit. n. AS, JD 7/8, Teil 1, Bl. 2 f.; Zeugenvernehmung von Franz Ballhorn am 11. 11. 1960, Staatsanwaltschaft Köln, 24 Ks 1/64 (Z)/II, Landesarchiv NRW, zit. n. AS, JD 21/2, Bl. 63; Naujoks, Mein Leben im KZ Sachsenhausen, S. 280 und S. 284; Reichmann, Deutscher Bürger, S. 145, 188, 225 f.

7 Veränderungsmitteilung des Krankenbaus vom 9. 8. 1941, RGWA, zit. n. AS, D 1 A/1054, Bl. 21.

8 Zeugenvernehmung von Hans Z. am 11. 9. 1961, Staatsanwaltschaft Köln, 24 Ks 1/64 (Z)/XXII, Landesarchiv NRW, zit. n. AS, JD 21/26, Teil 1, Bl. 121.

Reichmann behauptet hingegen, Harzen sei 1933 wegen Devisenverbrechen zu acht Jahren Zuchthaus verurteilt worden und nach seiner Haftentlassung aus Brandenburg wieder als Privatarzt tätig gewesen, bis er „aufgrund einer Aktion gegen Zuchthäusler" nach Sachsenhausen gebracht wurde.[9] Hans Z. ist einer der wenigen Überlebenden, die negativ über Harzen aussagten, weil dieser in „Schiebereien" im Lager verwickelt gewesen sei.

1943/44 wurde der Arzt offenbar tatsächlich von der gegen Korruption ermittelnden Kommission unter Leitung des Kriminalkommissars Fritz Cornely vernommen.[10] So berichtete auch der „Berufsverbrecher" Georg D., er habe gesehen, wie Harzen mit einem Schild „Ich bin ein Schieber" durch das Lager geführt worden sei.[11] Leider ließen sich über den aus Berlin stammenden Harzen kaum Unterlagen aus der Lagerzeit finden. Er wurde am 25. September 1943 in das KZ Mauthausen überstellt und dort nur drei Tage später angeblich „auf der Flucht erschossen".[12]

Ebenfalls positiv wird in Berichten und Zeugenaussagen der als „Berufsverbrecher" inhaftierte Berliner Otto Küsel dargestellt, dessen Fall ich in einem Aufsatz detailliert geschildert habe.[13] Das für dieses Kapitel herangezogene Quellenmaterial verweist auch jenseits dieser prominenten Fälle auf verschiedene Ebenen von Freundschaft und Kameradschaft, die „Berufsverbrecher" im KZ Sachsenhausen erlebten oder praktizierten: Zum einen existierten auch in dieser Haftgruppe Formen von spontaner Hilfe bzw. situativen Hilfsleistungen, daneben gab es gegenseitige, mitunter klientelistische Unterstützung durch die Vergabe von Posten oder Arbeitskommandoeinsätzen sowie zudem Gefälligkeitsdienste, die möglicherweise auch auf Gegenleistungen beruhten, für die Akteure aber immer ein Risiko bedeuteten. Alle drei Ebenen konnten sowohl auf längeren Freund- bzw. Bekanntschaften aus der Zeit vor der Lagerhaft sowie kurzfristigeren Kontakten basieren. Ein Beispiel für das, was ich als spontane oder situative Hilfe bezeichne, schilderte Willi Heinrich B. 1961. Im Winter 1940 habe ihm der Vorarbeiter Karl S., wie er als „Berufsverbrecher" im KZ Sachsenhausen, während einer „Bestrafungsaktion" der SS Tipps gegeben, die es ihm erleichterten, diese Folter durchzustehen. B.s Block sei des Diebstahls verdächtigt und daraufhin gezwungen worden, auf dem

9 Reichmann, Deutscher Bürger, S. 144 f.

10 Vgl. zu der Kommission Kapitel 5.1.3. und 6.2.2.

11 Zeugenvernehmung von Georg D. am 19. 6. 1961, Staatsanwaltschaft Bonn, Zentralstelle, 24 Js 30/59 (Z)/VIII, Landesarchiv NRW, zit. n. AS, JD 7/8, Teil 2, Bl. 134.

12 Für diesen Hinweis bedanke ich mich herzlich bei Andreas Kranebitter vom Archiv der KZ-Gedenkstätte Mauthausen.

13 Lieske, „Berufsverbrecher" als Häftlinge im Konzentrationslager Sachsenhausen, S. 64–66 sowie S. 69–72.

Appellplatz „Sport" zu treiben.[14] Dabei mussten sich die Häftlinge bei Minusgraden durch den zwischen den Baracken aufgeschaufelten Schnee wühlen:

> „Ich erinnere mich noch, daß der Kapo Karl S. zu mir sagte, ich soll mich gleich hinlegen, wenn ich geschlagen werde, denn das war notwendig, weil man sonst noch weiter geschlagen worden wäre. Wenn man jedoch sofort hinstürzte, gab das den SS-Leuten das Gefühl ihrer Stärke und sie haben dann meist von ihren Opfern abgelassen."[15]

Die Gewalterfahrung hatte B. offenbar nachhaltig traumatisiert. So vermerkte der vernehmende Kriminalbeamte, „der Zeuge erlitt bei der Schilderung dieser Begebenheit einen Weinkrampf".[16] Einen anderen Fall von spontaner Hilfe überlieferte Wilhelm J., der im „Entlausungskommando" eingesetzt war.[17] Er verstieß nach eigenen Angaben mehrfach gegen die Lagerordnung, indem er während der Arbeit Pfeife rauchte. Damit die SS ihn dabei nicht erwischte, habe der „Berufsverbrecher" G. ihn wiederholt im Heizungskeller versteckt.[18] Bruno R., der im Dezember 1939 als Vorarbeiter mit Prügel und „Pfahlhängen"[19] bestraft wurde, beschrieb in seiner Zeugenaussage 1956 zunächst ausführlich die am eigenen Leib erlittene Qual, um dann auf die ihm widerfahrene Hilfsbereitschaft anderer Häftlinge einzugehen:

> „Die Häftlinge, die zu dieser Strafe verurteilt waren, mußten sich zuvor einen Pfahl aus dem Bunker holen und ihn auch in eines der bezeichneten Löcher einsetzen. Nachdem man dann auf einen Schemel gestiegen war und der SS-Mann den Strick bzw. die Kette der Handfesselung über den Haken gestreift

14 Als „Sport" wurden im Lager meist von den SS-Blockführern durchgeführte willkürliche oder wegen Verstößen gegen die Lagerordnung praktizierte Gewaltaktionen bezeichnet, bei der Häftlinge gezwungen wurden, bestimmte „Übungen" bis zur körperlichen Erschöpfung oder sogar bis zum Tod zu wiederholen.

15 Zeugenvernehmung von Willi Heinrich B. am 5. 7. 1961, Staatsanwaltschaft Köln, 24 KS 1/64 (Z)/XXIV, Landesarchiv NRW, zit. n. AS, JD 21/35, Bl. 52.

16 Ebenda, Bl. 232.

17 Bei der „Entlausung" handelte es sich um die Desinfektionsbaracke, in der Häftlinge auf verschiedene Weisen erniedrigt wurden. U. a. wurden den neu eingetroffenen Häftlingen dort die Haare geschoren.

18 Zeugenvernehmung von Wilhelm J. am 4. 1. 1961, Staatsanwaltschaft Köln, 24 KS 1/64 (Z)/II, Landesarchiv NRW, zit. n. AS JD 21/3, Teil 2, Bl. 41.

19 Bei dieser als Bestrafung, etwa bei Verstößen gegen die Lagerordnung, von der SS praktizierten Foltermethode wurde der Betroffene hinter dem Rücken an seinen Handgelenken gefesselt und an einem Holzpfahl hochgezogen, in dieser Position musste er bis zu mehreren Stunden verharren. Vgl. Kaienburg, Sachsenhausen – Stammlager, S. 49.

hatte, stieß er den genannten Schemel mit seinem Fuß fort und man hing nun frei an dem Pfahl und zwar mit gefesselten Händen. Durch das eigene Körpergewicht sackte man nun allmählich immer so, daß man nach kurzer Zeit völlig entkräftet und apathisch war. […] Ich hatte furchtbare Schmerzen und mußte in der geschilderten Lage etwa eine Stunde hängen."[20]

Im Anschluss fügte er hinzu: „Ich begab mich nun wieder in meinen Block, wo mir meine Mithäftlinge Hilfe gaben, sie massierten mir die Hände und renkten mir auch wieder die Arme ein." Es sei ihm sehr schlecht gegangen, doch er habe sich „mit Unterstützung meiner Mithäftlinge nach einigen Wochen wieder erholt".[21] Ähnliches sagte 1959 der „Berufsverbrecher" Curt R. in einem Verfahren gegen den SS-Arzt Dr. Heinz Baumkötter aus. R. gab an, im Krankenrevier Opfer eines medizinischen Versuches geworden zu sein. Man habe bei ihm eine Gasbrandinfektion hervorgerufen, woraufhin die zuvor operierte Wunde vereitert sei. Er erklärte:

> „[…] hiernach konnte ich gar nicht wieder zu Kräften kommen, und man hat mich praktisch als Toten aus dem Lazarett weggeschafft. Nur dem Zugriff meiner Kameraden, die mich anschließend mit Stärkungsmitteln wieder gekräftigt haben, kann ich es verdanken, daß ich heute noch am Leben bin."[22]

Von der unter politischen Häftlingen üblichen Möglichkeit der jeweiligen Funktionshäftlinge, andere Insassen in Arbeitskommandos unterzubringen und damit einen gewissen Einfluss auf die Überlebenschancen Einzelner zu nehmen, machten auch die „Grünwinkligen" Gebrauch. Walter H., im Mai 1939 als „Berufsverbrecher" nach Oranienburg gebracht,[23] schilderte einen solchen Fall: „Durch die Fürsprache des Häftlings E., den ich aus Bielefeld kannte und der seinerzeit dort [im Klinkerwerk] Kapo im Revier war, ist es mir gelungen, vom Klinkerwerk in die Tischlerei zu kommen."[24] Das Klinkerwerk war eines der schwersten Arbeitskommandos im KZ Sachsenhausen mit einer hohen Todesrate, sodass E. Walter H. mit der Überstellung in die Lagertischlerei sicherlich einen Gefallen getan hatte.

20 Zeugenvernehmung von Bruno R. am 13. 3. 1956, Staatsanwaltschaft Bonn, 8 Ks 1/58 (Sorge/Schubert)/V, Teil 2, Landesarchiv NRW, zit. n. AS, JD 2/8, Bl. 120.

21 Ebenda, Bl. 121.

22 Zeugenvernehmung von Curt R. am 22. 10. 1959, Staatsanwaltschaft Münster, 6 JS 121/56 –/390.20 (XX), Staatsarchiv Münster, zit. n. AS, JD 1/19, Bl. 111 f.

23 Veränderungsmitteilung vom 7. 5. 1939, FSB-Archiv Moskau, zit. n. AS, D 1 A/1024, Bl. 141.

24 Zeugenvernehmung von Walter H. am 21. 10. 1964, Staatsanwaltschaft Köln, 24 KS 1/68 (Z), Bd. XLII, Landesarchiv NRW, zit. n. AS, JD 31/36, Bl. 159.

Als besonderen Ort der Solidarität und Freundschaft nennen Überlebende häufig das Krankenrevier.[25] Der „Berufsverbrecher" Fritz M. erklärte 1961, er habe seine Tätigkeit im Krankenrevier nicht nur als „Arbeit im üblichen Sinne", sondern vielmehr „als Dienst am Kameraden" angesehen. So sei er auch nach Arbeitsschluss noch im Revier geblieben und habe dort ausgeholfen.[26] Reinhold Heinen, als politischer Häftling in Sachsenhausen, bestätigte im Mai 1960, er habe Fritz M. „sehr viel Hilfe im Lager, möglicherweise sogar das Leben" zu verdanken.[27]

Fälle von gegenseitiger Unterstützung waren häufig mit Gegenleistungen verbunden. Kaienburg hat bereits 1998 festgehalten: „Im KZ waren bei fast allen Handlungen auch eigennützige Motive im Spiel; kaum jemand verhielt sich völlig selbstlos."[28] Als Beispiele für solche hier als Gefälligkeiten bezeichneten Interaktionen zwischen Häftlingen lassen sich anhand der Zeugenaussagen sowie Strafverfügungen vor allem Fälle von Schmuggel und Tausch von Waren und Briefen innerhalb des Lagers und nach „außen" rekonstruieren. Sämtliche Formen von Hehlerei, Tauschhandel und sogenannten Schiebungen setzten ein gewisses Maß an Vertrauen zwischen den Häftlingen voraus, da sie bei Entdeckung empfindliche Strafen nach sich ziehen konnten. Insgesamt 31 der 74 von mir ausgewerteten Strafverfügungen gegen „Berufsverbrecher" beziehen sich auf solche „Delikte".[29] Der Handel mit Post wird in drei Einweisungsbefehlen in die Strafkompanie als Grund genannt. Nikolaus M. etwa kam Ende Juli 1943 mit der Begründung in das Schuhläuferkommando, er habe auf „seinem Kommando Fürstenwalde" einem anderen Häftling erlaubt, unter M.s Namen einen Brief an die Eltern zu schreiben, da der Betroffene mit einem Schreibverbot belegt worden sei.[30] Inwiefern M. dafür eine Gegenleistung erhielt, ist nicht ersichtlich. Auch der bereits erwähnte „Berufsverbrecher" Peter H.[31] musste zwischen März und Juni 1943 in die Strafkompanie, weil er „einen illegal geschriebenen Brief des Häftlings C.

25 Vgl. Ley/Morsch, Medizin und Verbrechen, S. 10; Astrid Ley, Kollaboration mit der SS zum Wohle der Patienten? Das Dilemma der Häftlingsärzte in Konzentrationslagern, in: ZfG 61 (2013), S. 123–139.

26 Zeugenvernehmung von Fritz M. am 11. 7. 1961, Staatsanwaltschaft Köln, 24 Ks 1/64 (Z)/XXIV, Landesarchiv NRW, zit. n. AS, JD 21/34, Bl. 79.

27 Schriftliche Zeugenaussage von Reinhold Heinen vom 11. 5. 1960, Staatsanwaltschaft Bonn, Zentralstelle, 24 Js 30/59 (Z)/I, Landesarchiv NRW, zit. n. AS, JD 7/1, Bl. 43.

28 Kaienburg, Freundschaft? Kameradschaft?, S. 44.

29 Der Begriff wird hier in Anführungszeichen verwendet, da es sich bei den Konzentrationslagern um einen Raum handelte, auf den sich gängige bürgerliche Strafrechtskategorien nicht problemlos anwenden lassen.

30 Strafverfügung gegen Nikolaus M., Archiv BStU, AV 2/87, Bd. 3, Bl. 151.

31 Vgl. Kapitel 4.1.

angenommen und auf dem Wege zur Arbeitsstelle in den Kasten gesteckt" hätte.[32] Erwin Rathmann, dessen Rolle als Funktionshäftling an anderer Stelle noch thematisiert wird,[33] will einem anderen Häftling ebenfalls dabei geholfen haben, Post zu verfassen. Er habe 1940 aus dem „Baubüro" des Klinkerwerks, der SS-eigenen Großziegelei, „Papier mitgenommen und dieses Papier dem Häftling Karl Z. aus Nürnberg gegeben, der dieses Papier zu Kassibern benutzte".[34] Dafür seien beide mit „Pfahlhängen" bestraft worden. Wegen einer ganz anderen Gefälligkeit wurde der Vorarbeiter des Arbeitskommandos „Forstamt Sachsenhausen" Josej H. mit einer Unterbringung „bis auf weiteres" im Schuhläuferkommando bestraft: Er habe geduldet, dass Häftlinge seines Arbeitskommandos „mit einem Posten zu der in Schmachtenhagen gelegenen Bäckerei Stief gingen und dort Brot ohne Marken kauften".[35]

Anhand der skizzierten Beispiele wird deutlich, dass es sich meist um Vorarbeiter handelte, die in der Position waren, Dinge zu „verschieben" – wie der Schmuggel im Lagerkosmos bezeichnet wurde – bzw. Gefälligkeitsdienste anzubieten.

Neben den geschilderten Formen von Freundschaft und Kameradschaft, die auch gruppenübergreifend sein konnten, bestimmten jedoch vor allem Abgrenzung und Distinktion den Lageralltag. Unter Bezugnahme auf Goffmans Theorie über die „sekundäre Anpassung" in „totalen Institutionen" geht Suderland davon aus, dass gerade die Fähigkeit zur Distinktion es den Häftlingen ermöglichte, ihr eigenes „Menschsein" aufrechtzuerhalten.[36] Das von der SS implementierte Kategoriensystem diente damit nicht nur der Machtsicherung und Diskriminierung, wie Wolfgang Sofsky betont hat,[37] sondern bot auf der anderen Seite den Subjekten ein gewisses Maß an Identifikation und Orientierung – im negativen wie im positiven Sinne. Auf Basis der Markierungen als einer „Gruppe" zugehörig erkannt zu werden konnte neben der Stigmatisierung durch die jeweils „anderen" auch Vorteile innerhalb der „eigenen" Kategorie nach sich ziehen. Ernst Nonnenmacher beschreibt dies anschaulich in Bezug auf seine Erfahrungen im KZ Flossenbürg, wo er dank eines anderen Häftlings seinen ursprünglich schwarzen gegen den grünen Winkel tauschen konnte. Nonnenmacher, der sich bereits als Jugendlicher im kleinkriminellen Milieu bewegt und mehrere Haftstrafen verbüßt

32 Strafverfügung gegen Peter H., Archiv BStU, AV 2/87, Bd. 3, Bl. 230.

33 Vgl. Kapitel 5.1.3.

34 Zeugenvernehmung von Erwin Rathmann am 15. 6. 1966, Staatsanwaltschaft Köln, 24 Ks 2/68 (Z)/XIX, zit. n. AS, JD 31/18, Teil 2, Bl. 460.

35 Strafverfügung gegen Josej H., Archiv BStU, AV 2/87, Bd. 3, Bl. 143.

36 Suderland, Ein Extremfall des Sozialen, S. 220 f.

37 Sofsky, Die Ordnung des Terrors, S. 137–151.

Ernst Nonnenmacher, Führerscheinfoto, ca. 1949. *Privatbesitz Eva Fischer.*

Bild von Ernst Nonnenmacher, ca. 1983. *Privatbesitz Eva Fischer.*

hatte, kam im Mai 1941 als „Asozialer" in das KZ Flossenbürg.[38] Dort habe ihm ein Funktionshäftling klargemacht: „Ernst, mit einem schwarzen Winkel gehst du hier ein."[39] Denn als „Asoziale" geführte Häftlinge, so Nonnenmacher, „waren in der Klassengesellschaft des Lagers auch wieder der ‚letzte Dreck'".[40]

Die hier vorgenommene Unterscheidung zwischen den „Asozialen" und den „Berufsverbrechern" machte sich auch der Lagerälteste Samuel Kuhnke zu eigen.[41] Während seiner Vernehmung als Beschuldigter im Juni 1948 – Kuhnke stand als ehemaliger Funktionshäftling vor dem Landgericht Deggendorf – beschrieb er seine Ernennung zum Lagerältesten 1944 wie folgt: „Ich saß damals an der Häftlingskasse und hatte einen guten Posten. Ich sträubte mich daher, als ich zur Lagerleitung bestellt wurde und zum Lagerältesten für die Schwarzen bestellt wurde. Aber Befehl ist Befehl. Für mich war es keine Verbesserung."[42] Kuhnke,

38 Vgl. zum Lebensweg von Ernst Nonnenmacher auch Frank Nonnenmacher, Du hattest es besser als ich. Zwei Brüder im 20. Jahrhundert, Bad Homburg 2014; „Ich war zu Recht im KZ." Interview mit Ernst Nonnenmacher vom 17. 5. 1980 in Mainz, S. 18.

39 „Ich war zu Recht im KZ", Interview mit Ernst Nonnenmacher v. 17. 5. 1980 in Mainz, S. 18.

40 „Ich war zu Recht im KZ." Interview mit Ernst Nonnenmacher v. 17. 5. 1980 in Mainz, S. 18.

41 Vgl. zu Samuel Kuhnke Kapitel 5.1.3.

42 Beschuldigtenvernehmung von Samuel Kuhnke, Juni 1949, Staatsanwaltschaft Bonn, Zentralstelle, 24 Js 30/59 (Z)/XVII, Landesarchiv NRW, AS, JD 7/16, Bl. 13.

der im KZ Sachsenhausen als „Asozialer“ den „schwarzen Winkel“ trug, nahm sich somit bewusst als Vertreter dieser Haftgruppe wahr, wie auch anhand der folgenden Aussage deutlich wird: „Meine Gruppe zählte bloß ca. 500 Mann, darunter Zigeuner.“[43]

Die von der SS kreierten und von den Häftlingen affirmierten Differenzierungen wurden nicht nur durch das Winkel-System manifest, sondern zusätzlich durch die im Lager existente räumliche Trennung forciert. Walter Engemann, politischer Häftling und Mitherausgeber des Bandes „Damals in Sachsenhausen“,[44] erklärte gegenüber der Stuttgarter Polizei 1956: „Unter den Häftlingen befand sich ein sehr großer Teil Ausländer verschiedener Nationen, die man namentlich nicht gekannt hat. Außerdem befanden sich im Lager kriminelle und asoziale Häftlinge, zu denen wir weniger Berührungspunkte hatten.“[45] Dass diese mangelnden Kontakte auch durch die Unterbringung bedingt wurden, beschreibt Nonnenmacher, der anschaulich die Bedeutung der verschiedenen Räume schildert: „Man ging nicht auf andere Blocks. Ein Roter ging nicht durch einen grünen Block durch oder umgekehrt.“[46] Augenscheinlich freundete er sich aber dennoch mit dem Vorarbeiter seines Arbeitskommandos – einem politischen Häftling – an, der Nonnenmacher eines Tages aufgefordert habe, ihn in seinem Block zu besuchen. Dieser Aufforderung sei er nachgegangen, schildert aber, welches Unbehagen er dabei empfand:

> „Also ich ging dann an dem Sonntagmittag zu diesem Block und ich bin mir vorgekommen, wie wenn Moses durchs rote Meer geht. Die Wogen haben sich geteilt. Ich will nicht sagen mit einer gewissen Feindseligkeit haben die mich dort durchgehen lassen, aber mit einer absoluten Nichtachtung.“[47]

Getrennte Baracken überdauerten zumindest im KZ Sachsenhausen die ab 1938 zunehmende Ausdifferenzierung der Häftlingsgesellschaft. Wie aus einem Dokument der IKL vom 12. August 1943 hervorgeht, sollte die räumliche Trennung von „Berufsverbrechern“ und anderen Häftlingen noch zu diesem Zeitpunkt in den Konzentrationslagern gewährleistet werden. Begründetet wurde

43 Ebenda.

44 Walter Engemann/Ellen Zunk (Hrsg.), Damals in Sachsenhausen. Solidarität und Widerstand im Konzentrationslager Sachsenhausen, Berlin 1961.

45 Zeugenvernehmung von Walter E. am 3. 4. 1956 in Stuttgart, Staatsanwaltschaft Bonn, 8 Ks 1/58 (Sorge/Schubert)/IX, Teil 1, Landesarchiv NRW, zit. n. AS, JD 2/15, Bl. 63.

46 „Ich war zu Recht im KZ.“ Interview mit Ernst Nonnenmacher vom 17. 5. 1980 in Mainz, S. 29.

47 Ebenda, S. 28.

dies damit, Letztere seien vor den schlechten Einflüssen der „Berufsverbrecher" zu schützen.[48] Die räumliche Segregation blieb nicht auf die Unterkunft selbst beschränkt, sondern setzte sich bis auf den halbkreisförmigen Platz fort, auf dem die Häftlinge sich mehrmals täglich barackenweise zum Zählappell aufstellen mussten. Hans-Joachim E. erläuterte 1961, wie er im Herbst 1939 die Erschießung des Zeugen Jehova August Dickmann[49] auf dem Platz erlebte: „Ich stand auf der BVer Seite in der 2. Reihe."[50] Ein anderes Ereignis, das auf nach Gruppen getrennte Unterkünfte verweist, überliefert der Schutzhäftling Eduard B. im gleichen Ermittlungsverfahren gegen Otto Kaiser. Er führte aus, wie im Februar oder März 1941 eine Baracke niederbrannte, in der „Berufsverbrecher" untergebracht waren. Deren „Bewohner" seien daraufhin von den zuständigen Blockführern misshandelt worden.[51]

Kontakte zwischen den verschiedenen Haftgruppen kamen folglich am ehesten in den Arbeitskommandos zustande. Heinz Junge, der nach der Befreiung als Generalsekretär des deutschen Sachsenhausenkomitees fungierte und maßgeblich an der Anzeige gegen den Kriminalkommissar Fritz Cornely beteiligt war,[52] beschrieb 1961 eine freundschaftliche Begegnung mit einem „Berufsverbrecher": „Mein Interesse an D., obwohl er B-V'er war, rührt daher, daß er mir 1941, als ich in der Gärtnerei arbeitete, sehr oft half und auch Lebensmittel zukommen ließ."[53] Der Fall des D. spielte in den 1959 einsetzenden Ermittlungsverfahren gegen Cornely insofern eine Rolle, als dass er nach Angaben von Überlebenden auf Weisung

48 Schreiben der Amtsgruppe D des Wirtschaftsverwaltungshauptamtes an die Kommandanten verschiedener Konzentrationslager vom 12. 8. 1943, BArch NS 3/426, Bl. 136.

49 Der 1910 geborene Dickmann war wegen „Kriegsdienstverweigerung" und als Angehöriger der Zeugen Jehovas zunächst zu einer Haftstrafe verurteilt und anschließend im Oktober 1937 in das KZ Sachsenhausen gebracht worden. Dort wurde er vor den Augen aller Häftlinge, darunter sein Bruder Heinrich, der die Lagerhaft überlebte, am 15. 9. 1939 auf dem Appellplatz erschossen, vgl. Morsch (Hrsg.), Mord und Massenmord, S. 79–85.

50 Zeugenvernehmung von Hans-Joachim E. am 11. 7. 1961, Staatsanwaltschaft Köln, 24 Ks 1/64 (Z)/XXIII, Landesarchiv NRW, zit. n. AS, JD 21/29, Bl. 70.

51 Zeugenvernehmung von Eduard B. am 17. 7. 1961, Staatsanwaltschaft Köln, 24 Ks 1/64 (Z)/X, Landesarchiv NRW, zit. n. AS, JD 21/11 Bl. 60. Der „Berufsverbrecher" Max G., der selbst in der abgebrannten Baracke untergebracht war, schilderte vermutlich den gleichen Vorfall, vgl. Zeugenvernehmung von Max G. am 12. 10. 1964, Staatsanwaltschaft Köln, 24 Ks 2/68 (Z)/XX, Landesarchiv NRW, zit. n. AS, JD 31/19, Bl. 11.

52 Zu Junges Lebenslauf und Engagement für den VVN siehe auch die Webseite der Organisation, http://www.nrw.vvn-bda.de/texte/0091_junge.htm (17. 4. 2016). Vgl. auch Kapitel 5.1.3. und 6.2.2.

53 Schreiben von Heinz Junge an die Kriminalpolizei Dortmund vom 22. 3. 1961, Staatsanwaltschaft Bonn, Zentralstelle, 24 Js 30/59 (Z)/II, Landesarchiv NRW, zit. n. AS, JD 7/2, Bl. 90.

des Kriminalkommissars in das Schuhläuferkommando eingewiesen und dort zu Tode geprügelt worden sein soll. Interessant ist an dieser Stelle aber vielmehr, dass für Junge der freundschaftliche Kontakt zu einem „Berufsverbrecher" eine Ausnahme darstellte, die scheinbar selbst nach Kriegsende einer weiteren Begründung bedurfte. Eine ähnliche Einschränkung nahm Martin S. vor, der in den Ermittlungen gegen den „Berufsverbrecher" Johannes (Hans) G. Folgendes aussagte:

> „Ich habe G. zuerst etwa 1941 oder 1942 gesehen. Obgleich wir politischen Häftlinge uns von den sogenannten BVern getrennt hielten, habe ich dann doch mehrfach die Gelegenheit gesucht, ein Gespräch mit ihm anzuknüpfen, um verschiedene Vorgänge aufzuklären, an deren Hergang wir interessiert waren."[54]

Vorurteile und Voreingenommenheit waren indes für „beide Seiten" kennzeichnend. Der bereits zitierte Ernst Nonnenmacher spricht von der Existenz „grüner" und „roter" Lager. Seine eigene Sichtweise auf die „Roten" ist ebenso verallgemeinernd wie die häufig von diesen geäußerten abfälligen Bemerkungen über die „Grünen":

> „Die Roten … ich weiß nicht, wie ich das sagen soll. Sie wollten mit den Grünen nichts zu tun haben. Sie wollten sich nicht mit ihnen gemein machen. Kommunikation hat eigentlich nicht stattgefunden, weil ein Verkehr zwischen den Blocks auch sehr beschränkt war."[55]

Wie wirkungsmächtig die jeweilige Winkelfarbe und damit verbunden auch die eigene (Lager-)Identität noch nach Kriegsende für ehemalige Häftlinge sein konnten, zeigen nicht nur die Aussagen von Junge und Nonnenmacher. Von den jeweiligen Ermittlungsbehörden befragt, gaben Überlebende als Haftgründe die jeweils im Lager erfolgte Kategorisierung an – meist in Form einer Äußerung wie: „Ich trug den grünen Winkel."[56] Während der „rote Winkel" bei den politischen Häftlingen jedoch in der Erinnerungskultur positiv besetzt war und etwa auf Gedenktagen und Verbandsversammlungen nicht ohne Stolz und als Symbol für

54 Zeugenvernehmung von Martin S. am 27. 6. 1951, Staatsanwaltschaft Münster, 6 JS 121/56 –/390.23, Staatsarchiv Münster, zit. n. AS, JD 1/22, Bl. 52.

55 „Ich war zu Recht im KZ." Interview mit Ernst Nonnenmacher vom 17. 5. 1980 in Mainz, S. 27

56 Die jeweilige Gruppenzugehörigkeit bzw. Winkelfarbe spielte allein im ersten Ermittlungsverfahren gegen Otto Kaiser (AS, JD 21) in 38 von 96 Zeugenaussagen eine Rolle.

den politischen Widerstand getragen wurde, nahmen viele als „Berufsverbrecher" Inhaftierte den „grünen Winkel" als Stigma wahr. Die in dem Band „Abgeleitete Macht" aufgeworfene Frage,

> „ob und inwieweit nach der Befreiung die unter den Lagerverhältnissen von der SS erzwungene Entsolidarisierung angesichts der Gemeinsamkeit der erlittenen Haft überwunden werden konnte oder ob in Anbetracht von existentiellen Erfahrungen, die in der Geschichte ihres gleichen suchen, die alten Gräben und seelischen Verwundungen fortbestanden",[57]

wird an anderer Stelle noch ausführlicher behandelt.[58] Stellvertretend für eine Unterstützung der These, dass das Abgrenzungsbedürfnis zu den „anderen" zumindest partiell die Befreiung überdauerte, sei hier abschließend folgendes Beispiel genannt: Im Laufe der Ermittlungen gegen die Blockführer Gustav Sorge und Wilhelm Schubert gab der ehemalige Schutzhäftling und Pfarrer Joseph R. den „Berufsverbrecher" Max G. 1956 vor der Kriminalpolizei als wichtigen Zeugen an. Dazu vermerkte der vernehmende Kriminalpolizeibeamte:

> „Pfarrer R. distanziert sich von diesem jedoch entschieden, da G. als Berufsverbrecher im Konzentrationslager Sachsenhausen untergebracht war. Als Wäschereiarbeiter sei es die Aufgabe des G. gewesen, die Wäsche- und Bekleidungsstücke der „verstorbenen" Häftlinge zu reinigen. G. hätte demnach einen bestimmten Überblick über die Anzahl der verstorbenen Häftlinge gewinnen müssen und sei auch wohl in der Lage, brauchbare Angaben zur Sache zu machen, obwohl andererseits die Angaben desselben mit äußerster Vorsicht zur Kenntnis genommen werden müßten."[59]

Obwohl der Pfarrer Joseph R. Max G. für einen wichtigen Zeugen hielt, der zur Aufklärung bestimmter Vorfälle im Lager beitragen könne, hielt er es für notwendig, sich gleichzeitig von ihm zu distanzieren.

Weitere ausgewertete Zeugenaussagen verweisen darauf, dass Berührungsängste nach der Haftzeit andauerten. Ehemalige Häftlinge benannten meist diejenigen als

57 Vorwort der Herausgeber, in: KZ-Gedenkstätte Neuengamme (Hrsg.), Abgeleitete Macht, S. 15.

58 Vgl. Kapitel VI.

59 Bemerkung des Kriminalbeamten im Anschluss an die Zeugenvernehmung von Joseph R. vom 22. 3. 1956, Staatsanwaltschaft Bonn, 8 Ks 1/58 (Sorge/Schubert)/VII, Teil 2, Landesarchiv NRW, zit. n. AS, JD 2/12, Bl. 58.

Zeugen, mit denen sie entweder im Konzentrationslager und/oder nach der Befreiung unmittelbar in Kontakt standen – und dies waren häufig Angehörige derselben Haftkategorie. Das galt sowohl für politische Häftlinge, von denen einige sich in Verbänden organisierten, als auch für diejenigen, die den grünen Winkel getragen hatten. In diesen Fällen hielten die in den Lagern geknüpften Kontakte oder Freundschaften trotz aller Widrigkeiten über die Haftzeit hinaus an, selten geschah dies jedoch zwischen „Roten" und „Grünen". Eine Ausnahme dürfte der bereits genannte Otto Küsel gewesen sein, der mit dem Auschwitz-Überlebenden und Mitbegründer des Internationalen Auschwitz-Komitees Hermann Langbein noch nach der Befreiung regelmäßig Kontakt pflegte.[60]

5.1.2. Häftlingsvorarbeiter

Ähnlich umstritten wie das Verhalten von „Berufsverbrechern" in den Lagern ist die Rolle der in der Literatur meist als Funktionshäftlinge bezeichneten Häftlingsvorarbeiter.[61] Die Überschneidung ist indes nicht zufällig, denn gerade die „Grünwinkligen" werden in der Forschungs- wie auch in der Erinnerungsliteratur häufig unisono mit den Vorarbeitern gleichgesetzt. Sie hätten in dieser Funktion überwiegend im Sinne der SS gegen andere Häftlinge agiert, so die These des in der Einleitung dieser Studie zitierten Eugen Kogon. Auch Maja Suderland vertritt die Ansicht, dass vorbestrafte Verbrecher besonders leicht von der SS zu instrumentalisieren gewesen seien, wenn sie schon vor ihrer Lagerhaft „unter Missachtung der geltenden Gesetze und dem Einsatz von Gewalt" eigene Interessen rücksichtslos verfolgt hätten.[62] Eine solche Verallgemeinerung birgt die Gefahr, die unterschiedlichen Formen und Schwere der Delikte zu nivellieren, wegen denen als „Berufsverbrecher" Kategorisierte vorbestraft waren. Zudem behauptet Suderland damit, Gesetzesverstöße würden sich per se gewaltvoll vollziehen. Gerade die während der NS-Herrschaft praktizierte „vorbeugende Verbrechensbekämpfung" konnte jedoch neben Personen mit langen Vorstrafenregistern auch Gelegenheitsdiebe treffen, deren Delikte nie in Verbindung mit körperlicher Gewalt gegen andere Personen gestanden hatten. Diese Menschen sahen sich häufig jahrelang mit staatlicher und institutioneller Repression konfrontiert, die ihre Biografien und Charaktere möglicherweise intensiver geprägt und geformt hatte als die begangenen Delikte selbst.

60 Lieske, „Berufsverbrecher" als Häftlinge im Konzentrationslager Sachsenhausen, S. 64–66 sowie S. 69–72.

61 Vgl. zur speziellen Situation jüdischer Funktionshäftlinge Revital Ludewig-Kedmi, Opfer und Täter zugleich? Moraldilemmata jüdischer Funktionshäftlinge in der Shoah, Gießen 2001.

62 Suderland, Ein Extremfall des Sozialen, S. 228.

Zweifellos fanden sich unter den „Berufsverbrechern", die als Vorarbeiter eingesetzt wurden, immer wieder Personen, die durch ihre Brutalität, vorauseilenden Gehorsam und die großzügige Auslegung der von der SS erteilten Befehle hervorstachen. Ein solches Verhalten lässt sich jedoch nicht grundsätzlich entlang der Haftgruppen konstatieren – schon allein weil dazu bislang kein ausreichendes empirisches Material vorliegt. Dennoch steht dem negativen Bild des „kriminellen" Funktionshäftlings in den Überlieferungen häufig der per se beispielhaft agierende Kommunist gegenüber, der stets das Ziel vor Augen gehabt habe, die Lebenssituation aller Häftlinge zu verbessern. Hermann Langbein schreibt beispielsweise, „erst die Zurückdrängung oder Beseitigung der von den Lagerführungen mit Bedacht geschaffenen Vorherrschaft krimineller Häftlinge bot Voraussetzung für einen mehr oder weniger straff organisierten Widerstand der Gefangenen".[63]

Nun ist es keineswegs Ziel dieser Studie, den von aktiven Antifaschisten getragenen Widerstand in den Konzentrationslagern zu relativieren. Sowohl neuere wissenschaftliche Studien als auch Erinnerungsberichte zeigen aber, dass die Dilemmata der Funktionshäftlinge – und zwar jenseits der jeweiligen Haftgruppe – meist größer waren, als dies die Protagonisten oft darstellten. Die wohl heftigste Debatte über die Rolle kommunistischer Funktionshäftlinge hat die Edition „Der ‚gesäuberte' Antifaschismus. Die SED und die roten Kapos von Buchenwald" 1994 ausgelöst, die am Beispiel von Buchenwald das Selbstbild einiger ehemaliger politischer Häftlinge infrage stellte.[64] Im Mittelpunkt steht hier u. a. die These, dass die politischen Funktionshäftlinge in erster Linie versuchten, ihre eigene Klientel zu schützen bzw. bereit waren, „missliebige" Häftlinge auf Transportlisten zu setzen.[65] Ein Beispiel für ein solches Vorgehen im KZ Sachsenhausen schildert Arnold Weiss-Rüthel in seinem Bericht. Ein Blockältester, ebenfalls Schutzhäftling, habe seinen Namen „ohne alle Skrupel mit auf die Liste eines Straftransports nach dem berüchtigten Lager Groß-Rosen" gesetzt.[66] Nur indem er dem dama-

63 Hermann Langbein, „... nicht wie die Schafe zur Schlachtbank". Widerstand in den nationalsozialistischen Konzentrationslagern 1938–1945, Frankfurt a. M. 1980, S. 56.

64 Lutz Niethammer (Hrsg.), Der „gesäuberte" Antifaschismus. Die SED und die roten Kapos von Buchenwald. Dokumente. Unter Mitwirkung von Karin Hartewig, Harry Stein und Leonie Wannenmacher, Berlin 1994. Zur wissenschaftlichen Kontroverse vgl. Karin Hartewig, Wolf unter Wölfen? Die prekäre Macht der kommunistischen Kapos im Konzentrationslager Buchenwald, in: KZ-Gedenkstätte Neuengamme (Hrsg.), Abgeleitete Macht, S. 117–142, hier S. 117–122; Hasko Zimmer, Der Buchenwald-Konflikt. Zum Streit um Geschichte und Erinnerung im Kontext der deutschen Vereinigung, Münster 1999, S. 181–208.

65 Niethammer (Hrsg.), Der „gesäuberte" Antifaschismus, S. 51–55. Er verwendet dafür den Begriff „Opfertausch".

66 Weiss-Rüthel, Nacht und Nebel, S. 83.

ligen Lagerältesten Harry Naujoks seinen Fall beschrieben habe, habe er sich zur Wehr setzen können, so Weiss-Rüthel. Dieser habe ihn von der Liste gestrichen und in einen anderen Block versetzt.[67]

Wichtig ist zu betonen, dass die Position der Vorarbeiter unabhängig von der Haftgruppe grundsätzliche Dilemmata hervorbrachte. Gerade in Bezug auf die Häftlingsärzte wird dies besonders deutlich, wie Astrid Ley gezeigt hat.[68] Sie waren mit stark begrenzten Ressourcen in den Krankenrevieren konfrontiert und mussten sich außerdem als Vorarbeiter bisweilen selbst an den Selektionen Kranker beteiligen. Auf diese Weise bedeutete die Rettung des einen Häftlings häufig den Tod eines anderen. Diese bei den Häftlingsärzten und -pflegern deshalb besonders ausgeprägte Zwangslage durchzog grundsätzlich das gesamte System der Häftlingsverwaltung.

An der Spitze der von der SS implementierten Struktur standen die Lagerältesten als „Bindeglied zwischen der Lagerleitung und dem gesamten Lager",[69] gefolgt von den Blockältesten, den Mitarbeitern in der Schreibstube und der Arbeitsstatistik. Auf der gleichen Hierarchieebene standen die Vorarbeiter der Arbeitskommandos und Versorgungseinrichtungen sowie ihre jeweiligen Stellvertreter. Parallel dazu unterstanden die verschiedenen „Kapos" aber nicht nur den Lagerältesten, sondern auch dem jeweils unmittelbar verantwortlichen SS-Personal. Einerseits im Genuss gewisser Privilegien wie besserer Versorgung oder Unterkunft, befanden sie sich auf diese Weise andererseits stets in exponierter Stellung gegenüber der SS. Auch wenn die Lagerältesten einzelne Stellvertreter und Vorarbeiter vorschlagen konnten und in ihrem Wirkungsbereich über einen gewissen Handlungsspielraum verfügten, bestand gerade für sie stets die Gefahr, zwischen Intrigen zerrieben zu werden bzw. der SS gegenüber in Ungnade zu fallen. Denn das Machtmonopol blieb letztlich bei der Lager-SS, wie Marc Schemmel treffend formuliert hat:

> „Der schmale Grat zwischen Machtmissbrauch und verantwortungsbewusstem Handeln, auf dem die Funktionshäftlinge wandelten, ist schlussendlich Ausdruck des perfiden, von der SS installierten Lagersystems. Obwohl in vielen Bereichen mit weitreichenden Kompetenzen ausgestattet, waren sie in erster Linie immer noch Gefangene und abhängig von der SS."[70]

67 Ebenda, S. 84.

68 Ley, Kollaboration mit der SS.

69 Strebel, Unterschiede in der Grauzone?, S. 60.

70 Marc Schemmel, Zwischen Kooperation und Widerstand. Handlungsspielräume von Funktionshäftlingen im KZ Neuengamme, in: Oliver von Wrochem/Lars Jockheck (Hrsg.), Das KZ Neuengamme und seine Außenlager. Geschichte, Nachgeschichte, Erinnerung, Bildung, Berlin 2010, S. 49–69, hier S. 66.

Dies bedeutete auch, dass die Vorarbeiter jederzeit austauschbar waren und aufgrund ihrer besonderen Stellung einer größeren Kontrolle unterstanden. Wer den Befehlen der SS nicht Folge leistete und somit die intendierte „Ordnungsfunktion" in der Baracke oder auf dem Arbeitskommando unzureichend ausübte, riskierte, empfindlich bestraft zu werden. Darauf weisen mehrere Zeitzeugen hin. Der „Berufsverbrecher" Bruno R. führte im Kontext der Ermittlungen gegen die SS-Blockführer Gustav Sorge und Wilhelm Schubert z. B. folgenden Fall aus: Er sei kurzfristig als Vorarbeiter auf einem Arbeitskommando eingesetzt und in dieser Funktion bestraft worden, da sich ein Häftling von der Arbeitsstelle entfernt habe:

> „Der Arbeitsdienstführer Sorge hielt diesen Appell ab und bestellte mich wegen meines Vergehens, nämlich, daß ich einen Häftling zu wenig hatte, zum Haupttor des Lagers, wo er auch sein Büro hatte. Dort mußte ich mit dem sogenannten „Sachsengruß" Aufstellung nehmen, d. h. ich mußte in aufrechter Haltung mit hinter den Kopf verschränkten Händen bis zur Beendigung dieses Appells stehen."[71]

Der ebenfalls als „Berufsverbrecher" inhaftierte Anton G. hingegen beschrieb 1956, wie er gegen die Lagerordnung verstoßen hatte: „Ende Dezember 1939 bzw. Anfang Januar 1940 rauchte ich während der Nacht im Schlafsaal. Das Rauchen im Schlafsaal war an und für sich verboten."[72] Infolge seines Vergehens hätten alle Häftlinge des Blocks vortreten müssen, und ein Blockführer habe den „Übeltäter" aufgefordert, sich zu melden. Dies habe G. auf Anraten des Blockältesten zunächst unterlassen: „Ich meldete mich nicht, da der Blockälteste mir dieses verboten hatte. Der Blockälteste tat dieses aus Furcht vor Repressalien."[73] Dass diese Angst durchaus berechtigt war, belegen Beispiele wie das von Max C. Der „Berufsverbrecher" erklärte in seiner Aussage, dass er als Blockältester von Baracke 30 einmal von dem Blockführer Gustav Sorge mit einem Ochsenziemer derart verprügelt worden sei, dass sein Gesäß und unterer Rücken geblutet hätten, weil ein Häftling „seiner" Unterkunft sich heimlich Kartoffeln gekocht habe.[74]

71 Zeugenvernehmung von Bruno R. am 13. 3. 1956 in Celle, Staatsanwaltschaft Bonn, 8 Ks 1/58 (Sorge/Schubert)/V, Teil 2, Landesarchiv NRW, zit. n. AS, JD 2/8, Bl 119.

72 Zeugenvernehmung von Anton G. am 29. 3. 1956, Staatsanwaltschaft Bonn, 8 Ks 1/58 (Sorge/Schubert)/VIII, Teil 1, Landesarchiv NRW, zit. n. AS, JD 2/13, Bl. 12 f.

73 Ebenda.

74 Zeugenvernehmung von Max C. am 2. 11. 1956, Staatsanwaltschaft Bonn, 8 Ks 1/58 (Sorge/Schubert)/XV, Teil 2, Landesarchiv NRW, zit. n. AS, JD 2/24, Bl. 36.

Auch wenn man berücksichtigt, dass die ehemaligen Funktionshäftlinge als Zeugen in Nachkriegsermittlungen allein aus Angst vor eigener Strafverfolgung fast nie Angaben über ihre Handlungen zum Nachteil anderer Häftlinge machten, ist anzunehmen, dass der auf ihnen lastende Druck nicht selten nach „unten" weitergegeben wurde.[75] Diesen Mechanismus skizzierte Ernst Nonnenmacher, als er 1980 erläuterte, wie die Blockältesten ihre Mithäftlinge beim „Bettenbau" in den Baracken schikaniert hätten, „weil sie ja gezwungen waren, dem Blockführer, wenn der kam, einen ordentlichen Block vorzuführen".[76] Johann K., nach eigenen Angaben ab 1940 als „Berufsverbrecher" im KZ Sachsenhausen und Vorarbeiter im Klinkerwerk,[77] resümierte 1967: „Ein Kapo, der nicht geschlagen hat, blieb nicht Kapo. Die SS wollte Schläge sehen."[78]

Wie viele „Berufsverbrecher" letztendlich im KZ Sachsenhausen als Funktionshäftlinge eingesetzt wurden, lässt sich schwer bestimmen, da lediglich über einen Bruchteil der insgesamt 9181 mir bekannten „Berufsverbrecher" derartige Angaben vorliegen und keine Listen mehr vorhanden sind, auf denen etwa alle Vorarbeiter aufgeführt wären. Bekannt ist allerdings, dass die SS immer wieder größere Gruppen von „Berufsverbrechern" zum Aufbau neuer Lager an andere Orte überstellte und sie dann dort als Vorarbeiter einsetzte.[79] Dennoch wird anhand der erhobenen Daten deutlich, dass selbst wenn die Anzahl an Vorarbeitern unter den „Berufsverbrechern" deutlich höher gewesen sein sollte als unter den Schutzhäftlingen, niemals eine Mehrheit aller „Berufsverbrecher", die insgesamt zwischen 1936 und 1945 im KZ Sachsenhausen waren, einen Posten im Lager bekleidete.

Über die Lagerältesten aus dieser Gruppe lassen sich indes relativ klare Aussagen treffen: Immerhin fünf „Berufsverbrecher" hatten im KZ Sachsenhausen diese Position inne: Es handelte sich nach einer Aufstellung ehemaliger Häftlinge um

75 Vgl. zur Strafverfolgung von Funktionshäftlingen aus dem KZ Sachsenhausen auch Stephanie Bohra, Tatort Sachsenhausen. Strafverfolgung von KZ-Verbrechen in der Bundesrepublik Deutschland (unveröffentlichte Dissertation).

76 „Ich war zu Recht im KZ." Interview mit Ernst Nonnenmacher vom 17. 5. 1980 in Mainz, S. 26.

77 Anhand der seriellen Quellen lässt sich lediglich der Beleg dafür finden, dass K. vom Arbeitskommando Klinkerwerk zurück in das Hauptlager überführt wurde, Veränderungsmeldung vom 9. 9. 1941, I. T. S. Arolsen, KL Sachsenhausen/IB/1, Bl. 53, zit. n. AS, D 1 B/1, Bl. 53.

78 Zeugenvernehmung von Johann K. am 4. 7. 1967, Staatsanwaltschaft Köln, 24 Ks 2/68 (Z)/XL, Landesarchiv NRW, zit. n. AS, JD 31/34, Bl. 52 f.

79 So wurden z. B. im Mai 1940 30 „Berufsverbrecher" in das neu aufzubauende KZ Auschwitz gebracht. Während sie in einigen Berichten unterschiedslos als Gehilfen der SS dargestellt werden, finden sich auch differenziertere Angaben, insbesondere über den bereits genannten Otto Küsel. Vgl. Lieske, „Berufsverbrecher" als Häftlinge im KZ Sachsenhausen.

Paul (Xavier) Eschert (1936 bis 1937),[80] Lampe[81] (1937 bis 1938), Jakob Gross (auch „Köbes" genannt, 1939 bis 1942), Hermann Baier (1943) und Kurt Beyer (1944 bis 1945).[82] Eschert war im Sommer 1937 entlassen worden.[83] Daraufhin habe Lampe, der, so Naujoks, „die Zügel schleifen"[84] ließ, seinen Posten erhalten. Er soll nach der Aufdeckung einer Korruptionsaffäre zwischen „grünen" Häftlingen und der SS 1938 einen Schlaganfall erlitten haben, von dem er sich nicht mehr erholte.[85] Jakob Gross sei dann von den politischen Häftlingen selbst als dritter Lagerältester vorgeschlagen worden. Naujoks beschreibt ihn als kameradschaftlich, wie folgende Passage aus seinen Erinnerungen zeigt: „Jakob Groß hatte bei Häftlingen aller Kategorien Ansehen und Vertrauen genossen. Vor allem hatte er einen großen Einfluss auf die Zusammenarbeit zwischen Roten und Grünen gehabt."[86] Gross war vor Oktober 1940 als „Berufsverbrecher" in das KZ Sachsenhausen eingeliefert worden[87] und verstarb am 10. Februar 1942 im dortigen Krankenbau.[88] Nach der Erinnerung von Naujoks war er zuvor an Typhus erkrankt.[89] Aus den Unterlagen über den Dresdner Hermann Baier, der 1943 kurzzeitig den Posten des Lagerältesten bekleidet hatte, geht hervor, dass er im Januar 1941 als „Berufsverbrecher" in das Lager kam.[90] In seiner Funktion als Lagerältester war er am 12. November 1943 „bis auf weiteres" in das Schuhläuferkommando eingewiesen worden.[91]

80 Vgl. zum ersten „grünen" Lagerältesten auch Morsch, Sachsenhausen, S. 98 f.

81 Der Vorname wird weder in der Aufstellung noch den Erinnerungen von Naujoks genannt, vgl. Die Lagerältesten im Konzentrationslager Sachsenhausen, BLHA, Rep. 35 H, KZ Sachsenhausen, Nr. 8/4, Bl. 17. Es handelt sich aber vermutlich um Walter Lampe, der im November 1936 als „Berufsverbrecher" eingeliefert wurde, vgl. AS P3-Akte Hermann Hartmann (dort wird Lampe genannt).

82 Die Lagerältesten im Konzentrationslager Sachsenhausen, BLHA, Rep. 35 H, KZ Sachsenhausen, Nr. 8/4, Bl. 17.

83 Veränderungszettel „Entlassen" vom 6. 7. 1937, RGWA, 1367/1/16, Bl. 181, zit. n. AS, D 1 A/1016, Bl. 233.

84 Naujoks, Mein Leben im KZ Sachsenhausen, S. 74.

85 Ebenda.

86 Ebenda, S. 289.

87 Eine Einlieferungsmitteilung liegt nicht vor, jedoch seine Überstellung in das Polizeigefängnis Berlin, Veränderungsmitteilung „Abgang/Transport" vom 9. 10. 1940, FSB-Archiv Moskau, N-19092/Tom 96, Bl. 288, zit. n. AS, JSU 1/96, Bl. 288.

88 Veränderungsmitteilung „Abgang/verstorben" vom 12. 2. 1942, FSB-Archiv Moskau, N-19092/Tom 98, Bl. 39, zit. n. AS, JSU 1/98, Bl. 39.

89 Naujoks, Mein Leben im KZ Sachsenhausen, S. 289.

90 Veränderungsmitteilung vom 23. 1. 1941, FSB-Archiv Moskau, N-19092/Tom 97, Bl. 22, AS JSU 1/97, Bl. 22.

91 Strafanordnung gegen Hermann B. vom 11. 11. 1943, GARF Moskau, 7021/104/7, Bl. 165, zit. n. AS, D 25 A/7 (Buchstabe B), Bl. 6.

Die Konflikte zwischen einzelnen Personen aus den Haftgruppen der Politischen sowie der „Berufsverbrecher" um die Posten in der Häftlingsverwaltung nehmen in den Schilderungen einiger ehemaliger Häftlinge großen Raum ein. Auch mehrere Autoren wissenschaftlicher Beiträge über die Konzentrationslager konstatieren einen regelrechten „Kampf zwischen Rot und Grün".[92] Auf diese Weise wird suggeriert, es habe sich um die Auseinandersetzung zwischen kompletten und homogenen Häftlingsgruppen – also im Zweifelsfall zwischen Tausenden von Personen – gehandelt.[93] So schreibt Sofsky etwa, „am heftigsten tobte der Kampf zwischen Rot und Grün in Buchenwald und Sachsenhausen".[94] Die KZ-Forschung stützt sich in ihren Thesen über diesen Aspekt der Lagergesellschaft häufig auf die Berichte ehemaliger politischer Häftlinge. So schrieb z. B. Odd Nansen am 6. Mai 1944 in sein im KZ Sachsenhausen geführtes geheimes Tagebuch:

> „Im Lager hat ein Systemwechsel stattgefunden. [...] Es hat schon immer einen Kampf gegeben zwischen den Grüngewinkelten und den Rotgewinkelten im Lager. Die Grüngewinkelten haben wieder einmal einen Sieg davon getragen mit Hilfe von Angeberei und anderen Teufeleien."[95]

Zieht man Erinnerungen von „Berufsverbrechern" über die Konflikte hinzu, wird deutlich, dass nicht nur ehemalige politische Häftlinge nach Kriegsende die Sichtweise, es habe grundsätzliche Schwierigkeiten zwischen den „Roten" und „Grünen" gegeben, reproduzierten. Ernst Nonnenmacher äußert sich über diese Frage ebenfalls detailliert. So schildert er an einer Stelle die Vergabe von Funktionen in seinem Arbeitskommando, dessen Vorarbeiter offenbar ein politischer Häftling war:

92 Falk Pingel, Häftlinge unter SS-Herrschaft. Widerstand, Selbstbehauptung und Vernichtung im Konzentrationslager, Hamburg 1978, S. 44.

93 Ähnliche Konflikte zwischen Angehörigen der beiden Haftgruppen um die Posten in der Häftlingsverwaltung sind auch aus anderen Konzentrationslagern überliefert, vgl. z. B. zu Neuengamme: Kaienburg, Freundschaft? Kameradschaft?, S. 18–51; zu Ravensbrück: Bernhard Strebel, Unterschiede in der Grauzone? Über die Lagerältesten im Frauen- und Männerlager des KZ Ravensbrück, in: KZ-Gedenkstätte Neuengamme (Hrsg.), Abgeleitete Macht, S. 57–69.

94 Sofsky, Die Ordnung des Terrors, S. 157.

95 Odd Nansen, Tag für Tag. Innenansichten deutscher KZs 1942–1945 (Grini – Sachsenhausen – Neuengamme), Hamburg 2009, S. 98. Das norwegische Original erschien erstmals 1946 auf Basis der von Nansen in der Haft angefertigten Aufzeichnungen.

> „Der Kommandoführer in diesem Kommando, das war in Sachsenhausen mit dem, wo wir zum Granatkörbe-Reparieren eingesetzt waren, das war ein Vorbereiter, also ein Roter. Für diesen Posten war an sich ich vorgesehen, aber da Sachsenhausen ein rotes Lager ist, hat man … gab es das nicht, dass, wenn auch ein Roter in der gleichen Möglichkeit da ist, dass dann ein Grüner diese Position … Ich war dann sein Stellvertreter."[96]

Nonnenmacher betont aber gleichzeitig, dass in letzter Instanz stets die SS die Entscheidung über Posten in der Häftlingsverwaltung traf und somit die Annahme eines Machtkampfes zwischen Häftlingen verschiedener Gruppen „übertrieben" sei:

> „Da gab es keinen Machtkampf. Wenn ein Schutzhaftlagerführer gesagt hat, das Lager ist grün, dann war das grün. Dann ist der Grüne Lagerältester geworden und der hat das Vertrauen des, nicht das Vertrauen, sondern der hat bestimmte Aufgaben vom Schutzhaftlagerführer gehabt, die er durchzuführen hatte bei Todesstrafe."[97]

Hervorzuheben bleibt, dass die Wahrnehmung auf die Auseinandersetzungen vor allem von denjenigen geprägt wurde, die involviert waren – die sogenannte Lagerprominenz, d. h. Häftlinge, die in der Schreibstube bzw. in der gesamten Verwaltung Posten bekleideten. Diese tatsächlich existenten und teils erbittert geführten Auseinandersetzungen spielten sich jedoch stets in einem personell sehr überschaubaren Rahmen ab, sie waren auf wenige Akteure begrenzt. Insofern ist der Kritik von Olaf Mußmann zuzustimmen, dass das Kolportieren eines „Kampfes zwischen Rot und Grün" auf einer Verallgemeinerung basiere.[98] Mußmann datiert die Hochphase der Konflikte auf die Phase zwischen 1937 bis 1942 – dies ist für seine These, dass ab 1942/43 im Zusammenhang mit dem Funktionswandel des KZ-Systems die Frage des jeweiligen Winkels zugunsten der Frage nach Ausbildung, Arbeitsfertigkeiten und Sprachkompetenzen in den Hintergrund gerückt sei, nicht unerheblich. Wie im folgenden Kapitel über die Häftlingsspitzel gezeigt werden kann, eskalierten im KZ Sachsenhausen die Konfrontationen um

96 „Ich war zu Recht im KZ." Interview mit Ernst Nonnenmacher vom 17. 5. 1980 in Mainz, S. 27.

97 Ebenda, S. 29

98 Olaf Mußmann, „Bunte Lagerprominenz"? Die Funktionshäftlinge im Rüstungs-KZ Mittelbau-Dora, in: KZ-Gedenkstätte Neuengamme (Hrsg.), Abgeleitete Macht, S. 82–96, hier S. 83.

die Vergabe von Posten wie der des Lagerältesten allerdings in den Jahren 1943/44 erneut.

5.1.3. Spitzel

Am 20. Februar 1960 richtete das Sachsenhausen-Komitee der Bundesrepublik Deutschland eine Beschwerde an den Kölner Oberstaatsanwalt. Gegenstand des Schreibens war die Einstellung des Ermittlungsverfahrens gegen Fritz Cornely, zu diesem Zeitpunkt Kriminalhauptkommissar bei der Kölner Polizei.[99] Etwa ein Jahr zuvor hatte das Komitee Cornely wegen „Verbrechen im KZ Sachsenhausen" angezeigt. Die ehemaligen Häftlinge warfen dem Kölner Polizisten vor, er sei in seiner Funktion als Leiter einer vom RKPA eingesetzten Untersuchungskommission im KZ Sachsenhausen mitverantwortlich für die Ermordung von 27 politischen Häftlingen gewesen.[100] Um diese Anschuldigungen zu untermauern, führten die Anzeigenden auch Cornelys Zusammenarbeit mit „Berufsverbrechern" und „Asozialen" ins Feld: „Cornely zog, gestützt auf Berufsverbrecher (BVer) des Lagers, ein Spitzelsystem in großem Umfang auf."[101] Wie es dem Kriminalkommissar und SS-Obersturmbannführer Fritz Cornely dennoch gelang, sich im Laufe der Ermittlungen Ende der 1950er-/Anfang der 1960er-Jahre als unschuldigen Kriminalbeamten zu inszenieren, der in dem Oranienburger Lager lediglich klassische kriminalistische Arbeit geleistet habe, wird an anderer Stelle detaillierter besprochen.[102]

Die Geschichte von Cornelys Kommission sowie der später im KZ Sachsenhausen eingesetzten Abordnung der Gestapo ist gut dokumentiert und bietet einige interessante Aspekte. So zeigt sie, wie die KZ-Kommandanten versuchten, sich gegen Eingriffe von „außen" abzuschotten und dabei die Arbeit anderer Institutionen aktiv behinderten. In diesem Kontext taten sich zeitweise Gestaltungsräume im Konzentrationslager auf, die einige wenige Häftlinge für sich nutzen konnten.

Am 1. November 1943 nahm Cornely seine Arbeit im KZ Sachsenhausen auf. Aufgrund von zahlreichen Korruptionsvorfällen hatte Heinrich Himmler das

99 Vgl. zur Biografie Cornelys Kapitel 6.2.2.

100 Vgl. zu den Kommissionen auch Winfried Meyer/Stefanie Nathow, Liebesgaben aus Genf. Die Paketsendungen des Internationalen Komitees vom Roten Kreuz für Häftlinge des KZ Sachsenhausen und ihr Mißbrauch durch die SS, in: Dachauer Hefte 22 (2006): Realität – Metapher – Symbol. Auseinandersetzung mit dem Konzentrationslager, S. 44–99.

101 Beschwerde des Sachsenhausen-Komitees der BRD gegen die Einstellung des Ermittlungsverfahrens gegen Fritz Cornely vom 20. 2. 1960, Staatsanwaltschaft Bonn, Zentralstelle, 24 Js 30/59 (Z)/I, Landesarchiv NRW, zit. n. AS, JD 7/1, Bl. 35.

102 Vgl. Kapitel 6.2.2.

RKPA[103] damit beauftragt, Ermittlungen durchzuführen, die den Ereignissen auf den Grund gehen sollten.[104] Insbesondere in den Arbeitskommandos „Kraftfahrzeugtechnisches Depot"[105] sowie der sogenannten Schuhfabrik war es offenbar zu einem regen Handel zwischen einzelnen SS-Männern und Häftlingen gekommen. In der als „Schuhfabrik"[106] bezeichneten Baracke auf dem Industriehof des Lagers profitierten einzelne SS-Männer und Häftlinge zumindest indirekt von der antisemitischen Vernichtungspolitik. Denn dort wurden Gegenstände ermordeter Juden aus den Vernichtungslagern gesammelt und weiterverwertet. In den Kleidungsstücken der Ermordeten fanden sich immer wieder eingenähte Wertgegenstände, die die Mitglieder des Arbeitskommandos heraustrennten. Sie kursierten schnell als Waren im Lager und wurden von Häftlingen bei der SS gegen Lebensmittel eingetauscht. Um derartige Vorfälle aufzuklären, warb Cornely Häftlinge als Spitzel an. Solche Zuträger kamen grundsätzlich auch in anderen Lagern zur Aufdeckung von Korruption und politischen Aktivitäten zum Einsatz, ihnen wurden im Gegenzug für ihre Tätigkeit meist Vergünstigungen im Lager zuteil. Es waren indes keineswegs nur „Berufsverbrecher", die angeworben wurden, unter den Spitzeln befanden sich auch zahlreiche Schutzhäftlinge.[107] Der ehemalige Blockführer Gustav Sorge hatte laut Protokoll der Schriftleiter 1956 gegenüber der Bonner Staatsanwaltschaft erklärt, „nach seiner Meinung ließen sich für diese Spitzeltätigkeit gegen Gewährung kleiner Vorteile fast alle Häftlingskategorien mit Ausnahme der ernsten Bibelforscher und einzelner politischer Häftlinge mit stark ausgeprägter Persönlichkeit gewinnen".[108]

Zur Erpressung von Geständnissen nutzte Cornelys Kommission das seit 1940 im KZ Sachsenhausen existierende sogenannte Schuhläuferkommando. Häufig

103 Genauer: Abteilung V, Referat 2 B des RSHA. Referatsleiter war zunächst Karl Schulz. Ab Frühjahr 1944 folgte die Eingliederung des Referats in die Gruppe Wirtschaft unter Dr. Filbert. Vgl. zu Karl Schulz auch Wildt, Generation des Unbedingten, S. 790–796.

104 Meyer/Nathow, Liebesgaben aus Genf, S. 53; vgl. auch die Einstellungsverfügung des Leitenden Oberstaatsanwalts in Köln gegen Fritz Cornely vom 28. 2. 1963, Staatsanwaltschaft Bonn, Zentralstelle, 24 Js 30/59 (Z)/XIII, Landesarchiv NRW, zit. n. AS, JD 7/13, Teil 1, Bl. 4–8. Hier wird ausführlich auf die Vorgeschichte der Kriminalpolizeilichen Kommission im KZ Sachsenhausen eingegangen.

105 Vgl. zum Kraftfahrzeugdepot Kaienburg, Militär und Wirtschaftskomplex der SS, S. 250 ff.

106 Vgl. zur Schuhfabrik ebenda, S. 280–289.

107 Christa Schikorra kritisiert am Beispiel des Frauenlagers in Ravensbrück ebenfalls zu Recht, dass diese Spitzeltätigkeiten von kommunistischen Überlebenden häufig pauschal den „Asozialen" und „Kriminellen" zugeschrieben würden, Schikorra, „Asoziale" Häftlinge im Frauen-Konzentrationslager Ravensbrück, S. 111.

108 Vernehmung von Gustav Sorge am 19. 6. 1956, Staatsanwaltschaft Bonn, 8 Ks 1/58 (Sorge/Schubert)/IX, Teil 2, Landesarchiv NRW, zit. n. AS, JD 2/18, Bl. 75–76.

waren davon Vorarbeiter betroffen, da sie entweder von den Spitzeln zuvor denunziert worden waren oder ihnen generell ein gewisser Einblick in die Geschehnisse auf den jeweiligen Arbeitskommandos unterstellt wurde. So berichtete der ehemalige Schutzhäftling Franz B. im Zuge der Ermittlungen gegen Cornely 1961 der Essener Kriminalpolizei, warum dieser ihn als Schuhläufer eingeteilt habe:

> „Die Veranlassung zur Einweisung kam von Cornely. Er glaubte mir nicht, daß ich von den Goldschiebungen u. a. zwischen Häftlingen und SS-Leuten nichts wisse, zumal ich ja Blockältester im Block 37 war. [...] Im Schuhläuferkommando erhielt ich statt des sonst üblichen Rucksacks von 30 Pfund einen Rucksack mit 60 Pfund Gewicht. Man wollte mich so mürbe machen."[109]

Nahezu anekdotisch beschrieb der als „Berufsverbrecher" inhaftierte Georg D. die Einweisung seines „Kameraden" Erich W. in die Strafkompanie, mit dem er eine Zeit lang gemeinsam im Block 9 untergebracht gewesen war. D. erläuterte 1961 vor der Lübecker Kriminalpolizei, er habe W. eines Tages mit einem Rucksack beladen im Schuhläuferkommando gesehen: „Ich habe dem Erich W. damals im Vorbeigehen zugerufen, was er denn dort mache. Darauf rief Erich W. mir zurück: ‚Ich trage meine Diamanten spazieren.' Daraus entnahm ich, dass er an den Schiebereien im Lager beteiligt war."[110]

Auch unabhängig von der Tätigkeit der Abordnung des RKPA gingen zahlreiche Einweisungen in die Strafkompanie auf den Vorwurf von „Schiebereien" im Lager zurück. In einigen Strafanordnungen wurde jedoch direkt auf die Kommission des RKPA Bezug genommen. So heißt es z. B. über die am 19. Januar 1944 erfolgte Bestrafung des „Berufsverbrechers" Ludwig H., dieser habe „nach Feststellung der Sonderkommission vom Reichskriminalpolizeiamt 2 Trauringe an den Häftling L. [...] verschoben".[111] Zwar sind diese Verfügungen stets vom KZ-Kommandanten unterzeichnet worden. Zumindest muss an dieser Stelle jedoch ein Informationstransfer zwischen Cornelys Kommission und der Kommandantur existiert haben – auch wenn dieser später im Ermittlungsverfahren der Kölner Staatsanwaltschaft gegen ihn bestritt, dass er für solche Überstellungen in die Strafkompanie verantwortlich gewesen sei.[112] Berücksichtigt man neben

109 Zeugenvernehmung von Franz B. am 3. 8. 1961, Staatsanwaltschaft Bonn, Zentralstelle, 24 Js 30/59 (Z)/VII, Landesarchiv NRW, zit. n. AS, JD 7/7, Teil 1, Bl. 6.

110 Zeugenvernehmung von Georg D. am 19. 6. 1961, Staatsanwaltschaft Bonn, Zentralstelle, 24 Js 30/59 (Z)/VIII, Landesarchiv NRW, zit. n. AS, JD 7/8, Teil 2, Bl. 134.

111 Strafverfügung gegen Ludwig H., Archiv BStU, AV 2/87, Bd. 3, Bl. 145.

112 Vgl. Kapitel 6.2.2.

den zahlreichen Zeugenaussagen über die Strafkompanie auch die Forschungsliteratur, ergibt sich ein deutliches Bild darüber, welche Qualen diejenigen, die für das „Schuhläuferkommando" eingeteilt wurden, erleiden mussten.[113] Neben der physischen Gewalt, die den Häftlingen hier angetan wurde, übte die SS auch psychischen Terror aus. So zwang sie die Betroffenen offenbar auch, Schilder mit den Aufschriften „Ich bin ein Dieb" oder „Ich bin ein Goldschieber" zu tragen.[114] Trotz dieser Druckmittel entschieden sich manche Häftlinge aus Gründen des Selbstschutzes, das in die Korruption verwickelte SS-Personal zu entlasten. Georg M., ebenfalls Überlebender des KZ Sachsenhausen und ehemaliger Schutzhäftling, sagte dazu 1961 Folgendes aus:

> „Ich selbst bin von der Kommission Cornely vernommen worden. [...] Wir als Häftlinge, die zur Vernehmung kommen mußten, hatten uns abgesprochen, die SS-Leute nicht zu belasten. Wir mußten nämlich befürchten, daß nach der Abreise der Kommission Cornely für uns nur Unangenehmes herauskommen mußte."[115]

Ähnlich äußerte sich auch der „Berufsverbrecher" Friedrich B.:

> „Obwohl mir Korruptionsfälle bekannt waren, habe ich diese Dinge beschönigt, weil ich fürchtete, daß nach Abzug der Sonderkommission die Häftlinge, die SS-Leute beschuldigt hatten, in Sonderbehandlung kämen."[116]

Für manche KZ-Insassen waren die Untersuchungen gegen die SS allerdings auch von Vorteil, weil auf diese Weise die eigenen illegalen Tätigkeiten im Lager

113 Vgl. Sudrow, Der Schuh im Nationalsozialismus sowie Anne Sudrow, Vom Leder zum Kunststoff. Werkstoff-Forschung auf der „Schuhprüfstrecke" im Konzentrationslager Sachsenhausen 1940–1945, in: Helmut Maier (Hrsg.), Rüstungsforschung im Nationalsozialismus. Organisation, Mobilisierung und Entgrenzung der Technikwissenschaften, Göttingen 2002, S. 214–250. Sudrow erwähnt auch die Nutzung der „Schuhprüfstrecke" durch die Sonderkommissionen, vgl. ebenda, S. 242, FN 120. Eine besonders eindrucksvolle Schilderung gibt der Schutzhäftling Peter Heilbut in seinen Erinnerungen: Peter Heilbut, Meilensteine. Gestapohaft in Dresden, KZ Sachsenhausen, Todesmarsch (1943–1954), Berlin 2012, S. 96–102.

114 Zeugenvernehmung von Hans Z. vom 11.9.1961, Staatsanwaltschaft Köln, 24 Ks 1/64 (Z)/XXII, zit. n. AS, JD 21/26, Bl. 133; Zeugenvernehmung von Martin S. vom 14. Juli 1961, Staatsanwaltschaft Bonn, Zentralstelle, 24 Js 30/59 (Z)/IV, Landesarchiv NRW, zit. n. AS, JD 7/4, Bl. 147.

115 Zeugenvernehmung von Georg M. am 25.9.1961, Staatsanwaltschaft Bonn, Zentralstelle, 24 Js 30/59 (Z)/VII, Landesarchiv NRW, zit. n. AS, JD 7/7, Teil 2, Bl. 107.

116 Zeugenvernehmung von Friedrich B. am 13.7.1961, Staatsanwaltschaft Bonn, Zentralstelle, 24 Js 30/59 (Z)/VIII, Landesarchiv NRW, zit. n. AS, JD 7/8, Teil 1, Bl. 15.

kaschiert werden konnten. Der Niederländer Evert H. berichtete 1961 bei seiner Vernehmung in Den Haag, er sei 1944 in einem Arbeitskommando tätig gewesen, das ihm den Diebstahl von Waffen ermöglicht habe. Als dieser Diebstahl entdeckt worden sei, habe er „diese Taten den SS-Leuten in die Schuhe" geschoben.[117] Im Zuge von Cornelys Ermittlungen erfolgte am 20. Dezember 1944 tatsächlich die Hinrichtung von drei SS-Angehörigen des Lagers im KZ Sachsenhausen.

Auch wenn das Verhältnis zwischen dem KZ-Kommandanten Anton Kaindl und Fritz Cornely von Beginn an angespannt war, ging dies weniger auf Unstimmigkeiten bezüglich der Behandlung von Häftlingen zurück, wie Cornely nach Kriegsende behauptete.[118] Vielmehr hatte Kaindl keinerlei Interesse an einem Zugriff „von außen" und versuchte eifrig, seinen Kompetenzbereich zu verteidigen. Im Juni 1944, nach knapp acht Monaten Tätigkeit im KZ Sachsenhausen, musste Cornely aufgrund wiederholter Konflikte mit der Lagerkommandantur eine Stellungnahme an seinen Vorgesetzten Dr. Alfred Filbert[119] im RKPA verfassen.[120] In dem Schreiben schilderte er seine Probleme mit dem Lagerkommandanten ausführlich. Schon beim Eintreffen der Kommission habe sich dieser wenig kooperativ gezeigt, so Cornely:

> „Ich klärte ihn über den Zweck unseres Kommens auf und zeigte auch ihm die Vollmacht, von der er aber keinerlei Notiz nahm. Er lehnte es ab, mich in seinem Arbeitszimmer zu empfangen, und fertigte mich sozusagen zwischen Tür und Angel ab. Da ich merkte, daß es sich bei dem SS-Staf. Kaindl um einen Herrn mit ziemlich viel Temperament und wenig Objektivität handelte, zog ich mich zunächst zurück […]."[121]

117 Zeugenvernehmung von Evert H. am 8. 12. 1961, Staatsanwaltschaft Bonn, Zentralstelle, 24 Js 30/59 (Z)/XI, Landesarchiv NRW, zit. n. AS, JD 7/11, Teil 2, Bl. 165.

118 Vgl. Kapitel 6.2.2.

119 Dr. Alfred Filbert (1905–1990) war studierter Jurist und im RKPA u. a. Leiter des Amtes V Wi (Wirtschaftskriminalität). In dieser Position fungierte er als Vorgesetzter von Fritz Cornely. Im Juni 1962 wurde er wegen gemeinschaftlichen Mordes an mindestens 6200 Menschen zu lebenslanger Haft verurteilt – dieses Urteil bezog sich auf die Zeit von Juni bis Oktober 1941, als Filbert eine Einsatzgruppe in der ehemaligen Sowjetunion geleitet hatte. Vgl. Wildt, Generation des Unbedingten, S. 395–401.

120 Die Echtheit dieses Schreibens stand in den Ermittlungen gegen Cornely offenbar zur Diskussion, wurde dann aber doch nicht angezweifelt, vgl. Einstellungsverfügung des Oberstaatsanwalt in Köln gegen Fritz Cornely vom 28. 2. 1963, Staatsanwaltschaft Bonn, Zentralstelle, 24 Js 30/59 (Z)/XIII, Landesarchiv NRW, zit. n. AS, JD 7/13, Teil 1, Bl. 48.

121 Schreiben von Fritz Cornely an Dr. Filbert vom 30. 6. 1944, Archiv BStU, MfS, HA XX, Nr. 4128, Bl. 8–18, hier Bl. 9.

Cornely meldete Kaindls Verhalten offenbar höheren Stellen, woraufhin sich der Inspekteur der Konzentrationslager Richard Glücks[122] einschaltete und eine Besprechung einberief. Glücks ermahnte sowohl den Kommandanten als auch den ersten Lagerleiter August Kolb[123] zur Zusammenarbeit mit Cornely. Im Vordergrund der Streitereien stand der Eingriff in lagerinterne Abläufe. Dabei spielten auch die Kompetenzen der eingesetzten V-Leute eine Rolle, an deren Spitze für die Kommission des RKPA der Häftling Heinz Jahnke[124] agierte. Nachdem der Fokus der Ermittlungen im KZ Sachsenhausen zunächst auf der lagerinternen Korruption gelegen hatte, weiteten sich die Untersuchungen nach wenigen Monaten auf Aktivitäten aus, die überwiegend politischen Häftlingen angelastet wurden. Dabei stand zunächst die als „Rote Kuhle" bezeichnete Hilfsaktion, bei der Häftlinge Lebensmittel für die sowjetischen Kriegsgefangenen im Lager gesammelt hatten, im Zentrum.[125]

Auslöser für die Ermittlungen der Gestapo war die Entdeckung eines Radios in der Wäscherei des Lagers sowie von Material zur Herstellung von Flugblättern im Krankenrevier.[126] Walter Engemann, der aufgrund seiner Tätigkeit für die Schreibstube Einblick in diverse Vorgänge im Lager hatte, beschrieb das Szenario 1961 wie folgt:

> „Auf Grund von Spannungen zwischen Cornely und der Lagerleitung und der Furcht, daß die von Cornely eingeteilten Spitzel darüber etwas berichten würden, sah sich die Lagerleitung genötigt, über diesen Vorfall einen Bericht an das Reichssicherheitshauptamt zu fertigen."[127]

122 Der gelernte Versicherungskaufmann Richard Glücks (1889–1945) leitete die IKL ab 1939. Bereits im März 1930 war er der NSDAP beigetreten und im November 1932 der SS. In seiner Funktion als Leiter der IKL unterstanden ihm sämtliche Kommandanten der Konzentrationslager, die von der IKL verwaltet wurden. Glücks nahm sich im Mai 1945 das Leben.

123 August Kolb (1893–1962) trat im Jahre 1934 in die SS ein und gehörte der 3. SS-Standarte in Oranienburg an. 1942 erfolgte sein Einsatz als 2. Schutzhaftlagerführer des KZ Sachsenhausen, ein Jahr später stieg er zum ersten Lagerführer auf und war zugleich Führer der Wachmannschaften. 1954 und 1961 wurde er wegen seiner Tätigkeit in dem Konzentrationslager verurteilt, er verstarb 1962. Vgl. Morsch (Hrsg.), Mord und Massenmord, S. 113.

124 In den Quellen manchmal auch „Janke" geschrieben.

125 Vgl. Morsch (Hrsg.), Mord und Massenmord, S. 123.

126 Meyer/Nathow, Liebesgaben aus Genf, S. 53.

127 Zeugenvernehmung von Walter E. vom 21. 2. 1961, Staatsanwaltschaft Bonn, Zentralstelle, 24 Js 30/59 (Z)/II, Landesarchiv NRW, zit. n AS, JD 7/2, Bl. 40.

Ähnliches sagte Karl M., ebenfalls Schutzhäftling im KZ Sachsenhausen, aus:

> „Da zu jener Zeit Cornely noch Vorermittlungen in der Schiebungssache führte, ließ er seinen Spitzel Volk [Volck] auch in dieser Radiosache herumschnüffeln. In diesem Zusammenhang ließ Cornely dann auch die von Lauer beim Radiohören erwischten Häftlinge verhaften. [...] Erst dann kam die Gestapo und führte diese Ermittlungen weiter."[128]

Die Behauptung, dass die Verantwortung für die Verhaftungen bei Cornely und seinen Spitzeln lag, wird auch in einem im Mai 1945 von ehemaligen politischen Häftlingen angefertigten Bericht geäußert. Dort heißt es, dass es die SS-Männer Hubert Lauer[129] und Emil Rossner[130] gewesen seien, die das Radio und die Flugblätter in den Lagerwerkstätten entdeckten. Die als Spitzel eingesetzten Häftlinge Volck, Jahnke und Rathmann hätten allerdings den Vorfall benutzt,

> „um ihre Positionen sowie ihren Machtbereich zu festigen. Sie waren es, die nun bei der Kripoabteilung den Kommunisten sowie Lagerfunktionären eine hochverräterische Aktivität, Zellenbildung, Waffenarsenale usw. nachzuweisen versuchten. Die Kripoabteilung nahm das Material auf und richtete innerhalb der Sonderkommission eine Gestapoabteilung ein."[131]

Zdzislaw Jasko, der als polnischer Jugendlicher fünf Jahre im KZ Sachsenhausen verbringen musste, schildert die Situation in seinem Erinnerungsbericht abweichend. Er sieht die Verantwortung für die Entdeckung des Radios nicht allein bei den Spitzeln, sondern auch bei den Betroffenen selbst: „Beim Widerstand wurden auch Fehler gemacht. Manche agierten zu offen. Sie fielen auf."[132] Im Folgen-

128 Zeugenvernehmung von Karl M. vom 1. 11. 1961, Staatsanwaltschaft Bonn, Zentralstelle, 24 Js 30/59 (Z)/V, Landesarchiv NRW, zit. n. AS, JD 7/5, Bl. 89–90.

129 Hubert Lauer (1887 bis 1959) war von Januar 1940 bis April 1945 Leiter der Standortverwaltung des Oranienburger Lagers, vgl. Andrea Riedle, Die Angehörigen des Kommandanturstabs im KZ Sachsenhausen. Sozialstruktur, Dienstwege und biografische Studien, Berlin 2011, S. 63 und S. 117.

130 Emil Rossner war zunächst Verwalter des Häftlingsgeldes und dann von Dezember 1943 bis April 1945 zweiter Verwaltungsführer im KZ Sachsenhausen, vgl. Riedle, Die Angehörigen des Kommandanturstabs, S. 63 und S. 117.

131 KL Sachsenhausen: Die Periode der Sonderkommissionen von Ende 1943 bis 1944 (Oranienburg Mai 1945), Staatsanwaltschaft Bonn, Zentralstelle, 24 Js 30/59 (Z)/X, Landesarchiv NRW, zit. n. AS, JD 7/10, Teil 1, Bl. 4–22, hier Bl. 8.

132 Zdzislaw Jasko, Ich wollte in die Schule und kam ins KZ, Göttingen 2005, S. 175 f.

den berichtet er, der deutsche Kommunist Fritz Büker[133] habe darauf bestanden, dass für die politischen Häftlinge der Besitz eines Radios notwendig sei, obwohl andere versucht hätten, ihn davon abzuhalten. Büker, so Jasko, lief „mit der Kiste im ganzen Lager herum als wäre er auf dem Kudamm“.[134] Wie die Abläufe in dem Lager genau gewesen sind, lässt sich heute nicht mehr eindeutig klären. Der Lagerkommandant Anton Kaindl meldete die Entdeckungen an das RSHA, das daraufhin eine Abordnung der Gestapo einsetzte, die ab dem 7. April 1944 neben der Kommission des RKPA im KZ Sachsenhausen agierte. Ob Cornely beim Einsatz der Gestapokommission eine aktive Rolle spielte, ist ungeklärt.[135] Ein anderes Argument für den Einsatz der Gestapo nannte Erwin Brandt[136] während seiner Vernehmung als Beschuldigter wegen Beihilfe zum Mord im April 1954. Er gab an, sein Vorgesetzter habe seinerzeit berichtet, der Lagerkommandant sei vor dem Hintergrund der „Verschwörung“ vom 20. Juli 1944 der Ansicht, es müsse im KZ Sachsenhausen ermittelt werden.[137] Dagegen spricht jedoch die Tatsache, dass die Gestapoabordnung in dem Lager bereits ab April 1944 tätig war. Sie ermittelte zunächst unter der Leitung von Karl August Rikowski[138], der später von Erwin Brandt abgelöst wurde. Eine Konsequenz ihrer Tätigkeit im KZ Sachsenhausen war die Isolierung von mindestens 160 politischen Häftlingen im Block 58 für weitere Verhöre über angebliche illegale Widerstandsaktivitäten im Lager.[139]

133 Friedrich Büker (1900–1944) war gelernter Elektriker und Mitglied der KPD. Er wurde bereits 1934 verhaftet, 1941 erfolgte seine Einlieferung in das KZ Sachsenhausen. Dort war er als Lagerelektriker tätig. Büker gehörte zu der Gruppe der am 11. Oktober 1944 wegen „kommunistischen Umtrieben“ erschossenen Häftlinge, vgl. Morsch (Hrsg.), Mord und Massenmord, S. 119 f.

134 Jasko, Ich wollte in die Schule, S. 176.

135 Vgl. dazu auch die Zeugenvernehmung von Reinhold Ortmann vom 11. 7. 1961, gegen den als Mitglied der Gestapo-Kommission ebenfalls ermittelt wurde, Staatsanwaltschaft Bonn, Zentralstelle, 24 Js 30/59 (Z)/VI, Landesarchiv NRW, zit. n. AS, JD 7/6, Teil 2, Bl. 1222.

136 Der 1899 geborene Kriminalbeamte Erwin Brandt war 1933 in die Gestapo eingetreten und seit 1938 für das RSHA für die Abteilung IV A 1 („Kommunistenangelegenheiten“) tätig. 1944 fungierte er kurzzeitig als Leiter der Gestapokommission im KZ Sachsenhausen. 1957 wurde Brandt zu einer Haftstrafe von einem Jahr verurteilt, vgl. Bohra, Tatort Sachsenhausen, S. 139; Morsch (Hrsg.), Mord und Massenmord, S. 115–119.

137 Zeugenvernehmung von Erwin Brandt am 9. 4. 1954, AS, JD 7/14, Bl. 31.

138 Karl August Rikowski kam im Februar 1949 im sowjetischen Speziallager Nr. 7/1, das sich ab August 1945 auf dem Gelände des ehemaligen KZ Sachsenhausen befand, ums Leben.

139 Die schlechte Situation der 1944 in den Block 58 eingewiesenen Häftlinge hat der Überlebende Berthold Quade in seinem Bericht über die Tätigkeit der Sonderkommissionen ausführlich dargelegt, vgl. Erinnerungsbericht Berthold Quade, AS, P3-Akte, Quade, Berthold, Bl. 2.

Am 11. Oktober 1944 wurden schließlich 27 Schutzhäftlinge, darunter einige Prominente der antifaschistischen Bewegung, wegen angeblicher „kommunistischer Umtriebe“ im Industriehof des Lagers erschossen sowie 104 Personen im Oktober 1944 in das KZ Mauthausen überstellt.[140] Nicht nur zwischen der Lagerleitung und den beiden externen Kommissionen, sondern auch zwischen Letzteren kam es in den folgenden Monaten immer wieder zu Spannungen. Bei diesen Querelen stand aber ähnlich wie bei den Konflikten zwischen Cornely und der Lagerleitung weniger eine menschlichere Haltung gegenüber den Häftlingen bzw. eine grundsätzliche Ablehnung der Gewalt- und Vernichtungspolitik der SS, sondern vielmehr das Abstecken der jeweiligen Arbeitsbereiche im Mittelpunkt. Insofern ist Cornelys Aussage von 1959, er habe mit der Gestapo-Kommission „keinerlei Berührungspunkte“ gehabt, als reine Schutzbehauptung zu verstehen.[141]

Zieht man die Schriftstücke hinzu, die belegen, dass die Gestapokommission bisweilen der Kommission des RKPA zuarbeitete, erscheinen die von Cornely nach Kriegsende betonten Gegensätze in einem anderen Licht. In mehreren Fällen erstattete die Gestapo-Abordnung Cornely Bericht über Vernehmungen.[142] So wendete sich Reinhold Ortmann, Mitarbeiter der Gestapokommission, am 12. Mai 1944 schriftlich an Cornely. Er wies diesen darauf hin, dass der befragte Häftling Franz K. nicht in seinen Zuständigkeitsbereich sondern in den der Kriminalpolizei falle, da es sich bei den von K. gemeldeten Vorfällen (er berichtete, der „Berufsverbrecher“ Alfred W. habe für SS-Männer zum privaten Gebrauch alte Autos ausgebessert und „Clubgarnituren“ hergestellt) „um eine rein kriminelle Angelegenheit handelt“.[143] Auf eine enge Kooperation zwischen Gestapo und Kriminalpolizei weist auch folgendes Beispiel hin. Der Häftling Wilhelm V. wurde durch beide Kommissionen verhört. Nachdem Cornely zunächst seine Einwei-

140 Vgl. Morsch (Hrsg.), Mord und Massenmord, S. 115–131.

141 Schreiben von Fritz Cornely an den Verlag der Welt vom 7. 1. 1959, AS, JD 7/1, Bl. 9. Die Welt hatte am selben Tag auf Basis einer Presserklärung des Sachsenhausenkomitees über die Vorwürfe gegen Cornely berichtet.

142 Vgl. als weitere Beispiele auch Sonderkommando IV A 1 a an das Sonderkommando des Amtes V vom 1. 8. 1944, Staatsanwaltschaft Bonn, Zentralstelle, 24 Js 30/59 (Z)/X, Landesarchiv NRW, zit. n. AS, JD 7/10, Teil 1, Bl. 59 sowie Sonderkommando IV A 1 a an das Sonderkommando des Amtes V vom 14. Juli 1944, Staatsanwaltschaft Bonn, Zentralstelle, 24 Js 30/59 (Z)/X, Landesarchiv NRW, zit. n. AS, JD 7/10, Teil 1, Bl. 75. In diesen Fällen ging es ebenfalls um „Schiebungen“ im Lager.

143 Schreiben der Sonderkommission IV A 1 a an die Sonderkommission des Amtes V vom 12. 5. 1944, Staatsanwaltschaft Bonn, Zentralstelle, 24 Js 30/59 (Z)/X, Landesarchiv NRW, zit. n. AS, JD 7/10, Teil 1, Bl. 47.

sung in die Strafkompanie veranlasst habe, sei er von der Gestapo „übernommen" worden.[144]

Eine zentrale Rolle kam in dem gesamten Szenario den Häftlingsspitzeln zu. Erwin Rathmann, der als Vorarbeiter im Schuhläuferkommando und als Spitzel eingesetzt worden war, erklärte 1951 im Zusammenhang mit Ermittlungen gegen Samuel Kuhnke, Cornely habe der zweiten Kommission Empfehlungen über „seine" Zuträger erteilt. Rathmann war am 8. März 1940 als „Berufsverbrecher" in das KZ Sachsenhausen eingeliefert worden.[145] Von April bis August 1943 wies ihn die SS in das Schuhläuferkommando ein, da er als Stubenältester die Brotration anderer Häftlinge „eigenmächtig geschmälert" habe.[146] Bezüglich der Zusammenarbeit der beiden Abordnungen berichtete er: „Darüber hinaus bekam diese neu auftretende Gestapo-Kommission ihr gesamtes erstes Arbeits- bzw. Belastungsmaterial von Cornely."[147]

Wie das Beispiel von Kuhnke zeigt, avancierten die Spitzel bald zum Spielball zwischen den Kommissionen, der Lagerleitung und einigen Häftlingen. Kuhnke stieg zum leitenden Spitzel der Gestapo-Kommission und 1944 zum Lagerältesten auf.[148] Offenbar versuchte er, sich seinen Posten derart zunutze zu machen, dass er die verschiedenen Akteure gegeneinander ausspielte. So berichtete Kuhnke gegenüber der Gestapo von einer internen Besprechung zwischen ihm, Cornely, Volck und dem Spitzel Jahnke, in deren Verlauf er sich detailliert über angebliche Kritik von Cornely am Vorgehen der Gestapo-Kommission äußerte.[149] Es ist hinreichend belegt, dass Kuhnke mit seiner „Tätigkeit einen wesentlichen Beitrag zu den Ermittlungen der Gestapo-Sonderkommission geleistet hatte".[150] Auf die von ihm vorgenommenen Denunziationen anderer Häftlinge verweisen u. a. Schreiben der

144 Sonderkommando IV A 1 a an das Sonderkommando des Amtes V vom 14. 7. 1944, Staatsanwaltschaft Bonn, Zentralstelle, 24 Js 30/59 (Z)/X, Landesarchiv NRW, zit. n. AS, JD 7/10, Teil 1, Bl. 75.

145 Sonderliste Zugänge vom 8. 3 1940, RGWA, 1367/1/196, Bl. 56, AS, D 1 A/1196, Bl. 56.

146 Strafverfügung gegen Erwin Rathmann, Archiv BStU, AV 2/87, Bd. 3, Bl. 232.

147 Zeugenvernehmung von Erwin R. vom 21. 6. 1951, Staatsanwaltschaft Bonn, Zentralstelle, 24 Js 30/59 (Z)/V, Landesarchiv NRW, zit. n. AS, JD 7/5, Teil 2, Bl. 169.

148 Vgl. Bohra, Tatort Sachsenhausen, S. 133–140. Kuhnkes Angaben in diesem Verfahren zufolge hatte auch Cornely versucht, ihn als Spitzel für seine Dienste anzuwerben, dies habe er aber abgelehnt, da er eine Beteiligung an Aktionen gegen die SS als zu gefährlich erachtet habe. Vgl. Protokoll der Verhandlung gegen Kuhnke vom 20. 6. 1949, Staatsanwaltschaft Bonn, Zentralstelle, 24 Js 30/59 (Z)/XVII, Landesarchiv NRW, zit. n. AS, JD 7/16, Bl. 11–18.

149 Bericht des Sonderkommando Amt IV vom 20. 5. 1944, Staatsanwaltschaft Bonn, Zentralstelle, 24 Js 30/59(Z)/X, Landesarchiv NRW, zit. n. AS, JD 7/10, Teil 1, Bl. 54–56.

150 Bohra, Tatort Sachsenhausen, S. 136.

Gestapo, in denen explizit auf Kuhnke als Informant Bezug genommen wird.[151] Die ehemaligen Spitzel belasteten sich auch untereinander. So sagte Rathmann 1951 im Zuge von Ermittlungen gegen Cornely aus, Kuhnke habe im Lager den Spitznamen „der Himmler von Sachsenhausen" getragen.[152] Seine eigene Rekrutierung beschrieb Erwin Rathmann in einem späteren Verfahren:

> „Als Cornely Jahnke und mich zu sich kommen ließ und uns eröffnete, warum er dort sei, weigerten sich Ja. und ich, irgendwelche Auskünfte zu geben, weil wir befürchteten, dabei den Kürzeren zu ziehen […] Als er sich auf mein Drängen bereit erklärte, Jahnke und mir einen Spezialausweis auszufertigen, der garantiert von der gesamten SS respektiert würde und schriftlich unsere sichere, vorzeitige Entlassung garantierte, stiegen Jahnke und ich in das Geschäft ein."[153]

Er sagte in den 1960er-Jahren im Kontext mehrerer Verfahren teilweise auch entlastend gegen ehemaliges SS-Personal aus. Auch gab Rathmann 1961 an, er habe Cornely sein Leben zu verdanken, fügte seinen Angaben jedoch hinzu, „dieser Dank entbindet mich aber nicht, die rückhaltlose Wahrheit zu sagen, und entbindet mich auch nicht, darauf hinzuweisen, daß Cornely mir persönlich nach wie vor äußerst unsympathisch ist".[154] Rathmann negierte, dass es im Schuhlauferkommando zu Misshandlungen gekommen sei – wohl auch, um sich selbst zu schützen, zumal gegen ihn Anfang der 1950er-Jahre ein Ermittlungsverfahren wegen seiner Tätigkeit als Vorarbeiter im KZ Sachsenhausen anhängig gewesen war, das allerdings vom Hamburger Schwurgericht 1952 eingestellt wurde.[155] Er schob zudem jegliche Verantwortung auf Jahnke ab. Alleine auf dessen „Drängen" seien im Schuhläuferkommando Häftlinge gezwungen worden, mit Gepäck zu marschieren, eine Maßnahme, die Cornely gebilligt habe, „weil der Komplex, um den es ging, derart ungeheuerlich war, daß unbedingt die Wahrheit ermittelt werden mußte".[156] Indirekt gestand

151 Vgl. z. B. Schreiben des Sonderkommandos Amt IV A 1 a vom 10. 7. 1944, Staatsanwaltschaft Bonn, Zentralstelle, 24 Js 30/59 (Z)/X, Landesarchiv NRW, zit. n. AS, JD 7/10, Teil 1, Bl. 63.

152 Zeugenvernehmung von Erwin R. vom 21. 6. 1951, Staatsanwaltschaft Bonn, Zentralstelle, 24 Js 30/59 (Z)/V, Landesarchiv NRW, zit. n. AS, JD 7/5, Teil 2, Bl. 171.

153 Zeugenvernehmung von Erwin R. vom 10. 7. 1961, Staatsanwaltschaft Bonn, Zentralstelle, 24 Js 30/59 (Z)/V, Landesarchiv NRW, zit. n. AS, JD 7/5, Teil 2, Bl. 159.

154 Zeugenvernehmung von Erwin Rathmann vom 10. 7. 1961, Staatsanwaltschaft Bonn, Zentralstelle, 24 Js 30/59 (Z)/V, Landesarchiv NRW, zit. n. AS, JD 7/5, Teil 2, Bl. 159.

155 Vgl. Bohra, Tatort Sachsenhausen, S. 128.

156 Zeugenvernehmung von Erwin Rathmann vom 14. 7. 1961, Staatsanwaltschaft Köln, 24 Ks 1/64 (Z)/XXIV, Landesarchiv NRW, zit. n. AS, JD 21/35, Bl. 25.

Rathmann damit 1961 doch ein, dass es zu Gewaltanwendungen im „Schuhläuferkommando" gekommen war. Seine Angaben über Cornely sind vor dem Hintergrund zu interpretieren, dass er persönlich von seinem Einsatz für die Kommission profitiert hatte. Dabei hatte auch er in den Jahren zuvor wie alle anderen Häftlinge unter dem Terror der SS gelitten. Nach eigenen Angaben war Rathmann mit der Einweisung in das Schuhläuferkommando sowie Pfahlhängen und Dunkelarrest bestraft worden, weil er den Häftling Karl Z., ebenfalls als „Berufsverbrecher" im Lager, mit Geld und Papier dabei unterstützt habe, Kassiber an seine Familie zu schicken.[157] In seinen Aussagen gegenüber der Britischen Militärregierung aus dem Jahr 1946 äußerte Rathmann noch wiederholt die Absicht, zur Aufklärung der von der Lager-SS und anderen Häftlingen begangenen Verbrechen beizutragen. Ob es sich hier um ein taktisches Verhältnis zu den Alliierten handelte oder ob er aus anderen Gründen Jahre später seine Position änderte, bleibt unklar. Einen Hinweis geben die ausführlichen Aussagen von 1946. So war es Rathmann offenbar wichtig, Vorurteile gegenüber seiner Haftgruppe aus dem Weg zu räumen:

> „Ausschlaggebend für eine Berichterstattung ist nicht eine besondere Kategorie von Häftlingen wie beispielsweise nur der rein politisch Bestrafte, sondern derjenige Häftling, der hierzu befähigt sowie auch glaubhaft ist! Ich habe nur den einen Wunsch, dass in die Belange der Konzentrationslager wirkliche Klarheit gebracht wird."[158]

In den folgenden Jahren belasteten mehrere Zeugen im Kontext von Strafverfahren gegen SS-Personal die ehemaligen Häftlinge Jahnke und Rathmann: „Sie haben alle Leute, die irgendwie in Verdacht standen, Unregelmäßigkeiten irgendwelcher Art begangen zu haben, bei Cornely angeschwärzt",[159] berichtete etwa der als „Asozialer" inhaftierte Willi N. Der ab Juli 1938 als „Berufsverbrecher" im KZ Sachsenhausen inhaftierte Georg D.[160] beschrieb Jahnkes Rolle folgendermaßen: „Jahnke wurde von allen Häftlingen wegen seiner Spitzeldienste gemieden. Er schlief sogar ausserhalb des Lagers, nämlich in der Isolierung."[161]

157 Zeugenvernehmung von Erwin Rathmann vom 19. 3. 1946, Staatsanwaltschaft Köln, 24 Ks 1/64 (Z)/XV, Landesarchiv NRW, zit. n AS, JD 7/14, Bl. 88 f.

158 Ebenda, Bl. 168.

159 Zeugenvernehmung von Willi N. vom 10. 10. 1961, Staatsanwaltschaft Köln, 24 Ks 1/64 (Z)/XXV, Landesarchiv NRW, zit. n AS, JD 21/37, Bl. 84.

160 Meldung der Politischen Abteilung vom 4. Juli 1938, RGWA, Moskau, 1367/1/21, Bl. 127, zit. n. AS, D 1 A/1021, Bl. 127.

161 Zeugenvernehmung von Georg D. vom 19. 6. 1961, Staatsanwaltschaft Köln, 24 Ks 1/64 (Z)/XXVII, Landesarchiv NRW, zit. n AS, JD 21/43, Bl. 25.

Angesichts dieser Fälle verwundert es nicht, dass ehemalige politische Häftlinge in ihrer eingangs zitierten Anzeige gegen Cornely sowie in den folgenden Ermittlungsverfahren wiederholt die Bedeutung der „Berufsverbrecher" für die Kommissionen betonten und explizit auf die Vorstrafen der angeworbenen Leute hinwiesen.[162] Problematisch ist dabei allerdings, dass die zentralen Spitzelfunktionen keineswegs lediglich „Grünwinklige" eingenommen hatten. Kommunistische Überlebende umgingen die Problematik, dass sich darunter auch Schutzhäftlinge befanden, in ihren Erinnerungen bisweilen damit, indem sie auch diejenigen, die nicht den „grünen Winkel" trugen und trotzdem als Spitzel oder Vorarbeiter tätig waren, einfach zu „Berufsverbrechern" erklärten. So bezeichnete Heinz Junge 1967 den Zeugen Jehova Johann E., der 1944 als Blockältester in der Baracke 58[163] eingesetzt worden war, als „Kaschemmenzuhälter", der „unter dem violetten Bibelforscherwinkel sein immer wieder durchscheinendes Berufsverbrechertum zu tarnen sucht".[164] Arnold Weiss-Rüthel skizziert in seinen Erinnerungen die Persönlichkeiten einiger führender Spitzel im KZ Sachsenhausen und kommt dabei zu folgendem Schluss:

> „Denn obgleich Gallipavi, Kokoschinski und Volck den roten Winkel der politischen Gefangenen trugen, waren sie den Vorrausetzungen ihrer Haft gemäß nur insofern Träger eines politischen Gedankens, als sie nicht gegen, sondern für die SS und damit für den Nationalsozialismus arbeiteten."[165]

Zumindest Volck hatte als ehemaliger Freikorps-Kämpfer und Autor eines antikommunistischen Romans dem nationalsozialistischen Regime tatsächlich ideologisch nahegestanden.[166] Einige Eckdaten über seinen Lebenslauf sind auch in Unterlagen aus der Nachkriegszeit enthalten.[167] Volck war jahrelang in der völkischen Bewegung aktiv gewesen – zunächst 1919 als Mitbegründer eines Freikorps in Lüneburg, anschließend trat er als Redner gegen den Versailler Vertrag,

162 Vgl. ebenda, Bl. 36.

163 In dieser Baracke waren 1944 im Rahmen der Ermittlungen der Gestapokommission überwiegend politische Häftlinge isoliert worden.

164 Heinz Junge, Die Mörder sind noch unter uns, Dortmund 1967, S. 23. Diese Worte Junges werden von Siegfried Brüchner unkritisch zitiert: Siegfried Brüchner, Die Verbrechen des Sonderkommandos IV a 1 a im KZ Sachsenhausen, AS, LSG 1/173, S. 15.

165 Weiss-Rüthel, Nacht und Nebel, S. 163.

166 Gemeint ist der Roman „Die Wölfe", der 1918 publiziert wurde, vgl. auch Weiss-Rüthel, Nacht und Nebel, S. 158.

167 Vgl. AS, P3-Akte Herbert Volck. Die unvollständigen Unterlagen stammen aus Entschädigungsanträgen seines Sohnes.

die linke Arbeiterbewegung sowie für die „deutsch-völkische Friedenspartei" auf. Offenbar war Volck aber trotz seiner politischen Ansichten mit dem neuen Regime in Konflikt geraten. So geht aus einem Dokument aus der Lagerzeit hervor, dass er am 7. August 1942 wegen staatsfeindlicher Äußerungen von der Gestapo in das KZ Sachsenhausen eingeliefert worden war. Dort fungierte Volck von Herbst 1943 bis Mai 1944 als dritter Lagerältester.[168] Noch im Mai 1944 war über ein Gnadengesuch seiner Ehefrau, das sie an Heinrich Himmler gerichtet hatte, abschlägig entschieden worden. Gegen Volck sei Schutzhaft verhängt worden, „da auf Grund seines Verhaltens die Überzeugung bestand, daß er jede ihm gewährte Freiheit zu Unruhestiftung ausnutzen würde", ließ der Reichsführer SS Volcks Vater im Juni 1944 auf dessen Anfrage hin mitteilen.[169] Sein Beispiel verweist auf die Heterogenität innerhalb der Gruppe der Schutzhäftlinge: Sie reichte von politisch linken und völkisch-konservativen über religiöse Gegner des Regimes zu Personen, die lediglich aufgrund eines Witzes über den „Führer" in Schutzhaft gekommen waren.

In den zitierten Berichten ehemaliger politischer Häftlinge über die Untersuchungskommissionen dominieren Angaben über Spitzel wie Herbert Volck sowie Samuel Kuhnke, die in höheren Funktionen eingesetzt und deshalb wahrscheinlich auch für die meisten Häftlinge wahrnehmbar waren. Es gab jedoch eine Reihe von Zuträgern, darunter auch Schutzhäftlinge, die keine oder nur niedrige Funktionen bekleideten und somit weniger auffällig agierten. Ohne die unrühmliche Rolle von Häftlingen wie Samuel Kuhnke, Erwin Rathmann oder Herbert Volck im Lager relativieren zu wollen, stellt sich dennoch die Frage, inwieweit hier zum Tragen kommt, was Falk Pingel 2010 in seinem Aufsatz über die Vorarbeiter dargelegt hat: Während die SS teilweise im Hintergrund blieb, waren die anderen Häftlingen mit den Vorarbeitern aus den eigenen Reihen meist unmittelbarer konfrontiert.[170] Gerade die Vorarbeiter und Spitzel wurden deshalb häufig negativer wahrgenommen als die SS selbst. Dies zeigt beispielhaft der Bericht ehemaliger politischer Häftlinge des KZ Sachsenhausen, die sich ausführlich über die Untersuchungskommissionen äußerten. In Bezug auf die eingesetzten Spitzel kommen sie zu dem Schluss: „Es war schon so, daß die

168 Schrift über den Lagerältesten Volck (ohne Verfasser), 13. 5. 1944, Staatsanwaltschaft Bonn, Zentralstelle, 24 Js 30/59 (Z)/X, Landesarchiv NRW, zit. n. AS, JD 7/10, Teil 1, Bl. 49; Die Lagerältesten im Konzentrationslager Sachsenhausen, BLHA, Rep. 35 H, KZ Sachsenhausen, Nr. 8/4, Bl. 17.

169 Schreiben des Persönlichen Stabes des Reichsführers SS vom 5. 6. 1944 an Herrn Adalbert Volck, AS, P3-Akte Herbert Volck.

170 Pingel, Social life, S. 62.

Häftlingsmitarbeiter der Sonderkommission größere Banditen waren, als ihre Lehrmeister, die SS.«[171]

Hinzu kommt, dass die Position einiger Spitzel – so mächtig sie den anderen Häftlingen auch erschien – letztlich genau wie die der Vorarbeiter begrenzt war. Denn wie aus dem Abschlussbericht der Gestapo vom 6. Oktober 1944 über „kommunistische Umtriebe" im KZ Sachsenhausen hervorgeht, konnten auch die Spitzel jederzeit abgesetzt werden: „Die lagermäßige Führung mußte hierbei äußerst sauber sein und dabei trotzdem der Kontakt mit den gegnerischen Kreisen aufgenommen werden. Häftlinge, die sich hiermit nicht abfinden konnten, wurden wieder fallengelassen und der lagermäßigen Bestrafung zugeführt."[172] Wie instabil z. B. auch die Stellung eines Samuel Kuhnke war, zeigt die Tatsache, dass er schließlich von jenen fallengelassen wurde, auf die er sich gestützt hatte: Als Ergebnis der internen Auseinandersetzungen zwischen den Kommissionen und der Lagerleitung wurde Kuhnke erst von SS-Männern oder anderen Häftlingen verprügelt und anschließend gemeinsam mit von ihm selbst denunzierten Häftlingen im Oktober 1944 nach Mauthausen überstellt.[173] Odd Nansen erwähnt die Absetzung Kuhnkes in seinem Tagebuch: „Er benahm sich erbärmlich, weinte wie ein Kind und schrie. Danach nahm Kolb ihn mit auf 58, wo er ihn den Gefangenen zeigte. ‚Hier seht ihr denjenigen, der euch betrogen hat, ich halte es für richtig, dass ihr jetzt mit ihm abrechnet.'"[174] Kuhnke sei „von der Lagerführung mit unserer Unterstützung zur Strecke gebracht" worden, so der Bericht ehemaliger politischer Häftlinge von 1945.[175] Die relativ autonome Position, die Winfried Meyer und Stefanie Nathow Kuhnke im Lager zuschreiben, erscheint vor diesem Hintergrund fraglich.[176] In letzter Konsequenz entschied immer noch die Lager-SS, was mit den Häftlingen geschah. Das Agieren der Spitzel war nur möglich, solange es die SS duldete.

171 KL Sachsenhausen, Die Periode der Sonderkommissionen von Ende 1943 bis 1944 (Oranienburg Mai 1945), Staatsanwaltschaft Bonn, Zentralstelle, 24 Js 30/59 (Z)/X, Landesarchiv NRW, zit. n. AS, JD 7/10, Teil 1, Bl. 12.

172 Vermerk „Dachs" Reichssicherheitshauptamt IV A 1a vom 6. 10. 1944, Staatsanwaltschaft Bonn, Zentralstelle, 24 Js 30/59 (Z)/X, Landesarchiv NRW, zit. n. AS, JD 7/10, Teil 2, Bl. 123.

173 Meyer/Nathow, Liebesgaben auf Genf, S. 56; Pingel, Häftlinge unter SS-Herrschaft, S. 116, vgl. auch Transportliste vom 25. 10. 1944 vom KL Sachsenhausen zum KZ Mauthausen, Staatsanwaltschaft Bonn, Zentralstelle, 24 Js 30/59 (Z)/VIII, Landesarchiv NRW, zit. N. AS, JD 7/8, Teil 2, Bl. 195 f.

174 Nansen, Tag für Tag, S. 129.

175 KL Sachsenhausen, Die Periode der Sonderkommissionen von Ende 1943 bis 1944 (Oranienburg Mai 1945), Staatsanwaltschaft Bonn, Zentralstelle, 24 Js 30/59 (Z)/X, Landesarchiv NRW, zit. n. AS, JD 7/10, Teil 1, Bl. 18.

176 Meyer/Nathow, Liebesgaben aus Genf, S. 54.

Ähnlich wie Kuhnke erging es den anderen prominenten Spitzeln. Jahnke, der zunächst Vergünstigungen aufgrund seiner Tätigkeit für Cornely erhalten hatte – ihm wurde beispielsweise vom 30. bis 31. Mai 1944 eine „Beurlaubung" aus dem Konzentrationslager erteilt –,[177] geriet bald zwischen die Mühlen der in Sachsenhausen ausgetragenen Interessenskonflikte. Wie aus dem bereits zitierten Schreiben von Cornely an seinen Vorgesetzten aus dem Juni 1944 hervorgeht, hatte Kaindl versucht, Jahnke Vergehen gegen die Lagerordnung anzuhängen. Außerdem habe die Untersuchungskommission der Gestapo verhindern wollen, dass sich Häftlinge mit Informationen über Korruption an Jahnke wenden konnten.[178] Während Kuhnke und Jahnke das KZ Sachsenhausen überlebten,[179] verstarb Volck am 21. August 1944 im KZ Buchenwald. Volck war zunächst für Cornely tätig gewesen und arbeitete dann als Zuträger für die Gestapo.[180] Als er der Gestapo unbequem wurde, lieferte sie Cornely am 29. Juni 1944 einen „vertraulichen Bericht" über Verbindungen des Lagerältesten Volck „mit Gold- und Brillantenschiebungen".[181] Volck wurde daraufhin in das KZ Buchenwald verbracht.[182]

Der ehemalige Schutzhäftling Hans Z. äußerte sich 1961 über den Transport von Volck nach Buchenwald, indem er den politischen Häftlingen eine gewisse Verantwortung an dem Geschehen zusprach: „Während es uns bei Volk [Volck] gelang, daß dieser abgelöst wurde und auf Transport kam, ist es bei Kuhnke negativ ausgelaufen."[183]

Tatsächlich hatte die Gestapo oder die Lagerleitung[184] aber bereits im Mai 1944 gegen Herbert Volck ermittelt. Ihm wurde vorgeworfen, versucht zu haben,

177 Veränderungsmittelung der Schreibstube vom 1. 6. 1944, FSB-Archiv Moskau, N-19092/Tom 99, Bl. 89, zit. n. AS, JSU 1/99, Bl. 89.

178 Schreiben von Fritz Cornely an Dr. Filbert vom 30. 6. 1944, Archiv BStU, MfS, HA XX, Nr. 4128, Bl. 8–18, hier Bl. 17 f.

179 Jahnke wurde am 5. 7. 1944 aus dem Lager entlassen, Veränderungsmitteilung vom 5. 7. 1944, FSB-Archiv Moskau, N-19092/Tom 100, Bl. 156, zit. n. AS, JSU 1/100, Bl. 156.

180 Sterbeurkunde vom 12. 2. 1957, AS, P2-Akte Herbert Volck, Bl. 4.

181 Schreiben des Sonderkommandos IV A 1 a an die Sonderkommission des Amtes V vom 29. 6. 1944, Staatsanwaltschaft Bonn, Zentralstelle, 24 Js 30/59 (Z)/X, Landesarchiv NRW, zit. n. AS, JD 7/10, Teil 1, Bl. 64.

182 Veränderungsmitteilung vom 7. Juli 1944, FSB-Archiv Moskau, N-19092/Tom 100, Bl. 158, zit. n. AS, JSU 1/100, Bl. 158.

183 Zeugenvernehmung von Hans Z. am 11. 9. 1961, Staatsanwaltschaft beim Landgericht Köln, 24 Ks 1/64 (Z)/XXII, zit. n. AS, JD 21/26, Bl. 128.

184 Zwar enthält das Dokument keine Angabe zum Verfasser, allerdings ist in dem Schreiben von einer Spitzeltätigkeit Volcks für das „hiesige Kommando" die Rede, weshalb das Dokument der Gestapokommission zugeordnet werden kann.

„aufgrund seiner Tätigkeit persönliche Vorteile zu erlangen".[185] Des Weiteren habe er „auf andere Häftlinge im defätistischen Sinne eingewirkt" und behauptet, „daß die einzige Rettung Deutschlands vor dem Bolschewismus ein siegreiches England sei".[186] Dem Bericht ehemaliger politischer Häftlinge zufolge hätten sich auch die „Berufsverbrecher" Jahnke und Rathmann gegen Volck gewendet. Sie seien in dessen Büro eingebrochen und hätten von ihm angefertigte Berichte entwendet und an die politischen Häftlinge weitergegeben.[187] Zwar mag es zutreffen, dass politische Funktionshäftlinge diese Informationen über Volck gesammelt und der Lagerleitung zugetragen hatten, vielleicht war der Gestapo aber auch ihr ehemaliger Gefolgsmann lästig geworden.[188] Schließlich bezeichnete sie den Spitzel in dem Schreiben als „Abenteurernatur", dessen Geltungsbedürfnis „die Ermittlungen, die von anderen Gewährspersonen im Rahmen der hiesigen Ermittlungen durchgeführt werden", gefährde. Unter Bezug auf seine Gestapoakten wird in dem Schreiben betont, „dass Volck auf Befehl des Führers nie aus einem KZ entlassen werden darf".[189]

Für eine Gruppe von politischen Häftlingen hatte die Absetzung der „Berufsverbrecher" aus leitenden Positionen der Häftlingsverwaltung zur Folge, dass sie deren Plätze einnehmen konnten.[190] Inwieweit hier jedoch tatsächlich von einer „Interessensübereinstimmung"[191] zwischen der Lager-SS und einzelnen Häftlingen die Rede sein kann, wie Pingel behauptet, ist fraglich.[192] Denn der Lagerkommandant versuchte in erster Linie, die von ihm als Einmischung in eigene Angelegenheiten wahrgenommenen Aktivitäten der Kommissionen zu beschränken,

185 Schrift über den Lagerältesten Volck (ohne Verfasser), 13. 5. 1944, Staatsanwaltschaft Bonn, Zentralstelle, 24 Js 30/59 (Z)/X, Landesarchiv NRW, zit. n. AS, JD 7/10, Teil 1, Bl. 49.

186 Ebenda.

187 KL Sachsenhausen, Die Periode der Sonderkommissionen von Ende 1943 bis 1944 (Oranienburg Mai 1945), Staatsanwaltschaft Bonn, Zentralstelle, 24 Js 30/59 (Z)/X, Landesarchiv NRW, zit. n. AS, JD 7/10, Teil 1, Bl. 10.

188 Vgl. zu den Narrativen der politischen Häftlinge in diesem Kontext Irmtraud Kuß, Funktionshäftlinge im Konzentrationslager Sachsenhausen. Möglichkeiten und Grenzen ihrer Tätigkeit, Berlin 1998, S. 90 (unveröffentlichte Magisterarbeit).

189 Schrift über den Lagerältesten Volck (ohne Verfasser), 13. 5. 1944, Staatsanwaltschaft Bonn, Zentralstelle, 24 Js 30/59 (Z)/X, Landesarchiv NRW, zit. n. AS, JD 7/10, Teil 1, Bl. 49.

190 Pingel, Häftlinge unter SS-Herrschaft, S. 115.

191 Ebenda.

192 Diese Position fußt vermutlich auf dem bereits zitierten Bericht politischer Häftlinge aus dem Mai 1945, in dem die Machtkämpfe detailliert beschrieben werden. KL Sachsenhausen, Die Periode der Sonderkommissionen von Ende 1943 bis 1944 (Oranienburg Mai 1945), Staatsanwaltschaft Bonn, Zentralstelle, 24 Js 30/59 (Z)/X, Landesarchiv NRW, zit. n. AS, JD 7/10, Teil 1.

um seinen Machtbereich zu sichern. Ebenso wie andere Vorarbeiter dienten auch die Spitzel den Akteuren der Lager-SS, der Kriminalpolizei und der Gestapo als Instrumente und konnten jederzeit wieder in den Status des „normalen" Häftlings zurückfallen. Insofern gestand die SS auch den politischen Häftlingen lediglich das Maß an Macht bei der Absetzung unliebsamer Personen zu, das sie ihnen zubilligen wollte.

Den Tätern selbst diente nach Kriegsende das von ihnen implementierte Spitzelsystem indes dazu, die eigene Schuld am Geschehen im Lager zurückzuweisen. So äußerte sich Erwin Brandt während der Ermittlungen gegen Fritz Cornely abfällig über Kuhnke und versuchte, den ehemaligen Zuträger für die Folterungen von Häftlingen allein verantwortlich zu machen. Er habe außerdem keine Veranlassung gesehen, sich „für einen Berufsverbrecher oder Asozialen einzusetzen".[193] Des Weiteren halte er es „für möglich, dass Kuhnke auf eigene Faust ‚verschärfte Vernehmungen' durchgeführt" habe. „Von der Sonderkommission konnte er einen derartigen Auftrag nicht erhalten haben", so Brandt.[194] Zweifellos handelte es sich hier um eine Schutzbehauptung Brandts, denn es ist schwer vorstellbar, dass ein Häftling ohne Rückendeckung der Lagerleitung oder Kommissionen auf die Weise agieren konnte, wie Kuhnke und die anderen Spitzel es getan hatten.

Stefanie Bohra zeigt in ihrer Studie über Prozesse gegen SS-Personal und Häftlinge aus dem KZ Sachsenhausen, wie ungleich hoch das Urteil gegen den ehemaligen Häftling Samuel Kuhnke im Vergleich zu den Urteilen gegen einige SS-Angehörige ausfiel.[195] Kuhnke wurde am 1. März 1954 vor dem Schwurgericht Deggendorf wegen „Beihilfe zum Totschlag" zu einer Zuchthausstrafe von acht Jahren und Aberkennung der bürgerlichen Ehrenrechte von zehn Jahren verurteilt. Er sah sich zudem im Laufe des Verfahrens mit Schikanen wie der Anfertigung eines psychiatrischen Gutachtens über seinen Geisteszustand konfrontiert, weil er mit seinem Verhalten „den Moralvorstellungen der frühen fünfziger Jahre" widersprochen und heimlich aus der Untersuchungshaft mit seiner Geliebten Briefkontakt gehabt habe, wie Bohra schreibt.[196]

193 Zeugenvernehmung von Erwin Brand am 26. 2. 1953, Staatsanwaltschaft Bonn, Zentralstelle, 24 Js 30/59 (Z)/VII, Landesarchiv NRW, zit. n. AS, JD 7/7, Teil 1, Bl. 13.

194 Ebenda.

195 Bohra, Tatort Sachsenhausen, S. 134. Ähnliches zeigen andere Untersuchungen zu KZ-Tatkomplexen. So erwähnt Strebel, dass gegen vier der zwölf Lagerältesten des KZ Ravensbrück nach der Befreiung ermittelt wurde und bei den drei erfolgten Verurteilungen die Strafen höher ausfielen als gegen das ehemalige SS-Personal. Vgl. Strebel, Unterschiede in der Grauzone?, S. 66.

196 Bohra, Tatort Sachsenhausen, S. 135.

5.2. „Freizeit“ und Selbstbestimmung

5.2.1. Kulturelles Leben, Glücksspiel und Alkohol

Ende 1941 habe sich der Häftling Herbert Bender[197] bemüht, „das unter den BVern und Asos stark herabgesunkene Kulturniveau des Lagers wieder zu heben“, berichteten ehemalige politische Häftlinge des KZ Sachsenhausen nach Kriegsende.[198] Es habe Sportveranstaltungen und Theateraufführungen gegeben, die „begeisterte Anerkennung“ im Lager gefunden hätten.[199] Aleksander Kulisiewicz, der als polnischer Schutzhäftling im Mai 1940 in das KZ Sachsenhausen gebracht wurde und dort u. a. im Lagerorchester sang,[200] zufolge fanden illegale Veranstaltungen „meist in Block 6, 3 oder 2 statt“, in denen in erster Linie politische Häftlinge untergebracht waren.[201] Auch die Wäscherei ist ein in diesem Kontext häufig genannter Ort.[202] Noch heute befindet sich an der zum Appellplatz gerichteten Wand des Gebäudes eine aus der DDR-Zeit stammende Tafel, die an illegale Veranstaltungen in der ehemaligen Wäscherei des Lagers erinnert.

Obwohl die oben zitierten Berichte es nahelegen, waren diese Formen von „Freizeitaktivitäten“ im KZ Sachsenhausen keineswegs ein Privileg der politischen Häftlinge. Bereits Weihnachten 1939 hätten in den jeweiligen Blocks Angehörige verschiedener Haftgruppen „unterhaltende Darbietungen“ organisiert, schrieb Naujoks in seinen Erinnerungen.[203]

Hellmut Dr. erwähnt, in der Baracke 29, in der seiner Darstellung nach vor allem „Asoziale“ gelebt hätten, „wurde viel musiziert, weil viele Zigeuner vorhanden waren“.[204] Sein Text, auf den im Kapitel über Sexualität im Lager noch genauer

197 Gemeint ist der als Sozialdemokrat inhaftierte Herbert Bender, dessen kulturelle Abende auch Naujoks in seinem Erinnerungsbericht beschreibt, vgl. Naujoks, Mein Leben im KZ Sachsenhausen, S. 288.

198 KL Sachsenhausen, Die Periode der Sonderkommissionen von Ende 1943 bis 1944 (Oranienburg Mai 1945), Staatsanwaltschaft Bonn, Zentralstelle, 24 Js 30/59 (Z)/X, Landesarchiv NRW, zit. n. AS, JD 7/10, Teil 1, Bl. 2.

199 Ebenda.

200 Vgl. zu Kulisiewicz Brauer, Musik im Konzentrationslager Sachsenhausen, S. 203–232.

201 Aleksander Kulisiewicz, Adresse: Sachsenhausen. Literarische Momentaufnahmen aus dem KZ, Gerlingen 1997.

202 Vgl. Naujoks, Mein Leben im KZ Sachsenhausen, S. 296; Weiss-Rüthel, Nacht und Nebel, S. 146.

203 Naujoks, Mein Leben im KZ Sachsenhausen, S. 157.

204 Hellmut Dr., Persönliche Beobachtungen zum Problem der Lagerpsychose, Staatsanwaltschaft beim Landgericht Köln, 24 Ks 1/64 (Z)/XIX, Landesarchiv NRW, zit. n. AS, JD 21/17, Bl. 167–239, hier Bl. 211.

eingegangen wird,[205] ist durchzogen von Stereotypen über andere Haftgruppen, die sich auch an dieser Stelle bemerkbar machen. Obwohl er hier ein gängiges antiziganistisches Vorurteil bedient, ist die Information über kulturelle Abende in der genannten Baracke dennoch interessant. Sternweiler schreibt unter Rückgriff auf Erinnerungsberichte von als Homosexuelle Verfolgten, dass in Block 14 für den Zeitraum zwischen Herbst 1939 und Frühjahr 1940 kulturelle Aktivitäten „in besonders starkem Maße" überliefert seien.[206] Derartige Hinweise auf „Freizeitgestaltung" finden sich auch über „Berufsverbrecher". Sie organisierten Naujoks zufolge gelegentlich Theateraufführungen in ihren Baracken. Seine Beschreibung dieser Veranstaltungen ist ebenfalls nicht unvoreingenommen, sie zeugt von einem gewissen Unverständnis und einer Abneigung gegen die geschilderte Form der Darbietungen:

> „Je mehr aber die BVer solche Abende organisierten, desto gefährlicher wurde es. Sie brachten immer mehr Frauenrollen auf die Bühne und rissen eine Zote nach der anderen. Das war für die SS ein Grund, einzugreifen und ihre Nase auch in andere Veranstaltungen zu stecken. Deshalb mussten wir diese Abende bei den BVern immer ein bisschen im Auge behalten."[207]

Eine Erklärung dafür, warum das Aufführen von Frauenrollen besonders problematisch bei ohnehin illegalen Veranstaltungen gewesen sein soll, bleibt Naujoks schuldig. Denn solche Geselligkeiten fanden ohnehin erst ab 1943/44 teilweise mit Erlaubnis der Lagerführung statt.[208] Die Passage verweist vielmehr auf eigene Vorstellungen von Kultur, wie sie für Naujoks in erster Linie bei den „Schallerabenden" der kommunistischen Häftlinge ihren Ausdruck fand. Aleksander Kulisiewicz bringt Tanzveranstaltungen der „Berufsverbrecher" ebenfalls mit einer diesem Milieu zugeschriebenen eigenen Vorstellung von Kultur in Verbindung. Zwar wird hier nicht die Performance von Frauenrollen thematisiert, jedoch Homosexualität. So habe ein „grüner" Blockältester Kulisiewicz gebeten, einen Foxtrott zu komponieren, den dieser für Veranstaltungen homosexueller „Berufsverbrecher" und „Asozialer" als „Warme-Brüder-Fox" gebraucht habe.[209]

205 Kapitel 5.2.3.

206 Sternweiler, Chronologischer Versuch, in: Müller/ders. (Hrsg.), Homosexuelle Männer, S. 46.

207 Ebenda, S. 295 f.

208 Kaienburg, Sachsenhausen – Stammlager, S. 62.

209 Brauer, Musik im Konzentrationslager Sachsenhausen, S. 215 f.

Neben diesen heimlichen Abendveranstaltungen begingen die Häftlinge in ihren Baracken Feier- und Geburtstage. So erzählte der ehemalige Vorbeugehäftling August C. nach seiner Befreiung, dass man anlässlich von Geburtstagen oder kirchlichen Feiertagen in der Kantine Kuchen gekauft habe.[210] Manchmal kamen bei diesen Anlässen auch Häftlinge verschiedener Gruppen zusammen. Naujoks berichtet z. B., wie der Geburtstag des „Berufsverbrechers" Jakob Gross, der zeitweise die Position des dritten Lagerältesten innehatte,[211] gefeiert wurde: „Ich erinnere mich an Silvester 1941,[212] als einige Häftlingsfunktionäre im Block 6 zusammenkamen, Politische, ASOs und BVer, um den Geburtstag von Jakob Groß („Köbes") zu feiern. Fritz Selbmann hielt die Geburtstagsansprache."[213]

Auch wenn solche Zusammenkünfte nie von allen Häftlingen, sondern eher einer privilegierten Minderheit genutzt werden konnten, erfüllten sie doch eine wichtige Funktion. Sie setzten „ein Zeichen der Zuversicht inmitten der Trostlosigkeit der Lager", wie die Herausgeber des Bandes zum System der Funktionshäftlinge und Strategien der Selbstbehauptung es formulieren.[214] Maja Suderland geht von einer tieferen Bedeutung solcher Aktivitäten für die Häftlinge aus, denn ein „kleinteilig organisiertes, latentes, soziales Leben" habe als „ständige präsente Ebene der Sozialität" das soziale Leben der Häftlinge geprägt, „indem die Inhaftierten – in gewisser Weise gleich Mikroorganismen – ein eigenes Leben lebten und von der SS weitgehend unbemerkt eigene Dinge dachten oder auch taten".[215] Damit sind bei Suderland nicht nur die in diesem Kapitel skizzierten organisierten kulturellen Events von Häftlingen gemeint, sondern z. B. auch individuelle Handlungen. Aktivitäten, die eine Flucht aus dem Lageralltag bedeuteten, waren in der Regel verboten, und die Häftlinge, die solche initiierten oder sich an ihnen beteiligten, liefen beständig Gefahr, von der SS entdeckt zu werden. Auf solche subversiven Akte verweisen dementsprechend auch die Strafverfügungen.

Der „Berufsverbrecher" Harry V. wurde am 2. Juli 1944 „bis auf weiteres" mit der Begründung, er habe „als Angehöriger der Lagerkapelle ohne Genehmigung des Musikzugführers außerhalb des Blocks und zwar im Revier musiziert", in das Schuhläuferkommando eingewiesen. Er sei in seinem Block vermisst worden

210 Bericht des August C. über die Konzentrationslager Esterwegen (1936) und Sachsenhausen (1936–1940) vom 30. 5. 1945, StA Celle, Best. 5 0 119, zit. n. AS, P3-Akte August C., Bl. 11.

211 Vgl. Kapitel 5.1.2.

212 Jakob Gross wurde am 31. 12. 1942 geboren, es handelte sich also um seinen 39. Geburtstag.

213 Naujoks, Mein Leben im KZ Sachsenhausen, S. 327.

214 Vorwort der Herausgeber, in: KZ-Gedenkstätte Neuengamme (Hrsg.), Abgeleitete Macht, S. 9.

215 Suderland, Ein Extremfall des Sozialen, S. 210.

und habe auf „Vorhaltungen des Musikzugführers [...] freche und undisziplinierte Antworten" gegeben, so der Wortlaut in der Verfügung.[216] V. befand sich seit mindestens September 1942 als „Berufsverbrecher" und „Homosexueller" im KZ Sachsenhausen und war dort Geiger im Lagerorchester.[217] Er überlebte das Lager und sagte 1961 im Verfahren gegen den Blockführer Otto Kaiser aus. Dabei verschwieg er vermutlich aus Angst vor erneuter Strafverfolgung, dass er auch als Homosexueller gekennzeichnet worden war, und gab lediglich an, er habe zur Kategorie der „Kriminellen" gehört.[218]

Die Strafverfügungen verweisen auch auf Aktivitäten wie Alkoholgenuss und Glücksspiel in den „grünen" Baracken. So wurde der „Berufsverbrecher" Walter B. am 18. Februar 1944 für zwei Monate in das Schuhläuferkommando eingewiesen, da er sich „regelmäßig an den Glücksspielen einiger Häftlinge im Lager ‚Groß-Ziegelwerk' beteiligt" habe, „bei denen größere Geldbeträge umgesetzt" worden seien.[219] B., der als Blockältester im Klinkerwerk eingesetzt war, habe das eingesetzte Geld zuvor anderen Häftlingen entwendet. Zur gleichen Zeit kam auch Ludwig Ginster in das Schuhläuferkommando, allerdings gleich für ein ganzes Jahr. Zusätzlich zu dem Vorwurf, er habe einer Gruppe von „Glücksspielern" angehört, wurde ihm nachgesagt, von einem anderen Häftling gestohlene Ware (50 Pfund Margarine und zehn Würste) an sich genommen und gegen 200 kg Ölfarbe getauscht zu haben.[220] Ginster überlebte die Strafkompanie nicht, er verstarb am 16. Juli 1944.[221]

Formen organisierter Glücksspiele unter den Häftlingen kamen offenbar auch in anderen Konzentrationslagern vor. Der „Berufsverbrecher" Robert G. wurde während seiner Haft im KZ Buchenwald beschuldigt, er habe „trotz bestehenden und wiederholt bekanntgegebenen Verbotes im Dezember 1937 nächtelang dem Glücksspiel gehuldigt".[222] Die Tatsache, dass er in dem Lager als Blockältester eingesetzt worden war, wird in der Verfügung hervorgehoben, und zeigt erneut, mit welchen Gefahren eine solche Position mitunter verbunden war. Die SS warf

216 Strafverfügung gegen Harry V. vom 2. 7. 1944, Archiv BStU, AV 2/87, Bd. 3, Bl. 11.

217 Effektenkammerschein vom 28. 9. 1942, RGWA, 1367/1/39, Bl. 260, zit. n. AS, D 1 A/1039, Bl. 260, vgl. auch die namentliche Aufstellung über das Lagerorchester zwischen 1942 und 1945 bei Brauer, Musik im Konzentrationslager Sachsenhausen, S. 423.

218 Zeugenvernehmung von Harry V. am 17. 10. 1963, Staatsanwaltschaft Köln, 24 Ks 1/64 (Z)/XXXVIII, Landesarchiv NRW, zit. n. AS, JD 21/62, Bl. 123.

219 Strafverfügung gegen Walter B., Archiv BStU, AV 2/87, Bd. 3, Bl. 198.

220 Strafverfügung gegen Ludwig Ginster, Archiv BStU, AV 2/87, Bd. 3, Bl. 217.

221 AS, Standesamt Oranienburg II, Sterbezweitbuch II/184.

222 Kommandantur des KZ Weimar/Buchenwald vom 29. 6. 1938, Buchenwald, 1.1.5.3, 16080/0040/ITS Digital Archive, Bad Arolsen.

ihm vor, seinem Posten nicht gerecht geworden zu sein: „Anstatt als Blockältester dies zu unterbinden, hat sich G. nicht nur daran beteiligt, sondern das Spiel gegen Bestechungsgelder unter seinen Schutz gestellt."[223] G., den die Königsberger Kriminalpolizei bereits am 23. Januar 1935 in Vorbeugehaft genommen hatte und der neben Buchenwald auch die KZ Lichtenburg, Esterwegen, Sachsenhausen[224] und Flossenbürg durchlaufen musste, kam aufgrund der „Glücksspiele" für drei Monate in die Buchenwalder Strafkompanie.

Hin und wieder konnten sich Häftlinge auch Alkohol „organisieren". Der „Berufsverbrecher" Peter W. musste vom 3. August 1944 bis zum 2. Januar 1945 in das Schuhläuferkommando, da er die von zwei anderen Häftlingen auf dem Arbeitskommando „Berlin Siemensstadt"[225] gestohlenen Waren (darunter Schnaps) an sich genommen und den Alkohol mit den beiden Häftlingen getrunken habe, „obwohl er wußte, daß dieser gestohlen war".[226] Zusätzlich zum Alkohol waren laut Strafverfügung gegen den ebenfalls beteiligten Schutzhäftling Heinz Sch. Wäsche, Rauchwaren und „Wertsachen" aus einem verschlossenen Keller gestohlen worden. Es habe sich um „Privateigentum der Angehörigen der Luftwaffe, teils Wehrmachtsgut" gehandelt.[227] Naujoks erwähnt einen weiteren Vorfall, der sich Ende 1936 in der Baracke 18 abgespielt habe. Eine Gruppe von drei „Berufsverbrechern" habe Alkohol von ihrem Arbeitskommando entwendet und sich in der Baracke betrunken. Von der SS entdeckt, sei einer der Beteiligten vom „Schutzhäftling" zum „Berufsverbrecher" umkategorisiert worden,[228] außerdem hätten alle Beteiligten 25 Stockschläge erhalten und mehrere Tage im Zellenbau verbringen müssen.[229] Ein ähnliches Ereignis verriet der Häftling Johann M. am 1. September 1944 an die Gestapo-Kommission.[230] In seinem Arbeitskommando, der Küche des Klinkerwerks, habe sich eine Gruppe von Häftlingen derart betrunken, dass ein anderer sie entkleiden musste. Der „Küchenhäftling" Kurt E. habe „ebenfalls mit ihnen gezecht und ist in betrunkenem Zustande im Block 5 erschienen,

223 Ebenda.

224 G. war im Juli 1937 aus dem KZ Sachsenhausen nach Weimar überführt worden; wann er in das Oranienburger Lager kam, ist nicht belegt. Verzeichnis der am 15. 7. 1937 nach Weimar überführten Häftlinge, I. T. S. Arolsen, KL Sachsenhausen/2, zit. n. AS, D 1 B/2, Bl. 3.

225 Vgl. zu dem Außenlager auf dem Gelände der Firma Siemens in Berlin/Haselhorst Wilfried Feldenkirchen, Berlin-Haselhorst, in: Benz/Distel (Hrsg.), Der Ort des Terrors, Bd. 3, S. 82–84.

226 Strafverfügung gegen Peter W., Archiv BStU, AV 2/87, Bd. 3, Bl. 208.

227 Strafverfügung gegen Heinz Sch., Archiv BStU, AV 2/87, Bd. 3, Bl. 208.

228 Vgl. zu Hinweisen auf Umkategorisierung als Teil der Bestrafung im Lager aus Kapitel 1.3.2.

229 Naujoks, Mein Leben im KZ Sachsenhausen, S. 58.

230 Vgl. zur Tätigkeit der Kommission Kapitel 5.1.3.

wo er die ganze Belegschaft weckte, um seinen Rausch zu zeigen".[231] Zumindest bei einem der Beteiligten handelte es sich vermutlich um einen „Berufsverbrecher".[232] In einigen Fällen gelang es Häftlingen auch, Alkohol aus Arbeitsmaterial herzustellen. Ein Beispiel dafür erwähnt August C. in seinem Bericht:

> „Ein dem Trunk verfallener Häftling kam auf den Gedanken, seinen Behälter mit Wasser, der an alle Werkleute an heißen Tagen ausgegeben wurde, mit Möbelpolitur zu vermischen und so ein schnapsähnliches Getränk zu erhalten. Abends beim Appell fiel er auf, als Stillgestanden kommandiert war, torkelte er hin und her, weil er direkt besoffen war."[233]

Der Häftling sei mit 25 Stockschlägen betraft worden. Sein Vorarbeiter habe sogar drei Tage in Dunkelarrest verbringen müssen, so C.

Einige Überlebende gaben später an, sie hätten Alkohol von einzelnen SS-Leuten erhalten. Der „Berufsverbrecher" Fritz B. sagte 1957 im Verfahren gegen die Blockführer Gustav Sorge und Wilhelm Schubert vor Gericht aus, er habe sich gegen Ende seiner Lagerhaft für elf Wochen in Einzelhaft befunden, weil er „von einem Angehörigen der Wachmannschaft Kognak gekauft" habe.[234] Auf offiziell von der SS gebilligten Alkoholkonsum durch Häftlinge verweist die Aussage von Walter H., der während der Massenmordaktion gegen sowjetische Kriegsgefangene im Herbst 1941 im Krematorium des Lagers arbeiten musste:

> „Wir Häftlinge vom Krematoriumskommando mußten solange arbeiten, bis sämtliche erschossenen Russen verbrannt waren. Wir hatten allerdings neben den Öfen einen Aufenthaltsraum, in welchem wir uns zwischendurch aufhalten konnten. Wir bekamen auch viel zu essen und zu rauchen. Auch alkoholische Getränke standen reichlich zur Verfügung."[235]

231 Bericht des Häftlings Johann M. vor dem Sonderkommando IV A 1 a am 1. 9. 1944, Staatsanwaltschaft Bonn, Zentralstelle, 24 Js 30/59(Z)/X, Landesarchiv NRW, zit. n. AS, JD 7/10, Teil 2, Bl. 2015.

232 Die genannten Namen finden sich nicht in der Datenbank. Es kann sich allerdings um Schreibfehler handeln, denn der Name des Häftlings Kurt E. ähnelt dem eines als „Berufsverbrecher" Inhaftierten.

233 Bericht des August C. über die Konzentrationslager Esterwegen (1936) und Sachsenhausen (1936–1940) vom 30. 5. 1945, StA Celle, Best. 5 0 119, zit. n. AS, P3-Akte August C., S. 16.

234 Richterliche Zeugenvernehmung von Fritz B. am 18. 1. 1957, Staatsanwaltschaft Bonn, 8 Ks 1/58 (Sorge/Schubert)/I, Landesarchiv NRW, zit. n. AS, JD 2/53, Bl. 131.

235 Zeugenvernehmung von Walter H. am 17. 3. 1961, Staatsanwaltschaft Köln, 24 Ks 1/64 (Z)/XXIV, Landesarchiv NRW, zit. n. AS, Bl. 17.

Andere Zeugen berichteten ebenfalls von Alkohol, der in der Erschießungsbaracke bereitgestanden habe. So sei der ehemalige Schutzhäftling Franz P. eigenen Angaben zufolge mit Häftlingen des Krematoriumskommandos in Kontakt gekommen. Er erwähnte in einer Aussage vom Juli 1961 weiter, dass diejenigen, die im Erschießungsbereich tätig gewesen seien, „sich im alkoholisierten Zustand großsprecherisch über die Hinrichtungen geäußert" hätten.[236] Zum „Aufräumkommando", das die Spuren des Massenmordes beseitigen sollte, wurden laut P. zumeist „Berufsverbrecher" herangezogen, die „dann als Mitwisser selbst liquidiert" worden seien.[237]

Alkohol spielte in den Mordkommandos nicht nur für die dort eingesetzten Häftlinge eine Rolle, sondern wurde vor allem vom SS-Personal konsumiert. Wilhelm R., der als Häftling am Bau der Genickschussanlage beteiligt war und in den folgenden Wochen immer wieder Reparaturen vor Ort durchführen musste, erklärte in seiner Zeugenaussage vom 22. Juli 1961: „Ich habe dort auch kästenweise Bier und Schnapsflaschen stehen sehen. Es war Lagergespräch, daß die SS sich vor und während der Aktion betrank."[238] Karl S. erzählte, ein SS-Mann habe ihm über seine Beteiligung an den Morden im betrunkenen Zustand berichtet.[239] Insbesondere in den Zeugenaussagen gegen die Blockführer Gustav Sorge und Wilhelm Schubert machten Überlebende wiederholt Angaben zu deren Alkoholkonsum.[240] Im Gegensatz zur SS, bei der Alkoholkonsum nicht unbedingt eine Ausnahme sein musste, stellte der Konsum von Alkohol für die Häftlinge eine seltene Gelegenheit dar, dem Lageralltag zu entfliehen. „Alkohol ist doch etwas Einmaliges gewesen", erklärte Ernst Nonnenmacher 1980, als er ausführte, wie er im KZ Flossenbürg Schnaps aus der SS-Kantine schmuggeln konnte.[241]

236 Zeugenvernehmung von Franz P. am 3. 7. 1961, Staatsanwaltschaft Bonn, Zentralstelle, 24 Js 30/59 (Z)/IX, zit. n. AS, JD 7/9, Teil 1, Bl. 39.

237 Ebenda.

238 Zeugenvernehmung von Wilhelm R. am 22. 7. 1961, Staatsanwaltschaft Köln, 24 Ks 1/64 (Z)/XXVI, Landesarchiv NRW, zit. n. AS, JD 21/40, Bl. 54 f.

239 Zeugenvernehmung von Karl S. am 24. 2. 1956, Staatsanwaltschaft Bonn, 8 Ks 1/58 (Sorge/Schubert)/IV, Teil 1, Landesarchiv NRW, zit. n. AS, JD 2/5, Bl. 158.

240 Vgl. z. B. Zeugenvernehmung von Hans P. am 7. 3. 1956, Staatsanwaltschaft Bonn, 8 Ks 1/58 (Sorge/Schubert)/V, Teil 2, Landesarchiv NRW, zit. n. AS, JD 2/8, Bl. 8; Eidesstattliche Erklärung von August S. vom 23. 2. 1956, Staatsanwaltschaft Bonn, 8 Ks 1/58 (Sorge/Schubert)/V, Teil 2, Landesarchiv NRW, zit. n. AS, JD 2/8, Bl. 80.

241 „Ich war zu Recht im KZ." Interview mit Ernst Nonnenmacher vom 17. 5. 1980 in Mainz, S. 23.

5.2.2. Sexualität

Sexualität hat es in den Konzentrationslagern nicht gegeben – so die lange Zeit weitverbreitete Sicht auf den Alltag in Lagerhaft. Elie A. Cohen schreibt etwa, der nach Kriegsbeginn allgegenwärtige Hunger habe jeden Sexualtrieb der Häftlinge zum Erliegen gebracht.[242] Während naheliegend ist, dass für Häftlinge, bei denen der Kampf um das nackte Überleben im Vordergrund stand, Sexualität kein relevantes Thema war, kann im Umkehrschluss nicht angenommen werden, dass dies für alle KZ-Gesellschaften und zu allen Zeitpunkten galt. Denn die Existenzbedingungen in den Lagern konnten sehr unterschiedlich sein. Mehrere Faktoren kamen zusammen, die sich auf die Sexualität auswirken konnten: Neben dem jeweiligen Zeitpunkt und der Dauer der Lagerhaft waren die allgemeinen Lebensbedingungen sowie die eigene psychische und physische Konstitution entscheidend. Sexuelle Bedürfnisse in Verbindung mit der Zeit im Konzentrationslager zu schildern war nach der Befreiung ein Tabuthema und ist vielleicht auch deshalb noch heute ein eher peripheres Thema in der Literatur – in Erinnerungsberichten wird Sexualität dementsprechend nur selten thematisiert.[243] Hinweise finden sich dennoch.

So verweist die Poesie von Aleksander Kulisiewicz auf sein sexuelles Verlangen. Als im März 1945 eine größere Gruppe von Frauen in das KZ Sachsenhausen eingeliefert wurde, widmete Kulisiewicz diesem Ereignis ein eigenes Lied mit dem Titel „1000 Frauen!". Er beschrieb abgemagerte Körper, aber auch Begehren: „Nummern haben sie wie wir. Und auch solche Mäntel. Und Röcke mit Streifen. Kurze Röcke; der Blick sucht die Knie, der Blick sucht die Waden, der Blick sucht, sucht …"[244] Saul Oren-Hornfeld thematisiert in seinem Erinnerungsbericht ebenfalls die Ankunft von Frauen und resümiert: „Die Männer litten darunter, dass es keine Frauen im Lager gab."[245] Während Sexualität hier nur indirekt angesprochen wird, gehören der Band von Hermann Langbein über den Alltag im KZ Auschwitz[246] sowie die Texte des Sachsenhausener Häftlings Hellmut Dr.[247] zu den

242 Cohen, Human Behavior, S. 142.

243 Einzelne Beispiele bei Sommer, Das KZ-Bordell, S. 196. Vgl. auch Elizabeth D. Heineman, Sexuality and Nazism: The Doubly Unspeakable?, in: Dagmar Herzog (Hrsg.), Sexuality and German Fascism, New York/Oxford 2005, S. 22–66, hier S. 55.

244 Kulisiewicz, Adresse: Sachsenhausen, S. 58.

245 Saul Oren-Hornfeld, Wie brennend Feuer, S. 128.

246 Hermann Langbein, Menschen in Auschwitz, Frankfurt a. M./Berlin 1980, S. 450–464.

247 Der völkisch-konservative Schriftsteller und Journalist war mit der Schriftstellerin Marieluise Fleischer verheiratet. Kurz nach der Trennung des Paares im Jahr 1935 begann seine Verfolgung durch die Gestapo, insbesondere das 1937 erschienene Buch „Westpreußische

wenigen Ausnahmen, in denen das Thema direkt verhandelt wird. Dr. schreibt in seinem Bericht sexuelle Handlungen jedoch ausschließlich „grünen“ Funktionshäftlingen und/oder als Homosexuelle im Lager Inhaftierten zu. In einem knapp sechzig Seiten umfassenden Pamphlet mit dem Titel „Persönliche Beobachtungen zum Problem der Lagerpsychose“ lässt er sich u. a. über sexualisierte Tätowierungen aus, die ihm bei „Berufsverbrechern“ im Lager aufgefallen seien:

> „Ich fand es draußen in der Freiheit schon immer empörend, wenn Männer ihre Frauen zu lebenden besseren Spülklosetts degradierten und also an diesen göttlich-erhabenen und menschlich-vollkommenen atmenden Weiber [sic] nichts Anziehenderes fanden als die Schamspalte. Diese primitiv-funktionelle und absolut seelenlose Auffassung des Weiblichen war auch vielen deutschen Konzentrationslagerhäftlingen eigen, vor allem den grün- und schwarzwinkligen. Auf ihren gelegentlich entblößten Leibern entdeckte ich mancherlei unzüchtige Tätowierungen, die sie bisweilen mit geradezu genussfroher Befriedigung herumzeigten.“[248]

Hier werden gleich mehrere Themen aufgegriffen: Zum einen die Empörung des Autors über eine seiner Ansicht nach zur Schau gestellte Reduktion des weiblichen Körpers auf das Geschlechtsorgan, die er in erster Linie „Berufsverbrechern“ und „Asozialen“ unterstellt. Zum anderen die Konfrontation mit den unbedeckten Körpern der anderen Häftlinge, die augenscheinlich wenig schamhaft ihre Tätowierungen zeigten.

Die auch in anderen Texten hergestellte Verbindung zwischen Sexualität und „Berufsverbrechern“ hat verschiedene Hintergründe: Zum einen wiesen einige Angehörige dieser Gruppe Vorstrafen im Bereich der Zuhälterei auf. Die Sichtweise auf Zuhälter war häufig mit Annahmen über deren Sexualität verknüpft. Hinzu kommt, dass auch schon in den 1930er- und 1940er-Jahren das Phänomen homosexueller Handlungen unter männlichen Häftlingen in geschlossenen Anstalten wie Zuchthäusern thematisiert wurde. Obwohl diese Form von Sexualität ebenso bekannt wie tabuisiert war,[249] taucht sie in den Erinnerungen

Originale“ war der Reichsschrifttumskammer ein Dorn im Auge. 1942 wurde er von der Gestapo festgenommen und kam in das KZ Sachsenhausen, von wo er im Januar 1945 nach Mauthausen überstellt wurde. Vgl. Hiltrud Häntzschel, Marieluise Fleißer. Eine Biographie, Frankfurt a. M. 2007, S. 326 ff.

248 Hellmut Dr., Persönliche Beobachtungen zum Problem der Lagerpsychose, Staatsanwaltschaft beim Landgericht Köln, 24 Ks 1/64 (Z)/XIX, Landesarchiv NRW, zit. n. AS, JD 21/17, Bl. 167–239, hier Bl. 205.

249 Sommer, Das KZ-Bordell, S. 192.

ehemaliger KZ-Häftlinge als Referenzrahmen auf. So schrieb Hermann Langbein in Bezug auf Auschwitz:

> „Die Devise vieler Prominenter lautete, bedenkenlos nach jedem Genuß zu greifen, ohne an ein Morgen zu denken. Deutsche Kriminelle waren sowohl infolge ihrer Vorzugsstellung als auch wegen minderer moralischer Hemmungen und reicher Zuchthauserfahrung darin tonangebend."[250]

Auch der sozialdemokratische Häftling Benedikt Kautsky ging davon aus, dass bei haftbedingter Homosexualität „die alten Zuchthausbrüder, die diese Gewohnheit aus früheren Aufenthalten in geschlossenen Anstalten mitbrachten", eine größere Rolle gespielt hätten „als etwa die von Natur aus homosexuell Veranlagten".[251]

Generell waren gleichgeschlechtliche sexuelle Aktivitäten in den Lagern zahlenmäßig relevanter als heterosexuelle. Dies galt insbesondere für das KZ Sachsenhausen, in dem jahrelang gar keine Frauen inhaftiert waren.[252] Sexuelle Kontakte mit Frauen existierten zumindest offiziell erst mit der Einrichtung des Lagerbordells. In den Bereich der „lagerhaftbedingten" Homosexualität fällt das sogenannte Pipel-System. Als Pipel wurden junge Häftlinge bezeichnet, die von Vorarbeitern und Blockältesten im Austausch gegen bestimmte Vergünstigungen zu sexuellen Handlungen veranlasst wurden.[253] Auch hier dominiert in der Literatur das Narrativ der „grünen" Funktionshäftlinge, die andere Insassen als „Pipel" benutzt hätten. Sofsky etwa schreibt dazu, „kriminelle Funktionäre hielten sich private Lakaien und Leibwächter, die sie verschonten und mitversorgten. Dafür hatten diese Diener persönliche und sexuelle Dienste zu leisten."[254] Verena Buser hingegen kritisiert in ihrer Arbeit über Kinder und Jugendliche in Konzentrationslagern, dass Sexualität mit jüngeren Häftlingen meist „Asozialen" und „Berufsverbrechern" zugeschrieben werde, und geht davon aus, dass diese Sichtweise „wohl weniger der Realität entsprach, als vielmehr internen Konflikten zwischen ‚Kriminellen' und ‚Politischen' geschuldet war".[255]

250 Langbein, „... nicht wie Schafe zur Schlachtbank", S. 452.

251 Benedikt Kautsky, Teufel und Verdammte. Erfahrungen und Erkenntnisse aus sieben Jahren in deutschen Konzentrationslagern, Wien 1961, S. 193. Kautsky, der selbst sieben Jahre in verschiedenen Konzentrationslagern verbringen musste, beschreibt im Vorwort zur erstmals 1948 erschienenen österreichischen Ausgabe seines Buches, das er nicht als Erlebnisbericht, sondern als politisches Buch ansieht, dass gerade sein Kapitel über Sexualität Kritik hervorgerufen habe, S. 9.

252 Vgl. Kapitel 4.4.

253 Sommer, Das KZ-Bordell, S. 201–203.

254 Sofsky, Die Ordnung des Terrors, S. 164.

255 Buser, Überleben von Kindern und Jugendlichen, S. 70.

Tatsächlich gibt es keine Belege für solche sexuellen Beziehungen von „Politischen", allerdings liefert der bereits genannte Schutzhäftling Hellmut Dr. zumindest ein Beispiel für homoerotisches Begehren gegenüber Jugendlichen. Er ging selbst von einer „außerordentlich hohen Zahl" von „inoffiziellen, angeborenen und umerzogenen homosexuellen oder zumindest bisexuellen" Mithäftlingen aus.[256] Zieht man eine Rede hinzu, die er am 27. Oktober 1945 in der Österreichischen Kulturvereinigung hielt, wird deutlich, dass der Autor hier seine eigene, verdrängte, aber dennoch virulente (Homo-)Sexualität verhandelte. Er schilderte zunächst, wie er bei der Lagerleitung sexuelle Kontakte zwischen „homosexuellen Verführern" und „jugendlichen Opfern" verhindert habe.[257] Die „Verführer" beschrieb er wie folgt: „Jene Buhlschaften gewisser grünwinkliger Kapos, die nicht sich entblödeten, ihren schmucken Lustknaben Finger- und Zehennägel, Brustwarzen und Bauchnabel mit Henna röten zu lassen, muss man als geradezu pestilenzialisch bezeichnen."[258] Die folgende Passage verweist dann implizit auf sein eigenes homoerotisches Verlangen:

> „Mit den meisten der mir anvertrauten Jungen teilte ich eine brüderliche Nähe und war somit auch in ihre schamvollsten Geheimnisse eingeweiht. Mein Stand war nicht immer leicht, wenn ich bei unseren allgemeinen wöchentlichen Badeabenden erkennen musste, wie verführerisch schön gebaute Knabenleiber sein können. [...] Als mich einmal ein maienjunger Russe aus Astrachen, der weltbekannten Kaviarstadt an der Wolgamündung, inbrünstig auf den Mund küsste, musste ich sehr diplomatisch vorgehen, um sein noch keusches Gefühl nicht zu verletzen und mich selber nicht in Versuchung zu bringen."[259]

Ein solches Bekenntnis konnte aus seiner Sicht offenbar nicht ohne Rechtfertigung bleiben, und so schloss er mit den Worten: „Bedenken Sie, meine sehr

256 Hellmut Dr., Persönliche Beobachtungen zum Problem der Lagerpsychose, Staatsanwaltschaft beim Landgericht Köln, 24 Ks 1/64 (Z)/XIX, Landesarchiv NRW, zit. n. AS, JD 21/17, Bl. 167–239, hier Bl. 208.

257 Hellmut Dr., „Das nationalsozialistische Konzentrationslager und die europäische Jugend" vom 27. 10. 1945, Staatsanwaltschaft Bonn, Zentralstelle, 24 Js 30/59 (Z)/IX, Landesarchiv NRW, zit. n. AS, JD 7/9, Teil 3, Bl. 259–286, hier Bl. 277 f.

258 Diesen Abschnitt zitiert auch Buser, allerdings mit Auslassungen, sodass bei ihr nicht deutlich wird, dass Dr. explizit von „grünen" Kapos spricht, vgl. Buser, Überleben von Kindern und Jugendlichen, S. 70.

259 Hellmut Dr., „Das nationalsozialistische Konzentrationslager und die europäische Jugend" vom 27. 10. 1945, Staatsanwaltschaft Bonn, Zentralstelle, 24 Js 30/59 (Z)/IX, Landesarchiv NRW, zit. n. AS, JD 7/9, Teil 3, Bl. 259–286, hier Bl. 277 f.

geehrte Zuhörergemeinde, eine solche jahrelange ausschließende Männergemeinschaft birgt viele unerhörte Gefahren, die mutig ins Auge gefasst und markig überwunden werden müssen."[260] Was Dr. also zunächst in erster Linie den „Berufsverbrechern" und „Asozialen" nachsagte, nämlich eine durch die Lagerhaft bedingte „Homosexualität", hatte er letztlich auch bei sich selbst beobachtet.

Eine andere Perspektive verdeutlichen die Erinnerungen des ehemaligen Häftlings Heinz Heger,[261] der aus der Sicht eines „Pipels" schildert, wie er sich im KZ Sachsenhausen in (sexuellen) Abhängigkeitsverhältnissen zu Vorarbeitern befand. Er erzählt, dass er eines Tages im KZ Sachsenhausen von einem „grünen" Vorarbeiter das Angebot erhalten habe, „ihm zu Gefallen" zu sein.[262] Heger, zu diesem Zeitpunkt in einem äußerst gefährlichen Arbeitskommando tätig, erhielt auf diese Weise nach eigenen Angaben die Möglichkeit, durch den Vorarbeiter in eine geschütztere Position versetzt zu werden. Als Heger im Mai 1940 in das KZ Flossenbürg überstellt wurde, habe er fast so etwas wie Bedauern über die Trennung von „seinem" Vorarbeiter empfunden:

> „Irgendwie tat es mir leid, daß ich nun weg mußte, denn durch die Sex-Freundschaft mit meinem Capo hatte ich in letzter Zeit im Lager ein halbwegs erträgliches Leben. Ich bekam von ihm zusätzliches Essen zugesteckt und war auch dank seiner Hilfe nur zu leichteren und ungefährlicheren Arbeiten eingesetzt worden. Der Abschied von meinem Capo-Freund war kurz und schmerzlos."[263]

In den folgenden Passagen illustriert Heger weitere sexuelle Beziehungen zu anderen Häftlingen, aus denen nicht klar hervorgeht, ob es sich „nur" um ein Abhängigkeits- bzw. Gewaltverhältnis handelte. Denn in seine Beschreibung der Trennung von einem weiteren Blockältesten fließen ambivalente Emotionen mit ein. Heger schildert seine Gefühle in dieser Situation als „stark bewegt und traurig". Er sei dem Mann „sehr zugetan" gewesen und noch heute der Meinung, es habe sich um einen „ehrenwerten Mann" gehandelt, „wenn er auch in seinem Hauptberuf ein Tresorknacker und Einbrecher war und vielleicht wieder ist".[264] Auch wenn das Verhältnis nicht gleichberechtigt war, so lässt es sich anhand der Erinnerungen Hegers nicht allein auf sexuelle Ausbeutung und Macht reduzieren.

260 Ebenda.

261 Es handelt sich um ein Pseudonym, vgl. Kapitel 1.3.2.

262 Heger, Die Männer mit dem rosa Winkel, S. 53.

263 Ebenda, S. 53 f.

264 Ebenda, S. 78.

Hegers Schilderungen dürfen allerdings nicht darüber hinwegtäuschen, dass Gewalt in den „Pipel"-Beziehungen wohl die Regel war.[265] Insgesamt handelte es sich bei dieser Form sexueller Gefälligkeiten grundsätzlich um eine Grauzone, über die nur wenige Berichte von Betroffenen vorliegen. Problematisch waren diese Verbindungen allein dadurch, dass es sich meist um jugendliche Häftlinge handelte, die sich auf diese Weise in ein hohes Abhängigkeitsverhältnis von Älteren begaben. Hinzu kam, dass sie innerhalb der Häftlingsgesellschaft oft einen schlechten Stand hatten. So schreibt Perz bezogen auf Mauthausen, diese Jungen seien von den „übrigen Häftlingen oft gemieden und vielfach verachtet" worden.[266]

Weitere Hinweise auf Sexualität zwischen männlichen Häftlingen im KZ Sachsenhausen überliefern Überlebende in ihren Zeugenaussagen. Erwin Rathmann gab 1961 an, der „Berufsverbrecher" Franz Keil habe mit zwei homosexuellen Häftlingen ein „intimes Verhältnis" angefangen.[267] Dies habe den „Neid" anderer ausgelöst, die Keil bei der SS denunziert hätten. Ob Keil tatsächlich von Häftlingen ermordet wurde, wie Rathmann behauptete, lässt sich nicht rekonstruieren. Er starb am 21. Februar 1941 im KZ Sachsenhausen, in den Unterlagen des Oranienburger Standesamtes heißt es „Freitod durch Erhängen".[268] Einen anderen Fall von (vermeintlicher) Selbsttötung in Verbindung mit einem sexuellen Verhältnis unter „Berufsverbrechern" schildert Franz Ballhorn in seinem Bericht „Die Keller Gottes". Ein junger Häftling soll sich aus Liebeskummer erhängt haben.[269] Bei Selbsttötungen in den Lagern lässt sich allerdings kaum belegen, ob diese aus eigener Motivation oder auf Druck der SS begangen wurden. Emil Büge geht davon aus, dass bei einigen „Selbstmorden" in der Strafkompanie „die Annahme wohlbegründet" sei, „dass es sich nicht um solche gehandelt hat, sondern dass die Leute auf Befehl von Ficker und dem vielleicht noch schlimmeren Bugdalle gehenkt wurden".[270]

265 Vgl. vor allem die Berichte aus dem KZ Auschwitz, über das zu diesem Thema am meisten Informationen vorliegen, Buser, Überleben von Kindern und Jugendlichen, S. 192–197, zu Mauthausen Bertrand Perz, Kinder und Jugendliche im Konzentrationslager Mauthausen und seinen Außenlagern, in: Dachauer Hefte 9 (1993): Die Verfolgung von Kindern und Jugendlichen, S. 71–91, insbesondere S. 85–88.

266 Perz, Kinder und Jugendliche, S. 88.

267 Aussage von Erwin Rathmann am 10. 7. 1961, Staatsanwaltschaft Bonn, Zentralstelle, 24 Js 30/59 (Z)/V, Landesarchiv NRW, zit. n. AS, JD 7/5, Teil 2, Bl. 149.

268 AS, Standesamt Oranienburg, Nr. 246/1941 (I).

269 Franz Ballhorn, Die Kelter Gottes. Tagebuch eines jungen Christen 1940–1945, Münster 1946, S. 150.

270 Büge, 1470 KZ-Geheimnisse, S. 192.

Auf die Relevanz von sexuellen Handlungen im KZ Sachsenhausen verweisen neben den Zeugenaussagen und Berichten von Häftlingen auch die Strafverfügungen der SS. Laut Lagerordnung waren homosexuelle Handlungen unter den männlichen Häftlingen strikt verboten. Langbein zufolge führte diese im Lager praktizierte Sexualität, wurde sie von der SS entdeckt, im KZ Auschwitz sogar zur Kastrationen der Betroffenen.[271] Perz hingegen schreibt, die SS habe sexuelle Verhältnisse unter Funktionshäftlingen trotz offiziellen Verbots häufig toleriert.[272] Vermutlich existierte hier keine einheitliche Vorgehensweise. Von den für die vorliegende Arbeit ausgewerteten 74 Strafverfügungen gegen „Berufsverbrecher" aus dem KZ Sachsenhauen betreffen vier sexuelle Aktivitäten im Lager,[273] wobei eine Person „wegen homosexueller Betätigung im K. L. Flossenbürg" nach ihrem Eintreffen im KZ Sachsenhausen sofort in das dortige Schuhläuferkommando eingewiesen wurde.[274]

Eine ganz andere Form von praktizierter Sexualität bestand in den als „Sonderbauten" bezeichneten Lagerbordellen. Im KZ Sachsenhausen entstand der „Sonderbau" erst im Frühjahr 1944 und lag neben der Pathologie und über Teilen des Leichenkellers.[275] Verantwortlich für die medizinische Aufsicht war der damalige Lagerarzt Dr. Heinz Baumkötter.[276] Robert Sommer erörtert einen möglichen Zusammenhang zwischen der Errichtung des Bordells und den im KZ Sachsenhausen tätigen Sonderkommissionen von Gestapo und Kriminalpolizei.[277] Er bezieht sich dabei auf Aussagen ehemaliger politischer Häftlinge, die

271 Langbein, „...nicht wie die Schafe zur Schlachtbank", S. 454.

272 Vgl. Perz, Kinder und Jugendliche, S. 85.

273 Joachim Müller hat für einen Aufsatz insgesamt 354 Strafverfügungen ausgewertet und kommt zu folgendem Ergebnis: 52 Personen wurden wegen sexueller „Tatbestände" in das Schuhläuferkommando eingewiesen, davon betrafen zehn Homosexualität im Lager. Vgl. Joachim Müller, „Wie die Bewegung, so die Verpflegung". Die Strafkompanie Schuhläufer, in: ders./Sternweiler (Hrsg.), Homosexuelle Männer, S. 181–189, hier S. 186.

274 Strafverfügung gegen Peter L., Archiv BStU, AV 2/87, Bd. 3, Bl. 174.

275 Ebenda, Kapitel zu Sachsenhausen S. 151–155.

276 Der 1912 geborene Dr. Heinz Baumkötter war zunächst Arzt bei der Waffen-SS. Im November 1941 wurde er Lagerarzt im KZ Mauthausen und wechselte von dort nach Natzweiler und in das KZ Niederhagen, bis er im August 1942 im KZ Sachsenhausen eingesetzt wurde. Dort führte er u. a. medizinische Experimente an Häftlingen durch. Baumkötter wurde 1947 im sowjetischen Sachsenhausen-Prozess zu lebenslanger Haft verurteilt, kam aber 1956 aufgrund einer Amnestie in die Bundesrepublik. 1962 wurde er in Münster zu acht Jahren Haft verurteilt, von einer Vollstreckung der Strafe aufgrund seiner Haftzeit in der Sowjetunion wurde aber abgesehen. Baumkötter verstarb 2001. Vgl. Morsch/Ley, Medizin und Verbrechen, S. 188–190.

277 Vgl. zu den Sonderkommissionen Kapitel 5.1.3.

nach ihrer Befreiung den Verdacht äußerten, dieser Ort sei gezielt zu ihrer Bespitzelung genutzt worden.[278] Diese These erscheint mir jedoch fraglich – zumindest die kriminalpolizeiliche Abordnung des RSHA war zum Zeitpunkt der Eröffnung des Bordells am 8. August 1944 gar nicht mehr im Lager tätig, wie Sommer selbst schreibt. Für die Annahme ehemaliger Häftlinge, die Zuträger seien auch nach Abzug beider Kommissionen weiter als Spitzel eingesetzt worden, gibt es keine Belege.[279] Wahrscheinlicher ist, dass die Errichtung des Bordells im Kontext des vermehrten Einsatzes von Häftlingen in der Rüstungsindustrie stand. In dessen Folge bestand ein größeres Interesse an Häftlings-Facharbeitern, die mit einem Bonussystem zu hohen Arbeitsleistungen angetrieben werden sollten.

Teil des Bonussystems waren auf den Arbeitskommandos verteilte Prämienscheine für einen solchen Bordellbesuch. Laut Sommer gehörten die Bordellbesucher meist den „mittleren und oberen Schichten der Häftlingsgesellschaft“ an.[280] Über die genauen Zahlen und die Zusammensetzung der Besucher lassen sich für das KZ Sachsenhausen allerdings keine gesicherten Aussagen treffen.[281] Den Berichten einiger politischer Häftlinge zufolge habe sich die Mehrheit der Besucher im Sachsenhausener „Sonderbau“ aus „Grünwinkligen“ zusammengesetzt.[282] Ehemalige Häftlinge schilderten in Zeugenaussagen nach Kriegsende einzelne Beispiele von Bordellbesuchern, wobei sie vor allem „Berufsverbrecher“ benannten. So habe Johannes G. aufgrund seiner Tätigkeit als Vorarbeiter im Krematorium „die Vergünstigung erhalten, den Sonderbau (Bordell) in seiner Freizeit nach Belieben aufzusuchen“.[283] Gustav M., der nach eigenen Angaben Blockältester im Krankenrevier war, gab in einem Ermittlungsverfahren gegen G. an,[284] dieser habe das Bordell „sehr häufig“ aufgesucht: „G. und andere Mithäftlinge machten bei der Unterhaltung mit den weiblichen Häftlingen, die in diesem Bordell sich der Prostitution hingaben, Lärm, durch den die kranken Häftlinge gestört wurden. Ich

278 Sommer, Das KZ-Bordell, S. 153.

279 Sommer übernimmt zudem die häufig in den Erinnerungen ehemaliger politischer Häftlinge auftauchende Verwechslung zwischen den Kommissionen. Bei der Abteilung des RSHA IV A 1 a handelte es sich nicht um die kriminalpolizeiliche, sondern um die Gestapoabordnung, S. 151. Vgl. zu den Kommission Kapitel 5.1.3. und 6.2.2.

280 Sommer, Das KZ-Bordell, S. 239.

281 Ebenda, S. 152.

282 Vgl. z. B. den Bericht von M. S. Michalis, Bestien in Menschengestalt, AS, D 30 A Bd. 8/3, Bl. 61–108, hier Bl. 102; Fritz Lettow, Arzt in den Höllen. Erinnerungen an vier Konzentrationslager, Berlin 1997, S. 172–174.

283 Zeugenvernehmung von Helmuth W. am 1. 9. 1951, Staatsanwaltschaft Münster, 6 JS 121/56 –/390.23, Staatsarchiv Münster, zit. n. AS, JD 1/22, Bl. 71–72.

284 Vgl. zu den nach Kriegsende eingeleiteten Verfahren gegen Johannes G. Kapitel 5.5.

habe mich deshalb gerade mit G. mehrfach angelegt."[285] Angaben von „Berufsverbrechern" über eine Nutzung des Bordells liegen nicht vor. Allerdings deutet die Aussage von Johannes G. selbst, die er im Verfahren gegen den Lagerarzt Dr. Baumkötter machte, tatsächlich auf einen Bordellbesuch hin. Zumindest kannte G. die im Sachsenhausener „Sonderbau" tätigen Frauen:

> „Über das Schicksal der ehemaligen Insassen des Lagerbordells kann ich sagen, dass diese Mädchen einige Tage vor der Evakuierung des Lagers nach Ravensbrück zurückgebracht wurden. Ich habe dort später selbst noch etwa 7–8 Mädchen angetroffen. [...] Ein weiteres Mädchen aus dem Lagerbordell habe ich 1952 in Köln getroffen."[286]

Als einer der „prominenten" Häftlinge soll auch der Lagerälteste Samuel Kuhnke das Bordell besucht haben.[287]

Sommer arbeitet in seiner Studie über die Sexarbeit in den Lagern heraus, dass vor allem dort viele „Berufsverbrecher" die Bordelle besuchten, wo sie sich in leitender Funktion der Häftlingsverwaltung befanden. Demnach war „weniger die Häftlingskategorie für den Bordellbesuch ausschlaggebend [...], als die Zugehörigkeit zu einer bestimmten sozialen Schicht im Lager".[288] Odd Nansen zufolge besuchten z. B. auch norwegische Schutzhäftlinge das Bordell.[289] Die Behauptung politischer Häftlinge, die zum illegalen Widerstand des Lagers gehörten, sie selbst hätten den Sonderbau lediglich als Ort genutzt, um Information auszutauschen, ist deshalb nicht unproblematisch.[290] Sie kann genauso gut als nachträgliche Rechtfertigung für den Besuch des Bordells verstanden werden.Rudi Wunderlich, als Kommunist im KZ Sachsenhausen inhaftiert, gab in einem Mitte der 1980er-Jahre geführten Interview an, eine Nutzung des Lagerbordells sei bei politischen Häftlingen tabuisiert gewesen: „Das gab es ja auch nicht unter den Genossen, also das war ne geschriebene Sache, dass da keiner reinzugehen hat." Er räumte anschließend

285 Zeugenvernehmung von Gustav M. am 11. 5. 1951, Staatsanwaltschaft Münster, 6 JS 121/56 –/390.23, Staatsarchiv Münster, zit. n. AS, JD 1/22, Bl. 46.

286 Zeugenvernehmung von Johannes G. am 17. 3. 1954, Staatsanwaltschaft Münster, 6 JS 121/56 –/390.7 (VII), Staatsarchiv Münster, zit. n. AS, JD 1/6, Teil 2, Bl. 42–45, hier Bl. 44.

287 Robert Sommer, Der Sonderbau. Die Einrichtung von Bordellen in den nationalsozialistischen Konzentrationslagern, Berlin 2006, S. 96.

288 Ebenda, S. 241.

289 Laut Odd Nansen war das Bordell zunächst für alle Blockältesten und „Prominenten" offen und sei dann an einem Tag explizit für norwegische Häftlinge geöffnet worden, Nansen, Tag für Tag, S. 114.

290 Sommer, Das KZ-Bordell, S. 152–153.

ein, dass dies in Buchenwald anders gewesen sei, betonte aber im Hinblick auf Sachsenhausen: „Aber bei uns, wir haben das von vornherein, also soweit ich weiß, wir haben das abgelehnt."[291] Generell war die Nutzung des Bordells wohl unter Häftlingen aller Kategorien nicht hoch angesehen. Abfällig notierte Odd Nansen in seinem Tagebuch am 12. August 1944: „Selbstverständlich werden Scheine verkauft und gekauft, dann brauchen die Feiglinge sich auf dem Block nicht zu melden, falls sie Lust haben, hinzugehen", und bedauerte das Schicksal der Frauen: „Die armen zehn Häftlinge, die dafür früher entlassen werden sollen! Sie werden vollauf zu tun bekommen."[292] Solche ablehnenden Positionen gab es auch unter den „Berufsverbrechern". Fritz M. erklärte als Zeuge im Verfahren gegen Baumkötter, „zur Ehre meist aller Häftlinge kann gesagt werden, dass man sich mit Abscheu von denen abwandte, die in das betreffende Haus gingen".[293]

5.2.3. Gerüchte

„Was die Grünen besorgen und die Schwarzen verschieben, das fressen die Roten, dass die Balken sich biegen."[294] Dieses Zitat des ehemaligen Schutzhäftlings Walter Hammer stammt aus seinen 1942 angefertigten Notizen über die von ihm so bezeichnete „Lager-Mundart". In allen Konzentrationslagern entwickelten sich verschiedene Formen einer spezifischen Lagersprache. Sofsky bezeichnet diese als ein „eigentümliches Gemisch aus Elementen der deutschen Amts- Kasernenhof- und SS-Sprache und der Sprache der größten Häftlingsgruppen, vor allem des Polnischen".[295] Auch wenn die Untersuchungen über Lagersprache immer auf eingrenzbare Milieus von Häftlingen beschränkt bleiben, weil nie alle die gleiche Sprache verwendeten bzw. verschriftlichten, ermöglicht diese Form der Kommunikation interessante Einblicke in die Häftlingsgesellschaften. Sprache entsteht grundsätzlich nie im luftleeren Raum, sie impliziert immer auch eine Abbildung der jeweiligen Gesellschafts- und Machtverhältnisse. Insofern hatte auch die Lagersprache mehrere Funktionen: Sie diente den Häftlingen einerseits als eine Art Code, ein Raum, in dem sie miteinander (auch verklausuliert) kommunizieren

291 Transkription eines Interviews mit Rudi Wunderlich (Mitte/Ende der 1980er-Jahre), AS, P3-Akte Wunderlich, Rudi, Teil 2, Bl. 12.

292 Nansen, Tag für Tag, S. 114.

293 Schreiben von Fritz M. an den Untersuchungsrichter vom 13. 2. 1959, Staatsanwaltschaft Münster, 6 JS 121/56 –/390.16 (XVI), Staatsarchiv Münster, zit. n. AS, JD 1/15, Bl. 23–32, hier Bl. 30.

294 Walthammer [d. i. Walter Hammer], Die Lager-Mundart des KL. Sachsenhausen, Sommer 1942, BArch Bestand Erinnerungen/Willy Jentsch, Sg Y 30/1326.

295 Sofsky, Die Ordnung des Terrors, S. 182.

und sich somit der von der SS angestrebten totalen Kontrolle entziehen konnten. Gleichzeitig reproduzierte die Lagersprache aber auch die innerhalb der Häftlingsgesellschaft existierenden Vorbehalte und Vorurteile. Wie Sprache allgemein diente sie dazu, Wirklichkeit zu ordnen und zu strukturieren. In dem Moment, wo Begriffe in Sprache gegossen werden, produzieren sie Realitäten und manifestieren diese. Der eingangs zitierte Satz von Walter Hammer macht dies deutlich. Er beinhaltet die Annahme, die „Grünen" seien an der Spitze derjenigen, denen es gelinge, mittels „Schiebungen" selbst in dem stark eingeschränkten Raum des Konzentrationslagers Dinge zu „besorgen". Die „Schwarzen" hingegen, also die sogenannten Asozialen, erscheinen demnach lediglich dazu in der Lage, diese Waren weiterzugeben und stehen somit in der Hierarchie unter den „Berufsverbrechern". Profitieren würden von diesem Handel allerdings die „Roten", an dieser Stelle stellvertretend für die oft auch als „Lagerprominenz" bezeichneten politischen Funktionshäftlinge der Häftlingsverwaltung.

Neben der Lagersprache kam Gerüchten als „flüchtigste Form einer kollektiven Zukunftsfiktion" eine hohe Bedeutung bei dem Versuch zu, die Lagerwirklichkeit zu erfassen und zu bewältigen.[296] Die „Willkür des Terrors" habe „einen idealen Nährboden für den Mechanismus des Gerüchts" geboten, so Sofsky.[297] Gerüchte trugen aber gleichzeitig dazu bei, einen gewissen Freiraum zu kreieren, da sich auf diese Weise nachweislich Informationen über lagerinterne Vorgänge verbreiteten, die sonst nur für einen weitaus eingeschränkteren Kreis von Häftlingen zugängig gewesen wären. Sie waren damit nicht nur ungefiltert weitergegebene unsichere bzw. unbestätigte Informationen, sondern stellten den Versuch dar, der permanent vorherrschenden Unsicherheit zumindest punktuell zu entgehen, sie berechenbarer werden zu lassen.[298] Gleichzeitig sind Gerüchte ein Beispiel für die sozialen Interaktionen jenseits der jeweiligen Häftlingsgruppen.

Bei der Auswertung der Zeugenaussagen von „Berufsverbrechern" fand sich überraschend häufig der Verweis auf solche Gerüchte, die ehemalige Häftlinge oft auch als „Lagergespräch" bezeichneten.[299] Dabei steht in den Aussagen insbesondere die Ermordung mehrerer Zehntausend sowjetischer Kriegsgefangener im Spätsommer und Herbst 1941[300] im Zusammenhang mit Gerüchten. Häufig folgt

296 Ebenda, S. 109.

297 Ebenda.

298 Weitere Funktionen von Gerüchten im Lager nennt Antje Michel in ihrer Studie, vgl. Michel, Restrukturierte Wirklichkeit, S. 188–261.

299 Antje Michel hat sich überwiegend auf Erinnerungsberichte bezogen, kommt aber zu dem gleichen Schluss, dass Gerüchte in den Berichten ehemaliger Häftlinge einen großen Raum einnehmen, vgl. Michel, Restrukturierte Wirklichkeit.

300 Vgl. Morsch (Hrsg.), Mord und Massenmord, S. 165–183.

von den Zeugen auf die Schilderung der Mordaktion die Einschränkung, man selbst habe den Vorgang zwar nicht beobachtet, er sei aber im gesamten Lager Thema gewesen. So erklärte der als „Berufsverbrecher" verfolgte Johann J., „nur gesprächsweise ist mir zu Ohren gekommen, daß man die Russen im Industriehof erschossen hat".[301] Oder, wie der Zeuge Johann W. es formulierte: „Es wurde dann immer im Lager davon gesprochen, daß man Russen umgelegt hätte."[302] Während die Angabe von Johann J. impliziert, er habe diese Informationen eher zufällig mitbekommen, behauptete ein weiterer Zeuge, die Tötung der sowjetischen Kriegsgefangenen in einer Genickschussanlage sei „allgemeines Lagergespräch" gewesen.[303] Zahlreiche weitere Aussagen verweisen auf einen großen Verbreitungsgrad dieser Information.[304]

Es ist wenig verwunderlich, dass eine derart groß angelegte Mordaktion vor der Häftlingsgesellschaft nicht verborgen bleiben konnte. Darauf, dass einige Insassen des Lagers über den Massenmord an den Sowjets informiert waren, verweist neben den Gerüchten ein 1954 gefundener Kassiber, den politische Häftlinge im September 1941 auf dem Gelände des Klinkerwerks versteckt hatten.[305] Gleichwohl hatte die SS Vorkehrungen getroffen, um genau diesen Informationsfluss zu verhindern. So war der zur Mordstätte umgebaute „Industriehof" durch eine Mauer vom Rest des Lagers getrennt worden. Allein die Konstruktion der sogenannten Genickschussanlage, präpariert wie ein ärztlicher Untersuchungsraum, lässt die Interpretation zu, dass die Häftlinge hier gezielt getäuscht werden sollten. Ein solches Vorgehen setzte allerdings auch voraus, dass die Opfer keine Kenntnis über die Tötungsabsicht hatten. Insofern konnte die Verbreitung von Gerüchten unter den Häftlingen den Zielen der SS durchaus entgegenstehen. Verschiedene Quellen belegen, dass die Morde an den

301 Zeugenvernehmung von Johann J. am 20. 7. 1961, Staatsanwaltschaft Köln, 24 Ks 1/64 (Z)/XXXVIII, Landesarchiv NRW, zit. n. AS, JD 21/44, Bl. 26.

302 Zeugenvernehmung von Johann W. am 27. 6. 1961, Staatsanwaltschaft Köln, 24 Ks 1/64 (Z)/XXIV, Landesarchiv NRW, zit. n. AS, JD 21/34, Bl. 30.

303 Vgl. z. B. Zeugenvernehmung von Heinrich H. am 1. 10. 1963, Staatsanwaltschaft Köln, 24 Ks 1/64 (Z)/XXXVIII, Landesarchiv NRW, zit. n. AS, JD 21/62, Bl. 80.

304 Vgl. z. B. Zeugenvernehmung von Johann E. am 28. 2. 1956, Staatsanwaltschaft Bonn, 8 Ks 1/58 (Sorge/Schubert)/VI, Teil 1, Landesarchiv NRW, zit. n. AS, JD 2/9, Bl. 48 f.; Zeugenvernehmung von Karl S. am 24. 2. 1956, Staatsanwaltschaft Bonn, 8 Ks 1/58 (Sorge/Schubert)/IV, Teil 1, Landesarchiv NRW, zit. n. AS, JD 2/5, Bl. 158; Zeugenvernehmung von Wilhelm R. am 27. 2. 1956, Staatsanwaltschaft Bonn, 8 Ks 1/58 (Sorge/Schubert)/IV, Teil 2, Landesarchiv NRW zit. n. AS, JD 2/6, Bl. 30 f.; Zeugenvernehmung von Hans P. am 7. 3. 1956, Staatsanwaltschaft Bonn, 8 Ks 1/58 (Sorge/Schubert)/V, Teil 2, Landesarchiv NRW, zit. n. AS, JD 2/8, Bl. 9.

305 Ebenda, S. 175.

sowjetischen Kriegsgefangenen auch in der Umgebung (außerhalb des Lagerkomplexes) ein Thema waren.[306]

Gerüchte im KZ Sachsenhausen entstanden auch im Kontext anderer Morde. Ludwig K. schilderte 1961 vor der Kriminalpolizei die Ermordung eines jüdischen Häftlings in einer Jauchegrube, die seinerzeit „Lagergespräch" gewesen sei.[307] In Bezug auf die Erschießung des Zeugen Jehovas August Dickmann am 15. September 1939 auf dem Appellplatz,[308] die vielen Häftlingen deshalb in Erinnerung geblieben ist, weil der Mord vor der „Lageröffentlichkeit" stattgefunden hatte, erklärte Emil G. im September 1961, es sei Gegenstand von „kursierenden Lagergesprächen" gewesen, dass sich SS-Männer freiwillig für die Erschießung gemeldet hätten.[309] Albert S. sagte aus, die Nachricht von der Erschießung Dickmanns sei „wie ein Lauffeuer durch das ganze Lager" gegangen.[310]

Jenseits solcher Morde an Häftlingen war die alltägliche Gewalt der Blockführer offenbar häufig Gegenstand der Gespräche im Lager. Der Zeuge Erich K. erklärte 1956: „Über Tötungen und Mißhandlungen, die zum Tode der Betroffenen geführt haben, und auch sonstige Körperverletzungen an Häftlingen durch Sorge und Schubert, wurde unter den Häftlingen viel gesprochen."[311]

Vermutlich fanden gerade die Themen eine hohe Verbreitung innerhalb der Lagergesellschaft, die die größten Ängste bestätigten oder am unerklärlichsten waren. Dazu gehörte auch der Einsatz der Sonderkommissionen.[312] Wie der „Berufsverbrecher" Anton S. berichtete, sei ihm seinerzeit „gesprächsweise" bekannt geworden, „daß im Jahre 1944 im Lager eine Sonderkommission tätig wurde".[313] Nicht nur über deren Existenz, sondern auch Vorgehensweise wurde unter den Häftlingen gesprochen. Der ehemalige Schutzhäftling Arthur von L. erklärte 1961 während seiner Vernehmung: „Wie ich eingangs schon ausführte, war es damals Lagergespräch, daß Leute, die vor der Kommission Cornely nichts

306 Vgl. Morsch (Hrsg.), Mord und Massenmord, S. 171.

307 Zeugenvernehmung von Ludwig K. am 4. 7. 1961, Staatsanwaltschaft Köln, 24 Ks 1/64 (Z)/XXII, Landesarchiv NRW, zit. n. AS, JD 21/27, Bl. 59.

308 Vgl. Kapitel 5.1.1.

309 Zeugenvernehmung von Emil G. am 13. 9. 1961, Staatsanwaltschaft Köln, 24 Ks 1/64 (Z)/XXIII, Landesarchiv NRW, zit. n. AS, JD 21/30, Bl. 11.

310 Zeugenvernehmung von Albert S. am 19. 7. 1961, Staatsanwaltschaft Köln, 24 Ks 1/64 (Z)/XXIII, Landesarchiv NRW, zit. n. AS, JD 21/32, Bl. 70.

311 Zeugenvernehmung von Erich K. am 27. 2. 1956, Staatsanwaltschaft Bonn, 8 Ks 1/58 (Sorge/Schubert)/IV, Teil 1, Landesarchiv NRW, zit. n. AS, JD 2/5, Bl. 51.

312 Vgl. Kapitel 5.1.3.

313 Zeugenvernehmung von Anton S. am 10. 7. 1961, Staatsanwaltschaft Köln, 24 Ks 1/64 (Z)/XXI, zit. n. AS, JD 21/36, Bl. 98.

aussagten, zum Schuhläufer-Kommando abkommandiert wurden."[314] Es ist nachvollziehbar, dass sich über die Tätigkeit der Untersuchungskommissionen, mit denen nicht alle Häftlinge in Berührung kamen, die also auf gewisse Weise „im Hintergrund" agierten, eine Reihe von Annahmen und Gerüchten entwickelten.

Die Verwendung der „Gerüchte" in den Zeugenaussagen war in den Ermittlungsverfahren indes nicht unproblematisch. Zwar verwiesen sie durchaus auf Realitäten, konnten jedoch vor Gericht kaum Bestand haben, wenn die entsprechenden Ereignisse nicht direkt von den Zeugen beobachtet worden waren. Überlebende erwähnten die Gerüchte trotzdem häufig explizit, um ihre Ausführungen zu untermauern. Das Gerücht an sich wurde somit auch nach der Befreiung immer noch als ein Aspekt der erlebten Lagerrealität angesehen. Hervorstechend ist hier die Angabe von Alfons H., der sich während seiner Vernehmung insgesamt eher zurückhaltend verhielt:

> „Hinzu kommt, daß ich der Auffassung bin, daß alle die Dinge, die man seinerzeit im Gespräch mit anderen Häftlingen erfahren hat, immer mit einer gewissen Vorsicht aufzunehmen gewesen sind, weil die Erfahrung doch lehrt, daß irgendwelche Vorkommnisse häufig doch mehr und mehr entstellt werden, je größer die Zahl der Leute ist, über die man sie letztlich erfährt."[315]

Während H. mit diesem Verweis untermauern wollte, warum er nicht zu einer Aussage bereit sei – dies geht aus dem Kommentar des vernehmenden Beamten hervor – reflektierte er gleichzeitig die Funktion und Problematik der Lagergerüchte an sich. Es handelte sich eben nicht um gesicherte Informationen, sondern vielmehr um den Versuch, die Wirklichkeit entlang bestimmter Ereignisse zu strukturieren und damit greifbar zu machen. Insofern waren Gerüchte durchaus so etwas wie ein „kollektiver Selbstbehauptungsversuch".[316] Gänzlich ungefährlich war dieser nicht, denn laut Lagerordnung war das Gerücht an sich verboten.[317] Der als „Berufsverbrecher" inhaftierte Carl R. erklärte dazu 1965, er habe aufgrund der Tatsache, dass er im Lager mehrere Funktionen ausgeübt habe, einen relativ guten Einblick in die Geschehnisse bekommen. Er habe auf diese Weise „Dinge" erfahren, „über die man am besten nicht sprach oder von ihnen

314 Zeugenvernehmung von Arthur von L. am 11. 7. 1961, Staatsanwaltschaft Bonn, Zentralstelle, 24 Js 30/59 (Z)/VII, zit. n. AS, JD 7/7, Teil 1, Bl. 93.

315 Zeugenvernehmung von Alfons H. am 19. 9. 1963, Staatsanwaltschaft Köln, 24 Ks 1/64 (Z)/XXXVIII, Landesarchiv NRW, zit. n. AS, JD 21/62, Bl. 86.

316 Vgl. Michel, Restrukturierte Wirklichkeit.

317 Ebenda, S. 278.

was wusste".[318] Tatsächlich weisen die Strafverfügungen der Lagerkommandantur darauf hin, dass die Verbreitung von Gerüchten ein Grund für die Einweisung in die Strafkompanie sein konnte: So kam der Häftling Hermann P. am 17. Januar 1945 „bis auf weiteres" u. a. wegen der „Verbreitung unwahrer Gerüchte" in das Schuhläuferkommando.[319] Auch der bereits zitierte Erich K. wies auf die Gefahr hin, die das „Lagergespräch" mitunter barg: „Es war nicht ungefährlich, über derartige Dinge im Lager zu sprechen, denn auch unter den Häftlingen waren Spitzel und Vertrauensleute der Blockführer und Blockältesten."[320]

Die in den vorangegangenen Kapiteln beschriebenen Strategien von Häftlingen, mittels sozialer Beziehungen, Gerüchten, Alkohol, Glücksspiel und Sexualität Formen von Selbstbehauptung im KZ Sachsenhausen zu entwickeln und zu praktizieren, waren kein generelles Privileg derjenigen, die Sofsky als „Aristokratie" bezeichnet.[321] Zwar blieben z. B. kulturelle Veranstaltungen oder Bordellbesuche wenigen vorbehalten. Fälle von gegenseitiger Sexualität und/oder Masturbation in den Baracken oder die hohe Verbreitung von Gerüchten verdeutlichen aber, dass Selbstbehauptung auch auf niedrigen Ebenen der Lagerhierarchie praktiziert wurde. Nahezu konträr zu den geschilderten Aktivitäten verhielten sich Formen des individuellen und inneren Rückzugs, die dazu dienten, dem Terror und der Willkür der SS eher stillschweigend zu entgehen. Zwar konnte sich kein Häftling im Lager vor Gewalterfahrungen dauerhaft schützen – sei es als Beobachter oder Betroffener. Ob diese Ereignisse jedoch aktiv mit anderen geteilt wurden oder nicht, blieb dem Einzelnen überlassen. Der Rückzug oder die „Abkapslung"[322] diente in erster Linie dem Selbstschutz, wie auch aus den Aussagen von „Berufsverbrechern" hervorgeht. Dies betraf insbesondere das „Wegschauen" bei Gewaltexzessen der SS bzw. das Ausweichen vor diesen. Ausführlich äußerte sich Friedrich K. zu diesem Phänomen:

> „Ich habe es zu jener Zeit tunlichst vermieden, Augenzeuge von Morden zu werden. Es sind wohl öfter in meiner Nähe Menschen umgebracht worden, doch versuchte ich dann jeweils entweder raschmöglichst aus dieser Gegend zu verschwinden, oder nicht hinsehen zu müssen."[323]

318 Zeugenvernehmung von Curt R. am 22. 2. 1965, Staatsanwaltschaft Köln, 24 Ks 2/68 (Z)/V, Landesarchiv NRW, zit. n. AS, JD 31/5, Bl. 68.

319 Strafverfügung gegen Hermann P., Archiv BStU, AV 2/87, Bd. 3, Bl. 180.

320 Zeugenvernehmung von Erich K. am 27. 2. 1956, Staatsanwaltschaft Bonn, 8 Ks 1/58 (Sorge/Schubert)/IV, Teil 1, Landesarchiv NRW, zit. n. AS, JD 2/5, Bl. 50 f.

321 Sofsky, Die Ordnung des Terrors, S. 169–177.

322 Goffman zitiert bei Suderland, Ein Extremfall des Sozialen, S. 154.

323 Zeugenvernehmung von Friedrich K. am 26. 9. 1961, Staatsanwaltschaft Köln, 24 Ks 1/64 (Z)/XX, Landesarchiv NRW, zit. n. AS, JD 21/20, Bl. 46.

Ähnliches berichtete Erwin G. über die willkürliche Gewalt der SS:

> „Jeder Mithäftling war beim Entstehen einer derartigen Situation bestrebt, nicht Zeuge des Vorfalls zu werden, indem er sich nach Möglichkeit weit von diesem Ort entfernte oder so intensiv mit seiner Arbeit befaßte, daß der betreffende SS-Mann annehmen mußte, daß dieser Häftling nichts von dem Vorfall beobachtet habe."[324]

Hinter diesem Verhalten stand nicht notwendigerweise Ignoranz den anderen gegenüber. G. führte dazu aus: „Sofern bei einem Häftling vermutet wurde, daß er Zeuge eines solchen Vorfalles war, war er der Gefahr ausgesetzt, das gleiche Schicksal zu erleiden."[325] War es möglich, versuchten viele Häftlinge, der SS unmittelbar aus dem Weg zu gehen. Dies konnte auch bedeuten, generell Kontakte zu anderen Personen auf ein Minimum zu reduzieren oder, wie Hans-Joachim E. im Juli 1961 bei einer telefonischen Vernehmung mit der Hamburger Mordkommission formulierte: „Ich ging meiner Arbeit nach und sah im Übrigen zu, daß ich keinem SS-Mann in die Arme lief."[326] Wenn auch häufig den „Berufsverbrechern" zugeschrieben,[327] war diese Verhaltensweise der „Abkapslung" sicherlich kein Spezifikum dieser Haftgruppe, sondern vielmehr eine gängige Konflikt- und Vermeidungsstrategie.

5.3. Physische Gewalt und Tod

5.3.1. Gewalterfahrungen im Lageralltag

> „Blutüberströmt erreichte ich das Lagertor. Die Schläge wurden mit einem Ochsenziemer ausgeteilt. Am Lagertor mußten wir dann antreten. Es war morgens gegen 9.00 Uhr. Bis gegen 19.00 Uhr mussten wir dann dort stehen bleiben. Abwechselnd mußten wir in der Kniebeuge sitzen und konnten dann nach etwa 2 Stunden auch mal für 15 Minuten aufrecht stehen."[328]

324 Zeugenvernehmung von Erwin G. am 16. 7. 1961, Staatsanwaltschaft Köln, 24 Ks 1/64 (Z)/XXIV, Landesarchiv NRW, zit. n. AS, JD 21/34, Bl. 91.

325 Ebenda.

326 Zeugenvernehmung von Hans-Joachim E. am 11. 7. 1961, Staatsanwaltschaft Köln, 24 Ks 1/64 (Z)/XXIII, Landesarchiv NRW, zit. n. AS, JD 21/29, Bl. 70.

327 Vgl. z. B. Naujoks, Mein Leben im KZ Sachsenhausen, S. 166.

328 Zeugenvernehmung von Hans P. am 7. 3. 1956, Staatsanwaltschaft Bonn, 8 Ks 1/58 (Sorge/Schubert)/V, Teil 2, Landesarchiv NRW, zit. n. AS, JD 2/8, Bl. 7.

Die hier von dem „Berufsverbrecher" Hans P. beschriebenen Misshandlungen, die schon mit seiner Ankunft im KZ Sachsenhausen begannen, finden sich in unzähligen Erinnerungsberichten ehemaliger Häftlinge. Da solche Übergriffe häufig von SS-Männern in mittleren und unteren Rängen ausgeführt wurden, durchziehen Schilderungen von physischer Gewalt gegen Einzelne die Aussagen in den Ermittlungsverfahren gegen Gustav Sorge (zweiter Rapportführer) sowie die Blockführer Wilhelm Schubert und Otto Kaiser. Alle drei taten sich bei der Gewaltausübung gegen Häftlinge besonders hervor.[329] Wilhelm N. beispielsweise berichtete im Jahr 1956 über seine erste Begegnung mit Gustav Sorge: „Er fragte mich, weshalb ich in das Lager gebracht worden wäre. Als ich ihm erklärte, das selbst nicht zu wissen, erhielt ich sofort mehrere Faustschläge ins Gesicht."[330] Eine andere Form von Qual beschrieb Ludwig K. im Verfahren gegen Otto Kaiser 1961: „Am Tage der Einlieferung in das KZ Sachsenhausen […] mußten wir den ganzen Tag über am Tor stehen bleiben, und zwar innerhalb des Lagers."[331]

Neben der Einlieferungs- und Ankunftssituation beziehen sich die Schilderungen von Gewalt in der Regel auf „alltägliche" Ereignisse. So berichtete Karl S. über Gustav Sorge, „Unverschuldeterweise wurde ich von Sorge mit Faustschlägen ins Gesicht traktiert."[332] Johann K. erklärte 1967, „Es kam täglich vor, dass Häftlinge von der SS zusammen geschlagen wurden. Die Gründe dafür waren mir nie bekannt."[333] Diese Exzesse, für die sich die SS-Männer nicht einmal einen Anlass suchen mussten, schlossen häufig den sogenannten Sport mit ein. Dies bedeutete, dass die Insassen des Konzentrationslagers dazu gezwungen wurden, sich über den Appellplatz zu rollen, Kniebeugen zu machen oder im sogenannten Sachsengruß zu sitzen.[334] Karl Hans A. gab seine Erinnerungen an den „Sport" 1961 wie folgt wieder:

329 Vgl. Riedle, Die Angehörigen des Kommandanturstabs.

330 Zeugenvernehmung von Wilhelm N. am 27. 3. 1956, Staatsanwaltschaft Bonn, 8 Ks 1/58 (Sorge/Schubert)/VII, Teil 2, Landesarchiv NRW, zit. n. AS, JD 2/12, Bl. 96.

331 Zeugenvernehmung von Ludwig K. am 4. 7. 1961, Staatsanwaltschaft Köln, 24 Ks 1/64 (Z)/XXII, Landesarchiv NRW, zit. n. AS, JD 21/27, Bl. 58.

332 Zeugenvernehmung von Karl S. am 24. 2. 1956, Staatsanwaltschaft Bonn, 8 Ks 1/58 (Sorge/Schubert)/IV, Teil 1, Landesarchiv NRW, zit. n. AS, JD 2/5, Bl. 159.

333 Richterliche Zeugenvernehmung von Johann K. am 4. 7. 1967, Staatsanwaltschaft Köln, 24 Ks 2/68 (Z)/XL, Landesarchiv NRW, zit. n. AS, JD 31/34, Bl. 52.

334 Als „Sachsengruß" wurde eine Haltung bezeichnet, bei der die Häftlinge in der Kniebeuge, die Arme hinter dem Kopf verschränkt, sitzen mussten.

> „Bei diesem Sport-Treiben mußten die Gefangenen hüpfen mit den Händen im Nacken, rollen oder kriechen und dergleichen. Die Gefangenen wurden hin- und hergejagt, und es ist oft vorgekommen, daß einige am Platze zusammenbrachen und nicht mehr weiterkonnten."[335]

Neben dieser Form von „Sport" als Synonym für Folter und Gewalt ließ die SS in vielen Lagern sportliche Wettkämpfe wie Fußballspiele und Boxkämpfe unter den Häftlingen ausrichten.[336] Im Gegensatz zu den oben beschriebenen Quälereien waren diese Veranstaltungen für manche Häftlinge eine willkommene Abwechslung. Der „Berufsverbrecher" Johann K. sah seine sportlichen Fähigkeiten gar als Grund für sein Überleben: „Ich kann an dieser Stelle schon sagen, daß mein Boxsport mich wahrscheinlich im Konzentrationslager Sachsenhausen vor Schlimmem gerettet hat", erklärte er 1967.[337] K. war nach eigenen Angaben vor seiner Verhaftung Mitglied in einem Berliner Boxsportverein gewesen. Als die SS davon erfuhr, habe sie ihn gezielt als Boxer eingesetzt:

> „Wenn nämlich andere Boxsportler unter den Häftlingen zur Verfügung standen, holten mich die SS-Leute, gaben mir gut zu essen durch Vermittlung des Blockältesten und sagten dann: Hanne den und den mußt du besiegen. In einem Häftlingsblock wurde dann ein provisorischer Ring aufgestellt und es fand ein regelrechter sportlicher Boxkampf statt, bei dem die allgemeinen Wettkampfregeln beachtet wurden."[338]

In manchen Fällen führten aber auch gerade die sportlichen Fertigkeiten und Boxkämpfe zum Tod von Häftlingen und dienten offenbar dazu, gezielt Gewalt gegen diese auszuüben. So soll der „Berufsverbrecher" Emil Cornelius in einem Außenkommando des KZ Neuengamme den Sinto Johann „Rukeli" Trollmann als Konsequenz aus einem Boxkampf, den er gegen Trollmann verloren hatte,

335 Zeugenvernehmung von Karl Hans A. am 19. 6. 1961, Staatsanwaltschaft Köln, 24 Ks 2/64 (Z)/XXXVIII, Landesarchiv NRW, zit. n. AS, JD 21/11, Bl. 79.

336 Vgl. zu den verschiedenen Facetten von „Sport" in den Konzentrationslagern Veronika Springmann, „Sport machen". Eine Praxis der Gewalt im Konzentrationslager, in: Woijiech Lenarczyk/Andreas Mix/Johannes Schwartz/Veronika Springmann (Hrsg.), KZ-Verbrechen. Beiträge zur Geschichte der nationalsozialistischen Konzentrationslager und ihrer Erinnerung, Berlin 2007, S. 89–101.

337 Zeugenvernehmung von Johann K. am 4. 7. 1967, Staatsanwaltschaft Köln, 24 Ks 2/68 (Z)/XL, Landesarchiv NRW, zit. n. AS, JD 31/34, Bl. 49.

338 Zeugenvernehmung von Johann K. am 4. 7. 1967, Staatsanwaltschaft Köln, 24 Ks 2/68 (Z)/XL, Landesarchiv NRW, zit. n. AS, JD 31/34, Bl. 49.

erschlagen haben.[339] Trollmann war laut Roger Repplinger mehrfach aufgrund seiner Fähigkeiten als Boxer von der SS gezielt misshandelt worden. Sie setzte ihn u. a. als „Boxtrainer“ ein, als er sich aufgrund der Lagerhaft bereits in einem sehr schlechten körperlichen Zustand befand.[340]

Andere Berichte über Prügeleien und Übergriffe durch die SS beziehen sich auf Verstöße gegen die Lagerordnung, die von den Überlebenden aber berechtigterweise meist als unverschuldete oder unbewusste Handlung wahrgenommen werden. Denn die im Lager geltenden Regularien waren so angelegt, dass Zuwiderhandlungen oft unumgänglich waren und insbesondere den direkt mit den Häftlingen konfrontierten SS-Blockführern ein hohes Maß an Willkür zugestanden wurde. Christian Heinz K. sagte z. B. aus, er sei aufgrund einer Lappalie ins Gesicht geschlagen worden:

> „An einem Morgen saß ich in der Baracke an einem Tisch. Ich war leicht eingeschlafen. Plötzlich wurde ‚Achtung‘ gerufen. Auf diesen Ruf wollte ich schnell aufspringen. Aus einem mir nicht mehr bekannten Grunde gelang mir dies aber nicht schnell genug. […] Weil ich nun nicht schnell genug aufgestanden war, wurde ich vom ‚eisernen Gustav‘ mit den Fäusten in das Gesicht geschlagen.“[341]

Auch Martin B. widerfuhr durch Sorge ausgeübte Gewalt, da er, wie er 1956 darlegte, „einmal verkehrt über den Platz lief, weil mir die Lagerordnung zu dieser Zeit noch nicht bekannt war“.[342] Sorge habe ihn daraufhin zu sich gerufen: „Ich mußte stramme Haltung einnehmen. Danach schlug er mich mehrmals mit der Faust ins Gesicht, und zwar so heftig, daß ich nach jedem Schlag umfiel.“[343] Ein häufig von der SS geahndetes „Vergehen“ war die Organisation von zusätzlichen Lebensmitteln. Der „Diebstahl“ von Nahrung, meist begangen auf den Arbeitskommandos, wurde in der Regel mit Stockschlägen bestraft. Dies geschah Alexander J., der in einer Aussage gegen den SS-Mann Richard Hoffmann 1961 erläuterte: „Ich selbst bin einmal von ihm geschlagen worden, als er mich erwischt hatte, dass

339 Roger Repplinger, Leg dich, Zigeuner. Die Geschichte von Johann Trollmann und Tull Harder, München 2008, S. 288.

340 Ebenda, S. 277–281.

341 Zeugenvernehmung von Christian Heinz K. am 6. 3. 1956, Staatsanwaltschaft Bonn, 8 Ks 1/58 (Sorge/Schubert)/VI, Teil 1, Landesarchiv NRW, zit. n. AS, JD 2/9, Bl. 68.

342 Zeugenvernehmung von Martin B. am 15. 5. 1956, Staatsanwaltschaft Bonn, 8 Ks 1/58 (Sorge/Schubert)/X, Teil 1, Landesarchiv NRW AS, JD 2/17, Bl. 2.

343 Ebenda.

ich aus der Gärtnerei in einem Brotbeutel einen Salatkopf mitgebracht hatte."[344] Allgemein war Gewalt auf den Arbeitskommandos allgegenwärtig, insbesondere das Klinkerwerk im KZ Sachsenhausen war dafür bekannt, dass die Häftlinge hier sowohl aufgrund der Arbeitsbedingungen als auch von Misshandlungen eine geringe Überlebenschance hatten.[345]

Viele Zeugen gaben an, noch zum Zeitpunkt ihrer Aussage physisch unter den Folgen der im Lager erfahrenden Gewalt zu leiden. Kuno v. E. sagte 1956 etwa aus, er müsse eine Prothese tragen, seit Gustav Sorge ihm die Zähne eingeschlagen habe.[346] Karl S. erklärte, „ich klage heute noch über Nierenschmerzen" als Folge einer „Bestrafungsaktion", bei der seine gesamte Baracke gezwungen worden sei, im Winter stundenlang draußen zu stehen.[347] „Noch deutlich sichtbare" Wundnarben und Wunden beschrieb Hermann St. 1956 der Polizei,[348] und Friedrich A. führte 1961 seine Gedächtnislücken auf Folgeschäden eines Schädelbruchs zurück, den Sorge ihm zugefügt habe.[349]

Da grundsätzlich jeder Häftling der Gewalttätigkeit von SS-Angehörigen ausgesetzt sein konnte, ist es nicht verwunderlich, dass dies auch Personen einschloss, die als „Berufsverbrecher" inhaftiert worden waren. Es stellt sich jedoch die Frage, ob sich die Kategorisierung mit einem grünen Winkel in der täglichen Behandlung durch die SS niederschlug. Ist es denkbar, dass die SS auf eine besondere Weise gegen die „Berufsverbrecher" vorging, der spezifische Bilder über diese Haftgruppe zugrunde lagen? In den Quellen finden sich widersprüchliche Antworten auf diese Frage. Bei der Vernehmung des Zeugen Bernhard B. ging der Polizist davon aus, dessen „nichtssagende Angaben" seien darauf zurückzuführen, „daß er als BVer nicht so hart angefaßt wurde wie im Gegensatz zu seiner Häftlingskategorie die politischen und jüdischen Häftlinge".[350] Verweist dieser Kommentar eher

344 Zeugenvernehmung von Alexander J. am 11. 1. 1966, Staatsanwaltschaft Köln, 24 Ks 2/68 (Z)/XXVIII, Landesarchiv NRW, zit. n. AS, JD 31/17, Teil 1, Bl. 114.

345 Christel Trouvé, Das Klinkerwerk Oranienburg (1938–1945), Berlin 2005 (Dissertation). Ich bedanke mich herzlich bei Christel Trouvé dafür, dass ich die Arbeit einsehen durfte.

346 Zeugenvernehmung von Kuno von E. am 4. 10. 1956, Staatsanwaltschaft Bonn, 8 Ks 1/58 (Sorge/Schubert)/XIII, Landesarchiv NRW, zit. N. AS, JD 2/22, Bl. 17.

347 Zeugenvernehmung von Karl S. am 24. 2. 1956, Staatsanwaltschaft Bonn, 8 Ks 1/58 (Sorge/Schubert)/IV, Teil 1, Landesarchiv NRW, zit. n. AS, JD 2/5, Bl. 158.

348 Zeugenvernehmung von Hermann St. am 24. 2. 1956, Staatsanwaltschaft Bonn, 8 Ks 1/58 (Sorge/Schubert)/IV, Teil 2, Landesarchiv NRW, AS, JD 2/6, Bl. 98.

349 Zeugenvernehmung von Friedrich A. am 8. 8. 1961, Staatsanwaltschaft Köln, 24 Ks 1/64 (Z)/XIX, Landesarchiv NRW, zit. n. AS, JD 21/15, Bl. 25.

350 Vermerk zur Zeugenvernehmung von Bernhard B. am 6. 7. 1961, Staatsanwaltschaft Köln, 24 Ks 1/64 (Z)/XXXVIII, Landesarchiv NRW, zit. n. AS, JD 21/44, Bl. 12.

darauf, welches Bild sich Kriminalbeamte von der Rolle der „Berufsverbrecher“ im Konzentrationslager machten, gab der ehemalige Schutzhäftling Konrad E. hingegen im Verfahren gegen Otto Kaiser an: „Ich hatte auch das Gefühl, daß wir gegenüber den Juden, Berufsverbrechern und anderen etwas humaner behandelt wurden.“[351] Ernst Nonnenmacher bestätigte 1980 diese Wahrnehmung aus der Erfahrung eines „Berufsverbrechers“:

> „Der Grüne war an sich bei einem Teil der SS eher gefährdet, weil er ja ein Verbrecher war. Während ein Teil der SS in dem Roten, in dem Kommunisten, teilweise noch einen geringen Teil Respekt eines früheren politischen Gegners hatte. Wenn auch nur ganz hinten in einem kleinen Kämmerchen. Also er hat zweifellos den Vorbereiter als Häftling oder hat in dem Vorbereiter noch eher einen Menschen gesehen wie in dem Grünen. Der Grüne war absolut … es war Abfall.“[352]

Aus Nonnenmachers Angaben lässt sich die Einschätzung herauslesen, die SS habe die politischen Gegner eher geachtet als diejenigen, die als „Berufsverbrecher“ kategorisiert waren. Eine Bestätigung dafür geben die Aufzeichnungen von Rudolf Höß, der aus seiner Verachtung für die Gruppe der „Grünen“ keinen Hehl machte. Höß beschrieb die Reaktion von Häftlingen im KZ Sachsenhausen auf gegen sie verhängte Exekutionsbefehle mit folgenden Worten:

> „Die Kriegsdienstverweigerer und Saboteure aus politischer Überzeugung, fest, gefasst und ruhig sich in das Unabänderliche, ihr Schicksal, fügend. Die Berufsverbrecher, die wirklich Asozialen entweder zynisch frech, forsch auftretend, aber innerlich doch zitternd vor dem großen Ungewissen, oder tobend, sich wehrend, oder auch jammernd nach geistlichem Beistand.“[353]

Als Beispiel für dieses seiner Ansicht nach augenscheinlich „unehrenhafte“ Verhalten von „Berufsverbrechern“ nennt Höß die Erschießung der Brüder Sass, die noch kurz vor ihrer Ermordung nach einem Anwalt verlangt haben sollen.[354]

Grundsätzlich ist anzunehmen, dass innerhalb der SS keine einhellige Positionen zu den „Grünen“ vorherrschte, wie manche ehemaligen Häftlinge, die von

351 Zeugenvernehmung von Konrad E. am 9. 10. 1961, Staatsanwaltschaft Köln, 24 Ks 1/64 (Z)/XIX, Landesarchiv NRW, zit. n. AS, JD 21/17, Bl. 258.

352 „Ich war zu Recht im KZ.“ Interview mit Ernst Nonnenmacher v. 17. 5. 1980 in Mainz, S. 30.

353 Broszat, Kommandant in Auschwitz, S. 78.

354 Vgl. Kapitel 2.4.1.

einer besonderen Nähe zwischen diesen Häftlingen und der SS ausgehen, in ihren Erinnerungen nahelegen. So sagte z. B. der Schutzhäftling Franz L. 1957 im Kontext der Ermittlungen gegen Blockführer aus dem KZ Sachsenhausen aus, Hermann P., der Vorsitzende des Berliner Ringvereins „Immertreu", sei „wegen seiner Verbrechen allgemein angesehen" gewesen und habe „eine bevorzugte Behandlung durch die SS" genossen.[355] Selbst die Weigerung P.s, einen jüdischen Häftling in der Strafkompanie zu töten, legt L. nicht zu dessen Gunsten aus, sondern vielmehr als Beleg für seine Nähe zur SS:

> „Als Dr. J. ins Lager kam, bekam P. den Auftrag, ihn umzubringen, lehnte dies aber ab mit der Begründung, daß er wohl ein Verbrecher, aber kein Mörder sei. Eine solche Antwort durfte sich nur P. gegenüber der SS erlauben, einem anderen von uns wäre es schlecht ergangen."[356]

Obwohl sich die situative Gewalt der „Exzesstäter" gegenüber allen KZ-Insassen entladen konnte, lässt sich ein besonders brutales Vorgehen gegenüber Juden, Homosexuellen sowie nicht als Homosexuelle klassifizierten „Sittlichkeitsverbrechern" nachweisen. Dies bestätigen auch Angaben der Täter selbst. Gustav Sorge äußerte sich beispielsweise 1956 während des gegen ihn geführten Verfahrens wie folgt:

> „Wenn ein Sittlichkeitsverbrecher eingeliefert worden war und dazu noch Jude war, dann war es stets um ihn geschehen [...] Die Sittlichkeitsverbrecher wurden bei uns besonders scharf verurteilt. Die Verbrecher wurden durchweg gleich in die Strafkompanie eingewiesen, wo sie dann im Laufe der Zeit auf Grund besonders strenger Handlung verstarben."[357]

Die Verwendung des Wortes „verurteilen" zeigt hier, dass sich Sorge scheinbar in der Position sah, in dem extralegalen Kosmos des Konzentrationslagers über eine Person zu „richten". Dabei handelte es sich aber um Personen, die ihre an die Straftat gekoppelte Haft bereits verbüßt hatten. Offenbar war nicht nur die Kriminalpolizei, die die Vorbeugehaft verhängte, der Meinung, die aus ihrer Sicht

355 Zeugenvernehmung von Franz L. am 24. 5. 1957, Staatsanwaltschaft Bonn, 8 Ks (Sorge/Schubert)/II, Landesarchiv NRW, zit. n. AS, JD 2/63, Bl. 52.

356 Ebenda.

357 Vernehmung von Gustav Sorge vor dem Untersuchungsgericht Bonn am 14. 5. 1957, Staatsanwaltschaft Bonn, 8 Ks 1/58 (Sorge/Schubert)/XXVIII, Teil 2, Landesarchiv NRW, zit. n. AS, JD 2/44, Bl. 37.

zu „lasche" Justiz nachkorrigieren zu müssen. Jenseits der „alltäglichen" Gewalt im Lager finden sich noch andere Indizien von bewusster Gewaltanwendung gegen Häftlinge, die als „Berufsverbrecher" und „Sittlichkeitsverbrecher" klassifiziert worden waren. Dazu gehören Zwangssterilisationen und Kastrationen.

5.3.2. Sterilisationen und Kastrationen

Als der gebürtige Berliner Johann W., im KZ Sachsenhausen als „BV" kategorisiert",[358] am 20. Oktober 1938 trotz eines ablehnenden Beschlusses des zuständigen Erbgesundheitsgerichts im Oranienburger Stadtkrankenhaus sterilisiert wurde, entwickelte sich aus diesem Vorfall ein Konflikt zwischen verschiedenen Institutionen. An diesem waren u. a. der damalige Reichsjustizminister Franz Gürtner, Heinrich Himmler und Theodor Eicke beteiligt, wie ein sich von März bis Dezember 1939 erstreckender Schriftwechsel dokumentiert.[359] Franz Gürtner mahnte gegenüber der Lagerleitung die Zuständigkeit der Gerichte an und betonte, „die Kommandanten der Konzentrationslager dürften wie alle anderen Leiter von Gefängnissen und Anstalten verpflichtet sein, den Vorführungsersuchen der Gerichte zu entsprechen".[360] Gemeint war hier die eigens für die auf Basis des Gesetzes zur Verhütung erbkranken Nachwuchses (GzVeN) eingeführte Praxis der zuständigen Erbgesundheitsgerichte, in denen ein Richter und zwei Ärzte über die Zwangssterilisationen von Menschen entscheiden sollten.[361] Obwohl W. nicht selbst vor dem Erbgesundheitsgericht aufgetreten war, befürwortete dieses am 14. Juli 1938 seine Sterilisation zunächst, untersagte sie aber, als W. über den Standortarzt des Konzentrationslagers Beschwerde gegen den Beschluss einlegte. Auch wenn die Eingabe nicht fristgerecht erfolgte – was der Reichsjustizminister später dem Lagerkommandanten anlastete – wurde der Fall erneut aufgenommen und W. schließlich im Lager durch Vertreter des Erbgesundheitsobergerichts angehört, das am 6. Oktober 1938 eine Sterilisation ablehnte.

Die Entscheidung des Gerichts zugunsten W.s ist insofern bemerkenswert, als dass in der Forschungsliteratur davon ausgegangen wird, dass Lagerärzte die Weitergabe solcher Beschwerden bewusst verzögerten, um dem betroffenen Häftling

358 Transportliste vom 5. 9. 1940 aus dem KZ Sachsenhausen nach dem KL Dachau, FSB-Archiv Moskau, N-19092/Tom 84, Bl. 93, zit. n. AS, JSU 1/84, Bl. 93.

359 Morsch zufolge gelang die „Ausschaltung der Justiz aus den inneren Angelegenheiten der Konzentrationslager" ohnehin erst „durch die Bildung einer eigenen SS- und Polizeigerichtsbarkeit nach Kriegsbeginn", Morsch, Sachsenhauen – ein neuer Lagertypus?, S. 821.

360 Schreiben des Reichsministeriums der Justiz an den Reichsführer SS und Chef der Deutschen Polizei im Reichsministerium des Inneren vom 31. 3. 1939, BArch NS 19/1282, fol. 2.

361 Vgl. Kapitel 2.1.

jede Möglichkeit zu nehmen, sich dem Eingriff zu widersetzen.[362] In den meisten Fällen dürften sie damit Fakten geschaffen haben. W. nützte der Gerichtsbescheid dennoch nichts – zwei Wochen nach dem Beschluss wurde er im Oranienburger Krankenhaus sterilisiert. In einem Schreiben von Theodor Eicke an Heinrich Himmler, der Eicke um Aufklärung in dem Fall gebeten hatte, betonte dieser, dass dem Lagerarzt lediglich der Gerichtsbeschluss vom 14. Juli 1938 vorgelegen habe, nicht aber die später erfolgte Ablehnung der Sterilisation. Dieses vermeintliche Versehen begründete Eicke mit mangelndem SS-Ärztepersonal und einer daraus resultierenden Überlastung des verantwortlichen Arztes.[363] Er verwies zudem auf Verhandlungen zwischen dem damaligen Lagerkommandanten Hans Helwig[364] und dem RKPA, die zu dem Ergebnis geführt hätten, „daß Häftlinge zwecks Unfruchtbarmachung nicht mehr vorgeführt werden brauchten, sondern dem Erbgesundheitsgericht in einem besonderen Raum im Konzentrationslager vorgeführt werden" – eine Regelung, die nach diesem Vorfall offiziell wieder zurückgenommen wurde.[365]

In den Schriftwechsel zwischen den verschiedenen Stellen floss ab August 1939 als Begründung für das Vorgehen des Lagerarztes die Kategorisierung W.s als „Berufsverbrecher" mit ein. So erwähnte der SS-Gruppenführer Karl Wolff[366] die

362 Vgl. Iris Hax, Sterilisierung und Kastration von Häftlingen des KZ Sachsenhausen, in: Judith Hahn/Silvija Kavcic/Christoph Kopke (Hrsg.), Medizin im Nationalsozialismus und das System der Konzentrationslager. Beiträge eines interdisziplinären Symposiums, Frankfurt a. M. 2005, S. 66–91, hier S. 80; Angelika Ebbinghaus/Heidrun Kaupen-Haas/Karl Heinz Roth (Hrsg.), Heilen und Vernichten im Mustergau Hamburg. Bevölkerungspolitik und Gesundheitspolitik im Dritten Reich, Hamburg 1984, S. 30 f.

363 Schreiben des Führers der SS-Totenkopfstandarten und Konzentrationslager an den Reichsführer SS und Chef der Deutschen Polizei vom 3. 5. 1939, BArch NS 19/1282, fol. 4.

364 Hans Helwig (1881–1952) war bereits 1923 in die SA eingetreten und wechselte 1929 in die SS. Er war an zahlreichen Straßenkämpfen mit politischen Gegnern aktiv beteiligt. Im Juli 1932 zog er für die NSDAP in den Reichstag ein. Nach kurzer Tätigkeit als Kommandant im KZ Lichtenburg bekleidete er diesen Posten im KZ Sachsenhausen von August 1937 bis August 1938. Seine Versetzung in den Ruhestand soll u. a. mit dem hier skizzierten Fall von Johann W in Zusammenhang gestanden haben, vgl. Tom Segev, Die Soldaten des Bösen. Zur Geschichte der KZ-Kommandanten, Reinbek 1992, S. 156–161.

365 AS, P4-Akte Hans Helwig. Die von Helwig geführten Verhandlungen mit dem RKPA über die Vorführung von Häftlingen zwecks Begutachtung durch das Erbgesundheitsgericht waren auch Gegenstand einer Zusammenstellung über Helwig durch das Archiv der Staatssicherheit, Hauptabteilung IX/11, Ergänzung zum Auskunftsbericht vom 15. 5. 1986 über Hans Helwig, AS, P4-Akte Hans Helwig, Bl. 3.

366 Karl Wolff (1900 bis 1984) bekleidete zu diesem Zeitpunkt den Posten des ersten Adjutanten des persönlichen Stabes von Heinrich Himmler. Ebenso wie Helwig hatte Wolff für die NSDAP im Reichstag gesessen (ab März 1933) und war schon vor der Machtübernahme

hohe Anzahl von Vorstrafen des Betroffenen bereits im zweiten Abschnitt seines offiziellen Antwortschreibens an das Ministerbüro Gürtners:

> „Mit der Bitte um geeignete Unterrichtung des Herrn Ministers Dr. Gürtner möchte ich Ihnen im Auftrag des Reichsführer-SS mitteilen, daß W. […] an sich 24 x vorbestraft ist, die Unfruchtbarmachung jedoch tatsächlich auf ein Versehen des stellvertretenden Lagerarztes des Konzentrationslagers Sachsenhausen zurückgeführt werden muß."[367]

Fast schon entschuldigend klingt die Antwort des Ministers darauf, der ebenfalls Bezug auf die Tatsache nahm, dass W. als „Berufsverbrecher" klassifiziert worden war:

> „Wenn ich in meinem Schreiben vom 31. März 1939 den Fall des Häftlings W. […] eingehend behandelt habe, so ist dies nicht so sehr im Hinblick auf diesen geschehen, der ein Berufsverbrecher ist, sondern, um auf die Gefahren hinzuweisen, die sich aus dem bisherigen Verhalten der zuständigen Stelle des Konzentrationslagers Sachsenhausen ergeben haben."[368]

Anhand dieser Passagen wird deutlich, dass bei dem Konflikt nicht die Personenrechte W.s im Zentrum der Debatte standen, der schließlich selbst nach nationalsozialistischen Maßstäben zu Unrecht sterilisiert worden war, sondern vielmehr die prinzipielle Festschreibung der verschiedenen Kompetenzbereiche. Für Theodor Eicke war die Kategorisierung von W. als „Berufsverbrecher" ebenfalls ein Argument dafür, den Fall als erledigt zu betrachten, wie er in einem Schreiben an den Reichsführer SS vom 2. Dezember 1939 erklärte: „Es wird gebeten, dem Reichsjustizminister vorzuschlagen, den Fall als erledigt anzusehen, da eine böswillige Unterlassung gegebener Anordnungen nicht nachzuweisen und der

Mitglied der SS geworden. Im Zweiten Weltkrieg wurde er zunächst in das „Führerhauptquartier" entsandt. Im Juli 1943 erhielt er den Posten des höchsten Polizei- und SS-Führers in Italien. 1945 geriet er in amerikanische Gefangenschaft und trat später als Zeuge in verschiedenen Nürnberger Prozessen auf. Nach einigen Jahren Haft kam er 1949 wieder frei. 1964 wurde Wolff erneut in einem Prozess angeklagt, in dessen Verlauf er wegen Kriegsverbrechen und „Verbrechen gegen die Menschlichkeit" zu 15 Jahren Haft verurteilt wurde. Allerdings erfolgte seine Entlassung aus gesundheitlichen Gründen bereits 1969.

367 Schreiben des SS-Gruppenführers Wolff an den SS-Untersturmführer Dr. H. Eckert vom 30. 8. 1939, BArch NS 19/1282, fol. 9.

368 Schreiben des Reichsministers der Justiz an den Reichsführer SS und Chef der Deutschen Polizei im Reichsministerium des Inneren vom 18. 10. 1939, BArch NS 19/1282, fol. 12.

Sterilisierte ein 24mal vorbestrafter Berufsverbrecher ist.“[369] Leidtragender war selbstverständlich W., der am 5. September 1940 in das KZ Dachau und von dort am 12. Juli 1941 nach Buchenwald überstellt wurde.

Von Sterilisationen und Kastrationen waren auch „Berufsverbrecher“ betroffen, die sich in Freiheit oder Justizhaft befanden. Neben regulären Haftanstalten konnten zudem forensische Abteilungen in den Heil- und Pflegestätten Anträge auf Sterilisation von Insassen stellen.[370] Zwar sah das GzVeN eine Sterilisation allein aufgrund von Vorstrafen nicht vor, dennoch spielten diese in den Gutachten der Erbgesundheitsgerichte immer wieder eine Rolle. In der Regel wurde, lagen keine anderen „Erbkrankheiten“ vor, die Begründung „angeborener Schwachsinn“ oder „Alkoholismus“ hinzugezogen, die äußerst vage Kategorie „Schwachsinn“ avancierte ohnehin zum häufigsten Sterilisationsgrund.[371] Jürgen Simon zufolge suggerierte die kriminalbiologische Forschung der NS-Zeit generell eine enge Verbindung zwischen „Schwachsinn“ und Kriminalität „unter Zugrundelegung einer Definition von Schwachsinn, der nicht allein auf intellektuelle Leistungen abzielte“.[372] Ab 1935 erlaubte das GzVeN die Kastration von Männern mit „entartetem Geschlechtstrieb“ – darunter fielen neben Homosexualität auch Kindesmissbrauch, Vergewaltigung und Exhibitionismus und damit als „Sittlichkeitsverbrecher“ klassifizierte Männer.[373]

Mit der Einlieferung in die Konzentrationslager waren die „Berufsverbrecher“ wie Johann W. zusätzlich dem Zugriff der SS-Ärzte ausgesetzt. Die Lagerärzte zeigten nicht nur Häftlinge bei den Erbgesundheitsgerichten an, sondern führten zudem selbst Kastrationen im Krankenbau des Lagers durch.[374] Im Hinblick auf das KZ Sachsenhausen sind insgesamt 39 Krankenakten überliefert, die Sterilisationen und Kastrationen betreffen – darunter auch die Akten einzelner (zuvor kastrierter) Personen, die im Krankenbau nachuntersucht wurden.[375] Jürgen Simon

369 Schreiben des Inspekteurs der Konzentrationslager an den Reichsführer SS vom 2. 12. 1939, BArch NS 19/1282, fol. 15.

370 Müller, Verbrechensbekämpfung im Anstaltsstaat, S. 93.

371 Gisela Bock, Nationalsozialistische Sterilisationspolitik, in: Klaus-Dietmar Henke (Hrsg.), Tödliche Medizin im Nationalsozialismus. Von der Rassenhygiene zum Massenmord, Köln 2008, S. 85–99, hier S. 87; zu Köln: Roth, Verbrechensbekämpfung und soziale Ausgrenzung, S. 370; Wachsmann, Gefangen unter Hitler, S. 382; Simon, Kriminalbiologie und Zwangssterilisation, S. 225.

372 Simon, Kriminalbiologie und Zwangssterilisation, S. 302 f.

373 Kompisch, Wüstling – Werwolf – Teufel, S. 31 f.

374 Ley/Morsch, Medizin und Verbrechen, S. 276–306.

375 Es handelt sich um den Bestand GARF Moskau, Bestand 7021, Nr. 104-1, zit. n. AS, D 25 A1 T1-4 (A–Z). Iris Hax und Andreas Pretzel weisen in ihren Untersuchungen auf weitere Häftlinge aus dem KZ Sachsenhausen hin, die sterilisiert oder kastriert wurden, vgl. Hax, Sterilisierung und Kastration, S. 71; Pretzel, Wegen der zu erwartenden hohen Strafe, S. 60.

sieht in dieser Praxis der SS-Ärzte, die Unfruchtbarmachung in den Konzentrationslagern selbst vorzunehmen, eine mögliche Erklärung dafür, dass die bestehenden Vorschriften nicht in der Form geändert wurden, dass Kriminalität als alleiniger Sterilisationsgrund ausreichte – obwohl diese Forderung von verschiedenen Stellen immer wieder erhoben worden war.[376] Er kommt deshalb zu dem naheliegenden Schluss, das Gesetz sei in der Praxis auch als kriminalpolitisches Instrument verwendet worden.[377] Ein Schreiben des Reichs- und Preußischen Ministers des Inneren vom 6. November 1937 an den Inspekteur der Konzentrationslager weist darauf hin, dass sozialrassistische Begründungen tatsächlich eine relevante Größe bei Sterilisierungen in den Lagern waren.[378] Darin wird explizit betont, dass der „Feststellung asozialen oder kriminellen Verhaltens bei dem Unfruchtbarzumachenden und in seiner Sippe [...] gerade bei Zweifelsfällen ausschlaggebende Bedeutung" zukomme.[379] Theodor Eicke leitete dieses Dokument am 1. Februar 1938 an die in den KZ Dachau und Sachsenhausen eingesetzten SS-Ärzte weiter, sodass davon ausgegangen werden kann, dass der Inhalt den Standortärzten bekannt war. Untersucht man weitere Sterilisationsfälle aus dem KZ Sachsenhausen, zeigt sich, dass die Vorstrafen der Betroffenen immer wieder eine Rolle spielten.

Am 11. Februar 1938 beantragte der in Berlin-Neukölln geborene Wilhelm Sch., der sich seit März 1937 als „Berufsverbrecher" im KZ Sachsenhausen befand[380], angeblich freiwillig seine Sterilisation. Tatsächlich hatte die Kommandantur des Lagers den Antrag forciert, wie aus einem Schreiben des SS-Arztes an das Kreiskrankenhaus Oranienburg hervorgeht.[381] In seinem Gutachten attes-

376 Simon, Kriminalbiologie und Zwangssterilisation, S. 307.

377 Ebenda, S. 299.

378 Auf die sozialrassistische Komponente des Gesetzes wird auch in der Forschung immer wieder verwiesen, vgl. z. B. Astrid Ley, Nationalsozialistische Erbgesundheitspflege im Spannungsfeld gesellschaftlicher Interessen: Ideologische, ökonomische und medizinische Ziele des Sterilisationsgesetztes, in: Wolfgang Woelk/Jörg Vögele (Hrsg.), Geschichte und Gesundheitspolitik in Deutschland. Von der Weimarer Republik bis in die Frühgeschichte der „doppelten Staatsgründung", Berlin 2002, S. 187–196.

379 Abschrift eines Schreibens des Reichs- und Preußischen Ministers des Innern vom 6. 11. 1937, Archiv BStU, AV 2/87, Bd. 8, Bl. 94.

380 Zwar ist kein Einlieferungsdokument mehr vorhanden, allerdings ist als Zeitpunkt auf einem „Fragebogen für Häftlinge" vermerkt, dass sich Sch. seit dem 9. 3. 1937 in dem Konzentrationslager befand, vgl. GARF Moskau, Bestand 7021, Nr. 104-1, zit. n. AS, D 25 A1 T3 (Buchstabe S), Bl. 376.

381 Schreiben des SS-Standortarztes „Sachsenhausen" an das Kreiskrankenhaus Oranienburg vom 9. 7. 1938, GARF Moskau, Bestand 7021, Nr. 104-1, zit. n. AS, D 25 A1 T3 (Buchstabe S), Bl. 378.

tierte der Lagerarzt Ludwig Ehrsam[382] dem Häftling „schweren Alkoholismus" und „genuine Epilepsie".[383] Als Begründung für die aus seiner Sicht zu befürwortende Sterilisation führte er neben mehreren Aufenthalten des Sch. in der Heil- und Pflegeanstalt Herzberge in Berlin-Lichtenberg zwischen 1929 und 1933 auch dessen „Verhalten" an: „Hat sich in der Volksgemeinschaft nicht bewährt, daher Aufenthalt im K. L."[384] Ehrsam hatte sich im Zusammenhang mit dem Sterilisationsantrag von verschiedenen Stellen Informationen über Sch. eingeholt, unter anderem von der genannten Heil- und Pflegeanstalt. Interessant ist, dass der Leiter sich offenbar zunächst scheute, allzu bereitwillig Auskunft über den ehemaligen Patienten zu erteilen. War die Klinikleitung noch um die Wahrung von Personenrechten bemüht, regierte Ehrsam geradezu empört auf diesen Einwand. Die in dem Schreiben an den Lagerarzt enthaltene Schlussformulierung, „falls die Krankengeschichte erforderlich ist, wird eine Einverständniserklärung des S. erbeten",[385] rief dessen Entrüstung hervor: „Im Übrigen ist mir nicht bekannt, und in meiner fünfjährigen Praxis als Arzt an Konzentrationslagern nicht vorgekommen, daß Ärzte insbesondere Anstaltsärzte der Einwilligung der Patienten bedürfen sich über ihren Gesundheitszustand zu unterrichten."[386]

Aus dem ärztlichen Gutachten geht hervor, dass Sch. ab 1904 mit mehreren Unterbrechungen jahrelang in seinem Beruf als Bautischler gearbeitet hatte, bis er als Boxer und Artist in verschiedenen Varietés auftrat. Zum Zeitpunkt seiner Inhaftierung war Sch. 14-mal wegen Unterschlagung, Körperverletzung und „Sittlichkeitsverbrechen" vorbestraft. Das Berliner Erbgesundheitsgericht beschloss

382 Ludwig Ehrsam (1910–1947) wurde als Sohn eines Arztes in Menningen geboren. Er trat bereits 1931 in die SS ein. 1935 legte er sein medizinisches Staatsexamen und die Doktorprüfung ab und war seit Oktober 1936 leitender Lagerarzt des KZ Sachsenhausen, ab Mitte 1939 wechselte er in das KZ Lichtenburg und anschließend nach Buchenwald. Nach dem Überfall auf die Sowjetunion war er 1941 dort eingesetzt. Ehrsam geriet 1945 in britische Kriegsgefangenschaft. An die Sowjets übergeben, verurteilte das sowjetische Militärtribunal ihn zum Tode. Am 20. März 1947 erfolgte seine Hinrichtung, vgl. Morsch/Ley, Medizin und Verbrechen, S. 182 f.

383 Amtsärztliches Gutachten vom 11. 2. 1938, GARF Moskau, Bestand 7021, Nr. 104-1, zit. n. AS, D 25 A1 T3 (Buchstabe S), Bl. 392.

384 Ebenda, Bl. 393.

385 Schreiben der Direktion der Heil- und Pflegeanstalt Herzberge der Stadt Berlin an den Standortarzt des KL vom 7. 1. 1938, GARF Moskau, Bestand 7021, Nr. 104-1, zit. n. AS, D 25 A1 T3 (Buchstabe Sch), Bl. 396.

386 Schreiben des Standortarztes an die Direktion der Heil- und Pflegeanstalt Herzberge der Stadt Berlin vom 12. 1. 1938, GARF Moskau, Bestand 7021, Nr. 104-1, zit. n. AS, D 25 A1 T3 (Buchstabe Sch), Bl. 395.

die Sterilisation von Wilhelm Sch. am 5. April 1938 wegen „erblicher Fallsucht".[387] Sie wurde am 9. Juli 1938 im Oranienburger Krankenhaus durchgeführt. Zuständig für das Verfahren war das Gesundheitsamt Kreuzberg, das eng mit der Lagerkommandantur kooperiert hatte.[388] Sch. blieb mindestens bis zum August 1943 im KZ Sachsenhausen – darauf weist eine Meldung aus dem Krankenrevier des Lagers hin, in dem er sich zu diesem Zeitpunkt offenbar befand.[389]

Auch bei Otto Sch.[390] flossen dessen Vorstrafen sowie sein familiärer Hintergrund sowohl in den Sterilisationsbeschluss der 4. Kammer des Erbgesundheitsgerichts als auch in das Gutachten des Lagerarztes ein. Sch. war ebenfalls nicht zur Anhörung des Gerichts erschienen, da er sich im KZ Sachsenhausen befand. Die Kammer gelangte deshalb nach eigenen Angaben lediglich auf Grundlage der eingereichten Gutachten zu dem Schluss, dass Sch. aus „einer erbbiologisch minderwertigen Familie" komme.[391] Sein Vater sei Alkoholiker gewesen, des Weiteren ließen sich „in seiner Sippe mehrere Fälle von Psychopathie, Geistesstörung und auch ein Fall von Epilepsie nachweisen".[392] Schon in der Schule sei er durch eine „geistige Schwäche" aufgefallen und habe daher nur die dritte Klasse erreicht.[393] Seinen weiteren Lebenslauf beschrieb das Gericht wie folgt:

> „Nach der Schulzeit hat der Beteiligte dann nichts Ordentliches gelernt, weil er leichtsinnig drauf loslebte und schließlich schon frühzeitig mit dem Strafgesetz in Konflikt kam, sodaß er nunmehr insgesamt 23 Mal wegen der verschiedensten Straftaten zu erheblichen Freiheitsstrafen verurteilt worden ist."[394]

387 Schreiben des Standortarztes „Sachsenhausen" an die Geschäftsstelle des Erbgesundheitsgerichts Berlin vom 30. 5. 1938, GARF Moskau, Bestand 7021, Nr. 104-1, zit. n. AS, D 25 A1 T3 (Buchstabe Sch), Bl. 385.

388 Vgl. zum Beispiel Schreiben des Gesundheitsamts Kreuzberg vom 7. 6. 1938, GARF Moskau, Bestand 7021, Nr. 104-1, zit. n. AS, D 25 A1 T3 (Buchstabe Sch), Bl. 380. Dort erklärte das Amt sein Einverständnis mit der Sterilisation des Sch. im Oranienburger Krankenhaus und gab an, zuvor bereits eine „Aufforderung betreffend Unfruchtbarmachung des Sch." eingereicht zu haben.

389 Häftlingsnummernliste des Krankenreviers, RGWA, 1367/1/232, Bl. 216 R, zit. n. AS, D 1 A/1232, Bl. 216 R.

390 Der Fall von Otto Sch. ist in der Ausstellung „Medizin und Verbrechen" dokumentiert und wird von Iris Hax als Fallbeispiel erwähnt, vgl. Hax, Sterilisierung und Kastration, S. 76 f.

391 Beschluss der 4. Kammer des Erbgesundheitsgerichts Berlin vom 29. 3. 1938, GARF Moskau, Bestand 7021, Nr. 104-1, zit. n. AS, D 25 A1 T3 (Buchstabe Sch), Bl. 358.

392 Ebenda.

393 Ebenda.

394 Ebenda.

Wie vage die Bezeichnung „angeborener Schwachsinn" als Sterilisationsgrund war, zeigt der Versuch in dem Beschluss, diese zu belegen. So heißt es dort, man könne Sch. zwar keine „wesentlichen intellektuellen Ausfälle" nachweisen, dennoch handele es sich um einen „einsichts- und kritiklosen Menschen", „der in seiner Haltlosigkeit keine richtige Einsicht in die Ordnung der menschlichen Gesellschaft hat".[395] Eine ähnliche „Diagnose" hatte der Lagerarzt in seinem Gutachten vom 8. Februar 1938 gestellt, in dem er Sch. „angeborenen Schwachsinn" und „ethische Defekte" attestierte.[396] Unter der Rubrik „Begründung" in dem entsprechenden Antragsbogen war neben einem Aufenthalt in der Heilanstalt Langenhorn auch das Wort „Vorstrafen" angeführt.[397] Der gebürtige Berliner war zu diesem Zeitpunkt u. a. wegen Betrugs, Widerstands, Urkundenfälschung und Bettelei vorbestraft. Seine Sterilisation erfolgte am 25. Juni 1938 im Oranienburger Krankenhaus, wie der Lagerarzt an die Kommandantur des KZ Sachsenhausen meldete.[398] Sch. blieb mindestens bis Mai 1944 im KZ Sachsenhausen.[399]

Die Initiative für Zwangssterilisationen ging nicht immer von dem jeweiligen Standortarzt aus. Im Fall des „Berufsverbrechers" Mathias S. war es das Gesundheitsamt der Stadt Hamm, das sich an die Kommandantur des KZ Buchenwald wandte, wo sich S. im Mai 1944 befand.[400] In dem Schreiben wurde der Kommandant aufgefordert, „die Durchführung des Eingriffes in einer dazu berechtigten Anstalt zu veranlassen".[401] Bereits am 15. Oktober 1943 hatte das Dortmunder Erbgesundheitsgericht die Sterilisation von S. aufgrund von „erblicher Fallsucht" beschlossen.[402] Zu diesem Zeitpunkt befand er sich aufgrund eines „Vergehens gegen § 175" im Gerichtsgefängnis Hamm. In die Begründung des Gerichts flossen erbbiologische sowie sozialrassistische Aspekte ein. S., der nach drei Jahren Volks-

395 Ebenda.

396 Amtsärztliches Gutachten vom 8. 2. 1938, GARF Moskau, Bestand 7021, Nr. 104-1, zit. n. AS, D 25 A1 T3 (Buchstabe Sch), Bl. 368–370, hier Bl. 370.

397 Ebenda.

398 Meldung des Lagerarztes des K. L. Sachsenhausen an die Kommandantur des K. L. Sachsenhausen vom 25. 6. 1938, GARF Moskau, Bestand 7021, Nr. 104-1, zit. n. AS, D 25 A1 T3 (Buchstabe Sch), Bl. 353.

399 Veränderungsmitteilung „Transport" vom 26. 5. 1944, FSB-Archiv Moskau, N-19092/Tom 99, Bl. 83, zit. n. AS, JSU 1/99, Bl. 83.

400 Schreiben des Gesundheitsamtes der Stadt Hamm an den Leiter des Konzentrationslagers Buchenwald am 31. 5. 1944, GARF Moskau, Bestand 7021, Nr. 104-1, zit. n. AS, D 25 A 1 T2 (Buchstabe S), Bl. 327.

401 Ebenda.

402 Beschluss des Erbgesundheitsgerichts in Dortmund vom 15. 10. 1943, GARF Moskau, Bestand 7021, Nr. 104-1, zit. n. AS, D 25 A 1 T2 (Buchstabe S), Bl. 331.

schule und anschließender Ausbildung in einer Hilfsschule eine Lehre zum Eisen- und Stahlwalzer absolviert hatte, wurde in der gerichtlichen Begründung als „faul im Denken, flatterhaft, teilnahmslos, uninteressiert" beschrieben.[403] Zudem zeige er Anfälle von Bewusstlosigkeit und Kopfschmerzen, die dazu führten, dass das Gericht ihm eine „Fallsucht" attestierte, unter der schon seine Mutter gelitten habe. Da S. noch vor der erfolgten Sterilisation aus der Haftanstalt Hamm in das KZ Buchenwald und von dort im Juni 1944 in das KZ Sachsenhausen überstellt worden war,[404] führten letztendlich Ärzte im Oranienburger Kreiskrankenhaus den Eingriff am 3. Juli desselben Jahres durch.[405] Anschließend wurde der 29-jährige S. zurück in das KZ Buchenwald überstellt, kam aber im August 1944 mit einem weiteren Transport wieder nach Sachsenhausen.[406] Über seinen weiteren Verbleib ist nichts bekannt.

Von den im Krankenbau des KZ Sachsenhausen vorgenommenen Kastrationen scheinen in erster Linie als „Homosexuelle" und/oder als „Sittlichkeitsverbrecher" kategorisierte Häftlinge betroffen gewesen zu sein. Joachim Müller geht von neun heterosexuellen und sieben homosexuellen Männern aus, die im Krankenbau des Lagers kastriert wurden.[407] Bei den betroffenen Heterosexuellen handelte es sich um wegen verschiedener „Sittlichkeitsverbrechen" – darunter auch Exhibitionismus – Vorbestrafte.[408] Der „Vorbeugehäftling" August C., der nach eigenen Angaben selbst kastriert worden war,[409] erwähnt in seinem im Mai 1945 verfassten Erinnerungsbericht, es habe im Lager den „Aufruf" gegeben, wer als „Sittlichkeitsverbrecher oder Homosexueller im Lager war, sollte sich kastrieren lassen, wer das nicht tat, kam

403 Ebenda.

404 Transportliste Weimar Buchenwald vom 3. 6. 1944, I. T. S. Arolsen, KL Sachsenhausen/4, Bl. 45, zit. n. AS, D 7 A/4, Bl. 45.

405 Bericht des 1. Lagerarztes des K. L. Sachsenhausen an die Kommandantur K. L. Sachsenhausen vom 7. 7. 1944, GARF Moskau, Bestand 7021, Nr. 104-1, zit. n. AS, D 25 A 1 T2 (Buchstabe S), Bl. 334.

406 Transportliste K. L. Buchenwald nach K. L. Sachsenhausen vom 17. 8. 1944, I. T. S. Arolsen, KL Sachsenhausen/5, Bl. 64, zit. n. AS, D 7 A/5, Bl. 64.

407 Joachim Müller, „Um von meinem Trieb befreit zu werden". Kastrationen im Krankenrevier, in: ders./Sternweiler (Hrsg.), Homosexuelle Männer, S. 283–300, hier S. 285 f.

408 Ebenda; vgl. auch Hax, Sterilisierung und Kastration, S. 67.

409 Bericht des August C. über die Konzentrationslager Esterwegen (1936) und Sachsenhausen (1936–1940) vom 30. 5. 1945, StA Celle, Best. 5 0 119, zit. n. AS, P3-Akte August C., S. 11. Möglicherweise war C. selbst als Homosexueller oder „Sittlichkeitsverbrecher" verfolgt worden – darauf deutet neben der im Lager erfolgten Kastration seine Angabe hin, er sei 1936 aufgrund von „verbotenen Schriften und Photographien" verhaftet worden, vgl. Bericht des August C. über die Konzentrationslager Esterwegen (1936) und Sachsenhausen (1936–1940) vom 30. 5. 1945, StA Celle, Best. 5 0 119, zit. n. AS, P3-Akte August C., S. 3.

nicht frei".[410] Die Behauptung von C., diejenigen, die sich hätten operieren lassen, seien nach zwei Monaten freigelassen worden,[411] lässt sich anhand der vorliegenden Akten jedoch nicht belegen – im Gegenteil. So musste beispielsweise Johann Sch., der im Dezember 1944 im KZ Sachsenhausen kastriert worden war, wie viele andere Häftlinge ein Schreiben unterzeichnen, in dem er darauf hingewiesen wurde, dass durch „die freiwillige Entmannung kein Recht auf Entlassung aus der polizeilichen Vorbeugungshaft erlange"[412] – ein Standardsatz, der sich in allen Kastrationsanträgen findet. Dies betraf neben „Sittlichkeitsverbrechern" auch Homosexuelle.

Offensichtlich kam der Erlass vom 23. September 1940, der vorsah, Homosexuelle, die sich kastrieren ließen und „deren Geschlechtstrieb bereits vollkommen abgeklungen" sei,[413] nicht in Vorbeugehaft zu nehmen, ohnehin kaum zum Tragen.[414] Ob die Hoffnung auf Entlassung dennoch ein Beweggrund für Sch. war, den Antrag zu unterschreiben, lässt sich nicht nachweisen. Obschon KZ-Häftlinge kaum Chancen hatten, den Zwangseingriffen zu entgehen, kam es immer wieder vor, dass sie von den Ärzten gestellte Anträge auf Kastration ablehnten oder Einspruch gegen Sterilisationsbeschlüsse der Erbgesundheitsgerichte einlegten. So äußerte auch Johann Sch. kurz vor seiner Operation Zweifel am Erfolg derselben.[415] Als Begründung für den gravierenden Eingriff vom 1. Dezember 1944, bei dem ihm beide Hoden abgetrennt wurden, führte der Lagerarzt einen „krankhaften Geschlechtstrieb" an, der sich in Form von „sexuellem Verkehr mit minderjährigen Mädchen" geäußert habe.[416] Sch. war zu diesem Zeitpunkt dreimal wegen Sittlichkeitsverbrechen vorbestraft. In dem Nachuntersuchungsbericht über die erfolgte Kastration wird seine Verfassung zynisch als „etwas deprimiert" beschrieben, der Sexualtrieb sei nach der „Entmannung" erloschen.[417] Johann Sch. wurde im Februar 1945 aus Oranienburg in das KZ Mauthausen verlegt[418] und schließ-

410 Bericht des August C. über die Konzentrationslager Esterwegen (1936) und Sachsenhausen (1936–1940) vom 30. 5. 1945, StA Celle, Best. 5 0 119, zit. n. AS, P3-Akte August C., S. 6.

411 Ebenda.

412 Der 1. Lagerarzt des K. L. Sachsenhausen, Niederschrift vom 28. 3. 1944, GARF Moskau, Bestand 7021, Nr. 104-1, zit. n. AS, D 25 A 1 T2 (Buchstabe Sch), Bl. 29.

413 Erlaß des RKPA vom 23. 9. 1940, zit. n. Grau, Homosexualität in der NS-Zeit, S. 312.

414 Vgl. Micheler/Terfloht, Homosexuelle Männer als Opfer, S. 338 f.

415 Bericht des Häftlingsarztes Fritz B. vom 21. 11. 1944, GARF Moskau, Bestand 7021, Nr. 104-1, zit. n. AS, D 25 A 1 T2, Bl. 47.

416 Ärztlicher Bericht des Lagerarztes vom 2. 12. 1944, GARF Moskau, Bestand 7021, Nr. 104-1, zit. n. AS, D 25 A 1 T2 (Buchstabe Sch), Bl. 21.

417 Ärztlicher Bericht über die Folgen der Entmannung vom 5. 1. 1945, GARF Moskau, Bestand 7021, Nr. 104-1, zit. n. AS, D 25 A 1 T2 (Buchstabe Sch), Bl. 14–16.

418 Zugangsliste Konzentrationslager Mauthausen vom 26. 2. 1945, Hauptkommission Warschau, KL Mauthausen/16, Bl. 132, zit. n. AS, D 10 A/01, Bl. 102.

lich in dem Außenlager Ebensee im Mai 1945 befreit.[419] Er starb am 23. Januar 1964 in Köln.[420]

Unter den im Lager Kastrierten waren auch Nicht-Deutsche. Der in Riga geborene Lette Max S. stellte am 29. Februar 1944 einen angeblich freiwilligen Antrag auf Entmannung.[421] Der leitende Lagerarzt Dr. Heinz Baumkötter forderte daraufhin bei der Politischen Abteilung des Lagers die Akten über S. mit der Begründung an, der Fall könne erst bearbeitet werden, „wenn über den Umfang und die Art seiner Verfehlungen Klarheit" bestehe.[422] Zwar werden die Kastrationskriterien in dem „ärztlichen Bericht zur Frage der Entmannung" nicht genauer definiert, dennoch wird deutlich, dass das Vorleben von Max S. eine Rolle spielte. Dieser war zu diesem Zeitpunkt mehrfach wegen „Erregung öffentlichen Ärgernisses" vorbestraft, seine letzte Verurteilung zu neun Monaten Gefängnis stammte aus dem Jahr 1943.[423] Wie aus dem Schriftstück hervorgeht, handelte es sich bei allen Vorstrafen um Fälle von Exhibitionismus (u. a. „Zeigen des Gliedes auf öffentlichen Straßen").[424]

Über die Situation des im Februar 1944 eingelieferten S. im KZ Sachsenhausen liegen nicht viele Informationen vor. Am 30. März 1944 war er auf Weisung der Politischen Abteilung von der Kategorie „Berufsverbrecher" auf die des „Asozialen" umgestellt worden.[425] Im Juli desselben Jahres wurde er nach Polen in das Konzentrationslager Plaszow überführt.[426] Ob eine Kastration tatsächlich erfolgte, ist auf der Basis der vorliegenden Quellen nicht zu belegen. Aufgrund der Vorstrafen kann aber angenommen werden, dass der Antrag des Letten bestätigt und durchgeführt wurde. Schließlich notierte der Lagerarzt in seinem Bericht, dass S. bislang „noch keine Heilversuche" unternommen, bei

419 Vgl. Schreiben Archiv der KZ-Gedenkstätte Mauthausen an die Stiftung Brandenburgische Gedenkstätten vom 3. 11. 2003, zit. n. AS, P3-Akte Johann Sch.

420 Schreiben der Stadt Köln an die Stiftung Brandenburgische Gedenkstätten vom 7. 5. 2003, zit. n. AS, P3-Akte Johann Sch.

421 Antrag auf Entmannung vom 29. 2. 1944, GARF Moskau, Bestand 7021, Nr. 104-1, zit. n. AS, D 25 A 1 T2 (Buchstabe S), Bl. 340.

422 Schreiben des 1. Lagerarztes des K. L. Sachsenhausen an die Politische Abteilung des K. L. Sachsenhausen vom 1. 3. 1944, GARF Moskau, Bestand 7021, Nr. 104-1, zit. n. AS, D 25 A 1 T2 (Buchstabe S), Bl. 339.

423 Ärztlicher Bericht zur Frage der Entmannung vom 1. 3. 1944, GARF Moskau, Bestand 7021, Nr. 104-1, zit. n. AS, D 25 A 1 T2 (Buchstabe S), Bl. 342.

424 Ebenda.

425 Veränderungsmitteilung vom 30. 3. 1944, FSB-Archiv Moskau, N-19092/Tom 100, Bl. 73, zit. n. AS, JSU 1/100, Bl. 73.

426 Veränderungsmeldung „überführt" vom 19. 7. 1944, FSB-Archiv Moskau, N-19092/Tom 99, Bl. 138, zit. n. AS, JSU 1/99, Bl. 138.

seiner letzten exhibitionistischen Straftat jedoch zudem „volle Befriedigung" erfahren habe.[427]

Die Lagerärzte führten neben den Kastrationen manchmal auch nur Nachuntersuchungen durch, wie im Fall von Kurt von F. Der gebürtige Berliner war zum Zeitpunkt seiner Haft im KZ Sachsenhausen insgesamt siebenmal wegen Diebstahl, Erpressung und Hehlerei sowie einem offenbar unter Alkoholeinfluss begangenen „Sittlichkeitsverbrechen" vorbestraft.[428] Vermutlich kam er im Rahmen des Abkommens zwischen Himmler und Thierack zur Überstellung von Sicherungsverwahrten am 7. Mai 1943 nach Sachsenhausen und wurde im Juni 1943 im Krankenbau nachuntersucht.[429] Einem Schreiben der Kriminalbiologischen Sammelstelle der Moabiter Haftanstalt zufolge war F. dort am 13. Juni 1940 kastriert worden.[430] In dem vom Lagerarzt angefertigten Bericht „über die Folgen der Entmannung" heißt es unter der Rubrik „Stimmungs- und Affektlage": „zuweilen deprimiert (Haftfolge)".[431] F.s „geschlechtliches Verlangen" sei nach der Kastration „vollkommen erloschen", auch habe er „keine erotischen Träume mehr", so der Lagerarzt.[432] Zwar sei F. aufgrund der Kastration „anfangs verbittert" gewesen, habe sich aber schließlich „mit der Entmannung abgefunden". Während der Haftzeit habe er sich gut geführt, keine Lagerstrafen erhalten und arbeite gerne, so der „soziologische Befund" in dem Untersuchungsbogen.[433] F. war 1944 noch mehrfach im Krankenbau des KZ Sachsenhausen.[434] Über sein weiteres Leben ist nichts bekannt.

427 Ärztlicher Bericht zur Frage der Entmannung vom 1. 3. 1944, GARF Moskau, Bestand 7021, Nr. 104-1, zit. n. AS, D 25 A 1 T2 (Buchstabe S), Bl. 346.

428 Fragebogen für Häftlinge, GARF Moskau, Bestand 7021, Nr. 104-1, zit. n. AS, D 25 A 1 T1 (Buchstabe F), Bl. 165.

429 Ärztlicher Bericht über die Folgen der Entmannung vom 23. 6. 1943, GARF Moskau, Bestand 7021, Nr. 104-1, zit. n. AS, D 25 A 1 T1 (Buchstabe F), Bl. 151–154.

430 Schreiben der Kriminalbiologischen Sammelstelle Haftanstalt „Zellengefängnis" in Berlin an dem Kommandanten des Konzentrationslagers Sachsenhausen vom 18. 6. 1943, GARF Moskau, Bestand 7021, Nr. 104-1, zit. n. AS, D 25 A 1 T1 (Buchstabe F), Bl. 164.

431 Ärztlicher Bericht über die Folgen der Entmannung vom 23. 6. 1943, GARF Moskau, Bestand 7021, Nr. 104-1, zit. n. AS, D 25 A 1 T1 (Buchstabe F), Bl. 152.

432 Ebenda, Bl. 153.

433 Ebenda, Bl. 154.

434 Es liegen mehrere Meldungen über seinen Aufenthalt im Krankenrevier vor, die letzte ist auf den 11. 5. 1944 datiert. Vgl. Häftlingsnummernliste des Krankenreviers, RGWA, 1367/1/232, Bl. 182, zit. n. AS, D 1 A/1232, Bl. 182.

5.3.3. Die „Aktion 14f13"

Im Juni 1941 gingen drei Transporte aus dem KZ Sachsenhausen unter der Bezeichnung „Kommando S" in die Tötungsanstalt Sonnenstein/Pirna.[435] Auf den Listen befinden sich die Namen von 269 Personen, hinter denen die jeweiligen Haftgruppenkürzel vermerkt sind.[436] Unter den Ermordeten waren demnach 121 „Berufsverbrecher", davon fünf jüdische Häftlinge, von denen zwei zusätzlich als Homosexuelle geführt wurden.[437] In der zweiten Phase der „Krankenmorde", zu der zwei Transporte unter dem Tarnnamen „Kräutergarten" aus dem KZ Sachsenhausen am 5. und 7. Oktober 1942 gezählt werden können, töteten Ärzte die zuvor selektierten KZ-Häftlinge in der „Euthanasie"-Anstalt Bernburg/Saale.[438] Auch hier waren „Berufsverbrecher" unter den Opfern. Auf dem ersten der beiden Transporte, der am 5. Oktober 1942 das Lager verließ,[439] stellte diese Haftgruppe 28 von insgesamt 118 Personen. Eine Namensliste derjenigen, die am 7. Oktober nach Bernburg kamen, existiert nicht mehr. Aufgrund der vorhandenen Quellen lässt sich aber konstatieren, dass die „Berufsverbrecher" aus dem KZ Sachsenhausen insgesamt nicht überproportional häufig von „14f13" betroffen waren.[440] Dennoch stellt sich die Frage, ob diese Personen gezielt ausgewählt wurden und die „erweiterte Euthanasie" damit auch als „Aktion" interpretiert werden kann, der eine sozialrassistische Motivation zugrunde lag.

435 Zu Pirna-Sonnenstein vgl. Boris Böhm, Die nationalsozialistische Tötungsanstalt Pirna-Sonnenstein 1940–1941, in: Günter Morsch/Bertrand Perz (Hrsg.), Neue Studien zu nationalsozialistischen Massentötungen durch Giftgas. Historische Bedeutung, technische Entwicklung und revisionistische Leugnung, Berlin 2010, S. 109–118; Ley/Morsch, Medizin und Verbrechen, S. 310–320.

436 Namensliste „Kommando S", FSB-Archiv Moskau, N-19092/Tom 83, Bl. 6–10, zit. n. AS, JSU 1/83, Bl. 6–10.

437 Ein anderer erhielt die Bezeichnung BV Pole J.

438 In Bernburg wurden laut Ute Hoffmann insgesamt etwa 5000 KZ-Häftlinge aus den Lagern Sachsenhausen, Buchenwald, Flossenbürg, Groß-Rosen, Neuengamme und Ravensbrück ermordet. Vgl. Ute Hoffmann, „Für Reichszwecke frei gemacht". Zur Errichtung und Funktion der „Euthanasie"-Anstalt Bernburg/Saale, in: Morsch/Perz (Hrsg.), Neue Studien zu nationalsozialistischen Massentötungen, S. 131–139; Ute Hoffmann/Dietmar Schulze, … wird heute in eine andere Anstalt verlegt. Nationalsozialistische Zwangssterilisation und „Euthanasie" in der Landes-Heil- und Pflegeanstalt Bernburg – eine Dokumentation, Dessau 1997.

439 Transportliste Kräutergarten vom 5. 10. 1942, FSB-Archiv Moskau, N-19092/Tom 89, Bl. 4–5, zit. n. AS, JSU 1/89, Bl. 4 f.

440 Die Bezeichnung „14f" stand für die Akten der Inspektion der Konzentrationslager (IKL), die allgemein mit dem Tod von Häftlingen zu tun hatten, die Zahl „13" war das spezifische Kürzel für den Tod durch Gas.

Diese im Rahmen der „Aktion 14f13“ erfolgten Tötungen von KZ-Häftlingen in Heil- und Pflegeanstalten schlossen sich an die „offiziellen“ „Euthanasie“-Morde an. Obgleich die These eines direkten Weges von der Eugenik zur Euthanasie umstritten ist, herrscht in weiten Teilen der Forschung Einigkeit darüber, dass die Sterilisationspraxis des NS-Regimes den Übergang zum Krankenmord und zur weiteren Vernichtungspolitik gegen sozial und rassisch Unerwünschte zumindest vereinfachte.[441] Das „Euthanasie“-Programm muss dementsprechend auch vor dem Kontext der rassenhygienisch begründeten nationalsozialistischen Bevölkerungs- und Vernichtungspolitik betrachtet werden, die mit Beginn des Zweiten Weltkriegs eine neue Dimension erreichte. Zwar waren schon zuvor etwa 5000 Minderjährige im Rahmen sogenannten Kindereuthanasie in mindestens 40 Kinderfachabteilungen deutscher Kliniken getötet worden, diese Morde werden aber in der Regel noch nicht als offizieller Auftakt der „Euthanasie“ gewertet.[442] Denn erst kurz nach dem deutschen Überfall auf Polen veranlassten ab Herbst 1939 bis Frühjahr 1941 eigens dazu bestimmte Gutachter in Deutschland, Österreich und Polen die Ermordung von insgesamt über 80 000 Patienten aus Heil- und Pflegeanstalten sowie Zuchthäusern.[443]

Diese heute auch als „Aktion T4“ bezeichnete zentral organisierte Tötung von als „lebensunwert“ angesehenen Menschen basierte formal auf einer Weisung von Adolf Hitler an den Leiter der Reichskanzlei Philipp Bouhler sowie seinen Begleitarzt Dr. Karl Brandt.[444] In einem Schreiben aus dem Oktober 1939, das auf den 1. September 1939 rückdatiert worden war, hatte Hitler Bouhler und Brandt mit der Planung und Durchführung der „Euthanasie“ beauftragt. Die konkrete Auswahl der „Patienten“ erfolgte auf der Basis von Meldebögen, die von einer Gruppe von Gutachtern gesichtet wurden. Allein aufgrund dieser Unterlagen entschieden die Mitarbeiter der Berliner T4-Zentrale über Leben und Tod, die Selektierten wurden anschließend in die zu Tötungsstätten ausgebauten Anstalten gebracht und

441 Vgl. Uwe Kaminsky, Die NS-„Euthanasie“. Ein Forschungsüberblick, in: Klaus-Dietmar Henke (Hrsg.), Tödliche Medizin im Nationalsozialismus. Von der Rassenhygiene zum Massenmord, Köln 2008, S. 269–290.

442 Vgl. zur Kindereuthanasie Ernst Klee, „Euthanasie“ im NS-Staat. Die „Vernichtung lebensunwerten Lebens“, Frankfurt a. M. 1983, S. 77–81.

443 Vgl. zu Polen Volker Rieß, Die Anfänge der Vernichtung „lebensunwerten Lebens“ in den Reichsgauen Danzig-Westpreußen und Wartheland 1939/40, Frankfurt a. M. 1995.

444 Der Begriff „T4“ geht auf die Tiergartenstraße 4 in Berlin zurück, in der sich die der Reichskanzlei unterstehende Koordinierungsstelle (Hauptamt II) befand. Seit September 2014 befindet sich an der Tiergartenstraße 4 ein Gedenk- und Informationsort, der an die Opfer der „Euthanasie“ erinnert, vgl. http://gedenkort-t4.eu/zukunft/das-erinnern-gestalten (7. 10. 2015).

dort vergast.[445] An ihrer Ermordung war neben leitenden Ärzten auch Pflegepersonal beteiligt.

Schon die „Aktion T4" beschränkte sich nicht auf als geistig und körperlich behindert geltende Menschen, ihr fielen auch Patienten zum Opfer, die abweichendes bzw. auffälliges Verhalten gezeigt hatten. Gerade die Ermordung von Insassen forensischer Abteilungen verweist darauf, dass neben psychischen Erkrankungen auch Straftaten zumindest indirekt für die Selektionen relevant waren. In die forensischen Abteilungen konnten gemäß § 42 b Gewohnheitsverbrechergesetz[446] straffällig gewordene Personen eingewiesen werden, die vor Gericht als psychisch krank eingestuft worden waren.[447] Martin Roebel hat erste Ergebnisse über die von der „Aktion T4" betroffenen Patienten vorgelegt. Seine Untersuchung basiert auf einer Stichprobe von 114 Akten aus dem Bundesarchiv. Die Mehrheit der Opfer (27 %) war aufgrund von „Sittlichkeitsdelikten" in forensische Anstalten eingewiesen worden, darunter viele Homosexuelle.[448] Patienten aus der Forensik in Waldheim sowie aus den rheinischen Anstalten Bedburg-Hau und Düren waren auch die erste Opfergruppe in der „Euthanasie"-Stätte Brandenburg/Havel im März 1940 – Astrid Ley und Annette Hinz-Wessels zufolge hatte man zur Ermordung dieser Personen „anscheinend bewußt das Alte Zuchthaus ausgewählt".[449] Auf diese Weise wurde eine generelle Nähe zwischen Verbrechen und psychischer Krankheit hergestellt.

Ob Hitlers Anweisung vom 24. August 1941, die „Aktion T4" zu beenden, tatsächlich auf öffentliche Proteste wie die Predigt des Münsteraners Bischofs Clemens von Galen zurückgeht, ist in der Forschung umstritten. Winfried Meyer sieht das offizielle Ende der „Euthanasie" allgemein in der „durch das Wissen um den Krankenmord in der Bevölkerung ausgelösten Unruhe" begründet.[450] Darauf, dass Hitlers Befehl eher pragmatische denn ideologische Ursachen hat, deutet hin, dass die Tötungen nach dem 24. August 1941 fortgesetzt wurden – in einzelnen Anstalten starben Patienten durch Essensentzug oder wurden mit Injektionen getötet.

445 Zu ihnen zählten: Grafeneck, Brandenburg (Havel), Pirna-Sonnenstein, Hadamar, Bernburg und Hartheim. Patienten aus polnischen Anstalten wurden mit Gaswagen, durch Verhungern oder Erschießungen getötet, dies betraf u. a. Personen aus Anstalten in Poznań, Krakau und Warschau.

446 Vgl. zum Gesetz Kapitel 3.1.

447 Vgl. Kapitel 3.1.

448 Roebel, Forensische Patient/innen als Opfer, S. 140.

449 Astrid Ley/Annette Hinz-Wessels (Hrsg.), Die Euthanasie-Anstalt Brandenburg an der Havel. Morde an Kranken und Behinderten im Nationalsozialismus, Berlin 2012, S. 99.

450 Winfried Meyer, Beseitigung eines Zeugen des nationalsozialistischen Krankenmordes. Die Ermordung des Gendarmeriemeisters a. D. Jakob Küchle im KZ Sachsenhausen, in: Zeitschrift für Geschichtswissenschaft (2012) 1, S. 28–53, hier S. 43.

Parallel dazu hatten Bouhler und Himmler bereits Anfang 1941 Absprachen über die Selektion von KZ-Häftlingen durchgeführt, die ebenfalls in den Gaskammern der T4-Anstalten umgebracht werden sollten. Eigens angereiste externe Ärzte, die bereits bei der „Aktion T4" eine tragende Rolle gespielt hatten, traten im April 1941 zunächst als Gutachter im KZ Sachsenhausen auf und unternahmen in den folgenden Wochen regelrechte „Selektionsreisen" durch die verschiedenen Lager. Als Ausgangsbasis für die Auswahl einzelner Personen dienten die gleichen Meldebögen, die auch schon im Rahmen von T4 an die Anstalten verschickt worden waren. In den Formularen wurden explizit auch Vorstrafen abgefragt, wobei jedoch einem Schreiben der IKL vom 10. Dezember 1941 zufolge keine detaillierte Aufzählung aus dem Vorstrafenregister der Häftlinge erfolgen sollte: „Es ist nur über die hauptsächlichsten Vorstrafen kurz zu berichten, die einzelnen Delikte sind nur kurz aufzuführen."[451] Auch das Verhalten im Lager konnte in die Begutachtung einfließen, wie aus einem Brief von Dr. Friedrich Mennecke hervorgeht.[452] Der Arzt verfasste während seiner Tätigkeit im Rahmen der „Aktion 14f13" ca. 2000 Briefe an seine Frau Eva, die eindrucksvolle Einblicke in das Vorgehen und die Denkweise eines Täters erlauben. Am 20. November 1941 schrieb er, dass bei den vorgeführten Häftlingen aus dem KZ Ravensbrück auch Angaben „über das Verhalten im Lager" gemacht worden seien.[453] Die begutachtenden Ärzte führten die Selektionen zu diesem Zeitpunkt noch selbst durch, die Lagerverwaltungen konnten aber in den Meldebögen Angaben machen und auf diese Weise eine erste Vorentscheidung treffen.[454] Nachdem die Gutachten vollständig ausgefüllt worden waren, schickte der Lagerkommandant sie in die T4-Zentrale zurück. Alle Opfer der „Aktion 14f13" registrierte das örtliche Standesamt, als Sterbeort gab die SS das jeweilige Lager an, und die Lagerärzte fingierten die Todesursache.

451 Zit. n. Thomas Vormbaum (Hrsg.), „Euthanasie" vor Gericht. Die Anklageschrift des Generalstaatsanwalts beim OLG Frankfurt/M. gegen Dr. Werner Heyde u. a. vom 22. 5. 1962, Berlin 2005, S. 344 f.

452 Friedrich Mennecke, geb. am 6. 10. 1904 in Groß-Freden, studierte in Göttingen und Marburg Medizin. Er trat bereits 1932 der SS bei, 1936 war er in der Heilanstalt Eichberg tätig, die er ab 1939 leitete. Seit Februar 1940 war er als Gutachter für die „Aktion T4" tätig. 1941 selektierte er Häftlinge aus verschiedenen Konzentrationslagern im Rahmen der „Aktion 14f13". Nach Kriegsende geriet er in französische Kriegsgefangenschaft. Mennecke sagte zunächst als Zeuge im Nürnberger Ärzteprozess 1946/47 aus, wurde dort aber selbst schwer belastet. Er starb am 28. Januar 1947 im Zuchthaus Butzbach. Vgl. zu Mennecke Peter Chroust, Innenansichten eines medizinischen Täters im Nationalsozialismus. Eine Edition seiner Briefe 1935–1947, Hamburg 1988.

453 Zit. n. Vormbaum, „Euthanasie" vor Gericht, S. 331.

454 Astrid Ley, Vom Krankenmord zum Genozid. Die „Aktion 14f13" in den Konzentrationslagern, in: Dachauer Hefte 25 (2009): Die Zukunft der Erinnerung, S. 36–49, hier S. 37.

Nicht belegt ist, inwieweit 14f13 überwiegend eine „Aktion" gegen kranke und arbeitsunfähige Häftlinge war oder bei der Auswahl (sozial-)rassistische Kriterien im Vordergrund standen. Tatsächlich dürfte es sich um eine Gemengelage verschiedener Motive gehandelt haben. Willi Dreßen etwa zitiert unter Bezugnahme auf Ernst Klee eine Weisung des Hauptamtes II, der zufolge Kranke und Geschwächte ausgewählt werden sollten. Er kommt zu dem Schluss, dass die Ärzte in ihre Liste „auch missliebige nicht geisteskranke gesunde und sogar arbeitsfähige Häftlinge" aufnahmen.[455] Bernhard Strebel argumentiert in seiner Monografie über das KZ Ravensbrück, dass erst die oben zitierte Anordnung der IKL vom 10. Dezember 1941 zu einer Erweiterung der Kriterien geführt habe:

> „Zum ersten Mal gab es Vorgaben aus Berlin, die das bisherige bei weitem überstiegen und den Rahmen dessen sprengten, was im NS-Sprachgebrauch euphemistisch als „Euthanasie" bezeichnet wurde. Nunmehr ging es um rassische und politische Kriterien sowie die Frage nach früheren Straftaten. Auch war nicht mehr vorgesehen, alle Häftlinge vorzuführen, das heißt, ärztlich zu untersuchen."[456]

Eine umfassende medizinische Untersuchung durch die Ärzte war aber schon bei den ersten Selektionen im April 1941 nicht erfolgt, vielmehr begutachteten sie die Betroffenen in Massenverfahren oftmals mit bloßem Auge, wie sowohl aus den Briefen von Dr. Mennecke als auch nach Kriegsende aus verschiedenen Zeugenaussagen hervorgeht.[457] Möglich ist deshalb, dass schon in der ersten Phase, bei der die T4-Gutachter als Lagerexterne beteiligt waren, nicht „nur" kranke Häftlinge ausgewählt wurden. Belege dafür liefert auch die jüngere Forschung. Während die historische Untersuchung der „Aktion 14f13" lange Zeit gegenüber der „Euthanasie" eine eher untergeordnete Rolle spielte, sind in den letzten Jahren vereinzelt Aufsätze oder Kapitel in Monografien bzw. Ausstellungskatalogen entstanden, die sich den in den Lagern fortgesetzten Selektionen widmen.[458] Auf Basis dieser Publikationen konnten Beispiele dafür zusammengetragen werden, dass schon im Sommer 1941 Personen betroffen waren, die mit der SS in Konflikt geraten waren

455 Willi Dreßen, Konzentrationslager als Tötungs- und Hinrichtungsstätten für Oppositionelle, Behinderte, Kriegsgefangene, in: Benz/Distel (Hrsg.), Der Ort des Terrors, Bd. 1, S. 230–241, hier S. 230.

456 Strebel, Das KZ Ravensbrück, S. 325.

457 Vgl. Vormbaum, „Euthanasie" vor Gericht; Chroust, Innenansichten eines medizinischen Täters.

458 Ley, Vom Krankenmord zum Genozid; Ley/Morsch, Medizin und Verbrechen, S. 307–329.

oder bestimmten Haftgruppen angehörten, darunter auch „Berufsverbrecher". Um die eingangs aufgeworfene Frage beantworten zu können, inwieweit bei der Auswahl der KZ-Häftlinge sozialrassistische Kriterien eine Rolle spielten, die dazu führten, dass sowohl die externen Ärzte als auch das Lagerpersonal insbesondere „Berufsverbrecher" ins Augenmerk nahmen, lohnt der Blick auf die Vorgehensweise in den jeweiligen Lagern. Teilweise unterschied sich die Zusammensetzung der betroffenen Haftgruppen enorm.[459]

5.3.3.1. Exkurs: Selektionen in den KZ Auschwitz und Ravensbrück

Jochen August hat auf Basis diverser Quellen rekonstruiert, dass mindestens 575 Häftlinge aus dem Konzentrationslager Auschwitz am 28. Juli 1941 nach Sonnenstein/Pirna transportiert wurden.[460] Unter ihnen befand sich der am 24. März 1903 in Kattowitz geborene Johann Siegruth, der in dem Lager die Häftlingsnummer 26 trug.

Siegruth war im Mai 1940 als einer von 30 „Berufsverbrechern" aus dem KZ Sachsenhausen in das neu aufzubauende Stammlager Auschwitz gebracht und dort als Vorarbeiter im Kommando „Bauhof" eingesetzt worden.[461] Wie 13 weitere Personen aus dieser Gruppe geriet er dort mit der SS in Konflikt – aus dem im Archiv der Gedenkstätte Auschwitz vorliegenden „Bunkerbuch" lässt sich nachweisen, dass sich Siegruth vom 3. April bis 11. April 1941 im lagereigenen Gefängnis befand – aus welchem Grund bleibt allerdings unklar.[462] Sein Name ist am 11. August 1941 im Totenbuch des Lagers vermerkt. Über die tatsächliche Todesursache von Siegruth und seinen Sterbeort existieren indes unterschiedliche Angaben. Der polnische Überlebende Kazimierz Albin schreibt in seinen Erinnerungen, Siegruth habe sich auf dem Transport nach Pirna das Leben genommen.[463] In einer Anmerkung der Herausgeber wird allerdings die These vertreten, der „von allen gehaßte Siegruth" sei von Mithäftlingen umgebracht worden.[464] Stanisław

459 Ebenda.

460 Jochen August, Der Transport von 575 Häftlingen des KL Auschwitz nach Sonnenstein (28. Juli 1941). Rekonstruktion einer vernichteten Transportliste, in: Hefte von Auschwitz 24 (2009), S. 125–191.

461 Angelika Königseder, Auschwitz, in: Benz/Distel (Hrsg.), Der Ort des Terrors, Bd. 5, S. 81. Die einzelnen Kommandoangehörigen sind bei Danuta Czech namentlich genannt, vgl. Danuta Czech, Kalendarium der Ereignisse im Konzentrationslager Auschwitz-Birkenau 1939–1945, Hamburg 1989, S. 32.

462 Archiv Staatliches Museum Auschwitz, Sig. D-AuI-3/1, Nr. 29636 A, Bl. 7.

463 Albin, Steckbrieflich gesucht, S. 83.

464 Ebenda, FN 7.

Kłodziński, ebenfalls Überlebender des KZ Auschwitz, erwähnt in seinem Bericht hingegen, zahlreiche Berichte hätten bestätigt, dass Johann Siegruth Sonnenstein nie erreichte, da er schon während der Fahrt durch begleitende SS-Männer erhängt worden sei. Diese Information habe die SS selbst im Lager gestreut.[465] Siegruth hatte zwar einen amputierten Arm und fiel somit in das Raster der zu selektierenden kranken Häftlinge, es ist jedoch durchaus möglich, dass die Lagerleitung ihn aus anderen Gründen auf die Transportliste setzen ließ. Kłodziński zufolge sprächen verschiedene Quellen davon, er sei gemeinsam mit einem weiteren „Berufsverbrecher" aufgrund von „Handel mit Gold, Dollar und Edelsteinen zum Tode verurteilt"[466] worden. Der ehemalige Häftling Feliks Mylyk, Juni/Juli 1940 als Läufer für die Politische Abteilung eingesetzt, äußerte sich 1982 ebenfalls über den Tod von Siegruth. Er selbst habe im Sommer 1941 von der SS die Weisung erhalten, Personenakten und Karteikarten von im Krankenbau befindlichen Häftlingen für eine Überstellungsliste „nach Dresden" anzufertigen. Die Akte von Siegruth sei auf Weisung der SS hinzugelegt worden:

> „Als ich die Akten und Karteikarten schon herausgezogen und alphabetisch geordnet hatte, bekam ich die Anweisung, noch die Akten und Karteikarten von K. [sic!] und von S. dazuzulegen, deutschen Kapos, Berufsverbrecher-Häftlingen mit grünen Winkeln, also kriminellen Häftlingen. [...] So legte ich die Akten und Karteikarten dieser zwei Kapos zu denen, die ich bereits herausgesucht hatte, und fertigte eine Überstellungsliste an."[467]

Die Bezeichnung „Dresden" stand im „Lagerjargon" des KZ Auschwitz für die Deportation in die Tötungsanstalt Pirna/Sonnenstein.[468] Neben den Erinnerungsberichten ehemaliger Häftlinge beinhalten die Aussagen von SS-Angehörigen Hinweise darauf, dass sich die Selektion in Auschwitz auch gezielt gegen einzelne „Berufsverbrecher" richtete. So erklärte der ehemalige Lagerkommandant Rudolf Höß während einer Vernehmung in Krakau am 9. Januar 1947:[469]

465 Archiv Memorial und Museum Auschwitz; Stanisław Kłodziński, Pierwsza oświęcimska selekcja do gazu. Transport do „sanatorium Dresden", in: Przegląd Lekarski – Oświęcim (1970) 1, S. 39–50. Den Bericht hat Elisabeth Bürger, Mitarbeiterin der Gedenkstätte und Museum Sachsenhausen, 2011 ins Deutsche übersetzt. Ich danke ihr ganz herzlich dafür.

466 Ebenda.

467 Zit. n. August, Der Transport von 575 Häftlingen, S. 126.

468 Ebenda, S. 127.

469 Rudolf Höß, der zunächst in britische Kriegsgefangenschaft gekommen war und noch im Frühjahr 1946 als Zeuge bei den Nürnberger Prozessen auftrat, war am 25. Mai 1946 nach Polen ausgeliefert worden. Nach mehreren Monaten Haft in Krakau wurde in Warschau

> „Das war eine bereits vorher durch den Befehl Himmlers angekündigte Sonderkommission. Nach diesem Befehl sollten unter den Häftlingen alle Berufsverbrecher, erblich Belasteten und geisteskranken Häftlinge ausgewählt und nach dem Eintreffen der Sonderkommission den Angehörigen der Kommission übergeben werden."[470]

Maximilian Grabner, von Juni 1940 bis Dezember 1943 Leiter der Politischen Abteilung im KZ Auschwitz, bezeichnete die Selektion während seiner Vernehmungen im Herbst 1945 in Wien[471] als „Aktion betreffs Krüppel, Unheilbare, Unverbesserliche besonders Berufsverbrecher".[472]

Aus dem KZ Ravensbrück gibt es Hinweise darauf, dass die „Aktion 14f13" in hohem Maße „Asoziale" und „Berufsverbrecher" betraf. Hier selektierten die Ärzte sowohl Frauen als auch Männer und schickten sie in den Gastod. Über die Zusammensetzung der betroffenen Frauen äußerte sich Dr. Mennecke in einem Brief an seine Frau vom 6. Januar 1942: „Sonst ist zum heutigen Tage noch zu melden, dass ich 151 Akten fertigbekommen habe, mit den gestrigen also bis jetzt 181. Es sind sämtlich Arierinnen mit zahlreichen Vorstrafen."[473] Einen Tag zuvor hatte der Arzt das Männerlager aufgesucht, nachdem die SS hier (ohne ihn als Gutachter) eine erste Liste von zu Deportierenden angefertigt hatte. Strebel rekonstruiert die Zahl von insgesamt 298 männlichen Opfern der fortgesetzten „Euthanasie", denen gemein ist, dass sie am 23. und 25. März 1942 im sogenannten Nummernbuch des KZ Ravensbrück abweichend von der üblichen Registratur ohne Ortsangabe mit „überstellt" vermerkt und kurze Zeit später als tot gemeldet wurden.[474] Unter den aus dem Männerlager Deportierten waren mindestens 50 „Berufsverbrecher" (also ca. 17 %).[475] Ein Häftling aus dieser Gruppe war zuvor im KZ Dachau als Homosexueller kategorisiert

Anklage gegen ihn erhoben, im April 1947 wurde er zum Tode verurteilt, das Todesurteil wurde am 16. April auf dem Gelände des ehemaligen Konzentrationslagers Auschwitz vollstreckt.

470 Zit. n. August, Der Transport von 575 Häftlingen, S. 131.

471 Der am 2. 10. 1905 in Wien geborene Grabner wurde am 4. 8. 1945 in Wien verhaftet und am 12. 7. 1947 an Polen ausgeliefert, wo ihn das oberste polnische Gericht zum Tode verurteilte. Seine Hinrichtung erfolgte 1948.

472 August, Der Transport von 575 Häftlingen, S. 134.

473 Chroust, Innenansichten eines medizinischen Täters, S. 288.

474 Strebel, Das KZ Ravensbrück, S. 329.

475 Bei den anderen Personen handelte es sich um jüdische Häftlinge (139) sowie um 40 Polen, 42 „Asoziale", 21 politische Schutzhäftlinge, fünf Homosexuelle und einen Wehrmachtsgefangenen, vgl. Strebel, Das KZ Ravensbrück, S. 332.

worden.[476] Die Gesamtzahl der Häftlinge im Ravensbrücker Männerlager lag zu diesem Zeitpunkt bei mindestens 1800 Personen.[477] Zwar finden sich bei Strebel keine Angaben darüber, wie viele „Berufsverbrecher" sich darunter befanden. Bezieht man jedoch die Zahl der „Asozialen" mit ein, die im Rahmen von 14f13 ermordet wurden, ergibt sich die Zahl von 91 männlichen Vorbeugehäftlingen, also fast einem Drittel aller Opfer aus dem Männerlager. Auch in Bezug auf die Transporte aus dem Frauenlager war laut Strebel die Anzahl von „Berufsverbrecherinnen" mit 150 Personen „auffallend hoch".[478]

5.3.3.2. Die „Aktion 14f13" im KZ Sachsenhausen

Astrid Ley hat gezeigt, dass sich die Mehrheit der aus dem KZ Sachsenhausen nach Sonnenstein/Pirna deportierten Häftlinge zuvor im Krankenbau befunden hatte. Dies könnte dafür sprechen, dass neben körperlich Eingeschränkten vor allem „Kranke" ausgewählt worden waren.[479] Nicht auszuschließen ist allerdings, dass sich im Revier auch gesunde Häftlinge aufhielten. Harry Naujoks thematisiert in seinen Erinnerungen die Ankunft der Ärztekommission im April 1941 und schildert, wie diese „300 bis 350 Gefangene, angeblich solche mit geistigen Defekten", im Krankenbau untersucht hätten.[480] Unter den Betroffenen, so Naujoks, seien auch gesunde „Berufsverbrecher" gewesen:

> „An einem dieser Tage wurden dreißig bis vierzig Mann zum Krankenbau bestellt, wo sie den Ärzten vorgeführt werden sollten. Ich entdeckte in dieser Gruppe zwei grüne Häftlinge, die ich kannte. Beide waren große und kräftige Männer. Verwundert fragte ich sie, ob sie krank seien. Sie erzählten mir, daß sie eine Magenkrankheit simuliert hätten, um für eine bestimmte Zeit Diätkost bewilligt zu bekommen."[481]

Auch Rudi Wunderlich, von 1939 bis 1944 als Schutzhäftling im KZ Sachsenhausen, erwähnt in seinem Bericht „Diätempfänger", die mit auf die „Kommando-S"-Listen

476 Laut Strebel wurde das Männerlager im April 1941 mit 300 Häftlingen aus der Dachauer Strafkompanie eingerichtet, von den 50 „Berufsverbrechern" waren zuvor mindestens 17 im KZ Dachau gewesen, vgl. Strebel, Das KZ Ravensbrück, S. 292.

477 Strebel geht von 1000 Häftlingen bis Ende November 1941 im Männerlager aus, hinzu kommt ein Transport von 800 Personen vom 13. März 1942, vgl. Strebel, Das KZ Ravensbrück, S. 293.

478 Ebenda, S. 333.

479 Ley, Vom Krankenmord zum Genozid, S. 41.

480 Naujoks, Mein Leben im KZ Sachsenhausen, S. 247.

481 Ebenda.

gesetzt worden seien.[482] Und nicht zuletzt vermerkte der in der Politischen Abteilung eingesetzte Schutzhäftling Emil Büge in seinen heimlich im Lager angefertigten Notizen, die Zusammenstellung der Listen sei sowohl aufgrund von Krankheit oder Arbeitsunfähigkeit als auch nach dem Kriterium „asozial" erfolgt:

> „Für das Kommando ‚S' werden solche Häftlinge ausgesucht, die kaum noch zur Arbeit gehen, ja arbeitsunfähig sind, also ‚Muselmänner', Körperschwache, aber auch ‚asoziale' Elemente (wie Handwerksburschen, Trinker, Zuhälter etc.), Amputierte usw., eben Leute, denen man jedes Recht zum Weiterleben abstreitet. Der größte Teil sind Revierkranke und den Rest holt man sich aus den Blocks."[483]

Die Angaben von Dr. Mennecke, die er gegenüber seiner Frau machte, scheinen dies zu bestätigen. Der Arzt schrieb am 7. April 1941 aus Oranienburg, dass er im KZ Sachsenhausen insgesamt 109 Personen begutachtet habe, und führte aus: „Ich lege gerade auf diese Unterlagen besonderen Wert für eventuelle spätere wissenschaftliche Verwertung, weil es sich ausschließlich um ‚Antisoziale' – und zwar in höchster Potenz handelt."[484] Zwar definierte Mennecke nicht, was er unter „Antisozialen" verstand, die Bemerkung könnte sich jedoch ähnlich wie bei seinen Kommentaren über die im KZ Ravensbrück selektierten Frauen auf die Lebensläufe und eventuellen Vorstrafen von Häftlingen bezogen haben.

Anhand der noch vorhandenen Quellen lassen sich bei einigen „Berufsverbrechern", die im KZ Sachsenhausen selektiert worden waren, zudem keine körperlichen Einschränkungen oder ein Aufenthalt im Krankenrevier nachweisen. So im Fall des gelernten Bauarbeiters Franz Kucharzewski, der zum Zeitpunkt seiner Ermordung mehrfach wegen Diebstahls vorbestraft war. Er arbeitete bis Herbst 1938 auf verschiedenen Autobahnbaustellen, u. a. in Klein-Marzahn und Groß-Beeren. Da sich Kucharzewski im September 1938 offenbar geweigert hatte, eine Stelle anzunehmen, versagte ihm das zuständige Arbeitsamt in Berlin-Spandau weitere Zuwendungen, woraufhin er arbeits- und wohnungslos wurde. Im Oktober 1938 folgte seine Festnahme mit dem Verdacht auf Diebstahl. Kucharzewski lebte zu diesem Zeitpunkt im Keller eines Bekannten. Wie aus der Gerichtsakte hervorgeht, erwog die Kriminalpolizei, ihn in Vorbeugehaft

482 Rudolf Wunderlich, Konzentrationslager Sachsenhausen bei Oranienburg 1939 bis 1944. Die Aufzeichnungen des KZ-Häftlings Rudolf Wunderlich. Hrsg. von Joachim S. Hohmann und Günther Wieland, Frankfurt a. M. 1997, S. 28.

483 Büge, 1470 KZ-Geheimnisse, S. 242.

484 Chroust, Innenansichten eines medizinischen Täters, S. 195.

zu nehmen: „Sollte gegen Kucharzewski kein Haftbefehl erlassen werden, so wird um Rücksistierung des K. für die Dienststelle KJ.-Vorb.2 zwecks Ergreifung polizeilicher, vorbeugender Maßnahmen, gebeten", heißt es in dem im November 1938 angefertigten Abschlussbericht über die Ermittlungen.[485] Dazu kam es jedoch vorerst nicht, denn das Landgericht Berlin verurteilte Kucharzewski am 15. März 1939 wegen Besitzes von Einbruchswerkzeug (12 Dietriche) zu sechs Monaten Haftstrafe.[486] Der bloße Besitz von Diebeswerkzeug stand seit Implementierung des Gewohnheitsverbrechergesetzes im November 1933 unter Strafe, sofern es sich bei dem Delinquenten um eine wegen Diebstahl vorbestrafte Person handelte.[487]

Anfang Dezember 1940 wurde Franz Kucharzewski dann doch als „Berufsverbrecher" in das KZ Sachsenhausen gebracht.[488] Warum und wann gegen ihn Vorbeugehaft verhängt wurde, lässt sich nicht mehr rekonstruieren. Wenige Monate später stand sein Name auf dem zweiten „Kommando S"-Transport am 5. Juni 1941 nach Pirna, wo er im Alter von 34 Jahren ermordet wurde.[489] Das Standesamt Oranienburg verzeichnete am 4. Juli 1941 seinen Tod, als offizielle Todesursachen waren „Kreislaufschwäche" sowie „septische Angina" angegeben.[490]

Gleich dreimal im Krankenbau befand sich hingegen der 1908 in Berlin geborene Heizer Stanislaus Kruppa. Im Juli 1938 hatte ihn ein Mitarbeiter des Wohlfahrtsamtes in Berlin-Mitte bei der Kriminalpolizei angezeigt. Als Grund gab er an, Kruppa, der dort Unterstützung beantragt habe, sei mit einem neuen Fahrrad erschienen. Dies veranlasste den Mitarbeiter offenbar dazu, Kontakt zu Kruppas Arbeitsstelle aufzunehmen, wo ihm bestätigt wurde, dass dieser tatsächlich im Besitz eines neuen Fahrrads sei. Der Wohlfahrtsbeamte vermutete aufgrund der Vorstrafen des Kruppa – er war zu diesem Zeitpunkt 16-mal überwiegend wegen Diebstahl und Unterschlagung verurteilt worden – dieser habe das Fahrrad „nicht auf reelle Weise in seinen Besitz gebracht".[491] Die von der Kriminalpolizei

485 Kriminalpolizeilicher Bericht vom 4. 11. 1938, in: Strafakte Franz Kucharzewski, LAB, A Rep. 358-02, Nr. 33363, Bl. 18.

486 Urteil des Landgerichtes Berlin vom 15. 3. 1939, in: Strafakte Franz Kucharzewski, LAB, A Rep. 358-02, Nr. 33363, Bl. 34.

487 Vgl. Kapitel 3.2.1.

488 Veränderungsmitteilung vom 5. 12. 1940, RGWA, 1367/1/196, Bl. 452, zit. n. AS, D1A/1196, Bl. 452.

489 Transportliste „Kommando S" vom 5. 6. 1941, FSB-Archiv Moskau, N 19092/Tom 83, Bl. 9, zit. n. AS, JSU 1/83, Bl. 9.

490 AS, Standesamt Oranienburg, Nr. 1044/1941 (II), Bl. 462.

491 Vermerk der Berliner Kriminalpolizei vom 26. 7. 1938, in: Strafakte Stanislaus Kruppa, LAB, A Rep. 358-02, Nr. 116321, Bl. 29.

daraufhin eingeleiteten Ermittlungen ergaben, dass Kruppa bereits zuvor im Fahrradladen Lindcar ein Fahrrad auf Raten erworben und versucht hatte, dieses zu verkaufen. Der Händler verzichtete auf eine Anzeige wegen Hehlerei und bestand lediglich auf den ausstehenden Ratenzahlungen.[492] Gegenüber dem Kriminalbeamten gab Kruppa in einem Verhör an, er habe das Fahrrad verkaufen wollen, um aus dem Erlös die Beerdigung seiner kürzlich verstorbenen kleinen Tochter bezahlen zu können: „Daß ich das Rad verkaufen wollte kam daher, weil ich unverschuldeter Weise in Not geraten bin. Am 7. 7. 38 ist mir mein Kind Wally Kr., 8 Jahre alt gestorben. Dadurch sind mir 260,00 RM Kosten entstanden."[493] Der vernehmende Polizist kam zu dem Schluss, dass „eine Einlieferung [...] nicht erforderlich erschien, da Kruppa zugibt und das Rad auch wieder herbeigeschafft ist. [...] Die Angaben des Kruppa erscheinen glaubhaft, er war hier sehr verstört, auf Grund des Todes seines Kindes".[494]

Im August 1938 wurde er jedoch erneut festgenommen und dem Untersuchungsgefängnis Moabit zugeführt. In dieser Zeit beantragte seine Ehefrau offenbar die Scheidung. Aus der Anklage der Staatsanwaltschaft vom 1. November desselben Jahres, die ihn als „gefährlichen Gewohnheitsverbrecher" einstufte,[495] geht hervor, dass Kruppa der Diebstahl einer Hose sowie eines Fahrrads samt Zubehör vorgeworfen wurde. Er habe aus der Kohlenhandlung, in der er beschäftigt war, eine Hose entwendet und zudem zwei Fahrräder, für die er noch Raten abzahlen musste, weiterverkauft.[496] Zu zwei Jahren Haft und fünf Jahren Aberkennung der bürgerlichen Ehrenrechte wegen Betrugs und Unterschlagung verurteilt,[497] kam er am 20. Januar 1939 in das Zuchthaus Brandenburg-Görden.[498] Von dort wurde er in das Strafgefangenenlager Börgermoor überstellt.[499] Im Anschluss an seine Strafverbüßung am 15. Oktober 1940 nahm ihn die Kriminalpolizei in

492 Schreiben des Fahrradladens Lindcar vom 17. 6. 1938 an die Kriminalpolizei, in: Strafakte Stanislaus Kruppa, LAB, A Rep. 358-02, Nr. 116321, Bl. 4.

493 Vernehmung von Stanislaus Kruppa am 21. 7. 1938, in: Strafakte Stanislaus Kruppa, LAB, A Rep. 358-02, Nr. 116321, Bl. 3.

494 Vermerk des vernehmenden Beamten vom 21. 7. 1938, in: Strafakte Stanislaus Kruppa, LAB, A Rep. 358-02, Nr. 116321, Bl. 1.

495 Anklage der Berliner Staatsanwaltschaft vom 1. 11. 1938, in: Strafakte Stanislaus Kruppa, LAB, A Rep. 358-02, Nr. 116321, Bl. 3.

496 Ebenda, Bl. 5.

497 Urteil des Berliner Schöffengerichts vom 15. 12. 1938, in: Strafakte Stanislaus Kruppa, LAB, A Rep. 358-02, Nr. 116321, Bl. 99.

498 Einlieferungsanzeige Zuchthaus u. Sicherungsanstalt Brandenburg Görden vom 20. 1. 1939, in: Strafakte Stanislaus Kruppa, LAB, A Rep. 358-02, Nr. 116321, Bl. 104.

499 Einlieferungsanzeige Börgermoor/Ems vom 17. 2. 1939, in: Strafakte Stanislaus Kruppa, LAB, A Rep. 358-02, Nr. 116321, Bl. 106.

Vorbeugehaft,[500] die im KZ Sachsenhausen vollstreckt wurde. Bevor Kruppa am 7. Juni 1941 in den Gastod geschickt wurde, befand er sich mehrmals im Krankenbau des Lagers: Erstmals vom 4. bis 10. März 1941,[501] am 29. März 1941[502] sowie vom 10. April bis 7. Juni desselben Jahres.[503] Das Sterbezweitbuch des Oranienburger Standesamts verzeichnet den 3. Juli 1941 als Todesdatum, angebliche Todesursache: „Kreislaufschwäche".[504]

Bei zwei der 121 nach Pirna transportierten „Berufsverbrecher" konnte anhand der vorliegenden Quellen ein eindeutiger Hinweis auf eine körperliche Einschränkung belegt werden, die schon vor der Lagerhaft bestanden hatte.[505] Alois Wollny wurde am 15. August 1940 im Alter von 39 Jahren mit dem Zusatzvermerk „taubstumm" im KZ Sachsenhausen registriert.[506] Schon am 28. August desselben Jahres war er laut Veränderungsmitteilung in eine „Irrenanstalt" überführt worden,[507] kam aber Ende November 1940 wieder als „Zugang Rückführung" in das Lager.[508] Sein Name befindet sich auf der Kommando S-Liste vom 4. Juni 1941, elf Tage später registrierte das Standesamt Oranienburg am 15. Juni 1941 seinen Tod aufgrund von „Herzschwäche".[509]

500 Schreiben der Staatlichen Kriminalpolizei Berlin an die Staatsanwaltschaft beim Landgericht vom 28. 9. 1940, in: Strafakte Stanislaus Kruppa, LAB, A Rep. 358-02, Nr. 116321, Bl. 109.

501 Veränderungsmitteilung des Krankenbaus vom 10. 3. 1941, RGWA, 1367/1/54, Bl. 58, zit. n. AS, D 1 A/1054, Bl. 58.

502 Veränderungsmitteilung des Krankenbaus vom 29. 3. 1941, RGWA, 1367/1/54, Bl. 268, zit. n. AS, D 1 A/1054, Bl. 76.

503 Veränderungsmitteilung des Krankenbaus vom 7. 6. 1941, RGWA, 1367/1/54, Bl. 198, zit. n. AS, D 1 A/1054, Bl. 146.

504 AS, Standesamt Oranienburg, Nr. 1103/1941 (II), Bl. 429.

505 Den vagen Hinweis auf einen dritten Fall, der aber nicht anhand weiterer Quellen verifiziert werden konnte, liefert die Zeugenaussage eines ehemaligen Häftlings im Verfahren gegen die SS-Männer Schubert und Sorge. Der ehemalige Schutzhäftling Erwin K. schildert den Fall eines beinamputierten „Berufsverbrechers", der im Sommer 1941 auf einen Krankentransport habe gehen sollen, aber bereits beim „Verladen" auf einen Lkw von Wilhelm Schubert erschossen worden sein soll, Zeugenvernehmung von Erwin K. am 15. 11. 1956, Staatsanwaltschaft Bonn, 8 Ks 1/58 (Sorge/Schubert)/I, Landesarchiv NRW, zit. n. AS, JD 2/36, Bl. 121–124.

506 Veränderungsmitteilung vom 15. 8. 1940, RGWA, Moskau 1367/1/196, Bl. 295, zit. n. AS, D1 A/1196.

507 Veränderungsmitteilung vom 28. 8. 1940, FSB-Archiv Moskau, B-19092/Tom 96, Bl. 246, zit. n. AS, JSU 1/96, Bl. 246.

508 Veränderungsmitteilung vom 27. 11. 1940, FSB-Archiv Moskau, N-19092/Tom 95, Bl. 363, zit. n. AS, JSU 1/95, Bl. 363.

509 AS, Standesamt Oranienburg, Nr. 902/1941 (I), Bl. 297.

Auch bei Gustav Stahlberg könnte eine Behinderung eine Rolle bei der Selektion gespielt haben. Seine im Hamburger Staatsarchiv vorliegende Justizakte behandelt in erster Linie Strafverfahren, die vor der Machtübernahme gegen ihn geführt wurden. Sie enthält nur bruchstückhafte Informationen über weitere Verurteilungen aus der Zeit des Nationalsozialismus.[510] Möglicherweise wurden Teile der Akte schon 1942 vernichtet – so findet sich auf dem Aktendeckel der vorgedruckte Hinweis „zu vernichten", mit Bleistift hat jemand das Jahr „1942" eingefügt. Stahlberg war 1929 zweimal wegen Fahrraddiebstahls verurteilt worden. Eine weitere Anklage erfolgte im Juli 1930 und endete mit einer Verurteilung zu vier Monaten Haft wegen Diebstahl. Wie aus der Akte zu entnehmen ist, kam es in den Jahren 1936 und 1938 zu weiteren Gerichtsverfahren und Urteilen gegen Stahlberg, das letzte Mal am 10. Juli 1939 wegen Unterschlagung. Auf einer Karteikarte der Haftanstalt Fuhlsbüttel findet sich unter „Personalbeschreibung" der Hinweis, dass sein rechtes Bein seit der Kindheit etwas verkürzt sei.[511] Stahlberg kam am 15. Mai 1939 in das KZ Sachsenhausen, wo er als „Berufsverbrecher" registriert wurde.[512] Die Tatsache, dass ihm zwei Häftlingsnummern zugeordnet waren: 797[513] und 302, deutet darauf hin, dass die Politische Abteilung ihn zu mindestens zwei verschiedenen Zeitpunkten im Lager aufgenommen hatte. Möglicherweise war Stahlberg aufgrund eines laufenden Verfahrens zeitweise an das Hamburger Gericht überstellt worden – ein durchaus üblicher Vorgang.[514] Sein Name befand sich auf der „Kommando S"-Liste vom 4. Juni 1941, angeblich starb er am 9. Juni 1941 an „Kreislaufschwäche".[515]

Die hier genannten Beispiele von „Berufsverbrechern" sprechen nicht dafür, dass sich die Selektionen im KZ Sachsenhausen gezielt gegen diese Haftgruppe bzw. einzelne „unbequeme" Häftlinge richteten – im Gegenteil. Sie belegen bis auf den Fall von Franz Kucharzewski eher die von Astrid Ley geäußerte Annahme, dass im Rahmen der „Aktion 14f13" vorwiegend „kranke" bzw. körperlich eingeschränkte Häftlinge ermordet wurden. Ein Blick auf die zusätzlich auf den „Kommando S"-Listen vermerkten Kategorisierungen verdeutlicht allerdings, dass unter den „Berufsverbrechern" zwei Gruppen in auffallend hohem Maße betroffen

510 Strafakte Gustav Stahlberg, Staatsarchiv HH, 213-11 Staatsanwaltschaft Landgericht – Strafsachen, Nr. A 1592-31.

511 Karteikarte Haftanstalt Fuhlsbüttel, Staatsarchiv HH, 242-1 II.

512 Veränderungsmitteilung „Zugang" vom 15. 5. 1939, RGWA, 1367/1/24, zit. n. AS, D 1 A/1024, Bl. 148.

513 Diese Haftnummer ist auf der „Kommando S"-Liste vermerkt, während er bei seiner Einlieferung die Nummer 302 erhalten hatte.

514 Vgl. Kapitel 5.4.2.

515 AS, Standesamt Oranienburg, Nr. 839/1941 (I), Bl. 382.

waren: Homosexuelle und sogenannte „Sittlichkeitsverbrecher". Insgesamt wurden mit den drei „Kommando S"-Transporten 30 „Berufsverbrecher" mit den Zusätzen „Sittlichkeitsverbrecher" (14) oder „Homosexuelle" (16) in den Gastod geschickt, also rund ein Viertel der ermordeten „Berufsverbrecher". Mindestens 19 von ihnen waren zuvor in der „Strafkompanie" bzw. Isolation gewesen.[516] Ab 1939 wies die SS hauptsächlich Homosexuelle, später auch Angehörige anderer Haftgruppen dort ein. In diesem Bereich des Lagers kam es besonders häufig zu Gewaltexzessen der SS.[517]

Aufstellung der im Rahmen von „Kommando S" ermordeten „Berufsverbrecher" aus dem KZ Sachsenhausen:

Transportdatum	Kategorie	Anzahl „Berufsverbrecher"	Anzahl Gesamt
4. Juni 1941	BV (36) BV/Sittl. (1)	37	95
5. Juni 1941	BV (21) BV Sittl. (7) BV/175 (10) BV/175 J (1) BV Jude (1) BV Pole J (1) BV Pole (1)	42	89
7. Juni 1941	BV (28) BV Sittl. (5) BV Sittl. 176 (1) BV/175 (4) BV 175/Jude (1) BV Jude (1) BV Zig. (1) BV Lette (1)	42	85

516 Zu den besonders schweren Bedingungen, denen die als „homosexuell" klassifizierten Häftlinge im KZ Sachsenhausen ausgesetzt waren, vgl. Müller/Sternweiler (Hrsg), Homosexuelle Männer.

517 Zur Isolation auch Hermann Kaienburg, Die Systematisierung der Gewalt. Das KZ Sachsenhausen als neues Zentral- und Musterlager, in: ders. (Hrsg.), Existenzbedingungen, S. 51–73, hier S. 57; Erich Kohlhagen, Zwischen Bock und Pfahl. 77 Monate in den deutschen Konzentrationslagern, Berlin 2010, S. 35–41.

Wie die Tabelle zeigt, war der Prozentsatz der „Sittlichkeitsverbrecher“ und Homosexuellen unter den „Berufsverbrechern“ bei dem zweiten Transport vom 5. Juni 1941 mit 43 % besonders groß. Elf Häftlinge dieses Transports waren als „BV/175“ (davon einmal BV/175 J für „Jude“) auf der entsprechenden Liste vermerkt, sieben weitere Betroffene als „BV Sittl.“ für „Sittlichkeitsverbrecher“ eingeordnet worden. 14 der damit insgesamt 18 Personen waren zuvor in der „Isolation“ bzw. Strafkompanie gewesen, für elf von ihnen lässt sich ein Aufenthalt im Krankenbau nachweisen. Nicht auszuschließen ist, dass diese Häftlinge aufgrund von Gewalt und Folter in der Strafkompanie in den Krankenbau gekommen waren. Insofern besteht zumindest indirekt ein Zusammenhang zwischen der „Aktion 14f13“ im KZ Sachsenhausen und der jeweiligen Haftgruppe: Selbst wenn die als „Sittlichkeitsverbrecher“ und „Homosexuelle“ geführten Häftlinge selektiert worden waren, weil sie sich zuvor im Krankenbau befunden hatten, so ist anzunehmen, dass ihr dortiger Aufenthalt gerade aus der besonderen Gewalt der SS gegen diese Gruppen resultierte. Unter den ermordeten „Sittlichkeitsverbrechern“, die mehrfach im Krankenrevier gewesen waren, befand sich der in Altona geborene Wilhelm Schulze.[518] Schulze war am 25. Mai 1938 vom Hamburger Landgericht wegen „drei fortgesetzten Verbrechen nach § 176“ und „fortgesetzter tätlicher Beleidigung“ zu zweieinhalb Jahren Zuchthaus verurteilt worden. Ihm wurde der sexuelle Missbrauch von vier kleinen Mädchen vorgeworfen. In der Urteilsbegrundung heißt es:

> „Das Gericht ist der Auffassung, daß die erkannte Strafe genügen wird, um dem Angeklagten die Schwere seiner Verfehlungen vor Augen zu führen und ihn von der Begehung weiterer ähnlicher Straftaten in Zukunft abzuhalten, wobei der Angeklagte sich vor Augen halten mag, daß bei einer erneuten Begehung derartiger Taten seine Entmannung als gefährlicher Sittlichkeitsverbrecher in Erwägung zu ziehen ist.“[519]

Ob die mit dem Gewohnheitsverbrechergesetz möglich gewordene Kastration von als „gefährliche Sittlichkeitsverbrecher“ eingestuften Personen bei Wilhelm Schulze tatsächlich angeordnet wurde, muss offenbleiben, zumindest ist im Bestand der Kriminalbiologischen Sammelstelle Hamburg keine Akte über ihn erhalten. Im Anschluss an die am 25. September 1940 verbüßte Strafhaft nahm die Kriminalpolizei Schulze in Vorbeugehaft und ließ ihn am 9. November 1940 in

518 Veränderungsmitteilung des Krankenreviers vom 16. 1. und 15. 5. 1941, RGWA, 1367/1/54, Bl. 340 und 221, zit. n. AS, D 1 A/1054, Bl. 004 und 123.

519 Urteil Landgericht Hamburg vom 25. 5. 1938, in: Strafakte Wilhelm Schulze, Staatsarchiv HH, 213-11 Staatsanwaltschaft Landgericht – Strafsachen, Nr. 6033/38, Bl. 44.

das KZ Sachsenhausen überstellen.[520] Zum Zeitpunkt seiner Ermordung war er 62 Jahre alt. Als angebliche Todesursache vermerkte das Oranienburger Standesamt „Kreislaufversagen".[521] Neben dem Befund, dass insbesondere „Sittlichkeitsverbrecher" ermordet wurden, zeigen die genannten Beispiele, dass sich unter den selektierten „Berufsverbrechern" Personen wie die Berliner Franz Kucharzewski und Stanislaus Kruppa befanden, deren letzte Verurteilung auf vergleichsweise geringe Delikte zurückging. Insofern ist auch Menneckes zuvor zitierte Behauptung, er habe vor allem „Antisoziale" in „höchster Potenz" selektiert, kritisch einzuordnen.[522]

Die zweite Phase von Transporten, bei der Häftlinge aus dem KZ Sachsenhausen in eine vormalige Tötungsstätte der „T4-Aktion" gebracht wurden, stand unter dem Tarnnamen „Aktion Kräutergarten". Zu diesem Zeitpunkt waren keine externen Ärzte mehr als Gutachter beteiligt. Die SS wählte die Häftlinge stattdessen selbst aus. Insgesamt befanden sich auf dem ersten Transport am 5. Oktober 1942 118 Personen, darunter 20 „Berufsverbrecher". Eine Namensliste des zweiten Transports, der vermutlich nach Bernburg/Saale ging, liegt nicht mehr vor. Einzelne Personen werden von Emil Büge namentlich erwähnt, darunter aber keine als „Berufsverbrecher" Kategorisierten.[523] So lassen sich keine Zuordnungen zu der jeweiligen Haftgruppe der 114 Personen vornehmen. Hinweise auf die Zusammensetzung der in Bernburg ermordeten KZ-Häftlinge liefert aber Ute Hoffmann, der zufolge sich unter den insgesamt 5000 Häftlingen, die dorthin gebracht wurden, „neben einigen wenigen arbeitsunfähigen Häftlingen vor allem Juden, Sinti und Roma, Asoziale, Homosexuelle und Zeugen Jehovas" befunden hätten.[524] Inwiefern dies auch auf die Transporte aus dem KZ Sachsenhausen zutrifft, lässt sich allerdings nicht mehr eindeutig belegen. Büge berichtete jedoch über den Transport vom 5. Oktober 1942: „Es sind Leute mit Tbc, Körperbehinderte (mit Buckeln, Glasaugen), Schwerhörige. Aber auch einige Gesunde sind darunter."[525]

Vermutlich vermischten sich bei diesem zweiten Teil der „Aktion 14f13" die Motive der Lagerleitung. Wie schon bei den „Kommando S"-Transporten befanden sich wieder „Sittlichkeitsverbrecher" und „Homosexuelle" in vergleichsweise

520 Veränderungsmitteilung vom 9. 11. 1940, FSB-Archiv Moskau, 1367/1/196, Bl. 420, zit. n. AS, D1A/1196, Bl. 420.

521 AS, Standesamt Oranienburg, Nr. 1037/1941, Bl. 279.

522 Chroust, Innenansichten eines medizinischen Täters, S. 195.

523 Büge, 1470 KZ-Geheimnisse, S. 213. Dies ergab eine Überprüfung der in meiner Datenbank generierten Informationen.

524 Hoffmann, „Für Reichszwecke frei gemacht", S. 137.

525 Büge, 1470 KZ-Geheimnisse, S. 213.

hoher Anzahl unter den Opfern. Von 20 „Berufsverbrechern", die am 5. Oktober nach Bernburg gebracht wurden, waren allein bei acht Personen (also 40 %) die Zusätze „175" (4) und „176" (4) vermerkt. Bei den vier Letzteren findet sich kein Hinweis auf einen vorherigen Aufenthalt im Krankenbau, allerdings enthalten vereinzelte Quellen Informationen über körperliche Einschränkungen der Betroffenen, wie im Fall von Paul Langfort. In einer Akte des Berliner Landgerichts wird eine Gehbehinderung des Langfort erwähnt, sodass in seinem Fall die Selektion aufgrund dieser Einschränkung erfolgt sein könnte.[526] Der Sattler war im Alter von 28 Jahren am 18. August 1938 vom Berliner Landgericht wegen eines „Sittlichkeitsverbrechens" zu sechs Monaten Haftstrafe verurteilt worden.[527] Langfort hatte zu diesem Zeitpunkt keine anderen Vorstrafen. Inwieweit es zu weiteren Verurteilungen bis zu seiner Einlieferung in das KZ Sachsenhausen am 5. Juli 1941 kam,[528] konnte nicht festgestellt werden. Sein Name steht auf der Liste vom 5. Oktober 1942,[529] im Sterbebuch des Standesamt Oranienburg ist als Todesursache von Langfort eine „doppelseitige Lungenentzündung" angegeben.[530]

Auch unter den nicht als „Sittlichkeitsverbrecher" oder Homosexuelle Klassifizierten „Berufsverbrechern" des hier behandelten Transports nach Bernburg finden sich mindestens zwei Personen mit einer körperlichen Einschränkung, die schon vor der Haftzeit bestanden hatte. Es handelt sich zum einen um den Österreicher Johannes Göber, der in Kapitel 4.7. dieser Arbeit porträtiert wurde. Auf der „Übergabenote" der Kriminalpolizeileitstelle Wien an die Gefangenenhausverwaltung des Wiener Landgerichts steht unter der Rubrik „Personenbeschreibung" die Bemerkung „linkes Auge fehlt".[531] Der zweite Fall betrifft den ebenfalls bereits erwähnten Klavierbauer Max Kubik aus Berlin.[532]

526 Schlussvermerk zur Beschuldigtenvernehmung vom 31. 5. 1938, in: Strafakte Paul Langfort, LAB, A Rep. 358-02, Nr. 115772, Bl. 10.

527 Urteil des Berliner Landgerichts vom 18. 8. 1938, in: Strafakte Paul Langfort, LAB, A Rep. 358-02, Nr. 115772, Bl. 1–3.

528 Veränderungsmitteilung vom 5. 7. 1941, FSB-Archiv Moskau, N-19092/Tom 97, Bl. 182; AS, JSU 1/97, Bl. 182.

529 Transportliste Kräutergarten vom 5. 10. 1942, FSB-Archiv Moskau, N-19092/Tom 89, Bl. 4, zit. n. AS, JSU 1/89, Bl. 4.

530 BLHA, Rep. 35H KZ Sachsenhausen Nr. 3/17, Nr. 273, AS, Standesamt Oranienburg Nr. 273/1942 (II), Bl. 132.

531 Alle folgenden Angaben aus Strafakte Johannes Göber, Wiener Stadt- und Landesarchiv, MA 8, 2.3.4.A11 – Vr LG I, 5465/1938, Bl. 42.

532 Max Kubik wird erstmals in Kapitel 3.1. als Beispiel für die Kooperation zwischen Zuchthäusern und Kriminalpolizei bei der Überstellung von Gefangenen, die ihre Strafe verbüßt hatten, genannt.

Im Februar 1939 war Kubik erstmals wegen Verdachts auf begangenen Betrug von der Berliner Kriminalpolizei verhört und anschließend in Untersuchungshaft genommen worden. Eine Frau hatte ihn angezeigt, da Kubik sich ihr gegenüber als Kriminalbeamter ausgegeben habe. Sie sei mehrmals mit ihm ausgegangen und habe ihm irgendwann zehn Reichsmark gegeben. Bei seiner Vernehmung gab Kubik an, aufgrund einer Herz- und Lungenkrankheit berufsunfähig zu sein und seine letzte Anstellung am 31. Dezember 1938 verloren zu haben. Er habe keine Unterstützung aus öffentlichen Mitteln erhalten und in Herbergen übernachten müssen.[533] Bereits im Oktober 1938 hatte eine weitere Frau namens Gertrud S. den Berliner bei der Kriminalpolizei als „Heiratsschwindler" angezeigt, in diesem Fall habe er sich als SS-Obergruppenführer ausgegeben. Aufgrund dieser Aussage von Gertrud S. mischte sich die Gestapo kurzfristig in den Fall ein und drängte die Kriminalpolizei zu Recherchen bezüglich Kubiks politischer Einstellungen. Diese erklärte gegenüber der zuständigen Gestapostelle jedoch, „Beobachtungen, die auf eine staatsfeindliche Betätigung des Kubik schließen lassen, wurden nicht gemacht".[534]

Fünf Monate später verurteilte ein Berliner Amtsgericht Kubik schließlich wegen Rückfallbetrugs zu einem Jahr und einem Monat Zuchthaus, die er ab dem 21. November 1939 in Brandenburg-Görden verbüßte.[535] Dort war er in dem Arbeitskommando „Heeresnebenzeugamt" beschäftigt und kam mit zivilen Arbeitern in Kontakt.[536] So lernte Kubik auf der Arbeitsstelle Friedel Z. kennen, mit der er eine Beziehung einging, die ihm bald Probleme mit der Anstaltsleitung einbrachte. Denn da Max Kubik über einen anderen Gefangenen Briefe an Z. weitergeleitet hatte, erhielt er eine Strafe, die Frau verlor ihr Beschäftigungsverhältnis. Der Kontakt zwischen den beiden bestand aber weiterhin, im April 1940 besuchte Z. ihren Geliebten im Zuchthaus. Im Dezember desselben Jahres wurde er entlassen, allerdings gelangte er nicht in Freiheit, sondern wurde im Januar 1941 im KZ Sachsenhausen als „Berufsverbrecher" gemeldet.[537] Kurz vorher hatte das Dezernat Vorbeugehaft der Berliner Kriminalpolizeileitstelle ein Schreiben an

533 Verhör von Max Kubik durch die Kriminalpolizei Berlin am 28. 2. 1939, in: Strafakte gegen Max Kubik, LAB, A Rep. 358-02, Nr. 35389, Bl. 5.

534 Bericht der Kriminalpolizei Berlin an die Gestapo vom 24. 3. 1939, in: Strafakte Max Kubik, LAB, A Rep. 358-02, Nr. 35389, Bl. 33.

535 Urteil des Amtsgerichts Berlin vom 22. 8. 1939, in: Strafakte Max Kubik, LAB, A Rep. 358-02, Nr. 35389, Bl. 85.

536 Vgl. Personalakte über den Zuchthausgefangenen Max Kubik, BLHA, Rep. 29 Zuchthaus Brandenburg Nr. 7618.

537 Veränderungsmitteilung „Zugang" vom 31. 1. 1941, FSB-Archiv Moskau, N-19092/Tom 97, Bl. 30, zit. n. AS, JSU 1/97, Bl. 30.

die Haftanstalt gerichtet, mit der Bitte, Kubik nach seiner Entlassung in das Polizeigefängnis zu überstellen, da beabsichtigt sei, diesen nach seiner Entlassung in Vorbeugehaft zu nehmen.[538] Am 8. November 1941 befand er sich dort im Krankenbau, laut Totenschein starb Max Kubik am 14. Oktober 1942 an „Ruhr".[539]

Ebenso wie im Fall der „Kommando S"-Transporte kann auch bei den in Bernburg ermordeten Häftlingen nicht ausgeschlossen werden, dass sich unter ihnen zumindest vereinzelt auch Gesunde befanden. So liefern die Quellen keinen Hinweis auf eine Behinderung oder Krankheit von Fritz Hauke. Der in Berlin geborene Kellner kam am 31. August 1939 in Untersuchungshaft. Fünf Tage später klagte ihn der zuständige Staatsanwalt wegen „Zuhälterei" in den Jahren 1935 bis 1939 an, seine Verurteilung zu zwei Jahren Haftstrafe erfolgte im November desselben Jahres. In der Anklage hieß es:

> „Das Gericht hat ihm mildere Umstände versagt, denn er wird, wie der Zeuge Kriminaloberassistent Tesmann bekundet, in der Berufsverbrecherkartei geführt und ist schon wiederholt vorbestraft [...] Der Angeklagte ist also offenbar asozial und auch sadistisch veranlagt und muss deshalb auch für die vorliegende Straftat eine fühlbare Strafe erhalten."[540]

Aus dem Gefängnis Plötzensee folgte im Dezember 1939 Haukes Überstellung in das Zuchthaus Luckau, von dort in das Zuchthaus Papenburg. Ab Februar 1940 befand sich Hauke im Strafgefangenenlager II und schließlich im Zuchthaus Bremen-Oslebshausen. Wann genau er nach seiner Haftentlassung am 27. März 1941 in das KZ Sachsenhausen gebracht wurde, ist nicht überliefert. Sein Name findet sich ebenfalls auf der Liste des „Transports Kräutergarten". Als Todesdatum nennen die Quellen den 11. Oktober 1942, angebliche Todesursache: „Ruhr".[541]

Zusammenfassend kann über die Ermordung von „Berufsverbrechern" aus dem KZ Sachsenhausen im Rahmen der auf die Lager ausgedehnten „Euthanasie" festgehalten werden, dass sich anhand der vorliegenden Quellen nicht belegen lässt, dass alle Ermordeten zuvor im Krankenbau gewesen waren. Folgt man den Ausführungen ehemaliger Häftlinge, befanden sich dort zudem mitunter

538 Schreiben der Berliner Kriminalpolizeileitstelle an den Vorstand des Zuchthauses Brandenburg-Görden vom 26. 1. 1940, in: Personalakte über den Zuchthausgefangenen Max Kubik, BLHA, Rep. 29 Zuchthaus Brandenburg Nr. 7618, Bl. 74.

539 BLHA, Rep. 35H KZ Sachsenhausen Nr. 3/17, Nr. 274, AS, Standesamt Oranienburg, Nr. 274/1942, Bl. 132.

540 Urteil des Berliner Landgerichts vom 25. 11. 1939, in: Strafakte Fritz Hauke, LAB, A Rep. 358-02, Nr. 120319, Bl. 4.

541 AS, Standesamt Oranienburg, Nr. 228/1942, Bl. 110.

auch Personen, die auf diese Weise versuchten, schweren Arbeitskommandos zu entgehen. Auch wenn es sich um Einzelfälle handeln mag und die Quellenlage lückenhaft ist, kann nicht ausgeschlossen werden, dass unter den Opfern vollkommen gesunde Menschen waren. In einigen Fällen sind Hinweise auf körperliche Einschränkungen aus der Zeit vor der Lagerhaft überliefert, die durchaus ein Kriterium bei den Selektionen gewesen sein könnten – vor allem wenn sie sichtbar waren, wie bei Gustav Stahlberg (verkürztes Bein), Alois Wollny (taubstumm), Paul Langfort (Gehbehinderung) und Johannes Göber (fehlendes Auge). Festhalten lässt sich auch, dass die „fortgesetzte Euthanasie" sich im Hinblick auf das KZ Sachsenhausen nicht gezielt gegen eine bestimmte Haftgruppe richtete. Auffallend ist gleichwohl die hohe Anzahl an sogenannten Sittlichkeitsverbrechern unter den Betroffenen beider Selektionswellen. Dafür gibt es zwei mögliche Gründe: Entweder wurden „Sittlichkeitsverbrecher" gezielt von den Ärzten und der Lagerleitung ausgesucht oder sie waren aufgrund ihrer häufigen Einweisung in die Strafkompanie deutlich öfter als andere „Berufsverbrecher" von Misshandlungen betroffen, die zu einem Aufenthalt im Krankenbau und damit zu einem höheren Selektionsrisiko führten.

5.3.4. Morde und Sterberaten im KZ Sachsenhausen

Nach Beginn des Zweiten Weltkriegs verschärften sich die Bedingungen im KZ Sachsenhausen. So kürzte die Lagerverwaltung ab Herbst 1939 die ohnehin kümmerliche Verpflegung, Kaienburg zufolge wurde der Hunger nun „zur schlimmsten Plage der KZ-Gefangenen"[542]. Zudem wurde die Lagerordnung verschärft, u. a. durften sich die Häftlinge jetzt nur noch im Laufschritt fortbewegen.[543] Aufgrund permanenter Überbelegung verschlechterte sich auch die Situation in den Unterkunftsbaracken deutlich. Der Vorbeugehäftling August C. schreibt dazu: „Wir lagen wie die Ölsardinen."[544] Zusätzlich veränderte die Errichtung verschiedener Hinrichtungsstätten im Bereich des „Industriehofes" den Charakter des Lagers, das nun erstmals seit seinem Aufbau im Sommer 1936 zur Vollstreckung von Massenexekutionen diente. Erst der vermehrte Arbeitseinsatz der Häftlinge in der Rüstungsproduktion führte 1942 zu punktuellen Verbesserungen, von denen vor allem diejenigen profitierten, die noch als Arbeitskräfte benötigt wurden.

542 Kaienburg, Die Systematisierung der Gewalt, S. 63.

543 Ebenda, S. 58 f.

544 Bericht des August C. über die Konzentrationslager Esterwegen (1936) und Sachsenhausen (1936–1940) vom 30. 5. 1945, StA Celle, Best. 5 0 119, zit. n. AS, P3-Akte August C., Bl. 7.

Vor diesem Hintergrund stellt sich Frage, ob es auch gezielte Morde an „Berufsverbrechern" als Gruppe gab. Zu dem Thema wurde der ehemalige SS-Mann Gustav Sorge 1957 angehört. Er verneinte dies mit dem Verweis darauf, planmäßige Tötungen von Häftlingen durch das SS-Personal hätten grundsätzlich von einer zentralen Instanz angeordnet werden müssen. Während die Gestapo manchmal solche Anweisungen bei Schutzhäftlingen erteilt habe, sei dies durch das RKPA nicht vorgekommen:

> „Das Reichskriminalpolizeiamt hat niemals Liquidierungsbefehle hinsichtlich einzelner Asozialer und Berufsverbrecher gegeben. Wenn Häftlinge dieser Kategorien verstarben, wurde die Meldung wiederum an das Reichskriminalamt gegeben."[545]

Diese Aussage Sorges ist als Schutzbehauptung zu werten, da zu diesem Zeitpunkt gegen ihn wegen Mordes ermittelt wurde – unter seinen Opfern befanden sich auch „Berufsverbrecher".[546] Interessant ist hier gleichwohl, dass Sorge augenscheinlich bei der Gestapo und der Kriminalpolizei unterschiedliche Praxen der Behandlung von KZ-Häftlingen ausgemacht haben will. Diese Position spiegelt den Zeitgeist der 1950er- und 1960er-Jahre wider. Denn die Kriminalpolizei galt in diesem Zeitraum überwiegend als „saubere" Polizei, die in erster Linie reguläre Verbrechensbekämpfung betrieben habe und nicht wie die Gestapo in die nationalsozialistische Vernichtungspolitik verstrickt gewesen sei.[547] Der mögliche Tod der in die Konzentrationslager eingewiesenen Personen wurde jedoch zumindest hingenommen – auch wenn das RKPA keine nachweisbaren direkten Liquidierungsbefehle für Vorbeugehäftlinge im KZ Sachsenhausen gab. Zudem konnten die hohen Todeszahlen den Beamten nicht unbemerkt bleiben, da neben dem RKPA ebenso die lokalen Kriminalpolizeibehörden, die die Einweisungen initiiert hatten, über den Tod der Häftlinge unterrichtet wurden. Und nicht zuletzt hat Thomas Roth für die Kölner Kriminalpolizei nachgewiesen, dass sie ab 1944 ebenso wie die Gestapo die Formulierung, eine Rückkehr in die „Volksgemeinschaft" sei „unerwünscht", in den Akten über Vorbeugehäftlinge

545 Einlassungen von Gustav Sorge vom 30. 4. 1957, Staatsanwaltschaft Bonn, 8 Ks 1/58 (Sorge/Schubert)/XXVIII, Teil 1, zit. n. AS, JD 2/43, Bl. 121 f.

546 Abschlussbericht im Ermittlungsverfahren gegen Gustav Sorge u. a., Staatsanwaltschaft Bonn, 8 Ks 1/58 (Sorge/Schubert)/XXX, Teil 1, Landesarchiv NRW, zit. n. AS, JD 2/45, Bl. 2–13.

547 Vgl. Kapitel VI.

verwendete.[548] Sorge indes half seine Argumentation wenig, denn die Bonner Staatsanwaltschaft wertete seine Angaben Ende der 1950er-Jahre vielmehr als Beweis für seine Schuld. So machte sie z. B. den Fall des Mordes an einem blinden „Berufsverbrecher" im August 1941 zum Bestandteil der Anklage gegen Sorge und Schubert, gerade weil „die Angeschuldigten keinen Liquidierungsbefehl gehabt" hätten, „da es sich bei dem zu Tode misshandelten Häftling um einen BV gehandelt hat".[549]

Unabhängig von einzelnen Opfern unter den „Berufsverbrechern" verweisen weitere Details aus den Ermittlungsakten gegen Wilhelm Schubert, Gustav Sorge und Martin Knittler auf mögliche gezielte Morde an Gruppen von „Berufsverbrechern". Dies betraf z. B. ein Außenkommando, das ab dem 5. Mai 1939 zum Aufbau der SS-Kultstätte Wewelsburg bei Paderborn eingesetzt worden war. Das ausschließlich aus 60 „Berufsverbrechern" bestehende Kommando wurde im Februar 1940 geschlossen in das KZ Sachsenhausen rücküberstellt und in die Strafkompanie eingewiesen. Dort misshandelten Gustav Sorge und Martin Knittler, der zu diesem Zeitpunkt Blockführer in der „Isolierung" war, die Häftlinge und verursachten auf diese Weise den Tod einer unbekannten Anzahl von Personen.[550] Die „Aktion" floss in die im Juni 1958 verfasste Anklageschrift gegen die ehemaligen SS-Männer ein, hier ist von einer „Ausrottung dieses Arbeitskommandos" die Rede.[551] Im Hinblick auf einen etwaigen „Liquidierungsbefehl" kam die Staatsanwaltschaft zu dem Schluss, es habe vermutlich keine offizielle Anweisung zur Ermordung der „Berufsverbrecher" vorgelegen, die „Tatumstände" sprächen aber dafür, dass „die SS-Führung durch inoffizielle Weisungen die Tötung des Arbeitskommandos durch die im Lager üblichen Tötungsmethoden angeordnet" habe.[552] Demgegenüber führte der Beschuldigte Sorge aus, ein Befehl habe nur durch Himmler selbst erfolgen können, „weil die

548 Roth, Verbrechensbekämpfung und soziale Ausgrenzung, S. 278–281.

549 Abschlussbericht im Ermittlungsverfahren gegen Gustav Sorge u. a., Staatsanwaltschaft Bonn, 8 Ks 1/58 (Sorge/Schubert)/XXX, Teil 2, zit. n. AS, JD 2/46, Bl. 197. Dieses Argument wird in dem Ermittlungsbericht auch im Hinblick auf weitere Todesfälle von „Berufsverbrechern" angeführt.

550 Die Zahlenangaben sind widersprüchlich. Während die Ermittler zunächst von ca. 30–34 Personen ausgingen, ist in der Urteilsschrift nur noch von 10 Personen die Rede. Ehemalige Häftlinge berichteten, das gesamte rücküberstellte Kommando (also 58 Personen ohne die beiden, die im Januar 1940 auf der Flucht erschossen worden waren) sei ermordet worden. Leider ließ sich die genaue Anzahl der Toten auch nicht aus den Quellen rekonstruieren.

551 Anklageschrift des Landgerichts Bonn vom 2. 6. 1958, Staatsanwaltschaft Bonn, 8 Ks 1/58 (Sorge/Schubert)/Anklageschrift Teil 2, Landesarchiv NRW, zit. n. AS, JD 2/49, Bl. 450.

552 Ebenda, Bl. 451.

Bauarbeiten auf der Wewelsburg ein besonderes Anliegen Himmlers gewesen und unter seiner persönlichen Aufsicht durchgeführt worden" seien.[553] Auf Basis der Aussagen ehemaliger Schutzhäftlinge, die sich zu diesem Zeitpunkt in der Strafkompanie befunden hatten,[554] kam das Bonner Landgericht 1959 in der Urteilsschrift gegen Sorge und Schubert zu dem Schluss, dass mindestens zehn Häftlinge des Kommandos aufgrund von Misshandlungen in der Strafkompanie des KZ Sachsenhausen zu Tode kamen:

> „Der Tod wurde vor allem dadurch herbeigeführt, daß die Häftlinge von dem Block- und dem Stubenältesten im Waschraum naßgespritzt und dann in der nassen Kleidung trotz der starken Kälte vor den Block gestellt wurden. Nach kurzer Zeit war der größte Teil der Häftlinge des Kommandos verstorben."[555]

Der Zeuge Ernst S. hatte die Situation zuvor wie folgt geschildert:

> „Im Februar 1940 kam ein Kommando aus Wewelsburg in den Block 11. In 10 bis 12 Tagen war die Hälfte dieses Kommandos verstorben. Die dazugehörigen Häftlinge mußten von morgens 6 Uhr bis abends 9 oder 10 Uhr in der großen Kälte vor dem Block stehen. Viele von ihnen wurden wiederholt von den SS-Leuten mit Wasser begossen. An diesen Begießungen beteiligte sich u. a. auch Sorge."[556]

Neben Sorge und weiteren Blockführern war dabei laut Gericht auch der „den verbrecherischen Zielen der SS hörige kriminelle Häftling" S. zugegen, der in der Isolation als Blockältester eingesetzt worden war.[557] Die Mitwirkung Sorges war Bestandteil eines umfassenden gegen ihn gerichteten Urteils vom 6. Februar

553 Ebenda.

554 Als ausschlaggebend wurden von dem Gericht u. a. die Angaben von Ernst S. hinzugezogen, der sich zu diesem Zeitpunkt in der Isolierung befand. Vgl. Zeugenvernehmung von Ernst S. am 21. 2. 1957, Staatsanwaltschaft Bonn, Ks 1/58 (Sorge/Schubert)/POS. II, Teil 2, zit. n. AS, JD 2/58, Bl. 58.

555 Abschlussbericht im Ermittlungsverfahren gegen Gustav Sorge u. a., Staatsanwaltschaft Bonn, 8 Ks 1/58 (Sorge/Schubert)/XXX, Teil 3, zit. n. AS, JD 2/47, Bl. 1 f.

556 Zeugenvernehmung von Ernst S. am 4. 12. 1956, Staatsanwaltschaft Bonn, Abschlussbericht im Ermittlungsverfahren gegen Gustav Sorge u. a., Staatsanwaltschaft Bonn, 8 Ks 1/58 (Sorge/Schubert)/POS. II, Teil 2, zit. n. AS, JD 2/58, Bl. 68.

557 Urteil des Landgerichts Bonn gegen Gustav Sorge und Wilhelm Schubert vom 6. 2. 1959, Staatsanwaltschaft Bonn, 8 Ks 1/58 (Sorge/Schubert)/XXXX, Teil 1, zit. n. AS, JD 2/50, Bl. 117.

1959, in dem er als „Mittäter wegen Mordversuch an Häftlingen des Wewelsburger Kommandos in zwei Fällen" aufgeführt wird.[558] Als strafverschärfend sah das Gericht „die besondere Grausamkeit und Erbarmungslosigkeit" Sorges gegenüber dieser Gruppe an, er erhielt für die beiden ihm zugeschriebenen Morde jeweils zwölf Jahre Zuchthaus.[559]

Während die Motive für diese Morde für die Bonner Ankläger noch im Dunkeln blieben,[560] lässt der Blick in die historische Forschung über den Aufbau der Wewelsburg folgende Interpretationen zu: Im Dezember 1939 waren laut Kirsten John 60 „Berufsverbrecher" aus dem KZ Sachsenhausen nach Paderborn gebracht worden.[561] Nur wenig später flohen am 22. Januar 1940 zwei Häftlinge dieses Kommandos. Sie ließen infolge des Fluchtversuchs ihr Leben: Es handelte sich um die „Berufsverbrecher" Karl Wuwer, der an einer Schussverletzungen im Bürener Krankenhaus verstarb, und Willi Petermann, der „nach einer einstündigen Vernehmung vom Kommandoführer Plaul hinterrücks erschossen" worden sein soll.[562] Beide waren zum Zeitpunkt ihres Todes 31 Jahre alt. Karl Hüser zufolge hatte dieser Ausbruch – in der Chronologie der Wewelsburg bereits der zweite – die Bevölkerung derart beunruhigt, dass Heinrich Himmler aus strategischen Gründen „kurzerhand das gesamte Häftlingskommando nach Sachsenhausen zurückverlegen" ließ.[563] Im Februar 1940 ersetzte die SS die Gruppe dann mit Zeugen Jehovas, denn diese galten als zuverlässig und lehnten Fluchtversuche aus religiösen Gründen ab, so Hüser.[564] Einige der aus dem Oranienburger Lager kommenden Zeugen Jehovas berichteten später, dass alle Mitglieder des rücküberstellten Arbeitskommandos in die Strafkompanie versetzt worden und dort

558 Ebenda, Bl. 122.

559 Ebenda, Bl. 568.

560 Der ehemalige Häftling Albin L. gab an, die Häftlinge des Wewelsburger Kommandos seien wegen angeblicher „Meuterei" umgebracht worden, vgl. Richterliche Zeugenvernehmung von Albin L. am 6. 5. 1957, Staatsanwaltschaft Bonn, 8 Ks 1/58 (Sorge/Schubert)/POS. II., Teil 4, zit. n. AS, 2/60, Bl. 140.

561 Eine namentliche Auflistung dieses Kommandos existiert leider nicht, im AS findet sich lediglich auf den Veränderungsmitteilungen ab dem 10. 12. 1939 die Meldung, dass 60 Personen in das Kommando Wewelsburg überstellt wurden, Veränderungsmitteilung vom 10. und 11. 12. 1939, RGWA, 1367/1/24, Bl. 40, zit. n. AS, D 1 A/1024, Bl. 465.

562 Kirsten John, „Mein Vater wird gesucht …". Häftlinge des Konzentrationslagers in Wewelsburg, 4. Aufl., Essen 2001, S. 36 f.

563 Karl Hüser, Wewelsburg 1933 bis 1945. Kult und Terrorstätte der SS. Eine Dokumentation, 2. Aufl., Paderborn 1987, S. 77. Dieser Argumentation folgt auch Kirsten John-Stucke, Die Zeugen Jehovas im Konzentrationslager Wewelsburg und ihre Geheimdruckerei, in: Jan Erik Schulte (Hrsg.), Die SS, Himmler und die Wewelsburg, Paderborn 2009, S. 337–354.

564 Ebenda.

umgekommen seien.[565] Möglicherweise handelte es sich um eine kollektive Strafaktion für die Fluchten.

Die Liste der im Dezember 1939 Überstellten liegt leider nicht mehr vor, anhand der für diese Arbeit generierten Quellen konnten aber insgesamt 34 „Berufsverbrecher" ermittelt werden, die zwischen dem 16. und 29. Februar 1940 im KZ Sachsenhausen als verstorben gemeldet wurden.[566] Ob diese Personen allerdings aus dem

565 Ebenda, S. 78.

566 Es handelt sich um: Otto Aron, Veränderungsmitteilung „verstorben" vom 17. 2. 1940, FSB-Archiv Moskau, N-19092/Tom 96, Bl. 51, zit. n. AS, JSU 1/96, Bl. 51; Gustav van Ellen, Veränderungsmitteilung „verstorben" vom 24. 2. 1940, FSB-Archiv Moskau, N-19092/Tom 96, Bl. 58, zit. n. AS, JSU 1/96, Bl. 58; Peter Fischer, Veränderungsmitteilung „verstorben" vom 20. 2. 1940, FSB-Archiv Moskau, N-19092/Tom 96, Bl. 54, zit. n. AS, JSU 1/96, Bl. 54; Jakob Forst, Veränderungsmitteilung „verstorben" vom 17. 2. 1940, FSB-Archiv Moskau, N-19092/Tom 96, Bl. 51, zit. n. AS, JSU 1/96, Bl. 51; Alwin Gerber, Veränderungsmitteilung „verstorben" vom 18. 2. 1940, FSB-Archiv Moskau, N-19092/Tom 96, Bl. 52, zit. n. AS, JSU 1/96, Bl. 52; Hermann Grünack, Veränderungsmitteilung „verstorben" vom 26. 2. 1940, FSB-Archiv Moskau, N-19092/Tom 96, Bl. 60, zit. n. AS, JSU 1/96, Bl. 60; Johann Hentrich, Veränderungsmitteilung „verstorben" vom 29. 2. 1940, FSB-Archiv Moskau, N-19092/Tom 96, Bl. 63, zit. n. AS, JSU 1/96, Bl. 63; August Hermann, Veränderungsmitteilung „verstorben" vom 21. 2. 1940, FSB-Archiv Moskau, N-19092/Tom 96, Bl. 55, zit. n. AS, JSU 1/96, Bl. 55; Adalbert Hofer, Veränderungsmitteilung „verstorben" vom 26. 2. 1940, FSB-Archiv Moskau, N-19092/Tom 96, Bl. 60, zit. n. AS, JSU 1/96, Bl. 60; Tjade Ihmels, Veränderungsmitteilung „verstorben" vom 21. 2. 1940, FSB-Archiv Moskau, N-19092/Tom 96, Bl. 55, zit. n. AS, JSU 1/96, Bl. 55; Karl John, Veränderungsmitteilung „verstorben" vom 18. 2. 1940, FSB-Archiv Moskau, N-19092/Tom 96, Bl. 52, zit. n. AS, JSU 1/96, Bl. 52; Wilhelm Karges, Veränderungsmitteilung „verstorben" vom 23. 2. 1940, FSB-Archiv Moskau, N-19092/Tom 96, Bl. 57, zit. n. AS, JSU 1/96, Bl. 57; Karl Kläbsch, Veränderungsmitteilung „verstorben" vom 21. 2. 1940, FSB-Archiv Moskau, N-19092/Tom 96, Bl. 55, zit. n. AS, JSU 1/96, Bl. 55; Hermann Kluwe, Veränderungsmitteilung „verstorben" vom 27. 2. 1940, FSB-Archiv Moskau, N-19092/Tom 96, Bl. 61, zit. n. AS, JSU 1/96, Bl. 61; Paul Koenen, Veränderungsmitteilung „verstorben" vom 18. 2. 1940, FSB-Archiv Moskau, N-19092/Tom 96, Bl. 52, zit. n. AS, JSU 1/96, Bl. 52; Max Kosslick, Veränderungsmitteilung „verstorben" vom 21. 2. 1940, FSB-Archiv Moskau, N-19092/Tom 96, Bl. 55, zit. n. AS, JSU 1/96, Bl. 55; Karl Linke, Veränderungsmitteilung „verstorben" vom 26. 2. 1940, FSB-Archiv Moskau, N-19092/Tom 96, Bl. 60, zit. n. AS, JSU 1/96, Bl. 60; Eugen Maier, Veränderungsmitteilung „verstorben" vom 16. 2. 1940, FSB-Archiv Moskau, N-19092/Tom 96, Bl. 50, zit. n. AS, JSU 1/96, Bl. 50; Johannes Martens, Veränderungsmitteilung „verstorben" vom 26. 2. 1940, FSB-Archiv Moskau, N-19092/Tom 96, Bl. 60, zit. n. AS, JSU 1/96, Bl. 60; Heinrich Ordelheide, Veränderungsmitteilung „verstorben" vom 26. 2. 1940, FSB-Archiv Moskau, N-19092/Tom 96, Bl. 60, zit. n. AS, JSU 1/96, Bl. 60; Johann Ortwein, Veränderungsmitteilung „verstorben" vom 27. 2. 1940, FSB-Archiv Moskau, N-19092/Tom 96, Bl. 61, zit. n. AS, JSU 1/96, Bl. 61; Paul Poggel, Veränderungsmitteilung „verstorben" vom 21. 2. 1940, FSB-Archiv Moskau, N-19092/Tom 96, Bl. 55, zit. n. AS, JSU 1/96, Bl. 55; Helmut Printz, Veränderungsmitteilung „verstorben" vom 28. 2. 1940, FSB-Archiv Moskau, N-19092/Tom 96, Bl. 62, zit. n. AS, JSU 1/96, Bl. 62; Walter Ratfisch, Veränderungsmitteilung „verstorben"

besagten Wewelsburger Kommando stammten, war nicht festzustellen, da auch keine Liste der Rücküberstellungen mehr existiert.[567] Unter denjenigen, die im März starben, befanden sich zwei „Berufsverbrecher", die am 16. Februar bzw. am 19. Februar[568] als Zugang gemeldet worden waren. Auch bei diesen muss unklar bleiben, ob sie zuvor in dem Außenkommando Wewelsburg gewesen waren.

Neben solchen spezifischen Fällen, die sich aus einzelnen Strafverfahren rekonstruieren lassen, erlauben aus den seriellen Quellen gewonnene statistische Angaben Rückschlüsse auf eventuell gezielte Morde. So starben z. B. am 23. November 1944 fünf Personen im KZ Sachsenhausen, die alle als „BV UdSSR", also sowjetische „Berufsverbrecher" registriert worden waren. Sie waren zwischen 15 und 25 Jahren alt, weitere Angaben über ihre Zeit im Lager liegen nicht vor. Es könnte sich aber um Zwangsarbeiter aus der Sowjetunion gehandelt haben, die aufgrund von Fluchtversuchen und anderen Verstößen in das Konzentrationslager gebracht worden waren. Schließlich befand sich in dieser Gruppe eine hohe Anzahl von Jugendlichen und jungen Erwachsenen.[569]

vom 29. 2. 1940, FSB-Archiv Moskau, N-19092/Tom 96, Bl. 63, zit. n. AS, JSU 1/96, Bl. 63; Walter Rohmann, Veränderungsmitteilung „verstorben" vom 25. 2. 1940, FSB-Archiv Moskau, N-19092/Tom 96, Bl. 59, zit. n. AS, JSU 1/96, Bl. 59; Rudolf Schlegel, Veränderungsmitteilung „verstorben" vom 22. 2. 1940, FSB-Archiv Moskau, N-19092/Tom 96, Bl. 56, zit. n. AS, JSU 1/96, Bl. 56; Georg Schmid, Veränderungsmitteilung „verstorben" vom 19. 2. 1940, FSB-Archiv Moskau, N-19092/Tom 96, Bl. 53, zit. n. AS, JSU 1/96, Bl. 53; Paul Schmitz, Veränderungsmitteilung vom 21. 2. 1940, FSB-Archiv Moskau, N-19092/Tom 96, Bl. 55, zit. n. AS, JSU 1/96, Bl. 55; Hans Stegemayer, Veränderungsmitteilung „verstorben" vom 19. 2. 1940, FSB-Archiv Moskau, N-19092/Tom 96, Bl. 53, zit. n. AS, JSU 1/96, Bl. 53; Franz Swoboda, Veränderungsmitteilung „verstorben" vom 22. 2. 1940, FSB-Archiv Moskau, N-19092/Tom 96, Bl. 56, zit. n. AS, JSU 1/96, Bl. 56; Albert Werner, Veränderungsmitteilung „verstorben" vom 25. 2. 1940, FSB-Archiv Moskau, N-19092/Tom 96, Bl. 59, zit. n. AS, JSU 1/96, Bl. 59; Paul Werner, Veränderungsmitteilung „verstorben" vom 23. 2. 1940, FSB-Archiv Moskau, N-19092/Tom 96, Bl. 57, zit. n. AS, JSU 1/96, Bl. 57 und Peter Winter, Veränderungsmitteilung „verstorben" vom 22. 2. 1940, FSB-Archiv Moskau, N-19092/Tom 96, Bl. 56, zit. n. AS, JSU 1/96, Bl. 56.

567 Ein Abgleich der zwischen dem 16. 2. und 28. 2. 1940 als Zugänge im KZ Sachsenhausen vermerkten „Berufsverbrecher" mit denjenigen, die zwischen dem 16. und 28. 2. 1940 verstarben, ergab keine Übereinstimmungen. Kirsten John vermerkt ohne genauen Quellenbeleg, dass am 16. Februar 1940 „rund 58 BV-Häftlinge" in das KZ Sachsenhausen überstellt wurden, vgl. John, „Mein Vater wird gesucht …", S. 232.

568 Es handelt sich um Adolf Tschirner, Veränderungsmitteilung „verstorben" vom 29. 3. 1940, FSB-Archiv Moskau, N-19092/Tom 96, Bl. 92, zit. n. AS, JSU 1/96, Bl. 92.

569 Vgl. Buser, Überleben von Kindern und Jugendlichen, S. 54–58. Bei den Verstorbenen handelt es sich um Wladimir Iwanow, Iwan Jakobenko, Peter Keremst, Bronislaw Matusowitsch und Iwan Wilka. Veränderungsmitteilungen vom 25. 11. 1944, FSB-Archiv Moskau, N-19092/Tom 100, Bl. 270, zit. n. AS, JSU 1/99, Bl. 270.

Am 27. Dezember 1939 starben neun „Berufsverbrecher", die alle erst zwischen August und November 1939 eingeliefert worden waren.[570] Für andere Gruppen von „Berufsverbrechern" existieren zusätzlich zu den Todesdaten weitere Hinweise: Im Januar 1940 ließen 18 Personen ihr Leben, die als „Berufsverbrecher" und „Justizgefangene" im Lager geführt wurden. Fast alle von ihnen (16) waren in den Baracken 59 und 60 untergebracht. 17 der 18 verstorbenen Häftlinge befanden sich auf der gleichen Einlieferungsliste vom 22. August 1939 mit dem Titel „Sonderliste Justizgefangene",[571] einer kam einen Tag später in das Lager.[572] Der Älteste aus dieser Gruppe war bereits 79,[573] der Jüngste erst 23 Jahre alt.[574] Alle trugen Haftnummern zwischen den Zahlen 7500 und 7700, was auf die relativ gleichzeitige Einweisung und Registrierung verweist. Zwar waren im „Hungerwinter" 1939/40[575] insgesamt hohe Todeszahlen unter den Häftlingen des KZ Sachsenhausen zu verzeichnen, es erscheint jedoch fraglich, ob es sich um einen Zufall handelt, dass nahezu die gesamte Gruppe sowohl am gleichen Tag eingeliefert, in zwei Baracken untergebracht und im selben Zeitraum verstorben war.

Auch über die Todesrate lassen sich anhand einer statistischen Auswertung der vorliegenden Daten Aussagen treffen, dabei muss allerdings berücksichtigt werden, dass die Überlieferung der Quellen generell lückenhaft ist. Hinzu kommt, dass ich nicht alle von mir erfassten Namen mit den möglicherweise noch in anderen Gedenkstättenarchiven vorliegenden Quellen vergleichen konnte. Die reale Anzahl von Verstorbenen liegt deshalb vermutlich noch höher. Belegbar ist, dass von 9181 „Berufsverbrechern" und Sicherungsverwahrten, die zwischen 1936 und 1945 im KZ Sachsenhausen inhaftiert waren, mindestens 2599 das KZ-System nicht über-

570 Es handelt sich um Albert Cleve, Veränderungsmitteilung der Effektenverwaltung, RGWA, 1367/1/24, Bl. 10, zit. n. AS, D 1 A/1024, Bl. 495; Max Gotthardt, AS, Standesamt Oranienburg, Nr. 1107/1939 (II), Bl. 271; Johann Günther, AS, Standesamt Oranienburg, Nr. 1106/1939 (II), Bl. 442; Paul Jesewski, Veränderungsmitteilung Effektenverwaltung, RGWA, 1367/1/24, Bl. 10, zit. n. AS, D 1 A/1024, Bl. 495; Ludwig Klendauer, AS, Standesamt Oranienburg, Nr. 1120/1939 (II), Bl. 537; Ernst Reinecke, AS, Standesamt Oranienburg, Nr. 1116/1939 (II), Bl. 546; Johannes Schrader, Veränderungsmitteilung Effektenverwaltung, RGWA, 1367/1/24, Bl. 10, zit. n. AS, D 1 A/1024, Bl. 495; Felix Specht, AS, Standesamt Oranienburg, Nr. 1131/1939 (II), Bl. 156; Alfons Timmelmeyer, AS, Standesamt Oranienburg, Nr. 1118/1939 (II), Bl. 104.

571 Sonderliste Zugänge vom 22. 8. 1939 (Justizgefangene), RGWA, 1367/1/24, Bl. 249, zit. n. AS, D 1 A/1024, Bl. 251.

572 Es handelt sich um Reinhold Heep, Sonderliste Effektenverwaltung vom 24. 8. 1939, RGWA, 1367/1/24, Bl. 251, zit. n. AS, D 1 A/1024, Bl. 249.

573 Es handelt sich um Heinrich Klein, Veränderungsmitteilung vom 26. 1. 1940, FSB-Archiv Moskau, N-19092/Tom 96, Bl. 29, zit. n. AS, JSU 1/96, Bl. 29.

574 Es handelt sich um Helmuth Pettke, AS, Standesamt Oranienburg, Nr. 448/1940, Bl. 336.

575 Kaienburg, Die Systematisierung der Gewalt, S. 63.

lebten.[576] Im KZ Sachsenhausen und seinen Außenlagern verstarben laut „Totenbuch" mindestens 1843 „Berufsverbrecher" und 218 Sicherungsverwahrte.[577] Ebenso wie bei den „Sittlichkeitsverbrechern" und Homosexuellen[578] war bei den Sicherungsverwahrten die Sterberate im KZ Sachsenhausen besonders hoch. Die erfolgten Einlieferungen von Sicherungsverwahrten[579] auf Basis eines Abkommens zwischen Heinrich Himmler und Justizminister Otto von Thierack nach 1942[580] werden in der Forschungsliteratur mittlerweile neben dem Krankenmord, dem Judenmord und der Ermordung von Sinti und Roma im Kontext der nationalsozialistischen Vernichtungspolitik gesehen.[581] So argumentiert Sylvia de Pasquale, dass die „Euthanasie" den Boden für die darauffolgende „Asozialen-Aktion" gelegt habe. Sie betont, dass zwischen dem Judenmord, der „Euthanasie" und der Ermordung der „asozialen" Strafgefangenen „sowohl hinsichtlich ihres Ziels als auch hinsichtlich ihrer allmählichen Radikalisierung und der Typologie der Täter Übereinstimmungen und gegenseitige Beeinflussungen" bestünden.[582] Auch Thomas Roth konstatiert einen engen inhaltlichen Zusammenhang: „Die Nähe dieser Aktion zum nationalsozialistischen Kranken- und Judenmord ist nicht nur eine zeitliche. Mit der Vereinbarung zwischen Thierack und Himmler mündete die Verbrechensbekämpfung in eine umfassende Vernichtungspolitik […]."[583]

576 Gezählt wurden an dieser Stelle alle „Berufsverbrecher" und Sicherungsverwahrten, die im KZ Sachsenhausen waren und im gesamten KZ-System ums Leben kamen, diese Namensliste liegt der Autorin sowie dem Archiv der Gedenkstätte Sachsenhausen vor. Vollständig einbezogen sind die mir von Markus Moors (Kreismuseum Wewelsburg) übermittelten Unterlagen aus der Häftlingsdatenbank des KZ Niederhagen/Wewelsburg.

577 Das von der Gedenkstätte Sachsenhausen angelegte Totenbuch verzeichnet 1843 „Berufsverbrecher" und 218 Sicherungsverwahrte, die im KZ Sachsenhausen verstarben. An dieser Stelle möchte ich mich herzlich bei Frauke Kerstens bedanken, die mir die Aufschlüsselung der im Totenbuch verzeichneten Personen nach Haftgruppen zur Verfügung gestellt hat.

578 Von den im KZ Sachsenhausen als Homosexuelle registrierten Häftlingen verstarben 42 %, bei den „Sittlichkeitsverbrechern" ohne Hinweis auf Homosexualität lag die Todesrate sogar bei 46 %. Vgl. Kapitel 4.5.

579 Unter den vom Justizministerium an die SS gemeldeten Sicherungsverwahrten waren insgesamt 4073 Männer und 267 Frauen, vgl. Fülbert, Das Strafgefängnis Spandau, S. 182.

580 Vgl. Kapitel 3.1.

581 Vgl z. B. Richard J. Evans, Zwangssterilisierung, Krankenmord und Judenvernichtung im Nationalsozialismus. Ein Überblick, in: Klaus-Dietmar Henke (Hrsg.), Tödliche Medizin im Nationalsozialismus. Von der Rassenhygiene zum Massenmord, Köln 2008, S. 31–45, hier S. 42; Günter Morsch/Bertrand Perz, Einleitung, in: dies. (Hrsg.), Neue Studien zu nationalsozialistischen Massentötungen, S. XIX.

582 De Pasquale, Zwischen Resozialisierung und „Ausmerze", S. 554.

583 Thomas Roth, Kriminalpolitik im NS-System, in: Lange (Hrsg.), Kriminalpolitik, S. 37–55, hier S. 48.

Thierack selbst begründete die Überstellung von Sicherungsverwahrten 1942 explizit mit der Kriegssituation. Während an der Front die „Besten" fallen würden, sei eine Versorgung der „Asozialen" in den Zuchthäusern nicht mehr angebracht, diese sollten vielmehr „zugrunde gehen", so der Justizminister im September auf einer Konferenz, an der oberste Repräsentanten der Gerichte und Staatsanwaltschaften teilnahmen.[584] Insofern kann die hohe Sterberate dieser Gruppe durchaus auch als Teil einer intendierten Mordaktion gewertet werden, die in den Konzentrationslagern unterschiedlich vollzogen wurde. Alle Sicherungsverwahrten, die das KZ Sachsenhausen nicht überlebten, starben zwischen dem 5. Dezember 1942 und dem 22. März 1945, die Todesrate lag bei insgesamt 45 Prozent.[585] Eine noch höhere Zahl haben Rahe und Seybold errechnet, die für die Sicherungsverwahrten und „Berufsverbrecher" im KZ Bergen-Belsen insgesamt eine Sterberate von rund 50 Prozent nachweisen können.[586] Für das KZ Natzweiler nennt Steegmann die Zahl von 120 Sicherungsverwahrten, die bis zum 3. März 1943 eingeliefert wurden. Bereits bis Ende Mai desselben Jahres waren fast 27 Prozent von ihnen verstorben. Laut Steegmann hing die Todesrate der Sicherungsverwahrten „vor allem mit ihrem relativ fortgeschrittenen Alter und vermutlich auch mit dem Schock, den der Übergang von meist längeren Gefängnisaufenthalten in die harte KZ-Wirklichkeit bei ihnen auslöste", zusammen.[587]

Inwieweit das Alter jedoch tatsächlich in allen Lagern als ein Grund für die vielen Toten in dieser Gruppe bezeichnet werden kann, lässt sich zumindest anzweifeln. Denn von den im KZ Sachsenhausen verstorbenen Sicherungsverwahrten war mehr als die Hälfte erst nach 1900, 46 (9,7 %) sogar erst in den 1920er-Jahren geboren worden. Im Durchschnitt waren die Todesopfer zum Zeitpunkt ihrer Einlieferung damit erst zwischen Mitte 30 und Anfang 40 Jahre alt, 90 der ab 1900 geborenen Personen (41 %) verstarben aber im Lager, also in einem Alter von maximal 45 Jahren. Eine andere Erklärung für die geringen Überlebenschancen liefern Berichte über die katastrophalen Lebensbedingungen, denen die Sicherungsverwahrten im KZ Sachsenhausen offenbar ausgesetzt waren. Ehemalige politische Häftlinge stellten in ihrem 1945 verfassten Bericht die Behandlung der Sicherungsverwahrten mit der der sowjetischen Kriegsgefangenen auf eine Stufe:

584 Vgl. Fülberth, Das Gefängnis Spandau, S. 181.

585 Insgesamt sind mir 480 als Sicherungsverwahrte im KZ Sachsenhausen geführte Häftlinge namentlich bekannt. Büge geht von ca. 1000 Sicherungsverwahrten aus, die zwischen November 1942 und Januar 1943 in das Oranienburger Lager kamen. Vgl. Büge, 1470 KZ-Geheimnisse, S. 238.

586 Rahe/Seybold, „Berufsverbrecher", „Sicherungsverwahrte" und „Asoziale", S. 100.

587 Steegmann, Das Konzentrationslager Natzweiler-Struthof, S. 218.

> „Diese Sicherungsverwahrten werden ebenso gemein behandelt wie die kriegsgefangenen Arbeitsrussen. Die ersten paar Hundert schliefen im Januar 1943 im Block 16 ohne Decken und in ihren Zivilkleidern auf dem kalten Holzfußboden. Sie bekamen auch kein Eßgeschirr. Es war ein Jammer, dies ansehen zu müssen."[588]

Viele Sicherungsverwahrte, so die Berichtenden, seien „an den Drangsalierungen und an dem schlechten Essen" gestorben, „andere kamen nach Gusen bei Linz-Mauthausen".[589] Auch Büge schreibt über die schlechte Behandlung der SVer im KZ Sachsenhausen: „Sowohl an der schlechten Ernährung als auch an den Drangsalierungen geht schon bald ein Teil der Leute ein."[590]

5.4. Wege aus dem Lager

5.4.1. Fluchtversuche

Eineinhalb Jahre, nachdem die ersten Häftlinge in das neu errichtete Konzentrationslager gebracht worden waren, gelang am 4. November 1936 sieben „Berufsverbrechern" die Flucht. Sie hatten einen Tunnel gegraben, der von der Baracke 18 bis in die Kommandantur reichte.[591] Während sechs Personen bereits wenig später aufgegriffen wurden, brachte es ein Häftling aus dieser Gruppe, Karl Göntges, fertig, zunächst bis nach Belgien zu fliehen. Dort erfolgte allerdings einige Jahre später seine erneute Verhaftung. Am 13. Juni 1940 wurde er wieder in das KZ Sachsenhausen eingeliefert.[592] Er soll sich in der Isolierung das Leben genommen haben, im Sterbezweitbuch ist sein „Freitod durch Erhängen" am 24. Februar 1941 verzeichnet.[593] Büge behauptet, Göntges sei als „Stubendienst" in der Strafkompanie eingesetzt worden und habe letztlich „zu viel über die Schandtaten, die dort begangen werden", gewusst. Er habe deshalb einen Fluchtversuch unternommen, bei dem er einen Schulterschuss erlitten habe.[594] Die Flucht der „Sieben" wird in

588 Archiv BStU, MfS, HA XX, Nr. 2956, Bl. 115.

589 Ebenda.

590 Büge, 1470 KZ-Geheimnisse, S. 239.

591 Morsch, Sachsenhausen, S. 94–96.

592 Veränderungsmitteilung „Zugang" vom 13. 6. 1940, FSB-Archiv Moskau, N-19092/Tom 95, Bl. 182, zit. n. AS, JSU 1/95, Bl. 182.

593 AS, Standesamt Oranienburg, Nr. 255/1941 (I), Bl. 184.

594 Büge, 1470 KZ-Geheimnisse, S. 198.

vielen Erinnerungsberichten geschildert.[595] Naujoks liefert eine Interpretation für ihr Scheitern. Zunächst hätten zwei „Grüne" „von der letzten Baracke aus unter dem Stacheldraht hindurch einen Gang gegraben".[596] Wie viele andere Häftlinge, die bei Fluchtversuchen Kollektivstrafen befürchteten, bewertet auch Naujoks diese Unternehmung kritisch:

> „Von Berliner Mitgefangenen hatten sie sich die Adressen von Bekannten geben lassen, bei denen sie etwas erledigen sollten und mit Hilfe rechnen konnten. Daß sich in der Zeit ihrer KZ-Haft draußen einiges geändert haben könnte, wollten sie nicht wahrhaben. Mit dem Fortschreiten der Arbeit an ihrem Fluchttunnel wuchs auch die Zahl der Interessenten, die den Fluchtweg ebenfalls benutzen wollten. Dadurch wurde der Kreis der Mitwisser ständig größer. Wie die Kameraden berichteten, waren die Ausbrecher keinen Einwänden und Vernunftsgründen zugänglich."[597]

Tatsächlich kam es, kurz nachdem die sieben Häftlinge durch einen Tunnel unter der Baracke 18 verschwunden waren, zu Bestrafungsaktionen. Der „Berufsverbrecher" Carl Schrade schreibt in seinen Erinnerungen, dass alle Häftlinge nach der entdeckten Flucht stundenlang auf dem Appellplatz „bei Wind und Wetter strammstehen" mussten, zudem seien weitere Häftlinge, die den Fluchtplan angeblich kannten, von der SS gefoltert worden.[598] Naujoks zufolge wurden alle Angehörigen des Transportkommandos sowie ihr Vorarbeiter mit 25 Stockschlägen bestraft.[599] Auch die Entflohenen wurden nach ihrer Rücküberführung in das Lager gefoltert. So mussten sie an eigens für diesen Zweck auf dem Appellplatz aufgestellten Pfählen hängen, die wie Kreuze aussahen.[600] Laut Schrade wurde einer aus der Gruppe auf der Flucht getötet, zwei weitere seien im Gefängnis gestorben, bevor man sie in das Lager zurückbrachte, zwei Personen hätten überlebt, seien aber nach ihrer Rücküberstellung die ersten Mitglieder der Sachsenhausener Strafkompanie geworden.[601] Quellenbelege für diese Darstellung liegen bislang allerdings nicht vor, nur über den genannten Karl Göntges existiert eine Sterbeurkunde.

595 Vgl. Morsch, Sachsenhausen, S. 94–96.
596 Naujoks, Mein Leben im KZ Sachsenhausen, S. 32.
597 Ebenda, S. 32.
598 Schrade, Elf Jahre, S. 116 f.
599 Naujoks, Mein Leben im KZ Sachsenhausen, S. 32.
600 Morsch, Sachsenhausen, S. 96.
601 Schrade, Elf Jahre, S. 118 f. Schrade geht von zwei nach Belgien Geflohenen aus der Gruppe der „Sieben" aus, bekannt ist bislang nur die Flucht von Karl Göntges.

Ein weiterer Fluchtversuch, der in vielen Berichten thematisiert wird, ist der eines „Berufsverbrechers“ mit dem Vornamen Paul, er war als Maler in der SS-Siedlung eingesetzt worden. Er habe dort zivile Kleidung entwendet und sei auf diese Weise unauffällig entkommen, so Naujoks.[602] August C. berichtet, der Maler habe dafür das Fahrrad eines Zivilisten benutzt.[603] Angeblich soll der Häftling eine Affäre mit dem Dienstmädchen eines SS-Mannes gehabt haben. Höß zufolge verhalf diese ihm zur Flucht und sei daraufhin in das KZ Ravensbrück eingewiesen worden.[604] Nachdem der Geflohene in Berlin erneut verhaftet wurde, weil er aus dem SS-Haus gestohlene Gegenstände verkaufte, kam der „Berufsverbrecher“ schon kurz nach seiner Flucht wieder zurück in das KZ Sachsenhausen.[605]

Selbstverständlich versuchten nicht nur „Berufsverbrecher“, aus dem Lager zu entkommen. Immer wieder flohen gerade in den ersten Jahren verschiedene Häftlinge aus dem KZ Sachsenhausen und seinen Außenkommandos. In den meisten Fällen wurden die Geflohenen nach wenigen Stunden oder Tagen wieder gefasst, oftmals auch denunziert und in das Lager zurückgebracht oder bereits auf der Flucht getötet. Vergegenwärtigt man sich aber erneut den weiter oben skizzierten Fall der aus dem Arbeitskommando Wewelsburg geflohenen „Berufsverbrecher“,[606] stellt sich die Frage, ob die Lager-SS besonders bei anderen entwichenen, mehrfach wegen krimineller Delikte vorbestraften Häftlingen in Bedrängnis geriet, wenn solche Fluchtversuche in der Umgebung des Lagers bekannt wurden. Die SS betonte bei Flüchtigen allerdings generell, dass es sich um „gefährliche Kriminelle“ handele, auch wenn diese als Schutzhäftlinge geführt wurden. Einen Beleg dafür, dass auf die Öffentlichkeit außerhalb des Lagers wenig Rücksicht genommen wurde, liefert ein anderer Fall, bei dem ein „Berufsverbrecher“ aus dem KZ Sachsenhausen entkommen konnte. Der zu diesem Zeitpunkt 33-jährige Bremer Wilhelm Halter floh am 10. November 1939 in eine Gaststätte, die in der Nähe des Konzentrationslagers lag. Dort wurde er von der SS mitten im Bewirtungsraum erschossen.[607]

602 Naujoks, Mein Leben im KZ Sachsenhausen, S. 65.

603 Erinnerungen aus den Konzentrationslagern Esterwegen – Sachsenhausen bei Berlin, Archiv der Stadt Celle, StA Celle, Best. S 2, Nr. 178, Bl. 1–47, hier Bl. 1, zit. n. AS, P3-Akte August C., Bl. 20 f.

604 Broszat, Kommandant in Auschwitz, S. 85 f.

605 Ebenda.

606 Vgl. Kapitel 5.3.4.

607 Veränderungsmitteilung vom 11. 11. 1939, RGWA, 1367/1/24, Bl. 133, zit. n. AS, D 1 A/1024, Bl. 133, Vgl. zu dem Vorfall auch Bonnesoeur, Oranienburg und das Konzentrationslager Sachsenhausen, S. 91 f.

5.4.2. Selbstanzeigen und Überstellungen in Justizhaft

Abgesehen von den Fluchtversuchen bedienten sich manche „Berufsverbrecher“ einer spezifischen Strategie, um aus dem Lager herauszukommen: der Selbstanzeige. Zwar bezichtigten sich auch Angehörige anderer Haftgruppen selbst in der Vergangenheit begangener Straftaten,[608] anzunehmen ist jedoch, dass „Berufsverbrecher“ die Möglichkeit leichter nutzen konnten, auf diese Weise zumindest temporär aus den Lagern freizukommen. Denn häufig waren ohnehin noch Ermittlungen gegen sie anhängig, obwohl die Vorbeugehaft bereits vollzogen wurde. In solchen laufenden Verfahren übernahmen die Politischen Abteilungen der Konzentrationslager mitunter die Rolle von regulären Kriminalpolizeistellen. Sie arbeiteten sogar mit den gleichen Vernehmungsbögen, wie der unten beschriebene Fall des Hans M. zeigt. Auf dem entsprechenden Formular war unter der Rubrik „Dienststelle des vernehmenden Beamten“ einfach der Begriff „Politische Abteilung“ eingefügt worden.[609]

Während die neuere Forschung über Justizhaftanstalten zwar zu Recht anmahnt, die Zustände in Gefängnissen und Zuchthäusern zur Zeit der nationalsozialistischen Herrschaft kritischer zu beleuchten, als dies bislang der Fall war,[610] weisen die Selbstanzeigen darauf hin, dass zumindest für einige Häftlinge durchaus noch ein gravierender Unterschied zwischen Konzentrationslager- und Justizhaft bestand. Die von Reichmann geschilderte Beobachtung – „Träumerisch schwärmten auch die BVer vom guten Zuchthausessen und erzählten zum Beispiel mit breitem Behagen vom Weihnachtsmahl im Zuchthaus.“ – mag angesichts der Zustände in den Haftanstalten euphemistisch sein.[611]

Tatsächlich lassen sich aber Beispiele dafür finden, dass KZ-Häftlinge die Justizhaft dem Konzentrationslager vorzogen. So machte der Hamburger Seemann Hans M. im Mai 1938 eine umfassende Aussage vor der Politischen Abteilung des KZ Sachsenhausen, die er mit folgenden Worten einleitete: „Nachdem ich mich

608 Vgl. de Pasquale, Zwischen Resozialisierung und „Ausmerze“, S. 375. Nowak schildert das Beispiel des jüdischen Häftlings Heinz Cohn, der sich im KZ Sachsenhausen selbst anzeigte, vgl. Nowak, Justiz und Konzentrationslager, S. 127 f.

609 Vernehmungsbogen vom 9. 6. 1938, in: Strafakte Hans M., Staatsarchiv HH, 213-11 Staatsanwaltschaft Landgericht – Strafsachen, Nr. 3767/39, Bl. 91–93.

610 Vgl. zum Forschungsstand über die Justizhaft im Nationalsozialismus auch Wachsmann, Gefangen unter Hilter und de Pasquale, Zwischen Resozialisierung und „Ausmerze“, S. 13–18. Sylvia de Pasquale kommt für die Haftanstalt Brandenburg-Görden ebenfalls zu dem Schluss, dass zwischen KZ-Haft und Justizhaft ein „erheblicher Unterschied“ bestanden habe. Ebenda, S. 537 f.

611 Reichmann, Deutscher Bürger, S. 217.

hier in Vorbeugungshaft befinde, will ich ein Geständnis ablegen über Straftaten, die von der Polizei nicht geklärt werden konnten, weil die Täter nicht bekannt waren."[612] M. gab drei Einbrüche in Verbindung mit Diebstahl zu und denunzierte gleichzeitig einen Freund, mit dem er die Straftaten durchgeführt habe. Seine Angaben über den Kumpanen blieben allerdings sehr vage und zogen weitere kriminalpolizeiliche Ermittlungen nach sich, in deren Verlauf M. noch mehrfach befragt wurde. Zum Zeitpunkt seiner Selbstanzeige befand er sich seit knapp zwei Monaten im KZ Sachsenhausen. Wegen Übertretung von Auflagen im Rahmen der „polizeilichen Überwachung", die die Hamburger Kriminalpolizei im August 1936 gegen ihn angeordnet hatte, war er im Januar 1938 in Vorbeugehaft genommen und nach wenigen Wochen am 6. März in das Oranienburger Lager überstellt worden.[613] Seine Aussage vor der Politischen Abteilung führte dazu, dass er im September desselben Jahres in das Hamburger Untersuchungsgefängnis überstellt wurde. Der Versuch des Seemanns, auf diese Weise der KZ-Haft zu entgehen, war somit zunächst erfolgreich. Im November 1938 verurteilte das Hamburger Schöffengericht M. wegen schweren Diebstahls in vier Fällen zu zwei Jahren und sechs Monaten Zuchthaus. Nach der verbüßten Haftstrafe nahm ihn die Kriminalpolizei 1940 allerdings erneut in Vorbeugehaft, die diesmal im KZ Neuengamme vollstreckt wurde.

Ein Gutachten, das die Hamburger Gerichtshilfe im Oktober 1938 über Hans M. angefertigt hatte, überliefert einige weitere Eckdaten über den Lebenslauf des Hamburgers. Er wuchs mit zwei Geschwistern in „wirtschaftlich und moralisch sehr ungünstigen Verhältnissen" auf.[614] Sein Vater hatte die Familie verlassen, als M. neun Jahre alt war, er lebte in den folgenden Jahren abwechselnd bei dem Vater und der Mutter. Im Dezember 1921 kamen die Kinder allerdings in ein Waisenhaus, „da sich zeitweise die Eltern um die Kinder überhaupt nicht kümmerten". Der Vater galt der Gerichtshilfe außerdem als Alkoholiker, die Mutter als „hysterisch und zänkisch". M. sei aufgrund der häuslichen Situation „verwahrlost", er habe sich in der Fürsorge immer schlecht geführt und sei „faul" und „aufsässig" gewesen. Im Alter von 17 Jahren wurde er zum ersten Mal straffällig und kam für sechs Monate ins Gefängnis. Auch in den folgenden Jahren befand

612 Vernehmungsprotokoll der Politischen Abteilung K. L. Sachsenhausen vom 18. 5. 1938, in: Strafakte Hans M., Staatsarchiv HH, 213-11 Staatsanwaltschaft Landgericht – Strafsachen, Nr. 3767/39, Bl. 87.

613 Veränderungsmitteilung Effektenverwaltung vom 6. 3. 1938, RGWA, 1367/1/20, Bl. 502, zit. n. AS, D 1 A/1020, Bl. 63.

614 Gutachten der Gerichtshilfe Hamburg vom 27. 10. 1938, in: Strafakte Hans M., Staatsarchiv HH, 213-11 Staatsanwaltschaft Landgericht – Strafsachen, Nr. 3767/39, Bl. 153–155.

sich der Hamburger immer wieder in Fürsorgeanstalten und Männerheimen, zwischen 1928 und 1933 musste er zudem mehrfach Haftstrafen absitzen. 1932 heiratete M., laut Gerichtshilfe hatte seine Frau vor der Ehe als Prostituierte gearbeitet. Einige Jahre später wurde er „wegen Zuhälterei zum Nachteil seiner Frau" angeklagt, jedoch freigesprochen, die Ehe 1937 geschieden. Sein Beispiel zeigt, dass M. die Haft in einem Konzentrationslager auch nach jahrelanger Erfahrung mit diversen geschlossenen Anstalten und Gefängnissen nicht besser ertragen konnte. Nachdem er im Anschluss an die 1941 verbüßte Strafhaft wieder in Vorbeugehaft genommen worden war, versuchte M. in den Jahren danach erneut mit allen Mitteln, seine Freilassung zu erreichen. Ein von seinem Vater gestelltes Gesuch auf Wiederverleihung der aberkannten Wehrtüchtigkeit wurde allerdings 1944 abgelehnt.[615]

Nicht nur Hans M. scheiterte daran, sich mit einer Selbstanzeige auf Dauer der KZ-Haft zu entziehen. Der als „Berufsverbrecher" ab Juli 1939 im Oranienburger Lager inhaftierte Carl Puls machte ebenfalls vor der Politischen Abteilung des Lagers eine Aussage zu seinem Nachteil. Er habe im Frühjahr 1939 einen bislang unaufgeklärten Einbruchdiebstahl begangen, bei dem er unter anderem Bettzeug entwendet habe, so Puls. Diesen habe er nur verschwiegen, um seiner Frau, die im Besitz der Sachen sei, „keine Ungelegenheiten" zu bereiten.[616] Nachdem diese aber die Scheidung eingereicht habe, sah er danach keinen Grund, seine Frau „noch zu schonen". Puls war sich wohl darüber im Klaren, dass eine solche Selbstanzeige nicht ungefährlich war, denn das Protokoll der Politischen Abteilung enthält folgende Aussage des Hamburgers:

> „Ich weiß genau, daß ich mit einer empfindlichen Lagerstrafe zu rechnen habe, wenn sich meine Selbstbezichtigung als falsch erweisen sollte, ich habe darum heute die reine Wahrheit gesagt und mache diese Angaben nicht etwa darum, weil ich den Winter über auf Transport möchte."

Möglicherweise hatte aber auch der vernehmende Kriminalpolizist gegenüber Puls den Verdacht geäußert, es handele sich um Falschangaben, und ihn dazu genötigt, diese präventiv zurückzuweisen – dies deutet daraufhin, dass es sich bei

615 Schreiben der Kriminalpolizeileitstelle Hamburg an den Oberstaatsanwalt beim Landgericht Hamburg vom 29. 8. 1941, in: Strafakte Hans M., Staatsarchiv HH, 213-11 Staatsanwaltschaft Landgericht – Strafsachen, Nr. 3767/39, Bl. 24.

616 Alle folgenden Zitate aus: Vernehmungsprotokoll der Politischen Abteilung des K. L. Sachsenhausen vom 7. 12. 1939, in: Strafakte Minna Puls, Staatsarchiv HH, 213-11 Staatsanwaltschaft Landgericht – Strafsachen, Nr. 5736/41, Bl. 11.

Selbstanzeigen um eine durchaus populäre Strategie handelte.[617] Der Lagerkommandant unterstellte Puls trotzdem eine Falschaussage, wie aus einem Schreiben an die Hamburger Kriminalpolizei hervorgeht: „Es wird um Bericht zum Sachausgang gebeten, weil hier angenommen wird, daß Puls die Selbstbezichtigung nur gemacht hat, um auf Transport zu gehen."[618] Auch wenn die Hamburger Kriminalpolizei Ermittlungen einleitete, in deren Rahmen die ehemalige Frau des Puls vernommen wurde, nutzte ihm seine Selbstanzeige nicht. Er verstarb am 18. Januar 1940 im KZ Sachsenhausen.[619] Die von Puls ausgelösten Befragungen seiner Frau überdauerten indes den Tod ihres Ex-Mannes. Minna Puls wurde schließlich am 1. August 1940 selbst zu einem Jahr Haft wegen schweren Diebstahls verurteilt. In die Begründung des Gerichts floss ihre Ehe mit Carl Puls als negativer Bewertungsfaktor mit ein: „Ihr ist auch mit Rücksicht auf ihre Vorstrafen und ihr langjähriges Zusammenleben mit dem Berufsverbrecher Carl Puls die Tat durchaus zuzutrauen."[620]

Die hier skizzierte Praxis der Selbstanzeigen wird auch in den nach Kriegsende getätigten Zeugenaussagen von „Berufsverbrechern" genannt. Anton I. etwa erklärte im Juli 1961: „Durch eine Selbstanzeige wurde gegen mich bei der Staatsanwaltschaft Essen ein Verfahren eröffnet. Aus diesem Grunde kam ich im Sommer 1940 in die Haftanstalt Essen, wo ich dann eine 18-monatige Strafe verbüßte."[621] Allerdings kam auch der Gelsenkirchener nach verbüßter Justizhaft wieder in das Lager zurück und musste dort bis Februar 1944 bleiben.[622] Solche Überstellungen von Konzentrationslagern in Haftanstalten der Justiz waren nach Wachsmann insgesamt aber eher selten, „much more regular were transports in the opposite direction, from prisons and penitentiaries to SS concentration camps".[623] Obwohl Justiz und Polizei in der Regel eher miteinander kooperierten als gegeneinander

617 Diese Praxis war auch dem RSHA bewusst, das im Juli 1943 darauf hinwies, dass Häftlinge auf diese Weise versuchten, sich der KZ-Haft zu entziehen. Vgl. de Pasquale, Zwischen Resozialisierung und „Ausmerze", S. 375.

618 Brief der Kommandantur des KZ Sachsenhausen an die Kriminalpolizeileitstelle Hamburg vom 8. 12. 1939, in: Strafakte Minna Puls, Staatsarchiv HH, 213-11 Staatsanwaltschaft Landgericht – Strafsachen, Nr. 5736/41, Bl. 10.

619 AS, Standesamt Oranienburg, Nr. 400/1940, Bl. 94.

620 Urteil des Hamburger Amtsgerichts vom 1. 8. 1940, in: Strafakte Minna Puls, Staatsarchiv HH, 213-11 Staatsanwaltschaft Landgericht – Strafsachen, Nr. 5736/41, Bl. 42.

621 Zeugenvernehmung von Anton I. am 3. 7. 1961, Staatsanwaltschaft Köln, 24 Ks 1/64 (Z)/XXIII, Landesarchiv NRW, zit. n. AS, JD 21/30, Bl. 68.

622 Veränderungsmitteilung Effektenverwaltung vom 16. 2. 1944, FSB-Archiv Moskau, N-19092/Tom 100, Bl. 35, zit. n. AS, JSU 1/100, Bl. 35.

623 Wachsmann, Gefangen unter Hitler, S. 175.

arbeiteten, kam es manchmal zu Kompetenzstreitigkeiten. So im Fall von Willi L. Der Braunschweiger Landarbeiter war am 14. März 1938 in Vorbeugehaft genommen und einen Monat später in das KZ Sachsenhausen transportiert worden.[624] Während seiner Festnahme trug er Hilfskassenkarten eines NSDAP-Mitglieds bei sich, von denen er behauptete, er habe sie in einer Telefonzelle im Hamburger Hafen gefunden. Zunächst nahm die Kriminalpolizei an, dass diese aus einem Einbruch stammten. Weitere Nachforschungen ergaben aber, dass das NSDAP-Mitglied Bruno G. die Karten zusätzlich zu anderen Papieren tatsächlich in der Telefonzelle vergessen hatte, wo L. sie dann einsteckte. Am 13. Mai 1938 wandte sich die Hamburger Kriminalpolizeileitstelle mit der Bitte, L. darüber zu befragen, „wo er das Ausweisfutteral, das Parteibuch und das Besitzzeugnis über das SA-Sportabzeichen des Bruno G.“ versteckt habe, an die Kommandantur des KZ Sachsenhausen.[625]

Daraufhin von der Politischen Abteilung vernommen, gab L. an, er habe die Sachen einer anderen Person namens Erich K. überlassen. Seine Aussage löste Ermittlungen gegen Erich K. aus, außerdem klagte die Hamburger Staatsanwaltschaft im August 1938 L. wegen „Hehlerei“ an und verurteilte ihn in Abwesenheit zu drei Monaten Haft. Als L. Berufung einlegte, lud ihn das Hamburger Landgericht für die Hauptverhandlung im Dezember vor – L. aber war mittlerweile in das KZ Mauthausen überstellt worden. In den folgenden Monaten versuchte der Hamburger Oberstaatsanwalt wiederholt, L.s Überstellung zu erwirken. Die Kommandantur des KZ Mauthausen wies jedoch jede Verantwortung von sich und teilte im Januar 1939 mit: „Wann seine Entlassung erfolgt, kann von hier aus nicht angegeben werden. Hierüber entscheidet ausschließlich das Reichskriminalpolizeiamt Berlin […] Es wird gebeten, sich bei späteren Anfragen an die vorerwähnte Stelle wenden zu wollen.“[626] Auch als die Vorführung L.s von der Hamburger Kriminalpolizeileitstelle explizit angeordnet wurde, versuchte die Lagerkommandantur noch, die Verfügungsgewalt über den Häftling zu behalten, indem sie sich auf höhere Instanzen berief: „L. ist nach der Hauptverhandlung sofort dem hiesigen Lager rückzuüberführen, da eine Genehmigung für eine evtl. Strafverbüßung sei-

624 Veränderungsmitteilung Effektenkammer vom 14. 4. 1938, RGWA, 1367/1/20, Bl. 463, zit. n. AS, D 1 A/1020, Bl. 102.

625 Schreiben der Hamburger Kriminalpolizeileitstelle an die Kommandantur des KZ Sachsenhausen vom 13. 5. 1938, in: Strafakte Willi L., Staatsarchiv HH, 213-11 Staatsanwaltschaft Landgericht – Strafsachen, Nr. 9835/39, Bl. 6.

626 Schreiben der Kommandantur des KZ Mauthausen an den Hamburger Oberstaatsanwalt vom 20. 1. 1939, in: Strafakte Willi L., Staatsarchiv HH, 213-11 Staatsanwaltschaft Landgericht – Strafsachen, Nr. 9835/39, Bl. 34.

tens des Reichskriminalpolizeiamtes Berlin nicht vorliegt."[627] Das RKPA genehmigte schließlich L.s Überstellung in Justizhaft, wies jedoch an, dass dieser nach Verbüßung derselben wieder in das KZ Mauthausen zu überstellen sei.[628]

Um solche Konflikte zu vermeiden und die Kompetenzbereiche eindeutiger abzustecken, war es im Mai 1941 zu einer Vereinbarung zwischen dem Reichsjustizministerium und dem RSHA gekommen, die beinhaltete, dass nur noch diejenigen KZ-Häftlinge in die Justizhaftanstalten überstellt werden sollten, die mindestens sechs Monate zu verbüßen hatten.[629]

5.4.3. Entlassungen

Bei 406 (etwa 4 %) der erfassten „Berufsverbrecher" findet sich in den Quellen der Vermerk „entlassen". Dabei ist allerdings zu berücksichtigen, dass dies in den Mitteilungen der Lagerleitung auch eine Überstellung in Justizhaft oder in ein Bewährungsbataillon der Wehrmacht bzw. in die SS-Division „Dirlewanger" bedeuten konnte. Nach Abzug der zum „Sonderkommando Dirlewanger" überstellten Personen bleiben 382 Häftlinge übrig, die möglicherweise wieder in Freiheit kamen. Wie bereits in Kapitel III. gezeigt, befürworteten die lokalen Polizeistellen häufig nach einigen Jahren Haft Freilassungen, die aber in letzter Instanz meist vom RKPA abgelehnt wurden. Die Vorbeugehaftakten, die für diese Arbeit ausgewertet wurden, enthalten lediglich einen Fall, bei dem es sich umgekehrt verhielt: Der Elektriker Karl Fehlhauer sollte 1944 nach wenigen Monaten Haft in den KZ Sachsenhausen und Neuengamme auf Anordnung des RKPA wieder entlassen werden. Fehlhauer war im April 1943 wegen Vergehen gegen den § 176 (hier: Missbrauch eines fünfjährigen Mädchens) zu einer Strafe von einem Jahr Zuchthaus verurteilt und im Anschluss nach kurzer Zeit in Freiheit, in der er eine Arbeitsstelle angenommen hatte, als „gemeingefährlicher Sittlichkeitsverbrecher und Jugendverderber" in Vorbeugehaft genommen worden.[630] Die im August 1944 gegen ihn verhängte Haft begründete die Duisburger Kriminalpolizei mit dem Delikt des „Sittlichkeitsverbrechens":

627 Schreiben der Kommandantur des KZ Mauthausen an die Hamburger Kriminalpolizeileitstelle vom 22. 2. 1939, in: Strafakte Willi L., Staatsarchiv HH, 213-11 Staatsanwaltschaft Landgericht – Strafsachen, Nr. 9835/39, Bl. 37.

628 Schreiben des RKPA an das Hamburger Amtsgericht vom 22. 5. 1939, in: Strafakte Willi L., Staatsarchiv HH, 213-11 Staatsanwaltschaft Landgericht – Strafsachen, Nr. 9835/39, Bl. 66.

629 De Pasquale, Zwischen Resozialisierung und „Ausmerze", S. 375; Nowak, Justiz und Konzentrationslager, S. 125 f.

630 Schreiben der Essener Kriminalpolizei an die Duisburger Kriminalpolizei vom 18. 7. 1944, in: Vorbeugehaftakte Karl Fehlhauer, Landesarchiv NRW, BR 1111, Nr. 91, Bl. 44.

„Fehlhauer bildet auf Grund dieser von ihm begangenen schweren Straftat und wegen der Möglichkeit der Wiederholung ähnlicher strafbarer Handlungen eine so große Gefahr für die Allgemeinheit, daß seine Belassung auf freiem Fuße nicht verantwortet werden kann. Im Hinblick auf den Wert, den der nationalsozialistische Staat auf die Reinhaltung der Jugend legt, ist der Genannte wegen seiner kriminellen Veranlagung auf diesem Gebiet als gemeingefährlich zu bezeichnen."[631]

Auch hier zeigt sich wieder das besondere Augenmerk, das die Verfolgungsbehörden auf sogenannte Sittlichkeitsverbrecher legten. Da es sich bei der gerade abgesessenen Strafe um die einzige Verurteilung in Fehlhauers Lebenslauf handelte, berief sich die Polizeistelle in ihrer Vorbeugehaftanordnung auf den Abschnitt II.d) des Grunderlasses, der nur selten als Begründung hinzugezogen wurde. Er sah vor, dass in polizeiliche Vorbeugehaft u. a. genommen werden könne, „wer aufgrund einer von ihm begangenen Straftat und wegen der Möglichkeit der Wiederholung eine Gefahr für die Allgemeinheit" darstelle.[632] Fehlhauer traf am 30. September 1944 im KZ Sachsenhausen ein, obwohl das RKPA die von der Duisburger Kriminalpolizei angeordnete Vorbeugehaft noch gar nicht genehmigt hatte.

Möglicherweise reichte dem RKPA die Begründung der Duisburger Polizeistelle nicht aus. Zudem hatte die Firma A. H. Zille, bei der Fehlhauer als Schweißer angestellt war, am 12. September 1944 nach dessen Verbleib gefragt. Der Arbeitgeber argumentierte mit dem herrschenden Arbeitskräftemangel: „In Anbetracht, dass heute die Arbeitskräfte sehr rar sind, so wäre ich Ihnen dankbar, wenn Sie die Entlassung baldigst vornehmen würden."[633] Obwohl das RKPA am 30. September verfügte, Fehlhauer umgehend freizulassen und in planmäßige Überwachung zu überstellen bzw. zu prüfen, ob er für eine „Sonderformation des Heeres" infrage komme,[634] wurde er im November 1944 in das KZ Neuengamme gebracht, wo er nach wenigen Wochen verstarb.[635] Mindestens seit Oktober 1944 musste der Sachsenhausener Lagerleitung die Verfügung des RKPA bekannt gewesen sein, denn die

631 Vorbeugehaftverfügung vom 12. 8. 1944, in: Vorbeugehaftakte Karl Fehlhauer, Landesarchiv NRW, BR 1111, Nr. 91, Bl. 53.

632 Grunderlaß, in: Reichssicherheitshauptamt, Erlaßsammlung, S. 42.

633 Schreiben der Firma A. H. Ziller Duisburg an die Kriminal-Polizei Duisburg vom 12. 9. 1944, in: Vorbeugehaftakte Karl Fehlhauer, Landesarchiv NRW, BR 1111, Nr. 91, Bl. 63.

634 Schreiben des Reichskriminalpolizeiamtes an die Kriminalpolizeistelle Essen vom 30. 9. 1944, in: Vorbeugehaftakte Karl Fehlhauer, Landesarchiv NRW, BR 1111, Nr. 91, Bl. 67.

635 Schreiben der Kommandantur des KZ Neuengamme vom 4. 1. 1945, in: Vorbeugehaftakte Karl Fehlhauer, Landesarchiv NRW, BR 1111, Nr. 91, Bl. 72.

63

A. H. ZILLER DUISBURG FABRIK FÜR FÖRDERANLAGEN

IHR ZEICHEN | IHRE NACHRICHT VOM | MEIN ZEICHEN vB/P M-Pers.II/Fehlh. | TAG 12.9.44

~~Anfrage~~ Betrifft: Mein Gefolgschaftsmitglied Karl Fehlhauer.

Der bei uns beschäftigte Schweisser
Karl Fehlhauer
geb. am 2o.9.97 in Düsseldorf,
Wohnung: Düsseldorf-Gerresheim,
Friedr.-Wilh.-Str. 17 bei Reimer

ist von Ihnen in Haft genommen worden. Ich bitte Sie hiermit mir gefl. mitteilen zu wollen, wann ich wohl mit der Freigabe des Vorgenannten rechnen darf.
In Anbetracht, dass heute die Arbeitskräfte sehr rahr sind, so wäre ich Ihnen sehr dankbar, wenn Sie die Entlassung baldigst vornehmen würden. Auf alle Fälle möchte ich um gefl. Mitteilung bitten, ob ich mit einer Neu-Einstellung des F. rechnen darf.

POSTANSCHRIFT: A. H. ZILLER, DUISBURG, MÜLHEIMERSTRASSE 39

An die
Kriminal-Polizei
(22) D u i s b u r g
~~General-Schroth-Str. 37~~

Heil Hitler!
A. H. Ziller Duisburg

Reichsfirmen-Nummer 0/0536/5153 · Fernsprech-Sammelnummer: Duisburg 32797 · Telegramm-Adresse: ZILLER DUISBURG · Postscheck-Konto: Essen Nr. 13433 · Bank-Konto: National-Bank A.-G. · Stückgut nach Duisburg, Martinstr. 17a · Waggonladungen nach Duisburg Hgbf.

G 0366

Auszug aus der kriminalpolizeilichen Vorbeugehaftakte von Karl Fehlhauer.
Landesarchiv NRW-Abteilung Rheinland-BR 1111, Nr. 91, S. 63.

Kriminalpolizeistelle Essen
Außendienststelle Duisburg
- K I (B) -

71

Duisburg, den 22.12.1944

29. DEZ. 1944

An die
Kommandantur des
Konzentrationslagers
in
N e u e n g a m m e

Betr.: VH. Karl F e h l h a u e r, geb. 2o.9.1897 in Düsseldorf.

Das Reichskriminalpolizeiamt hat die Anordnung der pol. Vorbeugungshaft für die vorgenannte Person nicht bestätigt. Fehlhauer, der zunächst dem KZ. Lager Sachsenhausen überstellt war, wurde am 16.1o.1944 zu dem dortigen Lager überführt.

Fehlhauer ist zu entlassen. Vor seiner Entlassung bitte ich, denselben ernstlich zu verwarnen und ihm zu eröffnen, dass er sich, falls er beabsichtigt ~~xx~~ in Duisburg seinen Wohnsitz zu nehmen, unverzüglich nach seinem Eintreffen hierselbst, im Polizeipräsidium, Zimmer 315, zu melden hat. Verneinendenfalls, wohin sich F. zu wenden gedenkt.

Im Auftrage:

Auszug aus der kriminalpolizeilichen Vorbeugehaftakte von Karl Fehlhauer.
Landesarchiv NRW-Abteilung Rheinland-BR 1111, Nr. 91, S. 71.

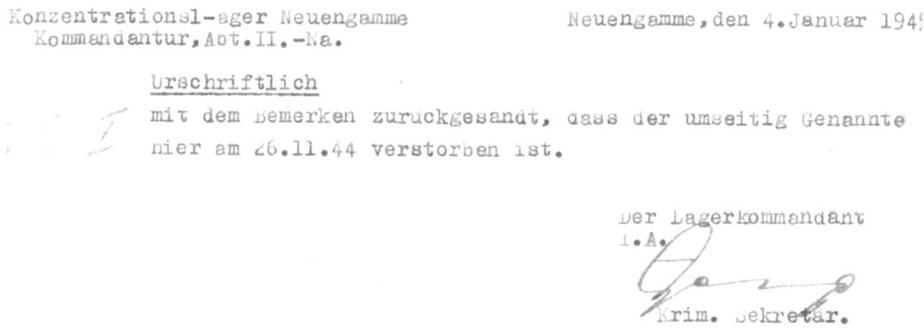

Konzentrationsl-ager Neuengamme
Kommandantur, Abt. II. -Na.

Neuengamme, den 4. Januar 194

Urschriftlich
mit dem Bemerken zurückgesandt, dass der umseitig Genannte hier am 26.11.44 verstorben ist.

Der Lagerkommandant
I.A.
Krim. Sekretär.

Auszug aus der kriminalpolizeilichen Vorbeugehaftakte Karl Fehlhauer.
Landesarchiv NRW-Abteilung Rheinland-BR 1111, Nr. 91, S. 71 R.

dortige Politische Abteilung wies am 21. Oktober seine Entlassung an.[636] Warum er dennoch in das KZ Neuengamme überstellt wurde, bleibt unklar – diese Verzögerungen zwischen den beteiligten Behörden kosteten Fehlhauer letztlich das Leben.

Insbesondere nach Kriegsbeginn war es generell unwahrscheinlicher geworden, aus einem Konzentrationslager freizukommen. Die Mehrheit (65 %) der 382 Personen, bei denen sich der Hinweis auf eine Entlassung findet, kamen bis Ende 1939 frei. Gerade die Unsicherheit, wann und ob jemand überhaupt wieder das Lager verlassen würde, war ein wesentlicher Bestandteil des nationalsozialistischen Terrors. Sofsky nennt die grundsätzlich unbefristete Haftdauer, die auch für die „Berufsverbrecher“ galt, „das erste zeitliche Merkmal der Häftlingsexistenz“, das einen „Verlust der Zukunft“ implizierte.[637] Denn da, wo ein Ende nicht absehbar war, musste sich für viele Häftlinge zwangsläufig die Frage stellen, „ob ein Durchhalten überhaupt noch Sinn hätte“.[638]

Vergegenwärtigt man sich den von Sofsky beschriebenen psychischen Druck, den gerade die scheinbar endlose Haft in einem Konzentrationslager bei den Häftlingen verursachen konnte, wird die Rezeption, „Berufsverbrecher“ hätten sich in „befristeter Vorbeugehaft“ befunden, umso problematischer.[639] Denn die unbefristete Dauer war *ein* wesentliches Unterscheidungsmerkmal zwischen Justiz- und Konzentrationslagerhaft, sodass den „Berufsverbrechern“, auch wenn sie bereits

636 Anweisung der Politischen Abteilung „zu entlassen“ vom 21. 10. 1944, RGWA, 1367/1/45, Bl. 15, zit. n. AS, D 1 A/1045, Bl. 15.

637 Sofsky, Die Ordnung des Terrors, S. 103.

638 Ebenda.

639 Vgl. Kapitel 1.1.

mehrfach Haftstrafen abgesessen hatten, aus dieser Erfahrung nicht zwangsläufig ein Vorteil erwuchs. Sie waren in derselben ausweglosen Situation wie die Schutzhäftlinge, deren Inhaftierung grundsätzlich ebenfalls keine Befristung vorsah.

Trotz dieser allgemeingültigen Regelungen gab es immer wieder Ausnahmen. So kam es im KZ Sachsenhausen anlässlich von Hitlers 50. Geburtstag am 20. April 1939 zu Massenentlassungen. Mindestens fünf „Berufsverbrecher" kamen an diesem Tag frei, vier von ihnen befanden sich aber ab 1940 wieder in Konzentrationslagerhaft.[640] Naujoks schreibt über diese „Amnestie" vom 20. April verwundert, es seien „nicht nur Juden, ASOs und Grüne, sondern zu unserer Überraschung auch etwa 250 politische Gefangene, darunter eine Reihe führender Funktionäre der Arbeiterparteien und Gewerkschaften", freigekommen.[641] Er legt damit nahe, dass an der weiteren Inhaftierung der politischen Gegner aus Sicht der Verfolgungsbehörden ein höheres Interesse bestanden habe als an der von Juden und Vorbeugehäftlingen. Die genannten Zahlen lassen einen solchen Rückschluss aber nicht zu. Nicht zuletzt der Erlass des RKPA vom 6. April 1939 zur Entlassung von Vorbeugehäftlingen „anläßlich des 50. Geburtstags des Führers" belegt, dass gerade für die „Kriminellen" spezielle Kriterien zur Freilassung galten. Es heißt dort explizit, „Berufsverbrecher" sowie „Sittlichkeitsverbrecher" seien bei der Aktion „nicht zur berücksichtigen", sondern vielmehr „Vorbeugungshäftlinge, die unbestraft oder nur geringfügig vorbestraft sind und deren Strafen längere Zeit zurück liegen", sowie Vorbeugehäftlinge, deren „Straftaten vor 1933 begangen wurden, die Strafverbüßung 1934 beendet war und die am Tage des Festnahme in Arbeit standen".[642]

In manchen Fällen wurde Häftlingen, die sich für besondere Arbeiten meldeten, eine Freilassung versprochen. Dies geschah z. B. in den ab 1940 geschaffenen „Bombenräumkommandos", bei denen Blindgänger entschärft werden mussten. Einsatzort war neben Berlin auch die Stadt Oranienburg.[643] Naujoks zufolge, der selbst an einem solchen Kommando teilnahm, sei lediglich „Asos", nicht aber politischen Häftlingen eine Entlassung genehmigt worden.[644] Dem widerspricht der

640 Es handelt sich um Georg E., Martin H., Max N. und Martin Vonkennel. Letzterer verstarb am 19. 11. 1941 im Krankenbau des KZ Sachsenhausen. Zu den Entlassungen vgl. Anweisung der Politischen Abteilung vom 20. 4. 1939, RGWA, 1367/1/22, Bl. 364, 335, 349, 367, zit. n. AS, D 1 A/1002, Bl. 364, 335, 349, 367. Blattzahlen in der Reihenfolge der Namen. Zum Tod von Martin Vonkennel vgl. AS, Standesamt Oranienburg, Nr. 1613/1941 (II), Bl. 335.

641 Naujoks, Mein Leben im KZ Sachsenhausen, S. 116.

642 Erlass vom 6. 4. 1939 zur Entlassung von Vorbeugungshäftlingen (Asozialen) anlässlich des Geburtstags des Führers am 20. 4. 1939, in: Reichssicherheitshauptamt, Erlaßsammlung, S. 128.

643 Bonnesoeur, Oranienburg und das Konzentrationslager Sachsenhausen, S. 78 f.

644 Naujoks, Mein Leben im KZ Sachsenhausen, S. 246.

Bericht von Rudi Wunderlich, der ebenfalls als „Bombensucher“ eingesetzt war. So betont auch Wunderlich einen Unterschied zwischen der Behandlung der Haftgruppen in seinem Kommando, erwähnt aber Freilassungen von Schutzhäftlingen. Er schreibt, dass die „Asozialen“ wegen Fluchtgefahr nur einmal eingesetzt worden seien, während den „Politischen Schutzhäftlingen“ eine Freilassung erst nach dem zehnten Einsatz versprochen worden sein soll.[645] Tatsächlich wurden dann laut Wunderlich „von den Aso-Häftlingen [...] nahezu alle entlassen und sofort der Wehrmacht für Pionier- und Bauregimenter zugewiesen“. Von den „Politischen Schutzhäftlingen“ kamen „nach zehnmaligem Einsatz nur wenige“ frei.[646] Aus der Sicht eines „Berufsverbrechers“ berichtete Bruno K. hingegen über seine Beteiligung an dem Kommando im Zuge einer Vernehmung durch die Kriminalpolizei im Juni 1961: „Schon zu meiner damaligen Inhaftierungszeit im KZ Sachsenhausen gab es Bombenräumkommandos. Es hieß, daß diejenigen Häftlinge entlassen würden, die ein paarmal bei diesem Kommando eingesetzt waren und es überlebt hätten.“[647] K. gelangte jedoch ebenso wenig wie Naujoks und Wunderlich in Freiheit, sondern wurde im Mai 1941 nach Groß-Rosen überstellt.[648] Es ist deshalb fraglich, ob „Berufsverbrecher“ und „Asoziale“ generell eher entlassen wurden als Schutzhäftlinge. Zumindest drei „Berufsverbrecher“ aus Sachsenhausen konnten ihre Beteiligung an einem „Bombenräumkommando“ aber nutzen, um aus dem Lager zu entkommen, indem sie flohen.[649]

5.4.4. Die SS-Division Dirlewanger

> „Gestern zog ein großer Trupp BV-Leute hier weg. Sie wurden entlassen, um zur Front zu ziehen. Schwerverbrecher und Pack werden jetzt unter Ehrenbezeigungen und Kameradschaftsgesten eingezogen. Es wurden ihnen Geschenke und Blumen überreicht, und vor der Abreise wurden sie vor dem

645 Bericht von Rudi Wunderlich über das Arbeitskommando „Bombensucher“ vom 15. 2. 1980, AS, P3- Akte Wunderlich, Rudi, Teil 3, Bl. 25.

646 Ebenda, Bl. 26.

647 Zeugenvernehmung von Bruno K. am 16. 6. 1961, Staatsanwaltschaft Köln, 24 Ks 1/64 (Z)/XX, Landesarchiv NRW, zit. n. AS, JD 21/20, Bl. 77.

648 Sonderliste Außenlager Groß-Rosen, AS, R 214/M 55, Bl. 26.

649 Es handelte sich jeweils um jeweils einen in Polen, Litauen und Serbien geborenen „Berufsverbrecher“. Während der Pole und der Serbe beide am 7. 4. 1945 als „flüchtig“ gemeldet wurden, entkam der Litauer schon im März desselben Jahres. Vgl. Veränderungsmitteilung vom 7. April 1945, FSB-Archiv Moskau, N-19092/Tom 101, Bl. 91, zit. n. AS, JSU 1/101, Bl. 91; Veränderungsmitteilung vom 23. 3. 1945, FSB-Archiv Moskau, N-19092/Tom 101, Bl. 68, zit. n. AS, JSU 1/101, Bl. 68.

> Haupteingang gefilmt. Mörder und zum Tode Verurteilte, gefährliche Feinde der Gemeinschaft – jetzt sind sie Kameraden und sollen für das große Vaterland und die deutsche Ehre kämpfen!"[650]

Diese Zeilen notierte der Schutzhäftling Odd Nansen am 18. April 1944 in seinem heimlich im KZ Sachsenhausen angefertigten Tagebuch zur Überstellung von „Berufsverbrechern" in eine Division der SS. Bei der von Nansen genannten Gruppe handelt es sich um 27 Häftlinge, die am 17. April 1944 aufgenommen worden waren.[651] Eine Liste vom 19. Mai 1944 mit dem Titel „SS Sonderkommando Dirlewanger", die 292 Personen umfasst,[652] darunter 196 „Berufsverbrecher",[653] verweist darauf, dass wenig später erneut Häftlinge rekrutiert worden waren.

Bereits knapp drei Jahre zuvor, im Juni 1940, hatte Heinrich Himmler den mehrfach straffällig gewordenen SS-Mann Oskar Dirlewanger[654] beauftragt, eine eigene Einheit zusammenzustellen, die unter der Bezeichnung „Wilddiebkommando Oranienburg" firmierte, da sie sich zunächst ausschließlich aus vorbestraften Wilddieben zusammensetzte.[655]

Dirlewanger, ehemaliges Freikorps- und langjähriges SA-Mitglied – war 1934 wegen „Verführung einer abhängigen Minderjährigen" zu zwei Jahren Zuchthaus verurteilt worden und anschließend kurzfristig im Schutzhaftlager Welzheim inhaf-

650 Nansen, Tag für Tag, S. 94. Die Stelle zitiert auch Hans-Peter Klausch, vgl. Hans-Peter Klausch, Antifaschisten in SS-Uniform. Schicksal und Widerstand der deutschen politischen KZ-Häftlinge, Zuchthaus- und Wehrmachtsgefangenen in der SS-Sonderformation Dirlewanger, Bremen 1993, S. 90.

651 Klausch, Antifaschisten in SS-Uniform, S. 90.

652 Klausch zufolge wurden 287 Personen tatsächlich überstellt, vgl. ebenda, S. 91. Auf einer zweiten Liste, die im AS vorliegt, findet sich aber der handschriftliche Vermerk „284 + 8 = 292 am 31. 5. 44 überstellt". Namensverzeichnis des SS-Sonderkommando Dirlewanger [o. D.], RGWA, 1367/1/7, Bl. 7–11, zit. n. AS, D 1 A, 1007, Bl. 7–11, hier Bl. 11.

653 Namensverzeichnis des SS-Sonderkommando Dirlewanger vom 19. 5. 1944, RGWA, 1367/1/7, Bl. 1–5, zit. n. AS, D 1 A, 1007, Bl. 1–5. Auf der Kommandoliste sind keine Haftgruppen vermerkt, anhand weiterer Quellen sowie nach einem Abgleich mit meiner Datenbank konnte die genannte Zahl von 196 Personen, die als „Berufsverbrecher" im KZ Sachsenhausen registriert worden waren, verifiziert werden. 13 Häftlinge waren als „Asoziale" registriert, einer als „Asozialer" und Schutzhäftling sowie einer nur als „Schutzhäftling. Dementsprechend ließ sich anhand der im Archiv der Gedenkstätte Sachsenhausen vorliegenden seriellen Quellen der Lager-SS bei 81 Personen keine Zuordnung zu einer Haftgruppe mehr belegen.

654 Zur Biografie Dirlewangers vgl. Helmuth Auerbach, Die Einheit Dirlewanger, in: Vierteljahrshefte für Zeitgeschichte (1962) 10, S. 250–263, hier S. 251; Klausch, Antifaschisten in SS-Uniform, S. 35–45.

655 Kaienburg, Militär- und Wirtschaftskomplex der SS, S. 240 f.

tiert gewesen. Vermutlich hatte er es seinem Fürsprecher Gottlob Berger zu verdanken, dass er dennoch nicht aus der SS ausgeschlossen wurde. Nach seiner Entlassung aus Welzheim im Jahr 1937 ging Dirlewanger nach Spanien und kämpfte dort knapp zwei Jahre auf der Seite der Franco-Faschisten. Im Anschluss an seine Rückkehr nach Deutschland erfolgte 1940 seine Aufnahme in die Waffen-SS und die Leitung der Division. Dirlewanger blieb Zeit seines Lebens auch innerhalb der SS umstritten. So liefen gegen ihn ab August 1942 Ermittlungen vor einem höheren Polizei- und SS-Gericht aufgrund diverser Verfehlungen in seiner Division.[656]

Sein „Wilddiebkommando" unterstand zunächst der 5. Totenkopfstandarte und wurde ab September 1940 als „SS-Sonderbataillon Dirlewanger" im Generalgouvernement eingesetzt.[657] In den folgenden Jahren war die Division vor allem an der „Partisanenbekämpfung" in Weißrussland sowie 1944 an der Niederschlagung des Warschauer Aufstands beteiligt, ihr eilte der Ruf äußerster Brutalität voraus. Da die Truppe bereits nach wenigen Monaten im Einsatz zusammengeschrumpft war, wurden bald weitere Personengruppen integriert: Im Sommer 1942 erfolgte die Eingliederung von ukrainischen und russischen Hilfsfreiwilligen, und ab Mai 1943, also etwa ein Jahr vor der zu Beginn dieses Kapitels beschriebenen Rekrutierungsaktion, konnten sich auch KZ-Häftlinge in die Division einreihen.[658]

Die im Juli 1943 aufgenommenen insgesamt 294 KZ-Häftlinge waren zuvor in den Konzentrationslagern Dachau, Buchenwald, Auschwitz, Groß-Rosen, Lublin, Natzweiler, Neuengamme, Flossenbürg, Mauthausen, Ravensbrück und Sachsenhausen gewesen.[659] Zunächst in Oranienburg zusammengelegt, unterzogen Mitglieder der Division sie dort einer kurzen Ausbildung, anschließend erfolgte die Verlegung nach Minsk. Angeblich befanden sich unter diesen Häftlingen auch wegen Mordes verurteilte Personen.[660] Dies ist jedoch deshalb fraglich, weil Mörder in der Regel nicht von Vorbeugehaft betroffen waren, sondern mit der Todesstrafe rechnen mussten. Auch die gegenüber SS-Gruppenführer Glücks in einem Schreiben formulierte Behauptung des damaligen Kommandanten des

656 Auerbach, Die Einheit Dirlewanger, S. 251 f.

657 Ebenda, S. 241.

658 Laut Auerbach waren schon im Juli 1942 drei Häftlinge aus dem KZ Dachau in die Division aufgenommen worden. Es handelte sich zu diesem Zeitpunkt aber noch um eine Ausnahme, vgl. ebenda, S. 254. In den folgenden Jahren wurden auch Zuchthausgefangene, straffällig gewordene SS-Männer sowie ehemalige Wehrmachtsangehörige und nicht-deutsche „Freiwillige" in die Division eingegliedert.

659 Klausch, Antifaschisten in SS-Uniform, S. 75.

660 Hans-Peter Klausch nennt ebenfalls wegen Mordes verurteilte Personen. Insgesamt betont er jedoch, dass unter den 294 im Juli 1943 rekrutierten KZ-Häftlingen „schwere Jungs" die Ausnahme gebildet hätten, vgl. ebenda, S. 77 f.

KZ Buchenwald, Hermann Pister,[661] dass Homosexuelle nicht zugelassen worden seien, lässt sich widerlegen.[662] Sowohl 1943 als auch 1944 befanden sich als „Homosexuelle“ eingestufte Personen unter den eingegliederten KZ-Häftlingen.[663]

Auf der Liste der am 19. April 1944 aus dem KZ Sachsenhausen ausgemusterten Häftlinge findet sich z. B. Anton V.,[664] der im KZ Sachsenhausen nicht nur als „BV 175“, also als „homosexueller Berufsverbrecher“, geführt wurde,[665] sondern dort als solcher am 27. April 1944 – wenige Wochen vor Aufnahme in die Einheit Dirlewangers – kastriert worden war.[666] Angeblich hatte er diesen Eingriff am 3. Dezember 1943 „freiwillig“ beantragt, um von seinem „krankhaften Geschlechtstrieb befreit zu werden“.[667] Aus dem ärztlichen Bericht geht hervor, dass es sich bei dem „Vergehen gegen den § 175“ um „gegenseitige Onanie“ mit acht Männern im Alter zwischen 18 und 40 Jahren gehandelt habe.[668] V. geriet im Zuge seines Einsatzes 1944 in sowjetische Kriegsgefangenschaft. 1947 wieder freigelassen, heiratete er und lebte bis zu seinem Tod 1993 in Mannheim.[669]

661 Hermann Pister (1885–1948) war von Dezember 1941 bis April 1945 Kommandant des KZ Buchenwald. Der in der Schweiz aufgewachsene gelernte Schiffsjunge trat 1932 der SS bei und hatte dort u. a. die Motorradstaffel geleitet, bevor er das SS-Sonderlager Hinzert kommandierte. Im Juni 1945 von den amerikanischen Alliierten verhaftet, wurde er im Rahmen der Dachauer Prozesse sowie dem Buchenwald-Prozess angeklagt und im August 1947 zum Tode verurteilt. Pister verstarb jedoch vor der Vollstreckung im Kriegsverbrechergefängnis in Landsberg. Vgl. zu Pister Harry Stein, Buchenwald – Stammlager, in: Benz/Distel (Hrsg.), Der Ort des Terrors, Bd. 3, S. 301–356, hier S. 308 f.

662 Zit. n. Auerbach, Die Einheit Dirlewanger, S. 254.

663 Klausch geht von 15 Personen unter den 1943 Rekrutierten aus, die wegen Homosexualität vorbestraft waren, vgl. Klausch, Antifaschisten in SS-Uniform, S. 78; Bernhard Strebel verweist auf zwei weitere als „Homosexuelle“ klassifizierte Häftlinge des Ravensbrücker Männerlagers, die im Juni 1943 in das KZ Sachsenhausen überstellt und für die Division herangezogen worden waren, vgl. Strebel, Das KZ Ravensbrück, S. 39.

664 Namensverzeichnis des SS-Sonderkommandos Dirlewanger vom 19. 5. 1944, RGWA, 1367/1/7, Bl. 5, zit. n. AS, D 1 A, 1007, Bl. 5.

665 Nummernliste der dem Lager Natzweiler überstellten Häftlinge vom 21. 5. 1941, RGWA, Moskau, 1367/1/220, Bl. 6, zit. n. AS, D 1 A/1220, Bl. 6.

666 Vgl. zur Praxis der Kastrationen im KZ Sachsenhausen Kapitel 5.3.2.

667 Der 1. Lagerarzt K. L. Sachsenhausen, Antrag auf Entmannung von Anton V. vom 3. 12. 1943, GARF Moskau, Bestand 7021, Nr. 104-1, zit. n. AS, D 25 A1 T3 (Buchstabe V), Bl. 484.

668 Ärztlicher Bericht zur Frage der Entmannung vom 3. 12. 1943, GARF Moskau, Bestand 7021, Nr. 104-1, zit. n. AS, D 25 A1 T3 (Buchstabe V), Bl. 289.

669 AS, P3 Akte Anton V.; Morsch/Ley, Medizin und Verbrechen, S. 302–306. Sein Schicksal ist auch in der gleichnamigen Ausstellung der Gedenkstätte Sachsenhausen im ehemaligen Krankenrevier des Konzentrationslagers dargestellt.

Ob die Meldungen von KZ-Häftlingen stets freiwillig erfolgten, wie Weiss-Rüthel in seinen Erinnerungen angibt,[670] kann zumindest angezweifelt werden.[671] Weiss-Rüthels Bericht zufolge verließen im August 1943 300 „Berufsverbrecher" aus dem KZ Sachsenhausen „in SS-Uniformen" das Lager, um in der Division Dirlewanger zu kämpfen.[672] Seinen Angaben zufolge lebten von diesen im Januar 1944 nur noch zwölf Personen.[673] Ganz so eindeutig, wie es bei Weiss-Rüthel erscheint – er spricht von einer „im Herbst 1943 vollzogenen Gleichstellung von Berufsverbrechern mit den Angehörigen der SS"[674] –, war die Position der Division innerhalb der SS aber nicht. Zwar unterstand sie dem SS-Führungshauptamt, was jedoch nicht bedeutete, dass alle Divisionsangehörigen in die SS eingegliedert worden wären – auch wenn sie eine SS-Uniform trugen.[675] Die ehemaligen Insassen aus den Konzentrationslagern wurden nach Auerbach zudem „weiterhin wie Gefangene behandelt".[676] Sie galten nicht als vollwertige „Kameraden", sondern wurden bewusst als „Kanonenfutter" eingesetzt, indem sie z. B. Munition erst in letzter Minute erhielten.[677]

Wie negativ die Sichtweise auf die „Berufsverbrecher" in den eigenen Reihen mitunter war, spiegeln die Erinnerungen eines ehemaligen Divisions-Kämpfers wider. Dem von Rolf Michaelis[678] anonymisierten Berichterstatter zufolge soll dieser gemeinsam mit anderen „Kameraden" am 14. Juni 1943 den Auftrag erhalten haben, Häftlinge aus dem KZ Sachsenhausen „mit nach Russland" zu nehmen[679]. Diesen sei (entgegen der Darstellung Weiss-Rüthels) die SS-Uniform erst

670 Weiss-Rüthel, Nacht und Nebel, S. 176.

671 Auerbach, Die Einheit Dirlewanger, S. 254; vgl. zur Diskussion um die Freiwilligkeit auch Klausch, Antifaschisten in SS-Uniform, S. 80 f. und S. 405.

672 Weiss-Rüthel, Nacht und Nebel, S. 176.

673 Ebenda, S. 178.

674 Ebenda.

675 Auerbach, Die Einheit Dirlewanger, S. 252.

676 Ebenda, S. 259.

677 Morsch/Ley, Medizin und Verbrechen, S. 305.

678 Rolf Michaelis (Hrsg.), Erinnerungen an das SS-Sonderkommando „Dirlewanger", Berlin 2008, S. 38 f. An dieser Stelle muss erwähnt werden, dass es sich bei dem Autor, dessen Buch nach eigenen Angaben auf Erinnerungen eines ehemaligen Dirlewanger-Mitglieds beruht, um eine Person mit einem problematischen politischen Hintergrund handelt. Michaelis, der seine Bücher meist im Eigenverlag herausgibt, publizierte in der Vergangenheit mehrfach in Verlagen, die dem rechtsextremen Spektrum zugeordnet werden können wie z. B. der Deutschen Militärzeitschrift (DMZ). Seine Studien zur Division Dirlewanger wurden aufgrund ihrer Materialfülle und Detailliertheit sowie als Beispiel für eine postume Instrumentalisierung der „Berufsverbrecher" trotzdem für diese Arbeit verwendet.

679 Michaelis, Erinnerungen an das SS-Sonderkommando, S. 38 f.

zwei Wochen später in Bobruisk ausgehändigt worden.[680] Von dort wurden sie nach Lahoysk gebracht, wo eine rudimentäre Ausbildung an den Waffen erfolgte. Bereits im August 1943 seien 50 Männer wegen mangelnder Disziplin und Ungehorsams zurück in Konzentrationslager geschickt worden. Auch Klausch erwähnt diese Rücküberstellungen, kommt allerdings unter Bezugnahme auf ein Schreiben Dirlewangers zu dem Schluss, dass die Häftlinge wohl vielmehr aufgrund ihrer Vorstrafen als wegen aktueller Vergehen in der Division wieder ausgemustert worden waren.[681] Dirlewanger ließ bereits in den ersten Wochen insgesamt drei ehemalige KZ-Häftlinge wegen verschiedener Vergehen wie Diebstahl sowie angeblicher Meuterei erschießen.[682] Daraus wird ersichtlich, dass sich die „KZler" in den Reihen der Division keineswegs in einer sicheren Position befanden, sondern mitunter hart gegen sie vorgegangen wurde.

Auf der Liste der eingezogenen 294 KZ-Häftlinge vom Juli 1943 befanden sich laut Klausch 49 Personen, die zuvor im KZ Sachsenhausen inhaftiert gewesen waren, darunter der „Berufsverbrecher" Fritz B. Der bereits an anderer Stelle zitierte[683] Landwirt kam nach eigenen Angaben 1936 als „politischer Häftling" in das KZ Esterwegen und war von dort im August 1936 nach Sachsenhausen überstellt worden, wo er zeitweise den „grünen Winkel" getragen habe.[684] Aus dem Oranienburger Lager wurde er dem Arbeitskommando Lichterfelde zugeteilt. Ende November 1940 meldete ihn die Effektenverwaltung als „abgesetzt", möglicherweise hatte er einen Fluchtversuch unternommen.[685] Von August bis September 1941 befand sich B. im Krankenbau des KZ Sachsenhausen,[686] anschließend folgte seine Überstellung in das KZ Groß-Rosen.[687] Wie einem Strafregisterauszug aus den Akten dieses Lagers zu entnehmen ist, war B. 1941 siebenmal vorbestraft – neben Delikten wie Betrug und Diebstahl ist auch eine Verurteilung wegen „Jagdvergehen" aufgelistet.[688] Letzteres könnte ein Hinweis darauf sein, warum

680 Ebenda, S. 40. Dies gibt auch Klausch an, vgl. Klausch, Antifaschisten in SS-Uniform, S. 81.

681 Klausch, Antifaschisten in SS-Uniform, S. 82.

682 Ebenda, S. 81 f.

683 Vgl. Kapitel 5.2.1.

684 Richterliche Vernehmung von Fritz B. am 18. 1. 1957, Staatsanwaltschaft Bonn, 8 Ks 1/58 (Sorge/Schubert)/POS. I, Teil 1, Landesarchiv NRW, zit. n. AS, JD 2/53, Bl. 136.

685 Veränderungsmitteilung Effektenverwaltung KZ Sachsenhausen vom 27. 11. 1940, FSB-Archiv Moskau, N-19092/Tom 95, Bl. 364, zit. n. AS, JSU 1/95, Bl. 364.

686 Veränderungsmitteilung des Krankenbaus vom 1. 9. 1941, RGWA, Moskau, 1367/1/54, Bl. 114, zit. n. AS, D 1 A/1054, Bl. 44.

687 Transportliste Groß-Rosen vom 9. 9. 1941, AS, R 214/M 55, Bl. 42.

688 Konzentrationslager Groß-Rosen, Angaben zu einzelnen Häftlingen, Groß-Rosen, 1.1.11.1/0027/0030/ITS Digital Archive, Bad Arolsen.

er für die Division, die ursprünglich aus vorbestraften „Wilddieben“ bestanden hatte, rekrutiert worden war. B. sagte nach Kriegsende nicht nur in dem Verfahren gegen Wilhelm Schubert und Gustav Sorge, sondern auch 1959 gegen den SS-Arzt Dr. Baumkötter sowie im Juni 1961 gegen Otto Kaiser aus. In den entsprechenden Unterlagen befindet auch ein Entschädigungsantrag von B. vom 28. Mai 1954, der 1958 abgelehnt worden war, da die Entschädigungsbehörde es „als nicht erwiesen“ ansah, „dass der Antragsteller aus Gründen politischer Gegnerschaft gegen den Nationalsozialismus Verfolgungsmaßnahmen ausgesetzt gewesen ist“.[689] Vielmehr seien „kriminelle Delikte für die gegen ihn ergriffenen Maßnahmen ursächlich“.[690] Über seine Zeit in der Division Dirlewanger äußerte sich B. nicht detailliert, lediglich die ersten Tage in der Einheit thematisierte er 1959:

> „Ich kam Anfang Juni 1943 wieder nach Sachsenhausen, nachdem ich zwischenzeitlich im KZ Groß-Rosen gewesen war. Es wurden damals in Sachsenhausen Männer aus verschiedenen Konzentrationslagern zusammengezogen, um zu einem Bataillon für die Partisanenbekämpfung zusammengestellt zu werden. [...] Wir wohnten in dem früheren Judenlager, trugen Zivil und bekamen normale Verpflegung der SS.“[691]

B. nahm sich selbst als „SS-Anwärter“ wahr und gab an, er sei für diese Aufgabe „ausersehen worden“.[692] Während in den Worten B.s fast ein wenig Stolz über seine Eingliederung in die Division mitzuschwingen scheint, schildert Hans R., der nach eigenen Angaben als jüdischer Häftling in das KZ Sachsenhausen kam,[693] die ersten Tage bei „Dirlewanger“ deutlich kritischer. Er sei aus dem KZ

689 Schreiben der Lüneburger Entschädigungsbehörde vom 14. 3. 1958, Staatsanwaltschaft Köln, 24 Ks 1/64 (Z)/XXXI, Landesarchiv NRW, zit. n. AS, JD 21/50, Bl. 42.

690 Ebenda.

691 Zeugenvernehmung von Fritz B. am 17. 9. 1959, Staatsanwaltschaft Münster, 6 JS 121/56 -/390.2 (XIX), Staatsarchiv Münster, zit. n. AS, JD 1/18, Bl. 105.

692 Zeugenvernehmung von Fritz B. am 9. 6. 1959,Staatsanwaltschaft Münster, 6 JS 121/56 -/390.15 (XVIII), Staatsarchiv Münster, zit. n. AS, JD 2/17, Bl. 90.

693 In den seriellen Quellen des Archivs der Gedenkstätte Sachsenhausen liegen lediglich Informationen über einen Häftling mit diesem Namen vor, der allerdings nicht als Jude im November 1938 in das Lager kam, wie von dem hier zitierten Zeugen angegeben. Sein Name befindet sich auf einer der drei Sonderlisten, die auf zu Kriegsbeginn eingewiesene „Berufsverbrecher“ verweisen. Denkbar ist, dass Heinz R. entweder 1938 als Jude inhaftiert, entlassen und 1939 erneut in das Lager eingeliefert worden war oder in seinen Aussagen einen anderen Verfolgungsgrund nannte, um einer Diskriminierung als „Berufsverbrecher“ zu entgehen. Vgl. Sonderliste „Zugänge vom 9. 9. 1939 (BV), RGWA, 1367/1/24, Bl. 225, zit. n. AS, D 1 A/1024, Bl. 276.

Dachau im April 1943 für den Einsatz „bestimmt" und anschließend wie Fritz B. nach Sachsenhausen zurückgebracht worden. Die dort erfolgte Ausbildung sei „sehr hart" gewesen, weshalb er sich Verletzungen zugezogen habe, „deretwegen ich in das Krankenrevier im KZ eingewiesen wurde".[694] Auch andere „Berufsverbrecher" machten kaum Angaben über ihre Zeit in der Division – möglicherweise weil sie eine Strafverfolgung fürchteten oder aus weiteren, vornehmlich taktischen Gründen.[695] So erklärte Heinrich D., der sowohl als „Schutzhäftling" als auch als „Berufsverbrecher" im KZ Sachsenhausen gewesen war,[696] während einer Zeugenvernehmung im Februar 1956, er habe gegenüber dem Braunschweiger Entschädigungsausschuss seine „Zugehörigkeit zur genannten Bewährungseinheit verheimlichen können".[697] Wann genau Heinrich D. zur Division Dirlewanger gekommen war, bleibt unklar. Nach eigenen Angaben war er 1945 in der Nähe der Stadt Forst eingesetzt, desertierte von dort und geriet in sowjetische Kriegsgefangenschaft.[698]

Walter H. hingegen, dessen Name sich auf der Liste vom 19. Mai 1944 befindet,[699] nannte während einer Zeugenvernehmung im Oktober 1964 klare Motive für seine Eingliederung in die Division: „Bei diesem Kommando habe ich nur deshalb mitgemacht, weil ich das vorauszusehende Kriegsende nicht im KZ erleben wollte, zumal die Häftlinge befürchten mußten, im letzten Augenblick von den Machthabenden erschossen zu werden."[700] Offenbar hatte er sich freiwillig gemeldet. Walter H. war zum Zeitpunkt seiner Aufnahme in die Division

694 Zeugenvernehmung von Heinz R. am 18. 6. 1956, Staatsanwaltschaft Münster, 6 JS 121/56 –/390.4 (IX), Staatsarchiv Münster, zit. n. AS, JD 1/8, Bl. 38.

695 Eine Ausnahme in den für diese Arbeit untersuchten Fällen ist Bernhard B., dessen Geschichte Eingang in Kapitel 4.2. gefunden hat. Er gab 1963 im Frankfurter Auschwitz-Prozess an, er sei im Rahmen der Einheit Dirlewanger auch zur „Partisanenbekämpfung" eingesetzt worden. Vgl. Aussage Bernhard B. vor dem Landgericht Frankfurt/Main, Archiv Fritz Bauer Institut, 4 KS 2/63, Bl. 16527.

696 Heinrich D. war am 18. 10. 1938 als Schutzhäftling entlassen, jedoch am 19. 2. 1941 als „Berufsverbrecher" erneut eingeliefert worden. Veränderungsmitteilung Effektenverwaltung vom 19. 10. 1938, RGWA, 1367/1/20, Bl. 160, zit. n. AS, D 1 A/1020, Bl. 403 sowie Veränderungsmitteilung vom 19. 2. 1941, FSB-Archiv Moskau, N-19092/Tom 97, Bl. 49, zit. n. AS, JSU 1/97, Bl. 49.

697 Zeugenvernehmung von Heinrich D. am 27. 2. 1956, Staatsanwaltschaft Bonn, 8 Ks (Sorge/Schubert)/IV, Teil 1, Landesarchiv NRW, zit. n. AS, JD 2/5, Bl. 137.

698 Ebenda.

699 Namensverzeichnis des SS-Sonderkommando Dirlewanger vom 19. 5. 1944, RGWA, 1367/1/7, Bl. 5, zit. n. AS, D 1 A, 1007, Bl. 5.

700 Zeugenvernehmung von Walter H. am 21. 10. 1964, Staatsanwaltschaft Köln, 24 Ks 2/68 (Z)/XLII, Landesarchiv NRW, zit. n. AS, JD 31/36, Bl. 63.

bereits seit fünf Jahren im KZ Sachsenhausen.[701] Die Lager-SS registrierte ihn als „Berufsverbrecher", allerdings stand zumindest eine der abgegoltenen Vorstrafen offenbar mit seiner Aktivität für die KPD und deren Nebenorganisationen im Zusammenhang: 1931 war er zu sieben Monaten Haft wegen „Aufruhr" und „Landfriedensbruchs" verurteilt worden.[702] Von 1931 bis 1932 hatte die Bielefelder Kriminalpolizei H. zudem verdächtigt, gemeinsam mit anderen KPD-Mitgliedern im Februar oder März 1931 einen Einbruch in das Sprengstofflager eines Kalkwerks in Brackwede verübt und dort „25 kg. Schwarzpulver, 6 Packungen je 40 Rollen zusammen 15 kg Amonit" entwendet zu haben.[703] Während zunächst in alle Richtungen ermittelt worden war, sahen einzelne Kriminalbeamte einen Zusammenhang zwischen einer Demonstration der KPD in Brackwede, die am 28. Februar 1931 stattgefunden hatte, und dem möglicherweise zeitgleich erfolgten Einbruch.[704] Als die Kriminalpolizei Hinweise auf eine Täterschaft H. s. erhielt, vernahm sie den jungen Mann, der sich zu diesem Zeitpunkt bereits wegen einer früheren Verurteilung in Haft befand. H. gab an, dass er gemeinsam mit anderen KPD-Aktivisten Pläne für einen Anschlag auf ein Massenquartier diskutiert habe, in dem anlässlich eines Auftritts von Hitler im November 1930 in Bielefeld zugereiste Nationalsozialisten untergebracht werden sollten. Er bestritt seine Beteiligung an dem Einbruch und denunzierte in einer ersten Vernehmung durch die Bielefelder Polizei mehrere „Genossen".[705] In den folgenden Monaten nahm H. seine belastenden Aussagen zurück, sodass schließlich am 2. September 1932 das gegen ihn und andere eingeleitete Verfahren wegen „Vorbereitung zum Hochverrat" aufgrund von Beweismangel eingestellt wurde.[706]

Den Ermittlungsunterlagen lassen sich weitere Informationen über H.s Lebenslauf entnehmen. Als er im Juli 1932 erneut verhört wurde, machte der erst 22-Jährige folgende Abgaben: Nach der Volksschule sei er als Hilfsarbeiter in verschiedenen Schlossereien tätig gewesen und habe seit 1928 nur noch gelegentlich Tätigkeiten ausgeübt. Walter H. konnte zu diesem Zeitpunkt bereits auf eine lange

701 Veränderungsmitteilung „Zugang" vom 7. 5. 1939, RGWA, 1367/1/24, Bl. 358, zit. n. AS, D 1 A/1024, Bl. 141.

702 Kommentar zur Zeugenvernehmung von Walter H. am 21. 10. 1964, Staatsanwaltschaft Köln, 24 Ks 2/68 (Z)/XLII, Landesarchiv NRW, zit. n. AS, JD 31/36, Bl. 63.

703 Funkspruch der Kriminalpolizei Bielefeld vom 3. 3. 1931, BArch R 3003/15 J 132/32, fol. 7.

704 Ebenda, fol. 8 sowie: Schreiben eines Bielefelder Kriminalsekretärs vom 10. 3. 1931, BArch R 3003/15 J 132/32, fol. 9.

705 Vernehmung von Walter H. durch die Bielefelder Kriminalpolizei am 10. 1. 1932, BArch R 3003/15 J 132/32, fol. 33–35.

706 Beschluss zur Einstellung des Verfahrens vom 2. 9. 1932, BArch R 3003/15 J 132/32, fol. 120.

Anbindung an die KPD zurückblicken: 1923 war er in die „Kinderabteilung“ der Partei eingetreten, hatte sich einige Jahre später dem Kommunistischen Jugendverband Deutschlands (KJVD) und dem Rotfrontkämpferbund (RFB) angeschlossen. Aufgrund laufender Ermittlungen gegen ihn wegen Diebstahls habe er sich im August 1931 mithilfe der KPD nach Russland abgesetzt, sei aber im Dezember desselben Jahres wieder ausgewiesen worden, angeblich auf Betreiben der KPD: „Ich nehme an, dass die Deutsche K. P. D. irgendein Hühnchen mit mir rupfen wollte“, erklärte H. bei einer Vernehmung.[707] Solche Konflikte mit der Partei spielten für die Verfolgungsbehörden indes keine Rolle, vielmehr wurde seine Tätigkeit für die KPD in den Akten immer wieder hervorgehoben. So erklärte der Bielefelder Staatsanwalt im Juni 1932, H. sei „ein eifriger Förderer der kommunistischen Sache“ gewesen.[708] Walter H., der nach Kriegsende nach Bielefeld zurückgekehrt und erneut straffällig geworden war,[709] machte in seinen Aussagen gegen SS-Personal aus dem KZ Sachsenhausen in den 1960er-Jahren wiederholt Angaben über diese Verfahren aus dem Jahr 1931/32 sowie seine politischen Aktivitäten und gab an, er sei seinerzeit in Schutzhaft genommen worden.[710] Auch wenn sein Verhältnis zur kommunistischen Bewegung nach der Machtübernahme unklar bleibt, zeigt der Fall von Walter H. doch, dass sich unter den als „Berufsverbrechern“ Verfolgten mitunter ehemals aktive Kommunisten befunden hatten.

Es ist anzunehmen, dass neben Walter H. auch andere KZ-Häftlinge in der Eingliederung in die Division eine Möglichkeit sahen, ihrer ausweglosen Situation zu entgehen. So bot die Meldung für das Sonderkommando, sofern sie freiwillig erfolgte, auch eine Chance, aus der Strafkompanie herauszukommen, wie das Beispiel von Karl H. zeigt, der am 19. Mai 1944 rekrutiert wurde.[711] Der Remscheider war am 15. März 1944 für drei Monate in das Schuhläuferkommando eingewiesen worden, da er als Vorarbeiter im Nachrichtenzeugamt des Lagers „2 Ballen Vorhang- und Gardinenstoff von einem Mithäftling übernommen, vom N. Z. A. zum Hauptzeugamt transportiert und dort versteckt“ habe.[712] Der Lagerkommandant

707 Vernehmung von Walter H. im Gerichtsgefängnis Bielefeld am 6. 7. 1932, BArch R 3003/15 J 132/32, fol. 107.

708 Schreiben des Bielefelder Oberstaatsanwalts an den Oberreichsanwalt in Leipzig vom 16. 6. 1932, fol. 95.

709 Kommentar zur Zeugenvernehmung von Walter H. am 21. 10. 1964 in Bielefeld, Staatsanwaltschaft Köln, 24 Ks 2/68 (Z)/XLII, Landesarchiv NRW, zit. n. AS, JD 31/36, Bl. 63

710 Vgl. z. B. Zeugenvernehmung von Walter H. am 21. 10. 1964, Staatsanwaltschaft Köln, Köln, 24 Ks 2/68 (Z)/XLII, Landesarchiv NRW, zit. n. AS, JD 31/36, Bl. 61.

711 Namensverzeichnis des SS-Sonderkommandos Dirlewanger vom 19. 5. 1944, RGWA, 1367/1/7, Bl. 2, zit. n. AS, D 1 A, 1007, Bl. 2.

712 Strafverfügung gegen Karl H., Archiv BStU, AV 2/87, Bd. 3, Bl. 225.

warf ihm zudem vor, er habe versucht, „die Sache dadurch zu vertuschen, indem er die Stoffe wieder zurückschmuggelte".[713] Auch Robert L. kam im März 1944 in das Schuhläuferkommando, weil er Stoffballen an einen Zivilisten „verschoben" hatte, „der ihm Brot und Brotaufstrich dafür versprach".[714] Laut Strafverfügung sollte L. bis zum 14. September desselben Jahres in der Strafkompanie bleiben, am 19. Mai 1944 erfolgte jedoch seine Überweisung in das Sonderkommando Dirlewanger.[715]

Es erscheint widersprüchlich, dass in einzelnen Fällen auch Personen für Dirlewangers Truppe hinzugezogen wurden, die im Herbst 1939 auf Sonderlisten der zu Kriegsbeginn verhafteten „Berufsverbrecher" gestanden hatten – denn diese Aktion stand im Kontext einer „Sicherung" der „Heimatfront" des kriegführenden deutschen „Reiches".[716] Die Division stellte in dieser Hinsicht allerdings keine Ausnahme dar, denn eine ähnliche Entwicklung vollzog sich in der Wehrmacht, wo schon seit 1942 in sogenannten Bewährungsbataillonen Personen verpflichtet wurden, die zuvor aufgrund ihrer Vorstrafen als „wehrunwürdig" eingestuft worden waren. Paul B. etwa war am 14. September 1939 in das KZ Sachsenhausen eingeliefert worden und damit Teil der oben genannten Verhaftungsaktion gegen „Berufsverbrecher".[717] Über seine Zeit im KZ Sachsenhausen ist nicht mehr bekannt, als dass er am 15. Mai 1944 für das Kommando Dirlewanger eingeteilt wurde oder sich freiwillig meldete.[718]

Zu den Personen, deren Ausschluss aus der „Volksgemeinschaft" die Kriminalpolizei Jahre zuvor explizit befürwortet hatte und die ebenfalls im Mai 1944 zu Dirlewangers Einheit kamen, gehörte auch Arthur B.[719] Den gebürtigen Belgier hatte die Duisburger Kriminalpolizei im Dezember 1940 nach einer verbüßten dreijährigen Haftstrafe in Vorbeugehaft genommen. In ihrer Anordnung der Maßnahme heißt es, B. sei „ein haltloser und willensschwacher Mensch, der auch durch die mehrfachen Strafverbüßungen unter dem modernen Strafvollzug nicht zu einem gesetzmäßigen Leben anzuhalten war".[720] Weiter wurde behauptet, „alle

713 Ebenda.

714 Strafverfügung gegen Robert L., Archiv BStU, AV 2/87, Bd. 3, Bl. 131.

715 Namensverzeichnis des SS-Sonderkommandos Dirlewanger vom 19. 5. 1944, RGWA, 1367/1/7, Bl. 3, zit. n. AS, D 1 A, 1007, Bl. 3.

716 Vgl. Kapitel 3.5.

717 Zugänge Sonderliste (BV) vom 14. 9. 1939, RGWA, 1367/1/24, Bl. 201, zit. n. AS, D 1 A/1024, Bl. 300.

718 Namensverzeichnis des SS-Sonderkommandos Dirlewanger vom 19. 5. 1944, RGWA, 1367/1/7, Bl. 1, zit. n. AS, D 1 A, 1007, Bl. 1.

719 Ebenda.

720 Vorbeugehaftverfügung Kriminalpolizei Duisburg vom 21. 12. 1940, in: Vorbeugehaftakte Arthur B., Landesarchiv NRW, BR 1111, Nr. 86, Bl. 101.

Versuche, ihn zu einem ordentlichen Menschen zu erziehen“, seien fehlgeschlagen. Eine „Unterbringung in ein Arbeits- und Besserungslager“ sei „unbedingt notwendig“, da anzunehmen sei, „dass er, in Freiheit gesetzt, erneut sein verbrecherisches Treiben fortsetzen wird“.[721] B. traf am 15. Februar 1941 im KZ Sachsenhausen ein.[722] Noch zwei Monate später stellte seine Mutter ein Entlassungsgesuch, das jedoch abgelehnt wurde. Erst mit seiner Überstellung in das Sonderkommando Dirlewanger kam B. aus dem Lager frei.

Zusätzlich zu den „Berufsverbrechern“, „Asozialen“ und vereinzelten Schutzhäftlingen wurden ab Herbst 1944 schließlich auch politische Häftlinge in größerer Anzahl in die Division aufgenommen. Gerade unter den im KZ Sachsenhausen inhaftierten Kommunisten war eine solche Teilnahme allerdings heftig umstritten.[723] Hinzu kamen als neue Gruppen ab 1944 straffällig gewordene SS- und Wehrmachtsangehörige.[724] Im Dezember 1944 soll die Truppe insgesamt etwa 6500 Personen umfasst haben, darunter ca. 30 Prozent ehemalige KZ-Häftlinge.[725] Neben der „Partisanenbekämpfung“ und einer Beteiligung an der Niederschlagung des Warschauer Aufstands war die Division auch in der Slowakei und an der ungarischen Front eingesetzt worden, wo allerdings mehrere Hundert Mitglieder, vor allem aus den Reihen der politischen KZ-Häftlinge, zu den sowjetischen Alliierten überliefen.[726] Die Tatsache, dass es erst zu diesem Zeitpunkt zu Desertationen in großer Anzahl kam, ist jedoch nicht nur darauf zurückzuführen, dass es sich überwiegend um Schutzhäftlinge handelte. Denn wie Klausch darlegt, war es beispielsweise während des Einsatzes in Weißrussland allein aus logistischen Gründen fast unmöglich gewesen, erfolgreich zu desertieren.[727]

Ende Januar 1945 ordnete Himmler den Rücktransport der mittlerweile zur Brigade aufgestiegenen Truppe nach Deutschland an. Noch Mitte Januar waren allerdings KZ-Häftlinge zum Einsatz gekommen. Unter diesen befand sich der „Berufsverbrecher“ Erich K. Er war nach eigenen Angaben im August 1940 auf seiner Arbeitsstelle verhaftet worden.[728] Seine Einweisung in das KZ Sachsenhausen

721 Ebenda.

722 Veränderungsmitteilung KZ Sachsenhausen vom 15. 2. 1941, FSB-Archiv Moskau, N-19092/Tom 97, Bl. 45, zit. n. AS, JSU 1/97, Bl. 45.

723 Klausch, Antifaschisten in SS-Uniform, S. 406.

724 Auerbach, Die Einheit Dirlewanger, S. 255 f.

725 Ebenda, S. 258.

726 Ebenda, S. 261; Klausch, Antifaschisten in SS-Uniform, S. 408.

727 Klausch, Antifaschisten in SS-Uniform, S. 103 f.

728 Zeugenvernehmung von Erich K. am 16. 6. 1961, Staatsanwaltschaft Köln, 24 Ks 1/64 (Z)/XXVI, Landesarchiv NRW, zit. n. AS, JD 21/39, Bl. 53.

lässt sich für den 11. Mai 1941 nachweisen.[729] In den letzten Kriegswochen stießen weitere KZ-Häftlinge hinzu, wie der Sinto Walter Winter schildert. Er selbst verließ am 13. April 1945 das Oranienburger Lager als Teil der Dirlewanger-Einheit: „Wir waren eine kleine Truppe von halb verhungerten Männern in SS-Uniform, ohne Papiere, ohne Koppeln, ohne Stahlhelm und ohne Gewehr."[730] Ein Großteil der Brigade, darunter auch Winter, wurde vor der Stadt Halbe eingekesselt und geriet noch am 29. April 1945 – als das KZ Sachsenhausen bereits befreit worden war – in sowjetische Kriegsgefangenschaft.[731]

Die Herausforderung bei einer Beschreibung der Geschichte dieser besonderen Einheit und ihren Mitgliedern liegt darin, dass hier punktuell die Kategorien von „Opfern" und „Tätern" verschwammen. Personen wie Arthur B., die als „Berufsverbrecher" aus der deutschen „Volksgemeinschaft" ausgeschlossen und von Polizei und Justiz als nicht resozialisierbar eingestuft worden waren, sollten sich nun u. a. im Einsatz gegen Zivilisten und „Partisanen" in Polen und Weißrussland bewähren.[732] Obwohl sich einige „Berufsverbrecher" dabei aktiv an Verbrechen beteiligten – in einem Fall liegt eine Verurteilung aus dem Jahr 1949 wegen „Misshandlungen und Tötungen bei der Niederschlagung des Warschauer Aufstands" vor[733] –, wird eine einseitig der Division Dirlewanger angelastete Schuld für die von Deutschen begangenen Grausamkeiten in der aktuelleren Forschungsliteratur kritisiert – zumal sie häufig mit der Entlastung von regulären Einheiten

729 Effektenkammerschein vom 11. 5. 1941, RGWA, 1367/1/40, Bl. 38, zit. n. AS, D 1 A/1040, Bl. 38.

730 Karin Guth, Z 3105. Der Sinto Walter Winter überlebt den Holocaust, Hamburg 2009, S. 143.

731 Auerbach, Die Einheit Dirlewanger, S. 262.

732 2009 nahm das LKA Baden-Württemberg Ermittlungen gegen drei ehemalige Mitglieder der Sonderdivision Dirlewanger wegen bei der Niederschlagung des Warschauer Aufstands begangener Verbrechen auf, vgl. Andreas Mix, Die Henker von Wola, in: Berliner Zeitung, 5. 7. 2008, http://archive.is/KgayL (18. 3. 2014); Georg Böhnisch/Axel Frohn/Christian Siepmann/Klaus Wiegrefe, Ein braver Schwabe, in: Der Spiegel, 21. 7. 2008, http://www.spiegel.de/spiegel/print/d-58302566.html (18. 3. 2014).

733 Es handelt sich um den in Rixdorf geborenen „Berufsverbrecher" Adolf J., der im Mai 1944 in die Division aufgenommen und 1949 vom Landgericht Potsdam zu sechs Jahren Freiheitsstrafe verurteilt worden war. Diese Information ist in einer Einstellungsverfügung der Hannoveraner Staatsanwaltschaft von 2004 vermerkt, die zu diesem Zeitpunkt Ermittlungen gegen alle 292 Häftlinge, die im Mai 1944 in die Division aufgenommen worden waren, abgeschlossen hatte. Es kam zu keiner weiteren Strafverfolgung, da kein „individuell begründbarer konkreter Verdacht des Mordes" gegen die Personen bestehe. Vgl. Einstellungsverfügung der Staatsanwaltschaft Hannover vom 25. 10. 2004, BArch B 162/41150, fol. 115 und fol. 126.

der Wehrmacht sowie der Polizeibataillone einhergeht.[734] Klausch kommt nach einer Analyse verschiedener Quellen und Forschungsliteratur zu dem Schluss, dass sich bezogen auf die Ereignisse vom 5. und 6. August 1944, als in Warschau die größte Zahl von Zivilisten durch deutsche Einheiten ermordet wurde, folgendes Bild ergibt:

> „Zwar waren Angehörige der SS-Sonderformation Dirlewanger an den Erschießungen von wehrlosen Zivilisten in erheblichem Umfang beteiligt, die Mehrheit der systematischen Massenmorde an polnischen Männern, Frauen und Kindern wurde jedoch nicht von den ‚Berufsverbrechern' und sonstigen Angehörigen der Dirlewanger-Einheit verübt, sondern von deutschen SD- und Polizeiformationen."[735]

Insbesondere der Verweis auf „Berufsverbrecher" in der Einheit jedoch scheint eine nachträgliche eindeutige Schuldzuschreibung zu vereinfachen, wie das Beispiel des bei Michaelis zitierten ehemaligen SS-Mannes zeigt. Denn dieser versucht, für die Brandschatzung der Division in Weißrussland ausschließlich die „Berufsverbrecher" verantwortlich zu machen. Im Zuge seiner Schilderung der Einsätze in Lagoisk und Umgebung, bei denen die Soldaten Häuser plünderten und Tausende Zivilisten umbrachten, äußert der anonyme Autor Zweifel, die er an diesem Vorgehen gehegt habe. Während sie vorher lediglich „Partisanenbekämpfung" betrieben hätten, habe sich die Methode erst mit dem Eintritt der „Berufsverbrecher" geändert: „Die BVler benahmen sich wie die Schweine und gingen einfach in die Häuser, um zu sehen, obs irgendetwas zu plündern gab. Kamen ihnen dabei Einheimische in die Quere, wurden diese einfach niedergeschossen."[736] Tatsächlich lässt sich einer Aufstellung von Christian Gerlach entnehmen, dass bereits bis zum 14. Juli 1943 mindestens 3993 Bewohner aus der Region Woloshin-Lagoisk im Rahmen der Aktion unter dem Tarnnamen „Günther", für die die Division Dirlewanger verantwortlich war, ermordet wurden.[737] Dass dafür allein die eingegliederten „Berufsverbrecher" verantwortlich waren, kann bezweifelt werden. Hinzu kommt, dass die Division schon lange vor deren Rekrutierung in Polen und Weiß-

734 Vgl. Klausch, Antifaschisten in SS-Uniform, S. 106; Hans-Jürgen Bömelburg/Eugeniusz Cezary Król/Michael Thomæ (Hrsg.), Der Warschauer Aufstand 1944. Ereignis und Wahrnehmung in Polen und Deutschland, Paderborn 2011.

735 Klausch, Antifaschisten in SS-Uniform, S. 113.

736 Ebenda, S. 44.

737 Christian Gerlach, Kalkulierte Morde. Die deutsche Wirtschafts- und Vernichtungspolitik in Weißrussland 1941 bis 1944, Hamburg 1999, S. 902.

russland geplündert und gemordet hatte.[738] Der bei Michaelis zitierte SS-Mann schreibt zudem Diebstähle an der Bevölkerung und innerhalb des Kommandos den KZ-Häftlingen in den eigenen Reihen zu:

> „Da einige BVler bereits in den ersten Tagen angefangen hatten, Zivilisten auszunehmen, Häuser zu plündern und das Zeugs sofort nach Hause sendeten, mussten sie künftig ihre Pakete im Geschäftszimmer packen. Das war nicht zu glauben – da waren die Kerle nur zwei Wochen hier und schon wurden täglich irgendwelche Dinge gestohlen!"[739]

Leider war es im Rahmen dieser Arbeit nicht möglich, Anzahl und Art der Vorstrafen aller aus dem KZ Sachsenhausen in die Division eingegliederten „Berufsverbrecher" zu ermitteln. Klauschs These, dass „analog zu ähnlichen Vorgängen bei der Wehrmacht der Anteil der erheblich Vorbestraften weiter anstieg",[740] kann allerdings entgegengehalten werden, dass im Kriegsverlauf Personen mit immer weniger und geringeren Vorstrafen zu „Berufsverbrechern" erklärt und als solche in die Konzentrationslager eingewiesen wurden. Insofern stieg die Anzahl der als „Berufsverbrecher" definierten Personen, doch nicht notwendigerweise waren diese erheblich vorbestraft. Zu berücksichtigen ist bei der Untersuchung der „Berufsverbrecher" in der Division auch, dass die Beteiligung an der Einheit für die Häftlinge *eine* Möglichkeit darstellte, ihrer KZ-Haft zu entgehen. In einzelnen Fällen sollen sich rekrutierte „Berufsverbrecher" auch widersetzt haben.

Weiss-Rüthel schreibt dazu in seinen Erinnerungen: „Einer, der den Versuch gemacht hatte, sich dem ehrenvollen Auftrag, für seinen Führer zu sterben, durch Flucht zu entziehen, wurde in das Lager zurückgebracht und vor unser aller Augen gehängt."[741] Auch der „Berufsverbrecher" Georg Klimas wurde am 17. Dezember 1944 vom Kommando Dirlewanger rücküberführt[742] und am 13. Januar 1945 im KZ Sachsenhausen stranguliert.[743] Klausch nennt weitere Beispiele von „wider-

738 Vgl. ebenda, z. B. S. 919, 928, 944, 958; Auerbach, Die Einheit Dirlewanger, S. 262 f.; Klausch, Antifaschisten in SS-Uniform, S. 46–99.

739 Michaelis, Erinnerungen an das SS-Sonderkommando, S. 44.

740 Klausch, Antifaschisten in SS-Uniform, S. 91.

741 Weiss-Rüthel, Nacht und Nebel, S. 178.

742 Veränderungsmitteilung des KZ Sachsenhausen vom 17. 12. 1944, FSB-Archiv Moskau, N-19092/Tom 99, Bl. 292, zit. n. AS, JSU 1/99, Bl. 292.

743 Veränderungsmittelung des KZ Sachsenhausen vom 15. 1. 1945, FSB-Archiv Moskau, N-19092/Tom 101, Bl. 14, zit. n. AS, JSU 1/101, Bl. 17. Ob es sich um die bei Weiss-Rüthel genannte Person handelt und er lediglich die Zeitabschnitte vertauscht hat, bleibt unklar. Klausch verweist hingegen auf eine weitere Person, die im Sommer/Herbst 1943 desertiert

ständigen" Mitgliedern, die als „Berufsverbrecher" klassifiziert worden waren.[744] Wie eine Namensliste vom 12. August 1944 belegt,[745] waren im Sommer 1944 zudem einige Häftlinge aus dem KZ Flossenbürg in das KZ Sachsenhausen überstellt worden, die zuvor der Division angehört hatten. Unter den dort aufgelisteten 17 Personen lassen sich vier nachweisen, die als „Berufsverbrecher" im KZ Sachsenhausen inhaftiert gewesen waren. Bei zwei von ihnen ist der Kommentar „Ausschließungsschein" vermerkt, was darauf hindeuten könnte, dass sie aus der Division entlassen worden waren. Aus welchen Gründen diese Rücküberstellungen erfolgten, wird aus dem Dokument allerdings nicht ersichtlich.

5.5. Todesmärsche, Befreiung und erneute Strafverfolgung

„Ich war bewußtlos im Wald liegengeblieben, bis die Amerikaner kamen", berichtete der „Berufsverbrecher" Wilhelm J. 1964 über die letzten Tage seiner Haftzeit. Er sei mit anderen Häftlingen auf einen Marsch Richtung Belower Wald[746] gezwungen worden.[747] Auch Heinrich H. schilderte seine Erlebnisse: „Von den Häftlingen anderer Kommandos, die vor uns marschiert waren, lagen welche am Straßenrand, weil sie nicht weiter konnten." Des Weiteren seien ihm „keine Häftlinge bekannt, die sich damals an den Verbrechen von SS-Bewachern beteiligt haben".[748] Charles Papiernik hingegen behauptet in seinen Erinnerungen, „Zwei Tage vor der Evakuierung waren alle gewöhnlichen Kriminellen deutscher

sein soll und möglicherweise zurück in das Oranienburger Lager gebracht wurde. Seinen Angaben zufolge desertierten im November und Dezember 1944, als das Sonderkommando bereits in der Slowakei war, 30–50 Personen. Vgl. Klausch, Antifaschisten in SS-Uniform, S. 104 und 136.

744 Klausch, Antifaschisten in SS-Uniform, S. 99–104.

745 Häftlingsüberstellung nach dem KL. Sachsenhausen am 12. 8. 1944 (Sonderkommando „Dirlewanger"), Flossenbürg, 1.1.8.3./0072/0023/ITS Digital Archive, Bad Arolsen.

746 Im Belower Wald brachte die SS am 23. 4. 1945 etwa 16 000 Häftlinge in einem provisorischen Lager unter und überließ sie ohne Verpflegung ihrem Schicksal. Der größte Teil von ihnen musste am 29. 4. weitermarschieren. Nach und nach türmten die SS-Bewacher vor den näherrückenden Alliierten. Die Häftlinge blieben im Wald zurück, wo sie von sowjetischen und amerikanischen Alliierten befreit wurden. Vgl. zur Gedenkstätte in Below Carmen Lange, Gedenkstätte Todesmarsch im Belower Wald nach umfassender Neugestaltung wieder eröffnet, in: GedenkstättenRundbrief 155 (2010), S. 3–14.

747 Zeugenvernehmung von Wilhelm J. am 23. 10. 1964, Staatsanwaltschaft Köln, 24 Ks 1/64 (Z)/XLIV, Landesarchiv NRW, zit. n. AS, JD 21/70, Bl. 3.

748 Zeugenvernehmung von Heinrich H. am 2. 10. 1964, Staatsanwaltschaft Köln, 24 Ks 2/68 (Z)/XX, Landesarchiv NRW, zit. n. AS, JD 31/19, Bl. 15.

Nationalität mit Waffen ausgestattet und zu SS-Leuten befördert worden. Sie sind schlimmer als die eigentlichen SS-Männer."[749]

Tatsächlich hatte die SS, kurz bevor sie den Großteil der Häftlinge aus dem KZ Sachsenhausen am 21. April auf die sogenannten Todesmärsche zwang,[750] einen „Lagervolkssturm" gebildet. Dessen Mitglieder – darunter neben „Berufsverbrechern" auch ehemalige inhaftierte SS-Männer, Wehrmachtssoldaten und politische Häftlinge – wurden mit Gewehren ausgerüstet, in denen sich aber keine Munition befand.[751] Dieser Lagervolkssturm sollte das SS-Personal bei der Bewachung der Märsche unterstützen. Aus den hier zugrunde gelegten Quellen ergaben sich keine weiteren Informationen über eine spezifische Rolle von „Berufsverbrechern" während der Todesmärsche. Allerdings sind bislang weder alle Details der Todesmärsche noch die Befreiung von Gefängnissen durch die Alliierten erschöpfend erforscht.[752] Deutlich mehr Aussagen lassen sich über erneute Verurteilungen und Inhaftierungen von als „Berufsverbrecher" Verfolgten treffen. Manche wurden in den 1940er-Jahren wieder straffällig wie Paul H., der 1949 vom Hamburger Landgericht zu einer Geldstrafe verurteilt wurde, weil er Material zum Bau eines Hühnerstalls gestohlen hatte.[753] Gerade für Personen aus dieser Gruppe von Überlebenden dürfte es grundsätzlich schwierig gewesen sein, nach der Befreiung in der Nachkriegsgesellschaft Fuß zu fassen – nach jahrelanger Haft in den Konzentrationslagern, teilweise direkt im Anschluss an eine verbüßte Strafhaft, mit langen Vorstrafenregistern sowie keinerlei Anspruch auf materielle Entschädigung verwundert es nicht, dass kriminelle Aktivitäten manch einem erneut als Lösung für eine wirtschaftliche Notlage erschienen sein mag. Es gab jedoch auch Personen, deren kriminelle Aktivitäten auf höherem Niveau bereits in der Weimarer Republik begonnen hatten und die unmittelbare Nachkriegszeit überdauerten.

749 Charles Papiernik, Leben und Widerstehen. Erinnerungen an Auschwitz und Sachsenhausen 1942–1945, Bremen 2005, S. 124.

750 Mehrere Tausend Häftlinge ließen auf diesen letzten „Evakuierungsmärschen", die durch zahlreiche kleine Orte in Brandenburg und Mecklenburg-Vorpommern führten, ihr Leben. Diejenigen, die nicht mehr marschieren konnten oder versuchten, sich während des Marsches Lebensmittel zu organisieren, wurden von dem Bewachungspersonal der SS erschossen. Vgl. zu detaillierten Erinnerungen von Häftlingen an den Todesmarsch aus dem KZ Sachsenhausen Heilbut, Meilensteine; Kurt Redmer, Vergeßt dieses Verbrechen nicht! Der Todesmarsch KZ Sachsenhausen – Schwerin 1945, Rostock 2001.

751 Antje Zeiger, Die Todesmärsche, in: Günter Morsch/Alfred Reckendrees (Hrsg.), Befreiung Sachsenhausen 1945, Berlin 1996, S. 64–72, hier S. 65.

752 Den aktuellsten Forschungsstand über die Todesmärsche bündelt: Jean-Luc Blondel/Susanne Urban/Sebastian Schönemann (Hrsg.), Freilegungen. Auf den Spuren der Todesmärsche, Göttingen 2012 (Jahrbuch des International Tracing Service Bd. 1).

753 Vgl. zu Paul H. Kapitel 4.8.

Ein besonders schillerndes Beispiel ist der bereits mehrfach genannte Manfred Bastubbe.[754]

Der 1910 in Hongkong als Sohn eines deutschen Marineoffiziers geborene Bastubbe kam Ende der 1920er-Jahre mit dem organisierten kriminellen Milieu in Berlin in Kontakt und erhielt zwischen 1929 und 1934 zwölf Vorstrafen u. a. wegen Diebstahls, Körperverletzung, Beleidigung und Widerstandes gegen die Staatsgewalt.[755] Im Rahmen der reichsweiten Märzaktion nahm ihn die Berliner Kriminalpolizei am 9. März 1937 in Vorbeugehaft. Die folgenden Jahre verbrachte Bastubbe abwechselnd in verschiedenen Konzentrationslagern (u. a. Sachsenhausen und Neuengamme) und Justizhaftanstalten (in Brandenburg-Görden und dem Emslandlager Börgermoor). Sowohl aus dem KZ Sachsenhausen als auch aus dem KZ Neuengamme gelang ihm kurzzeitig die Flucht. Mithilfe eines anderen Häftlings täuschte Bastubbe infolge des zweiten gescheiterten Fluchtversuchs seinen Tod vor und nahm den Namen eines Arztes und politischen Häftlings namens Alfred Dressler an, um sich selbst zu schützen. Da Manfred Bastubbe unter dem Namen Alfred Dressler befreit wurde, galt er bei den amerikanischen Alliierten als „politisch Verfolgter“. Im April 1945 wurde Bastubbe alias Dressler sogar kurzfristig für einige Zeit zum Polizeichef der sächsischen Kleinstadt Delitzsch ernannt. In dieser Funktion hielt er am 31. Mai 1945 anlässlich eines Gedenktages für verstorbene KZ-Häftlinge auf dem Delitzscher Friedhof eine Rede.[756] Die Tatsache, dass er sich auch nach der Befreiung weiterhin fälschlicherweise als Dr. Dressler ausgab, wurde jedoch wenig später aufgedeckt und Bastubbe daraufhin im Juni 1945 von den amerikanischen Alliierten aus seiner Position entlassen.[757]

In den folgenden Jahren geriet er mehrfach erneut mit dem Gesetz in Konflikt, u. a. verurteilte ihn das Kriminalgericht in Berlin Moabit 1951 wegen „versuchten schweren Diebstahls“ zu vier Monaten Haft. Sein Todesdatum ist unbekannt. Andere ehemalige Häftlinge kamen ohne je wieder eine Straftat begangen zu haben unmittelbar nach ihrer Befreiung erneut in Haft. Ein besonders drastisches Beispiel ist die erwähnte Überstellung von 41 befreiten Häftlingen aus Bergen-Belsen in das Zuchthaus Celle, die mit ihrer Kategorisierung als „Kriminelle“ gerecht-

754 Vgl. Kapitel 2.3. und Kapitel 5.1.1.

755 Vgl. Strafakte gegen Manfred Bastubbe, LAB, A. Rep. 358-02, Nr. 19668.

756 Die folgenden Informationen über die Ereignisse in Delitzsch verdanke ich Lars Freiberg, dem Leiter des Stadtarchivs Delitzsch, dem ich herzlich für den regen Austausch und die Bereitstellung von verschiedenen Quellen danke.

757 In der Chronik der Stadt Delitzsch von 1945 bis 1949 wird er fälschlicherweise als „KZ-Aufseher“, der sich als Häftling ausgegeben habe, bezeichnet. Vgl. Stadtverwaltung Delitzsch (Hrsg.), Delitzscher Stadtchronik 1945–1955, Delitzsch 1998, S. 12.

Plakat von Manfred Bastubbe in der Neuen Illustrierten vom 17. März 1956.

fertigt wurde.[758] Zwei Personen aus dieser Gruppe verstarben noch im Zuchthaus, die anderen wurden zwischen Ende 1945 und Anfang 1946 befreit.

Neben denjenigen, die Ende der 1940er- und Anfang der 1950er-Jahre wegen Eigentumsdelikten, Schwarzmarktaktivitäten oder anderer Straftaten schnell wieder in die Mühlen der Verfolgungsbehörden gerieten, befanden sich auch „Berufsverbrecher“ in Haftanstalten, gegen die aufgrund von in den Lagern begangenen Verbrechen ermittelt wurde bzw. die verurteilt worden waren. Denn

758 Tatsächlich handelte es sich um als „Berufsverbrecher“, Sicherungsverwahrte, „Asoziale“ und Homosexuelle Verfolgte, vgl. Rahe/Seybold, Grüner und schwarzer Winkel, S. 121–123.

schon die Alliierten führten nicht nur gegen das SS-Personal, sondern auch gegen ehemalige Häftlinge Prozesse.

Das Beispiel von Johannes G., der als Vorarbeiter im Krematorium eingesetzt worden war, verdeutlicht, dass in den Anklagen der Alliierten mitunter eine spezifische Sichtweise auf die Haftgruppe der „Berufsverbrecher" zum Tragen kam. Johannes G. war im November 1939 in das Konzentrationslager Sachsenhausen eingeliefert und dort unter anderem als Vorarbeiter im Krematorium eingesetzt worden.[759] In dieser Position soll er sich an Mordaktionen der SS beteiligt sowie Gewalt gegen andere Häftlinge ausgeübt haben. Die französischen Besatzer verurteilten ihn 1949 deshalb zu 15 Jahren Haft,[760] die das Militärgericht im September 1950 in zehn Jahre Zwangsarbeit umwandelte. In seiner Funktion habe er sich zu „schweren Grausamkeiten gegen die politischen Häftlinge" hinreißen lassen, so die Urteilsbegründung aus dem Jahr 1949.[761] Problematisch ist an dieser Stelle die explizite Thematisierung der Haftgruppe G.s durch den Hochkommissar: „Die kriminellen Häftlinge, die das Vertrauen der Lagerführung genossen, hatten die Überwachungs- und Kontrollposten inne. Zur Unterscheidung von den anderen Häftlingen trugen sie ein grünes Dreieck auf der Lagerkleidung." Auf diese Weise entsteht der Eindruck, als seien überwiegend „Berufsverbrecher" grundsätzlich in bestimmte Positionen gehoben worden, in denen sie mit der SS paktiert hätten. Demgegenüber werden in dem Urteil die politischen Häftlinge als die in erster Linie von der Gewalt im Lager Betroffenen benannt. Als Beweis gegen G. hatte das Gericht vor allem die Zeugenaussagen ehemaliger französischer Häftlinge hinzugezogen. Auf die Dilemmata der Vorarbeiter und die Tatsache, dass es sich auch bei ihnen um KZ-Häftlinge in einer Zwangslage handelte, wird in dem Urteil nicht eingegangen, im Gegenteil. G. wurde zur Last gelegt, er habe sich freiwillig für „die Tätigkeit eines Hilfshenkers und später eines Henkers"[762] gemeldet und weniger aus Not denn aus Egoismus gehandelt:

759 Sonderliste der Effektenverwaltung „Zugänge vom 30. November 1939" vom 1. 12. 1939, RGWA, 1367/1/24, Bl. 60, zit. n. AS, D 1 A/1024, Bl. 445. Johannes G. wurde in dieser Arbeit bereits mehrfach als Zeuge zitiert, vgl. Kapitel 5.2.3.

760 Hochkommissar der französischen Republik in Deutschland, Urteil gegen Johannes G. vom 27. 9. 1949, Staatsanwaltschaft Münster, 6 JS 121/56 –/390.23, Staatsarchiv Münster, zit. n. AS, JD 1/22, Bl. 79–83.

761 Ebenda, Bl. 79.

762 Ebenda.

> „Aus den gesamten Zeugenaussagen der französischen Häftlinge ergibt sich, dass G. seine Henkertätigkeit freiwillig übernommen hat und dass er aus seiner Tätigkeit materielle Vorteile gezogen hat, die augenscheinlich waren. Sein guter körperlicher Zustand stand in schreiendem Gegensatz zu der skelettartigen körperlichen Verfassung der Häftlinge. Er hat keinen Widerstand gegen die ihm übertragene Tätigkeit gezeigt.“[763]

1951 ermittelte die Staatsanwaltschaft Münster erneut gegen G., das Verfahren wegen Mordes wurde aber 1952 aufgrund der bereits durch die französischen Alliierten erfolgten Verurteilung wieder eingestellt.[764] Auch 1951 hatten zahlreiche Zeugen gegen G. ausgesagt, G. selbst gab an, er sei von der SS aufgrund eines zuvor im Lager begangenen Diebstahls für den Dienst im Krematorium eingeteilt worden, habe sich also keinesfalls freiwillig gemeldet.[765]

Da es hier nicht darum gehen kann, die tatsächliche Rolle des Krematoriumsvorarbeiters zu relativieren, ist an dieser Stelle vielmehr die in dem Urteil von 1949 deutlich werdende Sichtweise auf „die“ „Berufsverbrecher“ als Gruppe von Interesse. Denn die von den französischen Alliierten geäußerte pauschale Einschätzung der Verfolgten mit dem „grünen Winkel“ liefert ein Beispiel für die das Kriegsende überdauernden Stigmatisierungen. Im Fall von G. waren es vor allem selbst als „Berufsverbrecher“ Inhaftierte wie der schon mehrfach genannte Erwin Rathmann, die ihn 1951 während der erneuten Ermittlungen entlasteten. Rathmanns Angaben verweisen zudem darauf, dass die in der Lagerzeit entstandenen Konflikte zwischen Häftlingen die Befreiung überdauerten. So betonte er im April 1951 in einem umfangreichen Brief an den Münsteraner Landgerichtsrat: „Es ist doch merkwürdig, daß die Belastungszeugen gegen G. fast ausnahmslos dem V. V. N. [Vereinigung der Verfolgten des Naziregimes] angehören und dort z. T. leitende Positionen innehaben.“[766] Ehemalige „Berufsverbrecher“ waren demnach nicht nur von Stigmatisierungen betroffen, sondern pflegten eigene Vorbehalte gegen ehemalige Konzentrationäre. Rathmann war sich sicherlich des aufkommenden antikommunistischen Klimas bewusst, als er die oben zitierte Aussage machte.

763 Ebenda. Bl. 81.

764 Beschluss des Landgerichts Hamburg vom 6. 5. 1952, Staatsanwaltschaft Münster, 6 JS 121/56 –/390.23, Staatsarchiv Münster, zit. n. AS, JD 1/22, Bl. 95 f.

765 Vernehmung von Johann G. am 7. 12. 1951, Staatsanwaltschaft Münster, 6 JS 121/56 –/390.23, Staatsarchiv Münster, zit. n. AS, JD 1/22, Bl. 86.

766 Brief von Erwin Rathmann an den Landgerichtsrat Busch vom 18. 4. 1951, Staatsanwaltschaft Münster, 6 JS 121/56 –/390.23, Staatsarchiv Münster, zit. n. AS, JD 1/22, Bl. 36.

VI. Kontinuitätslinien? Umgang mit „Berufsverbrechern" und Sicherungsverwahrten nach 1945

6.1. Entschädigungsbemühungen ehemaliger „Berufsverbrecher"

> „Kennst du den Stempel der K. Z.-Betreuungsstelle München? Er lautet: ‚Bayer, Rotes Kreuz/Abtlg. Betreuung aller politisch Verfolgten [...]'. Meine zweite Frage lautet: Warst du schon einmal auf dieser Betreuungsstelle? Frug man dich nicht gleich, warst du Roter? Und wenn du dann antwortest, daß du Grüner oder Schwarzer gewesen seist, dann wird dir die stereotype Antwort zuteil, daß nur ‚politisch Verfolgte' betreut werden können."[1]

Diese Zeilen erschienen im Juni 1946 unter dem Titel „Ironie" in einer außergewöhnlichen Publikation: Erstmals im Mai desselben Jahres hatten die beiden ehemaligen KZ-Häftlinge Georg Tauber und Karl Jochheim-Armin in München eine vierseitige programmatische Schrift herausgegeben, die den etwas sperrigen Titel „Wahrheit und Recht! ‚Schwarz–Grün'. Internes Informationsblatt der Konzentrationäre Deutschlands der Schwarzen und Grünen" trug. Tauber und Jochheim-Armin waren als „Berufsverbrecher" und „Asoziale" in mehreren Lagern inhaftiert gewesen und hatten es sich zur Aufgabe gemacht, für die Rechte der Überlebenden dieser KZ-Haftgruppen einzutreten.[2] Sie legten einen programmatischen Katalog vor, der die moralische Anerkennung ihres Leidens ebenso wie den Kampf um materielle Entschädigung beinhaltete, gingen aber zugleich auch scharf mit den politischen Häftlingen ins Gericht. Die Texte zeigen deutlich, wie sehr die Konflikte zwischen Häftlingen, die bereits in dieser Arbeit dargestellt wurden,[3] die Lagerzeit überdauerten und unter den Überlebenden weiter ausgetragen wurden. Auch wenn die Herausgeber versuchten, die von der SS

1 Karl Jochheim-Armin/Georg Tauber (Hrsg.), Wahrheit und Recht! „Schwarz–Grün". Internes Informationsblatt der Konzentrationäre Deutschlands der Schwarzen und Grünen (Juni 1946) 2, S. 2, Archiv der KZ-Gedenkstätte Dachau, Da A 30664.

2 Karl Jochheim-Armin war im September 1940 als „Berufsverbrecher" auch im KZ Sachsenhausen gewesen und von dort nach Dachau und Neuengamme überstellt worden, vgl. Sonderliste KL Sachsenhausen „Zugang" vom 8. 9. 1940, RGWA, 1367/1/196, Bl. 370, zit. n. AS, D 1 A/1196, Bl. 370 sowie Sonderliste KL Sachsenhausen „überführt" vom 30. 9. 1940, RGWA, 1367/1/221, Bl. 86, zit. n. AS, D 1 A/1221, Bl. 86.

3 Vgl. z. B. Kapitel 5.1.1.

implementierten Häftlings-Kategorisierungen zu dekonstruieren, konnten sie sich selbst von Zuschreibungen nicht freimachen und gebrauchten die im KZ-System verwendeten Winkel als identitätsstiftendes Merkmal, wie schon der Name der Publikation zeigt. Die sechste von insgesamt zehn Forderungen, die in der vermutlich letzten Ausgabe[4] publiziert wurde, lautete: „Wir verlangen die Zulassung von Grünen und Schwarzen zu den Verwaltungen der Betreuungsstellen.“

Als Begründung führten die Autoren an: „Sämtliche Winkelfarben sind gleichberechtigt und gelten als selbe Opfer der K. Z.'s, wie alle andern. Entscheidend ist vor Allem die Kameradschaft des ehem. Häftlings im Lager, ist sein Charakter und seine Moral.“[5] Nicht die Zuordnung zu einer Haftgruppe sollte demnach als Maßstab für die Bewertung und Anerkennung als Opfer dienen, sondern vielmehr das Verhalten des Einzelnen im Lager selbst. Zu beachten ist auch der in der dritten Ausgabe vollzogene Wechsel des Zeitschriftentitels vom Informationsblatt für die „Schwarzen“ und „Grünen“ zur „Halbmonatsschrift für Wahrheit und Recht aller ehem. Konzentrationäre u. Naziopfer“. Trotz dieser offensichtlichen Bemühungen, die Klassifizierungen der SS zu überwinden, enthält auch diese letzte Ausgabe noch Passagen, in denen ehemalige politische Häftlinge wie eine „gegnerische“ Gruppe wirken. Jochheim-Armin warf diesen vor, sie hätten

> „diese These, der Minderwertigkeit, andrerseits der Hochwertigkeit der verschiedenen Häftlingskategorien von den Häftlingen willkommen aufgenommen, denn dadurch konnten die gewissen ‚Politischen‘ zeigen, daß sie die Hochwertigen sind, indem sie gedankenlos die von der SS-Lagerführung herausgegebene Weisung getreu befolgten und auf Grund ihrer ihnen gegebenen Machtstellung die anderen Kameraden langsam und sicher vernichten halfen.“[6]

Statt die häufig von anderen Überlebenden über „Berufsverbrecher“ geäußerte pauschale Behauptung, diese hätten kollektiv als Funktionshäftlinge mit der SS paktiert, zu kritisieren bzw. die generellen Dilemmata von Funktionshäftlingen zu thematisieren, antworteten die Herausgeber mit eben jenen Vorwürfen, mit denen sie sich möglicherweise selbst konfrontiert sahen, und richteten sie gegen

4 Bislang sind nur drei Ausgaben der Zeitschrift bekannt. Sie liegen im Archiv der KZ-Gedenkstätte Dachau vor.

5 Karl Jochheim-Armin/Georg Tauber (Hrsg.), Die Vergessenen. Halbmonatsschrift für Wahrheit und Recht aller ehem. Konzentrationäre u. Naziopfer (Juli 1946) 3, S. 5 f., Archiv der KZ-Gedenkstätte Dachau, Da A 14444.

6 Karl Jochheim-Armin, Warum?, in: ebenda, S. 4.

erh. von Ludwig EIBER, Mchn. D2/6a

W A H R H E I T und R E C H T !

"Schwarz-Grün"

Internes Informationsblatt der Konzentrationäre Deutschlands der Schwarzen und Grünen.

Nr. 2 München-Harlaching, im Juni 1946

INHALTSVERZEICHNIS.

		Seite
1.	SS sucht Freiwillige	1
2.	Die Zigeunerfrage	2
3.	Ironie	2 - 3
4.	Eine Gewissensfrage	3 - 4
5.	Mitarbeiter für unsern Kampf	4
6.	Hinweis für sämtl. Zigeuner	4 - 5
7.	Typhus abdominalis	5 - 8
8.	Was ist Charakter ?	8
9.	Aus unserm Tätigkeitsbericht	9 - 10

Für die Herausgabe dieses Informationsblattes zeichnet verantw.:
Karl Jochheim-Armin, München-Harlaching,
Kornblumenweg 31 Telefon: 44 311.

Beratung und Auskünfte tägl. vorm. 10-12 u. nachm. von 14-17 Uhr.

Einsendung von Berichten für das Informationsblatt sind für den folgenden Monat bis jweils 21. des laufenden Monats an unsere Geschäftsstelle in München-Harlaching einzureichen !

!!! Dieses Informationsblatt erscheint monatl. und ist !!!
n i c h t im freien Handel erhältlich !

Die Zeitschrift „Wahrheit und Recht". *Archiv der KZ-Gedenkstätte Dachau, Da A 30664.*

D 2/68

-2-

Die Zigeunerfrage

Wir haben Leidensgenossen, die ein ähnliches Schicksal wie wir Grünen und Schwarzen heute haben.

Nominell unterstehen die Zigeuner dem Komitee für rassisch Verfolgte! Aber, ich sage bewußt, "nominell".

Sehen wir uns doch einmal an, was man für diese Leute heute tut? - So gut wie nichts. Da kannst Du hinkommen wo Du willst, die Zigeuner kommen immer erst als allerletzte.

Ist das recht ? --- Sicher, jeder konnte ja nicht im K.Z. gewesen sein. Aber was haben die Zigeuner gehabt, die nicht im Lager waren ? Sie durften doppelte Steuern zahlen, mußten in den verhaßten Rüstungsbetrieben arbeiten, erhielten keine Schwerarbeiter-Zulagen und durften in kein Kino, Theater und die meisten Wirtschaften waren für sie gesperrt. Man enteignete ihre Geschäfte und nahm ihnen entschädigungslos ihr Eigentum.

Und die vielen Tausende, die in den K.Z.-Lagern ihr Leben ließen? Sollen die etwa vergessen sein?

Diese Menschen sind schwer dran, da sie in den meisten Fällen weder lesen noch schreiben können und man daher mit ihnen glaubt, machen zu können, wozu man Lust hat.

Vergessen wir daher nie, daß sie an unserer Seite im K.Z. gestanden haben u.daß sie genau solche Leidensgenossen waren wie alle Andern! - - -

Allerdings gibt es heute Dienststellen der K.Z.-Betreuung, die nicht so denken. In denen diese Herren dauernd die schönen Worte Demokratie und Sozialismus auf den Lippen haben, aber ihre Taten sie stündlich Lügen strafen.

Da passierte es mir dieser Tage in der Münchener K.Z.-Stelle, daß man mir den Vorwurf machte, weil ich mich für diese Leute einsetzte. Ein Kommentar erübrigt sich dazu! Seht Euch diese Prediger einer neuen Weltordnung an und ihr werdet verstehen, warum wir mit ihnen eine bitterböse Abrechnung halten mussen!

Darum lieber Kamerad ist es Deine Pflicht, auch ihnen zu helfen gegen Ungerechtigkeit und Unterdrückung, denn ihr Kampf ist auch der unsere!

K.J.-A

oooooooOOooooooo

I r o n i e !

Kennst Du den Stempel der K.Z.-Betreuungsstelle München? Er lautet: "Bayer.Rotes Kreuz/Abtlg.Betreuung aller politisch Verfolgten,München, Goethestr.64".

Meine zweite Frage lautet: warst Du schon einmal auf dieser Betreuungsstelle? Frug man Dich nicht gleich, warst Du Roter? Und wenn Du dann antwortest, daß Du Grüner oder Schwarzer gewesen seist, dann wird Dir die stereotype Antwort zuteil, daß nur "politisch Verfolgte" betreut werden können.

Und hattest Du das Pech gehabt, gar "Politischer" gewesen zu sein, dann ist es doppelt fatal für Dich, wenn Du nicht früher Mitgliedder KPD gewesen bist, SPD geht zur Not noch, aber die schaut man schon über die Achsel an und ganz verloren ist Dein Bemühen, wenn Du einer anderen Partei (von der NSDAP reden wir ja sowieso nicht) angehört hast. Dann bist Du schon unten durch! Da bleibt es sich vollkommen gleich, wenn Du auch 12 Jahre für Deine Idee hinter Gittern und Stacheldraht saßest.-

Die Zeitschrift „Wahrheit und Recht". *Archiv der KZ-Gedenkstätte Dachau, Da A 30664.*

die politischen Häftlinge. Der Versuch, eine Einheit unter den Überlebenden zu schaffen, fiel offenbar auch den als „Grüne" und „Schwarze" Verfolgten schwer. Dabei waren sie sich durchaus der Problematik von öffentlich ausgetragenen Konflikten zwischen KZ-Überlebenden bewusst. Wie es scheint, war die Enttäuschung über negative Darstellungen der „eigenen" Haftgruppen jedoch größer. Denn die erste Ausgabe von „Wahrheit und Recht!" beginnt mit folgenden Zeilen: „Vor mir liegt eine Broschüre eines Buchenwalders, die mir sehr zu denken gibt. Sie zwingt uns, endlich das lange Schweigen zu brechen. Jede Zeile derselben ist eine Anklage gegen uns, gegen die Schwarzen und Grünen [...]."[7] Welche Schrift hier gemeint ist, lässt sich anhand des Textes nicht rekonstruieren. In der einige Zeilen später folgenden Passage erklären die Herausgeber, warum sie sich bislang kein eigenes Sprachrohr verschafft hätten:

> „In dem guten Glauben an den anständigen Charakter und die Konsequenz dieser ‚Politischen' haben wir bisher geschwiegen, weil wir die schmutzige Wäsche nicht vor dem Forum der breiten Öffentlichkeit waschen wollten, weil wir das Vertrauen und das Ansehen der Konzentrationäre nicht noch mehr in Misskredit bringen wollten."[8]

Vergegenwärtigt man sich den Kontext, in dem diese Zeilen erschienen, sind die hier geäußerten Bedenken nicht unberechtigt: Generell war es für Überlebende zu diesem Zeitpunkt schwierig, mit dem von ihnen erlittenen Leid wahrgenommen zu werden. Konkrete materielle Entschädigung implizierte nicht nur eine moralische Anerkennung, sondern war für viele Menschen schlicht überlebensnotwendig. Nach Jahren in Haftanstalten und Konzentrationslagern waren sie meist „weitgehend mittellos, halbverhungert, noch in Lagerlumpen in ihren Heimatort zurückgekehrt".[9] Während einige ehemals politisch Verfolgte jedoch in den folgenden Jahren aktiv in den Prozess der Entschädigung eingebunden wurden, blieben „Berufsverbrecher" und „Asoziale" in der Regel außen vor.[10]

7 Karl Jochheim-Armin/Georg Tauber (Hrsg.), Wahrheit und Recht! „Schwarz-Grün". Internes Informationsblatt der Konzentrationäre Deutschlands der Schwarzen und Grünen (1946, S. 1) 1, Archiv der KZ-Gedenkstätte Dachau, Da A 30665.

8 Ebenda.

9 Stefan Romey, „Asozial" als Ausschlusskriterium in der Entschädigungspraxis, in: KZ-Gedenkstätte Neuengamme (Hrsg.), Ausgegrenzt, S. 149–159, hier S. 151.

10 Christa Paul, Frühe Weichenstellungen. Zum Ausschluss „asozialer" Häftlinge von Ansprüchen auf besondere Unterstützungsleistungen und auf Entschädigung, in: Katharina Stengel/Werner Konitzer (Hrsg.), Opfer als Akteure. Interventionen ehemaliger NS-Verfolgter in der Nachkriegszeit, Frankfurt a. M. 2008 (Fritz Bauer Institut, Jahrbuch zur Geschichte und

Selbst wo eine materielle Hilfe zunächst gewährt wurde, wie in Hamburg, ging sie mit Einschränkungen für die als „Kriminelle" Verfolgten einher: 1945 wurden die Überlebenden in der Hansestadt in verschiedene Kategorien eingeteilt, wobei die Kategorie „I A" für „politische Überzeugungstäter" als hochwertigste galt, gefolgt von „I B" für nicht-kriminelle Verfolgte, während die unter „I C" subsumierten „Kriminellen" und „Asozialen" von jeglicher Unterstützung ausgeschlossen bzw. ihnen bereits geleistete Zuwendungen sogar postum entzogen wurden.[11] Für die unter „I C" fallenden Personen waren unmittelbar nach der Befreiung lediglich Sachleistungen und keine Geldbeträge gezahlt worden, außerdem waren sie gezwungen, sich bei den Arbeitsämtern zu melden.[12] Nicht selten wurde in den Beratungsstellen und Verbänden, in denen sich auch ehemalige KZ-Häftlinge engagierten, die These vertreten, „Berufsverbrecher" und „Asoziale" schädigten das Ansehen aller Überlebenden – dies galt für Interessensorganisationen sowohl in Ost- als auch Westdeutschland.[13] Susanne zur Nieden kommt in ihrer Studie deshalb zu dem Schluss, dass „der Kampf um Anerkennung als Opfer des Faschismus [...] von Beginn an mit einer scharfen Grenzziehung gegenüber anderen Verfolgtengruppen" einhergegangen sei.[14]

Im Archiv der Gedenkstätte Neuengamme sind Unterlagen aus einem Nachlass überliefert, die exemplarisch die Konflikte zwischen ehemaligen Häftlingen, die aktiv in die Entschädigungsbürokratie involviert waren, und denjenigen, die an ihr scheiterten, abbilden. Es handelt sich um den Fall von Hans B. und dessen sich fast 20 Jahre hinziehende Korrespondenz mit Hans Schwarz. Schwarz war als Sozialdemokrat im KZ Neuengamme inhaftiert gewesen und nach Kriegsende u. a. in der VVN und dem Neuengammer Häftlingskomitee aktiv.[15] Im Juli 1947

Wirkung des Holocaust), S. 67–87; Baumann, Dem Verbrechen auf der Spur; Susanne zur Nieden, Unwürdige Opfer. Die Aberkennung von NS-Verfolgten in Berlin 1945 bis 1949, Berlin 2003; Imanuel Baumann, Winkel-Züge. „Kriminelle" KZ-Häftlinge in der westdeutschen Nachkriegsgesellschaft, in: Norbert Frei/José Brunner/Constantin Goschler (Hrsg.), Die Praxis der Wiedergutmachung. Geschichte, Erfahrung und Wirkung in Deutschland und Israel, Göttingen 2009, S. 290–322.

11 Romey, „Asozial" als Ausschlusskriterium, S. 153.

12 Paul, Frühe Weichenstellungen, S. 72.

13 Paul, Frühe Weichenstellungen, S. 78; zur Nieden, Unwürdige Opfer, S. 189.

14 Zur Nieden, Unwürdige Opfer, S. 188.

15 Hans Schwarz sammelte zudem über 35 Jahre lang Erinnerungsberichte und Dokumente ehemaliger Häftlinge, seit 2007 liegen sie im Archiv der Gedenkstätte Neuengamme vor, vgl. Petra Schellen, Zeugen der Anklage, in: taz, 5. 12. 2007, http://www.taz.de/1/archiv (30. 1. 2014); zu seiner Biografie vgl. [ohne Autor], Er war ein kämpferischer Sozialist, in: Hamburger Abendblatt, 4. 9. 2012, mobil.abendblatt.de/ratgeber/extra-journal/article920987/Er-war-ein-kaempferischer-Sozialist.html (17. 4. 2016).

wandte sich Hans B., der selbst mehrere Jahre in den Lagern Sachsenhausen und Neuengamme verbringen musste, mit der Frage an das Komitee ehemaliger politisch Verfolgter, warum seiner Frau Anna der Ausweis als Verfolgte (Kategorie I b) aberkannt worden sei:

> „Warum versagt man einer Frau, die 4 Jahre, 7 Monate in Ravensbrück, sogar über 3 Jahre mit der Schaufel wie ein Mann gearbeitet hat, so dass sie im K-Z abgenommen hat, heute Nieren und Gallenleidend ist, den Beistand?! Als Frau hat sie Widerstand der Gestapo geleistet [...] Warum verstößt sie das Komitee?"[16]

Anna B. war von 1938 bis 1942 als „Asoziale" in den KZ Lichtenburg und Ravensbrück inhaftiert gewesen. Der 1946 genehmigter Ausweis, der ihr materielle Zuwendung ermöglicht hatte und nach der Heirat mit Hans B. auf diesen übertragen worden war, wurde ihr schon nach wenigen Monaten wieder abgenommen. Denn im September 1946 hatte sich die Hamburger Kriminalpolizei mit einem Schreiben an den Sonderhilfeausschuss gewendet, in dem sie diesen über die Vorstrafen von Hans B. informierte. B. sei zudem ein „enger Mitarbeiter des 16 Mal vorbestraften Kriminellen, Karl Z."[17] Die daraus folgende Verweigerung der Behörden, dem Ehepaar weiter Entschädigungen zuzubilligen, wurde nicht nur damit begründet, dass Frau B. als „Asoziale" inhaftiert worden sei, sondern auch mit der Biografie ihres Ehemanns. So lehnte der Prüfungsausschuss des Amtes für Wiedergutmachung im Juli 1948 einen erneut eingereichten Antrag B.s mit der Begründung ab, dass die Frau zwar „kriminell nicht vorbestraft" sei, der Ausschuss aber „nicht in der Lage" sei, „die Anerkennung als Verfolgte des Naziregimes in diesem Falle aussprechen zu können, weil politische Motive der Überführung ins KZ nicht zugrunde gelegen haben". Weiterhin heißt es in dem Schreiben: „Frau B. ist heute mit einem Berufsverbrecher verheiratet. Die Gefahr des Missbrauchs des Ausweises durch den Ehemann, der sich z. Zt. wegen Betrugs unter Anklage befindet, ist allzu groß, als dass in diesem Falle ein Ausweis ausgefolgt werden kann."[18]

Hans B. und seine Ehefrau gaben jedoch nicht so schnell auf, insgesamt bemühten sie sich fast zwei Jahrzehnte lang, bis 1969, erfolglos, die Anerkennung als Verfolgte (wieder)zubekommen. Es sind zahlreiche Schreiben überliefert, in denen die beiden sich vor allem an Hans Schwarz wandten, der 1946 als Mitglied des

16 Archiv KZ-Gedenkstätte Neuengamme, HSN 13-8-3 (Unterstreichung im Original).

17 Schreiben der Hamburger Kriminalpolizei an den Sonderhilfeausschuss vom 20. 9. 1946, ebenda.

18 Schreiben des Prüfungsausschuss des Amtes für Wiedergutmachung vom 2. 7. 1948, ebenda.

Sonderhilfeausschusses den Ausweis für Anna B. ausgestellt hatte. Schwarz war sich der Problematik nicht anerkannter Verfolgungsgründe bewusst und bekundete B. seine Solidarität, indem er in einem Brief an diesen erklärte, es sei wichtig, dass alle ehemaligen Häftlinge unabhängig von dem Winkel, den sie getragen hatten, zusammenstünden.[19]

War die Eingrenzung der zu entschädigenden Gruppen unmittelbar nach der Befreiung mancherorts zumindest noch Gegenstand von Diskussionen, definierte das erste einheitliche westdeutsche Entschädigungsgesetz von 1953 klar, wer als Opfer im juristischen Sinne galt:

> „Opfer der nationalsozialistischen Verfolgung ist, wer aus Gründen politischer Gegnerschaft gegen den Nationalsozialismus oder aus Gründen der Rasse, des Glaubens oder der Weltanschauung durch nationalsozialistische Gewaltmaßnahmen verfolgt worden ist und hierdurch Schaden an Leben, Körper, Gesundheit, Freiheit, Eigentum, Vermögen, in seinem beruflichen oder in seinem wirtschaftlichen Fortkommen erlitten hat (Verfolgter).“[20]

Alle anderen blieben ausgeschlossen: Neben „Berufsverbrechern“, „Asozialen“ und Sicherungsverwahrten betraf dies z. B. auch Homosexuelle und Sinti und Roma, bei denen eine Verfolgung aus „rassischen“ Gründen meist nicht anerkannt wurde. Trotz dieser Einschränkungen stellten auch Überlebende aus den Reihen der genannten Gruppen Anträge, wie weitere Aktenbestände belegen. Im Kontext der Ermittlungen gegen den SS-Mann Otto Kaiser holte der zuständige Staatsanwalt Kurt Pfeufer Erkundungen über in den 1940er- und 1950er-Jahren eingereichte Entschädigungsanträge einiger Zeugen ein, unter denen sich auch „Berufsverbrecher“ befanden. Hintergrund dieser Informationsbeschaffung war, die Glaubwürdigkeit der Zeugen einschätzen zu können bzw. weitere Hinweise zu ihren Lebensläufen zu erhalten.

Unter den auf diese Weise „überprüften“ Zeugen war auch Hermann B., der im Juli 1961 in Köln über seine mindestens vierjährige Haftzeit in nationalsozialistischen Konzentrationslagern aussagte. Er gab sich gegenüber den Vernehmenden zunächst als „politischer Häftling“ aus.[21] In einem wenige Monate später an das

19 Brief von Hans Schwarz an Hans B. vom 23. 11. 1968, ebenda.

20 Bundesgesetz zur Entschädigung für Opfer der nationalsozialistischen Verfolgung (Bundesentschädigungsgesetz – BEG) vom 18. 9. 1953, § 1, www.gesetze-im-internet.de/bundesrecht/beg/gesamt.pdf (17. 4. 2016).

21 Zeugenvernehmung von Hermann B. am 26. 7. 1961, Staatsanwaltschaft Köln, 24 Ks 1/64 (Z)/XXIV, Landesarchiv NRW, zit. n. AS, JD 21/35, Bl. 156.

nordrhein-westfälische Innenministerium verfassten Brief gab er jedoch an, er sei im März 1939 wegen „Vergehen gegen das Heimtückegesetz" zu sechs Monaten Haft verurteilt worden. Zudem habe er seinerzeit seine Parteinadel „verschludert". Im Konzentrationslager habe man ihn dann aufgrund seiner Vorstrafen als „Asozialen" kategorisiert.[22] Die in der Gedenkstätte Sachsenhausen vorliegenden Daten belegen, dass B. am 20. April 1940 als „B. V.", also „Berufsverbrecher", in dem Lager registriert wurde.[23] Anlass seiner Korrespondenz mit dem Innenministerium war der erneute Versuch, eine materielle Entschädigung für seine KZ-Haft zu erhalten – ein Vorhaben, mit dem B. nach eigenen Angaben bereits 1950 gescheitert war. Er schilderte seinen Fall 1961 in einem weiteren Dokument wie folgt:

> „Mein Antrag erfolgt deshalb so spät, weil vor etwa 11 Jahren ein Versuch einer Antragstellung mir derartig heftige Anpöbeleien eintrug, daß mir für Jahre hinaus jede Lust verging mit diesem Amt in Berührung zu kommen. Es wurde mir auf Grund früherer Vorstrafen erklärt, ich sei ein Berufsverbrecher. In den folgenden Jahren ging es mir recht gut und die etwa in Betracht kommende Entschädigungssumme spielte keine besondere Rolle für mich. Natürlich fürchtete ich weitere Diffamierungen."[24]

Auch zu diesem Zeitpunkt zögerte Hermann B. noch, erneut einen Antrag auf Entschädigung zu stellen. Er sei sich darüber bewusst, „daß ein einmal Vorbestrafter ewig gegen das Vorurteil seiner Mitwelt zu kämpfen hat. Auch wenn mehr als 30 Jahre dazwischen liegen."[25] Gleichwohl machte er aus seiner Kritik an der Exklusion von „Berufsverbrechern" aus dem Entschädigungsgesetz keinen Hehl. B. betonte, es sei seine „persönliche Meinung", dass

> „daß das Wiedergutmachungsgesetz grundsätzlichen Rechtsgepflogenheiten widerspricht, wenn es keine Entschädigungen für solche Personen vorsieht, welche durch Naziwillkür in Haft genommen wurden, obschon kein geltendes Gesetz die Möglichkeit einer Bestrafung vorsah."[26]

22 Brief von Hermann B. an das nordrhein-westfälische Innenministerium vom 16. 11. 1961, Staatsanwaltschaft Köln, 24 Ks 1/64 (Z)/XXXI, Landesarchiv NRW, zit. n. AS, JD 21/50, Bl. 18.

23 Sonderliste „Zugang" v. 20. 4. 1940, RGWA 1367/1/196, Bl. 107, zit. n. AS, D 1 A/1196, Bl. 107.

24 Brief von Hermann B. an das nordrhein-westfälische Innenministerium vom 30. 1. 1962, Staatsanwaltschaft Köln, 24 Ks 1/64 (Z)/XXXI, Landesarchiv NRW, zit. n AS, JD 21/50, Bl. 19 (Unterstreichungen im Original).

25 Ebenda.

26 Brief von Hermann B. an das nordrhein-westfälische Innenministerium vom 16. 11. 1961, Staatsanwaltschaft Köln, 24 Ks 1/64 (Z)/XXXI, Landesarchiv NRW, zit. n AS, JD 21/50, Bl. 18.

Während B. also Anfang der 1960er-Jahre offen mit seiner Kategorisierung umging, wobei interessant ist, dass er sich als „Asozialer" und nicht als „Berufsverbrecher" ausgab – möglicherweise hoffte er, dass eine Kategorisierung als „Asozialer" vor den Behörden weniger problematisch erschien – beharrte der in Danzig geborene Anton G. darauf, ein „politisch Verfolgter" zu sein. Während seiner Zeugenvernehmung 1961 gab G. an, vor 1933 Mitglied der KPD gewesen und aufgrund abfälliger Äußerungen über das NS-Regime von der Gestapo festgenommen worden zu sein.[27] Die Einlieferungsmitteilung des KZ Sachsenhausen über G. weist ihn jedoch als „Berufsverbrecher" aus. Sein Name steht auf einer Sonderliste von polnischen „BVern", die kurz vor Kriegsbeginn in das Lager gekommen waren.[28] Er sagte in mehreren Verfahren gegen SS-Personal aus und gehörte zu jenen Häftlingen, die 1956 bei der Bonner Staatsanwaltschaft Anzeige gegen Gustav Sorge und Wilhelm Schubert gestellt hatten.

1948 war G. noch als „politisch Verfolgter" anerkannt und ihm war eine Geschädigtenrente bewilligt worden.[29] Die Einstellung der Zahlungen erfolgte allerdings schon im November 1950, da es den Behörden als erwiesen galt, dass er nicht aus politischen Gründen inhaftiert gewesen sei. Für G. hatte dies nicht nur finanzielle Einbußen zur Folge, im Jahr 1951 musste er sich zudem wegen Betrugs vor dem Lüneburger Schöffengericht verantworten, das ihn jedoch im Oktober desselben Jahres freisprach. Im August 1958 stellte er erneut einen Antrag auf Entschädigung, der drei Monate später abgelehnt wurde. Dass diese mangelnde Anerkennung als Opfer für G. nicht nur einen materiellen Verlust bedeutete, zeigt seine Reaktion während einer Vorladung als Zeuge gegen SS-Personal im Jahr 1961. Folgt man den Darstellungen des vernehmenden Beamten, sei Anton G. bei der Vernehmung „ziemlich gereizt" gewesen. Er habe geschimpft und zwar „weniger über die Behandlung im KZ als vielmehr über die Behörden, die ihm vor etwa 2 Jahren seine sich auf die KZ.-Zeit stützende Rente entzogen. Dabei meinte er u. a., die StA. [Staatsanwaltschaften] in Köln und die Kripo sollten dafür besorgt sein, daß er wieder seine Rente bekäme."[30] G. machte dennoch eine umfassende Aussage über Misshandlungen durch die SS und schilderte dabei auch am eigenen Leib erfahrenes Leid, ließ aber im

27 Zeugenvernehmung von Anton G. am 9. 6. 1961, Staatsanwaltschaft Köln, 24 Ks 1/64 (Z)/XXIV, Landesarchiv NRW, zit. n. AS, JD 21/33, Bl. 76.

28 Sonderliste „Zugang" vom 24. 8. 1939, RGWAs, 1367/1/24, Bl. 247, zit. n. AS, D 1 A/1024, Bl. 253, Vgl. auch Kapitel 3.6.3.

29 Unterlagen über Entschädigungsanträge von Anton G., Staatsanwaltschaft Köln, 24 Ks 1/64 (Z)/XXXI, Landesarchiv NRW, zit. n. AS, JD 21/51, Bl. 103.

30 Kommentar zur Zeugenvernehmung von Anton G. vom 12. 6. 1961, Staatsanwaltschaft Köln, 24 Ks 1/64 (Z)/XXIV, Landesarchiv NRW, zit. n. AS, JD 21/33, Bl. 85.

Anschluss verlauten: „Ich verzichte auf Durchlesen oder Vorlesen, ich will davon nichts mehr wissen."[31]

Anders lag der Fall des bereits erwähnten Paul H., der im Januar 1940 wegen Verstoßes gegen die „Volksschädlingsverordnung" zu einem Jahr und neun Monaten Zuchthaus verurteilt und anschließend über eine Zwischenstation im Hamburger „Versorgungsheim" Oberaltenallee in das KZ Sachsenhausen überstellt worden war.[32] Im Januar 1946 ging bei der Hamburger Staatsanwaltschaft ein Gnadengesuch von Paul H. ein. In dem Schreiben schilderte der Werftarbeiter seine Einweisung in das KZ Sachsenhausen und äußerte dabei die Hoffnung, dass seine KZ-Haft als Unrecht anerkannt werde:

> „Ich bitte nun ein hohes Gericht sich zu äußern, ob ich als Berufsverbrecher anzusprechen bin, obwohl ich im Jahre 1929 mit 3 Monaten und im Jahre 1933 mit dem eben geschilderten Fall bestraft worden bin. Ich bitte höflichst darum, mein Urteil v. Januar 1940 zu prüfen. Ich habe im K. Z. alles verloren und bekomme nun als Berufsverbrecher von keiner Seite etwas. Nochmals bitte ich ganz ergebenst um Prüfung und um eine milde Beurteilung meiner Person."[33]

Ob Paul H. erwartet hatte, als Amnestierter doch noch Ansprüche auf Entschädigung zu haben oder ob es ihm in erster Linie um eine generelle Anerkennung des ihm widerfahrenen Unrechts ging, bleibt unklar. Seine Eingabe war jedenfalls nur bedingt erfolgreich: Tatsächlich wurde das Urteil von Januar 1940 nicht aufgehoben, die damals ausgesprochene Zuchthausstrafe aber in eine Gefängnisstrafe von zehn Monaten umgewandelt, wie der Oberstaatsanwalt beim Hamburger Landgericht H. am 19. Februar 1946 mitteilte.[34] H.s ab 1950 unternommene Bemühungen um materielle Entschädigung blieben erfolglos.[35]

31 Zeugenvernehmung von Anton G. am 9. 6. 1961, Staatsanwaltschaft Köln, 24 Ks 1/64 (Z)/ XXIV, Landesarchiv NRW, zit. n. AS, JD 21/33, Bl. 83.

32 Vgl. zu Paul H. die Kapitel 4.8. und 5.5.

33 „Wie ich ins Zuchthaus und ins K. Z. kam". Bericht von Paul H. an die Staatsanwaltschaft beim Landgericht Hamburg vom 16. 1. 1946, in: Gerichtsakte Paul H., Staatsarchiv HH, 213-11 Staatsanwaltschaft Landgericht – Strafsachen, Nr. 528/40, Bl. 3.

34 Schreiben des Oberstaatsanwalts beim Landgericht Hamburg an Paul H. vom 19. 2. 1946, in: Gerichtsakte Paul H., Staatsarchiv HH, 213-11 Staatsanwaltschaft Landgericht – Strafsachen, Nr. 528/40 (ohne Blattangabe).

35 In der Akte des Staatsarchivs finden sich nur Hinweise darauf, dass das Hamburger Amt für Wiedergutmachung das Landgericht um die Übersendung der Paul H. betreffenden Strafakten bat. Aufgrund seiner Vorstrafen und Haftkategorie gehe ich aber nicht davon aus, dass H. eine Entschädigung zugebilligt wurde.

6.2. Diskriminierung durch Polizei und Justiz

Im September 1951 wandte sich der ehemalige KZ-Häftling Ernst B. an die Duisburger Kriminalpolizei mit der Bitte, den Verbleib seiner Invalidenkarte zu klären, die ihm Zugang zu sozialen Leistungen ermöglichen sollte – einer Auskunft der Bremer Strafanstalt zufolge war diese Invalidenkarte im Januar 1942 an die Kriminalpolizei übergeben worden. Gleichzeitig fragte der Überlebende mehrerer Konzentrationslager bei dieser Gelegenheit nach dem eigentlichen Grund für seine KZ-Haft. Die Polizei teilte ihm am 25. September 1951 mit, über den Verbleib des Invalidennachweises sei ihr nichts bekannt. Auf seine Frage nach der Rechtmäßigkeit der damaligen Inhaftierung erklärte die Behörde:

> „Wie Ihnen persönlich in der Eröffnungsverhandlung vom 18. 12. 1941 bekannt gegeben wurde, sind Sie aufgrund des Erlasses des Reichs- und Preußischen Ministers des Inneren vom 14. 12. 1937 – S-Nr. 3 Nr. 1682/37-2098 – mit Wirkung vom 18. 12. 1941 als Berufsverbrecher in polizeiliche Vorbeugungshaft genommen worden. Sie haben diese Eröffnungsverhandlung eigenhändig unterschrieben. Ihr kriminelles Verhalten (acht Vorstrafen wegen Diebstahls und schweren Diebstahls, zuletzt sechs Jahre Zuchthaus und Aberkennung der bürgerlichen Ehrenrechte auf fünf Jahre) rechtfertigten seinerzeit die Anwendung des oben angegebenen Erlasses."[36]

Der 1941 von derselben Polizeistelle angelegten Vorbeugehaftakte über B. lassen sich folgende Eckdaten entnehmen: Der Bergmann hatte in einer Zeche gearbeitet, bis er 1936 wegen gemeinschaftlichen schweren Diebstahls zu sechs Jahren Zuchthaus verurteilt und unmittelbar nach der Verbüßung seiner Strafhaft in Vorbeugehaft genommen worden war. Im Februar 1942 meldete die Verwaltung des KZ Sachsenhausen sein Eintreffen und kategorisierte ihn als „Berufsverbrecher". Auf das Oranienburger Lager folgten mehrere Jahre in den KZ Neuengamme, Dachau und Buchenwald, wo er schließlich 1945 die Befreiung durch die amerikanische Armee erlebte.

Die oben zitierte und an B. gerichtete Antwort der Polizeibehörde auf seine zu Recht gestellte Frage, warum er 1941 überhaupt aus dem Zuchthaus in ein Konzentrationslager überstellt worden war, verweist auf das mangelnde Unrechtsbewusstsein, das zu diesem Zeitpunkt in der Polizeistelle offenbar noch vorherrschte. Statt das Instrument der Vorbeugehaft zu problematisieren, wurde hier

36 Schreiben der Duisburger Polizei vom 25. 9. 1951, in: Vorbeugehaftakte Ernst B., Landesarchiv NRW, BR 1111, Nr. 86, Bl. 78.

formal auf die Bestimmungen des Grunderlasses sowie B.s Vorstrafen verwiesen. Insbesondere die Bemerkung, B. habe die Anordnung damals „eigenhändig unterschrieben", mutet zynisch an, schließlich hatte er, war die Vorbeugehaft einmal angeordnet, gar keine andere Wahl gehabt. In der Duisburger Behörde setzte sich damit eine Denkweise fort, die bis in die 1960er-Jahre vorherrschend blieb: Die Einweisung von „Kriminellen" in Konzentrationslager wurde generell nicht als Unrecht wahrgenommen, sondern allenfalls als zu hohes „Strafmaß" bewertet. erschien die Einweisung in die Lager mittels polizeilicher Vorbeugehaft weniger als spezifisches Instrument des nationalsozialistischen Staates, sondern vielmehr als Fortsetzung einer an sich gerechtfertigten Maßnahme. Dementsprechend bedauerte der Kriminaldirektor Herbert Schäfer noch 1964 auf einer Tagung des Bundeskriminalamtes den schlechten Ruf der durch die Alliierten abgeschafften Vorbeugehaft.[37]

In den ersten Nachkriegsjahren problematisierten Strafrechtler und Kriminalisten grundsätzlich die von den Alliierten vorgenommene Befreiung von „Berufsverbrechern" und Sicherungsverwahrten aus den Konzentrationslagern und versuchten, aktuelle Verbrechensraten mit deren Entlassungen zu begründen.[38] In der britischen Besatzungszone forderte die Kriminalpolizei 1947 sogar die Wiedereinführung der Vorbeugehaft.[39] Diese war zwar von den Alliierten ausser Kraft gesetzt worden, Stefan Mörchen zeigt aber, dass auch die britischen Offiziere für öffentliche Sicherheit („public safety officers") „die ‚alltägliche' Kriminalitätsbekämpfung zwischen 1933 und 1945 nicht als zentralen Bestandteil des nationalsozialistischen Regimes und seiner Politik, sondern als eher unpolitische Maßnahme verstanden".[40]

6.2.1. Bewertung von Zeugen in Ermittlungsverfahren

Überlebende der nationalsozialistischen Konzentrationslager wurden ab Ende der 1940er-Jahre zu wichtigen Zeugen in den Prozessen der Alliierten. Auch in den 1950er- und 1960er-Jahren, als die Strafverfolgung bereits in den Händen der beiden deutschen Staaten lag, fanden noch Prozesse gegen ehemaliges SS-Personal (und „Funktionshäftlinge") statt, bei denen sich die Ermittlungsbehörden

37 Vgl. Wagner, Die Resozialisierung der NS-Kriminalisten, S. 182.

38 Wagner, Die Resozialisierung der NS-Kriminalisten, S. 173; Baumann, Winkelzüge, S. 299; Mörchen, Schwarzer Markt, S. 382; Jens Dobler, Die Berliner Polizei und die Nachkriegsdelinquenz, in: ders. (Hrsg.), Großstadtkriminalität, S. 247–257.

39 Mörchen, Schwarzer Markt, S. 382.

40 Ebenda, S. 191.

wesentlich auf die Aussagen ehemaliger Häftlinge stützten. In den laufenden Verfahren war es dabei allgemein üblich, im Anschluss an die Vernehmung die Glaubwürdigkeit der Zeugen zu bewerten. Da die ersten Befragungen in der Regel von der Kriminalpolizei durchgeführt wurden, nahmen deren Beamte auch die Einordnungen der Zeugen vor und sprachen gegenüber der Staatsanwaltschaft Empfehlungen aus bzw. äußerten Bedenken. Schließlich wurden nicht alle Zeugen für einen Gerichtsprozess zugelassen.

Wie aus einem Bericht der Bonner Staatsanwaltschaft zu den in den 1950er-Jahren eingeleiteten Ermittlungen gegen die SS-Männer Gustav Sorge und Wilhelm Schubert hervorgeht, wurden von insgesamt 717 polizeilich vernommenen Zeugen z. B. nur 315 auch vor Gericht geladen. Neben der Tatsache, dass die Aussagen mehrheitlich als nicht verwertbar eingestuft worden waren, schätzen die Ermittler es als „bemerkenswert" ein, „daß die überwiegende Anzahl der Zeugen kein Interesse daran hatte, als Zeuge aufzutreten".[41]

Betrachtet man die für diese Arbeit ausgewerteten Zeugenbewertungen, fallen zwei Aspekte auf: Zum einen stuften die Ermittler als „Berufsverbrecher" Inhaftierte in einigen Fällen dezidiert aufgrund ihrer Vorstrafen und/oder Haftkategorie als zweifelhaft ein. Zum anderen überdauerten Begriffe aus der Zeit des „Dritten Reichs" wie „Gewohnheits-" und „Berufsverbrecher" das Kriegsende und gehörten bis in die 1960er-Jahre noch zum polizeilichen Alltagssprachgebrauch. So erachteten die Kriminalbeamten beispielsweise 20 der 96 „Berufsverbrecher", die während des ersten Ermittlungsverfahrens Anfang der 1960er-Jahre gegen den SS-Mann Otto Kaiser vernommen worden waren, mit Verweis auf ihre Vorstrafen als „unglaubwürdig". Auf acht Personen wendeten sie – und zwar nicht im Hinblick auf ihre Verfolgung in der NS-Zeit – die Begriffe „Berufsverbrecher", „Gewohnheitsverbrecher" und/oder „minderwertig" als Zuschreibung an.

Drei von den Etikettierten befanden sich zum Zeitpunkt ihrer Vernehmung erneut in Haft, unter ihnen Wilhelm L. Der Hamburger war im Februar 1941 in das KZ Sachsenhausen eingewiesen worden[42] und hatte mehrere Monate im dortigen Schuhläuferkommando der Strafkompanie zubringen müssen. Nach eigenen Angaben blieb er bis Januar 1944 in dem Oranienburger Lager – im Archiv der Gedenkstätte finden sich lediglich Unterlagen über seine Einlieferung. Zum Zeitpunkt seiner Vernehmung im Juni 1961 befand sich Wilhelm L. in einem Zuchthaus,

41 Allgemeiner Bericht über das Ergebnis der Zeugenvernehmungen, Abschlussbericht im Ermittlungsverfahren gegen Gustav Sorge u. a., Staatsanwaltschaft Bonn, 8 Ks 1/58 (Sorge/Schubert)/XXX, Teil 1, Landesarchiv NRW, zit. n. AS, JD 2/45, Bl. 22.

42 Veränderungsmitteilung „Zugang" vom 10. 2. 1941, FSB-Archiv Moskau, N-19092/Tom 97, Bl. 40, zit. n. AS, JSU 1/97, Bl. 40.

im Anschluss an die Verbüßung einer Strafhaft erwartete ihn die Sicherungsverwahrung. Der vernehmende Beamte bemerkte über den Zeugen: „L. steht als Berufsverbrecher unter planmäßiger Polizeiüberwachung" und sei als „gefährlicher Gewohnheitsverbrecher" im April 1959 vom Hamburger Landgericht verurteilt worden.[43] Er bewertete ihn deshalb als „völlig unglaubwürdig", seine Aussage sei „völlig wertlos".[44]

Zwar kann hier mit mehr als 50 Jahren Zeitabstand die juristische Glaubwürdigkeit des Zeugen nicht bewertet werden. Dennoch sei bemerkt, dass sich einige Angaben L.s anhand der im Archiv der Gedenkstätte Sachsenhausen vorliegenden Dokumente verifizieren lassen. So nannte er z. B. an seine korrekte Haftnummer.[45] Zudem räumte L. während der Vernehmung ein, keine falschen Aussagen machen und nur berichten zu wollen, woran er sich selbst erinnern könne. Er bemerkte dazu: „Es ist alles schon so lange her, man wurde in der Zwischenzeit schon so oft zu den verschiedensten Dingen vernommen, daß man langsam alles durcheinanderbringt."[46]

Über Max E. protokollierte der verantwortliche Hamburger Kriminalbeamte – vermutlich derselbe, der drei Tage zuvor Wilhelm L. vernommen hatte –, E. sei „Berufsverbrecher" und stehe „unter polizeilicher Überwachung".[47] Dass solche Kategorisierungen nach Kriegsende nicht nur in der Hamburger Kriminalpolizei weiter zur Anwendung kamen, zeigt die Bewertung des Zeugen Josef C., der, am 11. August 1961 als Sicherungsverwahrter in der Strafanstalt Werl vernommen, von dem zuständigen Beamten als „gefährlicher Gewohnheitsverbrecher" eingestuft wurde, dessen Aussage mit „größter Vorsicht" aufzunehmen sei.[48]

Auch bei Zeugen, die sich zum Zeitpunkt der Vernehmung nicht in Haft befanden, betonten die Polizisten fast immer die jeweiligen Vorstrafen, um die unterstellte

43 Bericht über den Zeugen Wilhelm L. am 19. 6. 1961, Staatsanwaltschaft Köln, 24 Ks 1/64 (Z)/XX, Landesarchiv NRW, zit. n. AS, JD 21/21, Bl. 78.

44 Ebenda, Bl. 81. Die Bewertung der Aussage als „völlig unglaubwürdig" findet sich zusätzlich als handschriftlich zugefügte Notiz auf dem mit Schreibmaschine abgetippten Vernehmungsprotokoll (Bl. 78).

45 Wilhelm L. hatte während seiner Vernehmung angegeben, die Haftnummer 35779 getragen zu haben. Diese Nummer hatte er tatsächlich im Lager erhalten, vgl. Veränderungsmitteilung „Zugang" vom 10. 2. 1941, FSB-Archiv Moskau, N-19092/Tom 97, Bl. 40, zit. n. AS, JSU 1/97, Bl. 40.

46 Zeugenvernehmung von Wilhelm L. am 20. 7. 1961, Staatsanwaltschaft Köln, 24 Ks 1/64 (Z)/XX, Landesarchiv NRW AS, JD 21/21, Bl. 80.

47 Zeugenvernehmung von Max E. am 22. 6. 1961, Staatsanwaltschaft Köln, 24 Ks 1/64 (Z)/XIX, Landesarchiv NRW, zit. n. AS, JD 21/18, Bl. 9.

48 Kommentar zur Zeugenvernehmung von Josef C. am 17. 10. 1961 in Werl, Staatsanwaltschaft Köln, 24 Ks 1/64 (Z)/XXII, Landesarchiv NRW, zit. n. AS, JD 21/26, Bl. 65.

Unglaubwürdigkeit eines Zeugen zu belegen. Lediglich in einigen Fällen scheint allein die Tatsache, dass der Zeuge vorbestraft war, auch aus heutiger Sicht als nachvollziehbarer Grund, dessen Angaben zumindest zu hinterfragen: Helmut B. hatte bereits einmal wegen „Anstiftung zur vorsätzlichen uneidlichen Falschaussage" vor Gericht gestanden.[49] Georg T. dagegen war wegen ganz anderer Vergehen, nämlich schweren Diebstahls und „Sittlichkeitsverbrechen", vorbestraft. Dies veranlasste den zuständigen Kriminalmeister zu der Einschätzung, T., bei dem es sich „um einen kriminellen ehem. KZ-Häftling" handele, sei „eine minderwertige und primitive Person", deren Aussage vor Gericht ungeeignet sein dürfe, weil „ihr nur wenig Glauben geschenkt werden kann".[50]

Manchen Kriminalpolizisten erschien ein Verweis auf das jeweilige Vorstrafenregister allerdings nicht als hinreichende Erklärung dafür, warum ein Zeuge nicht dafür infrage kommen sollte, vor Gericht erneut geladen zu werden. Im Anschluss an die Befragung von Johann K.[51] und Anton Id.[52] etwa hieß es spezifischer: „Auf Grund seiner Angaben allein ist der Beschuldigte[53] nicht zu überführen." Hinter dieser Formulierung stand die Annahme, die Angaben des befragten Zeugen allein seien nicht dazu geeignet, im Falle eines Gerichtsverfahrens zu einer Anklage gegen das SS-Personal beizutragen.

Kriminelle Vorstrafen spielten generell nicht nur bei vormals als „Berufsverbrechern" Inhaftierten eine Rolle,[54] wie das folgende Beispiel zeigt: Im Fall von Bruno K., der als Häftling der „Sonderabteilung Wehrmacht" im KZ Sachsenhausen gewesen war, bemerkte der Kriminalbeamte, neben der Tatsache, dass er das KZ Sachsenhausen nicht als Haftort angegeben habe, lasse ihn „seine kriminelle Vergangenheit […] unglaubwürdig erscheinen".[55]

49 Kommentar zur Zeugenvernehmung von Helmut B. am 9. 11. 1962 in Köln, AS, JD 21/59, Teil 1, Bl. 25.

50 Zeugenvernehmung von Georg T. am 4. 7. 1961, Staatsanwaltschaft Köln, 24 Ks 1/64(Z)/XXII, Landesarchiv NRW, zit. n. AS, JD 21/28, Bl. 192.

51 Zeugenvernehmung von Johann K. am 9. 11. 1962, Staatsanwaltschaft Köln, 24 Ks 1/64 (Z)/, Landesarchiv NRW, zit. n. AS, JD 21/59, Teil 1, Bl. 37.

52 Verfügung zur Einstellung des Verfahrens über den Zeugen Anton I. vom 9. 11. 1962, Staatsanwaltschaft Köln, 24 Ks 1/64 (Z), Landesarchiv NRW, zit. n AS, JD 21/59, Teil 1, Bl. 39.

53 In diesem Fall sind mit den „Beschuldigten" die SS-Männer gemeint, gegen die ermittelt wurde.

54 Strafregisterauszüge wurden in Ermittlungsverfahren auch über Überlebende anderer Haftgruppen erstellt, vgl. z. B. Strafregisterauszüge über Zeugen im Verfahren gegen Gustav Sorge und Wilhelm Schubert, Staatsanwaltschaft Bonn, 8 Ks 1/58 (Sorge/Schubert)/XXVII, Teil 1 und Teil 2, Landesarchiv NRW, zit. n. AS, JD 2/41–42.

55 Zeugenvernehmung von Bruno P. am 29. 6. 1961, Staatsanwaltschaft Köln, 24 Ks 1/64 (Z)/XX, Landesarchiv NRW, zit. n. AS, JD 21/22, Bl. 65.

Generell waren „Berufsverbrecher" jedoch grundsätzlich einer kritischeren Bewertung ausgesetzt, da ihr Lebenslauf stets mindestens eine Verurteilung aufwies. Daher erstaunt es kaum, dass diese KZ-Überlebenden gegenüber den Behörden immer wieder falsche Angaben zu ihrer Verfolgungsgeschichte machten. Nicht wenige ehemalige Vorbeugehäftlinge gaben sich als politische Häftlinge aus und behaupteten, von der Gestapo (und nicht von der Kriminalpolizei) festgenommen worden zu sein. Offener erscheint die ebenso geläufige Formulierung, die Festnahme sei „aus politischen Gründen" erfolgt.[56] Dies hat zumindest einen richtigen Kern: Denn tatsächlich waren nicht die Vorstrafen an sich der Haftgrund gewesen, sondern vielmehr die Politik der „vorbeugenden Verbrechensbekämpfung". Der Zeuge Bernhard B. fand dafür 1957 eine treffende Beschreibung, auch wenn er sein Vorleben ebenfalls als Begründung für seine im März 1937 erfolgte Inhaftierung ansah: „Auf Grund meiner Vorstrafen befand ich mich im KZ Sachsenhausen [...] Es handelte sich um eine sogenannte Sonderaktion, die dazu diente, alle Leute, die den Nazis nicht genehm waren, zu isolieren."[57] B. spielte hier auf die reichsweite Märzaktion gegen „Berufsverbrecher" an.[58]

Das Misstrauen zwischen Polizei und Zeugen beruhte durchaus auf Gegenseitigkeit. Einige ehemalige Häftlinge reagierten nicht auf die polizeilichen Vorladungen bzw. waren erst zu einer Aussage zu bewegen, nachdem sie vor Gericht zitiert oder von der Kriminalpolizei mehrfach zu Hause bzw. auf ihrer Arbeitsstelle aufgesucht worden waren. Über Michael R., der noch 1961 als „Berufsverbrecher" bezeichnet wurde, vermerkte der Beamte: „Meist sträubt er sich ganz entschieden gegen Vernehmungen in solchen Angelegenheiten und betont einmal, dass er an diese Dinge nicht mehr erinnert werden möchte."[59]

Ähnlich reagierten auch andere Überlebende. Ein Hamburger Kriminalmeister schilderte im Juni 1961 die gescheiterte telefonische Befragung von Martin G.: „Nachdem ihm der Verhandlungsgrund bekanntgegeben worden war, antwortet er in anmaßendem Tonfall, er könne zu der Sache nichts sagen und habe keine Zeit zu kommen. Anschließend legte er den Hörer ohne weiteren Kommentar auf."[60]

56 Vgl. z. B. die Zeugenvernehmung von Willi B. am 18. 5. 1957, Staatsanwaltschaft Bonn, 8 Ks 1/58 (Sorge/Schubert)/XX, Landesarchiv NRW, zit. n. AS, JD 2/29, Bl. 54.

57 Zeugenvernehmung von Bernhard B. am 11. 5. 1957, Staatsanwaltschaft Bonn, 8 Ks 1/58 (Sorge/Schubert)/XX, Landesarchiv NRW, zit. n. AS, JD 2/29, Bl. 52.

58 Vgl. Kapitel 3.3. und 4.2.

59 Schreiben der Kriminalpolizei Trier zur Zeugenvernehmung von Michael R. vom 14. 11. 1961, Staatsanwaltschaft Köln, 24 Ks 1/64 (Z)/XXI, Landesarchiv NRW, zit. n. AS, JD 21/23, Bl. 28.

60 Zeugenvernehmung von Martin G. am 29. 6. 1961, Staatsanwaltschaft Köln, 24 Ks 1/64 (Z)/XIX, Landesarchiv NRW, zit. n. AS, JD 21/18, Bl. 118.

Trotzdem erhielt der im Nationalsozialismus als „Berufsverbrecher" verfolgte G. eine weitere Vorladung, die er allerdings wieder nur telefonisch beantwortete. Andere potenzielle Zeugen wie Herbert U. schoben Zeitmangel vor, um zu begründen, warum sie nicht auf einer Polizeiwache erscheinen wollten. U. antwortete auf die Vorladung telefonisch: „Es hat keinen Zweck, daß ich zur Kriminalpolizei komme, ich weiß von nichts. Das ist alles schon viel zu lange her. Ich möchte deswegen auch keine Arbeit versäumen."[61] In diesem Fall insistierte der Beamte nicht, sondern notierte lapidar: „Möglicherweise hat er infolge verhältnismäßig kurzer Aufenthaltszeit in Sachsenhausen von den Vorgängen auch nichts erfahren. Darüber hinaus ist zu berücksichtigen, daß Sachsenhausen für ihn eine Station von vielen war. Er war als Krimineller inhaftiert."[62] Die Bemerkung, das KZ sei „eine Station von vielen" gewesen, zeigt, wie wenig sich der Polizist des U. zugefügten Unrechts bewusst war. Vielmehr entsteht hier der Eindruck, im Leben eines „Kriminellen", der ohnehin häufig in Haft gewesen sei, habe das Konzentrationslager weniger eine Ausnahme, als vielmehr die Regel dargestellt. So wirkt das Lager wie eine reguläre Haftstätte und nicht wie ein Instrument des nationalsozialistischen Terrors.

Ähnliche Vorstellungen spiegeln auch von Juristen verfasste Zeugenbewertungen wider. Der zuständige Amtsgerichtsrat bemerkte etwa im Anschluss an die Aussage von Kuno von E. im April 1957: „Erst im Verlauf der Vernehmung auf besonderen Vorhalt gab der Zeuge an, dass er wegen einer strafbaren Handlung (Diebstahl) ordnungsgemäß verurteilt und deswegen eingewiesen wurde."[63] Die KZ-Haft gegen den als „Berufsverbrecher" inhaftierten Kuno von E. erkannte der Jurist demnach explizit nicht als Unrecht an, sondern wertete sie vielmehr als Strafhaft, die er nicht auf die nationalsozialistische Kriminalitätspolitik, sondern auf eine zuvor begangene Straftat zurückführte.

Manch einem Polizisten jedoch waren die Schwierigkeiten, die für als „Berufsverbrecher" Verfolgte aus einer Vorladung durch die Kriminalpolizei resultieren konnten, bewusst, wie aus der Bemerkung eines Kriminalmeisters bezüglich des Zeugen Harry V. hervorgeht: „Der Zeuge V. gehört vermutlich zur Gruppe der Personen, die es als unangenehme Belastung empfinden, als Zeugen bei der Polizei erscheinen zu müssen."[64] Ähnlich erging es wohl Hans Grans, dessen Geschichte

61 Zeugenvernehmung von Herbert U. am 10. 7. 1961, Staatsanwaltschaft Köln, 24 Ks 1/64 (Z)/XXI, Landesarchiv NRW, zit. n. AS, JD 21/25, Bl. 33.

62 Ebenda.

63 Zeugenvernehmung von Kuno von E. am 10. 4. 1957, Staatsanwaltschaft Bonn, 8 Ks 1/58 (Sorge/Schubert)/XXIV, Landesarchiv NRW, zit. n. AS, JD 2/35, Bl. 188.

64 Zeugenvernehmung von Harry V. am 17. 10. 1963, Staatsanwaltschaft Köln, 24 Ks 1/64 (Z)/XXXVIII, Landesarchiv NRW, zit. n. AS, JD 21/62, Bl. 125.

als mutmaßlicher Gehilfe des Massenmörders Fritz Haarmann bereits an anderer Stelle dargestellt wurde.[65] Die Hannoveraner Kriminalpolizei lud Grans am 11. September 1957 als Zeuge im Verfahren gegen die SS-Männer Wilhelm Schubert und Gustav Sorge vor. Grans bat aber explizit darum, vor Gericht vernommen zu werden – möglicherweise weil er kein Vertrauen in die Kriminalpolizei hatte. So ließ er den zuständigen Kriminalmeister Folgendes protokollieren:

> „Nachdem mir die einzelnen Fragen von der hiesigen Kriminalpolizei vorgelesen worden sind, bin ich zu dem Entschluß gekommen, vor der Kriminalpolizei in dieser Hinsicht keine Angaben zu machen. Ich bitte darum, falls eine Vernehmung notwendig ist, mich durch einen Richter in dieser Sache vernehmen zu lassen. Ich bin gern bereit, dem Richter für diese meine Einstellung Rechenschaft abzulegen."[66]

Tatsächlich sagte Grans am 25. September desselben Jahres vor dem Hannoveraner Amtsgericht aus. Der Justizangestellte kam im Anschluss an die Aussage zu dem Schluss, „der Zeuge ist ein völlig gebrochener Mann".[67]

Zahlreiche Zeugenbewertungen weisen auf mangelndes Fingerspitzengefühl der Polizisten gegenüber den ehemaligen KZ-Häftlingen hin. Denn nicht nur die Tatsache, dass Menschen mit einem längeren Vorstrafenregister, die vermutlich in ihrem Leben auf wenig positive Erfahrungen mit Polizeibehörden zurückblicken konnten, mit einer Vorladung möglicherweise unangenehme Assoziationen verbanden, begründete eine Aussageverweigerung. Die Einschätzungen der Kriminalpolizisten über die Zeugen enthalten bei 19 der 96 hier herangezogenen Aussagen aus dem ersten Ermittlungsverfahren gegen den Blockführer Otto Kaiser Hinweise darauf, dass einige Überlebende nicht mehr an die KZ-Haft erinnert werden wollten bzw. die Befragung schmerzhafte Erinnerungen wachrief. Der 1993 verstorbene Psychoanalytiker William G. Niederland hat mehrfach auf die mögliche Re-Traumatisierung von Holocaust-Überlebenden hingewiesen. Er gilt als theoretischer Begründer des „KZ-Syndroms". Unter diesen Begriff subsumiert er psychische Erkrankungen, die durch den nationalsozialistischen Terror und die Verfolgungserfahrung ausgelöst wurden. Nachdem Niederland jahrelang Gutachten in Wiedergutmachungsprozessen angefertigt hatte, fasste er seine Untersuchungen in dem 1980 auf Deutsch

65 Vgl. Kapitel 2.4.2.

66 Zeugenvorladung von Hans Grans am 11. 9. 1957, Staatsanwaltschaft Bonn, 8 Ks (Sorge/ Schubert)/XXII, Teil 1, Landesarchiv NRW, zit. n. AS, JD 2/31, Bl. 141.

67 Richterliche Zeugenvernehmung von Hans Grans am 25. 9. 1957, Staatsanwaltschaft Bonn, 8 Ks 1/58 (Sorge/Schubert)/I neg. (A-M), Landesarchiv NRW, zit. n. AS, JD 2/31, Bl. 146.

publizierten Band „Folgen der Verfolgung: Das Überlebenden-Syndrom Seelenmord" zusammen. Dort schreibt er über die bei Befragungen, die im Kontext der Begutachtung notwendig waren, wachgerufenen Erinnerungen von Überlebenden:

> „Die hypermnestisch festgehaltenen Terrorereignisse neigen dazu – gleichgültig ob innerhalb oder außerhalb des KZ geschehen – besonders vor dem Einschlafen oder bei der ärztlichen Befragung – mit qualvoller Gedächtnis- und Bildschärfe zurückzukehren und die damals Verfolgten erneut zu erschüttern."[68]

Unter Hypermnesie versteht Niederland „das überscharfe und mit starkem Affekt geladene Erinnerungsvermögen an die traumatischen Verfolgungserlebnisse und die damit verbundene seelische Erschütterung".[69] Was Niederland bei ärztlichen Untersuchungen im Rahmen der Wiedergutmachungsprozesse beobachtete, dürfte auch bei den hier betrachteten Vernehmungen zutage getreten sein – zumindest deuten darauf die folgenden Beispiele hin: Über Georg B. etwa, der von 1939 bis 1942 in den KZ Sachsenhausen, Groß-Rosen und Dachau gewesen war, vermerkte der Beamte der Mordkommission: „Er steht noch heute sehr unter dem Eindruck seiner Erlebnisse in den Anstalten und bricht bei jeder Berührung des Themas in Tränen aus."[70] Tatsächlich machte der gebürtige Hamburger kaum Angaben über seine Haftzeit. Ähnlich erging es Johann W., der von August 1940 bis 1945 als „Berufsverbrecher" im KZ Sachsenhausen gewesen war.[71] In seiner Aussage schilderte er u. a., wie er im Klinkerwerk des Lagers arbeiten musste und dass er „in den Jahren 1943/44 oft durch zahlreiche Schüsse aufgeschreckt" worden sei. Im Anschluss an seine Befragung kommentierte der zuständige Kriminalmeister:

> „W. zeigte sich sehr aufgeregt und nervös. Er bemerkte während der Vernehmung mehrmals, dass er nicht mehr an die Zeit von Sachsenhausen erinnert werden möchte. Man gewann den Eindruck, dass W. zeitweise geistesabwesend war. Einmal bat er darum, die Vernehmung abzubrechen. Auf gütiges Zureden bequemte er sich dazu, weiter auszusagen."[72]

68 William G. Niederland, Folgen der Verfolgung: Das Überlebenden-Syndrom Seelenmord, Frankfurt a. M. 1980, S. 231.

69 Ebenda, S. 230.

70 Zeugenvernehmung von Georg B. am 21. 6. 1961, Staatsanwaltschaft Köln, 24 Ks 1/64 (Z)/XIX, Landesarchiv NRW, zit. n. AS, JD 21/16, Bl. 16.

71 Sonderliste „Zugang" v. 10. 8. 1940, RGWA, 1367/1/196, Bl. 281, zit. n. AS, D 1 A/1196, Bl. 281.

72 Kommentar zur Zeugenvernehmung von Johann W. vom 12. 7. 1961, Staatsanwaltschaft Köln, 24 Ks 1/64 (Z)/XXIV, Landesarchiv NRW, zit. n. AS, JD 21/34, Bl. 32.

Die Formulierung, er habe sich „bequemt", doch noch Angaben zu machen, weist auf ein mangelndes Verständnis des Polizisten gegenüber dem Zeugen hin. Dies kann sicherlich nicht allein darauf zurückgeführt werden, dass die vernehmenden Beamten es mit einer Klientel zu tun hatten, die bereits in der Vergangenheit im Visier der Polizeibehörden gestanden hatte. Polizisten, die zu diesem Zeitpunkt mit Überlebenden der Konzentrationslager konfrontiert waren, dürften kaum gewusst haben, wie sie mit solchen emotionalen Ausbrüchen von Zeugen umgehen sollten. Selbst in der Psychologie setzte sich erst mit den Forschungen von Niederland allmählich die Position durch, dass es sich bei dem „KZ-Syndrom" um ein eigenständiges psychisches Phänomen handelte.

Neben den polizeilichen Vernehmungen waren auch die Zeugenaussagen vor Gericht für viele Überlebende eine enorme psychische Belastung.[73] Zudem ist anzunehmen, dass sich die meisten der als „Berufsverbrecher" Verfolgten bis zu ihrer Aussage nicht öffentlich über die erlittene KZ-Haft geäußert hatten, zumal sie nur in den seltensten Fällen in Verbänden Überlebender organisiert oder publizistisch tätig waren. Somit lösten bei einigen Personen die Aussagen vor der Polizei und Gerichten möglicherweise Erinnerungen aus, über die sie bis dahin gar nicht oder nur im privaten Rahmen gesprochen hatten.

Boten die Vernehmungen für einige „Berufsverbrecher" einerseits die Möglichkeit, erstmals ausführlich über ihre Erlebnisse zu berichten und das ihnen widerfahrene Unrecht sichtbar machen zu können, stellte diese Situation deshalb andererseits eine enorme Belastung dar, die eine abwehrende Haltung zur Folge haben konnte. Der bereits zitierte Michael R., der zu diesem Zeitpunkt schon in mehreren Ermittlungsverfahren gegen ehemaliges SS-Personal des KZ Sachsenhausen ausgesagt hatte, erklärte deutlich, warum er nicht mehr als Zeuge vernommen werden wolle: „Er sei noch völlig durcheinander im Kopf und habe es satt, immer wieder wegen dieser Geschichten vernommen zu werden. Er wolle von der ganzen Nazizeit nichts mehr wissen und man solle ihm endlich seine Ruhe lassen", so der zuständige Beamte.[74] Nachdem R. zu der ersten Ladung nicht erschienen war, hatte die Polizei ihn in seiner Wohnung aufgesucht und ihm eine richterliche Vorladung überbracht. Immerhin ordnete

73 Vgl. Thomas Henne, Zeugenschaft vor Gericht, in: Fritz Bauer Institut (Hrsg.), Zeugenschaft des Holocaust. Zwischen Trauma, Tradierung und Ermittlung, Frankfurt a. M. 2007 (Jahrbuch zur Geschichte und Wirkung des Holocaust), S. 79–92, zur erlebten Stigmatisierung von Zeugen durch Richter vgl. auch das Beispiel von Otto Küsel in: Lieske, „Berufsverbrecher" als Häftlinge im KZ Sachsenhausen, S. 70–72.

74 Kommentar zur Zeugenvernehmung von Michael R. vom 16. 11. 1961, Staatsanwaltschaft Köln, 24 Ks 1/64 (Z)/XXI, Landesarchiv NRW, zit. n. AS, JD 21/23, Bl. 29.

die Staatsanwaltschaft eine ärztliche Untersuchung an, um zu klären, ob er überhaupt vernehmungsfähig sei.

Die bei manchen Überlebenden mitunter virulenten psychischen Beeinträchtigungen konnten im Kontext von Zeugenaussagen auch auf andere Weise problematisch werden. Denn mangelnde Glaubwürdigkeit wurde oftmals dann unterstellt, wenn die zeitlichen Angaben in den Aussagen nicht übereinstimmten. Niederland hielt in seinen Untersuchungen fest, dass es traumatisierte Patienten kennzeichne, sich „gelegentlich in zeitliche Widersprüche [zu] verwickeln (was ihnen amtsgutachterlich und strikt entgegengehalten wird)". Dies habe „ebenfalls mit dem Verfolgungsgeschehen zu tun. Unter den vielfältigen Schädigungen des Ich-Gefüges durch die Verfolgung steht die Beeinträchtigung des Zeitsinns nicht an letzter Stelle", so Niederland.[75]

Wie das folgende Beispiel zeigt, wurden gerade solche unkorrekten Zeitangaben manch einem Zeugen zum Verhängnis: Sowohl die Polizei als auch das Bonner Untersuchungsgericht vernahmen Hermann St. zwischen 1956 und 1957 mehrfach als Zeugen. Er gab sich dabei als „politischer Häftling" und „Asozialer" aus und vermutete, seine Inhaftierung sei auf den Konflikt mit einem SS-Mann zurückzuführen, gegen den er im Jahr 1934 ausgesagt habe.[76] Dass ihn die Vernehmungen Ende der 1950er-Jahre belasteten, geht z. B. aus folgender Bemerkung hervor: „Im Moment bin ich noch so erregt, daß mir nichts mehr einfällt."[77] St. schilderte gegenüber der Polizei am eigenen Leib erlebte Misshandlungen und gab an, er sei im Januar 1939 in das KZ Sachsenhausen eingeliefert worden. Tatsächlich lässt sich aber belegen, dass er am 29. Februar 1940 als „Zugang" mit der Kategorie „BV" („Berufsverbrecher") vermerkt wurde.[78]

Im Rahmen einer richterlichen Vernehmung schilderte St. die Misshandlung eines anderen Häftlings namens Wilhelm H. bei der Einlieferung, der mit demselben Transport in das Lager gekommen sei. Da er H. nach dem Vorfall nicht mehr gesehen habe, halte er es für möglich, dass dieser infolge der Folterungen von Gustav Sorge, der H. und St. einen Schlauch mit kaltem Wasser in den Mund eingeführt habe, verstorben sei, so der Zeuge.[79] Seine Angaben wurden ihm nun jedoch zum Verhängnis, denn zwar war H. tatsächlich am gleichen Tag wie St. eingeliefert

75 Niederland, Folgen der Verfolgung, S. 231.

76 Zeugenvernehmung von Hermann St. am 24. 2. 1956, Staatsanwaltschaft Bonn, 8 Ks 1/58 (Sorge/Schubert)/IV, Teil 2, Landesarchiv NRW, zit. n. AS, JD 2/6, Bl. 97.

77 Ebenda, Bl. 99.

78 Sonderliste KL Sachsenhausen vom 29. 2. 1940, RGWA, 1367/1/196, Bl. 48, zit. n. AS, D 1 A/1196, Bl. 48.

79 Richterliche Zeugenvernehmung von Hermann St. am 3. 1. 1957, Staatsanwaltschaft Bonn, 8 Ks 1/58 (Sorge/Schubert)/XXIII, Teil 2, Landesarchiv NRW, zit. n. AS, JD 2/34, Bl. 100.

worden,[80] jedoch nicht ums Leben gekommen, sondern im September 1940 nach Dachau überstellt worden.[81] Darauf in einem Brief vom Bonner Landgerichtsrat hingewiesen, antwortete Hermann St., er habe Wilhelm H. „nie mehr wieder gesehen, es besteht aber die Möglichkeit, daß er vom Häftlingsbad ins Revier kam und von dort aus auf Transport". Des Weiteren führte er aus: „Durch die Länge der Zeit ist es sehr schwer, aber ich entsinne mich genau, daß diese Reihenfolge so war, wie ich es hier angegeben habe."[82] Da u. a. der Beschuldigte Sorge die Angaben bestritt und der Landgerichtsrat Dr. Schmidt nach einer Überprüfung von St. neue Kenntnisse über dessen Vorstrafen erhalten hatte, wurde der Zeuge im Juli 1957 erneut – diesmal unter Eid – vernommen. Er blieb bei seinen Angaben, woraufhin Dr. Schmidt vermerkte, St. habe „unter Eid falsche Angaben gemacht", sowohl bezogen auf sein Einlieferungsdatum „als auch mit hinreichender Sicherheit auf die Angabe der Häftlingskategorie".[83]

Ob St. tatsächlich bereits im Januar 1939 im KZ Sachsenhausen gewesen war und ob er von dort möglicherweise zur Verbüßung einer Haftstrafe wegen Betrugs und Urkundenfälschung, zu der ihn am 20. Juni 1939 das Schöffengericht Frankfurt verurteilt hatte, in Justizhaft überstellt wurde, muss offenbleiben. Vielleicht hatte er sich auch einfach nur bei den Daten geirrt. Seine Angaben bezüglich der zeitgleichen Einlieferung des Wilhelm H. lassen sich jedenfalls verifizieren. Ob seine Angaben strafrechtliche Konsequenzen hatten, konnte nicht geklärt werden, Hermann St.s Ausführungen wurden aber zu den „Aussagen der unbrauchbaren Zeugen im Rahmen der gerichtlichen Voruntersuchung" gezählt.[84]

80 Sonderliste KL Sachsenhausen „Zugänge" vom 29. 2. 1940, RGWA, 1367/1/196, Bl. 47, zit. n. AS, D 1 A/1196, Bl. 47.

81 Alphabetische Liste der am 5. 9. 1940 dem K. L. Dachau überstellten Häftlinge, FSB-Archiv Moskau, N-19092/Tom 84, Bl. 82, zit. n. AS, JSU 1/84, Bl. 82.

82 Schreiben von Hermann St. an den Untersuchungsrichter beim Bonner Landgericht vom 20. 2. 1957, Staatsanwaltschaft Bonn, 8 Ks 1/58 (Sorge/Schubert)/XXIII, Landesarchiv NRW, zit. n. AS, JD 2/34, Bl. 106.

83 Vermerk des Landgerichtsrats beim Bonner Landgericht Dr. Schmidt zur Zeugenaussage von Hermann St., Staatsanwaltschaft Bonn, 8 Ks 1/58 (Sorge/Schubert)/XXIII, Landesarchiv NRW, zit. n. AS, JD 2/34, Bl. 111 f.

84 Die Auflistung von Zeugenaussagen unter diesem Titel findet sich in dem Band Staatsanwaltschaft Bonn, 8 Ks 1/58 (Sorge/Schubert)/XXIII Teil 1, Landesarchiv NRW, zit. n. AS, JD 2/33, die Aussagen selbst erstrecken sich über mehrere Bände. Unter den 74 Zeugen auf dieser Liste finden sich sieben „Berufsverbrecher". Auf der Liste „Aussagen der brauchbaren Zeugen im Rahmen der gerichtlichen Voruntersuchung", die sich im Band Staatsanwaltschaft Bonn, 8 Ks 1/58 (Sorge/Schubert)/XXIV, Teil 1, zit. n. AS, JD 2/35 befindet, sind insgesamt 50 Personen aufgeführt, davon fünf „Berufsverbrecher".

In einigen Fällen vermischte sich die Traumatisierung der Überlebenden mit der mangelnden Anerkennung als Opfer und führte so dazu, dass die Betroffenen nicht bereit waren, Angaben über die Zeit im Konzentrationslager zu machen. So hatte Heinrich D. im Zuge der Ermittlungen gegen Gustav Sorge und Wilhelm Schubert im Februar 1956 noch umfassend ausgesagt, aber bereits zu diesem Zeitpunkt beklagt, dass er nicht entschädigt worden sei. D., der nach eigenen Angaben 1927 bis 1933 Mitglied in der KPD gewesen sei, wurde 1935 von der Gestapo verhaftet und als „Schutzhäftling" in das KZ Esterwegen und ab September 1936 in das KZ Sachsenhausen gebracht. Am 18. Oktober 1938 aus dem Oranienburger Lager entlassen,[85] erfolgte 1939 eine Verurteilung wegen Diebstahls zu einem Jahr und drei Monaten Haft. Vermutlich wurde er dann im Anschluss an die verbüßte Strafhaft in Vorbeugehaft genommen und erneut in das KZ Sachsenhausen überstellt. Den überlieferten Unterlagen aus dem Lager zufolge registrierte ihn die Lagerverwaltung am 19. Februar 1941 als „Berufsverbrecher".[86] Ab 1944/45 war er Mitglied der Division Dirlewanger und geriet von dort 1945 in sowjetische Kriegsgefangenschaft.[87]

Gegenüber dem Braunschweiger Entschädigungsausschuss gab sich D. als „politischer Häftling" aus. Da er aber seine erste KZ-Haft von 1935 bis 1938 nicht belegen konnte – D. bemühte sich nach eigener Schilderung sogar beim Internationalen Suchdienst in Bad Arolsen um entsprechende Dokumente – und ab 1941 als „Berufsverbrecher" registriert worden war, enthielt er keine Entschädigung.[88] Heinrich D. begründete den Abbruch seiner Vernehmung im Juni 1961 ähnlich wie Anton G., dessen Fall bereits im vorherigen Kapitel beschrieben wurde: „Mehrfach wurde ich bereits vernommen und mich erregt jede weitere Vernehmung durch die Erinnerungen derart, daß ich keine klaren Gedanken fassen kann." Des Weiteren sei er „völlig erregt und nervlich vollkommen fertig", weil er für seine Haftzeit nicht entschädigt worden sei.[89]

Auch in der DDR wurde Überlebenden mit kriminellen Vorstrafen mit Skepsis begegnet. Hinweise darauf finden sich in den Unterlagen des Staatssicherdienstes. Beispielhaft sei hier der Fall von Karl S. angeführt. Die Stasi hatte den in Stettin

85 Veränderungsmitteilung Effektenverwaltung vom 19. 1 1938, RGWA, 1367/1/20, Bl. 160, zit. n. AS, D 1 A/1020, Bl. 403.

86 Veränderungsmitteilung vom 19. 2. 1941, FSB-Archiv Moskau, N-19092/Tom 97, Bl. 49, zit. n. AS, JSU 1/97, Bl. 49.

87 Vgl. Kapitel 5.4.4.

88 Zeugenvernehmung von Heinrich D. am 27. 2. 1956, Staatsanwaltschaft Bonn, 8 Ks (Sorge/Schubert)/IV, Teil 1, Landesarchiv NRW, zit. n. AS, JD 2/5, Bl. 137.

89 Zeugenvernehmung von Heinrich D. am 27. 6. 1961, Staatsanwaltschaft Köln, 24 Ks 1/64 (Z)/XIX, Landesarchiv NRW, zit. n. AS, JD 21/16, Bl. 63.

geborenen Kellner 1965 daraufhin überprüft, ob es zulässig sei, ihn als Zeugen gegen SS-Personal in Westdeutschland auftreten zu lassen, und war zu dem Schluss gekommen, er sei dazu „nicht geeignet". Als Begründung wurde angeführt, S. sei „als Säufer bekannt" und früher als Zuhälter „in dunkle Geschäfte verwickelt" gewesen. Des Weiteren warfen die Ermittler ihm vor, dass seine Frau sich in der Vergangenheit als Prostituierte betätigt habe.[90] In dem hier zitierten Schreiben bezog sich der Leiter der Abteilung XX, die u. a. mit der Bekämpfung der politischen Opposition betraut war, auf einen Ermittlungsbericht des Ministeriums für Staatssicherheit vom 13. August 1965. In dem Report wird ein Zuträger zitiert, der Folgendes ausgesagt habe: „Der angesprochene Genosse sagte, wenn der S. verfolgt worden ist, dann bestimmt nur als Zuhälter oder sonstiger Krimineller; aus politischen Gründen bestimmt nicht."[91] Keiner der Mieter wolle mit ihm Kontakt haben, zudem habe er 1963 „Westbesuch" gehabt. Die Ehefrau des S. wird in dem Schreiben als „Trinkerin" bezeichnet, mit der ebenfalls niemand etwas zu tun haben wolle.[92]

Die hier zitierten Bewertungen von als „Berufsverbrecher" Verfolgten durch ost- und westdeutsche Behörden verwundern nicht, hält man sich vor Augen, dass nicht nur kriminalpolizeiliche Konzepte den Nationalsozialismus überdauert hatten, sondern an einigen Stellen Polizisten weiterhin Posten im Polizeidienst besetzten. Wagner zufolge wandelte sich das bis dahin vor allem durch Verdrängung und Schuldabwehr geprägte Selbstbild der Kriminalpolizei erst Anfang der 1960er-Jahre, als eine neue Generation von Beamten in höhere Positionen strebte und sich kritisch mit den nationalsozialistischen Karrieren auseinandersetzte.[93] Zudem erhielt das Bild der „unschuldigen Kriminalpolizei" in der westdeutschen Öffentlichkeit erste Risse, als Prozesse gegen ehemalige Einsatzgruppenleiter wie Georg Heuser ins Rollen kamen. Heuser, zu diesem Zeitpunkt Leiter des Landeskriminalamtes Rheinland-Pfalz, wurde 1963 wegen seiner Verantwortung für die Erschießung von 30 000 Menschen zwischen 1941 und 1944 in Minsk zu 15 Jahren Zuchthaus verurteilt. Da sich auch innerhalb der Behörden zunächst oft ungebrochen fortexistierende Vorstellungen von „Kriminellen" erst allmählich änderten, ist es zumindest erklärbar, warum es manchen Beamten an Empathie gegenüber den als „Berufsverbrecher" Verfolgten mangelte.

90 Leiter der Hauptabteilung XX/AG 1 an den Leiter der Hauptabteilung IX/10 am 23. 8. 1965, Archiv BStU, MfS, HA XX, Nr. 3631, Bl. 6. Die Hauptabteilung IX war u. a. für die Aufklärung von NS-Verbrechen zuständig.

91 Ermittlungsbericht des Ministeriums für Staatssicherheit an die Hauptabteilung XX/AG 1 vom 13. 8. 1965, Archiv BStU, MfS, HA XX, Nr. 3631, Bl. 28.

92 Ebenda, Bl. 30.

93 Wagner, Die Resozialisierung der NS-Kriminalisten, S. 197–200.

Negative Bewertungen von „Berufsverbrechern“ als Zeugen waren keine Ausnahme und vor dem gesellschaftspolitischen Kontext der 1950er- und frühen 1960er-Jahre sowie der noch wirkungsmächtigen repressiven Kriminalpolitik, in der Ansätze und Vorstellungen aus der NS-Zeit fortdauerten, sicherlich auch kein Zufall. Eine Zwangsläufigkeit stellten sie aber auch nicht dar. Es gab durchaus Beamte, die kriminell Vorbestrafte als zuverlässige Zeugen anerkannten. In Bezug auf den Fuhrmann Hermann W. verwies ein Kriminalmeister z. B. zwar auf dessen Vorstrafenregister, kam aber zu dem Schluss „Bei der Vernehmung zum hier vorliegenden Ermittlungsverfahren wurde jedoch nicht der Eindruck gewonnen, daß gegen die Glaubwürdigkeit des Zeugen Bedenken bestehen.“[94] Ähnlich differenzierte Ansichten über einzelne Zeugen finden sich auch in Bewertungen der Gerichte. So vermerkte das Bonner Schwurgericht über den Zeugen Kuno von E.: „An der Glaubwürdigkeit des Zeugen in diesem Tötungsfall ändert nichts die Tatsache, dass es sich um einen mehrfach vorbestraften Menschen handelt, der als Berufsverbrecher in das KL Sh [Sachsenhausen] eingeliefert worden war.“[95]

6.2.2. Kriminalpolizisten – der Fall Fritz Cornely

Ein anschauliches Beispiel für personelle Kontinuitäten innerhalb der Kriminalpolizei und einer damit einhergehenden Inszenierung als „sauberer“ Kriminalist liefert der Fall von Fritz Cornely. Der 1905 in Köln geborene Cornely hatte zunächst eine kaufmännische Lehre im elterlichen Betrieb absolviert, bevor er in Köln und Bonn ein Studium der Rechtswissenschaften begann. Dies brach er allerdings noch vor dem ersten Staatsexamen ab, als sein Vater 1931 verstarb. 1933 trat Cornely in den Polizeidienst ein und war von Juni 1937 bis 1942 bei der Kölner Kriminalpolizei tätig, wo er überwiegend Wirtschaftsdelikte bearbeitete. Im Januar 1942 stieg er zum Kriminalkommissar auf und wurde gemäß seiner 1963 gegenüber der Kölner Staatsanwaltschaft getätigten Angaben „ohne sein Zutun im Rahmen der Dienstgradangleichung als Untersturmführer in die SS übernommen“.[96] Die Staatsanwaltschaft nahm diese Aussage unkritisch als Tatsache hin – wie Patrick Wagner nachgewiesen hat, handelt es sich bei dem Verweis auf solche angeblich

94 Zeugenvernehmung von Hermann W. am 28. 7. 1961, Staatsanwaltschaft Köln, 24 Ks 1/64 (Z)/XXI, Landesarchiv NRW, zit. n. AS, JD 21/25, Bl. 62.

95 Anklageschrift des Landgerichts Bonn vom 2. 6. 1958, Staatsanwaltschaft Bonn, 8 Ks 1/58 (Sorge/Schubert)/Anklageschrift, Landesarchiv NRW, zit. n. AS, JD 2/48, Bl. 214.

96 Einstellungsverfügung des Leitenden Oberstaatsanwalts in Köln gegen Fritz Cornely vom 28. 2. 1963, Staatsanwaltschaft Köln, Zentralstelle, 24 Js 30/59 (Z)/XIII, Landesarchiv NRW, zit. n. AS, JD 7/13, Teil 1, Bl. 3.

automatisch erfolgten Überstellungen in die SS jedoch um Schutzbehauptungen, die leitende Kriminalpolizisten nach Kriegsende häufig erhoben. Zwar wurde nach dem Beitritt eines Kriminalbeamten in die Sicherheitspolizei eine Angleichung an die innerhalb der SS äquivalenten militärischen Ränge vorgenommen, keinesfalls erfolgte deshalb aber eine zwangsläufige Übernahme in die SS.[97]

Im Fall von Cornely, der 1933 in die SA und NSDAP eingetreten war, deutet auch sein weiterer Karriereverlauf nicht darauf hin, dass er in einen ernsthaften Konflikt mit dem nationalsozialistischen Regime geriet, wie er später behauptete. Ansonsten wäre er wohl nicht mehrfach befördert worden: Ab 1942 avancierte Cornely zum Leiter der Kriminalpolizeileitstelle in Düsseldorf und blieb weiter für die Bearbeitung von Kriegswirtschaftsdelikten, Betrugs- und Korruptionsfällen verantwortlich. Da er sich auf diesem Gebiet offensichtlich bewährte, beauftragte ihn das RKPA Ende 1943, Korruptionsfälle im KZ Sachsenhausen zu untersuchen.[98] Im Anschluss an diese Tätigkeit war Cornely erneut für die „Gruppe Wirtschaft" im RKPA tätig. Im April 1945 wurde er zunächst von den britischen Behörden interniert und blieb bis Frühjahr 1948 in den alliierten Internierungslagern Regensburg und Neuengamme. In Neuengamme musste Cornely über seine Tätigkeit für die Sonderkommission im KZ Sachsenhausen Angaben machen. Obwohl er dort 1947 erklärt hatte, er habe „Häftlinge in die Isolierung einweisen lassen, damit psychologisch auf sie eingewirkt werden konnte",[99] stufte die Bergedorfer Spruchkammer Cornely als „nicht schuldig" ein.

1953 kehrte er in den Dienst der Kölner Polizei zurück. Ende der 1950er-Jahre wurde Cornely im Verlauf der Ermittlungen gegen verschiedene SS-Blockführer aus dem KZ Sachsenhausen mehrfach als Zeuge hinzugezogen. Dabei griffen die Behörden auch auf sein „Fachwissen" zurück, das aus seiner Tätigkeit während der nationalsozialistischen Zeit resultierte. So sollte Cornely im Verfahren gegen Martin Knittler z. B. den Zeugen Erwin Rathmann bewerten, den er seinerzeit als Häftlingsspitzel im KZ Sachsenhausen eingesetzt hatte. Die Aussage des Kölner Kriminalkommissars zeigt deutlich, wie stark zu diesem Zeitpunkt noch eine Sichtweise auf Straftäter dominierte, die deutlich von nationalsozialistischem Denken beeinflusst war. Cornely skizzierte Rathmanns Persönlichkeit 1957 wie folgt:

97 Wagner, Die Resozialisierung von NS-Kriminalisten, S. 82.

98 Vgl. Kapitel 5.1.3.

99 Erklärung von Fritz Cornely vom 2. 10. 1947 aus dem Internierungslager Neuengamme, Staatsanwaltschaft Köln, Zentralstelle, 24 Js 30/59 (Z)/XIII-XIV, Landesarchiv NRW, zit. n. AS, JD 7/13, Teil 2, Bl. 161.

> „Berufsverbrecher, Gruppe der ausgesprochenen Intelligenzverbrecher mit (typisch) stark sensiblen Einschlag, äußerst gewandt und geschmeidig, leicht egozentrischer Einschlag, bei einem Teil der Häftlinge gefürchtet wegen seiner Intelligenz, Vorherrschen einer krankhaften Phantasie und Neigung zu Übertreibungen ohne subjektives Bewusstsein, psychopathischer Grundzug deutlich erkennbar."[100]

In seinem über Rathmann angefertigten Resümee kam er zu dem Schluss, dieser „psychopathische Grundzug" sei „wahrscheinlich erblich bedingt".[101]

War Cornely zunächst noch als „Experte" befragt worden, sah er sich nur zwei Jahre später mit Ermittlungen gegen sich selbst konfrontiert, die das deutsche Sachsenhausen-Komitee angestoßen hatte. Hauptverantwortlich war dafür der ehemalige politische Häftling Heinz Junge, Gründungsmitglied der VVN und Generalsekretär des deutschen Sachsenhausen-Komitees. Junge führte in den folgenden Jahren eine erbitterte Auseinandersetzung mit dem Kölner Kommissar. Nachdem ein erstes Verfahren gegen Cornely bereits im August 1959 wieder eingestellt worden war, nahm die Kölner Oberstaatsanwaltschaft die Ermittlungen im Mai 1960 erneut auf. Das Sachsenhausen-Komitee hatte Beschwerde gegen die Einstellung eingereicht und beschuldigte Cornely in verschiedenen Schreiben und Publikationen des Mordes an politischen Häftlingen im KZ Sachsenhausen.[102]

Im Kontext der fortwährenden Stigmatisierung von „Berufsverbrechern" sowie Kontinuitäten in den Verfolgungsapparaten sind drei Aspekte in dem Verfahren gegen Cornely besonders interessant: Zum einen die Argumentationsstrategie der ehemaligen politischen Häftlinge um das Sachsenhausen-Komitee, zum anderen die Verteidigung und Rechtfertigungsstrategie von Cornely sowie die Bewertung seiner Rolle durch die ermittelnde Kölner Staatsanwaltschaft. Die ehemaligen politischen Häftlinge betonten in ihren Anschuldigungen wiederholt, Cornely habe insbesondere aus den Reihen der „Berufsverbrecher" Spitzel rekrutiert. Sie machten ihn sowohl für den Einsatz der Gestapokommission als auch für die Ermordung von politischen Häftlingen verantwortlich.[103] So behauptete Heinz

100 Schreiben von Fritz Cornely an den Untersuchungsrichter beim Landgericht Traunstein vom 13. 5. 1957, Staatsanwaltschaft Bonn, 8 Ks 1/58 (Sorge/Schubert)/XX, Landesarchiv NRW, zit. n. AS, JD 2/29, Bl. 79.

101 Ebenda.

102 Beschwerde des Sachsenhausen-Komitees der BRD gegen die Einstellung des Ermittlungsverfahrens gegen Fritz Cornely vom 20. 2. 1960, Staatsanwaltschaft Köln, Zentralstelle, 24 Js 30/59 (Z)/I, Landesarchiv NRW, zit. n. AS, JD 7/1, Bl. 34–37.

103 Schreiben des Sachsenhausen-Komitees vom 5. 1. 1959 an das Bonner Landgericht, Staatsanwaltschaft Köln, Zentralstelle, 24 Js 30/59 (Z)/I, Landesarchiv NRW, zit. n. AS, JD 7/1, Bl. 2–4.

Junge in der am 6. Februar 1959 gestellten Strafanzeige wegen „Anstiftung zum Mord, Beihilfe zum Mord und wegen Mordes", Cornely habe Erwin Brandt direkt unterstanden.[104] Tatsächlich war dieser aber vom RSHA als Leiter der Gestapokommission abkommandiert worden. In einem ebenfalls 1959 veröffentlichten Flugblatt, das sich dem Gedenken an die im November 1944 im Industriehof des KZ Sachsenhausen erschossenen 27 Schutzhäftlingen widmete, wurde Cornely als Mitglied der Gestapokommission genannt und versichert: „Wir versprechen Euch zu Eurem 15. Todestage erneut, daß wir nicht ruhen werden, bevor Eure Mörder zur Rechenschaft gezogen worden sind."[105]

Wurden zu diesem Zeitpunkt noch die beiden im KZ Sachsenhausen tätigen Kommissionen der Kriminalpolizei bzw. Gestapo miteinander verwechselt, differenzierten Junge u. a. in ihrer 1960 formulierten Beschwerde gegen die Einstellung des Verfahrens zwischen den beiden Abordnungen. Der Vorwurf des Komitees lautete nun, der erst 1944 erfolgte Einsatz der Gestapo-Kommission sei auf Cornelys Initiative zurückzuführen. Auch sei er in einzelnen Fällen gegen politische Häftlinge vorgegangen, noch bevor die Gestapo im Lager tätig geworden sei.[106] Die These, Cornely sei unmittelbar an der Ermordung der 27 Häftlinge beteiligt gewesen, blieb in den Veröffentlichungen des Komitees in den folgenden Jahren virulent und wurde auch durch die Presse in der ehemaligen DDR aufgegriffen. So schrieb die Zeitung „Unser Ruf" im Februar 1961 über Cornely:

> „Inmitten der alten Stadt Köln lebt ein Mann, an dessen Händen das Blut Dutzender deutscher Antifaschisten klebt. Er ist des vielfachen Mordes überführt. Doch er sitzt nicht im Gefängnis, was in jedem Rechtsstaat doch wohl das Mindeste für einen solchen gefährlichen Verbrecher ist, sondern in der Polizei."[107]

Die gleiche Behauptung wiederholten die Autoren der Schrift „Gestapo- und SS-Führer kommandieren die westdeutsche Polizei. Eine Dokumentation über 250

104 Strafanzeige von Heinz Junge gegen Fritz Cornely am Landgericht Bonn vom 6. 2. 1959, Staatsanwaltschaft Köln, Zentralstelle, 24 Js 30/59 (Z)/I, Landesarchiv NRW, zit. n. AS, JD 7/1, Bl. 22.

105 Flugblatt des deutschen Sachsenhausen-Komitees, 1959, Staatsanwaltschaft Köln, Zentralstelle, 24 Js 30/59 (Z)/VII, Landesarchiv NRW, zit. n. AS, JD 7/7, Teil 2, Bl. 158.

106 Beschwerde des Sachsenhausen-Komitees der BRD gegen die Einstellung des Ermittlungsverfahrens gegen Fritz Cornely vom 20. 2. 1960, Staatsanwaltschaft Köln, Zentralstelle, 24 Js 30/59 (Z)/I, Landesarchiv NRW, zit. n. AS, JD 7/1, Bl. 35.

107 Mörder als Kriminalkommissar, in: Unser Ruf (Ende Februar 1961) 4, Staatsanwaltschaft Köln, Zentralstelle, 24 Js 30/59 (Z)/XII, Landesarchiv NRW, zit. n. AS, JD 7/12, Bl. 1 f.

leitende Polizeioffiziere Westdeutschlands", die der „Ausschuss für deutsche Einheit" der DDR am 13. Januar 1961 auf einer Pressekonferenz vorstellte.[108]

Das Schicksal der wegen Korruption in das Schuhläuferkommando eingewiesenen Häftlinge war für die Argumentation des Komitees zunächst zweitrangig. Die Hierarchisierung wurde damit begründet, dass die politischen Häftlinge von dieser Praxis im Lager weniger betroffen gewesen seien als die „Berufsverbrecher". Erst in der Beschwerde griff das Sachsenhausen-Komitee am 20. Februar 1960 das Thema auf, allerdings nicht ohne sich dafür zu rechtfertigen, warum dieser Aspekt bisher in den Anschuldigungen keine Erwähnung gefunden hatte:

> „Wenn bisher in unseren Erörterungen über die Tätigkeit Cornelys, die Folterungen von Schiebern oder angeblichen Schiebern im Schuhläufer-Kommando und die Erschießung von SS-Leuten wegen geringer Vergehen nicht die Rede war, lag das daran, weil die politischen und religiösen Häftlinge davon nicht direkt betroffen waren."[109]

Eine solche Positionierung politischer Häftlinge findet sich auch schon in früheren Dokumenten. In dem Bericht ehemaliger politischer Häftlinge von Mai 1945 heißt es dazu: „Unsere offizielle Haltung zu der Tätigkeit der Kripo-Sonderkommission war eine desinteressierte. Wir beobachteten das Hyänenspiel um das Raubmördergut und waren auf der Hut."[110] Ähnliche Angaben machten Zeugen aus den Reihen der als Schutzhäftlinge Verfolgten Anfang der 1960er-Jahre in Ermittlungsverfahren. So behauptete Hans Z.: „Politische Häftlinge hatten durch Cornely keinerlei Nachteile. Wenn man von Nachteilen gegenüber Häftlingen spricht, kann es sich nur um Häftlinge handeln, die sich der Goldschieberei schuldig gemacht haben."[111] Die Initiativen des Komitees und die vorgetragenen Anklagen gegen Cornely zeigen, dass dessen Vorgehen gegen Häftlinge, die nicht zu den prominenten politischen Gegnern gerechnet wurden, allenfalls zweitrangig waren,

108 Gestapo- und SS-Führer kommandieren die westdeutsche Polizei. Eine Dokumentation über 250 leitende Polizeioffiziere Westdeutschlands, Berlin 1961, Staatsanwaltschaft Köln, Zentralstelle, 24 Js 30/59 (Z)/XII, Landesarchiv NRW, zit. n. AS, JD 7/12, Bl. 9.

109 Beschwerde des Sachsenhausen-Komitees der BRD gegen die Einstellung des Ermittlungsverfahrens gegen Fritz Cornely vom 20. 2. 1960, Staatsanwaltschaft Köln, Zentralstelle, 24 Js 30/59 (Z)/I, Landesarchiv NRW, zit. n. AS, JD 7/1, Bl. 36 f.

110 KL Sachsenhausen, Die Periode der Sonderkommissionen von Ende 1943 bis 1944 (Oranienburg Mai 1945), Staatsanwaltschaft Köln, Zentralstelle, 24 Js 30/59 (Z)/X, Landesarchiv NRW, zit. n. AS, JD 7/10, Teil 1, Bl. 7.

111 Aussage Hans Z. vom 11. 9. 1961, Staatsanwaltschaft Köln, 24 Ks 1/64 (Z)/XXII, zit. n. AS, JD 21/26, Bl. 128.

wenn nicht gar als unwichtig erachtet wurden. „Berufsverbrecher" wurden nicht als Opfer von Cornelys Machenschaften wahrgenommen, sondern vielmehr als seine Handlanger. Überlebende aus den Reihen der politischen Häftlinge betonten wiederholt, Cornely habe sein Spitzelsystem im Lager auf „Berufsverbrecher" gestützt – nachweislich jedoch waren einige der führenden Spitzel Schutzhäftlinge gewesen.[112] Dennoch griff Siegfried Brüchner, zu dem Zeitpunkt wissenschaftlicher Mitarbeiter der Nationalen Mahn- und Gedenkstätte Sachsenhausen, 1987 in einem Text über diese Sonderkommissionen die These auf. Dort heißt es: „Die Kripobeamten durchstöberten die Häftlingskartei nach für ihre Zwecke geeigneten Personen, die sie aus dem Kreis der Kriminellen und Asozialen auswählten."[113]

Cornely reagierte schnell auf die gegen ihn erhobenen Anschuldigungen, zumal sie auch in der westdeutschen Presse rezipiert wurden. So wendete er sich am 7. Januar 1959 mit einem Schreiben an die Redaktion der „Welt", in dem er eine Richtigstellung forderte. Er sei nie, wie in dem Artikel behauptet, für die Gestapo tätig gewesen und habe mit deren Kommission „keinerlei Berührungspunkte" gehabt.[114] Ende 1960 stellte Cornely sogar Strafanzeige gegen Heinz Junge wegen „verleumderischer Beleidigung" und bezeichnete das Sachsenhausen-Komitee gegenüber der Berliner Generalstaatsanwaltschaft als „ostzonal gesteuert".[115] Die Verteidigungsstrategie des Kriminalbeamten beruhte in den folgenden Monaten auf zwei Säulen: Zum einen betonte er stets den Unterschied zwischen Gestapo und Kriminalpolizei. Da in den 1950er- und Anfang der 1960er-Jahren Kriminalbeamte, die während der NS-Zeit gegen „Berufsverbrecher", Sinti und Roma und Homosexuelle vorgegangen waren, wieder im Polizeidienst tätig war[116] und die Kriminalpolizei im Gegensatz zur Gestapo nicht den Behörden zugeordnet wurde, die sich während der nationalsozialistischen Herrschaft aktiv an Verbrechen beteiligt hatten, war die Wirkungsmacht dieses Argumentes nicht zu unterschätzen.[117]

112 Vgl. Kapitel 5.1.3.

113 Siegfried Brüchner, Die Verbrechen des Sonderkommandos IV a 1 a im KZ Sachsenhausen, AS, LSG 1/173, S. 6.

114 Schreiben von Fritz Cornely an die Welt vom 7. 1. 1959, Staatsanwaltschaft Köln, Zentralstelle, 24 Js 30/59 (Z)/I, Landesarchiv NRW, zit. n. AS, JD 7/1, Bl. 9.

115 Schreiben von Fritz Cornely an den Generalstaatsanwalt in Berlin vom 11. 11. 1960, Staatsanwaltschaft Köln, Zentralstelle, 24 Js 30/59 (Z)/I, Landesarchiv NRW, zit. n. AS, JD 7/1, Bl. 69.

116 Vgl. z. B. den Fall des Kriminalkommissars Karl Krause, der sowohl in der NS-Zeit als auch nach 1945 mit der Verfolgung und Kriminalisierung von Sinti und Roma aus Norddeutschland betraut war, in: Lieske, Die Hamburger Polizei, S. 74.

117 Vgl. zur Abgrenzung leitender Kriminalbeamter von der Gestapo nach Kriegsende auch Wagner, Die Resozialisierung von NS-Kriminalisten, S. 82–87.

Im Verlauf der Ermittlungen behauptete Cornely nicht nur, beide Kommission hätten keinerlei Kontakt gehabt, sondern vielmehr im „schärfsten Gegensatz" zueinander gestanden[118] – dass dies faktisch falsch war, konnte bereits in dem Kapitel über Häftlingsspitzel anhand verschiedener Quellen, die eher auf eine Kooperation zwischen den beiden Kommissionen hinweisen, gezeigt werden.[119] Ein „Gegensatz" habe allein deshalb bestanden, „weil die Stapo Methoden anzuwenden pflegte, die von den Beamten der Kripo nicht gebilligt wurden", hatte Cornely schon 1954 im Zuge der Ermittlungen gegen Erwin Brandt erklärt.[120] Möglicherweise verleitete ihn die Befürchtung, es könne auch gegen ihn ein Strafverfahren eingeleitet werden, schon früh dazu, sich von der Gestapo abzugrenzen. Ende der 1950er-Jahre führte Cornely ein weiteres Argument an: Die als Spitzel für die Gestapo-Kommission tätigen Häftlinge hätten sich vorsätzlich als seine Mitarbeiter ausgegeben, um das Vertrauen anderer Häftlinge in Cornely zu erschüttern. sei der Eindruck einer Zusammenarbeit zwischen den Kommissionen entstanden. Tatsächlich folgte die Kölner Staatsanwaltschaft in ihrer Einstellungserklärung weitgehend Cornelys Argumentation. Interessant ist der hier genannte Begründungszusammenhang: Die Häftlinge hätten erklärt, dass sie lieber „für die Aufklärung krimineller als politischer Delikte Spitzel seien".[121]

Cornely wies nicht nur jegliche Verantwortung für Gewalt an Häftlingen zurück, er inszenierte sich sogar als Retter. So behauptete er, seine Ermittlungen hätten sich in erster Linie gegen einzelne SS-Männer gerichtet, und habe er den KZ-Insassen mehr geholfen als geschadet. Mit dieser Position wandte sich Cornely auch an Überlebende, die im Zuge der Ermittlungen gegen ihn aussagen wollten. Der ehemalige Schutzhäftling Walter Engemann, in dem Verfahren kein unwichtiger Zeuge,[122] erhielt im Juni 1961 einen Brief des Kriminalkommissars,

118 Brief von Fritz Cornely an den Zeugen Walter E. vom 7. 6. 1961, Staatsanwaltschaft Köln, Zentralstelle, 24 Js 30/59 (Z)/VII, Landesarchiv NRW, zit. n. AS, JD 7/7, Teil 2, Bl. 172.

119 Vgl. Kapitel 5.1.3.

120 Aussage von Fritz Cornely am 28. 7. 1954, Staatsanwaltschaft Köln, Zentralstelle, 24 Js 30/59 (Z)/XV, Landesarchiv NRW, zit. n. AS, JD 7/14, Bl. 57.

121 Einstellungsverfügung des Leitenden Oberstaatsanwalts in Köln gegen Fritz Cornely vom 28. 2. 1963, Staatsanwaltschaft Köln, Zentralstelle, 24 Js 30/59 (Z)/XIII, Landesarchiv NRW, zit. n. AS, JD 7/13, Teil 1, Bl. 17.

122 Walter Engemann war ab 1941 in der Lagerschreibstube beschäftigt und ab Ende 1942 als Rapportschreiber. Eigenen Angaben zufolge hatte er in dieser Funktion Einblicke in den Schriftverkehr der Lagerleitung. Er bezeugte u. a., dass Cornely Einweisungen in das „Schuhläuferkommando" schriftlich bei der Lagerführung beantragt habe, vgl. Aussage von Walter Engemann am 27. 7. 1961, Staatsanwaltschaft Köln, Zentralstelle, 24 Js 30/59 (Z)/VII, Landesarchiv NRW, zit. n. AS, JD 7/7, Teil 2, Bl. 164–169.

in dem dieser versuchte, Engemann in seinem Sinne zu beeinflussen. Wohl um seinem Anliegen besonderen Nachdruck zu verleihen, benutzte der Kriminalkommissar für das Schreiben den offiziellen Briefkopf des Kölner Polizeipräsidiums. Er forderte Walter Engemann darin explizit auf, seine Aussage gegen ihn zu überdenken:

> „Ich will Sie nunmehr nicht mehr mit weiteren Ausführungen belästigen, möchte Ihnen jedoch vor Augen führen, dass durch die Tätigkeit meiner Kommission Hunderten von Häftlingen das Leben gerettet wurde und viele, viele Häftlinge vor harten Lagerstrafen bewahrt blieben. [...] Ich erwarte keine Antwort von Ihnen, wohl aber, dass Sie die ganze Sache nochmals gründlich überdenken, um einer gerechten Sache zum Erfolge zu verhelfen."[123]

Der Zeuge ließ sich davon jedoch nicht abschrecken. Vielmehr übergab er den Brief an den ermittelnden Staatsanwalt und machte gegenüber der Stuttgarter Kriminalpolizei am 27. Juli 1961 umfangreiche Aussagen gegen Cornely.[124] Im Laufe der 1960 aufgenommenen Ermittlungen der Kölner Staatsanwaltschaft gegen Cornely spielte die Frage, inwieweit er persönlich für Überstellungen in das „Schuhläuferkommando" der Strafkompanie verantwortlich sei, tatsächlich eine entscheidende Rolle. Cornely bestritt nach Kriegsende stets, Häftlinge unter Druck gesetzt zu haben. Gegenteilig hatte er sich allerdings in einem im Juni 1944 verfassten Schreiben an seinen Vorgesetzten geäußert, das die Staatsanwaltschaft Anfang der 1960er-Jahre als Beweismittel hinzuzog. Dort hatte Cornely ausgeführt, er habe die Erlaubnis gehabt, sich „der SK [Strafkompanie] bei Durchführung meiner Vernehmungen zu bedienen".[125] Im Folgenden schilderte er das genaue Vorgehen der Kommission:

> „Kommen wir zu der Auffassung, daß bestimmte Häftlinge mit der Aussage zurückhalten, so werden sie auf Grund eines besonderen schriftlichen Antrages Janke überstellt, der nun seinerseits wieder den Auftrag hat, die Häftlinge je nach Lage des Falles mit Gepäck oder ohne marschieren zu lassen. In allen Fällen legten die eingewiesenen Häftlinge bereits nach 1 oder 2 Tagen ein Geständnis ab."[126]

123 Brief von Fritz Cornely an den Zeugen Walter Engemann vom 7. 6. 1961, Staatsanwaltschaft Köln, Zentralstelle, 24 Js 30/59 (Z)/VII, Landesarchiv NRW, zit. n. AS, JD 7/7, Teil 2, Bl. 173.

124 Aussage von Walter Engemann am 27. 7. 1961, Staatsanwaltschaft Köln, Zentralstelle, 24 Js 30/59 (Z)/VII, Landesarchiv NRW, zit. n. AS, JD 7/7, Teil 2, Bl. 164–169.

125 Schreiben von Fritz Cornely an Dr. Filbert vom 30. 6. 1944, Archiv BStU, MfS, HA XX, Nr. 4128, Bl. 8–18, hier Bl. 16.

126 Ebenda, Bl. 16 f.

Die Staatsanwaltschaft sah es deshalb zwar als erwiesen an, dass Cornely Häftlinge dem Schuhläuferkommando zugeteilt hatte, kam in ihrer Einstellungsverfügung aber dennoch zu dem Schluss, es lägen keine Anhaltspunkte dafür vor, „dass der Beschuldigte den Tod von Häftlingen, die er unter erschwerten Umständen im Schuhläuferkommando marschieren ließ, billigend in Kauf nahm". Ihm sei es nicht darum gegangen, „Häftlinge zu töten, sondern im Gegenteil sie für seine Ermittlungen zu Aussagen zu bringen".[127] Cornelys Bemühungen, sich als Beamten darzustellen, der stets lediglich originäre kriminalpolizeiliche Aufgaben wahrgenommen habe, waren damit letztlich erfolgreich: Er wurde schließlich im Februar 1963 von dem „Verdacht der Beteiligung an Morden im Konzentrationslager Sachsenhausen" freigesprochen.[128] Auch eine mögliche Mitverantwortung Cornelys an der Ermordung der 27 Schutzhäftlinge wurde gänzlich zurückgewiesen. Interessant ist dabei der in der Einstellungsverfügung hergestellte Begründungszusammenhang. So kam der Oberstaatsanwalt zu dem Schluss, „auch aus der Persönlichkeit und dem sonstigen Verhalten des Beschuldigten den Häftlingen gegenüber" könne „nicht gefolgert werden, dass er deren Tötung billigend in Kauf nahm".[129] Seine angeblichen Konflikte mit der SS, die darauf basiert haben sollen, dass von ihm verlangt worden sei, sich wegen deren Diabetes von seiner Ehefrau zu trennen, zog die Staatsanwaltschaft hinzu, um die Unschuldsvermutung gegenüber Cornely zu untermauern:

> „Nach Aberkennung der SS-Fähigkeit infolge der Weigerung, sich scheiden zu lassen, dürfte er trotz eines möglicherweise bestehenden beruflichen Ehrgeizes schwerlich ein Interesse daran gehabt haben, Häftlinge für die Säuberung der SS von unsauberen Elementen aufzuopfern."[130]

Hier kann nur darüber spekuliert werden, inwiefern die Verfahren gegen Cornely ein anderes Ende genommen hätten, wäre die Kriminalpolizei zu diesem Zeitpunkt in der Öffentlichkeit bereits als Organisation wahrgenommen worden, deren Akteure sich in vielen Fällen allzu bereit in die Grundsätze des NS-Regimes eingefügt hatten. Insbesondere das Vorgehen gegen „Berufsverbrecher" war in solchen Ermittlungen gegen ehemalige Kriminalbeamte wenig geeignet, Empörung hervor-

127 Einstellungsverfügung des Oberstaatsanwalts in Köln gegen Fritz Cornely vom 28. 2. 1963, Staatsanwaltschaft Köln, Zentralstelle, 24 Js 30/59 (Z)/XIII, Landesarchiv NRW, zit. n. AS, JD 7/13, Teil 1, Bl. 40.

128 Ebenda, Bl. 1.

129 Ebenda, Bl. 41.

130 Ebenda.

zurufen, sondern galt im Gegenteil in einigen Fällen auch nach Kriegsende noch als Beleg für die Kompetenz und Redlichkeit einzelner Beamter, wie ich an anderer Stelle am Beispiel des Hamburger Polizisten Harald Martens gezeigt habe.[131] Zweifellos jedoch war es für Cornely von Vorteil, dass er den Unterschied zwischen der Kripo- und Gestapokommission stets hervorheben konnte. Indem sich die ehemaligen politischen Häftlinge in ihren Anklagen auf die Tätigkeit der Gestapokommission konzentrierten, weil sie in erster Linie von den Repressionen dieser Ermittler im Lager betroffen gewesen waren, trugen sie zumindest indirekt dazu bei, dass die Verbrechen gegen Häftlinge, die z. B. aufgrund von „Schiebereien" in das Schuhläuferkommando überstellt worden waren, in den Hintergrund traten.

6.3. Schergen der SS? – Narrative in der Erinnerungsliteratur

1965 wurde in der Bundesrepublik der Film „Ein Tag – Bericht aus einem deutschen Konzentrationslager 1939" von Egon Monk erstmals öffentlich gezeigt. Der 90-minütige Schwarz-Weiß-Film basiert auf den Erinnerungen der ehemaligen Sachsenhausen-Häftlinge Gunter R. Lys und Harry Naujoks. „Ein Tag" gilt bis heute als Begründer des Genres „Dokudrama". In Zentrum der Handlung steht der Ablauf eines „regulären" Tages in einem Konzentrationslager. Neben der Willkür und Brutalität der SS werden auch die Rolle von Häftlingsvorarbeitern sowie die Konflikte innerhalb der Lagergesellschaft thematisiert. Eine zentrale Figur ist „Mennes" (gespielt von Eberhard Fechner), der als „Berufsverbrecher" und Lagerältester der Strafkompanie alle häufig den „Grünen" zugeschriebenen schlechten Eigenschaften verkörpert: Er bereichert sich am Zahngold ermordeter Häftlinge, er beschimpft die „Kameraden" und geht ein sexuelles Verhältnis mit einem jugendlichen Romajungen ein, der im Rahmen der „Juni-Aktion" gegen „Asoziale" 1938 in das Lager kommt und für die Gefälligkeiten („Mennes steht auf mich") zusätzliche Nahrungsmittel von diesem erhält. Die sich stetig zuspitzende Handlung kulminiert schließlich darin, dass ein SS-Mann den Vorarbeitern befiehlt, einen jüdischen Anwalt namens Katz (gespielt von Josef Schaper), den die SS schon länger im Visier hat, zugrunde zu richten. Während die politischen Häftlinge verzweifelt versuchen, den geplanten Mord abzuwenden, begeht Mennes Verrat: Er behauptet zunächst, er stehe hinter Katz, kollaboriert aber letztlich mit der SS und bringt Katz selbst zum Rapportführer. Als der die Mütze des Juden in die „neutrale Zone", also in jenen abgesicherten Bereich zwischen Häftlingslager und Kommandantur, wirft, steht Mennes neben dem SS-Mann, während dieser

131 Lieske, Die Hamburger Kriminalpolizei, S. 73 f.

Katz kaltblütig erschießt. Katz hat zuvor – dem Befehl des Rapportführers folgend – versucht, seine Kopfbedeckung zurückzuholen und dafür notwendigerweise das Verbot, die „neutrale Zone" zu betreten, missachtet.

Der wenig ambivalenten und ungebrochen als intrigant gezeichneten Figur des „Berufsverbrechers" Mennes stehen in dem Film die politischen Häftlinge gegenüber, die sich bemühen, dessen Macht als Funktionshäftling" im Lager zu begrenzen. Es kommt zu Konflikten innerhalb der Häftlingsverwaltung darüber, wie mit den „Grünen" umzugehen sei, in deren Verlauf ein politischer Häftling feststellt: „Die Kriminellen versauen uns das ganze Lager." Die Schutzhäftlinge verfolgen jedoch keine einheitliche Strategie, sind zeitweise untereinander zerstritten und verdächtigen Personen aus ihren eigenen Reihen, als Spitzel tätig zu sein. Aber auch die „Grünen" werden nicht als homogene Gruppe dargestellt: Neben Mennes wird eine zweite Figur eingeführt: ein gutmütiger Vorarbeiter (gespielt von Jochen Schenck), der namenlos bleibt und lediglich mit „Nummer 632" vorgestellt wird. Im Verlauf des von der SS initiierten Komplottes gegen Katz versucht Mennes, „Nummer 632" zum Mord an dem jüdischen Häftling anzustiften. Der zwölfmal wegen Diebstahl Vorbestrafte weigert sich jedoch. Stattdessen schlägt er vor, der Anwalt solle selbst „in den Draht gehen",[132] um sich seiner Ermordung zu entziehen. Zwar handelt „Nummer 632" damit nicht so widerständig und solidarisch wie die dargestellten politischen Häftlinge, aber immerhin handelt es sich um keinen brutalen Schläger und kaltblütigen Intriganten, wie ihn die Figur des Mennes verkörpert.

Die beiden hier skizzierten Typen von „Berufsverbrechern" finden in der Erinnerungsliteratur ihr Äquivalent, wobei das Bild des brutalen, intriganten „Kapos" mit dem grünen Winkel, der stets mit der SS paktiert, deutlich überwiegt. Grundsätzlich ist bei den Berichten ehemaliger Häftlinge jedoch zu beachten, dass sie persönliche Begegnungen mit einzelnen Mithäftlingen schildern, die spezifische Situationen wiedergeben und in denen somit individuelle Erfahrungen verarbeitet werden. Insofern kommen die Berichtenden je nach ihrer eigenen Positionierung mitunter zu sehr unterschiedlichen Einschätzungen über andere Haftgruppen. Auffallend positiv beschreibt z. B. der jüdische Anwalt Hans Reichmann in seinen Erinnerungen „Berufsverbrecher", die er gegenüber den als „Asoziale" Inhaftierten abgrenzt.[133] Während er Erstere als „ungewöhnlich intelligente Burschen"[134]

132 Es handelt sich um den Ausdruck für die von Häftlingen begangene Methode des Suizids, bei dem sie die neutrale Zone, die vor der Umzäunung des Lagers angelegt war, unerlaubt betraten. Vgl. z. B. Jasko, Ich wollte in die Schule, S. 128 f.

133 Reichmann, Deutscher Bürger.

134 Ebenda, S. 142.

beschreibt und häufig Solidaritätsaktionen, die er von diesen Häftlingen erfahren habe, schildert, wirken „Asoziale“ bei Reichmann meist schwach und unsolidarisch.[135] Schärfer fallen die Urteile des „Schutzhäftlings“ Hellmut Dr. über seine Erfahrungen mit „Berufsverbrechern“ und „Asozialen“ aus:

> „Wenn ich vor meinem geistigen und nunmehr wieder freiheitlich vorwärtsblickendem Auge meine sämtlichen Blockältesten mit schwarzen und grünen Winkeln noch einmal Revue passieren lasse, muss ich offen gestehen, dass ich keinen von ihnen jemals wiedersehen möchte. Sie waren durchweg erbärmliche Kreaturen.“[136]

Wirft man die Frage auf, inwieweit „Berufsverbrecher“ durch die publizierten Erinnerungen anderer Häftlinge nach Kriegsende eine erneute Stigmatisierung erfuhren, fällt ein Aspekt sofort auf, der im Folgenden exemplarisch anhand der Berichte von Harry Naujoks, Arnold Weiss-Rüthel und Hans Reichmann erörtert wird: In den Passagen, in denen sich die Autoren mit den verschiedenen Haftgruppen auseinandersetzen, diskutieren sie besonders ausführlich die Verfolgung von „Berufsverbrechern“. Fast scheint es, als verlange diese nach einer gesonderten Erklärung. Die Tatsache, dass einige Überlebende in ihren Darstellungen einen besonderen Schwerpunkt auf die Verfolgungsgründe gegenüber „Berufsverbrechern“ und Sicherungsverwahrten legen, impliziert keinesfalls, dass die Politik der Nationalsozialisten unhinterfragt bleibt – vielfach ist das Gegenteil der Fall. Naujoks und Reichmann beurteilen etwa die Praxis der „vorbeugenden Verbrechensbekämpfung“ durchaus kritisch. So schreibt Naujoks über die „März-Aktion“ von 1937[137]: „Es war eine willkürliche Maßnahme, denn es ging nicht um Leute, die erneut straffällig geworden waren. Gegen wirkliche Schwerverbrecher hatte die nazistische Justiz seit Jahren härtere Strafen verhängt.“[138] Auf der folgenden Seite in demselben Kapitel, das er explizit den „Grünen“ widmet, weist er die nationalsozialistischen Vorstellungen von Kriminalitätsbekämpfung noch deutlicher zurück:

135 Vgl. z. B. ebenda, S. 169, wo er einen „Asozialen“ als „typischen Pennbruder“ bezeichnet.

136 Hellmut Dr., Persönliche Beobachtungen zum Problem der Lagerpsychose, Staatsanwaltschaft beim Landgericht Köln, 24 Ks 1/64 (Z)/XIX, Landesarchiv NRW, zit. n. AS, JD 21/17, Bl. 167–239, hier Bl. 216.

137 Vgl. Kapitel 3.3. und Kapitel 4.2.

138 Naujoks, Mein Leben im KZ Sachsenhausen, S. 53.

> „Unsere Haltung zu den Grünen wurde im Allgemeinen durch die Tatsache bestimmt, dass auch diese Menschen Opfer des Nazistaats waren. Oft hatte nicht einmal ein Nazigericht ein Gesetz gefunden, nach dem sie verurteilt werden konnten. Nach Nazirecht waren sie ‚Vorbeugehäftlinge', also unschuldig [...] Die SS hatte am wenigsten ein Recht über angebliche Kriminelle zu urteilen, da bei ihr Kapital- und Massenverbrechen an der Tagesordnung waren."[139]

Wie an anderen Stellen dieser Arbeit gezeigt werden konnte, waren auch Naujoks' Sichtweisen auf die „BVer", die er fälschlicherweise als „Befristete Vorbeugehäftlinge" bezeichnete,[140] nicht ganz so vorurteilsfrei, wie es hier scheint.[141] Dennoch zeigen die Passagen, dass er auf Basis seiner Erfahrungen aus dem KZ Sachsenhausen die Personen differenziert betrachtet. Eine ähnliche Kritik an der Einweisung von „Berufsverbrechern" in die Konzentrationslager wie Naujoks äußert Arnold Weiss-Rüthel, dessen Erinnerungen erstmals 1946 veröffentlicht wurden.

> „Es darf vor allem nicht übersehen werden, daß auch die in den Konzentrationslagern untergebrachten Berufsverbrecher ihre Strafen, die ihnen von zivilen Gerichtshöfen zudiktiert worden waren, verbüßt hatten; daß es sich bei ihnen also nicht um Sicherungsverwahrte handelte, sondern um Menschen, die im Sinne einer überparteilichen Rechtsordnung den gleichen Anspruch auf Freiheit erheben konnten wie die politischen Häftlinge."[142]

Während Weiss-Rüthel damit implizit der Sicherungsverwahrung eine gewisse Legitimität zugesteht, erkennt er gleichzeitig das den in Vorbeugehaft genommenen „Berufsverbrechern" geschehene Unrecht an. Gleichzeitig weist er verallgemeinernde Sichtweisen auf „die" „Berufsverbrecher" zurück und kommt zu dem Schluss, man müsse „in der Beurteilung eines solchen Menschen, den der Faschismus zum Berufsverbrecher erniedrigte, einige Vorsicht walten lassen".[143] Weiss-Rüthel nimmt aber noch im selben Abschnitt eine Einschränkung vor: Es handele sich bei den ungerechtfertigt als solche klassifizierten „Berufsverbrechern"

139 Ebenda, S. 54.

140 Ebenda, S. 53.

141 Vgl. Kapitel V., hier insbesondere die Kapitel 5.1.1., Kapitel 5.2.1., Kapitel 5.4.1. sowie Kapitel 5.4.3.

142 Weiss-Rüthel, Nacht und Nebel, S. 177.

143 Ebenda.

> „nur um Ausnahmen, Einzelfälle einer individuellen Tragik, die sich keineswegs verallgemeinern lassen, und der weitaus größte Teil der im KZ untergebrachten kriminellen Häftlinge gehörte zweifellos zu jener Kategorie von Menschen, die aus ihrer verbrecherischen Anlage eine Profession machen und insofern als Feinde jeder Gesellschaftsordnung anzusprechen sind."[144]

Obwohl auch Weiss-Rüthel sich nicht davon freimachen kann, den „Berufsverbrechern" mehrheitlich per se schlechte Eigenschaften zuzuschreiben und diese als „veranlagt" zu betrachten, sieht er in deren Inhaftierung aber ein Unrecht und benennt sie als „Opfer derselben Willkür".[145] Es ist sicher kein Zufall, dass er seine Überlegungen zu dem Verhältnis zwischen politischen und „kriminellen" Häftlingen in das Kapitel aufnimmt, das er der SS-Division Dirlewanger widmet. Denn gerade die Option, sich mittels Einziehung zu dem SS-Bataillon aus dem Lager „freizukaufen", ergab sich ab 1944 auch für politische Häftlinge und stellte diese vor moralische Dilemmata.[146] Interessanterweise war die Geschichte der expliziten Antifaschisten, die in der Division Dirlewanger eingesetzt worden waren, lange marginalisiert. Klausch führt dies auf die bereits 1944 unter den kommunistischen Häftlingen heftig debattierte Frage zurück, inwiefern eine Beteiligung an der Division zu befürworten gewesen sei.[147] Vermutlich begünstigte die Tatsache, dass sie lange als Einheit galt, die vorwiegend aus „Kriminellen" bestanden habe, das Beschweigen der Tatsache, dass auch politische Häftlinge in ihr gedient hatten. Neben Naujoks und Weiss-Rüthel äußert sich auch Hans Reichmann kritisch über die Einweisung von Vorbeugehäftlingen in das KZ Sachsenhausen: „Sie alle sind schwer vorbestraft, aber auch ihre Strafen liegen lange zurück und sind bis auf den letzten Tag verbüßt."[148] Im folgenden Abschnitt formuliert er zudem einige grundsätzliche Überlegungen zur Praxis der Vorbeugehaft:

> „Es gibt nach Strafrechtstheorien, die sich in der ganzen gesitteten Welt durchgesetzt haben, einen staatlichen Strafanspruch, der mit der Strafverbüßung verbraucht ist. Ist der Strafzweck erreicht, dann soll dem besserungsfähigen Verbrecher die Wiederkehr in die Gesellschaft offen stehen."[149]

144 Ebenda.
145 Ebenda, S. 178.
146 Vgl. Kapitel 5.4.4.
147 Klausch, Antifaschisten in SS-Uniform, S. 412–415.
148 Reichmann, Deutscher Bürger, S. 141.
149 Ebenda, S. 142.

In die Positionierung Reichmanns floss sicherlich auch seine Profession als Anwalt ein. Zumindest war diese für ihn ihm im Umgang mit den „BVern" augenscheinlich von Vorteil: „Rechtsanwälte aber waren bei Heinrich und den BVern beliebt: Solidarität! Und alle meine richterlichen Kameraden verwandelten sich im Nu in Anwälte",[150] so Reichmann über sein Verhältnis zu „Berufsverbrechern" im KZ Sachsenhausen. Er bewertet wie die anderen beiden Zeitzeugen die Inhaftierung von „Berufsverbrechern" in Konzentrationslagern als spezifisch nationalsozialistisches Unrecht. Die drei hier zitierten ehemaligen Häftlinge vertraten damit weitaus fortschrittlichere Positionen, als sie im Rest der Gesellschaft und insbesondere den Polizeibehörden virulent waren.[151]

Aber auch Überlebende diskriminierten die „Grünen" nachträglich. So präsentiert der Sozialdemokrat Benedikt Kautsky, der mehrere Jahre im KZ Auschwitz inhaftiert gewesen war, eine gänzlich andere Einschätzung als die zuvor Genannten über die Inhaftierung von „Berufsverbrechern". Er diskutiert in seinen Erinnerungen ebenfalls die Methoden der „vorbeugenden Verbrechensbekämpfung" und resümiert, dass „der von den Nazis ausgesprochenen Sicherungsverwahrung ein vernünftiger Gedanke zugrunde" liege und „daß auch hier vorbeugen besser als heilen" sei.[152] Zwar kritisiert er einerseits die „Methoden, Menschen ohne Gerichtsurteil auf unbestimmte Zeit eingesperrt zu halten", betont aber in dem gleichen Abschnitt: „Wenn man die Gewissheit gewonnen hat, dass ein Verbrecher immer wieder rückfällig wird, dann sollte das Gericht die Möglichkeit besitzen, ihn zu isolieren und die Gesellschaft vor seinen Verbrechen zu bewahren, statt zu warten, bis er ein neues begeht." Im Hinblick auf die Vorbeugehaft erklärt Kautsky, man dürfte diese Menschen „nie wahllos mit anderen, und seien sie selbst leichte Verbrecher zusammensperren, höchstens mit ihres gleichen".[153] Er selbst habe in Auschwitz monatelang mit „Grünen" zusammengelebt, die Mehrheit der Verbrecher sei „dumm prahlerisch, hemmungslos, verlogen und feig". Kautsky unterstellt ihnen zudem „außerordentlich viel Ähnlichkeit mit der SS"[154] und schlussfolgert, bei ihnen sei „keinerlei Mitleid angebracht".[155] Für negative Sichtweisen auf „die" „Berufsverbrecher" wurden in dieser Arbeit bereits weitere Beispiele genannt. Stellvertretend für eine problematische kollektive Charakterisierung dieser Gruppe sei

150 Ebenda.

151 Vgl. zu den in den ehemaligen Verfolgungsbehörden vertretenen Ansichten über die Vorbeugehaft Kapitel 6.1.

152 Kautsky, Teufel und Verdammte, S. 144.

153 Ebenda.

154 Ebenda, S. 143 f.

155 Ebenda, S. 144.

hier ein Zitat aus dem Erinnerungsbericht von Franz Ballhorn genannt. Dieser bezeichnet die „Mehrzahl der Kriminellen und Asozialen“ als „gefährliche Typen“. Sie stünden „mit der SS vielfach auf gutem Fuß, ‚organisieren‘ für sie, bespitzeln politische Häftlinge“.[156]

Insgesamt waren aber gerade die frühen und individuellen Darstellungen nuancierter als das später in der offiziellen Gedenkkultur auch von ehemaligen Häftlingen propagierte Bild des „bösen grünwinkligen Vorarbeiters“, das sich manifestierte und noch bis vor wenigen Jahren die Darstellungen in den KZ-Gedenkstätten dominierte.[157] Es erscheint gerade vor dem Hintergrund einer nach 1945 fortdauernden „Opferkonkurrenz“ plausibel, dass verallgemeinernde Bilder bald die differenzierten Sichtweisen überlagerten. Dazu trug sicherlich auch die Tatsache bei, dass abgesehen von wenigen Ausnahmen wie der zitierten Zeitschrift „Die Vergessenen“ kaum Publikationen ehemaliger „Berufsverbrecher“ vorlagen, in denen diese ihre Sichtweise auf die Lager präsentieren konnten. Hinzu kamen die gegen einzelne Vorarbeiter wie Samuel Kuhnke und Erwin Rathmann geführten Gerichtsprozesse, die zu einer negativen Sichtweise auf die „Grünen“ als Gruppe beitrugen.

156 Ballhorn, Die Kelter Gottes, S. 110.
157 Vgl. Kapitel 1.1.

VII. Schlussbetrachtung

7.1 Zusammenfassung der Ergebnisse

Am 1. August 1935 wandte sich Ferdinand Buchholz[1], der etwa zwei Wochen zuvor von der Kriminalpolizei festgenommen worden war, mit folgenden Worten an das Polizeipräsidium der Stadt Köln:

> „Auch möchte ich in diesem Briefe in Erwägung bringen, dass unser Führer Adolf Hitler bei der Rundfunksendung erklärte, dass wenn ein Mensch herunter gesunken ist, auch dem nochmals die Hand zu reichen aber das hat man bei mir nicht gemacht."[2]

Der mehrfach wegen Eigentumsdelikten vorbestrafte Buchholz versuchte, seine Freilassung aus der Vorbeugehaft zu erwirken, indem er mit seiner Resozialisierbarkeit argumentierte. Ohne die entsprechenden Begriffe zu benutzen, sah sich Buchholz offenbar als jemand an, der in der zeitgenössischen Diskussion und Praxis der Verbrechensbekämpfung wohl als „gestrauchelter Volksgenosse" bezeichnet worden wäre. Zwischen den „Gestrauchelten" und den „Unverbesserlichen" zogen Juristen im „Dritten Reich" eine Trennlinie, sie verlief zwischen jenen, „die erstmalig im Gefängnis waren, und den bereits Vorbestraften".[3] Während Erstere die Chance erhalten sollten, sich erneut innerhalb der „Volksgemeinschaft" zu bewähren, konnten Letztere dauerhaft inhaftiert werden. Auch im Bereich der kriminalpolizeilichen „vorbeugenden Verbrechensbekämpfung" kamen nach der Machtübernahme der Nationalsozialisten neue Maßnahmen zum Tragen, die ein unbefristetes „Wegsperren" von zu „Berufsverbrechern" erklärten Delinquenten allein aufgrund ihrer Vorstrafen ermöglichten. Als letzte Stufe vor der Verhängung der nun möglichen Vorbeugehaft gegen „Berufsverbrecher" fungierte bis Kriegsbeginn häufig die am 10. Februar 1934 eingeführte planmäßige Überwachung.

1 Vgl. Kapitel 4.1., in dem der Fall von Ferdinand Buchholz ausführlich skizziert wird.

2 Brief von Ferdinand Buchholz an den Kölner Polizeipräsidenten vom 1. 8. 1935, in: Vorbeugehaftakte Ferdinand Buchholz, Landesarchiv NRW, BR 2034, VHI-20, Bl. 22 f. (Fehler im Original).

3 Fülberth, Das Gefängnis Spandau, S. 184. Vgl. zu diesem Prinzip auch Möhler, Strafvollzug im „Dritten Reich", S. 262 f.

Die Kriminalpolizeistellen konnten die Betroffenen damit einem Auflagenkatalog unterwerfen, der in der Regel massive Einschnitte in das Privat- und Berufsleben vorsah. So war es z. B. möglich, im Rahmen der Überwachung Anwesenheitszeiten in der Wohnung des Betroffenen zu erzwingen oder das Führen von Fahrzeugen zu untersagen.[4] Wurden diese Auflagen nicht eingehalten, drohte die Einweisung in ein Konzentrationslager. Bereits Ende 1935 waren allein 90 der 492 in Preußen in Vorbeugehaft genommenen „Berufsverbrecher" aufgrund solch einer Auflagenübertretung inhaftiert worden.[5] Befand sich jemand erst einmal wie Buchholz in Vorbeugehaft, sanken die Chancen, wieder freizukommen, beträchtlich. Buchholz wurde schon im August 1935 in das KZ Esterwegen überstellt. Selbst als die Kölner Polizeibehörde etwa drei Jahre später seine Entlassung befürwortete, lehnte das RKPA ab, und Buchholz verblieb bis zu seinem Tod am 13. Februar 1945 im KZ Sachsenhausen.[6] Da die in den Konzentrationslagern vollstreckte Vorbeugehaft ebenso wie die Schutzhaft grundsätzlich keine Befristung vorsah, ist auch der in der Forschung noch immer verbreitete Terminus der „befristeten Vorbeugehaft" irreführend. Entlassungen von „Berufsverbrechern" aus den Lagern erfolgten meist willkürlich und beschränkten sich von wenigen Ausnahmen abgesehen auf die Zeit vor Beginn des Zweiten Weltkrieges.

Wie in Kapitel II. dargelegt, entwickelten und praktizierten sowohl Juristen als auch Kriminalpolizisten die neuen Maßnahmen auf der Basis bereits existierender Konzeptionen zur Verbrechensbekämpfung. Die Vorstellung, vermeintlich „unverbesserliche" Straftäter dauerhaft aus der Gesellschaft auszuschließen und auf diese Weise Kriminalität einschränken zu können, hatte bereits im Deutschen Kaiserreich Anhänger gefunden und verbreitete sich in der Weimarer Republik. Nach der Machtübernahme knüpften die Nationalsozialisten an diese Debatten an und nutzten zudem prominente Kriminalfälle aus der Weimarer Zeit, um den Rechtsstaat zu delegitimieren und die neuen Erlasse zur „vorbeugenden Verbrechensbekämpfung" zu begründen.[7]

Das Beispiel von Ferdinand Buchholz, der noch vor den reichsweiten Verhaftungsaktionen im März 1937 und im April/Juni 1938 gegen „Berufsverbrecher" in ein Konzentrationslager eingewiesen wurde, zeigt, dass sich die kriminalpolizeilich angeordnete Vorbeugehaft schon in den frühen Jahren neben der Schutzhaft zu einem zentralen Instrument des nationalsozialistischen Terrors entwickelte. Julia Hörath belegt in ihrer Arbeit, dass bereits die frühen Lager zur Einweisung

4 Vgl. Kapitel 3.2.

5 Wagner, Volksgemeinschaft ohne Verbrecher, S. 211.

6 AS, Sonderstandesamt Arolsen, Abteilung Sachsenhausen, Nr. 409/1954 (II), Bl. 409.

7 Vgl. Kapitel II.

von „Berufsverbrechern“ und „Asozialen“ dienten.[8] Nikolaus Wachsmann betont, dass die Konzentrationslager bereits Mitte der 1930er-Jahre zu einer etablierten Waffe gegen soziale Außenseiter avanciert seien.[9] Auch im KZ Sachsenhausen befanden sich am 1. Januar 1937, also nur wenige Monate nachdem dort im August 1936 die ersten Häftlinge eingetroffen waren, bereits 541 Vorbeugehäftlinge gegenüber 1006 Schutzhäftlingen.[10] Somit war das Lager schon in seiner frühen Phase eine Haftstätte, in der neben politischen Gegnern des Regimes auch Personen festgehalten wurden, die aus sozialrassistischen Gründen aus der „völkischen Leistungsgemeinschaft“[11] exkludiert worden waren. Die vorliegende Studie nennt erstmals eine Gesamtzahl der im KZ Sachsenhausen als „Berufsverbrecher“ inhaftierten Personen. Auf Basis verschiedener Quellenbestände konnten 9181 Personen ermittelt werden, die hier als „Berufsverbrecher“ und „Sicherungsverwahrte“ geführt wurden.

Die in Kapitel IV. skizzierten Fälle verweisen hinsichtlich der Nationalität, Anzahl und Art der Vorstrafe(n) sowie der sexuellen Orientierung auf die Heterogenität innerhalb dieser Haftgruppe. Da ab 1938 die Erlasse zur vorbeugenden Verbrechensbekämpfung auf Länder übertragen wurden, die nicht mehr im „Altreich“ lagen, befanden sich unter den inhaftierten „Berufsverbrechern“ nun auch Nicht-Deutsche. Die Bestimmungen wurden zunächst auf Österreich sowie auf das „Protektorat Böhmen und Mähren“ und im Kriegsverlauf auf weitere annektierte und besetzte Gebiete ausgedehnt. Insgesamt lassen sich für das KZ Sachsenhausen 352 als „Berufsverbrecher“ und Sicherungsverwahrte kategorisierte Personen nachweisen, die nicht in Deutschland geboren worden waren bzw. von der SS einer nicht-deutschen Nationalität zugeordnet wurden.[12] Damit konnte eine Forschungslücke geschlossen werden, da in Bezug auf das KZ Sachsenhausen bislang davon ausgegangen wurde, dass es sich bei den „Berufsverbrechern“ ausschließlich um deutsche und österreichische Staatsbürger gehandelt hatte. Die größte Gruppe unter den nicht-deutschen „Berufsverbrechern“ stellten im KZ

8 Vgl. Hörath, Experimente zur Kontrolle und Repression.

9 Im Original heißt es: „By the mid 1930s, then, the KL had became well-established weapons against social outsiders“, Nikolaus Wachsmann, KL. A History of the Nazi Concentration Camps, New York/London 2015, S. 143.

10 Morsch, Sachsenhausen, S. 56; Danckwortt, Jüdische „Schutzhäftlinge“, S. 156. Sie bezieht sich auf die Veränderungsmitteilung vom 12. 2. 1937, Veränderungszettel KL Sachsenhausen, BLHA, Rep. 35H KZ Sachsenhausen Nr. 2; AS, D 30 A/2, Band 2, Bl. 3.

11 Morsch, Arbeit und Brot.

12 Darunter befanden sich 43 Personen, die nur als Sicherungsverwahrte und nicht als „Berufsverbrecher“ geführt wurden, vgl. zu den Zahlen und zur Problematik der Zuordnung von Nationalitäten Kapitel 3.6.2.

Sachsenhausen polnische Häftlinge (insgesamt 97 Personen). Innerhalb der Polen nimmt eine Gruppe von Danzigern eine Sonderstellung ein, da sie bereits kurz vor Beginn des Zweiten Weltkrieges in das Oranienburger Lager gebracht und wenige Monate später im Dezember 1939 wieder entlassen wurden.[13]

Die Analyse der jeweiligen Vorstrafen von „Berufsverbrechern" auf Basis der für diese Arbeit herangezogenen Kriminalpolizei- und Justizakten führte zu folgenden Ergebnissen: Personen wie der eingangs zitierte Ferdinand Buchholz, die auf der Grundlage der ersten (Länder-)Erlasse in das KZ Sachsenhausen kamen, waren meist erheblich vorbestraft und den jeweiligen Kriminalpolizeistellen bereits seit längerer Zeit bekannt.[14] Dabei musste es sich keineswegs zwangsläufig um besonders schwere Delikte handeln. Insofern ist die in der Einleitung dieser Studie zitierte Behauptung von Eugen Kogon über die „Grünwinkligen", „daß die Zahl derer unter ihnen, die weder verbrecherisch veranlagt waren noch wirklich schwere Strafen hinter sich hatten, kaum ins Gewicht fiel", kritisch zu sehen.[15] War jemand bereits wegen Eigentumsdelikten verurteilt worden, konnte es sich auch um eine Serie von Fahrraddiebstählen handeln, auf Basis der jemand zum „Berufsverbrecher" erklärt wurde. Voraussetzung dafür waren die in den Erlassen festgeschriebenen Kriterien. Und diese sahen in der Regel mindestens drei Vorstrafen von je sechs Monaten vor, wobei zwischen den Taten nicht mehr als fünf Jahre liegen durften.[16]

Ab Mitte 1938 gerieten im Kontext der reichsweiten Aktionen gegen „Asoziale" zunehmend Personen in Vorbeugehaft, deren Vorstrafenregister deutlich kürzer war oder die noch gar nicht vorbestraft waren. Das gilt insbesondere für die Gruppe der als Zuhälter verfolgten Personen, gegen die die Repressionen verstärkt mit dem „Grunderlass Vorbeugende Verbrechensbekämpfung durch die Polizei" vom 14. Dezember 1937 einsetzten. Häufig reichte sogar lediglich ein Verdacht aus, um diese Klientel in das KZ Sachsenhausen einzuweisen. So musste die Duisburger Kriminalpolizei beispielsweise einräumen, dass Erich F.[17] weder vorbestraft war, noch der Zuhälterei überführt werden konnte. Einzig sein Verhältnis zu Hilde K., die als „Dirne" galt, sowie seine „noble" Kleidung genügten, um am 18. Juni 1938 die Vorbeugehaft gegen ihn anzuordnen.

Im Hinblick auf die in Kapitel IV. vorgenommene Ausdifferenzierung der Gruppe der „Berufsverbrecher" erwies sich folgender Befund als besonders auffällig: Die

13 Vgl. Kapitel 3.6.3.

14 Vgl. Kapitel 4.1.

15 Kogon, Der SS-Staat; vgl. Kapitel 1.1., dieser Arbeit.

16 Vgl. Kapitel 3.2.1.

17 Vgl. Kapitel 4.3., in dem der Fall von Erich F. ausführlicher dargestellt wird.

Verfolgung von als „Homosexuelle“ und/oder „Sittlichkeitsverbrecher“[18] Klassifizierten unterlag von Beginn an einer besonderen Intensität durch die verschiedenen Institutionen und Akteure. So war schon im zweiten preußischen Erlass zur „vorbeugenden Verbrechensbekämpfung“ vom 10. Februar 1934 festgehalten worden, dass im Fall von „Sittlichkeitsverbrechen“ eine Vorstrafe ausreichend sei, um in Vorbeugehaft genommen zu werden. Bei allen anderen Delikten waren demgegenüber mindestens drei Verurteilungen notwendiges Kriterium für die Verhängung dieser Maßnahme.[19] Als Homosexuelle eingestufte „Sittlichkeitsverbrecher“ sahen sich darüber hinaus oftmals gleich mit mehreren Behörden konfrontiert: So lagen die Repressionen mancherorts zeitweise in den Händen der Kriminalpolizei wie auch der Gestapo, hinzu kamen die Verschärfungen des Strafrechts in diesem Bereich ab Mitte der 1930er-Jahre. Im Konzentrationslager Sachsenhausen waren Homosexuelle und „Sittlichkeitsverbrecher“ in hohem Maße der gezielten Vernichtung sowie (situativen) Gewalt und Willkür der Lager-SS ausgesetzt. Sie stellten dort beispielsweise prozentual die größte Opfergruppe unter den „Berufsverbrechern“, die im Rahmen der als Aktion 14f13 fortgesetzten „Euthanasie“ selektiert und anschließend in ehemaligen Heil- und Pflegestätten ermordet wurden.[20]

Als aufschlussreich erwiesen sich in diesem Kontext auch die von der SS verhängten Strafverfügungen, die sich eigentlich auf das Verhalten im Lager selbst bezogen. In manchen Fällen ergänzte der Kommandant wertende Kommentare und Einschätzungen über den jeweiligen Häftling, wobei er mitunter auf dessen Vorstrafen rekurrierte. So verlegte die SS den Österreicher Georg K. wegen Diebstahls und Hehlerei sowie des angeblichen Plans, sich ein Radio sowie Waffen zu verschaffen, am 23. Juni 1943 in die Strafkompanie. Ohne erkennbaren Zusammenhang zu den in Lagerhaft begangenen Handlungen endet die Verfügung mit dem Kommentar „wie sich im Verlaufe der Vernehmung herausstellte, war K. früher ein übler Mädchenhändler“.[21] Indem die SS auch das Vorleben des Häftlings einbezog, schien sie dessen Bestrafung zusätzlich zu legitimieren. Grundsätzlich

18 Da die Gruppe derjenigen „Sittlichkeitsverbrecher“, die nicht aufgrund homosexueller Handlungen verfolgt wurden, bis heute relativ unbekannt ist, erscheint es mir notwendig, an dieser Stelle die Differenz hervorzuheben. Sie umfasste Personen mit Vorstrafen sowohl aus dem Bereich der verschiedenen Sexual- und Gewaltdelikte auch Fälle von Exhibitionismus. Im KZ Sachsenhausen führte die SS 207 Personen als „Sittlichkeitsverbrecher“ ohne Hinweis auf Homosexualität, 53 davon wegen Verstößen gegen den § 176.

19 Vgl. Kapitel 3.2.1.–3.2.3.

20 Vgl. Kapitel 5.3.3.2.

21 Strafverfügung gegen Georg K., Archiv BStU, AV 2/87, Bd. 3, Bl. 136.

musste der Kommandant niemandem Rechenschaft darüber ablegen, wenn KZ-Insassen bei Verstößen gegen die Lagerordnung gemaßregelt wurden. Vermutlich diente ein solcher Vermerk aber dazu, die Gewalt des SS-Personals gegen die betroffene Person zu forcieren. K. wurde kurzzeitig von März bis Oktober 1944 in das KZ Lublin überstellt.[22] Sein weiterer Verbleib konnte nicht ermittelt werden. Da sich sein Name aber auf einer Liste „körperschwacher" Häftlinge findet, ist sein Überleben unwahrscheinlich.[23]

Die Tatsache, dass einige Täter ihr besonders brutales Vorgehen gegen wegen Sexualdelikten Vorbestrafte in späteren Strafverfahren offen zugaben, könnte darauf hindeuten, dass sie damit rechneten, mit Gewalttaten gegenüber diesem Personenkreis bei den Gerichten auch nach Ende der nationalsozialistischen Herrschaft auf Verständnis zu stoßen. So gab etwa der ehemalige SS-Mann Gustav Sorge bei seinen Vernehmungen als Beschuldigter 1956 unumwunden zu, in den Lagern sei ein besonders hartes Vorgehen gegen „Sittlichkeitsverbrecher" praktiziert worden.[24] Obwohl Sexualstraftäter schon vor der Machtübernahme mitunter einer ungleich intensiven Strafverfolgung ausgesetzt waren, bezogen sich führende Nationalsozialisten in ihrer Kritik am vermeintlich zu liberalen Rechtsstaat wiederholt explizit auf die Fälle von „Sittlichkeitsverbrechen". So konnte sich der nationalsozialistische Staat als entschlossene Ordnungsmacht präsentierten. Die große Emotionalität, mit der das Vorgehen gegen solche Täter schon in der Weimarer Republik öffentlich diskutiert wurde, bildete zudem einen fruchtbaren Nährboden für propagandistische Kampagnen.

Hinzu kommt, dass die Nationalsozialisten der Regulierung und Reglementierung von Sexualität ohnehin einen hohen Stellenwert zuschrieben. Die auf diesem Gebiet umgesetzten Gesetzesverschärfungen sowie die intensivierte Verfolgung verlagerten sich zunehmend auch in den Bereich von Straftaten, bei denen Dritten kein physischer oder psychischer Schaden zugefügt wurde. Deutlich wird dies anhand der „Bekämpfung" von Prostitution sowie der Ahndung von Verstößen gegen das Abtreibungsverbot. Sowohl Prostitution als auch Abtreibungen konnten im Rahmen der vorbeugenden Verbrechensbekämpfung eine Inhaftierung in einem Konzentrationslager zur Folge haben.

22 Transportliste vom 16. 3. 1944, FSB-Archiv Moskau, N-19092/Tom 93, Bl. 44, zit. n. AS, JSU 1/93, Bl. 44; Veränderungsmitteilung der Schreibstube vom 2. 10. 1944 „Zugang/Rückführung", FSB-Archiv Moskau, N-19092/Tom 99, Bl. 214, zit. n. AS, JSU 1/99, Bl. 214.

23 Liste Körperschwache des KZ Sachsenhausen (ohne Datum), FSB-Archiv Moskau, N-19092/Tom 93, Bl. 31, zit. n. AS, JSU 1/93, Bl. 31.

24 Vgl. Aussage von Gustav Sorge 1956, Kapitel 5.3.1. sowie Riedle, Die Angehörigen des Kommandanturstabs, S. 181.

Die Konzepte der „vorbeugenden Verbrechensbekämpfung" blieben bis Kriegsende flexibel und mitunter widersprüchlich. Neben der auch für die Verfolgungsbehörden schwer zu definierenden Frage, auf wen etwa der Begriff „asozial" anzuwenden sei, zeigt sich dies auch in anderen Bereichen. So ergingen kurz vor Beginn des Zweiten Weltkrieges im Bereich der „vorbeugenden Verbrechensbekämpfung" neue Erlasse. Das RKPA ordnete beispielsweise am 7. Juli 1939 die Erfassung aller „Wehrunwürdigen" an. Vorgesehen war, sie im Kontext der Mobilmachung ähnlich wie die politischen Gegner, deren Daten zuvor in den sogenannten A-Karteien gesammelt worden waren, in die Konzentrationslager einzuweisen.[25] Schon wenige Jahre später wurden jedoch zahlreiche „Berufsverbrecher", die zuvor gemäß dieser Regelung als wehrunwürdig eingestuft worden waren, u. a. direkt aus dem KZ Sachsenhausen in die Strafbataillone der Wehrmacht oder die SS-Division Dirlewanger überstellt.[26] Strittig bleibt, ob eine Rekrutierung für diese Einheiten als Angebot, in die „Volksgemeinschaft" zurückzukehren, zu interpretieren ist, zumal die vormaligen KZ-Häftlinge den anderen Soldaten keineswegs gleichgestellt waren. Dennoch verdeutlicht gerade die Geschichte der Division Dirlewanger, wie flexibel selbst die SS mitunter sein konnte, wenn es um Exklusions- und Inklusionspraxen ging.

Interessant ist hier auch die Perspektive der Betroffenen selbst. Während einzelne „Berufsverbrecher" nach wenigen Wochen oder Monaten desertierten, sahen andere eine Zugehörigkeit zu der Division offenbar als Privileg an. Fritz B., Überlebender des KZ Sachsenhausen, gab etwa während einer Zeugenvernehmung 1959 an, er sei „SS-Anwärter" gewesen und für diese Aufgabe „ausersehen" worden.[27] B. war mehrfach wegen Betrugs und Diebstahls sowie eines Jagdvergehens vorbestraft und seit 1936 als „Berufsverbrecher" in mehreren Konzentrationslagern gewesen. Mit seiner Eingliederung in die Division Dirlewanger im Juni 1943 bot sich für ihn eine Gelegenheit, aus der KZ-Haft zu entkommen, – eine Chance, auf die er, so scheint es, fast stolz war.

Neben der kriminalpolizeilichen Praxis der „vorbeugenden Verbrechensbekämpfung" und den Haftwegen Einzelner widmet sich der zweite Teil dieser Studie der Situation von „Berufsverbrechern" innerhalb des KZ Sachsenhausen. Als zentrales Analysekriterium diente der Begriff der Gesellschaft.[28] Das Leben der Häftlinge im Lager wurde überwiegend von der Vorgehensweise des Lagerpersonals

25 Vgl. Kapitel 3.5.

26 Vgl. Kapitel 5.4.4.

27 Zeugenvernehmung von Fritz B. am 9. 6. 1959, Staatsanwaltschaft Münster, 6 JS 121/56 – /390.15 (XVIII), Staatsarchiv Münster, zit. n. AS, JD 2/17, Bl. 90.

28 Vgl. Kapitel 1.2.3.

diktiert, das einerseits zweckrational, andererseits aber auch in höchstem Maße willkürlich agierte. Gleichwohl eröffneten sich zumindest für einzelne Häftlinge immer wieder Handlungsspielräume. In der Untersuchung über die Situation von „Berufsverbrechern" im KZ Sachsenhausen habe ich daher bewusst den Begriff der Häftlingsgesellschaft verwendet, denn ich gehe davon aus, dass individuelle und soziale Praktiken – wenn auch deutlich vermindert – selbst in einem totalitären Raum wie dem Konzentrationslager möglich waren. Die Aushandlungsräume und die Selbstbehauptung erschienen mir als relevante Bezugsgrößen, um sich den sozialen Beziehungen zwischen den Häftlingen retrospektiv anzunähern. Eine Studie über „Berufsverbrecher" eignete sich für ein solches Herangehen deshalb, weil nahezu alle Berichte über diese Gruppe auf Konfliktlinien und vermeintlich kollektive, gruppentypische Verhaltensweisen im Lager verweisen. Anhand der Bilder, mit denen „die" „Berufsverbrecher" meist belegt werden, ließen sich verschiedene Themen aus dem Bereich des Häftlingsalltags aufgreifen und beleuchten. Dieses Vorgehen ermöglichte es, vorherrschende Stereotype zu hinterfragen sowie zum anderen die Perspektive derjenigen sichtbar zu machen, die bislang als Verfolgte kaum wahrgenommen wurden.

Die Annäherung an soziale Handlungen im Lager basiert dabei keinesfalls auf der Annahme, dass es den Häftlingen jemals gelungen wäre, die absolute Macht der SS ernsthaft infrage zu stellen. Dennoch konnten einzelne Personen punktuell z. B. Konkurrenzen und Machtspiele innerhalb der Täterinstitutionen temporär zu ihrem eigenen Vorteil nutzen, wie anhand der zwei Abordnungen des RSHA dargelegt wurde. Beide Kommissionen waren 1943 bzw. 1944 im KZ Sachsenhausen tätig.[29] Während die Kommission des RKPA unter Leitung des Kriminalkommissars Fritz Cornely zunächst mit der Untersuchung von Korruptionsfällen innerhalb der SS betraut war, sollte die erst 1944 eingesetzte Gestapoabordnung etwaige „Verschwörungen" unter den politischen Schutzhäftlingen aufdecken. Die rasch auftretenden Konflikte zwischen der Kriminalpolizei, der Gestapo sowie der Standort-SS hatten selbstverständlich nicht den generellen Umgang mit den Häftlingen zum Gegenstand, wie Cornely nach Kriegsende wiederholt behauptete.[30] Sie basierten vielmehr auf dem Versuch, den jeweils eigenen Kompetenz- und Machtbereich abzustecken.

Sowohl die Kriminalpolizei als auch die Gestapo setzten seit Beginn ihrer Tätigkeit im KZ Sachsenhausen einzelne Häftlinge als Spitzel ein, die sich in den folgenden Monaten gegenseitig ausspionierten und bekämpften. Ein Netz aus

29 Vgl. Kapitel 5.1.3.

30 Vgl. zur Selbstinszenierung und Verteidigungsstrategie von Fritz Cornely im Kontext verschiedener Gerichtsprozesse Kapitel 6.2.2.

Intrigen entstand, in das einige Häftlinge aktiv eingebunden waren. Die Protagonisten versuchten dabei, ihre jeweilige Position zu nutzen, um Machtkämpfe in der sogenannten Häftlingsverwaltung für sich zu entscheiden. Obwohl sich daran überwiegend Personen aus den Haftgruppen der „Berufsverbrecher" und der politischen Schutzhäftlinge beteiligten,[31] greift die daraus abgeleitete Erzählung eines „Kampfes zwischen Rot und Grün" im KZ Sachsenhausen zu kurz.[32] Denn tatsächlich war das Gros der Häftlinge von diesen Konkurrenzen allenfalls indirekt betroffen – dies galt sowohl für die Mehrheit der Schutzhäftlinge als auch der „Berufsverbrecher". Trotz der vorläufigen Verbesserung ihrer Lage, die eine Spitzeltätigkeit den Häftlingen ermöglichte, blieben auch sie in letzter Konsequenz die Leidtragenden. Der als „Asozialer" kategorisierte Samuel Kuhnke, der nacheinander sowohl für die Kripo als auch für die Gestapo tätig gewesen war, wurde nach Abreise der Kommissionen gemeinsam mit 103 weiteren Personen in das KZ Mauthausen abgeschoben. Zu diesem Zeitpunkt wies das österreichische Lager aufgrund der dort vorherrschenden Bedingungen eine extrem hohe Todesrate auf.[33]

Neben Kuhnke war auch der Schutzhäftling Herbert Volck, vor seiner KZ-Haft ein Aktivist der völkischen Bewegung, sowohl für die Gestapo als auch für die Kriminalpolizei als Spitzel tätig gewesen. Als er der Gestapo unbequem geworden war, fertigte diese einen „vertraulichen Bericht" über Verbindungen des Lagerältesten Volck „mit Gold- und Brillantenschiebungen" an, den sie der Abordnung des RKPA zukommen ließ.[34] Volck wurde anschließend im Juli 1944 in das KZ Buchenwald überstellt, wo er am 21. August 1944 verstarb.[35] Ehemalige politische Häftlinge gaben später an, die Absetzung von Kuhnke und Volck forciert zu haben. Auch wenn sie temporär von den Konflikten zwischen einzelnen Spitzeln und deren „Vorgesetzten" profitierten, bedeuteten die 1944 einsetzenden Ermittlungen der Gestapo-Kommission für die politischen Häftlinge den größten Einschnitt. Denn im Anschluss an deren Tätigkeit wurden am 11. Oktober 1944 im KZ Sachsenhausen 27 Häftlinge erschossen, denen die Gestapo auf Basis ihrer „Ermittlungen"

31 Die Ausnahme bildete Samuel Kuhnke, der von der SS als „Asozialer" im Lager geführt wurde und sich selbst auch als Teil dieser „Gruppe" wahrnahm, vgl. Kapitel 5.1.1.

32 Sofsky, Die Ordnung des Terrors, S. 157.

33 Vgl. zu den Sterberaten im KZ Mauthausen Bertrand Perz, „Vernichtung durch Arbeit" im KZ Mauthausen (Lager der Stufe III) 1938–1945, in: Kaienburg (Hrsg.), Die Systematisierung der Gewalt, S. 89–104.

34 Schreiben des Sonderkommandos IV A 1 a an die Sonderkommission des Amtes V vom 29. 6. 1944, Staatsanwaltschaft Köln, Zentralstelle, 24 Js 30/59 (Z)/X, Landesarchiv NRW, zit. n. AS, JD 7/10, Teil 1, Bl. 64.

35 Sterbeurkunde vom 12. 2. 1957, AS, P3-Akte Volck, Herbert, Bl. 4.

„kommunistische Umtriebe" vorgeworfen hatte.[36] Hier werden die engen Grenzen deutlich, an die Versuche von Selbstbehauptung in einem Konzentrationslager immer wieder stoßen mussten. Ohnehin handelte es sich überwiegend um eine zahlenmäßig kleine Personengruppe, die aufgrund ihrer Funktion als Vorarbeiter oder Angehörige der Häftlingsschreibstube überhaupt in der Lage war, solche Schritte individuellen und kollektiven Handelns zu gehen. Dies betrifft z. B. die auch in Kapitel V. thematisierte Gewährleistung situativer Hilfe oder die Versuche, die arbeitsfreie Zeit zu gestalten. Insofern ist der Begriff der „Häftlingsgesellschaft" lediglich auf einen begrenzten Raum anwendbar, der sich nie zum selben Zeitpunkt für alle Häftlinge in gleichem Maße eröffnete.

Die Relevanz von Gerüchten[37] zeigt demgegenüber, dass Strategien der informellen Informationsbeschaffung unter den Häftlingen weitverbreitet waren und nicht nur von denjenigen praktiziert wurde, die sich in einer privilegierten Position befanden. Der Versuch, mittels Gerüchten die Lagerwirklichkeit mitzubestimmen und auf diese Weise zu strukturieren, kann durchaus als ein Akt von Selbstbehauptung angesehen werden. Für einige „Berufsverbrecher" spielten die Gerüchte auch nach 1945 in ihren Aussagen im Kontext von Ermittlungen gegen SS-Personal eine Rolle: So erklärte Anton I. während seiner Vernehmung im Jahr 1961, ihm sei vom „Hörensagen" bekannt geworden, dass der Blockführer Otto Kaiser einen jüdischen Häftling in eine Jauchegrube geworfen habe. „Dies ist Lagergespräch gewesen", so I.[38] Einen anderen Fall beschrieb der ehemalige Häftling Fritz M., als er 1961 nach der Ermordung der sowjetischen Kriegsgefangenen im KZ Sachsenhausen gefragt wurde. Er räumte ein, die Erschießungen im Industriehof des Lagers nicht mit eigenen Augen gesehen, aber davon gehört zu haben. M. berichtete den Ermittlungsbehörden außerdem: „Es hieß, ein an den Erschießungen beteiligter SS-Angehöriger habe sich mit Leichengift infiziert und sei verstorben. Von diesem Zeitpunkt ab wollte niemand mehr an die Sache ran; so wenigstens sprach man im Lager."[39]

Offenbar blieben den Überlebenden Ereignisse im Gedächtnis, die sie nur durch Gerüchte kannten. Sie versuchten, das nicht unmittelbar Erlebte zum Gegenstand von Ermittlungen gegen die Täter zu machen und beharrten manchmal auf dem Wahrheitsgehalt des Geschehenen, auch wenn sie es nicht selbst

36 Vgl. Morsch, Mord und Massenmord, S. 115–131.

37 Vgl. Kapitel 5.2.3.

38 Zeugenaussage von Anton I. am 3. 7. 1961, Staatsanwaltschaft Köln, 24 Ks 1/64 (Z)/XXIII, Landesarchiv NRW, zit. n. AS, JD 21/30, Bl. 70.

39 Aussage von Fritz M. am 11. 7. 1961, Staatsanwaltschaft Köln, 24 Ks 1/64 (Z)/XXIV, Landesarchiv NRW, zit. n. AS, JD 21/34, Bl. 79.

beobachtet hatten. Antje Michel hat in ihrer Studie über Gerüchte im KZ Sachsenhausen die Unterpräsenz der Texte von „Berufsverbrechern" als „strukturelle Erinnerungslosigkeit" thematisiert.[40] Diese falle auch deshalb ins Gewicht, „weil sie bis Kriegsausbruch nicht nur einen großen Teil der Lagerbelegschaft bildeten, sondern auch in Konkurrenz zu den politischen Häftlingen die Funktionen in der Häftlingsverwaltung besetzten".[41] Mit der Analyse der in Zeugenaussagen von „Berufsverbrechern" thematisierten Gerüchte konnte deshalb eine weitere Lücke geschlossen werden.

Neben den Versuchen von Häftlingen, die Zeit im Konzentrationslager zu gestalten, werden in Kapitel V. verschiedene Formen von Gewalt und Vernichtung gegenüber den „Berufsverbrechern" thematisiert. Die in der Einleitung aufgeworfene Frage, inwiefern es zu einer spezifischen Behandlung dieser Gruppe durch die SS und andere Institutionen kam, konnte dahingehend beantwortet werden, dass zumindest in einigen Fällen die Zuweisung zur Kategorie der „Berufsverbrecher" nachteilig war. Sie legitimierte bisweilen – wie anhand von Zwangssterilisationen und Kastrationen gezeigt – Maßnahmen gegen Angehörige dieser Gruppe. Hier sei an das Beispiel von Johann W. erinnert, der selbst nach nationalsozialistischer Gesetzgebung unrechtmäßig sterilisiert wurde.[42] Die SS hatte den körperlichen Eingriff später mit dem Verweis zu relativieren versucht, dass es sich bei W. lediglich um einen „Berufsverbrecher" handele – ein Argument, dem sich auch der Reichsjustizminister nicht verweigerte.

Einige „Berufsverbrecher" versuchten, sich der KZ-Haft zu entziehen. So waren neben Überstellungen in militärische Einheiten und den Gnadengesuchen, zu den auch das eingangs zitierte Schreiben von Ferdinand Buchholz zählt, Selbstanzeigen eine Möglichkeit, aus dem Lager freizukommen. Der Fall des Hamburger Seemanns Hans M.[43] zeigt, dass zumindest einzelne „Berufsverbrecher" die Justizhaft einem Konzentrationslager vorzogen. M. sagte im Mai 1938 umfassend vor der Politischen Abteilung des Oranienburger Lagers aus. Er belastete sich selbst, indem er drei Einbrüche zugab, und denunzierte zusätzlich eine weitere Person. Infolge seiner Selbstanzeige kam es zu einem Gerichtsverfahren gegen M., das im November 1938 mit dessen Verurteilung zu zwei Jahren und sechs Monaten Zuchthaus endete. Unmittelbar im Anschluss an die verbüßte Strafhaft nahm die Kriminalpolizei den Seemann allerdings erneut in Vorbeugehaft, die nun im KZ Neuengamme vollstreckt wurde und mindestens bis 1944 andauerte. Der Fall verdeutlicht, wie eng

40 Michel, Restrukturierte Wirklichkeit, S. 55.

41 Ebenda.

42 Vgl. zu dem Fall von Johann W. Kapitel 5.3.2.

43 Vgl. Kapitel 5.4.2.

Polizei- und Justizapparat im Nationalsozialismus miteinander verwoben waren, sodass durchaus eine „arbeitsteilige und einvernehmliche“ Zusammenarbeit konstatiert werden kann.[44] Zu einem ähnlichen Schluss kommt Rainer Möhler in seiner Studie über den nationalsozialistischen Strafvollzug im Saarland. Er geht von einer meist „reibungslosen“ Kooperation zwischen Justiz und SS, Gestapo und Kriminalpolizei aus.[45] Während de Pasquale und Möhler herausarbeiten, wie etwa die Leiter von Justizhaftanstalten Gefangene bereitwillig an Polizei und SS überstellten, zeigt die Analyse der Kriminalpolizeiakten, dass die Kriminalisten die „vorbeugende Verbrechensbekämpfung“ als ergänzendes Instrument zu Gerichtsurteilen ansahen und praktizierten. So begründeten die Beamten ihre Entscheidungen häufig damit, die aus ihrer Sicht unzureichenden Urteile nachkorrigieren zu müssen, etwa wenn ein Gericht von der Verhängung der Sicherungsverwahrung abgesehen hatte.[46] Die auch von Christian Müller in seiner Studie über das Gewohnheitsverbrechergesetz formulierte These „einer grundsätzlicher Übereinstimmung hinsichtlich der Ziele“ zwischen Justiz und Polizeiapparat lässt sich somit mit den von mir untersuchten Polizeiakten untermauern.[47]

Der letzte und dritte zentrale Aspekt der vorliegenden Arbeit ist die in Kapitel VI. behandelte Frage nach etwaigen Kontinuitäten einer Stigmatisierung von „Berufsverbrechern“. In diesem Zusammenhang möchte ich zunächst auf die Worte des Generalstaatsanwalts Karl S. Bader aus dem Jahr 1946 verweisen. Sie gehören bis heute zu den liberalsten Stellungnahmen über die Verfolgung von „Kriminellen“:

> „Viele kriminell vorbestrafte KZ.-Insassen, auch viele Sicherungsverwahrte, haben […] unter den Verhältnissen im KZ ebenso gelitten wie die politischen Häftlinge. Krankheit, Hunger und Tod gingen bei allen um. Sie unterlagen denselben Lagergesetzen, derselben Preisgabe der Menschenwürde und Menschenachtung, denselben Schikanen, Strafen und – häufig genug – denselben Todesformen.“[48]

Mit seiner grundsätzlichen Anerkennung des den „Berufsverbrechern“ zugefügten Unrechts stieß er seinerzeit auf breite Ablehnung. Wie Imanuel Baumann schreibt, reagierten nicht nur Baders Kollegen mit Unverständnis, der Jurist sah sich sogar

44 De Pasquale, Zwischen Resozialisierung und „Ausmerze“, S. 546.

45 Möhler, Strafvollzug im „Dritten Reich“, S. 260.

46 Vgl. Kapitel 3.1.

47 Müller, Das Gewohnheitsverbrechergesetz, S. 58.

48 Karl S. Bader, Der kriminelle KZ-Häftling, in: Die Gegenwart (1946) 14, S. 18–21, hier S. 19.

mit anonymen Beschimpfungen und Drohungen konfrontiert.[49] Denn sowohl innerhalb des Justizapparates als auch in der Kriminalpolizei galt die Vorbeugehaft vielen Fachleuten noch bis in die 1960er-Jahre als eine notwendige Fortführung regulärer Verbrechensbekämpfung.[50] Die Vorbeugehaft und die Sicherungsverwahrung wurden von führenden Vertretern der Kriminalpolizei und Justiz weiter grundsätzlich positiv bewertet und allenfalls die Schärfe der von den Nationalsozialisten angewendeten Maßnahmen kritisiert. Auf diese Weise erschienen die Betroffenen nicht als Opfer eines spezifischen nationalsozialistischen Unrechts. Sie galten vielmehr als Delinquenten, die im Prinzip zu Recht in die Mühlen ihrer Verfolger geraten waren. In den Bewertungen von „Berufsverbrechern" im Zeugenstand, die sowohl vernehmende Polizisten als auch Juristen in verschiedenen Prozessen in den 1950er- und 1960er-Jahren verfassten, konnte ich zahlreiche Beispiele für diese Sichtweise finden.[51] So vermerkte ein Dortmunder Kriminalmeister noch 1968 über den ehemaligen Häftling Johann M.: „Bei dem vorbenannten Zeugen handelt es sich um einen erheblich vorbestraften Menschen, der zur NS-Zeit berechtigt als BVer bezeichnet wurde."[52]

Gerade die Kriminalpolizei inszenierte sich noch lange nach Kriegsende erfolgreich als unbelastete Institution, die – von wenigen Ausnahmen abgesehen – auch im Nationalsozialismus lediglich originäre Kriminalitätsbekämpfung betrieben habe. Patrick Wagner zufolge wandelte sich dieses in erster Linie durch Verdrängung und Schuldabwehr geprägte Selbstbild erst Anfang der 1960er-Jahre, als eine neue Generation von Beamten in höhere Positionen strebte, die sich kritisch mit den nationalsozialistischen Karrieren ihrer Vorgesetzten auseinandersetzten.[53] In der westdeutschen Öffentlichkeit begünstigten Gerichtsverfahren gegen ehemalige Einsatzgruppenleiter wie Georg Heuser diesen Prozess.

Heuser, der zu diesem Zeitpunkt das Landeskriminalamt Rheinland-Pfalz leitete, wurde 1963 wegen seiner Verantwortung für die Erschießung von über 11 000 Menschen zwischen 1941–44 in Minsk zu 15 Jahren Zuchthaus verurteilt.[54] Der Kriminalist war Anfang 1941 in die SS eingetreten und in verschiedenen leitenden Funktionen für die Gestapo in Minsk tätig gewesen. Zuvor hatte Heuser bei der Berliner Kriminalpolizeileitstelle im Dezernat für Kapitalverbrechen gearbeitet.

49 Baumann, Winkel-Züge, S. 307.

50 Vgl. dazu Kapitel VI.

51 Vgl. Kapitel 6.2.1.

52 Kommentar zur Zeugenvernehmung von Johann M. am 15. 3. 1968, Staatsanwaltschaft Köln, 24 Ks 2/68 (Z), Bd. LIIa, Landesarchiv NRW, zit. n. AS, JD 31/46, Bl. 41.

53 Wagner, Resozialisierung der NS-Kriminalisten, S. 197–200.

54 Ebenda.

Er war u. a. an den Ermittlungen gegen Paul Ogorzow beteiligt, dessen Mordserie in den Berliner S-Bahnen in den Jahren 1940/41 dem RKPA als Vorlage für einen 1944 publizierten Auftragsroman über die Aufgaben der Kriminalpolizei diente.[55] 1945 kehrte er nach Deutschland zurück und trat 1954 wieder in den Polizeidienst ein. Als Heuser im Juli 1958 im Zuge von Ermittlungen gegen seinen ehemaligen Vorgesetzten in Minsk, Ehrich Ehrlinger, festgenommen wurde, konnte er zunächst auf die Unterstützung von Politikern wie August Wolters, dem Innenminister von Rheinland-Pfalz, bauen.

Ein weiteres Beispiel für die erfolgreiche Selbstinszenierung als redlicher Kriminalkommissar ist der Fall von Fritz Cornely.[56] Zwar war Cornely anders als Heuser und viele andere leitende Kriminalbeamte zu keinem Zeitpunkt direkt an Massenmorden beteiligt gewesen, gleichwohl verantwortete er als Leiter einer Ermittlungskommission im KZ Sachsenhausen die Einweisung von Häftlingen in das Schuhläuferkommando der Strafkompanie. Auch berechtigte seine Tätigkeit ihn zu „verschärften Vernehmungen", womit die Ausübung von körperlicher Gewalt und Folter umschrieben war.

Eine Dekonstruktion der jahrzehntelang dominierenden negativen Darstellungen von „Berufsverbrechern" über das Ende der nationalsozialistischen Herrschaft hinaus kann nur prozesshaft erfolgen. Die in dieser Arbeit untersuchten Schicksale zeigen, dass nicht nur die Kontinuitäten der Stigmatisierung ihre Spuren im kollektiven Gedächtnis hinterlassen haben. Zusätzlich entfaltete eine erst *nach* der Befreiung beginnende Ausgrenzung bestimmter Opfergruppen ihre Wirkungsmacht. Diese resultierte nicht nur aus der fortdauernden Akzeptanz bestimmter Kriminalitätsbilder und Tätertypologien durch die Kriminalpolizei und Justiz. Hinzu kam nun zudem eine „Opferkonkurrenz" unter den Überlebenden des nationalsozialistischen Lagersystems, die sich sowohl in finanzieller Hinsicht als auch in der Art und Weise, wer die Geschichte über die Konzentrationslager wie schrieb, äußerte. Sie basierte zu einem nicht geringen Anteil auf Konflikten, die in die Zeit der Lagerhaft zurückreichten.

Die von der SS angestrebte Segregation und Hierarchisierung der Häftlinge entlang verschiedener Kategorien blieb nicht ohne Folgen und wurden zumindest von Teilen der Häftlingsgesellschaft übernommen und über die Befreiung hinaus reproduziert. Auch als „Berufsverbrecher" Inhaftierte hoben noch Jahrzehnte nach ihrer Lagerhaft Konflikte zwischen „den Roten" und „den Grünen" hervor. Dies zeigen z. B. die Äußerungen von Ernst Nonnenmacher.[57] Aber auch

55 Vgl. zum Fall Paul Ogorzow Kapitel 3.5.

56 Vgl. Kapitel 6.2.2.

57 Vgl. z. B. das in Kapitel 5.1.1. zitierte Interview mit Ernst Nonnenmacher.

die von ehemals als „Berufsverbrecher" und „Asoziale" Verfolgten publizierte Zeitschrift „Wahrheit und Recht! ‚Schwarz-Grün'. Internes Informationsblatt der Konzentrationäre Deutschlands, der Schwarzen und Grünen", die 1946/47 erschien, deutet auf eine Opferkonkurrenz hin. Einerseits stellt die Publikation einen der bislang wenig bekannten Versuche von Überlebenden dieser Haftgruppen dar, für ihre Anerkennung als Opfer sowie eine Entschädigungen zu kämpfen. Gleichzeitig operierten sie dabei aber mit einer deutlichen Kritik an der Haltung ehemaliger politischer Häftlinge, bei der bisweilen die Betonung von Differenzen gegenüber einer Darstellung gemeinsamer Leiderfahrung überwog.[58]

Die Tatsache, dass sowohl ehemalige Schutzhäftlinge als auch „Kriminelle" in ihren Zeugenaussagen immer wieder „ihre" Winkelfarbe erwähnten, demonstriert, wie nachhaltig (und mitunter identitätsstiftend) diese von der SS eingeführte Symbolik auf die Individuen wirkte. Den meisten „Berufsverbrecher" ermöglichte der „grüne Winkel" nach der Befreiung jedoch keine positive Identität. Im Gegensatz zu politischen Gegnern des NS-Regimes, die ihre Verfolgung in einen größeren Sinnzusammenhang einordnen und auf diese Weise schon während der Zeit der Lagerhaft versuchen konnten, psychisch „Abstand zur Gegenwart des Terrors" zu erlangen,[59] vermochten sich viele „Berufsverbrecher" den Grund ihrer Inhaftierung häufig nicht zu erklären. Einige als „Berufsverbrecher" Verfolgte quälte deshalb augenscheinlich auch noch nach ihrer Befreiung die Frage, weshalb sie überhaupt die Konzentrationslager hatten durchleiden müssen. So erklärte Wilhelm R. 1961: „Meine Inhaftierung erfolgte angeblich aufgrund meiner Vorstrafen, die schon Jahre zurück lagen. Dementsprechend erhielt ich im Lager einen grünen Winkel."[60] Das Wort „angeblich" verweist darauf, dass er den ihm genannten Haftgrund zumindest infrage stellte. Noch offener formulierte Michael R. während einer Zeugenvernehmung 1959 seine Verwunderung über die 1941 gegen ihn verfügte KZ-Haft, die direkt auf eine verbüßte Strafhaft gefolgt war: „Warum ich seinerzeit in ein KZ eingewiesen wurde, weiß ich bis heute noch nicht. Es wurde mir damals auch kein Grund bekanntgegeben."[61] Andere Zeugen schilderten, dass ihnen eine Begründung für die Vollstreckung der Vorbeugehaft genannt worden sei, die ihnen aber offensichtlich nicht plausibel erschien. Udo S. berichtete: „Man

58 Vgl. Kapitel 6.1.

59 Sofsky, Die Ordnung des Terrors, S. 111.

60 Zeugenvernehmung von Wilhelm R. am 22. 7. 1961 in Dortmund, Staatsanwaltschaft Köln, 24 Ks 1/64 (Z)/XXVI, Landesarchiv NRW, zit. n. AS, JD 21/40, Bl. 51.

61 Zeugenvernehmung von Michael R. am 8. 3. 1956, Staatsanwaltschaft Bonn, 8 Ks 1/58 (Sorge/Schubert)/V, Teil 1, Landesarchiv NRW, zit. n. AS, JD 2/7, Bl. 59.

sagte mir, daß ich etwa ein halbes Jahr dorthin muß zu einer Umschulung. Der eigentliche Grund wurde mir nie bekannt."[62]

Angesichts fortdauernder Stigmatisierungen verwundert es nicht, dass sich einige vormals als „Berufsverbrecher" Inhaftierte in Ermittlungsverfahren und in Anträgen auf materielle Entschädigung als „politisch Verfolgte" ausgaben. Die Auswertung der Zeugenaussagen offenbart einen weiteren interessanten Aspekt: So erklärten Personen, die im Lager nachweislich als „Berufsverbrecher" kategorisiert worden waren, sie seien als „Asoziale" verfolgt worden. Hermann St. 1951 behauptete etwa während seiner Vernehmung gegen die ehemaligen SS-Männer Gustav Sorge und Wilhelm Schubert, er sei im KZ Sachsenhausen als „Asozialer" geführt worden.[63] Die im Gedenkstättenarchiv überlieferten Quellen weisen jedoch lediglich darauf hin, dass er als „Berufsverbrecher" registriert wurde – was St. indes nicht erwähnt.[64] Damit erfuhr die Kategorie der „Asozialen", die innerhalb der Lagerhierarchie eher niedriger als die der „Berufsverbrecher" angesehen war, nach der Befreiung plötzlich eine Aufwertung. Vermutlich stand dahinter die Hoffnung der Betroffenen, dass die Kategorisierung als „Asozialer" vor den westdeutschen Behörden unverfänglicher erschien als die Etikettierung zum „Berufsverbrecher".

Da grundsätzlich ein enger Zusammenhang zwischen den jeweiligen gesellschaftlichen Diskursen und der offiziellen Gedenkkultur besteht, wirkte sich der Ausschluss der „Berufsverbrecher" aus dem Opferdiskurs selbstverständlich auch auf die Gedenkstätten aus. Jörg Skriebeleit nennt in seiner Studie über den Erinnerungsort Flossenbürg mehrere Beispiele dafür, wie in den ersten Jahren nach der Befreiung des bayerischen Konzentrationslagers ein würdiges Gedenken von lokalen Akteuren mit dem Hinweis, es habe sich in erster Linie um ein Lager für „Kriminelle" gehandelt, torpediert wurde.[65] Ähnliche Argumente tauchten in den 1990er-Jahren in den Debatten um das Gedenken an die sowjetischen Speziallager in Buchenwald und Sachsenhausen auf. Dort wurde im Kontext von Auseinandersetzungen um den Umgang mit den Biografien ehemaliger hochrangiger Nationalsozialisten, die sich als Häftlinge in den Speziallagern befunden hatten, die Position geäußert, dies sei zwar zutreffend, doch auch

62 Zeugenvernehmung von Udo S. am 21. 10. 1956, Staatsanwaltschaft Bonn, 8 Ks 1/58 (Sorge/Schubert)/XIV, Landesarchiv NRW, zit. n. AS, JD 2/23, Bl. 52.

63 Richterliche Zeugenvernehmung von Hermann St. am 3. 1. 1957, Staatsanwaltschaft Bonn, 8 Ks 1/58 (Sorge/Schubert)/XXIII, Teil 2, Landesarchiv NRW, zit. n. AS, JD 2/34, Bl. 100.

64 Sonderliste „Zugang" vom 29. 2. 1940, RGWA, 1367/1/196, Bl. 48, zit. n. AS, D 1 A/1196, Bl. 48.

65 Jörg Skriebeleit, Erinnerungsort Flossenbürg. Akteure, Zäsuren, Geschichtsbilder, Göttingen 2009, S. 45 f. und S. 202 f.

in den Konzentrationslagern hätten mit den „Berufsverbrechern" „Schuldige" gesessen.[66]

In den Debatten um das internationale Mahnmal im ehemaligen KZ Dachau wird sogar der Wunsch eines expliziten „Unsichtbarmachens" der „Grünwinkligen" deutlich. Das in den 1960er-Jahren gestaltete Denkmal des Comité International de Dachau (CID) visualisiert verschiedene Häftlingsgruppen, indem das Symbol des Winkels sowie der Davidstern aufgegriffen werden.[67] Allerdings bleibt die Darstellung unvollständig. Im Juli 1964 hatte der Generalsekretär des Komitees dem Künstler Nandor Glid mitgeteilt, die Versammlung des CID habe beschlossen, der rosa, der grüne und der schwarze Winkel, mit dem als Homosexuelle Verfolgte sowie die „Berufsverbrecher" und „Asozialen" in den Lagern markiert wurden, sei zu „eliminieren".[68] Tatsächlich sind bei dem Mahnmal einzelne Winkel nicht mit Farbe gefüllt. Ob dahinter allerdings die Intention des Künstlers stand, auf Leerstellen aufmerksam zu machen, muss unklar bleiben. Ohnehin würden sie nur demjenigen auffallen, der mit den verschiedenen Haftgruppen und ihren Markierungen durch die SS vertraut ist. „Berufsverbrecher" bleiben damit neben anderen Haftgruppen an dieser Stelle unsichtbar.[69]

Obwohl die meisten KZ-Gedenkstätten mittlerweile Biografien von als „Berufsverbrecher" Verfolgten in ihre Ausstellungen integriert haben, ist diese Gruppe im öffentlichen Gedenken noch heute unterrepräsentiert. Adäquate Formen des Erinnerns werden sicherlich auch dadurch erschwert, dass eine formal-juristische Anerkennung der „Grünwinkligen" als Opfer des Nationalsozialismus weiterhin aussteht.

66 Petra Haustein, Geschichte im Dissens. Die Auseinandersetzungen um die Gedenkstätte Sachsenhausen nach dem Ende der DDR, Leipzig 2006, S. 355–358; vgl. auch Eva Ochs, „Heute kann ich das ja sagen". Lagererfahrungen von Insassen sowjetischer Speziallager in der SBZ/DDR, Köln 2006.

67 Die Auslassungen werden auf der Homepage der Gedenkstätte Dachau kritisch thematisiert, http://www.kz-gedenkstaette-dachau.de/station13.html (17. 4. 2016). Zur Entstehungsgeschichte des Denkmals vgl. Detlef Hoffmann, Dachau, in: ders. (Hrsg.), Das Gedächtnis der Dinge. KZ-Relikte und KZ-Denkmäler 1945–1995, Frankfurt a. M. 1998, S. 36–92.

68 Im französischen Original heißt es „[...] il a été décidé d'eliminer du relief les triangles: ROSE-VERT-NOIR". Die Bezeichnungen der Farben sind auch in der Quelle großgeschrieben, zudem ist der Satz in dem Dokument unterstrichen, was auf die Relevanz hinweist, die diese Entscheidung für das CID hatte. Schreiben von G. Walrave an Nandor Glid vom 7. 7. 1964, zit. n. Archiv der KZ-Gedenkstätte Dachau, Unterlagen des CID 42286. Vgl. auch Andrea Riedle/Lukas Schretter (Hrsg.), Das Internationale Mahnmal von Nandor Glid. Idee, Wettbewerbe, Realisierung, Berlin 2015.

69 Damit soll nicht negiert werden, dass mittlerweile einzelne Biografien von „Berufsverbrechern" Eingang in die Dauerausstellung der KZ-Gedenkstätte Dachau gefunden haben. Im öffentlichen Gedenken spielen sie dennoch bislang keine Rolle, dies gilt für alle KZ-Gedenkstätten.

Denn die in den Entschädigungsgesetzen ab 1953 vorgenommene Einschränkung des Opferbegriffs, der sich nur auf Personen bezieht, die aus politischen, rassischen oder religiösen Gründen verfolgt wurden, gilt nach wie vor.[70] Allerdings ermöglicht die Modifizierung der 1957 in Kraft getretenen Härtefallregelung[71] auf Basis des Allgemeinen Kriegsfolgengesetzes (AKG) einzelnen Überlebenden, Zahlungen im Fall einer materiellen Notlage zu erhalten – ein Rechtsanspruch besteht jedoch nicht.[72] Wie Imanuel Baumann herausgearbeitet hat, kam diese Option für „viele Betroffene zu spät und konnte sich finanziell nur marginal auswirken".[73] Baumann nennt unter Rückgriff auf die Angaben des Bundesministeriums der Finanzen aus dem Jahr 2005 die Zahl von insgesamt 7754 seit Gültigkeit der Härtefallregelung gestellten Anträgen, darunter 46 Anträge von „Kriminellen",[74] von denen wiederum nur 26 positiv beschieden wurden.[75] Ein Blick auf die Statistik des Ministeriums von Dezember 2011 zeigt, dass von „Kriminellen" keine neuen Anträge hinzugekommen sind: Von nun insgesamt 7966 Gesuchen auf Härtefallleistungen wurden weiterhin lediglich 46 der Kategorie der „Kriminellen" zugeordnet.[76]

Die zitierte Broschüre verdeutlicht aber, dass die unterschiedlichen Verfolgungsgründe nun zumindest zur Kenntnis genommen werden. So thematisieren die Verfasser die „vorbeugende Verbrechensbekämpfung" hier explizit – wenn auch fehlerhaft: Behauptet wird, die Vorbeugehaft, die bereits im November 1933 existierte, sei mit dem „Grunderlass" Ende 1937 eingeführt worden. Die Autoren beziehen sich zudem auf einen recht veralteten Forschungsstand, indem sie lediglich die Schrift von Hans Buchheim von 1965 zitieren,[77] der die „Aktion

70 Es soll nicht unerwähnt bleiben, dass das Gesetz auch für Personen, auf die diese Verfolgungsgründe zutrafen, Einschränkungen vorsah. So konnten z. B. nach dem Verbot der KPD aktiven Kommunisten eine Entschädigung verweigert werden, vgl. Konrad Risch, Darstellung der wichtigsten „Wiedergutmachungsgesetze", in: Jörg-Erik Gutheil u. a. (Hrsg.), Einer muß überleben. Gespräche mit Auschwitzüberlebenden 40 Jahre danach, Düsseldorf 1984, S. 153–156.

71 Während viele Anträge gemäß des AKG fast drei Jahrzehnte lang an den kurzen Antragsfristen scheiterten, vereinfachten erst die 1988 hinzugefügten Härtefallregelungen des AKG die Möglichkeit, einmalige oder fortlaufende Zahlungen zu beantragen.

72 Romey, „Asozial" als Ausschlusskriterium, S. 158; Baumann, Winkel-Züge, S. 321.

73 Baumann, Winkel-Züge, S. 322.

74 „Berufsverbrecher" werden ebenso wie die ab 1942 in die Konzentrationslager überwiesenen Sicherungsverwahrten als „Kriminelle" gelistet.

75 Baumann, Winkel-Züge. Ob sich in dieser Gruppe auch ehemalige Sicherungsverwahrte befanden, geht aus der Auflistung nicht hervor, da diese nicht gesondert erfasst werden.

76 Bundesministerium der Finanzen, Entschädigung von NS-Unrecht. Regelungen zur Wiedergutmachung, Berlin 2012, S. 35. „Asoziale" werden als eigene Gruppe geführt.

77 Hans Buchheim, Die Aktion „Arbeitsscheu Reich", in: ders./Martin Broszat/Hans-Adolf Jacobsen/Helmut Krausnick (Hrsg.), Anatomie des SS-Staates, Olten/Freiburg im Breisgau 1965, S. 189–195.

Arbeitsscheu Reich" zum Gegenstand hat.[78] Erstmals wird jedoch das Prinzip der Vorbeugehaft erklärt und als Verfolgungsgrund anerkannt. So heißt es in der Broschüre: „Soweit Kriminelle ohne Strafverfahren oder über die in einem Strafverfahren ausgesprochene Verurteilung hinaus in Haft genommen wurden, kommen ebenfalls Leistungen in Betracht."[79] Aus den genannten Statistiken sowie aus dem hohen Altersdurchschnitt der Überlebenden[80] kann allerdings gefolgert werden, dass eine materielle Entschädigung für die Mehrzahl derjenigen, die als „Berufsverbrecher" und Sicherungsverwahrte verfolgt wurden, nicht mehr infrage kommt.[81]

7.2. „Vorbeugende Verbrechensbekämpfung" und „Volksgemeinschaft"

Die derzeit in der Forschung zum Nationalsozialismus am meisten kontrovers geführte Debatte hat die Bewertung des Begriffs der „Volksgemeinschaft" als zentrale Analysekategorie zum Gegenstand. Martina Steber und Bernhard Gotto bündeln als Herausgeber des Bandes „Visions of Community in Nazi Germany. Social Engineering and Private Lives" den Diskussionsstand. Sie benennen fünf Dimensionen der „Volksgemeinschaft",[82] die sie nicht als Beschreibung einer historischen Realität, sondern als analytisches Modell zum Verständnis der nationalsozialistischen Gesellschaft begreifen.[83] Demzufolge sei die „Volksgemeinschaft" erstens zunächst eine „gedachte Ordnung", die die konkrete Politik legitimiert habe. Zweitens impliziere diese das Versprechen auf eine „bessere" Zukunft. Gleichzeitig

78 Bundesministerium der Finanzen, Entschädigung, S. 26.

79 Ebenda.

80 Wie in dieser Arbeit nachgewiesen, befanden sich unter den als „Berufsverbrecher" und Sicherheitsverwahrte im KZ Sachsenhausen inhaftierten Personen nur wenige Jugendliche, insgesamt 45 Personen, vgl. Kapitel 3.5. Die absolute Mehrheit der Überlebenden dürfte deshalb mittlerweile verstorben sein oder über ca. 90 Jahre alt sein.

81 In einzelnen Fällen ist es allerdings z. B. bei der Hamburger Stiftung für NS-Verfolgte auch für Angehörige der zweiten Generation möglich, Entschädigung zu erhalten. Dies gilt in erster Linie dann, wenn sie während der Zeit des Nationalsozialismus geboren wurden.

82 Von den AutorInnen wird der Begriff bewusst kursiv gesetzt, um deutlich zu machen, dass der Begriff nicht als Beschreibung einer Realität zu verstehen sei, denn „zu keinem Zeitpunkt" habe „die gesellschaftliche Wirklichkeit den nationalsozialistischen Propagandaversprechen" entsprochen, Martina Steber/Bernhard Gotto, Volksgemeinschaft im NS-Regime: Wandlungen, Wirkungen und Aneignungen eines Zukunftsversprechens, in: Diskussion, Vierteljahrshefte für Zeitgeschichte (2014) 3, S. 433–445.

83 Martina Steber/Bernhard Gotto (Hrsg.), Visions of Community in Nazi Germany. Social Engineering and Private Lives, Oxford 2014.

seien drittens auf der einen Seite die Vergemeinschaftung und auf der anderen Seite die Ausgrenzung konstitutive Merkmale des Volksgemeinschaftskonzeptes, die allerdings nicht als „starre Festlegungen" zu verstehen seien, sondern eine gewisse Willkür und Flexibilität aufwiesen.[84] Die „Volksgemeinschaft" sei im Nationalsozialismus viertens zu einer „Referenz und Begründungsstrategie"[85] für unterschiedliche Akteure avanciert, die Raum für Interpretationen gelassen habe. Fünftens verweise der Begriff auf eine individuelle „Handlungsdimension" – die „Volksgemeinschaft" sollte im Alltag quasi „eingeübt" werden.[86] Steber und Gotto plädieren dafür, eine ihrer Ansicht nach überfällige „Gesamtschau auf die Gesellschaft des nationalsozialistischen Deutschlands zu wagen".[87] Ähnlich argumentiert Janosch Steuwer, der allerdings vorschlägt, anstelle des Begriffs „Volksgemeinschaft" von einer „neuen Gesellschaftsgeschichte des Nationalsozialismus" zu sprechen.[88]

Auf den ersten Blick scheint zunächst die für diese Studie wichtige Frage nach Inklusion und Exklusion aus der „Volksgemeinschaft" als Anknüpfungspunkt an die Debatte evident.[89] Denn die Betrachtung der zugrunde gelegten Quellen zeigt, dass die „Volksgemeinschaft" in den Vorbeugehaftverfügungen der Kriminalpolizei immer wieder als Referenzrahmen hinzugezogen wurde. Indem die Beamten den vermeintlichen Schaden, den der „Berufsverbrecher" diesem „Kollektiv" zufüge, betonten, trugen sie einerseits zur Konstruktion dieser Gemeinschaft bei und begründeten gleichzeitig den Ausschluss Einzelner. Ähnliches gilt für die hier herangezogenen Gerichtsurteile sowie die Anordnung von Sicherungsverwahrung.[90] Die Grenzziehung zwischen dem „Volksgenossen" gegenüber dem „Unverbesserlichen" wurde bereits unmittelbar nach der Machtübernahme propagiert, und sie begründete auch die neuen Maßnahmen der „vorbeugenden

84 Steber/Gotto, Volksgemeinschaft im NS-Regime, S. 440.

85 Ebenda, S. 441.

86 Ebenda.

87 Ebenda, S. 445.

88 Janosch Steuwer, Was meint und nützt das Sprechen von der „Volksgemeinschaft"? Neuere Literatur zur Gesellschaftsgeschichte des Nationalsozialismus, in: Archiv für Sozialgeschichte 53 (2013), S. 487–534, hier S. 534.

89 Vgl. zur Bedeutung von Ausschluss und Ausgrenzung für die nationalsozialistische „Volksgemeinschaft" auch Michael Wildt, „Volksgemeinschaft" eine Zwischenbilanz, in: Dietmar von Reeken/Malte Thießen (Hrsg.), „Volksgemeinschaft" als soziale Praxis. Neue Forschungen zur NS-Gesellschaft vor Ort, Paderborn 2013, S. 355–369.

90 Nicht umsonst tragen auch Standardwerke zu diesem Thema diese Begriffe im Titel, vgl. z. B. Detlev Peukert, Volksgenossen und Gemeinschaftsfremde. Anpassung, Ausmerze und Aufbegehren unter dem Nationalsozialismus, Köln 1982; Wagner, Volksgemeinschaft ohne Verbrecher.

Verbrechensbekämpfung“ zum Schutz der Gemeinschaft. Allerdings, und in diesem Punkt ist Steber und Gotto zuzustimmen, handelte es sich bei den Ex- und Inklusionsmechanismen auch im Hinblick auf die „vorbeugende Verbrechensbekämpfung“ um ein teilweise flexibles Konzept. Denn die Kategorien, die auf die Verfolgten angewendet wurden, waren keineswegs einheitlich und ließen bis Kriegsende einen gewissen Interpretationsspielraum zu. Insbesondere der Begriff „asozial“ ermöglichte verschiedenen Behörden eine ausgedehnte Anwendung der repressiven Instrumentarien, wie auch Julia Hörath zeigt.[91]

Die neuere NS-Forschung, die ihren Fokus auf die von Steber und Gotto genannten Aspekte legt, hat die Untersuchung von Konzentrationslagern als Orte, in denen gesellschaftliches Handeln stattfand, bislang noch nicht wesentlich beeinflusst.[92] Eine Begründung dafür liegt auf der Hand: Schließlich bildete das Lagersystem den Exklusionsmechanismus per excellence ab und scheint als solches wenig geeignet, um Aussagen über die nationalsozialistische *Gesellschaft* zu treffen. Auch wurden die Konzentrationslager bislang in der wissenschaftlichen Literatur insgesamt überwiegend in ihrer Funktion als totale Institution betrachtet und nicht als Orte, die möglicherweise Aushandlungsprozesse der Häftlinge zuließen.[93] Sicherlich ist ein direkter Vergleich von „Handlungsdimensionen“ in der „Volksgemeinschaft“ mit denen in Konzentrationslagern problematisch. Im Gegensatz zu den meisten „Volksgenossen“ waren die Häftlinge in den Lagern permanentem und unmittelbarem Terror ausgesetzt. Die in Kapitel V. dargestellten Versuche von „Berufsverbrechern“, den Alltag innerhalb des Konzentrationslagers mitzugestalten, korrespondieren aber dennoch mit den aktuellen Debatten über eine neue „Gesellschaftsanalyse des Nationalsozialismus“. So drängt sich eine Parallele im Forschungsansatz auf. Im Vordergrund der „Volksgemeinschaftsanalyse“ steht die Suche nach Handlungsspielräumen, die selbst in einem diktatorischen oder totalitären System existierten und genutzt werden konnten und wurden. Gerade dieser „Perspektivenwechsel, der die Geschichte des Nationalsozialismus nicht mehr vom Staat, von der politischen Struktur des Herrschaftssystems, sondern von der

91 Vgl. Hörath, Experimente zur Kontrolle und Repression.

92 Eine Ausnahme stellt hier die Studie von Julia Hörath dar, die sich in erster Linie auf die Exklusionspraktiken konzentriert, vgl. Hörath, Experimente zur Kontrolle und Repression sowie der Aufsatz von Bianca Roitsch, die die Nachwirkung solcher Exklusionspraktiken im Umfeld ehemaliger Lager behandelt, vgl. Bianca Roitsch, „An der Stätte der Baracken und des Stacheldrahtes ein freundlicher Park“. Diskurse und Praktiken der Marginalisierung im Umfeld ehemaliger NS-Zwangslager nach 1945, in: von Reeken/Thießen (Hrsg.), „Volksgemeinschaft“ als soziale Praxis, S. 325–341.

93 Eine frühe Ausnahme ist die Studie von Falk Pingel zur Häftlingsgesellschaft, vgl. Pingel, Häftlinge unter SS-Herrschaft.

Gesellschaft her beobachtet",[94] wird von ihren Kritikern angemahnt. Denn sie befürchten, dass auf diese Weise der repressive Charakter des nationalsozialistischen Regimes in den Hintergrund trete.[95]

So betont Peter Longerich den aus seiner Sicht eklatanten Gegensatz zwischen den Begriffen „Volk" und „Gesellschaft". Die „Volksgemeinschaft" habe einen Rückbezug auf das Volk impliziert, es sei deshalb nicht „primär um ein gesellschaftspolitisches Reformprojekt" gegangen.[96] Gemeinschaft stelle vielmehr einen Gegenbegriff zu Gesellschaft dar. Doch lässt sich daraus ableiten, dass es innerhalb dieses Konzeptes keine Elemente gab, die sich als gesellschaftlich umschreiben lassen? Mit einer ähnlichen Begründung wird der Begriff der Häftlingsgesellschaft kritisiert und gleichzeitig der Zwangscharakter der Konzentrationslager betont.[97] „Gesellschaft" ist allerdings auch in der soziologischen Theoriebildung keineswegs eindeutig definiert, sondern vielmehr „zu einem zentralen, sehr komplexen und zunehmend umstrittenen Grundbegriff" geworden.[98] Dementsprechend offen bleibt auch die Erörterung von Niklas Luhmann im „Lexikon zur Soziologie". Er definiert Gesellschaft als „das jeweils umfassendste System menschlichen Zusammenlebens". Über „weitere einschränkende Merkmale" bestehe kein Einverständnis, so Luhmann.[99] Unter Rückgriff auf diese Prämisse sowie auf Basis der in Kapitel V. skizzierten verschiedenen Ebenen von Selbstbehauptung innerhalb des Lagers halte ich den Begriff der „Häftlingsgesellschaft" für äußerst hilfreich, um genau diese individuellen und kollektiven Handlungen von „Berufsverbrechern" zu beschreiben.

Steber und Gotto erwähnen, dass in den Forschungsarbeiten die Perspektive der „Exkludierten" bislang eher „stiefmütterlich" behandelt werde.[100] Eine Einbeziehung der in den Nachkriegsprozessen geäußerten Wahrnehmungen auf die eigene Position als „Berufsverbrecher" innerhalb der nationalsozialistischen Gesellschaft ist in diesem Kontext erhellend. Denn keineswegs stellten alle Betroffenen das Konzept der „Volksgemeinschaft" grundsätzlich infrage. Vielmehr

94 Wildt, „Volksgemeinschaft", S. 369.

95 Vgl. z. B. Peter Longerich, Gemach – bis zum Praxistext, in: Vierteljahrshefte für Zeitgeschichte (2014) 3, S. 459–462; Ian Kershaw, „Volksgemeinschaft". Potenzial und Grenzen eines neuen Forschungskonzepts, in: Vierteljahrshefte für Zeitgeschichte (2011) 1, S. 1–19.

96 Longerich, Gemach, S. 460.

97 Vgl. z. B. Kurt Pätzold: Häftlingsgesellschaft, in: Benz/Distel (Hrsg.), Der Ort des Terrors, Bd. 1, S. 110–125.

98 Karl-Heinz Hillmann, Wörterbuch der Soziologie, 5. Aufl., Stuttgart 2007, S. 289–292, hier S. 289.

99 Niklas Luhmann, Gesellschaft, in: Lexikon zur Soziologie, 5. Aufl., Wiesbaden 2011, S. 241.

100 Steber/Gotto, Volksgemeinschaft im NS-Regime, S. 444.

nahmen sie die ihnen persönlich widerfahrende Exklusion häufig als ungerecht bzw. ungerechtfertigt wahr. In einigen Fällen bemühten sich die „Ausgeschlossenen“ sogar aktiv darum, ihre Situation selbst zu beeinflussen. Dies gilt sowohl für Bestrebungen, der Vorbeugehaft zu entgehen, als auch für Versuche, dem Terror der SS etwas entgegenzusetzen und den Alltag im Lager auszugestalten.

7.3. Ausblick

Die vorliegende Studie leistet einen Beitrag zur wissenschaftlichen Darstellung einer bislang weitgehend ignorierten Facette der nationalsozialistischen Verfolgungs- und Vernichtungspolitik. Einige Themenbereiche mussten dabei aus Kapazitätsgründen unberücksichtigt bleiben. So konnte das Außenlagersystem nicht ausführlich einbezogen werden. Auch die medizinischen Versuche im KZ Sachsenhausen wurden nicht erschöpfend untersucht, obwohl auch hier Hinweise auf gezielte Aktionen gegen „Berufsverbrecher“ vorliegen. So erklärte Dr. Schmick, der im Juli 1951 als Beschuldigter vor dem Duisburger Landgericht vorgeladen worden war, er habe während seiner Tätigkeit als Leiter der chirurgischen Abteilung im KZ Sachsenhausen den Auftrag erhalten, das Kampfmittel Lost an Häftlingen zu testen:

> „Der Auftrag wurde mir in Befehlsform in Gegenwart des Dr. Karl G., z. Zt. Landsberg, Internierungslager, erteilt. Ich sollte das Mittel an Berufsverbrechern ausprobieren. Tatsächlich habe ich dann auch bei etwa 10–12 Berufsverbrechern dieses Mittel ausprobiert. Ich brachten den Leuten den Lost mit der Paltin-Öse auf den Oberarm auf und zwar etwa eine gut 2-Pfennigstückgrosse Fläche. Dann verfolgte ich die weitere Entwicklung, in dem ich sofort das Gegenmittel aufbrachte. […] Meistens entwickelte sich die Entzündung, es war jedoch so, dass die Entzündung nicht über Faustgrösse hinausging.“[101]

Das Verfahren gegen Schmick wurde 1953 eingestellt, da nicht bewiesen sei, dass die Häftlinge unfreiwillig an dem Experiment teilgenommen hätten.[102] Es wäre interessant zu untersuchen, inwiefern und mit welchen Begründungen auch für andere medizinische Versuche gezielt „Berufsverbrecher“ herangezogen wurden.

101 Beschuldigtenvernehmung von Dr. Schmick am 21. 7. 1951, Staatsanwaltschaft Münster, 6 JS 121/56-/390.23, Landesarchiv NRW, zit. n. AS, JD 1/22, Bl. 20 f.

102 Ebenda.

Eine weitere Lücke, die die vorliegende Arbeit nicht schließen kann, bleibt die Praxis der „vorbeugenden Verbrechensbekämpfung" in einigen besetzten Ländern. Zwar liegen zu diesem Thema sowohl einzelne Quellen als auch Forschungsbeiträge vor, diese beschränken sich allerdings auf das annektierte und besetzte Polen, das „Protektorat Böhmen und Mähren" sowie Österreich, Elsass-Lothringen und neuerdings auch Dänemark.[103] Vollkommen anders verhält es sich mit der Kategorisierung von Angehörigen anderer westeuropäischer Nationen als „Berufsverbrecher". Wann, auf welcher Basis bzw. warum z. B. Niederländer und Italiener im KZ Sachsenhausen als „Berufsverbrecher" klassifiziert wurden, konnte hier nicht abschließend geklärt werden. Möglich ist, dass es sich um straffällig gewordene Zwangsarbeiter handelte. Bei den elf inhaftierten Letten könnte es sich um als Volksdeutsche eingestufte aus Lettland zurückgeführte Strafgefangene gehandelt haben. Denn diese sollten laut einem Schreiben des Reichsjustizministeriums vom 2. September 1940 aus der Justizhaft über verschiedene Kriminalpolizeistellen in ein Konzentrationslager überstellt werden.[104]

In Bezug auf die Verfolgungsbehörden wäre ein weiterer Forschungsansatz interessant: Die unter dem Signum der „vorbeugenden Verbrechensbekämpfung" implementierten Erlasse bildeten den formalen Rahmen, an dem sich die Kriminalbeamten orientierten. Auch wenn offiziell nach der Zentralisierung der gesamten Polizei das 1936/37 gegründete Reichskriminalpolizeiamt die höchste Instanz innerhalb des kriminalpolizeilichen Apparates war, agierten lokale Behörden mitunter eigenmächtig. Trotz eines grundsätzlichen „Top-down"-Prinzips blieben in der konkreten Praxis des „Polizierens"[105] vereinzelt Handlungsspielräume bestehen. Freilich wurden diese nicht zwangsläufig zugunsten der Verfolgten genutzt: So kamen auch Personen in das KZ Sachsenhausen, die nicht den in den entsprechenden Erlassen oder Rundbriefen festgelegten formalen Kriterien entsprachen oder deren Haftanordnung noch nicht durch das RKPA bestätigt worden war. Die Bremer Kriminalpolizei etwa nahm Walter B. im Rahmen der reichsweiten März-Aktion 1937 in Vorbeugehaft, obwohl er sich in einem Arbeitsverhältnis befand und die Richtlinien als Kriterium für die Inhaftierung vorsahen, dass der Betroffene arbeitslos war.[106] Wie der Fall von Karl Fehlhauer belegt,[107] verhängten

103 Vgl. Kapitel 3.6.2.

104 Schreiben des Reichsministers der Justiz vom 2. 9. 1940, in: Reichssicherheitshauptamt, Erlaßsammlung, S. 200.

105 Alf Lüdtke/Herbert Reinke/Michael Sturm (Hrsg.), Polizei, Gewalt und Staat im 20. Jahrhundert, Wiesbaden 2011.

106 Vgl. zu Walter B. Kapitel 4.2.

107 Vgl. Kapitel 5.4.3.

Polizeistellen manchmal die Vorbeugehaft und brachten die Betroffenen in ein Konzentrationslager, ohne eine Bestätigung des formal dafür zuständigen RKPA abzuwarten. Der wegen eines Sittlichkeitsverbrechens vorbestrafte Elektriker sollte im Oktober 1944 nach wenigen Monaten KZ-Haft auf Anordnung des RKPA wieder entlassen werden. Da sich der Schriftverkehr zwischen den beteiligten Institutionen verzögerte, gelangte Fehlhauer letztlich nicht in Freiheit, sondern verstarb im November 1944 im KZ Neuengamme. In der Regel waren es jedoch die lokalen Kriminalpolizeibehörden, die gegenüber der RKPA bis Kriegsbeginn häufig nach einigen Jahren eine Entlassung aus der Vorbeugehaft befürworteten und den angeblich „erzieherischen" Charakter der Lagerhaft betonten. In Bezug auf die wenigen Entlassungen bliebe weiter zu untersuchen, was eine Rückkehr in die Freiheit für die einzelnen Personen bedeutete und inwiefern es ihnen als ehemaligen KZ-Häftlingen und zu „Berufsverbrechern" erklärten Vorbestraften überhaupt möglich war, wieder Fuß in der „Volksgemeinschaft" zu fassen. Lokalhistorische Untersuchungen zur kriminalpolizeilichen Praxis der „vorbeugenden Verbrechensbekämpfung" könnten hier anknüpfen.

Um die vorliegenden Ergebnisse vor dem Hintergrund des gesamten Konzentrationslagersystems einordnen zu können, bedarf es weiterer Studien über die „Berufsverbrecher" in verschiedenen Lagern. Auf solchen Forschungsergebnissen basierend wäre auch eine Annäherung an ihre tatsächliche Gesamtzahl sowie die Zahl aller „Grünwinkligen", die das KZ-System nicht überlebten, möglich. Obwohl für die überwiegende Mehrzahl derjenigen, die als „Berufsverbrecher" verfolgt wurden, keine Entschädigung mehr infrage kommt, ist es für ihre Anerkennung als Opfer nicht zu spät. Eine Voraussetzung dafür ist aber die intensive Auseinandersetzung mit den individuellen Biografien, Haftwegen und Erinnerungen. Erst wenn die mitunter komplizierten Geschichten und brüchigen Lebensläufe fundiert erforscht sind, haben sie eine Chance, weiteren Eingang in die Erinnerungskultur zu finden und damit sichtbar zu werden.

Danksagung

An dieser Stelle möchte ich mich bei Stiftungen, Institutionen und Einzelpersonen bedanken, ohne die das Entstehen der vorliegenden Dissertation nicht möglich gewesen wäre. Für meine materielle Absicherung danke ich der Hans-Böckler-Stiftung, die mir ein Promotionsstipendium gewährt und mir zusätzlich verschiedene Forschungsaufenthalte im In- und Ausland finanziert hat. Mein besonderer Dank gilt Werner Fiedler von der Promotionsförderung der Hans-Böckler-Stiftung sowie meinem Vertrauensdozenten Heinz Sünker. Die FAZIT-Stiftung hat mir schließlich in Form eines zweimonatigen Abschlussstipendiums dabei geholfen, die Arbeit ohne ökonomischen Druck fertigstellen zu können – auch ihr sei gedankt. Beide Stiftungen haben auch die Drucklegung meiner Arbeit gefördert, wofür ich mich ganz herzlich bedanke.

Für meine Recherchen war ich auf die Unterstützung zahlreicher Archivarinnen und Archivare angewiesen. Stellvertretend für viele andere Personen möchte ich die stets kompetente Hilfe von Monika Liebscher (Archiv Gedenkstätte und Museum Sachsenhausen), Barbara Müller (Bibliothek Gedenkstätte und Museum Sachsenhausen), Ulf Bollmann (Landesarchiv Hamburg) und Kathrin Pilger (Landesarchiv NRW/Abteilung Rheinland) hervorheben. Besonders hilfreich waren auch fachliche Hinweise einiger Kolleginnen und Kollegen verschiedener Gedenkstätten. Hier sind Frau Bürger und Frau Milarch (Gedenkstätte und Museum Sachsenhausen), Herbert Diercks und Alyn Beßmann (KZ-Gedenkstätte Neuengamme), Andreas Kranebitter (Archiv Mauthausen Memorial) und Andrea Riedle (KZ-Gedenkstätte Dachau) zu nennen. Sven Langhammer und Julia Hörath, die beide ebenfalls zu den als „Berufsverbrecher" verfolgten Personen geforscht haben, danke ich für den freundlichen und kollegialen fachlichen Austausch. Das Gleiche gilt für Stephanie Bohra, die ich jederzeit ansprechen konnte, wenn sich Schnittmengen zwischen unseren Promotionsprojekten ergeben haben. Frank Nonnenmacher bin ich ebenfalls zu großem Dank verpflichtet. Er hat mir ein Interview mit seinem Onkel zur Verfügung gestellt, der als „Berufsverbrecher" im KZ Sachsenhausen inhaftiert war. Da es mir leider nicht mehr möglich war, Überlebende zu ihren eigenen Erfahrungen zu befragen, war dieses Interview für mich von unschätzbarem Wert.

Die Fertigstellung einer solch umfangreichen Arbeit benötigt kritische Korrektoren und Korrektorinnen. Ich möchte deshalb Johannes Fülberth, Christoph Schulze, Gerhard Wolf, Mikko Wirth und Michael Saager herzlich für die kompetenten Anmerkungen zu meinem Manuskript sowie für die Hilfestellung bei der Gestaltung danken. Sünje Knutzen hat die Endkorrektur übernommen, auch ihr gebührt mein herzlicher Dank. Nicht zuletzt bedanke ich mich bei allen Freunden und Bekannten, bei mich während meiner Archivreisen in Hamburg, Düsseldorf und Wien bei sich aufgenommen haben.

Mein besonderer Dank gilt jedoch meinen beiden Gutachtern. Prof. Dr. Günter Morsch war von Beginn an mit meinem Projekt vertraut und hat meine Forschungen über die Jahre hinweg intensiv begleitet. Seine Anmerkungen waren ebenso hilfreich wie die Möglichkeit, mein Vorhaben in verschiedenen Phasen im Forschungskolloquium der Gedenkstätte Sachsenhausen vorzustellen. Herrn Prof. Dr. Klaus Roth danke ich ganz herzlich dafür, dass er kurzfristig das Zweitgutachten übernommen hat. Auch Prof. Dr. Michael Wildt möchte ich an dieser Stelle danken. Die Teilnahme an dem von Herrn Wildt und Birthe Kundrus organisierten Doktorandenkolloquium war für mich sehr fruchtbar. Mein Dank gilt auch den Teilnehmerinnen und Teilnehmern des Kolloquiums und ihren Anmerkungen zu meinem Projekt.

Schlussendlich danke ich meiner Familie, meinem Partner Michael Saager sowie meinen Freundinnen und Freunden, die mich in der letzten Phase meiner Promotion emotional unterstützt haben.

Mai 2016 *Dagmar Lieske*

Abkürzungsverzeichnis

AS	Archiv der Gedenkstätte und des Museums Sachsenhausen
AKG	Allgemeines Kriegsfolgengesetz
BArch	Bundesarchiv
BEG	Bundesentschädigungsgesetz
BKA	Bundeskriminalamt
BLHA	Brandenburgisches Landeshauptarchiv
BStU	Behörde des Bundesbeauftragten für die Unterlagen des Staatssicherheitsdienstes der ehemaligen Deutschen Demokratischen Republik
BV	Berufsverbrecher
CID	Comité International de Dachau
FSB	Inlandsgeheimdienst der Russischen Föderation
GARF	Staatliches Archiv der Russischen Föderation, Moskau
GuMS	Gedenkstätte und Museum Sachsenhausen
GzVeN	Gesetz zur Verhütung erbkranken Nachwuchses
IKL	Inspektion der Konzentrationslager
ITS	International Tracing Service, Internationaler Suchdienst, Bad Arolsen
KJVD	Kommunistischer Jugendverband Deutschlands
LAB	Landesarchiv Berlin
NKWD	Volkskommissariat für innere Angelegenheiten (sowjetische politische Geheimpolizei 1934–1946)
NLA	Niedersächsische Landesarchiv
N. Z. A.	Nebenzeugamt
RFB	Rotfrontkämpferbund
RFV	Reichsfürsorgeverordnung
RGWA	Russisches Staatliches Militärarchiv Moskau
RKPA	Reichskriminalpolizeiamt
RSHA	Reichssicherheitshauptamt
SAW	Sonderabteilung Wehrmacht
SK	Strafkompanie
SV	Sicherungsverwahrter
WVHA	Wirtschaftsverwaltungshauptamt

Quellen- und Literaturverzeichnis

Quellen

Archiv Gedenkstätte und Museum Sachsenhausen (AS)
Serielle Quellen:

- Standesamt Oranienburg, 1939–1942
- Sonderstandesamt Arolsen, Abteilung Sachsenhausen, Nr. 409/1954 (II)
- I. T. S. Arolsen, KL Sachsenhausen, AS, NL 6/84, Bl. 115 a
- Veränderungsmitteilungen, Sonderlisten etc., Russisches Staatliches Militärarchiv Moskau, 1367/1-2, AS, D 1 A
- Häftlingsbestand im Arbeitslager Heinkel, I. T. S. Arolsen, KL Sachsenhausen, AS, D 1 B
- Transportlisten, I. T. S. Arolsen, KL Sachsenhausen, AS, D 7 A
- Zugangslisten, Hauptkommission Warschau, KL Mauthausen, AS, D 10 A
- Veränderungszettel, Zugangsmeldungen KL Sachsenhausen, Brandenburgisches Landeshauptarchiv Potsdam, Rep. 35H KZ Sachsenhausen, AS, D 30 A
- Überstellungslisten und Transportlisten KZ Sachsenhausen, FSB-Archiv Moskau, N-19092/Tom 83-101, AS, JSU 1/83-101

Personenakten (P):

- Bastubbe, Manfred
- C., August
- Helwig, Hans
- Quade, Berthold
- Sch., Johann
- Volck, Herbert
- Wunderlich, Rudi

Strafverfahren gegen KZ-Personal nach 1945:

- Strafverfahren gegen Heinz Baumkötter u. a., Staatsanwaltschaft Münster, 6 JS 121/56 – /390.20, Staatsarchiv Münster, AS, JD 1
- Strafverfahren gegen Gustav Sorge und Wilhelm Schubert, Staatsanwaltschaft Bonn, 8 Ks 1/58, Landesarchiv NRW Rep. 206, Nr. 184–188 und Rep. 529, Nr. 4–66; Nr. 490, AS, JD 2
- Ermittlungsverfahren gegen Fritz Cornely, Staatsanwaltschaft Köln, Zentralstelle 24 Js 30/59, Landesarchiv NRW Rep. 118, Nr. 538–564, AS, JD 7
- Ermittlungsverfahren gegen Dr. Ludwig Ehrsam, Staatsanwaltschaft Köln, Az. 130 (24) Js 46/65, Landesarchiv NRW Rep. 118, Nr. 235–236, AS, JD 8

- Strafverfahren gegen Otto Kaiser, Staatsanwaltschaft Köln, 24 Ks 1/64 (Z), Landesarchiv NRW Rep. 267, Nr. 826–876 , AS, JD 21
- Strafverfahren gegen Otto Kaiser, Staatsanwaltschaft Köln, 24 Ks 2/68 (Z), Landesarchiv NRW Rep. 267, Nr. 1565–1706, AS, JD 31

Sonstige:
- Akten über Sterilisationen und Kastrationen KZ Sachsenhausen, GARF Moskau, Bestand 7021, Nr. 104-1, AS, D 25 A1 T1-4 (A-Z)
- Strafanordnungen, GARF Moskau, 7021/104/7, AS, D 25 A/7
- Siegfried Brüchner, Die Verbrechen des Sonderkommandos IV a 1 a im KZ Sachsenhausen, LSG 1/173
- Bericht von M. S. Michalis, Bestien in Menschengestalt, D 30 A Bd. 8/3

Archiv der KZ-Gedenkstätte Dachau
- Jochheim-Armin, Karl/Tauber, Georg (Hrsg.), Wahrheit und Recht! „Schwarz -Grün“. Internes Informationsblatt der Konzentrationäre Deutschlands der Schwarzen und Grünen (1946) 1, S. 1, Da A 30665
- Jochheim-Armin, Karl/Tauber, Georg (Hrsg.), Wahrheit und Recht! „Schwarz-Grün“. Internes Informationsblatt der Konzentrationäre Deutschlands der Schwarzen und Grünen (Juni 1946) 2, Da A 30664
- Jochheim-Armin, Karl/Tauber, Georg (Hrsg.), Die Vergessenen. Halbmonatsschrift für Wahrheit und Recht aller ehem. Konzentrationäre u. Naziopfer (Juli 1946) 2, Da A 14444
- Unterlagen des CID, Da A 42286

Archiv der KZ-Gedenkstätte Neuengamme
- HSN 13-8-3

Archiv Memorial und Museum Auschwitz
- Kłodziński, Stanisław, Pierwsza oświęcimska selekcja do gazu. Transport do „sanatorium Dresden“, in: Przegląd Lekarski, Seria II, XXVI., H. 1
- Bestand Bunkerbuch, D-Au I-3/1-2

Archiv des Bundesbeauftragten für die Unterlagen des Staatssicherheitsdienstes der ehemaligen Deutschen Demokratischen Republik (BStU)
- Strafverfügungen aus dem KZ Sachsenhausen, AV 2/87
- Bestand Ministerium für Staatssicherheit, HA XX

Archiv Fritz-Bauer Institut
- Aussagen Frankfurter Auschwitz Prozess, 4 KS 2/63

Archiv des Internationalen Suchtdienstes Bad Arolsen (ITS)
- Teilbestand 1.1.8.3.: Individuelle Unterlagen Männer KZ Flossenbürg, ITS Digital Archive, Bad Arolsen
- Teilbestand 1.1.11.: KZ Groß-Rosen, ITS Digital Archive, Bad Arolsen
- Teilbestand 1.1.5.3.: Individuelle Unterlagen Männer KZ Buchenwald, ITS Digital Archive, Bad Arolsen
- Teilbestand 1.1.0.6.: Dokumente/Schriftwechsel zu Verfolgung/Haftstätten, ITS Digital Archive, Bad Arolsen

Landesarchiv Berlin (LAB)
Strafakten, A Rep. 358-02:
- Bastubbe, Manfred, Nr. 19668
- Kucharzewski, Franz, Nr. 33363
- Kubik, Max, Nr. 35389
- Kruppa, Stanislaus, Nr. 116321
- Langfort, Paul, Nr. 115772
- Hauke, Fritz, Nr. 120319

Ermittlungsakten, B Rep. 058:
- Gutgesell, Walter, Nr. 5159

Brandenburgisches Landeshauptarchiv (BLHA), Potsdam
- Rep. 35H KZ Sachsenhausen Nr. 2
- Rep. 35H KZ Sachsenhausen Nr. 3/17
- Rep. 35H KZ Sachsenhausen Nr. 32
- Personalakte Max Kubik. Zuchthaus Brandenburg Görden, Rep. 29 Zuchthaus Brandenburg Nr. 7618

Landesarchiv NRW-Abteilung Rheinland
Vorbeugehaftakten der Kölner Kriminalpolizei, Bestand BR 2034:
- Buchholz, Ferdinand, VHI-20
- H., Peter, VHI-45

Vorbeugehaftakten der Duisburger Kriminalpolizei, Bestand BR 1111:
- B., Hubert, Nr. 63
- B., Anton, Nr. 86
- B., Ernst, Nr. 86
- Fehlhauer, Karl, Nr. 91
- H., Kurt, Nr. 101
- K., Hans, Nr. 105
- L., Karl, Nr. 108

- S., Anton, Nr. 119
- S., Otto, Nr. 123
- T., Aloysius, Nr. 127
- W., Peter, Nr. 129
- W., Leo, Nr. 131
- B., Johann, Nr. 139
- F. Erich, Nr. 155
- H., Hermann, Nr. 161
- H., Emil, Nr. 162
- K., Theodor, Nr. 177
- L., Lambert, Nr. 179
- Ledermann, Alfred, Nr. 181
- O., Andreas, Nr. 195
- Schmitz, Michael, Nr. 213

Niedersächsisches Landesarchiv Hannover (NLH HA)
- Hann. 86 Celle Acc. 142/90 Karteikarte Nr. 45/215
- Nds. 720 Hannover, Acc. 2007/112 Nr. 1702
- Nds. 720 Lüneburg, Acc. 139/90 Nr. 486
- Nds. 110 W Nr. 300325

Wiener Stadt- und Landesarchiv
- Strafakte Johannes G., Wiener Stadt- und Landesarchiv, 2.3.4. A11 – Vr LG I (1920–1938 auch LG II) 1851–1950, 1953–1960, 5465/1938

Staatsarchiv Hamburg (Staatsarchiv HH)
- Schriftverkehr Senatsverwaltung, 113-5, B I 15 c
- Dienststrafkammer, 221-10, D 34/38
- Polizeibehörde Hamburg, 331-I
- Karteikarten Haftanstalt Fuhlsbüttel, 242-1 II

Staatsanwaltschaft Landgericht – Strafsachen, 213-11:
- H., Paul, Nr. 528/40
- M., Alfred, Nr. 1432/44
- Stahlberg, Gustav, Nr. 1592-31
- M., Hans, Nr. 3767/39
- Puls, Minna, Nr. 5736/41
- Borgmeier, Ernst, Nr. 5394/40
- Schulze, Wilhelm, Nr. 6033/38

- Dell, Adolf, Nr. 6769/42
- L., Willi, Nr. 9835/39

Personalakten Kriminalpolizisten, 331-8:

- Christensen, Harald Martin, Nr. 541
- Fritsch, Hugo, Nr. 550
- Martens, Harald, Nr. 265

Bundesarchiv (BArch), Berlin

- Bestand Erinnerungen/Willy Jentsch, Y 30/1326
- Persönlicher Stab Reichsführer SS, NS 19/1282
- Oberreichsanwalt beim Reichsgericht, R 3003/15 J 132/32

Bundesarchiv (BArch), Ludwigsburg

- Einstellungsverfügung der Staatsanwaltschaft Hannover vom 25. Oktober 2004, B 162/41150

Geheimes Staatsarchiv Preußischer Kulturbesitz (GStA PK)

- Maßnahmen zur Bekämpfung des Berufsverbrechertums, Bd. 2, 1933, I. HA Rep., 84a Justizministerium, Nr. 8203

Literatur

Vor 1933

Heindl, R., Der Berufsverbrecher. Ein Beitrag zur Strafrechtsreform, Berlin 1926.

Lombroso, Cesare, Der Verbrecher in anthropologischer, ärztlicher und juristischer Beziehung, Hamburg 1890.

1933–1945

Alt, Axel [d. i. Wilhelm Ihde], „Der Tod fuhr im Zug". Den Akten der Kriminalpolizei nacherzählt, Berlin/Leipzig 1944.

[Ohne Autor], Wann greift die Kriminalpolizei ein? Kein Raum mehr für Querulanten und Bagatellsachen, in: Hamburger Tageblatt, 16. Dezember 1943.

[Ohne Autor], Konzentrationslager für Berufsverbrecher, in: Völkischer Beobachter, 27. November 1933.

[Ohne Autor], Erfolge der Verbrecher-Bekämpfung, in: Völkischer Beobachter, 13. Februar 1934.

[Ohne Autor], Konzentrationslager für Berufsverbrecher. Erste Maßnahmen in Berlin, in: Völkischer Beobachter, 29. November 1933.

Daluege, Karl, Nationalsozialistischer Kampf gegen das Verbrechertum, München 1936.

Fabich, Max, Die Straftaten der Gebrüder Sass (mehrteilig), in: Kriminalistik 14 (1940) 4, S. 37–39; 15 (1941) 2, S. 14–17; 15 (1941) 6, S. 64–67; 15 (1941) 11, S. 123–126.

Hagemann, Dr., „Der Gewohnheitsverbrecher" und damit zusammenhängende Begriffe, in: Kriminalistik 14 (1940) 8, S. 92 f.

Reichskriminalpolizeiamt (Hrsg.), Organisation und Meldedienst der Reichskriminalpolizei, Berlin 1939 (Schriftenreihe des Reichskriminalpolizeiamtes Berlin, Bd. 1).

Reichssicherheitshauptamt, Amt V (Hrsg.), Vorbeugende Verbrechensbekämpfung: Erlaßsammlung, Berlin 1941 (Schriftenreihe des Reichskriminalpolizeiamtes, Bd. 15).

Rodenfels, Dr. H., „Sittenstrolche und Verbrecher", in: Neues Volk. Blätter des Rassenpolitischen Amtes der NSDAP 4 (1939), S. 19–25.

Werner, Paul, Der Einsatz der Kriminalpolizei zum Schutze der Jugend, in: Kriminalistik, 14 (1941) 2, S. 13.

Zirpins, SS-Sturmbannführer Kriminaldirektor Dr., Das Getto in Litzmannstadt kriminalpolizeilich gesehen, in: Kriminalistik 15 (1941) 9, S. 97–99 und 15 (1941) 10, S. 109–112.

Nach 1945

Alberti, Michael, „Exerzierplatz des Nationalsozialismus". Der Reichsgau Wartheland 1939–1941, in: Klaus-Michael Mallmann/Bogdan Musial (Hrsg.), Genesis des Genozids. Polen 1939–1941, Darmstadt 2004 (Veröffentlichungen der Forschungsstelle Ludwigsburg der Universität Stuttgart, Bd. 3), S. 111–127.

Albin, Kazimierz, Steckbrieflich gesucht, Oświęcim 2008.

Anders, Katja/Dietrich, Anette/Gabriel, Lisa u. a. (Hrsg.), Unwegsames Gelände: Das Jugendkonzentrationslager Uckermark – Kontroversen um einen Gedenkort, Gütersloh 2013.

Auerbach, Helmuth, Die Einheit Dirlewanger, in: Vierteljahrshefte für Zeitgeschichte 10 (1962), S. 250–263.

August, Jochen, Der Transport von 575 Häftlingen des KL Auschwitz nach Sonnenstein (28. Juli 1941). Rekonstruktion einer vernichteten Transportliste, in: Hefte von Auschwitz 24 (2009), S. 125–191.

Ayaß, Wolfgang, Schwarze und grüne Winkel. Die nationalsozialistische Verfolgung von „Asozialen" und „Kriminellen" – ein Überblick über die Forschungsgeschichte, in: KZ-Gedenkstätte Neuengamme (Hrsg.), Ausgegrenzt. „Asoziale" und „Kriminelle" im nationalsozialistischen Lagersystem, Bremen

2009 (Beiträge zur Geschichte der nationalsozialistischen Verfolgung in Norddeutschland, Bd. 11), S. 16–30.
- Nicht der Einzelne zählte … „Gemeinschaftsfremd" im nationalsozialistischen Österreich, in: Verein zur Förderung des DOWAS (Hrsg.), Aus so krummem Holze, als woraus der Mensch gemacht ist, kann nichts ganz Gerades gezimmert werden. [30 Jahre DOWAS Innsbruck], Innsbruck 2006, S. 77–87.
- Die Einweisung von „Asozialen" in Konzentrationslager. Die „Aktion Arbeitsscheu Reich" und die kriminalpolizeiliche Praxis bei der Verhängung von Vorbeugehaft, in: Dietmar Sedlaczek/Thomas Lutz/Ulrike Puvogel/Ingrid Tomkowiak (Hrsg.), „minderwertig" und „asozial". Stationen der Verfolgung gesellschaftlicher Außenseiter, Zürich 2005, S. 89–105.
- „Asoziale" im Nationalsozialismus, Stuttgart 1995.
- Die „korrektionelle Nachhaft". Zur Geschichte der strafrechtlichen Arbeitshausunterbringung in Deutschland, in: Zeitschrift für Neuere Rechtsgeschichte 15 (1993), S. 184–201.
- Das Arbeitshaus Breitenau. Bettler, Landstreicher, Prostituierte, Zuhälter und Fürsorgeempfänger in der Korrektions- und Landarmenanstalt Breitenau (1874–1949), Kassel 1992.

Bach, Maurizio, „Drittes Reich" und Soziologie: Was kann die Soziologie zum Verständnis der nationalsozialistischen Führerdiktatur beitragen?, in: Soziologie 1 (2012), S. 19–27.

Bader, Karl S., Der kriminelle KZ-Häftling, in: Die Gegenwart 14 (1946), S. 18–21.

Ballhorn, Franz, Die Kelter Gottes. Tagebuch eines jungen Christen 1940–1945, Münster 1946.

Banz, Ingrid/Brüggemann, Sigrid/Maier, Roland (Hrsg.), Die Geheime Staatspolizei in Württemberg und Hohenzollern, Stuttgart 2013.

Bareither, Christoph/Büttner, Urs (Hrsg.), Fritz Lang. „M – Eine Stadt sucht einen Mörder". Texte und Kontexte, Würzburg 2010.

Baumann, Imanuel, Winkel-Züge. „Kriminelle" KZ-Häftlinge in der westdeutschen Nachkriegsgesellschaft, in: Norbert Frei/José Brunner/Constantin Goschler (Hrsg.), Die Praxis der Wiedergutmachung. Geschichte, Erfahrung und Wirkung in Deutschland und Israel, Göttingen 2009, S. 290–322.
- Dem Verbrechen auf der Spur. Eine Geschichte der Kriminologie und Kriminalpolitik in Deutschland 1880 bis 1980, Göttingen 2006.

Becker, Michael, „Social scientist, being normal men, will have great difficulties to understand …" Bemerkungen zur Rezeption der nationalsozialistischen Konzentrationslager in der deutschen Soziologie, in: Roman Fröhlich/Mira Jovanović-Ratković u. a. (Hrsg.), Zentrum und Peripherie. Die Wahrnehmung der nationalsozialistischen Konzentrationslager, Berlin 2013, S. 97–136.

Benz, Wolfgang/Distel, Barbara/Königseder, Angelika (Hrsg.), Nationalsozialistische Zwangslager. Strukturen und Regionen; Täter und Opfer, Berlin 2011.

– /Graml, Hermann/Weiß, Hermann, Enzyklopädie des Nationalsozialismus, 5. Aufl., München 2007.

– /Distel, Barbara (Hrsg.), Realität-Metapher-Symbol. Auseinandersetzung mit dem Konzentrationslager, Dachau 2006 (Dachauer Hefte, Bd. 22).

– /Distel, Barbara (Hrsg.), Der Ort des Terrors. Geschichte der nationalsozialistischen Konzentrationslager Bd. 1–9, München 2005–2009.

– /Distel, Barbara (Hrsg.), Die Verfolgung von Kindern und Jugendlichen, Dachau 1993 (Dachauer Hefte, Bd. 9).

Beßmann, Alyn/Eschebach, Insa (Hrsg.), Das Frauen-Konzentrationslager Ravensbrück. Geschichte und Erinnerung, Berlin 2013 (Schriftenreihe Stiftung Brandenburgische Gedenkstätten, Bd. 41).

Berger, Sara, Experten der Vernichtung. Das T4-Reinhardt-Netzwerk in den Lagern Belzec, Sobibor und Treblinka, Hamburg 2013.

Blondel, Jean-Luc/Urban, Susanne/Schönemann, Sebastian (Hrsg.), Freilegungen. Auf den Spuren der Todesmärsche, Göttingen 2012 (Jahrbuch des International Tracing Service, Bd. 1).

Bock, Gisela, Nationalsozialistische Sterilisationspolitik, in: Klaus-Dietmar Henke (Hrsg.), Tödliche Medizin im Nationalsozialismus. Von der Rassenhygiene zum Massenmord, Köln 2008 (Schriften des Deutschen Hygiene-Museums Dresden, Bd. 7), S. 85–99.

– Zwangssterilisation im Nationalsozialismus. Studien zu Rassenpolitik und Frauenpolitik, Opladen 1986.

Böhm, Boris, Die nationalsozialistische Tötungsanstalt Pirna-Sonnenstein 1940–1941, in: Günter Morsch/Bertrand Perz (Hrsg.), Neue Studien zu nationalsozialistischen Massentötungen durch Giftgas. Historische Bedeutung, technische Entwicklung und revisionistische Leugnung, Berlin 2010 (Schriftenreihe der Stiftung Brandenburgische Gedenkstätten, Bd. 29), S. 109–118.

Bohra, Stephanie, Tatort Sachsenhausen. Strafverfolgung von KZ-Verbrechen in der Bundesrepublik Deutschland (unveröffentlichte Dissertation).

Bömelburg, Hans-Jürgen/Król, Eugeniusz Cezary/ Thomæ, Michael (Hrsg.), Der Warschauer Aufstand 1944. Ereignis und Wahrnehmung in Polen und Deutschland, Paderborn 2011.

Bonnesoeur, Frederic, Oranienburg und das Konzentrationslager Sachsenhausen, Berlin 2013 (unveröffentlichte Magisterarbeit).

Brauer, Juliane, Musik im Konzentrationslager Sachsenhausen, Berlin 2009.

Brückweh, Kerstin, Mordlust. Serienmorde, Gewalt und Emotionen im 20. Jahrhundert, Frankfurt a. M. 2006 (Campus Historische Studien, Bd. 43).

Bucek, Tina, Karriere am Schneidbrenner, in: taz, 21. November 2001.

Buchheim, Hans/Broszat, Martin/Jacobsen, Hans-Adolf/Krausnick, Helmut (Hrsg.), Anatomie des SS-Staates, Olten/Freiburg im Breisgau 1965 (Gutachten des Instituts für Zeitgeschichte, Bd. 2).

– Die Aktion „Arbeitsscheu Reich", in: Hans Buchheim/Martin Broszat u. a. (Hrsg.), Anatomie des SS-Staates, Olten/Freiburg im Breisgau 1965 (Gutachten des Instituts für Zeitgeschichte, Bd. 2), S. 189–195.

Büge, Emil, 1470 KZ-Geheimnisse. Heimliche Aufzeichnungen aus der Politischen Abteilung des KZ Sachsenhausen Dezember 1939 bis April 1943, Berlin 2010 (Überlebenszeugnisse, Bd. 5).

Buggeln, Marc, Arbeit und Gewalt. Das Außenlagersystem des KZ Neuengamme, Göttingen 2009.

Buhlan, Harald/Jung, Werner (Hrsg.), Wessen Freund und wessen Helfer? Die Kölner Polizei im Nationalsozialismus, Köln 2000 (Schriften des NS-Dokumentationszentrums der Stadt Köln, Bd. 7).

Bundesministerium der Finanzen (Hrsg.), Entschädigung von NS-Unrecht. Regelungen zur Wiedergutmachung, Berlin 2012.

Burger, Adolf, Des Teufels Werkstatt. Die größte Geldfälscheraktion der Weltgeschichte, Berlin 2001.

Buser, Verena, Überleben von Kindern und Jugendlichen in den Konzentrationslagern Sachsenhausen, Auschwitz und Bergen-Belsen, Berlin 2011.

Caplan, Jane/Wachsmann, Nikolaus (Hrsg.), Concentration Camps in Nazi Germany. The New Histories, London 2009.

Centrum Schwule Geschichte (Hrsg.), „Das sind Volksfeinde". Die Verfolgung von Homosexuellen an Rhein und Ruhr 1933–1945, Köln 1998.

Cohen, Elie A., Human Behavior in the Concentration Camp, New York 1953.

Christ, Michaela, Die Soziologie und das „Dritte Reich". Weshalb Holocaust und Nationalsozialismus in der Soziologie ein Schattendasein führen, in: Soziologie 3 (2011), S. 407–431.

– /Suderland, Maja (Hrsg.), Soziologie und Nationalsozialismus. Positionen, Debatten, Perspektiven, Berlin 2014.

Chroust, Peter, Innenansichten eines medizinischen Täters im Nationalsozialismus: eine Edition seiner Briefe 1935–1947, Hamburg 1988.

Czech, Danuta, Kalendarium der Ereignisse im Konzentrationslager Auschwitz-Birkenau 1939–1945, Hamburg 1989.

Danckwortt, Barbara, Jüdische „Schutzhäftlinge" im KZ Sachsenhausen 1936–1938. Verfolgungsgeschichten von Kommunisten, Sozialdemokraten und Liberalen, in: Günter Morsch (Hrsg.), Jüdische Häftlinge im KZ Sachsenhausen, Berlin 2004, S. 140–164.

Deißler, Stefan, Geschichtslosigkeit als Gegenwartsproblem. Ein Schlaglicht auf die epistemologische Dimension der Debatte um den Ort des Nationalsozialismus in der Soziologie, in: Soziologie 2 (2013), S. 127–147.

Diercks, Herbert, Dokumentation Stadthaus. Die Hamburger Polizei im Nationalsozialismus. Texte, Fotos und Dokumente, Hamburg 2012.

Florian Dierl/Mariana Hausleitner u. a. (Hrsg.), Ordnung und Vernichtung. Die Polizei im NS-Staat. Eine Ausstellung der Deutschen Hochschule der Polizei, Münster, und des Deutschen Historischen Museums, Dresden 2011.

Distel, Barbara, Kriminelle und „Asoziale" als Häftlingskategorien, in: Wolfgang Benz/dies./Angelika Königseder (Hrsg.), Nationalsozialistische Zwangslager. Strukturen und Regionen; Täter und Opfer, Berlin 2011, S. 194–204.

– Frauen in nationalsozialistischen Konzentrationslagern – Opfer und Täterinnen, in: Wolfgang Benz/Barbara Distel (Hrsg.), Der Ort des Terrors. Geschichte der nationalsozialistischen Konzentrationslager Bd. 1, München 2005, S. 195–210.

Dokumentationsarchiv des österreichischen Widerstandes (Hrsg.), Opferschicksale. Widerstand und Verfolgung im Nationalsozialismus. 50 Jahre Dokumentationsarchiv des österreichischen Widerstandes, Wien 2013.

Dobler, Jens (Hrsg.), Großstadtkriminalität. Berliner Kriminalpolizei und Verbrechensbekämpfung 1930 bis 1950, Berlin 2013.

– Saubere Hauptstadt – Sittlichkeitsdelikte, in: ders. (Hrsg.), Großstadtkriminalität. Berliner Kriminalpolizei und Verbrechensbekämpfung 1930 bis 1950, Berlin 2013, S. 146–168.

– Die Berliner Polizei und die Nachkriegsdelinquenz, in: ders. (Hrsg.), Großstadtkriminalität. Berliner Kriminalpolizei und Verbrechensbekämpfung 1930 bis 1950, Berlin 2013, S. 247–257.

Dreßen, Willi, Konzentrationslager als Tötungs- und Hinrichtungsstätten für Oppositionelle, Behinderte, Kriegsgefangene, in: Wolfgang Benz/Barbara Distel (Hrsg.), Der Ort des Terrors. Geschichte der nationalsozialistischen Konzentrationslager Bd. 1, München 2005, S. 230–241.

Drobisch, Klaus, Oranienburg – eines der ersten nationalsozialistischen Konzentrationslager, in: Günter Morsch (Hrsg.), Konzentrationslager Oranienburg, Berlin 1994 (Schriftenreihe der Stiftung Brandenburgische Gedenkstätten, Bd. 3), S. 13–22.

Ebbinghaus, Angelika/Kaupen-Haas, Heidrun/Roth, Karl Heinz (Hrsg.), Heilen und Vernichten im Mustergau Hamburg. Bevölkerungspolitik und Gesundheitspolitik im Dritten Reich, Hamburg 1984.

Eberle, Annette, Häftlingskategorien und Kennzeichnungen, in: Wolfgang Benz/Barbara Distel (Hrsg.), Der Ort des Terrors. Geschichte der nationalsozialistischen Konzentrationslager Bd. 1, München 2005, S. 91–110.

Eghigian, Greg, The Corrigible and the Incorrigible. Science, Medicine, and the Convict in Twentieht-Century Germany, Michigan 2015.

Elling-Ruhwinkel, Elisabeth, Sichern und Strafen: das Arbeitshaus Benninghausen (1871–1945), Paderborn 2005.

Engemann, Walter/Zunk, Ellen (Hrsg.), Damals in Sachsenhausen: Solidarität und Widerstand im Konzentrationslager Sachsenhausen, Berlin 1961.

Eschebach, Insa/Ley, Astrid, Einführung, in: dies. (Hrsg.), Geschlecht und „Rasse" in der NS-Medizin, Berlin 2012 (Forschungsbeiträge und Materialien der Stiftung Brandenburgische Gedenkstätten, Bd. 5), S. 7–16.

Evans, Richard J., Zwangssterilisierung, Krankenmord und Judenvernichtung im Nationalsozialismus. Ein Überblick, in: Klaus-Dietmar Henke (Hrsg.), Tödliche Medizin im Nationalsozialismus. Von der Rassenhygiene zum Massenmord, Köln 2008 (Schriften des Deutschen Hygiene-Museums Dresden, Bd. 7), S. 31–45.

Fangmann, Helmut/Reifner, Udo/Steinborn, Nobert, „Parteisoldaten". Die Hamburger Polizei im „3. Reich", Hamburg 1987.

Feldenkirchen, Wilfried, Berlin-Haselhorst, in: Wolfgang Benz/Barbara Distel (Hrsg.), Der Ort des Terrors. Geschichte der nationalsozialistischen Konzentrationslager Bd. 3, München 2006, S. 82–84.

Feraru, Peter, Muskel Adolf & Co. Die „Ringvereine" und das organisierte Verbrechen in Berlin, Berlin 1995.

Frei, Norbert/Brunner, José/Goschler, Constantin (Hrsg.), Die Praxis der Wiedergutmachung. Geschichte, Erfahrung und Wirkung in Deutschland und Israel, Göttingen 2009.

Frei, Norbert/Steinbacher, Sybille/Wagner, Bernd C. (Hrsg.), Ausbeutung, Vernichtung, Öffentlichkeit. Neue Studien zur nationalsozialistischen Lagerpolitik, München 2000 (Institut für Zeitgeschichte, Bd. 4).

Frietsch, Elke/Herkommer, Christina, Nationalsozialismus und Geschlecht. Zur Politisierung und Ästhetisierung von Körper, „Rasse" und Sexualität im „Dritten Reich" und nach 1945, Bielefeld 2009.

Fritz Bauer Institut (Hrsg.), Zeugenschaft des Holocaust. Zwischen Trauma, Tradierung und Ermittlung, Frankfurt a. M. 2007 (Jahrbuch zur Geschichte und Wirkung des Holocaust).

Fröhlich, Roman/Jovanović-Ratković, Mira/Siebeck, Cornelia/Wiedemann, Frank (Hrsg.), Zentrum und Peripherie. Die Wahrnehmung der nationalsozialistischen Konzentrationslager, Berlin 2013.

Fülberth, Johannes, Das Gefängnis Spandau 1918–1947. Strafvollzug in Demokratie und Diktatur, Berlin 2014 (Schriftenreihe des Landesarchivs Berlin, Bd. 17).

Galassi, Silviana, Kriminologie im Deutschen Kaiserreich Geschichte einer gebrochenen Verwissenschaftlichung, Stuttgart 2004 (Pallas Athene. Beiträge zur Universitäts- und Wissenschaftsgeschichte, Bd. 9).

Gerlach, Christian, Kalkulierte Morde. Die deutsche Wirtschafts- und Vernichtungspolitik in Weißrussland 1941 bis 1944, Hamburg 1999.

Goeschel, Christian, The Criminal Underworld in Weimar and Nazi Berlin, in: History Workshop Journal 75 (2013) 1, S. 58–80.

Grau, Günter, Homosexualität in der NS-Zeit. Dokumente einer Diskriminierung und Verfolgung, Frankfurt a. M. 2004.

Gruber-Lieblich, Renate, „... und morgen war Krieg!" Arado Flugzeugwerke GmbH Wittenberg 1936–1945. Ein KZ-Lager entsteht, Halle/Saale 2007.

Gruchmann, Lothar, Justiz im Dritten Reich 1933–1940. Anpassung und Unterwerfung in der Ära Gürtner, München 1988.

Guse, Martin, „Wir hatten noch gar nicht angefangen zu leben". Katalog zu den Jugendkonzentrationslagern Moringen und Uckermark, Liebenau/Moringen 1997.

Guth, Karin, Z 3105. Der Sinto Walter Winter überlebt den Holocaust, Hamburg 2009.

Gutheil, Jörg-Erik u. a. (Hrsg.), Einer muß überleben. Gespräche mit Auschwitzüberlebenden 40 Jahre danach, Düsseldorf 1984.

Hahn, Judith/Kavcic, Silvija/Kopke, Christoph (Hrsg.), Medizin im Nationalsozialismus und das System der Konzentrationslager. Beiträge eines interdisziplinären Symposiums, Frankfurt a. M. 2005.

Häntzschel, Hiltrud, Marieluise Fleißer. Eine Biographie, Frankfurt a. M. 2007.

Justizbehörde Hamburg (Hrsg.), „Von Gewohnheitsverbrechern, Volksschädlingen und Asozialen ..." Hamburger Justizurteile im Nationalsozialismus, Hamburg 1995.

Hartmann, Arthur/von Lampe, Klaus, The German Underworld and the Ringvereine from the 1890s through the 1950s, in: Global Crime, 1–2 (2008), 108–135.

Haustein, Petra, Geschichte im Dissens. Die Auseinandersetzungen um die Gedenkstätte Sachsenhausen nach dem Ende der DDR, Leipzig 2006.

Hax, Iris, Sterilisierung und Kastration von Häftlingen des KZ Sachsenhausen, in: Hahn, Judith/Kavcic, Silvija/Kopke, Christoph (Hrsg.), Medizin im Nationalsozialismus und das System der Konzentrationslager. Beiträge eines interdisziplinären Symposiums, Frankfurt a. M. 2005, S. 66–91.

Heger, Heinz, Die Männer mit dem rosa Winkel. Der Bericht eines Homosexuellen über seine KZ-Haft von 1939–1945, Hamburg 1972.

Heilbut, Peter, Meilensteine. Gestapohaft in Dresden, KZ Sachsenhausen, Todesmarsch (1943–1954), Berlin 2012 (ÜberLebenszeugnisse, Bd. 6).

Heineman, Elizabeth D., Sexuality and Nazism: The Doubly Unspeakable?, in: Herzog, Dagmar (Hrsg.), Sexuality and German Fascism, New York/Oxford 2005, S. 22–66, hier S. 55.

Heinrich, Wolfgang, Frauen waren mein Verhängnis. Das abenteuerliche Leben des Hochstaplers und Einbrechers Manfred Bastubbe nach seinen Bekenntnissen, Berlin 1956.

Hellmer, Joachim, Der Gewohnheitsverbrecher und die Sicherungsverwahrung 1934–1945, Berlin 1961.

Henke, Klaus-Dietmar (Hrsg.), Tödliche Medizin im Nationalsozialismus. Von der Rassenhygiene zum Massenmord, Köln 2008.

Henne, Thomas, Zeugenschaft vor Gericht, in: Fritz Bauer Institut (Hg.), Zeugenschaft des Holocaust. Zwischen Trauma, Tradierung und Ermittlung, Frankfurt a. M. 2007 (Jahrbuch zur Geschichte und Wirkung des Holocaust), S. 79–92.

Herbert, Ulrich (Hrsg.), Wandlungsprozesse in Westdeutschland. Belastung, Integration, Liberalisierung 1945–1980, Göttingen 2002.

Herbert, Ulrich u. a. (Hrsg.), Die nationalsozialistischen Konzentrationslager. Entwicklungen und Struktur, Bd. I, Göttingen 1998.

Herbert, Ulrich, Von der Gegnerbekämpfung zur „rassistischen Generalprävention". „Schutzhaft" und Konzentrationslager in der Konzeption der Gestapo-Führung 1933–1939, in: Herbert/Orth/Dieckmann (Hrsg.), Die nationalsozialistischen Konzentrationslager. Entwicklungen und Struktur, Bd. I, Göttingen 1998, S. 60–87.

Herzog, Dagmar (Hrsg.), Sexuality and German Fascism, New York/Oxford 2005.

Hillmann, Karl-Heinz, Wörterbuch der Soziologie, 5. Aufl., Stuttgart 2007.

Heß, Christiane/Hörath, Julia/Schröder, Dominique/Wünschmann, Kim (Hrsg.), Kontinuitäten und Brüche. Neue Perspektiven auf die Geschichte der NS-Konzentrationslager, Berlin 2001.

Hörath, Julia, „Arbeitsscheue Volksgenossen". Leistungsbereitschaft als Kriterium der Inklusion und Exklusion, in: Marc Buggeln/Michael Wildt (Hrsg.), Arbeit im Nationalsozialismus, Oldenburg 2014, S. 309–328.

– Experimente zur Kontrolle und Repression von Devianz und Delinquenz. Die Einweisung von „Asozialen" und „Berufsverbrechern" in die Konzentrationslager 1933 bis 1937/38, Berlin 2012 (unveröffentlichte Dissertation).

– Terrorinstrumente der „Volksgemeinschaft"? KZ-Haft für „Asoziale" und „Berufsverbrecher" 1933 bis 1937/38, in: Zeitschrift für Geschichtswissenschaft (2012) 6, S. 513–532.

Höß, Rudolf, Kommandant in Auschwitz. Autobiographische Aufzeichnungen von Rudolf Höß. Hrsg. von Martin Broszat im Auftrag des Instituts für Zeitgeschichte, Stuttgart 1958.

Hoffmann, Detlef, Dachau, in: ders. (Hrsg.), Das Gedächtnis der Dinge. KZ-Relikte und KZ-Denkmäler 1945–1995, Frankfurt a. M. 1998, S. 36–92.

Hoffmann, Ute, „Für Reichszwecke frei gemacht". Zur Errichtung und Funktion der „Euthanasie"-Anstalt Bernburg/Saale, in: Günter Morsch/Bertrand Perz (Hrsg.), Neue Studien zu nationalsozialistischen Massentötungen durch Giftgas: Historische Bedeutung, technische Entwicklung und revisionistische Leugnung, Berlin 2010 (Schriftenreihe der Stiftung Brandenburgische Gedenkstätten, Bd. 29), S. 131–139.

Hoffmann, Ute/Schulze, Dietmar, ...wird heute in eine andere Anstalt verlegt. Nationalsozialistische Zwangssterilisation und „Euthanasie" in der Landes-Heil-und Pflegeanstalt Bernburg – eine Dokumentation, Dessau 1997.

Hoffschildt, Rainer, „Sicherungsverwahrung" als Instrument der Verfolgung homosexueller Männer, in: KZ-Gedenkstätte Neuengamme (Hrsg.), Ausgegrenzt. „Asoziale" und „Kriminelle" im nationalsozialistischen Lagersystem, Bremen 2009 (Beiträge zur Geschichte der nationalsozialistischen Verfolgung in Norddeutschland, Bd. 11), S. 76–84.

Hohmann, Joachim S./Wieland, Günther (Hrsg.), Konzentrationslager Sachsenhausen bei Oranienburg 1939 bis 1944. Die Aufzeichnungen des KZ-Häftlings Rudolf Wunderlich, Frankfurt a. M. 1997.

Hosa, Kerstin, „Österreicher und Österreicherinnen im nationalsozialistischen Konzentrationslager Sachsenhausen 1938–1945", Wien 2008 (Magisterarbeit).

Karl Hüser, Wewelsburg 1933 bis 1945. Kult und Terrorstätte der SS. Eine Dokumentation, 2. Aufl. Hrsg. vom Kreis Paderborn, Paderborn 1987 (Schriftenreihe des Kreismuseums Wewelsburg, Bd. 1).

Ibel, Johannes, Die Häftlingsdatenbank der KZ-Gedenkstätte Flossenbürg, in: Gedenkstättenrundbrief 115 (2003), S. 3–13.

Irmer, Thomas/Reischl, Barbara/Nürnberg, Kaspar (Hrsg.), Das städtische Arbeits- und Bewahrungshaus Rummelsburg in Berlin-Lichtenberg, in: Gedenkstättenrundbrief 144 (2008), S. 22–31.

Irmer, Thomas/Seferens, Horst, Die Außenlager der Konzentrationslager Sachsenhausen und Ravensbrück in Berlin, Brandenburg und Mecklenburg-Vorpommern, in: Gedenkstättenrundbrief 117 (2004), S. 36–39.

Jäckel, Eberhard/Longerich, Peter/Schoeps, Julius H. (Hrsg.), Enzyklopädie des Holocaust. Die Verfolgung und Ermordung der europäischen Juden, Bd. 1, Berlin 1993, S. 1.

Jasko, Zdzislaw, Ich wollte in die Schule und kam ins KZ, Göttingen 2005.

Jensen, Claus/Olsen, Jannick/Kramer, Liv Gottlieb/Krogh, Morton, De danske "asociale" – En overset gruppe koncentrationslejrfanger (unveröffentlichte Seminararbeit 2013).

Jeske, Natalja, Das KZ-Außenlager Barth. Geschichte und Erinnerung, Kückenshagen 2010.

John, Kirsten, „Mein Vater wird gesucht …". Häftlinge des Konzentrationslagers in Wewelsburg, 4. Aufl., Essen 2001 (Schriftenreihe des Kreismuseums Wewelsburg, Bd. 2),

John-Stucke, Kirsten, Die Zeugen Jehovas im Konzentrationslager Wewelsburg und ihre Geheimdruckerei, in: Schulte, Jan Erik (Hrsg.), Die SS, Himmler und die Wewelsburg, Paderborn 2009 (Schriftenreihe des Kreismuseums Wewelsburg, Bd. 7), S. 337–354.

Jung, Heike/Müller-Dietz, Heinz (Hrsg.), Strafvollzug im „Dritten Reich". Am Beispiel des Saarlandes, Baden-Baden 1996.

Junge, Heinz, Die Mörder sind noch unter uns, Dortmund 1967.

Kaes, Anton, M, London 2000.

Kaienburg, Hermann (Hrsg.), Nationalsozialistische Konzentrationslager 1933–1945: Die Veränderungen der Existenzbedingungen, Berlin 2010 (Reihe Geschichte der Konzentrationslager 1933–1945, Bd. II).

– Die Systematisierung der Gewalt. Das KZ Sachsenhausen als neues Zentral- und Musterlager, in: ders. (Hrsg.), Nationalsozialistische Konzentrationslager 1933–1945: Die Veränderungen der Existenzbedingungen, Berlin 2010 (Reihe Geschichte der Konzentrationslager 1933–1945, Bd. II), S. 51–73.

– Der Militär- und Wirtschaftskomplex der SS im KZ-Standort Sachsenhausen – Oranienburg. Schnittpunkt von KZ-System, Waffen-SS und Judenmord, Berlin 2006 (Schriftenreihe der Stiftung Brandenburgische Gedenkstätten, Bd. 16).

– Sachsenhausen – Stammlager, in: Wolfgang Benz/Barbara Distel (Hrsg.), Der Ort des Terrors. Geschichte der nationalsozialistischen Konzentrationslager Bd. 3, München 2006, S. 17–72.

– „Freundschaft? Kameradschaft? …Wie kann das dann möglich sein?" Solidarität, Widerstand und die Rolle der „roten Kapos" in Neuengamme, in: KZ-Gedenkstätte Neuengamme (Hrsg.), Abgeleitete Macht – Funktionshäftlinge zwischen Widerstand und Kollaboration, Hamburg 1998 (Beiträge zur Geschichte der nationalsozialistischen Verfolgung in Norddeutschland, Bd. 4), S. 18–51.

Kaminsky, Uwe, Die NS-„Euthanasie". Ein Forschungsüberblick, in: Klaus-Dietmar Henke (Hrsg.), Tödliche Medizin im Nationalsozialismus. Von der Rassenhygiene zum Massenmord, Köln 2008 (Schriften des Deutschen Hygiene-Museums Dresden, Bd. 7), S. 269–290.

Kaupen-Haas, Heidrun/Saller, Christian (Hrsg.),Wissenschaftlicher Rassismus. Analysen einer Kontinuität in den Human- und Naturwissenschaften, Frankfurt a. M. 1999.

Kautsky, Benedikt, Teufel und Verdammte. Erfahrungen und Erkenntnisse aus sieben Jahren in deutschen Konzentrationslagern, Wien 1961.

Kershaw, Ian, „Volksgemeinschaft". Potenzial und Grenzen eines neuen Forschungskonzepts, in: Vierteljahrshefte für Zeitgeschichte 1 (2011), S. 1–19.

Klausch, Hans-Peter, Polizei, Wehrmacht und KZ-System. Die „A-Kartei-Aktion" zu Beginn des Zweiten Weltkrieges, in: KZ-Gedenkstätte Neuengamme (Hrsg.), Polizei, Verfolgung und Gesellschaft im Nationalsozialismus, Bremen 2013 (Beiträge zur Geschichte der nationalsozialistischen Verfolgung in Norddeutschland, Bd. 15), S. 105–118.

– Antifaschisten in SS-Uniform. Schicksal und Widerstand der deutschen politischen KZ-Häftlinge, Zuchthaus- und Wehrmachtsgefangenen in der SS-Sonderformation Dirlewanger, Bremen 1993.

Klee, Ernst, „Euthanasie" im NS-Staat. Die „Vernichtung lebensunwerten Lebens", Frankfurt a. M. 1983.

Knoch, Habbo, „Stupider Willkür ausgeliefert". Organisationsformen und Gewaltpraktiken in den emsländischen Konzentrations- und Strafgefangenenlagern 1933–1940, in: Hermann Kaienburg (Hrsg.), Nationalsozialistische Konzentrationslager 1933–1945: Die Veränderungen der Existenzbedingungen, Berlin 2010 (Reihe Geschichte der Konzentrationslager 1933–1945, Bd. II), S. 25–51.

– Die Emslandlager 1933–1945, in: Benz/Distel, Der Ort des Terrors, Bd. 1, München 2005, S. 532–570.

– /Rahe, Thomas (Hrsg.), Bergen-Belsen. Neue Forschungen (Bergen-Belsen – Dokumente und Forschungen, Bd. 2), Göttingen 2014.

Knoll, Albert, Homosexuelle Häftlinge im KZ Dachau, in: Invertito. Jahrbuch für die Geschichte der Homosexualitäten 4 (2002): Denunziert, verfolgt, ermordet: Homosexuelle Männer und Frauen in der NS-Zeit.

Knop, Monika, Oranienburg (Auer), in: Wolfgang Benz/Barbara Distel (Hrsg.), Der Ort des Terrors. Geschichte der nationalsozialistischen Konzentrationslager, Bd. 3, München 2006, S. 241–244.

– /Wickert, Christl, Weibliche Häftlinge im Konzentrationslager Sachsenhausen (unveröffentlichtes Manuskript 2005).

Knutzen, Sünje, Sexuelle Gewalt als Bedrohung und Spektakel. Wahrnehmungen und Deutungen des „Lustmörders" durch die Öffentlichkeit der Weimarer Republik am Beispiel des Falles Haarmann in Hannover, Göttingen 2002 (unveröffentlichte Magisterarbeit).

Köchl, Sylvia/Putz, Christa, Kriminell – ein Leben lang. Bestrafung und Verfolgung zweier Welserinnen vor, während und nach dem Nationalsozialismus, in: Stadt Wels (Hrsg.), Nationalsozialismus in Wels, Bd. 2, Wels 2012.

Königseder, Angelika, Auschwitz, in: Wolfgang Benz/Barbara Distel (Hrsg.), Der Ort des Terrors. Geschichte der nationalsozialistischen Konzentrationslager Bd. 5, München 2007, S. 81.

Kogon, Eugen, Der SS-Staat. Das System der deutschen Konzentrationslager, 11. Aufl., München 2001.

Kohlhagen, Erich, Zwischen Bock und Pfahl. 77 Monate in den deutschen Konzentrationslagern, Berlin 2010 (ÜberLebenszeugnisse, Bd. 4).

Kolata, Jens, Zwischen Sozialdisziplinierung und „Rassenhygiene". Die Verfolgung von „Asozialen", „Arbeitsscheuen", „Swingjugend" und Sinti, in: Ingrid Banz/Sigrid Brüggemann/Roland Maier (Hrsg.), Die Geheime Staatspolizei in Württemberg und Hohenzollern, Stuttgart 2013, S. 321–337.

Kompisch, Anne-Kathrin, Wüstling-Werwolf-Teufel. Medienbilder von Serienmördern in der deutschen Massenpresse 1918–1945, Hamburg 2008.

- Täterinnen. Frauen im Nationalsozialismus, Köln/Weimar/Wien 2008.
- „Zur Verhinderung schwerster Sexualverbrechen". Sterilisations- bzw. Kastrationsdiskurse in bezug auf Kriminelle in der Massenpresse der Weimarer Republik und des Nationalsozialismus, in: Juristische Zeitgeschichte Nordrhein-Westfalen 17 (2009): Justiz und Erbgesundheit. Zwangssterilisation, Stigmatisierung, Entrechtung, S. 27–38.

Kosthorst, Erich/Walter, Bernd, Konzentrations- und Strafgefangenenlager im Emsland 1933–1945. Zum Verhältnis von NS-Regime und Justiz. Darstellung und Dokumentation, Düsseldorf 1985.

Kranebitter, Andreas, Zahlen als Zeugen: soziologische Analysen zur Häftlingsgesellschaft des KZ Mauthausen, Wien 2013 (Mauthausen Studien, Schriftenreihe der KZ-Gedenkstätte Mauthausen, Bd. 9).

Krickler, Kurt, Heinz Heger. Der Mann mit dem rosa Winkel, in: lambdaNachrichten 6 (2001), S. 42–44.

Kühl, Stefan, Ein letzter kläglicher Versuch der Verdrängung, in: FAZ, 8. Mai 2013, S. N 4.

Kulisiewicz, Aleksander, Adresse: Sachsenhausen. Literarische Momentaufnahmen aus dem KZ, Gerlingen 1997.

Kuß, Irmtraud, Funktionshäftlinge im Konzentrationslager Sachsenhausen. Möglichkeiten und Grenzen ihrer Tätigkeit, Berlin 1998 (unveröff. Magisterarbeit).

Kutscher, Volker, Der Nasse Fisch, Köln 2007.

- Der stumme Tod, Köln 2009.
- Goldstein, Köln 2010.
- Die Akte Vaterland, Köln 2012.

KZ-Gedenkstätte Neuengamme (Hrsg.), Polizei, Verfolgung und Gesellschaft im Nationalsozialismus, Bremen 2013.

- (Hrsg.), Ausgegrenzt. „Asoziale“ und „Kriminelle“ im nationalsozialistischen Lagersystem, Bremen 2009 (Beiträge zur Geschichte der nationalsozialistischen Verfolgung in Norddeutschland, Bd. 11).
- (Hrsg.), Verfolgung von Homosexuellen im Nationalsozialismus, Bremen 1999 (Beiträge zur Geschichte der nationalsozialistischen Verfolgung in Norddeutschland, Bd. 5).
- (Hrsg.), Abgeleitete Macht – Funktionshäftlinge zwischen Widerstand und Kollaboration, Hamburg 1998 (Beiträge zur Geschichte der nationalsozialistischen Verfolgung in Norddeutschland, Bd. 4).

Langbein, Hermann, „... nicht wie die Schafe zur Schlachtbank“. Widerstand in den nationalsozialistischen Konzentrationslagern 1938–1945, Frankfurt a. M. 1980.
- Menschen in Auschwitz, Frankfurt a. M./Berlin 1980.

Lange, Carmen, Gedenkstätte Todesmarsch im Belower Wald nach umfassender Neugestaltung wieder eröffnet, in: GedenkstättenRundbrief 155 (2010), S. 3–14.

Lange, Hans-Jürgen (Hrsg.), Kriminalpolitik, Wiesbaden 2008 (Studien zur Inneren Sicherheit, Bd. 9).

Langhammer, Sven, Die reichsweite Verhaftungsaktion vom 9. März 1937 – eine Maßnahme zur „Säuberung des Volkskörpers“, in: Hallische Beiträge zur Zeitgeschichte 1 (2007), S. 55–77.
- Die polizeiliche Vorbeugungshaft in Preußen 1933–1937. Am Beispiel des staatlichen Konzentrationslagers Lichtenburg in der Provinz Sachsen, Halle 2005 (unveröffentlichte Magisterarbeit).

Layer-Jung, Gabriele/Pagenstecher, Cord, Berlin-Schöneweide, in: Wolfgang Benz/Barbara Distel (Hrsg.), Der Ort des Terrors. Geschichte der nationalsozialistischen Konzentrationslager Bd. 3, München 2006, S. 120–123.

Lenarczyk, Woijiech/Mix, Andreas/Schwartz, Johannes/Springmann, Veronika (Hrsg.), KZ-Verbrechen. Beiträge zur Geschichte der nationalsozialistischen Konzentrationslager und ihrer Erinnerung, Berlin 2007.

Lettow, Fritz, Arzt in den Höllen. Erinnerungen an vier Konzentrationslager, Berlin 1997.

Ley, Astrid, Kollaboration mit der SS zum Wohle der Patienten? Das Dilemma der Häftlingsärzte in Konzentrationslagern, in: Zeitschrift für Geschichtswissenschaft 61 (2013), S. 123–139.
- /Hinz-Wessels, Annette (Hrsg.), Die Euthanasie-Anstalt Brandenburg an der Havel. Morde an Kranken und Behinderten im Nationalsozialismus, Berlin 2012 (Schriftenreihe der Stiftung Brandenburgische Gedenkstätten, Bd. 34).
- Vom Krankenmord zum Genozid. Die „Aktion 14f13“ in den Konzentrationslagern, in: Dachauer Hefte 25 (2009): Die Zukunft der Erinnerung, S. 36–49.

– /Morsch, Günter (Hrsg.), Medizin und Verbrechen. Das Krankenrevier des KZ Sachsenhausen 1936–1945, Berlin 2007 (Stiftung Brandenburgische Gedenkstätten, Bd. 21).

– Nationalsozialistische Erbgesundheitspflege im Spannungsfeld gesellschaftlicher Interessen: Ideologische, ökonomische und medizinische Ziele des Sterilisationsgesetztes, in: Wolfgang Woelk/Jörg Vögele (Hrsg.), Geschichte und Gesundheitspolitik in Deutschland. Von der Weimarer Republik bis in die Frühgeschichte der „doppelten Staatsgründung", Berlin 2002 (Schriften zur Wirtschafts- und Sozialgeschichte, Bd. 73), S. 187–196.

Lieske, Dagmar, „Berufsverbrecher" als Häftlinge im Konzentrationslager Sachsenhausen. Ein Forschungsbericht, in: Roman Fröhlich/Mira Jovanović-Ratković u. a. (Hrsg.), Zentrum und Peripherie. Die Wahrnehmung der nationalsozialistischen Konzentrationslager, Berlin 2013, S. 58–77.

– Die Hamburger Kriminalpolizei und die „Vorbeugende Verbrechensbekämpfung" – Täter und Opfer, in: KZ-Gedenkstätte Neuengamme (Hrsg.), Polizei, Verfolgung und Gesellschaft im Nationalsozialismus, Bremen 2013 (Beiträge zur Geschichte der nationalsozialistischen Verfolgung in Norddeutschland, Bd. 15), S. 68–77.

Limbächer, Katja/Merten, Maike/Pfefferle, Bettina (Hrsg.), Das Mädchenkonzentrationslager Uckermark – Beiträge zur Geschichte und Gegenwart, 2. Aufl., Göttingen 2005.

Linck, Stephan, Der Wandel der Kriminalitätsbekämpfung 1933 bis 1945 am Beispiel der Kriminalpolizeistelle Flensburg, in: KZ-Gedenkstätte Neuengamme (Hrsg.), Polizei, Verfolgung und Gesellschaft im Nationalsozialismus, Bremen 2013 (Beiträge zur Geschichte der nationalsozialistischen Verfolgung in Norddeutschland, Bd. 15), S. 61–68.

– Der Ordnung verpflichtet: Deutsche Polizei 1933–1949. Der Fall Flensburg, Paderborn/München/Wien/Zürich 2000.

Longerich, Peter, Gemach – bis zum Praxistext, in: Vierteljahrshefte für Zeitgeschichte 3 (2014), S. 459–462.

– Heinrich Himmler. Biographie, München 2008.

Ludewig-Kedmi, Revital, Opfer und Täter zugleich? Moraldilemmata jüdischer Funktionshäftlinge in der Shoah, Gießen 2001.

Lüdtke, Alf/Reinke, Herbert/Sturm, Michael (Hrsg.), Polizei, Gewalt und Staat im 20. Jahrhundert, Wiesbaden 2011 (Studien zur Inneren Sicherheit, Bd. 14).

Luhmann, Niklas, Gesellschaft, in: Lexikon zur Soziologie, 5. Aufl., Wiesbaden 2011.

Madajczyk, Czeslaw, Die Okkupationspolitik Nazideutschlands in Polen 1939–1945, Köln 1988.

Mahn, Thomas, Gebrüder Sass – Vorsprung durch Technik, in: Klaus Schönberger (Hrsg.), Va Banque! Bankraub: Theorie. Praxis. Geschichte, Hamburg 2000, S. 24–25.

Maier, Helmut (Hrsg.), Rüstungsforschung im Nationalsozialismus. Organisation, Mobilisierung und Entgrenzung der Technikwissenschaften, Göttingen 2002.

Malkin, Lawrence, Hitlers Geldfälscher. Wie die Nazis planten, das internationale Währungssystem auszuhebeln, Bergisch Gladbach 2006.

Mallmann, Klaus-Michael/Böhler, Jochen/Matthäus, Jürgen (Hrsg.), Einsatzgruppen in Polen. Darstellung und Dokumentation, Darmstadt 2008 (Veröffentlichungen der Forschungsstelle Ludwigsburg der Universität Stuttgart, Bd. 12).

– /Musial, Bogdan (Hrsg.), Genesis des Genozids. Polen 1939–1941, Darmstadt 2004 (Veröffentlichungen der Forschungsstelle Ludwigsburg der Universität Stuttgart, Bd. 3).

Matthes, Günter, Strausberg, in: Wolfgang Benz/Barbara Distel (Hrsg.), Der Ort des Terrors. Geschichte der nationalsozialistischen Konzentrationslager, Bd. 3, München 2006, S. 276–278.

Meyer, Winfried, Beseitigung eines Zeugen des nationalsozialistischen Krankenmordes: Die Ermordung des Gendarmeriemeisters a. D. Jakob Küchle im KZ Sachsenhausen, in: Zeitschrift für Geschichtswissenschaft (2012) 1, S. 28–53.

– /Nathow, Stefanie, Liebesgaben aus Genf. Die Paketsendungen des Internationalen Komitees vom Roten Kreuz für Häftlinge des KZ Sachsenhausen und ihr Mißbrauch durch die SS, in: Dachauer Hefte 22 (2006): Realität – Metapher – Symbol. Auseinandersetzung mit dem Konzentrationslager, S. 44–99.

– „Asoziale" als Opfer nationalsozialistischer Verfolgung gestern und Opfer rechter Gewalt heute. Veranstaltung zum Gedenktag für die Opfer des Nationalsozialismus in der Gedenkstätte und dem Museum Sachsenhausen am 26. Januar 2001, in: GedenkstättenRundbrief 99 (2001), S. 13–25.

Michaelis, Rolf (Hrsg.), Erinnerungen an das SS-Sonderkommando „Dirlewanger", Berlin 2008.

Michel, Antje, Restrukturierte Wirklichkeit. Studien zur Kommunikationssituation im Konzentrationslager am Beispiel der Gerüchtekommunikation im KZ Sachsenhausen, Münster 2005 (Villigst Perspektiven. Dissertationsreihe des Evangelischen Studienwerks e. V. Villigst, Bd. 4).

Micheler, Stefan/Terfloht, Moritz, Homosexuelle Männer als Opfer des Nationalsozialismus in Hamburg, Hamburg 2002 (Materialien zur Geschichte gleichgeschlechtlichen Lebens in Hamburg).

Micheler, Stefan, „Verfahren nach § 175 übertrafen in ihrer Häufigkeit die Verfahren gegen andere Verfolgte erheblich" – daher wurden sie vernichtet. Zum Umgang des Hamburger Staatsarchivs mit NS-Justizakten, in: KZ-Gedenkstätte Neuengamme (Hrsg.), Verfolgung von Homosexuellen im Nationalsozialismus, Bremen 1999 (Beiträge zur Geschichte der nationalsozialistischen Verfolgung in Norddeutschland, Bd. 5), S. 112–122.

– /Michelsen, Jakob/Terfloth, Moritz, Archivalische Entsorgung der deutschen Geschichte? Historiker fordern die vollständige Aufbewahrung wichtiger Gerichtsakten aus der NS-Zeit, in: 1999, Zeitschrift für Sozialgeschichte des 20. und 21. Jahrhunderts (1996) 3, S. 138–145.

Möhler, Rainer, Strafvollzug im „Dritten Reich". Nationale Politik und regionale Ausprägung am Beispiel des Saarlandes, in: Heike Jung/Heinz Müller-Dietz (Hrsg.), Strafvollzug im „Dritten Reich". Am Beispiel des Saarlandes, Baden-Baden 1996, S. 9–301.

Möller, Katharina, Überstellt ins Konzentrationslager Neuengamme: Sicherungsverwahrung im Nationalsozialismus. Entstehung – Praxis – biographische Beispiele, Hamburg 2009.

Mörchen, Stefan, Schwarzer Markt. Kriminalität, Ordnung und Moral in Bremen 1939–1949, Frankfurt a. M. 2011.

Moore, Paul, „Man hat es sich viel schlimmer vorgestellt." German Concentration Camps in Nazi Propaganda, 1933–1939. Representation and Reception, in: Christiane Heß/Julia Hörath u. a. (Hrsg.), Kontinuitäten und Brüche. Neue Perspektiven auf die Geschichte der NS-Konzentrationslager, Berlin 2011, S. 99–115.

Morrison, Jack G., Ravensbrück. Das Leben in einem Konzentrationslager für Frauen 1939–1945, Zürich 2002.

Morsch, Günter, Sachsenhausen. Das „Konzentrationslager bei der Reichshauptstadt". Gründung und Ausbau, Berlin 2014.

– /Perz, Bertrand (Hrsg.), Neue Studien zu nationalsozialistischen Massentötungen durch Giftgas. Historische Bedeutung, technische Entwicklung und revisionistische Leugnung, Berlin 2010 (Schriftenreihe der Stiftung Brandenburgische Gedenkstätten, Bd. 29).

– Tötungen durch Giftgas im Konzentrationslager Sachsenhausen. in: ders./ Bertrand Perz (Hrsg.), Neue Studien zu nationalsozialistischen Massentötungen durch Giftgas: Historische Bedeutung, technische Entwicklung und revisionistische Leugnung, Berlin 2010 (Schriftenreihe der Stiftung Brandenburgische Gedenkstätten, Bd. 29).

– (Hrsg.), Mord und Massenmord im Konzentrationslager Sachsenhausen 1936–1945, 2. Aufl., Berlin 2008 (Schriftenreihe der Stiftung Brandenburgische Gedenkstätten, Bd. 13).

– /Ley, Astrid (Hrsg.), Das Konzentrationslager Sachsenhausen 1936–1945. Ereignisse und Entwicklungen, Berlin 2007 (Schriftenreihe der Stiftung Brandenburgische Gedenkstätten, Bd. 23)

- Sachsenhausen – ein neuer Lagertypus? Das Konzentrationslager bei der Reichshauptstadt in der Gründungsphase, in: Zeitschrift für Geschichtswissenschaft (2008) 10, S. 805–822.
- (Hrsg.), Von der Sachsenburg nach Sachsenhausen. Bilder aus dem Fotoalbum eines KZ-Kommandanten, Berlin 2007 (Schriftenreihe der Stiftung Brandenburgische Gedenkstätten, Bd. 19).
- Organisations- und Verwaltungsstruktur der Konzentrationslager, in: Benz/Distel (Hrsg.), Der Ort des Terrors, Bd. 1, München 2005, S. 58–76.
- /zur Nieden, Susanne (Hrsg.), Jüdische Häftlinge im KZ Sachsenhausen 1936 bis 1945, Berlin 2004.
- /Reckendrees, Alfred (Hrsg.), Befreiung Sachsenhausen 1945, Berlin 1996 (Schriftenreihe der Stiftung Brandenburgische Gedenkstätten, Bd. 7).
- Konzentrationslager Oranienburg, Berlin 1994 (Schriftenreihe der Stiftung Brandenburgische Gedenkstätten, Bd. 3).
- Arbeit und Brot. Studien zu Lage, Stimmung, Einstellung und Verhalten der deutschen Arbeiterschaft 1933–1936/37, Frankfurt a. M. 1993.

Müller, Christian, Verbrechensbekämpfung im Anstaltsstaat. Psychiatrie, Kriminologie und Strafrechtsreform in Deutschland 1871–1933, Göttingen 2004.
- Das Gewohnheitsverbrechergesetz vom 24. November 1933. Kriminalpolitik als Rassenpolitik, Baden-Baden 1997.

Müller, Joachim/Sternweiler, Andreas (Hrsg.), Homosexuelle Männer im KZ Sachsenhausen, Berlin 2000.
- „Wie die Bewegung, so die Verpflegung". Die Strafkompanie Schuhläufer, in: ders./Andreas Sternweiler (Hrsg.), Homosexuelle Männer im KZ Sachsenhausen, Berlin 2000, S. 181–189.
- „Unnatürliche Todesfälle". Vorfälle in den Außenbereichen Klinkerwerk, Schießplatz und Tongrube, in: ders./Andreas Sternweiler (Hrsg.), Homosexuelle Männer im KZ Sachsenhausen, Berlin 2000, S. 216–264.
- „Um von meinem Trieb befreit zu werden". Kastrationen im Krankenrevier, in: ders./Andreas Sternweiler (Hrsg.), Homosexuelle Männer im KZ Sachsenhausen, Berlin 2000, S. 283–300.

Müller, Jürgen, Bei „Angriffen" auf die Sittlichkeit … Die „vorbeugende Verbrechensbekämpfung" der Kölner Kriminalpolizei gegen Homosexuelle, in: Centrum Schwule Geschichte (Hrsg.), „Das sind Volksfeinde". Die Verfolgung von Homosexuellen an Rhein und Ruhr 1933–1945, Köln 1998, S. 141–160.

Mußmann, Olaf, „Bunte Lagerprominenz"? Die Funktionshäftlinge im Rüstungs-KZ Mittelbau-Dora, in: KZ-Gedenkstätte Neuengamme (Hrsg.), Abgeleitete Macht – Funktionshäftlinge zwischen Widerstand und Kollaboration, Hamburg 1998, S. 82–96.

Nansen, Odd, Tag für Tag. Innenansichten deutscher KZs 1942–1945 (Grini – Sachsenhausen – Neuengamme), Hamburg 2009.

Naujoks, Harry, Mein Leben im KZ Sachsenhausen 1936–1942. Erinnerungen des ehemaligen Lagerältesten, Köln 1987.

Neveu, Cédric, La Gestapo en Moselle. Une police au coeur de la répression nazie, Metz 2012.

zur Nieden, Susanne, Unwürdige Opfer. Die Aberkennung von NS-Verfolgten in Berlin 1945 bis 1949, Berlin 2003.

Niederland, William G., Folgen der Verfolgung. Das Überlebenden-Syndrom Seelenmord, Frankfurt a. M. 1980.

Niethammer, Lutz, Häftlinge und Häftlingsgruppen im Lager. Kommentierende Bemerkungen, in: Ulrich Herbert u. a. (Hrsg.), Die nationalsozialistischen Konzentrationslager, Bd. 2, Göttingen 1998, S. 1046–1060.

– (Hrsg.), Der „gesäuberte“ Antifaschismus. Die SED und die roten Kapos von Buchenwald. Dokumente. Unter Mitwirkung von Karin Hartewig, Harry Stein und Leonie Wannenmacher, Berlin 1994.

Niggl, Peter, Vor 120 Jahren: Ganoven gründen den ersten Ringverein in Berlin, in: kripo.at (2011) 6, S. 27–29.

Nonnenmacher, Frank, Du hattest es besser als ich. Zwei Brüder im 20. Jahrhundert, Bad Homburg 2014.

Nowak, Irina, Justiz und Konzentrationslager. Zum Verhältnis von Schutz- und Strafhaft, in: Jens Dobler (Hrsg.), Großstadtkriminalität. Berliner Kriminalpolizei und Verbrechensbekämpfung 1930 bis 1950, Berlin 2013, S. 106–145.

Obenaus, Herbert, Der Kampf um das tägliche Brot, in: Ulrich Herbert/Karin Orth/Christoph Dieckmann (Hrsg.), Die nationalsozialistischen Konzentrationslager, Bd. 2, Göttingen 1998, S. 841–874.

Ochs, Eva, „Heute kann ich das ja sagen“. Lagererfahrungen von Insassen sowjetischer Speziallager in der SBZ/DDR, Köln 2006.

Oren-Hornfeld, Saul, Wie brennend Feuer. Ein Opfer medizinischer Experimente im Konzentrationslager Sachsenhausen erzählt, Berlin 2005.

Orth, Karin, Gab es eine Lagergesellschaft? „Kriminelle“ und politische Häftlinge im Konzentrationslager, in: Norbert Frei u. a. (Hrsg.), Ausbeutung, Vernichtung, Öffentlichkeit. Neue Studien zur nationalsozialistischen Lagerpolitik, München 2000 (Institut für Zeitgeschichte, Bd. 4), S. 109–133.

– Das System der nationalsozialistischen Konzentrationslager. Eine politische Organisationsgeschichte, Hamburg 1999.

Pätzold, Kurt, Häftlingsgesellschaft, in: Wolfgang Benz/Barbara Distel (Hrsg.), Der Ort des Terrors. Geschichte der nationalsozialistischen Konzentrationslager, Bd. 1, München 2005, S. 110–125.

Papiernik, Charles, Leben und Widerstehen. Erinnerungen an Auschwitz und Sachsenhausen 1942–1945, Bremen 2005.

de Pasquale, Sylvia, Zwischen Resozialisierung und „Ausmerze". Strafvollzug in Brandenburg an der Havel (1920–1945), Berlin 2013 (Forschungsbeiträge und Materialien der Stiftung Brandenburgische Gedenkstätten, Bd. 8).

Pastoor, Ulrike/von Wrochem, Oliver (Hrsg.), NS-Geschichte, Institutionen, Menschenrechte: Bildungsmaterialien zu Verwaltung, Polizei und Justiz, Berlin 2013.

Paul, Christa, Frühe Weichenstellungen. Zum Ausschluss „asozialer" Häftlinge von Ansprüchen auf besondere Unterstützungsleistungen und auf Entschädigung, in: Katharina Stengel/Werner Konitzer (Hrsg.), Opfer als Akteure. Interventionen ehemaliger NS-Verfolgter in der Nachkriegszeit, Frankfurt a. M. 2008 (Fritz Bauer Institut, Jahrbuch zur Geschichte und Wirkung des Holocaust), S. 67–87.

Perz, Bertrand, „Vernichtung durch Arbeit" im KZ Mauthausen (Lager der Stufe III) 1938–1945, in: Hermann Kaienburg (Hrsg.), Nationalsozialistische Konzentrationslager 1933–1945: Die Veränderungen der Existenzbedingungen, Berlin 2010 (Geschichte der Konzentrationslager 1933–1945, Bd. 2), S. 89–104.

– Kinder und Jugendliche im Konzentrationslager Mauthausen und seinen Außenlagern, in: Dachauer Hefte 9 (1993): Die Verfolgung von Kindern und Jugendlichen, S. 71–91.

Peukert, Detlev, Volksgenossen und Gemeinschaftsfremde. Anpassung, Ausmerze und Aufbegehren unter dem Nationalsozialismus, Köln 1982.

Pfingsten, Gabriele/Füllberg-Stolberg, Claus, Frauen in Konzentrationslagern – geschlechtsspezifische Bedingungen des Überlebens, in: Ulrich Herbert/Karin Orth/Christoph Dieckmann (Hrsg.), Die nationalsozialistischen Konzentrationslager. Entwicklungen und Struktur, Bd. I, Göttingen 1998, S. 911–938.

Pingel, Falk, Social life in an unsocial environment: the inmates' struggle for survival, in: Jane Caplan/Nikolaus Wachsmann (Hrsg.), Concentration Camps in Nazi Germany. The New Histories, Routledge 2010.

– Häftlinge unter SS-Herrschaft. Widerstand, Selbstbehauptung und Vernichtung im Konzentrationslager, Hamburg 1978.

Pollak, Hans, Tatort Mulackritze. Berliner Unterwelt in den zwanziger Jahren, Berlin 1993.

Pretzel, Andreas/Roßbach, Gabriele (Hrsg.), „Wegen der zu erwartenden hohen Strafe". Homosexuellenverfolgung in Berlin 1933–1945, Berlin 2000.

Rahe, Thomas/Seybold, Katja, Grüner und schwarzer Winkel. „Berufsverbrecher", „Sicherungsverwahrte" und „Asoziale" im Konzentrationslager Bergen-Belsen, in: Habbo Knoch/Thomas Rahe (Hrsg.), Bergen-Belsen. Neue Forschungen,

Göttingen 2014 (Bergen-Belsen - Dokumente und Forschungen, Bd. 2), S. 109–124.

– „Berufsverbrecher", „Sicherungsverwahrte" und „Asoziale" im Konzentrationslager Bergen-Belsen, in: KZ-Gedenkstätte Neuengamme (Hrsg.), Ausgegrenzt. „Asoziale" und „Kriminelle" im nationalsozialistischen Lagersystem, Bremen 2009 (Beiträge zur Geschichte der nationalsozialistischen Verfolgung in Norddeutschland, Bd. 11), S. 94–104.

Rathert, Ronald, Verbrechen und Verschwörung: Arthur Nebe. Der Kripochef des Dritten Reiches, Münster 2001 (Anpassung - Selbstbehauptung - Widerstand, Bd. 17).

Redaktion „Kritische Justiz" (Hrsg.), Der Unrechtsstaat. Recht und Justiz im Nationalsozialismus, Frankfurt a. M. 1979.

Redmer, Kurt, Vergeßt dieses Verbrechen nicht! Der Todesmarsch KZ Sachsenhausen - Schwerin 1945, Rostock 2001.

von Reeken, Dietmar/Thießen, Malte (Hrsg.), „Volksgemeinschaft" als soziale Praxis. Neue Forschungen zur NS-Gesellschaft vor Ort, Paderborn 2013.

Reich, Ines/Morsch, Günter (Hrsg.), Sowjetisches Speziallager Nr. 7/Nr. 1 in Sachsenhausen (1945–1950), Berlin 2005 (Schriftenreihe der Stiftung Brandenburgische Gedenkstätten, Bd. 14).

Reichmann, Hans, Deutscher Bürger und verfolgter Jude. Novemberpogrom und KZ Sachsenhausen 1937 bis 1939. Bearb. von Michael Wildt, München 1998.

Reinke, Herbert, Die deutsche Polizei und das „Dritte Reich". Anmerkungen zur Geschichte und Geschichtsschreibung, in: Harald Buhlan/Werner Jung (Hrsg.), Wessen Freund und wessen Helfer? Die Kölner Polizei im Nationalsozialismus, Köln 2000, S. 51–64.

– /Becker, Melanie, Kriminalpolitik in der Weimarer Republik, S. 25–37, in: Hans-Jürgen Lange (Hrsg.), Kriminalpolitik, Wiesbaden 2008 (Studien zur Inneren Sicherheit, Bd. 9), S. 28–30.

Repplinger, Roger, Leg dich, Zigeuner. Die Geschichte von Johann Trollmann und Tull Harder, München 2008.

Riebe, Renate, Frauen in Konzentrationslager 1933–1939, in: Dachauer Hefte 14 (1998): Verfolgung als Gruppenschicksal, S. 125–141.

Riedle, Andrea, Die Angehörigen des Kommandanturstabs im KZ Sachsenhausen. Sozialstruktur, Dienstwege und biografische Studien, Berlin 2011.

dies./Schretter, Lukas (Hrsg.), Das Internationale Mahnmal von Nandor Glid. Idee, Wettbewerbe, Realisierung, Berlin 2015.

Rieß, Volker, Außerordentliche Befriedungsaktion, in: Wolfgang Benz/Hermann Graml/Hermann Weiß (Hrsg.), Enzyklopädie des Nationalsozialismus, 5. Aufl., München 2007, S. 426.

– Zentrale und dezentrale Radikalisierung. Die Tötungen „unwerten Lebens" in den annektierten west- und nordpolnischen Gebieten 1939–1941, in: Klaus-Michael Mallmann/Bogdan Musial (Hrsg.), Genesis des Genozids. Polen 1939–1941, Darmstadt 2004 (Veröffentlichungen der Forschungsstelle Ludwigsburg der Universität Stuttgart, Bd. 3), S. 127–145.
– Die Anfänge der Vernichtung „lebensunwerten Lebens" in den Reichsgauen Danzig-Westpreußen und Wartheland 1939/40, Frankfurt a. M. 1995.
Risch, Konrad, Darstellung der wichtigsten „Wiedergutmachungsgesetze", in: Jörg-Erik Gutheil u. a. (Hrsg.), Einer muß überleben. Gespräche mit Auschwitzüberlebenden 40 Jahre danach, Düsseldorf 1984, S. 153–156.
Roebel, Martin, Forensische Patient/innen als Opfer der „Aktion T4", in: Maike Rotzoll u. a. (Hrsg.), Die nationalsozialistische „Euthanasie"-Aktion „T4" und ihre Opfer. Geschichte und ethische Konsequenzen für die Gegenwart, Paderborn 2010, S. 137–142.
Röhr, Werner/Berlekamp, Brigitte (Hrsg.), Tod oder Überleben? Neue Forschungen zu Ravensbrück, Berlin 2001.
Roitsch, Bianca, „An der Stätte der Baracken und des Stacheldrahtes ein freundlicher Park". Diskurse und Praktiken der Marginalisierung im Umfeld ehemaliger NS-Zwangslager nach 1945, in: Dietmar von Reeken/Malte Thießen (Hrsg.), „Volksgemeinschaft" als soziale Praxis. Neue Forschungen zur NS-Gesellschaft vor Ort, Paderborn 2013, S. 325–341.
Romey, Stefan, „Asozial" als Ausschlusskriterium in der Entschädigungspraxis, in: KZ-Gedenkstätte Neuengamme (Hrsg.), Ausgegrenzt. „Asoziale" und „Kriminelle" im nationalsozialistischen Lagersystem, Bremen 2009 (Beiträge zur Geschichte der nationalsozialistischen Verfolgung in Norddeutschland, Bd. 11), S. 149–159.
Rosenkranz, Bernhard/Bollmann, Ulf/Lorenz, Gottfried, Homosexuellenverfolgung in Hamburg 1919–1969, Hamburg 2009.
Roßbach, Gabriele, Sie sahen das Zwecklose ihres Leugnens ein. Verhöre bei Gestapo und Kripo, in: Andreas Pretzel/dies. (Hrsg.), Wegen der zu erwartenden hohen Strafe. Homosexuellenverfolgung in Berlin 1933–1945, Berlin 2000, S. 74–99.
Roth, Thomas, Verbrechensbekämpfung und soziale Ausgrenzung im nationalsozialistischen Köln: Kriminalpolizei, Strafjustiz und abweichendes Verhalten zwischen Machtübernahme und Kriegsende, Köln 2010 (Schriften des NS-Dokumentationszentrums der Stadt Köln, Bd. 15).
– Kriminalpolitik im NS-System, in: Hans-Jürgen Lange (Hrsg.), Kriminalpolitik, Wiesbaden 2008 (Studien zur Inneren Sicherheit, Bd. 9), S. 37–55.
– „Von den „Antisozialen" zu den „Asozialen". Ideologie und Struktur kriminalpolizeilicher „Verbrechensbekämpfung" im Nationalsozialismus, in: Dietmar

Sedlaczek/Thomas Lutz/Ulrike Puvogel/Ingrid Tomkowiak (Hrsg.), „minderwertig“ und „asozial“. Stationen der Verfolgung gesellschaftlicher Außenseiter, Zürich 2005, S. 65–89.

- Die Kölner Kriminalpolizei: Organisation, Personal und „Verbrechensbekämpfung“ eines lokalen Kripo-Apparates 1933–1945, in: Harald Buhlan/Werner Jung (Hrsg.), Wessen Freund und wessen Helfer? Die Kölner Polizei im Nationalsozialismus, Köln 2000 (Schriften des NS-Dokumentationszentrums der Stadt Köln, Bd. 7), S. 299–370.

Rothmaler, Christiane, Von „haltlosen Psychopathinnen“ und „konstitutionellen Sittlichkeitsverbrechern“. Die Kriminalbiologische Untersuchungs- und Sammelstelle der Hamburger Gefangenenanstalten 1926 bis 1945, in: Heidrun Kaupen-Haas/Christian Saller (Hrsg.), Wissenschaftlicher Rassismus. Analysen einer Kontinuität in den Human- und Naturwissenschaften, Frankfurt a. M. 1999, S. 257–303.

Rotzoll, Maike/Hohendorf, Gerrit/Fuchs, Petra/Richter, Paul/Mundt, Christoph/Eckart, Wolfgang U. (Hrsg.), Die nationalsozialistische „Euthanasie“-Aktion „T4“ und ihre Opfer, Paderborn 2010.

Schalm, Sabine, Überleben durch Arbeit? Außenkommandos und Außenlager des KZ Dachau 1933–1945, Berlin 2009 (Geschichte der Konzentrationslager, Bd. 10).

Schemmel, Marc, Zwischen Kooperation und Widerstand. Handlungsspielräume von Funktionshäftlingen im KZ Neuengamme, in: Oliver von Wrochem/Lars Jockheck (Hrsg.), Das KZ Neuengamme und seine Außenlager. Geschichte, Nachgeschichte, Erinnerung, Bildung, Berlin 2010, S. 49–69.

Schikorra, Christa, Grüne und schwarze Winkel – geschlechterperspektivische Betrachtungen zweier Gruppen von KZ-Häftlingen 1938–1940, in: KZ-Gedenkstätte Neuengamme (Hrsg.), Ausgegrenzt. „Asoziale“ und „Kriminelle“ im nationalsozialistischen Lagersystem, Bremen 2009 (Beiträge zur Geschichte der nationalsozialistischen Verfolgung in Norddeutschland, Bd. 11), S. 104–109.

- Schwarze Winkel im KZ. Die Haftgruppe der „Asozialen“ in der Häftlingsgesellschaft, in: Dietmar Sedlaczek/Thomas Lutz/Ulrike Puvogel/Ingrid Tomkowiak (Hrsg.), „minderwertig“ und „asozial“. Stationen der Verfolgung gesellschaftlicher Außenseiter, Zürich 2005, S. 105–127.
- Kontinuitäten der Ausgrenzung. „Asoziale“ Häftlinge im Frauen-Konzentrationslager Ravensbrück, Berlin 2001.
- „Asoziale“ Häftlinge im Frauen-Konzentrationslager Ravensbrück – die Spezifik einer Häftlingsgruppe, in: Werner Röhr/Brigitte Berlekamp (Hrsg.), Tod oder Überleben? Neue Forschungen zu Ravensbrück, Berlin 2001, S. 89–123.

Schönberger, Klaus (Hrsg.), Va Banque! Bankraub: Theorie. Praxis. Geschichte, Hamburg 2000.

Schoppmann, Claudia, Nationalsozialistische Sexualpolitik und weibliche Homosexualität, Pfaffenweiler 1991.

Schrade, Carl, Elf Jahre. Ein Bericht aus deutschen Konzentrationslagern. Hrsg. und kommentiert von Annette Kraus, Jörg Skriebeleit, Kathrin Helldorfer, Göttingen 2014.

Schulte, Jan Erik (Hrsg.), Die SS, Himmler und die Wewelsburg, Paderborn 2009 (Schriftenreihe des Kreismuseums Wewelsburg, Bd. 7).

Schwerk, Ekkehard, Die Meisterdiebe von Berlin. Die Gebrüder Sass und die zwanziger Jahre, Berlin 2001.

Sedlaczek, Dietmar/Lutz, Thomas/Puvogel, Ulrike/Tomkowiak, Ingrid (Hrsg.), „minderwertig" und „asozial". Stationen der Verfolgung gesellschaftlicher Außenseiter, Zürich 2005.

Segev, Tom, Die Soldaten des Bösen. Zur Geschichte der KZ-Kommandanten, Reinbek 1992.

Selbmann, Fritz, Die lange Nacht, Halle/Saale 1961.

Seliger, Maren, Die Verfolgung normabweichenden Verhaltens im NS-System. Am Beispiel der Politik gegenüber „Asozialen" in Wien, in: Österreichische Zeitschrift für Politikwissenschaft 20 (1991), S. 409–429.

Simon, Jürgen, Kriminalbiologie und Zwangssterilisation. Eugenischer Rassismus 1920–1945, Münster/New York/München/Berlin 2001.

Skriebeleit, Jörg, Erinnerungsort Flossenbürg. Akteure, Zäsuren, Geschichtsbilder, Göttingen 2009.

Sofsky, Wolfgang, Die Ordnung des Terrors: Das Konzentrationslager, 5. Aufl., Frankfurt a. M. 2004.

Sommer, Robert, Das KZ-Bordell. Sexuelle Zwangsarbeit in nationalsozialistischen Konzentrationslagern, 2. Aufl., Paderborn 2010.

– Der Sonderbau. Die Einrichtung von Bordellen in den nationalsozialistischen Konzentrationslagern, Berlin 2006.

Sparing, Frank, „... wegen Vergehen nach § 175 verhaftet". Die Verfolgung der Düsseldorfer Homosexuellen während des Nationalsozialismus, Düsseldorf 1997.

Springmann, Veronika, „Sport machen": Eine Praxis der Gewalt im Konzentrationslager, in: Woijiech Lenarczyk/Andreas Mix/Johannes Schwartz/Veronika Springmann (Hrsg.), KZ-Verbrechen. Beiträge zur Geschichte der nationalsozialistischen Konzentrationslager und ihrer Erinnerung, Berlin 2007, S. 89–101.

Stadt Wels (Hrsg.), Nationalsozialismus in Wels, Bd. 2, Wels 2012.

Stadtverwaltung Delitzsch (Hrsg.), Delitzscher Stadtchronik 1945–1955 (Veröffentlichungen zur Delitzscher Stadtgeschichte, Heft 16), Delitzsch 1998.

Steber, Martin/Gotto, Bernhard (Hrsg.), Visions of Community in Nazi Germany. Social Engineering and Private Lives, Oxford 2014.

– Volksgemeinschaft im NS-Regime. Wandlungen, Wirkungen und Aneignungen eines Zukunftsversprechens, in: Vierteljahreshefte für Zeitgeschichte 3 (2014), S. 433–445.

Steegmann, Robert, Das Konzentrationslager Natzweiler-Struthof und seine Außenkommandos an Rhein und Neckar 1941–1945, Berlin 2010.

Stein, Harry, Buchenwald-Stammlager, in: Wolfgang Benz/Barbara Distel (Hrsg.), Der Ort des Terrors. Geschichte der nationalsozialistischen Konzentrationslager Bd. 3, München 2006, S. 301–356.

– Konzentrationslager Buchenwald 1937–1945. Begleitband zur ständigen historischen Ausstellung. Hrsg. von der Gedenkstätte Buchenwald, Göttingen 1999.

Steinmann, Carl-Peter, Tatort Berlin. Erlesene Kriminalfälle, Berlin 1997.

Stengel, Katharina/Konitzer, Werner (Hrsg.), Opfer als Akteure. Interventionen ehemaliger NS-Verfolgter in der Nachkriegszeit, Frankfurt a. M. 2008 (Fritz Bauer Institut, Jahrbuch zur Geschichte und Wirkung des Holocaust).

Sternweiler, Andreas, Einleitung, in: Joachim Müller/ders. (Hrsg.), Homosexuelle Männer im KZ Sachsenhausen, Berlin 2000, S. 9–15.

– Chronologischer Versuch zur Situation der Homosexuellen im KZ Sachsenhausen, in: Joachim Müller/ders. (Hrsg.), Homosexuelle Männer im KZ Sachsenhausen, Berlin 2000, S. 29–58.

Steuwer, Janosch, Was meint und nützt das Sprechen von der „Volksgemeinschaft“? Neuere Literatur zur Gesellschaftsgeschichte des Nationalsozialismus, in: Archiv für Sozialgeschichte 53 (2013), S. 487–534.

Stræde, Therkel (Hrsg.), De nazistiske koncentrationslejre. Studier og bibliografi, Odense 2009.

Strauß, Eva, Häftlinge mit dem „Grünen Winkel“. Gauner, Ganoven und Gewaltverbrecher im KZ Dachau, in: Geschichte quer 10 (2002): Kavaliersdelikt und Kapitalverbrechen – Von kleinen Gaunern, großen Verbrechern und „ehrenwerten Herren“.

Strebel, Bernhard, Das KZ Ravensbrück. Geschichte eines Lagerkomplexes, Paderborn 2003.

– Unterschiede in der Grauzone? Über die Lagerältesten im Frauen – und Männerlager des KZ Ravensbrück, in: KZ-Gedenkstätte Neuengamme (Hrsg.), Abgeleitete Macht – Funktionshäftlinge zwischen Widerstand und Kollaboration, Hamburg 1998 (Beiträge zur Geschichte der nationalsozialistischen Verfolgung in Norddeutschland, Bd. 4), S. 57–69.

Stümke, Hans-Georg, Homosexuelle in Deutschland. Eine politische Geschichte, Hamburg 1989.

Suderland, Maja, Ein Extremfall des Sozialen. Die Häftlingsgesellschaft in den nationalsozialistischen Konzentrationslagern, Frankfurt a. M. 2009.

Sudrow, Anne, Der Schuh im Nationalsozialismus. Eine Produktgeschichte im deutsch-britisch-amerikanischen Vergleich, Göttingen 2010.

– Vom Leder zum Kunststoff. Werkstoff-Forschung auf der „Schuhprüfstrecke" im Konzentrationslager Sachsenhausen 1940–1945, in: Helmut Maier (Hrsg.), Rüstungsforschung im Nationalsozialismus. Organisation, Mobilisierung und Entgrenzung der Technikwissenschaften, Göttingen 2002, S. 214–250.

Tasch, Dieter, Ein Brief im „Anzeiger" rettete ihn vor dem Henker. Der Komplice des Massenmörders Haarmann lebt noch heute in Hannover, in: Hannoversche Allgemeine Zeitung, 19. Juni 1974.

Terhorst, Karl-Leo, Polizeiliche planmäßige Überwachung und polizeiliche Vorbeugungshaft im Dritten Reich. Ein Beitrag zur Rechtsgeschichte vorbeugender Verbrechensbekämpfung, Heidelberg 1985 (Studien und Quellen zur Geschichte des deutschen Verfassungsrechts, Reihe A: Studien, Bd. 13).

Tresoglavic, Adrian, Danske „asociale" og „vaneforbrydere" i tyske koncentrationslejre. Nazistisk kriminalitaetsbekaempelse i Danmark efter 19. September 1944, in: Therkel Stræde (Hrsg.), De nazistiske koncentrationslejre. Studier og bibliografi, Odense 2009, S. 145–167.

Trouvé, Christel, Das Klinkerwerk Oranienburg (1938–1945), Berlin 2005 (unveröffentlichte Dissertation).

Tuchel, Johannes, Die Inspektion der Konzentrationslager 1938–1945. Das System des Terrors, Berlin 1994.

Unger, Gerhard, Die Konzentrationslager, in: Dokumentationsarchiv des österreichischen Widerstandes (Hrsg.), Opferschicksale. Widerstand und Verfolgung im Nationalsozialismus. 50 Jahre Dokumentationsarchiv des österreichischen Widerstandes, Wien 2013, S. 91–211.

Verein für Gedenken und Geschichtsforschung in österreichischen KZ-Gedenkstätten (Hrsg.), Das Konzentrationslager Mauthausen 1938–1945. Katalog zur Ausstellung in der KZ-Gedenkstätte Mauthausen, Wien 2013.

Verein zur Förderung des DOWAS (Hrsg.), Aus so krummem Holze, als woraus der Mensch gemacht ist, kann nichts ganz Gerades gezimmert werden. [30 Jahre DOWAS Innsbruck], Innsbruck 2006.

Vormbaum, Thomas (Hrsg.), „Euthanasie" vor Gericht. Die Anklageschrift des Generalstaatsanwalts beim OLG Frankfurt/M. gegen Dr. Werner Heyde u. a. vom 22. Mai 1962, Berlin 2005.

Wachsmann, Nikolaus, KL. A History of the Nazi Concentration Camps, New York/London 2015.

– The Dynamics of Destruction. The Development of the Concentration Camps, 1933–1945, in: Jane Caplan/Nikolaus Wachsmann (Hrsg.), Concentration Camps in Nazi Germany. The New Histories, Routledge, 2010, S. 17–43.

– Gefangen unter Hitler. Justizterror und Strafvollzug im NS-Staat, München 2006.

Wagner, Patrick, Die Resozialisierung der NS-Kriminalisten, in: Ulrich Herbert (Hrsg.), Wandlungsprozesse in Westdeutschland. Belastung, Integration, Liberalisierung 1945–1980, Göttingen 2002, S. 179–214.

– Volksgemeinschaft ohne Verbrecher. Konzeptionen und Praxis der Kriminalpolizei in der Zeit der Weimarer Republik und des Nationalsozialismus, Hamburg 1996 (Hamburger Beiträge zur Sozial- und Zeitgeschichte, Bd. 34).

Warmbold, Nicole, Lagersprache. Zur Sprache der Opfer in den Konzentrationslagern Sachsenhausen, Dachau, Buchenwald, Bremen 2008.

Weiss-Rüthel, Arnold, Nacht und Nebel. Ein Sachsenhausen-Buch, Berlin/Potsdam 1949.

Werle, Gerhard, Justiz-Strafrecht und polizeiliche Verbrechensbekämpfung im Dritten Reich, Berlin 1989.

Wetzell, Richard F., Inventing the Criminal. A History of German Criminology, 1880–1945, Chapel Hill/London 2000.

Wildt, Michael, „Volksgemeinschaft“ eine Zwischenbilanz, in: Dietmar von Reeken/Malte Thießen (Hrsg.), „Volksgemeinschaft“ als soziale Praxis. Neue Forschungen zur NS-Gesellschaft vor Ort, Paderborn 2013, S. 355–369.

– Generation des Unbedingten. Das Führungskorps des Reichssicherheitshauptamtes, Hamburg 2002.

Woelk, Wolfgang/Vögele, Jörg (Hrsg.), Geschichte und Gesundheitspolitik in Deutschland. Von der Weimarer Republik bis in die Frühgeschichte der „doppelten Staatsgründung“, Berlin 2002 (Schriften zur Wirtschafts- und Sozialgeschichte, Bd. 73).

von Wrochem, Oliver/Jockheck, Lars (Hrsg.), Das KZ Neuengamme und seine Außenlager. Geschichte, Nachgeschichte, Erinnerung, Bildung, Berlin 2010.

Zeiger, Antje, Die Todesmärsche, in: Günter Morsch/Alfred Reckendrees (Hrsg.), Befreiung Sachsenhausen 1945, Berlin 1996 (Schriftenreihe der Stiftung Brandenburgische Gedenkstätten, Bd. 7), S. 64–72.

Zentralleitung des Komitees der Antifaschistischen Widerstandskämpfer der Deutschen Demokratischen Republik (Hrsg.), Sachsenhausen. Dokumente, Aussagen, Forschungsergebnisse und Erlebnisberichte über das ehemalige Konzentrationslager Sachsenhausen, Berlin 1982.

Zimmer, Hasko, Der Buchenwald-Konflikt. Zum Streit um Geschichte und Erinnerung im Kontext der deutschen Vereinigung, Münster 1999.

Onlineressourcen

Ankündigung zur Tagung „Marginalisierte Opfergruppen" der KZ-Gedenkstätte Dachau im November 2013, http://www.mmsz-dachau.de/de/events (17. 4. 2016).

Ausstellung „Wohnungslose im Nationalsozialismus" von Wolfgang Ayaß, http://www.uni-kassel.de/~ayass/#Ausstellung (17. 4. 2016).

Böhnisch, Georg/Frohn, Axel/Siepmann, Christian/Wiegrefe, Klaus, Ein braver Schwabe, in: Der Spiegel, 21. Juli 2008, http://www.spiegel.de/spiegel/print/d-58302566.html (17. 4. 2016).

Bundesgesetz zur Entschädigung für Opfer der nationalsozialistischen Verfolgung (Bundesentschädigungsgesetz – BEG) vom 18. September 1953, § 1, www.gesetze-im-internet.de bundesrecht/beg/gesamt.pdf (17. 4. 2016)

Express, http://www.express.de/fussball/portraet-von-fritz-haarmann-96-fans-provozieren-mit-serienmoerder-fahne, 3186,17008050.html (17. 4. 2016).

Gedenkort T4, http://gedenkort-t4.eu/zukunft/das-erinnern-gestalten (17. 4. 2016).

Holocaust-Center des JFCS San Francisco (http://www.jfcs.org/services/holocaust-center (17. 4. 2016).

Initiative Außenlager Lichterfelde, http://www.ikz-lichterfelde.de (17. 4. 2016).

KZ-Gedenkstätte Dachau, http://www.kz-gedenkstaette-dachau.de/station13.html (17. 4. 2016).

Mix, Andreas, Die Henker von Wola, in: Berliner Zeitung vom 5. Juli 2008, https://archive.is/KgayL (17. 4. 2016).

Moles Kaupp, Cristina „Sass". Die Künste des Plünderns, in: Tagesspiegel, 26. September 2001, http://www.tagesspiegel.de/kultur/sass-die-kunst-des-pluenderns/259108.html (17. 4. 2016).

Müller, Daniel, Fritz Haarmann war der Vampir von Hannover, in: Die Welt, 1. Oktober 2008, http://www.welt.de/vermischtes/article1994089/Fritz-Haarmann-war-der-Vampir-von-Hannover.html (17. 4. 2016).

[Ohne Autor], Er war ein kämpferischer Sozialist, in: Hamburger Abendblatt, 4. September 2012, mobil.abendblatt.de/ratgeber/extra-journal/article920987/Er-war-ein-kaempferischer-Sozialist.html (17. 4. 2016).

Schellen, Petra, Zeugen der Anklage, in: taz, 5. Dezember 2007, http://www.taz.de/1/archiv (17. 4. 2016).

Stiftung Brandenburgische Gedenkstätten, http://www.stiftung-bg.de/gums/de/index.htm (17. 4. 2016).

Stiftung Brandenburgische Gedenkstätten, http://www.stiftung-bg.de/below (17. 4. 2016).

Stiftung Brandenburgische Gedenkstätten, http://www.stiftung-bg.de/kz-oranienburg (17. 4. 2016).

Strafgesetzbuch § 173; § 174 und § 176, http://www.gesetze-im-internet.de (17. 4. 2016).

VVN, http://www.nrw.vvn-bda.de/texte/0091_junge.htm (17. 4. 2016).

Wehrgesetz vom 21. Mai 1935, http://www.documentarchiv.de/ns/1935/wehrgesetz.html (17. 4. 2016).

Sonstiges

„Ich war zu Recht im KZ." Interview mit Ernst Nonnenmacher vom 17. 5. 1980 in Mainz.

Ein Tag – Bericht aus einem deutschen Konzentrationslager 1939. Film von Egon Monk, 1965.

Personenregister

A., Friedrich 233
A., Karl Hans 230
Alberti, Michael 128
Albin, Kazimierz 141, 253
Alt, Axel 114
Aron, Otto 273
Auerbach 295
Auerbach, Helmuth 293
August, Jochen 253
Ayaß, Wolfgang 18, 100, 102

B., Anna 318, 319
B., Arthur 301–303
B., Bernhard 147 f., 233, 298, 328
B., Eduard 178
B., Ernst 323 f.
B., Franz 191
B., Friedrich 192
B., Fritz 135, 141, 212, 296–298, 359
B., Georg 331
B., Hans 317–319
B., Helmut 327
B., Hermann 319–321
B., Hubert 141–143
B., Leendert 125
B., Martha 155
B., Martin 232
B., Paul 301
B., Rudolf 143 f.
B., Walter 145–147, 210, 376
B.,Walter 210
B., Willi Heinrich 171 f.
Bader, Karl S. 364
Baier, Hermann 186
Ballhorn, Franz 219, 352
Baranowski, Hermann 145
Bastubbe, Manfred 59 f., 64, 170, 308
Bastubbe, Marianne 59
Baumann, Imanuel 364, 370
Baumkötter, Dr. Heinz 173, 220, 222 f., 246, 297
Bender, Herbert 207
Berger, Gottlob 293
Berger, Sara 128
Beyer, Kurt 186
Büge, Emil 32, 36, 219, 257, 264, 277 f.
Bierkamp, Walther 95
Büker, Fritz 196
Bohra, Stefanie 206
Booms, Johann 160
Borgmeier, Ernst 167 f.
Bouhler, Philipp 249, 251
Bourdieu, Pierre 20
Brandt, Dr. Karl 249
Brandt, Erwin 196, 206, 340, 343
Brüchner, Siegfried 201, 342
Brückweh, Kerstin 69
Buchheim, Hans 370
Buchholz, Ferdinand 138 f., 353 f., 356 363
Bugdalle, Richard 219
Buggeln, Marc 21
Buser, Verena 216 f.

C. 174
C., Angel 126
C., August 47, 134 f., 209, 212, 244 f., 268, 280

C., Josef 326
C., Max 184
Christensen, Harald Martin 87 f.
Cleve, Albert 275
Cohen, Dr. Elie A. 22, 169, 214
Cohn, Heinz 281
Cornelius, Emil 231
Cornely, Fritz 49 f., 52, 171, 178, 189–201, 204, 206, 226, 337–346, 360, 366
Czech, Danuta 253

D. 178
D., Georg 171, 191, 200
D., Heinrich 298, 335
Daluege, Kurt 80, 82, 85
Danckwortt, Barbara 29
Dell, Adolf 165–167
de Pasquale, Sylvia 281
Dickmann, August 178, 226
Dickmann, Heinrich 178
Dirlewanger, Oskar 292 f., 296, 301
Distel, Barbara 19, 42, 47
Dobler, Jens 104
Dreßen, Willi 252
Dressler, Alfred 308
Dr., Hellmut 207, 214, 217 f., 348

E. 173
E., Georg 290
E., Johann 201
E., Konrad 234
E., Kuno von 233, 329, 337
E., Kurt 211 f.
E., Max 49, 326
E., Hans-Joachim 178, 229
Ehrlinger, Ehrich 366
Ehrsam, Ludwig 241
Eicke, Theodor 24, 26 f., 236–238, 240
Engemann, Walter 177, 194, 343 f.
Eschebach, Insa 154
Eschert, Paul (Xavier) 186

F., Erich 149, 150 f., 356
F., Kurt von 247
Fabich, Max 65–68
Fechner, Eberhard 346
Fehlhauer, Karl 286–289, 309, 376 f.
Ficker, Fritz 219
Filbert, Dr. Alfred 190, 193
Fischer, Peter 273
Fleischer, Marieluise 214
Forst, Jakob 273
Frank, Hans 129
Freisler, Roland 80
Frick, Wilhelm 93, 99
Fritsch, Hugo 130 f.
Förster, Rudolf 92

G. 172, 311
G., Anton 184, 321, 335
G., Bruno 285
G., Dr. Karl 375
G., Emil 226
G., Erwin 229
G., Johannes 221 f., 310 f.
G., Johannes (Hans) 179
G., Martin 328 f.
G., Max 178, 180
G., Phillip 92, 93
G., Robert 210 f.
G., Willi 31
Galassi, Silviana 53
Galen, Clemens von 250
Gallipavi 201

Göber, Johannes 161 f., 265, 268
Gerber, Alwin 273
Gerlach, Christian 304
Ginster, Ludwig 210
Glücks, Richard 194, 293
Glid, Nandor 369
Göntges, Karl 278 f.
Günther, Johann 275
Goebbels, Joseph 114
Goeschel, Christian 56
Goffman, Erving 176, 228
Gorski, Alfons 158
Gotthardt, Max 275
Gotto, Bernhard 371–374
Grabner, Maximilian 255
Grans, Hans 65, 69–73, 137, 329, 330
Göring, Hermann 63, 74
Grünack, Hermann 273
Gross, Jakob 186, 209
Gürtner, Franz 74, 76, 236, 238
Gutgesell, Walter 64

H., Alfons 227
H., Evert 193
H., Josej 175
H., Karl 300
H., Kurt 110 f.
H., Ludwig 191
H., Martin 290
H., Heinrich 306
H., Paul 163 f., 307, 322
H., Peter 139, 140, 174
H., Viggo 40
H., Walter 26, 173, 212, 298–300
H., Wilhelm 333 f.
Haarmann, Fritz 57, 65, 69 f., 72, 89, 330
Hagemann, Dr. Max 33
Halter, Wilhelm 280
Hammer, Walter 223 f.
Hartmann, Arthur 60
Harzen, Dr. Karl 170 f.
Hauke, Fritz 267
Hax, Iris 239, 242
Heep, Reinhold 275
Hegel, Georg Friedrich Wilhelm 20
Heger, Heinz (d. i. Joseph K.) 31, 218 f.
Heilbut, Peter 192
Heindl, Robert 55 f., 58, 63, 72, 83, 131
Heinen, Reinhold 174
Heinrich, Wolfgang 59, 64
Hellmer, Joachim 17, 80
Hellmut, Dr. 215
Helwig, Hans 237
Hentrich, Johann 273
Hermann, August 273
Heuser, Georg 336, 365 f.
Heydrich, Reinhard 91, 95, 100 f.
Höß, Rudolf 66, 234, 254, 280
Himmler, Heinrich 27, 80, 91, 93 f., 97, 100, 109, 145, 167, 189, 202, 236, 237, 247, 251, 255, 270–272, 276, 292, 302
Hinz-Wessels, Annette 250
Hirschfeld, Magnus 89 f.
Hitler, Adolf 63, 249 f., 290, 299, 353
Hochmuth, Ursel 26
Hofer, Adalbert 273
Hoffmann, Richard 232
Hoffmann, Ute 248, 264
Hosa, Kerstin 121
Hörath, Julia 18 f., 34, 52–54, 74, 82 87, 96, 98, 102, 105, 146, 153, 354, 373
Hüser, Karl 272

I., Anton 284, 362
Id., Anton 327
Ihde, Wilhelm 114
Ihmels, Tjade 273
Iwanow, Wladimir 274

J., Dr. 235
J., Adolf 303
J., Alexander 232
J., Johann 225
J., Jowicka 126
J., Wilhelm 172, 306
Jahnke, Heinz [Janke] 194 f., 198–200, 204 f., 344
Jakobenko, Iwan 274
Jasko, Zdzislaw 195 f.
Jesewski, Paul 275
Jochheim-Armin, Karl 312 f.
John, Karl 273
John, Kirsten 272, 274
Juds, Max 30, 31
Junge, Heinz 178 f., 201, 339 f., 342
Jung, Hans 34

K., Bruno 291, 327
K., Christian Heinz 232
K., Dr. Werner 161
K., Erich 226, 228, 285, 302
K., Erwin 260
K., Franz 197
K., Friedrich 228
K., Fränze 161 f.
K., Georg 357 f.
K., Hilde 149, 356
K., Johann 185, 230 f., 327
K., Joseph (Heinz Heger) 31
K., Ludwig 226, 230
K., Mirko 126
K., Stapatios 126
K., Werner 161
Kaienburg, Hermann 27, 29, 102, 105, 169, 174, 268
Kaindl, Anton 80, 193 f., 196, 204
Kaiser, Otto 26, 31, 49 f., 170, 178 f., 210, 230, 234, 297, 319, 325, 330, 362
Karges, Wilhelm 273
Kautsky, Benedikt 216, 351
Köchl, Sylvia 19, 46, 153
Kehrl, Hans Julius 115
Keil, Franz 219
Keremst, Peter 274
Klausch, Hans-Peter 292–294, 296, 302, 304 f., 350
Kläbsch, Karl 273
Klee, Ernst 252
Klein, Heinrich 275
Klendauer, Ludwig 275
Klimas, Georg 305
Kluwe, Hermann 273
Knittler, Martin 270, 338
Koch, Karl Otto 30
Kodziski, Stanisaw 254
Koenen, Paul 273
Kogon, Eugen 9, 181, 356
Kokoschinski 201
Kolata, Jens 102
Kolb, August 194
Kosslick, Max 273
Kranebitter, Andreas 19
Krause, Karl 342
Krause, Otto 158
Kürten 69
Kruppa, Stanislaus 258–260, 264
Kr., Wally 259
Küsel, Otto 171, 181, 332
Kubik, Max 78, 265–267
Kucharzewski, Franz 257 f., 261, 264

Kuhnke, Samuel 37, 176, 198 f., 202–204, 206, 222, 352, 361
Kuiper, Bernhard 24
Kulisiewicz, Aleksander 207 f., 214
Kutscher, Volker 69

L. 191
L., Albin 272
L., Arthur von 226
L.,Lorenz 126
L., Robert 301
L., Franz 235
L., Wilhelm 325, 326
L., Willi 285 f.
Lampe 186
Lampe, Klaus von 61
Langbein, Hermann 181 f., 214, 216, 220
Langfort, Paul 265, 268
Lang, Fritz 61
Langhammer, Sven 12, 18, 145, 147
Lauer, Hubert 195
Ledermann, Alfred 159
Ley, Astrid 154, 183, 250, 256, 261
Linck, Stephan 108
Linke, Karl 273
Liszt, Franz von 55
Lombroso, Cesare 54
Longerich, Peter 91, 374
Luhmann, Niklas 374
Lys, Gunter R. 346

M., Arno 126
M., Fritz 48, 174, 223, 362
M., Georg 192
M., Gustav 221
M., Hans 281–283, 363
M., Ivan 126
M., Johann 211, 365
M., Karl 195
M., Nikolaus 174
Madajczyk, Czeslaw 128
Maier, Eugen 273
Malkin, Lawrence 28
Mallmann, Klaus-Michael 128 f.
Mandel, Richard 36
Martens, Harald 123–125, 346
Martens, Johannes 273
Matusowitsch, Bronislaw 274
Meisinger, Josef 94
Mennecke, Dr. Friedrich 251 f., 255, 257, 264
Mennecke, Eva 251
Meyer, Alfred 124
Meyer, Winfried 203, 250
Meyn, Hein 26
Möhler, Rainer 364
Mühsam, Erich 24
Michaelis, Rolf 295, 304 f.
Michel 21
Michel, Antje 21, 224, 363
Müller, Christian 17, 37, 75, 77, 79, 364
Müller, Joachim 220, 244
Müller, Jürgen 159
Möller, Katharina 17
Mondelli, Elia 10
Monk, Egon 346
Moore, Paul 82
Morrison, Jack G. 9, 42
Morsch, Günter 17 f., 27, 29, 32, 97, 137, 236
Mörchen, Stefan 42, 113, 164, 324
Mußmann, Olaf 188
Mylyk, Feliks 254

N., Aleksander 126
N., Janina 155

N., Max 290
N., Wilhelm 107, 230
N., Willi 200
Nansen, Odd 187, 203, 222 f., 292
Nathow, Stefanie 203
Naujoks, Harry 26, 30, 47, 64, 170, 183, 186, 207–209, 211, 256, 279 f., 290 f., 346, 348–350
Näcke, Paul 57
Nebe, Arthur 14
Nestl, Andreas 132
Neveu, Cèdric 123
Nieden, Susanne zur 317
Niederland, William G. 330–333
Niethammer, Lutz 20, 47
Nonnenmacher, Ernst 175–177, 179, 185, 187 f., 213, 234, 366
Nowak, Irina 281

O., Andreas 149
O., Erich 124
O., Luise 155
Obenaus, Herbert 11, 21
Ogorzow, Paul 113, 366
Ordelheide, Heinrich 273
Oren-Hornfeld, Saul 154, 214
Orth, Karin 48
Ortmann, Reinhold 196 f.
Ortwein, Johann 273

P., Franz 213
P., Hans 230
P., Hermann 228, 235
P., Karel 122, 125
P., Robert 112
Papiernik, Charles 306
Pasquale, Sylvia de 75, 77, 129, 276, 3 64
Perz, Bertrand 219, 220
Petermann, Willi 272
Pettke, Helmuth 275
Pfeufer, Kurt 319
Pingel, Falk 22, 202, 205
Pister, Hermann 294
Plaul 272
Poggel, Paul 273
Pretzel, Andreas 239
Printz, Helmut 273
Puls, Carl 283, 284
Puls, Minna 284
Purucker, Wilhelm 95
Putz, Christa 46, 153

Quade, Berthold 196

R., Bruno 136, 172, 184
R., Carl 227
R., Curt 173
R., Gertrud 155
R., Hans 297
R., Heinz 297
R. Jose 126
R., Joseph 180
R., Michael 328, 332, 367
R., Wilhelm 213, 367
Rahe, Thomas 17, 277
Ratfisch, Walter 273
Rathmann, Erwin 175, 195, 198–200, 202, 205, 219, 311, 338 f., 352
Reichmann, Hans 30, 170, 281, 347 f., 350 f.
Reinecke, Ernst 275
Reinert, Gertrud 156
Repplinger, Roger 232
Rikowski, Karl August 196
Ritter, Robert 99
Rodenfels, Dr. H. 89 f.
Roebel, Martin 250

Rohmann, Walter 274
Roitsch, Bianca 373
Rola, Carlo 66
Rossner, Emil 195
Rothmaler, Christiane 57, 75
Roth, Thomas 78, 96, 103, 269, 276

S., Albert 136, 226
S., Anna 155
S., Anton 79, 80, 226
S., Johanna 156
S., Karl 107, 146, 171 f., 213, 230, 233, 335 f.
S., Ernst 271
S., Gertrud 266
S., Martin 179
S., Mathias 243 f.
S., Max 246
S., Milcrad 126
S., Otto 117, 119 f.
S., Udo 367
Sass, Brüder 65, 67–70, 81, 83, 234
Sass, Erich 59, 65–69
Sass, Franz 59, 65–69
Schaper, Josef 346
Schemmel, Marc 183
Schenck, Jochen 347
Schäfer, Herbert 324
Sch., Heinz 211
Schikorra, Christa 35, 152 f., 169, 190
Sch., Johann 245
Schlegel, Rudolf 274
Schmick, Dr. 375
Schmid, Georg 274
Schmidt, Dr. 334
Schmitz, Michael 150 f.
Schmitz, Paul 274
Schoppmann, Claudia 152
Sch., Otto 242, 243
Schrade, Carl 279
Schrader, Johannes 275
Schubert, Wilhelm 49, 50, 93, 143, 147, 180, 184, 212, 213, 226, 230, 260, 270 f., 297, 321, 325, 330, 335, 368
Schulz, Erwin 40
Schulze, Wilhelm 156, 157, 263
Schulz, Karl 190
Schwarz, Hans 317–319
Schwerk, Ekkehard 68
Sch., Wilhelm 240–242
Seefeld, Adolf 69 f.
Selbmann, Fritz 12 f., 209
Seybold, Katja 17, 277
Siegruth, Johann 253 f.
Simon, Jürgen 57 f., 99, 239
Skriebeleit, Jörg 368
Smolianoff, Salamon 28
Sofsky, Wolfgang 18, 176, 187, 216 223 f., 228, 289
Sommer, Robert 220–222
Sorge, Gustav 31, 49 f., 93, 127, 143, 147, 180, 184, 190, 212 f., 226, 230, 232 f., 235, 260, 269–272, 297, 321, 325, 330, 333–335, 358, 368
Sparing, Frank 160
Specht, Felix 275
Stahlberg, Gustav 261, 268
Steber, Martina 371–374
Steegmann, Robert 10, 11, 277
Stegemayer, Hans 274
Stein, Harry 96, 100
Sternweiler, Andreas 29 f., 208
Steuwer, Janosch 372
St., Hermann 233, 333 f., 368
Strebel, Bernhard 206, 252, 255 f.,294
Suderland, Maja 20, 36, 176, 181, 209
Sudrow, Anne 192
Swoboda, Franz 274

T., Aloysius 108
T., Georg 327
Tasch, Dieter 72
Tauber, Georg 312
Terhorst, Karl-Leo 16, 97 f.
Tesmann 267
Thierack, Otto von 80, 109, 167, 247, 276 f., 363
Timmelmeyer, Alfons 275
Tresoglavic, Adrian 123
Trollmann, Johann „Rukeli“ 231 f.
Tschirner, Adolf 274

U., Herbert 329

V., Anton 294
V., Ed. 126
V., Harry 209 f., 329
V., Wilhelm 197
van Ellen, Gustav 273
Vilhjalmsson, Oskar 126
Volck, Herbert 195, 198, 201 f., 204 f., 361
Vonkennel, Martin 290

W., Adolf 40
W., Alfred 197
W., Else 151
W., Erich 191
W., Franz 133
W., Hermann 337
W., Johann 225, 236–239, 331, 363
W. Josef 125
W., Peter 211
Wachsmann, Nikolaus 105, 284, 355
Wagner, Patrick 15, 42, 45, 58, 62, 98, 104, 112, 130, 137, 143, 336, 337, 365
Warmbold, Nicole 22
Weiss-Rüthel, Arnold 126, 182 f., 201, 295, 305, 348–350
Werner, Albert 274
Werner, Paul 110, 274
Wilka, Iwan 274
Winter, Peter 274
Winter, Walter 303
Wolff, Karl 237, 238
Wollny, Alois 260, 268
Wolter, Paul 98
Wolters, August 366
Wunderlich, Rudi 222, 256, 291
Wuwer, Karl 272

Z., Friedel 266
Z., Hans 170 f., 204, 341
Z., Karl 175, 200, 318
Zirpins, Walter 130
Zörgiebel, Karl 61
Zwettler, Angela 10